अस्मिता का संघर्ष

राष्ट्रवाद, देशप्रेम और भारतीय होने का अर्थ

शशि थरूर

अनुवाद
प्रभात मिलिंद

वाणी प्रकाशन

वाणी प्रकाशन

4695, 21-ए, दरियागंज, नयी दिल्ली 110 002

फ़ोन : +91 11 23273167 फ़ैक्स : +91 11 23275710

शाखाएँ

अशोक राजपथ, पटना 800 004, बिहार

कॉफ़ी हाउस कैम्पस, महात्मा गाँधी मार्ग, इलाहाबाद 211 001, उत्तर प्रदेश

महात्मा गाँधी अन्तरराष्ट्रीय हिन्दी विश्वविद्यालय, वर्धा 442 001, महाराष्ट्र

www.vaniprakashan.com
marketing@vaniprakashan.in
sales@vaniprakashan.in

Asmita Ka Sangharsh
Rashtravaad, Deshprem Aur Bharatiya Hone Ka Arth
by Shashi Tharoor
Translated by Prabhat Milind

Originally Published as *The Battle of Belonging : On Nationalism, Patriotism and what it means to be Indian*

ISBN : 978-93-5518-160-2
Non-Fiction

प्रथम संस्करण 2022

मूल्य : ₹ 1599

सिटी प्रेस, दिल्ली-110 095 में मुद्रित

वाणी प्रकाशन का लोगो मक़बूल फ़िदा हुसेन की कूची से

अपने बेटों,
ईशान और कनिष्क के लिए,
जिनको अपने जीवन और कामकाज के क्रम में
राष्ट्रवाद से जुड़े प्रश्नों से निरन्तर जूझना पड़ा है।

अनुक्रम

चौथा खण्ड : अस्मिता का वर्तमान संघर्ष

पाँचवाँ खण्ड : राष्ट्रवाद की दुश्चिन्ता

छठा खण्ड : भारत की आत्मा पर पुनः दावेदारी

एक जन्मजात भारतीय

राष्ट्रीयता और राष्ट्रवाद मेरे लिए केवल एक सैद्धान्तिक प्रश्न, या राजनीतिक दर्शन का विषय या फिर बौद्धिक विमर्श का मुद्दा भर नहीं है। मेरे लिए यह कहीं अधिक एक गम्भीर व्यक्तिगत मसला है। मेरा जन्म भारतीय गणतन्त्र की स्थापना के सिर्फ़ छह साल बाद लन्दन में 1956 में हुआ था। मेरे माता–पिता भारतीय थे जिनके पास एक नये स्वतन्त्र हुए देश का वैध पासपोर्ट था। ब्रिटेन के तात्कालिक प्रावधानों का शुक्र है कि मैं अपने जन्म से ही एक ब्रिटिश पासपोर्टधारी होने की योग्यता रखता था। यद्यपि यह एक ऐसा अधिकार था जिसका उपयोग मैंने जीवन में कभी नहीं किया। यह विकल्प मेरे पास आज भी उपलब्ध है लेकिन मैंने उसे कभी नहीं चुना। इसीलिए इसे विकल्प के बजाय मेरा निर्णय कहना अधिक उपयुक्त होगा।

मेरे जीवन में विविध कारणों से ये प्रश्न उठते रहे हैं। 1975 में उन्नीस साल की उम्र में जब मुझे संयुक्त राज्य अमेरिका में ग्रेजुएट स्कूल जाने के लिए स्कॉलरशिप मिली उस वक़्त मैंने लन्दन में रुककर अपने सम्बन्धियों और मित्रों से मिलने की योजना बनायी। मैं अपने लिए अनुमति पत्र, जिसे उन दिनों 'एंट्री परमिट' के नाम से जाना जाता था, के लिए विधिवत रूप से आवेदन देते हुए कलकत्ता के ब्रिटिश उप–उच्चायोग (जैसा कि उन दिनों कहा जाता था) के प्रतीक्षा–कक्ष में बैठा अपनी बारी की प्रतीक्षा कर रहा था ताकि निर्धारित शुल्क जमा करने के बाद अपना अनुमति पत्र हासिल कर सकूँ। लेकिन जब मुझे अचानक उप–उच्चायुक्त के कमरे में जाने का संकेत दिया गया तब मुझे आश्चर्य के साथ–साथ थोड़ा संशय भी हुआ। मन में यह विचार करते हुए कि कहीं मुझसे कोई चूक तो नहीं हो गयी, मैं थोड़ी घबराहट के साथ उस उच्चाधिकारी के भव्य कार्यालय–कक्ष में दाख़िल हुआ। लेकिन मुझसे कहा गया, 'हमें खेद है, हम आपको एंट्री परमिट नहीं दे सकते।'

'लेकिन मैंने क्या ग़लती की है?' मैंने धृष्टता से पूछा। 'क्या मेरे आवेदन पत्र में कोई ग़लती रह गयी है?'

'नहीं, बिल्कुल नहीं,' उन्होंने मुस्कुराते हुए कहा, 'देखिए, आपके जन्म प्रमाणपत्र के मुताबिक़ आप ब्रिटिश पासपोर्ट के हक़दार हैं।'

'लेकिन मुझे ब्रिटिश पासपोर्ट की कोई ज़रूरत नहीं है!' मैंने अपनी आपत्ति प्रकट की। 'मुझे सिर्फ़ एक एंट्री परमिट की दरकार है।'

'मैं आपकी बात समझ रहा हूँ,' उप–उच्चायुक्त ने कहा। 'लेकिन आप मेरी बात को समझने की कोशिश कीजिए, हम किसी भी ऐसे आदमी को एंट्री परमिट नहीं दे सकते हैं जो क़ानूनन पासपोर्ट पाने का हक़दार है। यह हमारे प्रावधानों के विरुद्ध है।'

इस नये घटनाक्रम ने मुझे निरुत्तरित कर दिया था। 'क्या आपके कहने का मतलब है कि मैं लन्दन नहीं जा सकता? उसके लिए मुझे ब्रिटिश पासपोर्ट की आवश्यकता होगी?'

'नहीं, मैं यह नहीं कह रहा हूँ,' उन्होंने मुझे तसल्ली देने में तत्परता दिखाते हुए कहा। 'हम आपको एंट्री परमिट जारी नहीं कर सकते लेकिन वहाँ के अधिकारी आपको लन्दन में प्रवेश करने से मना नहीं कर सकते क्योंकि आपको वहाँ रहने का नैसर्गिक अधिकार प्राप्त है। आप लन्दन जाइए और आव्रजन अधिकारी को सिर्फ़ यह प्रमाणपत्र दिखा दीजिए कि आपने वहीं जन्म लिया है। वे स्वतः आपको लन्दन में प्रवेश करने देंगे। वे आपके पासपोर्ट पर कोई मुहर भी नहीं लगायेंगे।'

उनके आश्वासन के बाद भी मेरे मन का संशय दूर नहीं हुआ। मेरी सभी दलीलों को सुनकर जब उन्होंने किसी भी स्थिति में मुझे एंट्री परमिट देने से इनकार कर दिया तो मैंने उनके हाथ से अपना भारतीय पासपोर्ट वापस ले लिया और सोचा कि अब जो भी होगा वह देखा जायेगा। बहरहाल उन्होंने जो कहा था, ठीक वैसा ही हुआ : जब मैं लन्दन के हीथ्रो हवाई अड्डे पर उतरा तो मुझे बिना किसी रोकटोक के भीतर जाने दिया गया। बल्कि आव्रजन अधिकारी ने यह कहते हुए मुझे सहयोग किया कि आगे से जब कभी मैं लन्दन उतरूँ तब मैं उस छोटी लाइन का इस्तेमाल किया करूँ जो ख़ासतौर पर ब्रिटिश नागरिकों के लिए बनायी गयी थी। अधिकारियों की नज़र में मैं भी एक ब्रिटिश नागरिक ही था।

1979 के पहले तक मैंने यह सुविधा कुछेक बार और ली। लेकिन जब मारग्रेट थैचर प्रधानमन्त्री बनीं तब उन्हें लगा कि कॉमनवेल्थ देश के नागरिकों के लिए विशेष रूप से बनायी गयी एंट्री परमिट व्यवस्था में कई कमियाँ थीं। लिहाज़ा उन्होंने आगे से सभी देश के नागरिकों के लिए वीसा को आवश्यक कर दिया। जब अपने पदस्थापन की अवधि में मैं जिनेवा स्थित ब्रिटिश दूतावास गया तब उन्होंने मुझे बताया कि उनके नये प्रावधानों में किसी प्रकार की छूट की गुंजाइश नहीं है, सो अब से मुझे अपने वीसा के लिए भुगतान करना पड़ेगा। यह शुल्क बहुत अधिक था क्योंकि ब्रिटिश अधिकारी मनमानी रक़म वसूल कर कॉमनवेल्थ से सम्भावित आप्रवासन पर लगाम लगाना चाहते थे।

इसके बावजूद थियेटर, क्रिकेट, किताबें और पारिवारिक मित्रों के आकर्षण से बँधे होने के कारण मैंने और मेरी पत्नी ने ब्रिटेन जाना नहीं रोका। जिनेवा से आठ घण्टे की लम्बी ड्राइव और एक चैनल–फेरी की यात्रा के बाद ब्रिटेन पहुँचा जा सकता था। हालाँकि बार–बार वीसा के लिए आवेदन करने की प्रक्रिया ख़ासी ख़र्चीली थी, लेकिन मैं उसका भुगतान जिनेवा में ब्रिटिश राजदूत से करवाने में सफल रहता था जो मेरे लिए मित्रवत थी। अजीब विडम्बना थी कि मैं क़ानूनी तौर पर जिस देश का पासपोर्टधारी था, वहाँ का वीसा हासिल करने के लिए मुझे पैसे चुकाने पड़ते थे। मैं जिस मुल्क में रहने का हक़दार था उसमें दाख़िल होने के लिए मुझे वीसा के तौर पर इजाज़त लेने की ज़रूरत थी।

राजदूत भी मानती थीं कि यह एक बेतुकी क़वायद के साथ प्रावधानों की कमियों का फ़ायदा उठाने की कोशिश है। लेकिन इसके अलावा और कोई उपाय भी नहीं था। प्रवेश के लिए नीतियों में सख़्ती के साथ ही थैचर सरकार ने ब्रिटिश मूल के लोगों के लिए 'रहने के अधिकार का प्रमाणपत्र' (सर्टिफ़िकेशन ऑफ़ द राइट टू अबोड) जैसी प्रणाली भी बनायी। इस प्रणाली का उद्देश्य उन लोगों को ब्रिटेन में प्रवेश और निवास की सुविधा प्रदान करना था जिनके माँ–बाप या पूर्वज ब्रिटिश उपनिवेशों में जन्मे थे क्योंकि नये क़ानून के अन्तर्गत उनके इस सुविधा से वंचित होने का संकट उत्पन्न हो गया था। हालाँकि मैं ब्रिटिश मूल का नहीं था फिर भी शायद उनका यह मानना था कि अपने पासपोर्ट के साथ ऐसा ही प्रमाणपत्र संलग्न करने से मेरी परेशानी का अन्त हो जायेगा।

कुछेक हफ़्ते तक ख़ासी माथापच्ची के बाद उनके कार्यालय से फ़ोन आया और मुझे बताया गया कि लन्दन ने उनके प्रस्ताव को निरस्त कर दिया है। उन्होंने खेद प्रकट करते हुए कहा, 'मुसीबत यह है कि ब्रिटिश क़ानून के तहत हम उस पात्रता को प्रमाणित नहीं कर सकते हैं जो स्वाभाविक रूप से आपका अधिकार है।' क़ानूनसंगत होने के बाद भी किसी काम को व्यावहारिकता के आधार पर किस तरह से अटकाया जा सकता है—ब्रिटिश नौकरशाही की इस अद्भुत सैद्धान्तिक कुशलता के सामने मैंने भी अपने हाथ खड़े कर दिये। (भारतीय नौकरशाही ने ये गुण विरासत के तौर पर कहाँ से हासिल किये हैं, मैं अब इस रहस्य से बख़ूबी परिचित हूँ और इसका पूरा श्रेय ब्रिटिश उपनिवेशवाद को देता हूँ!)

बहरहाल, राजदूत मानवीय संवेदनाओं से भरी एक उदार महिला थीं। वे अपने फ़ैसले पर अडिग रहीं और कुछ दिन बाद उन्होंने मुझे अपने दफ़्तर में दोबारा बुलाया। 'मेरे पास आपकी मुश्किल का एक दूसरा हल है,' वे मुस्कुराती हुई बोलीं। उन्होंने मुझसे मेरा पासपोर्ट लिया, अपना पेन निकाला और 'प्रमाणीकरण' शब्द को काटते हुए ठीक उसकी बगल में लिखा—'कन्फ़र्मेशन'।

'यह लीजिए,' उन्होंने दमकते हुए चेहरे के साथ पासपोर्ट मुझे लौटा दिया और कहा, 'मैं आपके जन्मजात अधिकार को प्रमाणित नहीं कर सकती हूँ लेकिन ऐसा कोई क़ानून नहीं है जो मुझे इस अधिकार की पुष्टि करने से रोक सके। अब आप वीसा की जगह अपने इस 'कन्फ़र्मेशन' का उपयोग कर सकते हैं।'

मेरा प्रयोजन सिद्ध हो चुका था। उसके बाद तक़रीबन दो दशक तक अपने पासपोर्ट के साथ 'कन्फ़र्मेशन ऑफ़ द राइट ऑफ़ अबोड सर्टिफ़िकेट' लेकर मैं बिना किसी रोकटोक के ब्रिटेन आता–जाता रहा। मैं जिस बात की दावेदारी करना चाहता था, वह अब अधिकार के रूप में मुझे प्राप्त हो चुका था। उसके बाद कम्प्यूटरीकरण और मानकीकरण के युग की शुरुआत हो गयी। अस्पष्टता की आड़ में सुविधाएँ लेना कठिन हो गया, और मैं फिर से नये वीसा दरों के मुताबिक़ प्रिंटेड प्रमाणपत्र (जिस पर हाथ से कुछ भी लिखा जाना वर्जित था) के लिए भुगतान करने लगा। उन प्रमाणपत्रों का नवीनीकरण हर पाँच साल पर आवश्यक कर दिया गया और प्रत्येक बार शुल्क की राशि में बेतहाशा वृद्धि की जाने लगी।

ऐसे ही नवीनीकरण के क्रम में न्यू यॉर्क स्थित ब्रिटिश दूतावास के एक अधिकारी ने विनम्रतापूर्वक मुझे बताया कि उस समय मुझे अपने पासपोर्ट के लिए 15 पाउंड चुकाना पड़ा था जबकि मेरे वीसा के लिए मुझे 65 पाउंड का भुगतान करना पड़ा। मैंने उसे उत्तर दिया था, 'भारतीय होने का सुख उठाने के लिए मैं हँसते–खेलते यह राशि चुकाऊँगा। भले ही मैंने ब्रिटेन में जन्म लिया है लेकिन जब मैं ख़ुद को आईने में देखता हूँ, मुझे हमेशा एक भारतीय दिखाई देता है।'

जिस आदमी ने ज़िन्दगी भर एक महानगरीय, बल्कि वैश्विक जीवन–पद्धति को अपनाया उसके लिए अपनी भूमि से जुड़ाव की अनुभूति को प्रकट कर पाना बहुत मुश्किल है। तेज़ी से सर उठाते हुए उग्र–राष्ट्रवाद की दुनिया में भावनात्मक स्तर पर भी यह एक दुष्कर काम है। भले ही बम्बई में मेरे स्कूल के सहपाठी मेरी विदेशी उत्पत्ति को लेकर हमेशा मेरा मज़ाक़ उड़ाते थे, लेकिन बहुत छोटी उम्र से ही मैंने ख़ुद से यह सवाल करना शुरू कर दिया था कि–मैं कौन हूँ?

मेरे पिता एक सिद्धान्तवादी व्यक्ति थे और उस पीढ़ी से ताल्लुक रखते थे जिसने आज़ादी हासिल की थी–हालाँकि जिस समय देश आज़ाद हुआ था उस समय उनकी उम्र अट्ठारह साल से भी कम रही थी। उन्होंने बेशक आज़ादी की लड़ाई में कोई सक्रिय भागीदारी नहीं की थी लेकिन उन्होंने स्वतन्त्रता–सेनानियों को अपना नैतिक समर्थन ज़रूर दिया और महात्मा गाँधी की अपील पर अपना जातिसूचक उपनाम भी छोड़ दिया। 1948 में अपने बड़े भाई के बुलाने पर वे केरल के अपने गाँव से सीधे लन्दन रवाना हो गये थे। जिस तरह केरल के अधिकांश युवा अपनी क़िस्मत आज़माने के लिए बम्बई और कलकत्ता रवाना हो जाते थे, उनका लन्दन जाना भी कुछ हद तक इसी जज़्बे से प्रेरित था। हालाँकि वे बतौर एक छात्र वहाँ गये थे और उनकी उम्र तब उन्नीस भी नहीं हुई थी लेकिन उन्होंने अपने लिए उसी समय से कमाना शुरू कर दिया था। वे लन्दन में भारतीय अख़बारों के लिए काम करते थे जिनके कुछ दफ़्तर आज भी इस पुरानी महानगरीय राजधानी में खुले हुए मिल जायेंगे। बहरहाल, लन्दन में राज़ी–ख़ुशी एक दशक गुज़ारने के बाद उन्होंने और मेरी माँ ने वापस भारत लौट जाने का फ़ैसला किया। उनका यह मानना था कि वह भारत ही है जिससे वे अन्ततः जुड़े हुए हैं। यह दुर्भाग्यपूर्ण बात थी कि

बढ़ते हुए भ्रष्ट्राचार, लचर प्रशासनिक व्यवस्था और लाल फ़ीताशाही के कारण उनके जैसा अधिक टैक्स भुगतान करने वाले वेतनभोगी के लिए भी रोज़मर्रे की अपनी ज़रूरतों को पूरा कर पाना मुश्किल हो गया। मुझे अनेक बार मेरे पिता अपने ही निर्णय पर पछताते हुए दिखे। लेकिन अपनी भारत वापसी से मेरे पिता मेरे भीतर अस्मिता की उत्सुकता का बीजारोपण करने में सफल रहे। मैं उनका बड़ा पुत्र था और मेरे लिए भारत केवल एक भौगोलिक भूमि का नाम नहीं था, बल्कि उन आदर्शों का प्रतीक था जो पूरे विश्व में इसका प्रतिनिधित्व करता था।

एक विशालकाय, बहुभाषीय और बहु–नस्लीय आबादी को बहुलतावाद और लोकतन्त्र के चमत्कारिक प्रयोगों के ज़रिये ग़रीबी और अभावों से बाहर निकालने के आदर्श ने मुझे हमेशा आसक्त और मन्त्रमुग्ध किये रखा। इन्हीं आदर्शों की पड़ताल मैंने किसी–न–किसी रूप में अपनी बीस से भी ज़्यादा कथा और कथेतर पुस्तकों में करने का प्रयास किया है। यह जतन मैंने विदेश–प्रवास और उनतीस सालों तक राष्ट्रसंघ के लिए काम करने के दौरान भी किया लेकिन इस क्रम में मैं उन प्रश्नों में और अधिक उलझता गया। लगभग तीन दशक तक मैं ऐसा दुर्लभ प्राणी बनकर रहा जिसे आप चाहें तो 'अन्तरराष्ट्रीय नौकरशाह' भी कह सकते हैं जिसका काम सिर्फ़ अपने देश की सेवा करना भर नहीं था बल्कि उसे मनुष्यता के सामूहिक हितों के लिए काम करना था। मैंने एक ऐसे संगठन को अपना योगदान दिया था जहाँ मेरी राष्ट्रीयता की परिभाषा और सीमाएँ उसमें प्रवेश करने के प्रयोजनों की समानुपातिक थीं। चूँकि केन्द्रीय राष्ट्रसंघ स्टाफ़ में नियुक्ति 'भौगोलिक विभाजन' पर निर्भर थी, और राष्ट्रीय कोटा यह सुनिश्चित करता था कि आप जिस पद के लिए योग्य हैं, उस पद पर आपकी नियुक्ति होगी या नहीं। (इसका वास्तविक कारण यह माना जाता था कि राष्ट्रसंघ में भारतीय प्रतिनिधित्व पहले से ही आवश्यकता से कहीं अधिक है। इसीलिए मैंने शरणार्थियों के लिए राष्ट्रसंघ के उच्चायुक्त के कार्यालय में अपना योगदान दिया। अपनी मूल संस्था की तरह इस एजेंसी या योजना में राष्ट्रीयता का कोटा लागू नहीं होता था।)

ऊपर से विडम्बना यह थी कि मुझे उन शरणार्थियों के लिए काम करना था जो अपने ही देश से भागने को विवश हुए थे, उनकी सरकारों से संवाद करके उन शरणार्थियों को अपने ही देश की सीमाओं में फिर से

वापिस ले लेने के लिए राज़ी करना था, और इतना कुछ करने के बाद भी, शान्ति बनाये रखने के लिए ज़िम्मेदार अधिकारी के रूप में दो देशों में परस्पर झड़प और उनकी आन्तरिक अराजकता या तनाव को बढ़ने से रोकना था। राष्ट्रसंघ के मुख्यालय में मैंने जिन सहकर्मियों के साथ काम किया, उनको मैं उनकी प्रतिभा, कार्यकुशलता, विशेषज्ञता और कई बार उनकी काहिली के कारण जानता था, उनके पासपोर्टों के कारण नहीं। वे 'द फील्ड गाए', 'द एडमिन व्हिज़', 'द ब्रिलियंट ड्राफ्ट्सवुमन', 'द लीगल ईगल' जैसे नामों से जाने जाते थे, न कि अपने ब्राजीलियाई, जापानी, जर्मन, या कीनियाई होने की वजह से। नीले झण्डे की सेवा के अधीन उन सबकी अपनी राष्ट्रीयता का कोई अर्थ नहीं था।

महासचिव के उच्चस्थ पद के लिए कड़ी लेकिन असफल प्रतिस्पर्द्धा के बाद अन्ततः जब मेरा कार्यकाल समाप्त हुआ, तब भी मेरे पास विदेश में बसने के विकल्प उपलब्ध थे और मैं तीन देशों में से किसी एक में स्थायी रूप से निवास कर सकता था। लेकिन मैंने यह नहीं किया। मैं यह कर भी नहीं सकता था। मैं अपने देश लौट आया और ख़ुद को भारतीय राजनीति की तेज़ आँधी में झोंक दिया ताकि इस महान लोकतन्त्र में अपना तुच्छ योगदान दे सकूँ। भारतीय राजनीति में प्रवेश करने के लिए ही मैंने राष्ट्रसंघ की दुनिया को अलविदा कह दिया। जिस देश में अधिकतर राजनेता अपने कथित राष्ट्रप्रेम को अपनी आस्तीनों पर लिए घूमते हैं, उस देश में मैंने भारतीय तिरंगे के लिए राष्ट्रसंघ की लपेल पिन का मोह त्याग दिया।

लेकिन, आख़िरकार इससे क्या हासिल हुआ? आज जब मैं इन पंक्तियों को दर्ज कर रहा हूँ तब यह देश नरेन्द्र मोदी के नेतृत्व में भारतीय जनता पार्टी (भाजपा) के शासन के दूसरे कार्यकाल से गुज़र रहा है, और दुर्भाग्य से, भारतीय राष्ट्रवाद का जो मूल सार है उसकी बुनियादी बनावट को कड़ी चुनौतियों का सामना करना पड़ रहा है। ब्रिटेन से स्वतन्त्र होने के सत्तर साल लम्बे संघर्ष और औपनिवेशिक सरकार से मुक्ति पाकर अगले सत्तर वर्षों तक उस स्वतन्त्रता को सुरक्षित करने के प्रयासों के बाद 'भारत की अवधारणा' का निर्माण किया गया था। मोदी की भाजपा अपने आरम्भिक सालों से ही भारतीयता की इस मूल आत्मा को इस तर्क के साथ ललकारती रही है कि राजनीतिक, सामाजिक और सांस्कृतिक तत्त्वों

को प्रोत्साहित करके इस महान बहुलतावादी और बहुधार्मिक लोकतन्त्र को एक 'हिन्दू राष्ट्र' के रूप में पुनर्निर्मित करने की आवश्यकता है। भाजपा सरकार की इस महत्त्वाकांक्षा से असहमत होने अथवा उसका विरोध करने वालों को 'राष्ट्र–विरोधी' माना जाता है। ऐसी स्थिति में मेरे मन में यह प्रश्न बार–बार उठता है–यदि अपनी असहमति के कारण मैं राष्ट्र–विरोधी हूँ तब एक सच्चा राष्ट्रवादी होना क्या होता है?

एक सांसद के रूप में इस राजनीतिक विमर्श में निरन्तर व्यस्त रहने और एक अतिथि स्तम्भकार के रूप में विभिन्न भारतीय प्रकाशन समूहों के लिए लगातार लिखने के क्रम में मैंने बहुत गम्भीरता के साथ यह अनुभव किया कि इस अवसर का उपयोग मुझे रोज़मर्रे की इन बहसों के बृहत्तर और बेहतर विश्लेषण के लिए करना चाहिए। मेरा उद्देश्य भारतीय राजनीतिक परिदृश्य में ताज़ा–ताज़ा आये उन्माद को राष्ट्रवाद और देशप्रेम की आधारभूत अवधारणा, और जनमानस तथा समकालीन भारतीय वास्तविकताओं के व्यापक सन्दर्भों में स्थापित करना था। मेरे इन्हीं विचारों का परिणाम है यह पुस्तक।

मैं कोई राजनीति विज्ञान की पाठ्यपुस्तक नहीं लिख रहा हूँ, और न इस पुस्तक में उठाये गये मुद्दे का हल ढूँढ़ निकालने का ही मेरा कोई दावा है। *अस्मिता का संघर्ष* वास्तव में एक आम सजग नागरिक का आँखों देखा वृत्तान्त है जिसे उसने वर्तमान दुनिया और विशेष रूप से भारत के सन्दर्भ में राष्ट्रवाद को समझने का प्रयास करते हुए लिखा है। दुनिया के विविध नस्लीय राष्ट्रवाद–जिनमें धार्मिक, भाषायी, सांस्कृतिक और अन्य सभी प्रकार के राष्ट्रवाद शामिल हैं; एक उदार और लोकतान्त्रिक संविधान के सहारे विकसित हुआ भारत का वर्तमान नागरिक राष्ट्रवाद; और उस नागरिक राष्ट्रवाद को एक धार्मिक–सांस्कृतिक राष्ट्रवाद में बदल देने के मौजूदा मंसूबे आदि जैसे आधारभूत प्रश्न इस पुस्तक के प्रमुख विषय हैं। यदि यह पुस्तक पाठकों को इन महत्त्वपूर्ण विषयों पर नये सिरे से विचार करने के लिए उद्वेलित करती है तभी अपने उद्देश्य को प्राप्त करने में सफल मानी जायेगी।

22 जून, 2020 **–शशि थरूर**

नयी दिल्ली

पहला खण्ड

राष्ट्रवाद की अवधारणा

यूगेन डेलाक्रिक्स की अप्रतिम चित्रकारी 'Liberty leading the people' (वर्ष 1830)

मैंने एक ऐसे भारत में जन्म लिया था जहाँ लोग कई बातों को एक नैसर्गिक लापरवाही के साथ लेने के आदी रहे हैं : जैसे हमारे लिए राष्ट्रवाद एक 'अच्छी बात थी', जैसे राष्ट्रवादी आन्दोलन एक वीरतापूर्ण उद्देश्य था, जैसे ब्रिटिशों के ख़िलाफ़ राष्ट्रीय संघर्ष का नेतृत्व करने वाले महात्मा गाँधी, जवाहरलाल नेहरू जैसे हमारे अन्य नेता ऊँचे राष्ट्रीय आदर्शों से प्रेरित थे, और जैसे भारतीय राष्ट्रीयता हमारे लिए एक ऐसी ऐतिहासिक विरासत थी जिस पर हम सभी भारतीयों को गौरव करना चाहिए था... वगैरह...वगैरह...मेरे लिए राष्ट्रवाद, जैसा कि मैंने प्रस्तावना में लिखा भी है, प्रत्यक्ष रूप से मेरी अस्मिता का प्रश्न है जो भारतीय माता–पिता से मेरे जन्म और ब्रिटिश राज के अवशेषों से उभरे औपनिवेशिक भारत–दोनों ही स्थितियों से अपनी पूरी सजगता से जुड़ा हुआ है। जिन मूल्यों को मैंने अपने घर–परिवार में आत्मसात किया और जिनका परिष्कार मेरे स्कूल के दिनों में हुआ, वे राष्ट्रवाद से गहरे रूप से सम्बन्धित मूल्य थे (जिन्हें उन दिनों हम स्वतन्त्रता के आन्दोलन के तौर पर भी जानते थे) : मसलन समावेशिता, मतभिन्नता की स्वीकार्यता, विविधता का उत्सव, सभी धर्मों के प्रति सम्मान का भाव, समानता और सौहार्द, तथा ग़रीबों के लिए चिन्ताएँ इत्यादि। अगर हाई स्कूल या कॉलेज के दिनों में कोई मुझसे राष्ट्रवाद के बारे में कोई सवाल पूछता तो उसकी पहचान के तौर पर मैं शायद इन्हीं सब बातों का उल्लेख करता।

सच यही है कि बचपन में मेरे मन में राष्ट्रवाद का कोई वैचारिक आधार नहीं था। यह कमोबेश उसी रूप में मेरे मानस में अंकित था जिस रूप में यह मुझे बताया गया था–एक विकसित होते विचार के रूप में जो हमारे प्रचलित लोकाचारों में एक अविलेय या अघुलनशील तत्त्व के रूप में उपस्थित था। हम सभी राष्ट्रवादी थे। हमें अपने स्कूलों में झण्डोत्तोलन करते हुए गर्व अनुभव होता था। हमें दो सदी पुराने ब्रिटिश राज का नाश करने का अभिमान था। (हम एक परिपाटी की

तरह उपनिवेशवादियों पर राष्ट्रवादियों की जीत को याद करते थे जबकि वास्तविकता यह थी कि अंग्रेज़ों ने स्कूल जाने वाले बच्चों को कभी व्यर्थ परेशान नहीं किया।) यह राष्ट्रवाद व्यवस्था द्वारा सम्पोषित था और अब हम इसे ही सच मानने लगे थे। इस विचार को निर्मित और विकसित भारतीय राष्ट्रीय कांग्रेस ने किया था और हमारे लिए भी भारतीय राष्ट्रवाद की यही उच्चतम अवधारणा थी। लेकिन इस राष्ट्रवाद में नागरिकों को सरकार से असहमत होने और उसका विरोध करने का अधिकार हासिल था। यह अधिकार भारतीय लोकतन्त्र का मूल तत्त्व था, और सरकार की आलोचना करने वाले किसी भी रूप में कांग्रेस से कमतर राष्ट्रवादी नहीं थे।

लेकिन जैसे–जैसे मेरी उम्र बढ़ती गयी और मेरा अध्ययन विस्तृत होता गया वैसे–वैसे मैंने यह महसूस किया कि मेरे भीतर राष्ट्रवाद की जो धारणा है वह कुछ सवालों का जवाब चाहती है और उसे अच्छी तरह आत्मसात करने और सहमत होने के लिए उसके गहन विश्लेषण की आवश्यकता है। इस खण्ड के सभी अध्याय राष्ट्रवाद के इसी साहित्य और इतिहास को लिपिबद्ध करने का प्रयास हैं ताकि उन्हें वैश्विक धाराओं के साथ जोड़कर देखा जा सके।

मैंने अपने लेखन के अधिकतर सैद्धान्तिक तत्त्व पश्चिम से लिए हैं क्योंकि राष्ट्रवाद और राष्ट्र–देश की बुनियादी अवधारणा अपनी उत्पत्ति में मूलतः पश्चिमी ही है। राष्ट्रवाद अधकचरे रूपों में उपनिवेशवाद और वैश्विक व्यापार के ज़रिये दुनिया के दूसरे हिस्सों तक पश्चिम से ही पहुँचा है। हालाँकि इस पुस्तक का तीन चौथाई अंश भारत में राष्ट्रवाद की अवधारणा से सम्बन्धित है, लेकिन मैं इस विचार के ढाँचागत ख़तरों के प्रति भी सतर्क हूँ जो एक वर्गीकरण के रूप में पूरब द्वारा पश्चिम से आयात किया जा रहा है। राष्ट्रवाद से जुड़े अस्मिता के विभिन्न स्वरूपों के समग्र विश्लेषण के लिए मैंने उन प्रचलित शब्दावलियों का प्रयोग किया है जिन्हें समझने में सामान्यतः कोई समस्या नहीं है। इस दृष्टि से यह खण्ड पूरी दुनिया में राष्ट्रवाद के सिद्धान्त और व्यवहार का विश्लेषण करने के उद्देश्य से लिखा गया है। इसके बाद के खण्डों में मैं इसे भारतीय परिप्रेक्ष्य से जोड़ते हुए विश्लेषित करने का प्रयास करूँगा क्योंकि भारत वापसी के बाद मुझे भी यहाँ के राष्ट्रवाद के नये संस्करण से जूझना पड़ा है।

1

राष्ट्रवाद का उत्थान

एक धारणा के रूप में विकसित होने से पहले राष्ट्रवाद को अनेक चरणों से होकर गुज़रना पड़ा। मूलतः अंग्रेज़ी का यह शब्द सामान्य प्रचलन में 1844 में आया, हालाँकि ट्यूडर के शासनकाल में पन्द्रहवीं सदी के अन्त में इस तर्क के साथ एक प्रस्ताव निरस्त हो चुका था कि 'अंग्रेज़ लोग वस्तुतः एक राष्ट्र हैं'। प्राचीन रोम में 'नेशन'–natio–का वास्तविक अर्थ बिल्ली के नवजात बच्चों का फैलाया हुआ कूड़ा–करकट था। इसका प्रयोग विदेशियों और आप्रवासियों के सन्दर्भ में किया जाता था क्योंकि उन्हें रोमन नागरिकों द्वारा पशुवत समझा जाता था। लेकिन समय बीतने के साथ–साथ इस शब्द ने अपने इस तिरस्कार भरे रूढ़ अर्थ को त्याग दिया और साझा विचारों[1] वाले समुदाय को इंगित करने के लिए प्रयुक्त होने लगा। लातिनी उत्पत्ति की दृष्टि से 'natio' और 'natus' (दोनों शब्दों की उत्पत्ति 'nascor' अर्थात 'मैंने जन्म लिया' है। इसका वास्तविक रूप 'natus sum' यानी 'मैंने जन्म ले लिया है') इस बात की ओर संकेत करता है कि प्राचीन रोमनों के लिए 'natio' का अर्थ उस समूह से था जो केवल अपने जन्म के परिस्थितिवश आपस में जुड़े थे–ख़ासतौर पर एक बड़ा क़बीला, या मनुष्यों का ऐसा संघ जो रक्त–सम्बन्धों से आपस में जुड़े थे, लेकिन उन्हें रोमन नागरिक होने के योग्य नहीं माना जाता था। दिलचस्प बात यह थी कि हर एक 'natio' का अपना निर्धारित आकार होता था। 'Natio' एक परिवार से बड़ा और एक वंश और कुटुम्ब से

1. लियाह ग्रीनफेल्ड, *नेशनलिज़्म : ए शॉर्ट हिस्ट्री*, वाशिंगटन डीसी : ब्रूकिंग्स, 2019, पृ. 5 और 16।

छोटा होता था। रोमन दार्शनिक सिसेरो यहूदियों और सीरियाई लोगों के बारे में बोलते हुए उन्हें 'गुलामी करने के लिए जन्मे लोग'[2] बताते हैं।

'नेशन' शब्द का प्रयोग उन्नीसवीं सदी के बीच आरम्भ हुआ जब इसे एक व्यक्ति की अपने देश के प्रति निष्ठा और प्रेरणा दिखाने के लिए एक पर्यायवाची अर्थ में प्रयोग किया जाने लगा। लेकिन ब्रिटिश, फ्रांसीसी, उस्मानिया और ऑस्ट्रो–हंगेरियाई जैसे विशाल साम्राज्यों के युग में यह निश्चित रूप से कोई बहुत विश्वसनीय भावना नहीं थी क्योंकि राष्ट्रवादी होने का अर्थ उस साम्राज्य का विरोध करना था जिसका हिस्सा उस व्यक्ति का देश भी था। राष्ट्रवाद मुख्यतः राष्ट्रीय एकता और स्वतन्त्रता की भावना की अभिव्यक्ति थी, और इसे बड़े साम्राज्य से खुद को काटकर अपने लिए अलग राष्ट्र के निर्माण के माध्यम से ही प्राप्त किया जा सकता था। लिहाज़ा साम्राज्यवाद के उस रूढ़ समय में अगर राष्ट्रवाद को सन्देह की दृष्टि से देखा जाता था तो यह कोई हैरत की बात नहीं थी। हालाँकि एक तरफ़ उस्मानिया और ऑस्ट्रो–हंगेरियाई सल्तनत के बीच महत्त्वपूर्ण मतभेद थे, दोनों ही नीतिबद्ध रूप में बहु–नस्लीय सल्तनत थे जबकि दूसरी तरफ़ ब्रिटिश और फ्रांसीसी दोनों ही बड़ी चतुराई के साथ अपने–अपने देश में राष्ट्रवादी मॉडल और आदर्शों का विकास कर रहे थे और साथ ही अपने–अपने उपनिवेशों में उन्हें थोपने का प्रयास भी कर रहे थे। फ्रांसीसी सल्तनत अफ़्रीका और एशिया के छोटे बच्चों को सेनेगल और वियतनाम में हास्यास्पद रूप में निष्ठा के साथ 'नोस अन्सत्रेस लेस गौलोईस' (गॉल हमारे पूर्वज हैं) सिखाने में जुटी थी। लेकिन सन्तुलन और समावेश साम्राज्यवाद के आखेट के ऐसे हथियार थे जो दोनों तरफ़ से मार करने की क्षमता रखते थे। आख़िर यह बात कैसे भूली जा सकती है कि उस समय रानी विक्टोरिया भारत की सम्राज्ञी थीं। यह जनसामान्य के लिए एक सामान्य बात थी; लेकिन उपनिवेश के एक गुलाम के लिए नस्लीय भेदभाव और स्वामित्व ही वास्तविकता थी।

इतिहास की दृष्टि से अट्ठारहवीं सदी के अन्त में फ्रांसीसी और अमेरिकी क्रान्ति ने सबसे पहले कमज़ोर देशों पर आधिपत्य स्थापित करने वाले उन

---

2. गुइडो जेर्नात्तो और अलफोंसो जी. मिसट्रेटा, 'नेशन : दी हिस्ट्री ऑफ़ ए वर्ड', *दी रिव्यू ऑफ़ पॉलिटिक्स,* वॉल्यूम 6, न. 3, जुलाई 1944, पृ. 351–66।

विशाल साम्राज्यों को चुनौतियाँ दी थीं जो उस समय अपनी सत्ता के शीर्ष पर थे। (उन्नीसवीं सदी की शुरुआत में हैती में भी क्रान्ति की शुरुआत हो चुकी थी।) फ्रांसीसियों द्वारा अपने ही राजा को अपदस्थ करने के बाद अमेरिकियों ने ब्रिटिशों को उस समय खदेड़ दिया जिस समय वे दुनिया भर के अपने उपनिवेशों में अपनी स्थिति को और अधिक सुगठित करने की प्रक्रिया में व्यस्त थे। इस ऐतिहासिक हार से ब्रिटिश राजतन्त्र के अपने साम्राज्य विस्तार के कथित पवित्र अधिकारों को कड़ा झटका लगा। अनेक वर्षों तक उपनिवेशों के एक बिखरे समूह के रूप में रहने के बाद वे सिर्फ़ ब्रिटिश राज से मुक्त होने के दृढ़ निश्चय के साथ एकताबद्ध हुए थे। अमेरिकियों ने राष्ट्रीयता के इस नये विचार की नींव रखी जिसने साझा राजनीतिक और आर्थिक हितों से प्रेरित होकर लोकतन्त्र और पूँजीवाद की मिली–जुली व्यवस्था के अधीन अमेरिकी लोगों को एकीकृत करने का काम किया। इस प्रकार आधुनिक राष्ट्रवाद का जन्म हुआ।

इन दोनों क्रान्तियों ने राष्ट्रवाद को उन्नीसवीं सदी के मध्य तक एक वैश्विक घटना में परिणत करने में बड़ी भूमिका निभायी। शुरुआत जर्मनी में स्वछन्दतावादी (रोमांटिसिज़्म) विचारों से हुई जिन्होंने 1848 की क्रान्ति की आधारशिला रखी। उसके बाद गैरीबाल्डी, कैवूर, और मैज़िनी के नेतृत्व में इटली और बिस्मार्क की अगुआई में जर्मनी का एकीकरण हुआ। बाद के सालों में कुछ लातिनी अमेरिकी देशों ने भी क्रान्ति और राष्ट्रवाद के इस रास्ते का अनुसरण किया। सामान्य जनता को अपनी मातृभूमि के प्रति एक अन्तरंगता, अपने पुरखों की विरासत और पारम्परिक संस्कृति के साथ भावनात्मक लगाव और अपनी जन्मभूमि के प्रति निष्ठावान होने के लिए उस पर अपने ख़ुद के अधिकार की स्थापना जैसे कारकों ने उन्हें एक राष्ट्र–देश के निर्माण के लिए प्रोत्साहित किया। (विचित्र बात यह थी कि मेटरनिख जैसे कट्टर रूढ़िवादी भी राष्ट्रवादी विचारों को कुचलने के क्रम में एक ऐतिहासिक विडम्बना से टकरा रहे थे : कि राष्ट्रवाद की उपेक्षा कर आधुनिक उदारवाद के बारे में सोचना भी व्यर्थ है)।

प्रथम विश्वयुद्ध के दौरान जब यूरोप के दो विशाल साम्राज्यों–उस्मानिया और ऑस्ट्रो–हंगेरियाई सल्तनत का पतन हुआ तब राष्ट्रवाद को एक विश्वव्यापी अवधारणा के रूप में स्वीकार किया जाने लगा। दशकों तक पराधीन रहने के बाद जनता अब अपनी स्वतन्त्रता, आत्म–निर्णय, एकता

और समृद्धि के पक्ष में उठ खड़ी होने लगी थी। राष्ट्रवाद के जुनून से वशीभूत होकर यूरोप में अनेक देशों ने अपनी स्वतन्त्रता घोषित कर दी। द्वितीय विश्वयुद्ध ने भी राष्ट्रवाद के एक वैश्विक परिवर्तन के रूप में आकार लेने में अपनी महत्त्वपूर्ण भूमिका निभायी। तथाकथित तीसरी दुनिया के औपनिवेशिक देशों ने साम्राज्यवादी जुए से ख़ुद को मुक्त करने की कामना में राष्ट्रवाद के पक्ष में दोबारा अपनी आवाज़ें बुलन्द कीं। इस बार इस आवाज़ का स्वर उपनिवेश–विरोधी था।

लेकिन बीसवीं सदी में जन्मे अधिकतर राष्ट्र–राज्य अपनी सीमाओं के कारण अपने उद्देश्यों में असफल भी रहे। उनकी असफलता के मुख्य कारण अराजकता, भ्रष्टाचार और अधिनायकवाद थे। राष्ट्रीयता के आन्तरिक उत्साह और पड़ोसी राज्यों के साथ राष्ट्रीयता और भौगोलिक क्षेत्र से जुड़े विवादों ने भी उन्हें हिंसा, गृहयुद्ध और बिखराव के लिए उकसाने का काम किया। नतीजा यह हुआ कि बीसवीं सदी के अन्तिम सालों में बहुतों की नज़र में राष्ट्रवाद उतनी अनुकरणीय अवधारणा नहीं रह गयी। यह आत्म–निर्णय की आड़ में आतंकी क्रूरता और शोषण को छुपाने का मुलम्मा भर रह गयी।

1980 के बाद भूमण्डलीकरण के उभार ने एक ऐसी दुनिया का निर्माण किया जिसमें राष्ट्रवाद एक अप्रासंगिक बल्कि ग़ैर–ज़रूरी विचार हो गया। उपग्रह–संचालित संचार क्रान्ति, जेट यात्राओं और माउस की क्लिक या कर्सर के इशारे भर से दुनिया में कहीं भी लाखों के लेनदेन ने वैश्विक सम्पन्नता के नये रास्ते खोल दिये। एक वैश्विक दुनिया में राष्ट्रवाद कई अर्थों में महत्त्वहीन हो चुका था। अधिक–से–अधिक आर्थिक फ़ायदे के लिए दुनिया के शक्तिसम्पन्न देश अपनी सम्प्रभुता का यथासम्भव परित्याग कर रहे थे। चूँकि राष्ट्रवाद की अवधारणा के कट्टर पुरोधाओं में हिटलर और मुसोलिनी जैसे तानाशाह भी थे लिहाज़ा, दूसरे विश्वयुद्ध के समाप्त होने के लगभग तीस सालों के बाद 1980 के दशक से भूमण्डलीकरण के महान युग का सूत्रपात हुआ। तक़रीबन पचास सालों तक यूरोप के नक़्शे में निरन्तर बदलाव के बाद आख़िरकार राष्ट्रवाद न केवल अपनी सैद्धान्तिक चमक खोने लगा बल्कि उसने अपनी इस खोयी हुई चमक से अन्तरराष्ट्रीय अर्थव्यवस्था की प्रगति के नये रास्ते भी खोल दिये। सुरक्षा–मामलों में भी विश्व के देशों में सहयोग बना और नाटो (NATO)

जैसी राजनीतिक संस्थाओं ने अपनी प्रासंगिकता धीरे–धीरे खो दी। यूरोपियन स्टील कम्युनिटी (1952–2002), यूराटोम और कॉमन मार्केट, जो बाद में यूरोपियन इकोनॉमिक कम्युनिटी और आख़िरकार यूरोपियन यूनियन के तौर पर जानी जाने लगी, अपनी विश्वव्यापी पहचान बनाने की शुरुआत कर चुकी थी।

शीतयुद्ध की समाप्ति के बाद ही फ़्रांसिस फुकुयामा जैसे लेखकों ने विचार रखा था कि विश्व के महान और शक्तिशाली देशों के बीच टकराव समाप्त हो जायेगा। अपेक्षाकृत दूसरे छोटे मुद्दों के कारण इतिहास अपना आत्म–विश्लेषण करने को बाध्य होगा और बड़े अन्तरराष्ट्रीय उद्देश्यों के लिए राष्ट्रवाद जैसी अवधारणाओं से मुक्त हो जायेगा। यहाँ तक कि 1990 में जर्मनी के एकीकरण का स्वागत उन देशों ने भी किया जो जर्मनी की एकता से अब तक डरे हुए थे क्योंकि यूरोपीय योजनाओं ने ही अभी तक जर्मनी के राष्ट्रवाद पर अंकुश लगाये रखा था। राष्ट्र–देशों का विघटन भले ही कोई स्वर्णिम भविष्य नहीं था किन्तु उन देशों के विलय का निश्चित बेहतर भविष्य था।

2008–2009 की वैश्विक आर्थिक मन्दी और उसके बाद इक्कीसवीं शताब्दी के दूसरे दशक में दुनिया के कई देशों में जातीय राष्ट्रवाद की बढ़ती हुई लोकप्रियता ने राष्ट्रवाद को एक और कड़ा झटका दिया। इस स्थिति के दो कारक थे–नवउदारवाद का जन्म और विस्तार तथा विकसित देशों में भूमण्डलीकरण के प्रति एक बेरुखी। लेकिन दोनों ही कारणों में बृहत् अर्थशास्त्र (माइक्रो इकोनॉमिक्स) की दृष्टि से नवउदारवाद की भूमिका प्रमुख मानी जा सकती है। नयी व्यवस्था जिसे 'वाशिंगटन कांसेंस' के नाम से भी जाना जाता है और जिसका संरक्षक एकमात्र अमेरिका और उसके मित्र देश नहीं, बल्कि विश्व बैंक, अन्तरराष्ट्रीय मुद्रा कोष और विश्व व्यापार संगठन जैसी अन्तरराष्ट्रीय संस्थाएँ भी थीं, भूमण्डलीकरण के प्रति अपनी बेरुखी के कारण आर्थिक मन्दी की बड़ी वजह मानी जाती है।

नवउदारवाद के सिद्धान्त का श्रेय मुख्यतः ऑस्ट्रियाई–ब्रिटिश अर्थशास्त्री फ्रेडरिक अगस्त वान हायेक को जाता है जिन्हें बाद के सालों में मारग्रेट थैचर और रोनाल्ड रीगन ने अपने लिए प्रेरणा के रूप में स्वीकार किया। भूमण्डलीकरण के युग में आर्थिक नीतियों पर हायेक का प्रभाव दूरगामी माना गया जिसका समर्थन दिग्गज अमेरिकी अर्थशास्त्री मिल्टन फ्रीडमन

ने भी किया। चूँकि हायेक समाज से व्यक्तिगत रूप से गहरे जुड़े हुए थे इसलिए वे सिर्फ़ एक सैद्धान्तिक अर्थशास्त्री नहीं थे बल्कि उनके पास अर्थशास्त्र से जुड़ा एक व्यावहारिक दर्शन भी था। ब्रिटिश लेखक स्टीफन मेटकाफ ने उनकी अद्‌भुत प्रतिभा के बारे में लिखा है, 'एक वैश्विक बाज़ार और लाभ–हानि के गणक–विशेषज्ञ के रूप में हायेक का नवउदारवाद सामाजिक वास्तविकताओं को दर्ज करने और एक व्यक्ति के रूप में ख़ुद पर पुनर्विचार करने का एक कारगर तरीक़ा था।'[3] इसमें शहर, परिवार, प्रतिष्ठा, अधिकार और कर्तव्य जैसी आधुनिक नागरिक परिभाषाओं का कोई स्थान नहीं था। हायेक ने नवउदारवाद को मुट्ठी भर लोगों के हाथ से मुक्त करा व्यापक रूप से खुला बनाने का पर्याप्त प्रयास किया था ताकि सरकार के व्यर्थ हस्तक्षेप से आम आदमी के आर्थिक हितों और गतिविधियों की रक्षा की जा सके और बाज़ार को अधिक–से–अधिक नियन्त्रण–मुक्त रखा जा सके। साधारण मनुष्य को अपने आर्थिक हितों की रक्षा का अधिकार है इसलिए उसकी पसन्द की वस्तुओं को नीति निर्धारण से बाहर रखकर ही इस लक्ष्य को प्राप्त किया जा सकता था।

1990 के दशक के उग्र आर्थिक विकास जिसे अमेरिकी अर्थशास्त्री और फेडरल बैंकर एलन ग्रीनस्पेन ने 'तर्कविहीन प्रचुरता' का भी नाम दिया था, ने सोवियत संघ के विघटन और बर्लिन की दीवार के विध्वंस के बाद व्यापक आर्थिक अनियन्त्रण और निजीकरण की दिशा में पूरी दुनिया को नेतृत्व प्रदान करने का काम किया और मुक्त व्यापार, आपूर्ति–उन्मुख दुनिया और विश्वव्यापी समृद्धि का मार्ग प्रशस्त किया। मुक्त बाज़ार की नीतियाँ, शेयर बाज़ार का अनियन्त्रण, व्यापारिक बाधाओं में कमी, मूल्य–नियन्त्रण की समाप्ति, वैश्विक आपूर्ति–व्यवस्था की स्थापना, तीव्र निजीकरण और राज्य–प्रायोजित कल्याणकारी अनुदानों में कमी का आरम्भ नवउदारवाद के साथ ही माना जाता है। इस अपव्यय को सीमित करने का उद्देश्य वित्तीय नीतियों को पुनः उस पटरी पर लाना था जिस पर पश्चिमी एजेंसियाँ उन्हें देखना चाहती थीं।

आर्थिक भूमण्डलीकरण की एक सफलता यह भी थी कि इससे उदारवादी लोकतन्त्र और पूँजीवाद के विकास की आड़ में 'इतिहास की

3. स्टीफेन मेटकाफ, 'नियोलिबरलिज़्म : दी आइडिया दैट स्वैलाउड दी वर्ल्ड', *दी गार्जियन,* 18 अगस्त 2017।

समाप्ति' के मोहभंग को भी प्रोत्साहन मिला, वैश्विक सैन्य वर्चस्व के नाम पर अफ़ग़ानिस्तान, इराक़ और सीरिया में जो व्यर्थ और प्रयोजनहीन सैन्य कार्रवाइयाँ की गयीं उसमें दो करोड़ से भी अधिक लोगों को विस्थापन की त्रासदी झेलनी पड़ी। आधुनिक इतिहास में यह सबसे बड़ा शरणार्थी संकट था और इसने अर्थव्यवस्था को भारी नुक़सान पहुँचाया। विकसित दुनिया के श्रमगारों में अभूतपूर्व असमानताएँ और तकलीफ़ें देखने को मिलीं।

विश्व की आबादी का शीर्ष 1 प्रतिशत दुनिया की आधी सम्पत्ति का स्वामी बन चुका था जबकि नीचे के 70 प्रतिशत लोगों की परिसम्पत्तियाँ केवल 3 प्रतिशत रह गयीं। 2008–09 की महान आर्थिक मन्दी और दुनिया के अनेक खस्ताहाल देशों में आन्तरिक अव्यवस्था के कारण नस्लीय राष्ट्रवाद, निर्वाचित तानाशाही और उदार लोकतन्त्र का समानान्तर जन्म हुआ। मेटकाफ ने इस प्रवृत्ति को ब्रेक्सिट ब्रिटेन का उग्र वर्चस्ववाद और अमेरिकी दबंगई का भी नाम दिया है।[4] जैसा कि मेटकाफ ने उल्लेख किया है, 'आरम्भ से ही हम स्वयं को एक आदर्शवादी कल्पना और मुक्त बाज़ार की निराशा के बीच की पारस्परिक घनिष्ठता और तत्पश्चात उदारवाद के उत्तर–यथार्थवाद से घिरा हुआ पाते हैं।'[5]

कनाडाई पत्रकार टेलर स्टीमन कहते हैं, 'नवउदारवाद की समस्या यह थी कि वैश्वीकरण के आडम्बर और बाज़ार के महिमामण्डन ने उन व्यापक असमानताओं की उपेक्षा की जो एक राष्ट्र के अन्दर और बाहर दोनों जगहों पर उपस्थित थीं।' सोवियत संघ के विघटन से राजनीतिक रूप से सशंकित और उपनिवेशवाद का अभाव झेल रहे देशों के लिए एक व्यापक और समान समाधान प्रस्तुत किया गया, और ऐसी स्थिति में नवउदारवाद अधिकांश लोगों के लिए नुक़सानदायक और विध्वंसक ही सिद्ध होने वाला था। इस व्यवस्था ने पश्चिम के बहुसांस्कृतिक देशों को अपना इतिहास जटिल करने में कोई कसर नहीं छोड़ी।[6]

जून 1916 में अन्तरराष्ट्रीय मुद्रा कोष की शोध प्रशाखा के तीन अर्थशास्त्रियों ने आधिकारिक रूप से नवउदारवाद के औचित्य पर स्पष्टोक्ति

---

4. वही।
5. वही।
6. टेलर स्टीम, 'स्टेचू वार्स : व्हाट शुड वी डू विथ ट्रबलसम मोन्युमेंट्स?', *दी गार्जियन,* 26 सितम्बर 2018।

माँगी। नवउदारवाद की कार्यसूची की सराहना करते हुए उन्होंने स्वीकार किया कि विश्व–व्यापार के विस्तार से ग़रीबी उन्मूलन का रास्ता साफ़ होगा, विकासशील अर्थव्यवस्था में तकनीकों का हस्तान्तरण और राज्य के स्वामित्व वाले सेवाक्षेत्र का निजीकरण भी आर्थिक दृष्टि से लाभप्रद था किन्तु लेखकों का यह भी मानना था कि उपर्युक्त उद्देश्यों को प्राप्त करना काफ़ी मुश्किल काम था क्योंकि नवउदारवाद न केवल सामाजिक–आर्थिक असमानताओं में बढ़ोतरी करेगा बल्कि विकास–दर को बनाये रखने में भी नाकाम सिद्ध होगा।[7]

दिलचस्प बात यह है कि कनाडाई इतिहासकार कुइन स्लोबोडियन ने अपनी सद्यः प्रकाशित पुस्तक में यह तर्क दिया है कि नवउदारवादियों ने राष्ट्रों और राष्ट्रसंघ, यूरोपीय न्यायालय, विश्व व्यापार संगठन, अन्तरराष्ट्रीय निवेश अधिनियम जैसी संस्थाओं का वित्तीय बाज़ारों में सम्प्रभु राष्ट्रों के कवच के रूप में उपयोग किया, राजनीतिक परिवर्तनों का प्रतिरोध किया और व्यापक समानता और सामाजिक न्याय के लिए लोकतान्त्रिक माँगों को दबाने का काम किया।[8] स्लोबोडियन के मतानुसार, नियामक देशों से स्वयं का बचाव करते हुए नवउदारवादी पूँजीवाद को वैश्विक स्तर पर प्रोत्साहित करने के अपने महती उद्देश्य में लगे हुए थे। उनका मानना था कि पूँजीवाद को लागू करके इस दुनिया को बदला जा सकता था। लेकिन इस उद्देश्य के रास्ते में समय, असमानता, परिवर्तन की निरन्तरता और सामाजिक अन्याय जैसे बड़े व्यवधान थे। इन व्यवधानों का दुष्परिणाम अवश्यम्भावी था।

यह तर्क दिया जा सकता है कि इक्कीसवीं सदी के राष्ट्रवाद को भूमण्डलीकरण के वर्तमान संकट के परिप्रेक्ष्य में देखा जा सकता है। केनिची ओहमे की विख्यात पुस्तक *दी बॉर्डरलेस वर्ल्ड* ने 1990 में इस तथ्य का गहन विश्लेषण करते हुए विश्व की अर्थव्यवस्था में पारस्परिक सम्बन्धों के

---

7. जोनाथन डी. ओस्ट्री, प्रकाश लौंगानी और डेविड फर्सरी, 'नियोलिबरलिज़्म : ओवरसोल्ड?', इंटरनेशनल मोनेटरी फंड / फाइनेंस एंड डेवलपमेंट, जून 2016 / / वॉल्यूम, 53, नं. 2, https://www.imf.org//externalpubs/ft/fandd/2016/06/ostry.htm#author पर उपलब्ध।
8. कुइन स्लोबोडियन, *ग्लोबलिस्ट्स : दी एंड ऑफ़ एम्पायर एंड दी बर्थ ऑफ़ नियोलिबरलिज़्म*, कैम्ब्रिज़ : हार्वर्ड यूनिवर्सिटी प्रेस, 2018।

कारण राष्ट्रीय सीमारेखाओं को कुछ हद तक अप्रासंगिक बतलाया है।[9] लेकिन उनकी स्थापना तीन दशकों के भीतर निराधार साबित हो गयी। पश्चिम के लोगों की दृष्टि में भूमण्डलीकरण नवउदारवाद का अन्तिम परिणाम था जिसे भव्य सभाकक्षों में बैठे उन लोगों ने बड़े सुनियोजित तरीक़े से तैयार किया था जो निवेश के ज़रिये और अधिक मुनाफ़ा बनाने में निपुण थे और निजीकरण का इस्तेमाल कर लज्जाहीन तरीक़े से निर्धनों का शोषण करने में निष्णात थे।

यह सम्भावित प्रतिघात दो रूपों में परिघटित हुआ : आर्थिक और सांस्कृतिक रूप में। आर्थिक प्रभाव अधिक प्रत्यक्ष था। विकसित दुनिया के निर्धन और बेरोज़गार लोग यह सोचने को मजबूर हो गये कि भूमण्डलीकरण में उनकी कोई भागीदारी नहीं है, और वे यह जानना चाहते थे कि इन नीतियों को दूरस्थ चीन और भारत जैसे देशों में आज़माये जाने से उनका क्या लाभ होगा। वे 'विकसित' अर्थव्यवस्था में बढ़ती हुई असमानता को कम करना चाहते थे और इस उद्देश्य से पारम्परिक आर्थिक मार्गों को उपयुक्त मानते थे। उनकी दृष्टि में भावी पीढ़ियों के आर्थिक भविष्य के लिए यह तरीक़ा अधिक उपयुक्त था। सांस्कृतिक प्रतिघात का कारक भी यही असन्तोष था लेकिन इसकी अभिव्यक्ति भिन्न तरीक़े से हुई। वैश्विक व्यापार की राजनीतिक भर्त्सना ने विदेशियों के प्रति कड़वाहट को जन्म दिया क्योंकि अधिक–से–अधिक लोगों को अपनी खोयी हुई पारम्परिक पहचान और जीवन पद्धति दोबारा वापिस चाहिए थी। विकास के नाम पर लोगों को जो कीमियाई पेय पिलाया गया उसके ख़िलाफ़ उनमें एक रोष पैदा हो रहा था–'उदार राजनीति, सामाजिक मोक्ष का अध्यात्मशास्त्र, प्रविधि विधि और बहुसांस्कृतिक प्रभाव इस कीमिया के मुख्य तत्त्व थे।'[10] तुर्क लेखक एस. टेमेल्कुरन के शब्दों में, 'दुनिया के आभिजात्यों की नक़ल करके कामगार और निम्न–मध्यमवर्ग की जनता ने अपने ही विनाश के नये तरीक़े ईजाद कर लिए।' इसने विश्वबन्धुत्व, बहुसंस्कृतिवाद और

---

9. केनिची ओहमे, *दी बॉर्डरलेस वर्ल्ड : पावर एंड स्ट्रेटेजी इन दी ग्लोबल मार्केट प्लेस*, न्यू यॉर्क : हार्पर कॉलिंस पब्लिशर्स, 1990।
10. कीर्थिक ससिधरन, 'एन इक्वल एंड अपोजिट रिएक्शन', *दी हिन्दू*, 12 मार्च 2017।

धर्मनिरपेक्षता के स्थान पर सांस्कृतिक जड़ता, धार्मिक या नस्लीय पहचान और राष्ट्रीय अस्मिता का एक नया घालमेल तैयार किया।[11]

वैश्विक आर्थिक–राजनीतिक के अगुवाओं ने भूमण्डलीकरण के दोनों दुष्परिणामों का भरपूर लाभ उठाने में ज़रा भी कसर नहीं छोड़ी। जर्मन–अमेरिकी राजनीतिक वैज्ञानिक यस्चा मौंक और डाटा और विश्लेषण के क्षेत्र में नीति बनाने वाली संस्था 'टोनी ब्लेयर इंस्टिट्यूट फॉर ग्लोबल चेंज' के प्रमुख जॉर्डन काइल के अनुसार–लोकलुभावनवाद का आरम्भ 1990 से माना जाना चाहिए,[12] लेकिन भूमण्डलीकरण में विस्तार के साथ–साथ इस प्रक्रिया में भी बढ़ोतरी दर्ज की गयी। 'अमेरिका फर्स्ट' और 'मेक अमेरिका ग्रेट अगेन' जैसे नारों पर सवार अमेरिकी राष्ट्रपति का चुनाव लड़ने वाले डोनाल्ड ट्रम्प, यूरोपियन यूनियन से अपने देश को विदेशियों के प्रति घृणा से बाहर निकालने वाले बोरिस जॉनसन, लज्जाजनक विध्वंस के उपरान्त रूसी राष्ट्रवाद का पुनरुत्थान करने वाले ब्लादिमीर पुतिन, तुर्क के रेसेप तय्यिप एरडोगन और भारत के नरेन्द्र मोदी जैसे नेताओं ने अपने मतदाताओं को तथाकथित धर्मनिरपेक्षता और 'अन्तरराष्ट्रीय राष्ट्रवाद' के प्रति विमुख करने में सफलता हासिल की और ब्राज़ील के जेर बोल्सोनारो से लेकर ऑस्ट्रिया के विक्टर ओर्बन तक को सत्ता से उखाड़ फेंकने का काम किया। उन्होंने राष्ट्रवाद की पारम्परिक व्याख्या के प्रतिकूल अपने अनुसार उसकी परिभाषा गढ़ी। इसमें दो राय नहीं थी कि उनके इस दुस्साहस को उदारवादी प्रबुद्धों द्वारा चुनौतियों का सामना करना पड़ा लेकिन मौजूदा सहमति ने विश्व में तुलनात्मक रूप से अधिक एकता की स्थापना का काम तो अवश्य किया। अब अन्तरराष्ट्रीय सीमाओं का बहुत अधिक महत्त्व नहीं रह गया था और राष्ट्रीय सम्प्रभुता का उद्देश्य मानवता का कल्याण हो गया था। लेकिन राष्ट्रवाद के प्रति भावनात्मक मोह ने उसके पश्चात भी मतदाताओं को लुभाना जारी रखा, और राष्ट्रवादियों को चुनावों में जितनी कामयाबी मिली उतनी कामयाबी अन्तरराष्ट्रवादियों को नहीं मिल पायी।

---

11. एस. टेमेल्कुरन, *हाउ टू लूज ए कंट्री : दी सेवेन स्टेप्स फ्रॉम डेमोक्रेसी टू डिक्टेटरशिप*, लन्दन, फोर्थ इस्टेट, 2019।
12. यास्चा मौंक एंड जॉर्डन काइल, 'व्हाट पोपुलिस्ट्स डू टू डेमोक्रेसीज,' *दी अटलांटिक*, 26 दिसम्बर 2018।

ब्रिटिश लेखक डेविड गुडहर्ट ने बहुत रोचक बात लिखी है कि 'एनीवेयर्स' (विश्व नागरिक अथवा सर्वत्र वासी) और 'समवेयर्स' (किसी विशेष स्थान के मूल निवासी, एक ख़ास नस्ल, एक धर्म, स्थानीय अवधारणा के पारंम्परिक पूर्वाग्रह के लोग) के बीच की भूमण्डलीकरण की इस जंग में अन्तिम जीत 'समवेयर्स' अर्थात विशेष स्थान, धर्म, नस्ल, अवधारणा और पूर्वाग्रह के लोगों की हुई।[13] राजनेतागण इस बात का दावा कर सकते थे कि वे सच्चे अर्थों में अपनी जनता–उनकी आशाओं, सपनों, शंकाओं और घृणा का नेतृत्व कर सकते थे। उनकी भाषा में उनके पूर्वजों की अनुगूँज सुनी जा सकती थी जो 1890 के दशक में अमेरिकी कृषक आन्दोलन के रूप में नाकाम रही थी और जो स्वयं को 'पॉपुलिस्ट्स' के नाम से पुकारते थे लातिनी उसे 'पोपुलुस' अर्थात व्यक्ति कहते थे। "वे धनाढ्यों, आभिजात्यों और अन्य शक्तिसम्पन्न वर्गों से अपनी मुक्ति के लिए दृढ़संकल्प थे" और आम जनता का शासन स्थापित करना और अपना जनकल्याण स्वयं करना चाहते थे।[14] हाल के कुछ सालों में लोकलुभावनवाद को आधुनिकीकरण की प्रतिक्रिया के रूप में देखा जाता रहा है और एक सरल और ग्रामीण जीवन के प्रति लोगों की चाहत में इज़ाफ़ा हुआ है। आज का लोकलुभावनवाद अपने पारम्परिक सरलीकरण का कदाचित परिष्कृत रूप है क्योंकि इसमें भूमण्डलीकरण को चुनौती देने वाला एक व्यक्ति है, न कि कोई व्यवस्था। यह राष्ट्रवाद और नस्लवाद दोनों को परिभाषित करता है। यह तक़रीबन ऐसा ही है जैसे ब्रेक्सिट और हंगरी ने अपनी सीमाओं को बन्द कर दिया हो, जैसे हिन्दुत्व ने भारत को विशेष धर्म का और ड्यूसलैंड ने जर्मनी को एक ख़ास नस्ल का देश बना दिया हो।'

हालाँकि गुडहर्ट को बहुत बिन्दुओं पर ख़ारिज किया जा सकता है, लेकिन उसके सिद्धान्त के बारे में कुछ बातें निश्चित रूप से कही जा सकती हैं : पहली बात कि 'समवेयर/एनीवेयर' का सिद्धान्त इस मुद्दे की उपेक्षा करता है कि आप अपने समुदाय से जुड़े होकर भी एक नागरिक

---

13. डेविड गुडहर्ट, *दी रोड टू समवेयर : दी पॉपुलिस्ट रिवोल्ट एंड दी फ्यूचर ऑफ़ पॉलिटिक्स*, लन्दन : हर्स्ट पब्लिशर्स, 2017।
14. कोटेड बाय मारग्रेट कानोवन, 'ट्रस्ट दी पीपल! पोपुलिज़्म एंड दी टू फेसेज ऑफ़ डेमोक्रेसी', *पॉलिटिकल स्टडीज़, XLVII*, ऑक्सफोर्ड : ब्लैकवेल पब्लिशर्स, 1999, पृ. 12।

के तौर पर अपने पड़ोसी देश में, अपने शहर में, अपने देश में, और पूरी दुनिया में कहीं भी 'सफ़र' कर सकते हैं; और दूसरी बात कि एक नस्लीय अल्पसंख्यक और अन्य आप्रवासी व्यक्ति के रूप में आपकी जड़ें या सम्बन्ध पश्चिमी देशों में होना अनिवार्य है। सबसे अधिक दुर्दशा उन लोगों की थी जिनकी निन्दा हिटलर ने 1933 में 'हर कहीं' अथवा 'एवरीवेयर' के रूप में की थी। ऐसे लोगों की अपनी कोई ज़मीन नहीं थी। ऐसे लोग आज बर्लिन में रहते हैं, कल ब्रुसेल्स में और उसके बाद फिर पेरिस या प्राग, विएना, लन्दन या और फिर ऐसी जगह जिसे वे अपना घर समझते हों।[15] जर्मनी के 'ऑल्टरनेटिव फॉर ड्यूसलैंड' के दक्षिणपन्थी नेता एलेक्जेंडर गौलंड ने हिटलर की बात को दोहराते हुए कहा : 'वैश्विक समुदाय जो ख़ासतौर पर शहरों में रहने वाला है, जो धाराप्रवाह अंग्रेज़ी बोलता है, और जब वह काम के सिलसिले में बर्लिन से लन्दन या सिंगापुर जाता है तो एक ही तरह के फ़्लैट्स या घरों में रहता है, एक ही तरह के रेस्टोरेंट में खाता है, एक ही तरह की दुकानों में ख़रीददारी करता है और उसके बच्चे एक ही तरह के स्कूलों में पढ़ाई करते हैं।'[16] सम्भवतः गुडहर्ट का अनुमान यह नहीं रहा हो।

यह भी तर्क दिया जाता है कि सार्वजनिक जीवन (केवल ब्रिटेन साथ–साथ अमेरिका में भी) में भी उदारवादी राष्ट्रवाद की बनिस्बत मुख्यधारा में राष्ट्रवाद की 'प्रामाणिक' प्रवृत्ति को अधिक तरज़ीह दी जाती है। इत्तेफ़ाक़न हालिया दिनों में कुछ ख्यातिप्राप्त विद्वानों जैसे मलेशियाई मानवशास्त्री एहवा ओंग ने अपनी पुस्तक *फ्लेक्सिबल सिटीज़नशिप* में तुलनात्मक रूप से अधिक सुगम दृष्टिकोण प्रस्तुत किया है। प्रोफ़ेसर ओंग कहते हैं कि यात्रा व संचार के विस्तार और मास मीडिया ने चीनी आबादी, पूँजी तथा व्यक्ति और राष्ट्र के परस्पर प्रवाह को अधिक आसान बना दिया है और इससे भूमण्डलीकरण के युग का सूत्रपात हुआ है।[17]

---

15. जोनाथन डेविस और एंडी हॉलिस, 'टेरेसा मे'ज़ ब्रेक्सिट स्पीच हैड शेड्स ऑफ़ हिटलर', *दी गार्जियन*, 12 अक्टूबर 2018।

16. वही।

17. एहवा ओंग, *फ्लेक्सिबल सिटीज़नशिप : दी कल्चरल लॉजिक्स ऑफ़ ट्रांसनेशनलिटी*, डरहम : ड्यूक यूनिवर्सिटी प्रेस, 1999।

इस तर्क का विस्तार अन्य क्षेत्रों, और भारत के सन्दर्भ में विशेष रूप से किया जा सकता है।

दोनों ही तर्कों के अपने–अपने गुण हैं जो मुझे नागरिकता, राष्ट्रीयता और देशप्रेम के सूक्ष्म और स्थूल विवरणों का विश्लेषण करने के लिए प्रेरित करते हैं। सार के रूप में कहा जाय तो नागरिकता किसी भी राज्य द्वारा व्यक्ति को दी गयी वह स्थिति है जिसके द्वारा उसे कुछ अधिकार दिये जाते हैं, जैसे मतदान का अधिकार, सम्पत्ति धारण करने का अधिकार, विदेशों में अधिकार–रक्षा का अधिकार इत्यादि। नागरिकों को पासपोर्ट का अधिकार भी होता है। राष्ट्रीयता व्यक्ति की पहचान से जुड़ी होती है। देश का नागरिक होना भाषा अथवा नस्ल के आधार पर भी तय होता है और कई बार उस देश में जन्म नहीं लेने के बावजूद व्यक्ति को उसकी नागरिकता प्रदान की जा सकती है। जहाँ तक देशप्रेम की बात है, मेरी नज़र में, अपनी जन्मभूमि से लगाव को ही देशप्रेम कहते हैं। यह एक भावनात्मक अनुभूति है जिसका सम्बन्ध व्यक्ति की अस्मिता से होता है, क़ानूनी या राजनीतिक अस्मिता से नहीं। लेकिन इस बारे में दुनिया के राजनेताओं के बीच ख़ासा मतान्तर है। पूर्व ब्रिटिश प्रधानमन्त्री टेरेसा ने 'कहीं का भी' और 'लचीला' के सिद्धान्त की खिल्ली उड़ाते हुए कहा, 'आज, सत्ता में रहने वाले अधिकतर लोग ख़ुद को अन्तरराष्ट्रीय शख़्सियत की बजाय एक सामान्य नागरिक समझते हैं, और अगर आप ख़ुद को एक विश्व–नागरिक मानते हैं तो आप सामान्यतः कहीं के भी नागरिक नहीं हैं। इसका साफ़ अर्थ है कि आप 'नागरिकता' का मतलब समझते ही नहीं हैं।'[18]

18. टेरेसा मे'ज, 2016 कंजर्वेटिव पार्टी कॉन्फ्रेंस स्पीच, बर्मिंघम, यूके, 5 अक्टूबर 2016 'टेरेसा मे'ज कीनोट्स स्पीच एट टोरी कॉन्फ्रेंस इन फुल' देखिए, *इंडिपेंडेंट*, 5 अक्टूबर 2016।

2

एक नवीनतम विचार

मुझे याद है, मैंने कहीं एक ब्रिटिश लेखक का हतप्रभ कर देने वाला एक अनुभव पढ़ा था जिसे उसने 1940 के दशक में किसी हवाई उड़ान के दौरान एक सलीके से सजे–सँवरे काले अफ्रीकी से अपनी मुलाक़ात के बाद लिखा था। लेखक के भीतर अपने सहयात्री के देश के बारे में जानने की जिज्ञासा थी, लिहाज़ा उसने उस अजनबी से उसकी राष्ट्रीयता पूछने का साहस दिखाया। जवाब में अफ्रीकी आदमी अपनी जगह से उठ खड़ा हुआ और बड़े अभिमान के साथ बोला, 'मैं मैं एक फ्रांसीसी हूँ।'

उस अफ्रीकी के जवाब से वह ब्रिटिश भांचक था। ब्रिटिश साम्राज्य के अधीन रहने वाले एक अश्वेत भारतीय से सुनने की वह कल्पना भी नहीं कर सकता था कि 'मैं एक ब्रिटिश हूँ'; अगर उस भारतीय के पास ब्रिटिश पासपोर्ट हो तो भी उसकी पहचान सिर्फ़ एक भारतीय के रूप में थी। ब्रिटिश शासन ने उन्हें कभी अपने ब्रिटिश नागरिक जैसा अनुभव करने की अनुमति नहीं दी। वहीं ब्रिटेन के एक पड़ोसी देश में उस अफ्रीकी आदमी के लिए राष्ट्रीयता का मतलब एकदम अलग था। उसके मन में अपने फ्रांसीसी होने को लेकर कोई संशय नहीं था।

लगभग आठ दशकों के बाद, 2018 के मध्य में लोगबाग एक सामान्य परिहास में कहने लगे थे कि फ्रांस फुटबॉल वर्ल्ड कप में आख़िरी अफ्रीकी देश था। इस मज़ाक़ की वजह यह थी कि फ्रांस के अनेक खिलाड़ी उप–सहारा मूल के थे। फ्रांस की राष्ट्रीय टीम के अति उत्साही समर्थकों के उन खिलाड़ियों की राष्ट्रीयता के सामने उनकी नस्ल एक तुच्छ और महत्त्वहीन बात थी। वहीं दूसरी ओर नस्लीय दक्षिणपन्थियों की दृष्टि में यह एक विश्वासघात था। फ्रांसीसी दार्शनिक एलेन फिनकिलक्रॉट ने तो

यहाँ तक लिखा कि फ्रांस की फुटबॉल टीम 'पूरी तरह से अश्वेत हो गयी है और फ्रांस पूरे यूरोप के लिए जगहँसाई का कारण बन गया है।'[19] उसके जैसे लोगों के लिए फ्रांसीसी होने का सीधा अर्थ कुछ विशेष क़िस्म की राष्ट्रीय सजातीयता में भागीदारी से था। श्वेत चमड़ी का होना इस भागीदारी की एक महत्त्वपूर्ण शर्त और अनिवार्यता मानी जाती थी।

जैसा कि मैंने पिछले अध्याय में उल्लेख किया है और जैसा कि इतिहास में भी वर्णित है, एक सामाजिक इकाई के रूप में राष्ट्र–बोध एक नवीन विचार है जिसकी उत्पत्ति एक काल–विशेष में हुई मानी जाती है, और जो अपने तात्कालिक अर्थ में संकीर्ण भी था। राष्ट्र–देश की बात जाने दें, उन्नीसवीं सदी से पहले लोगबाग अपने–आप को किसी राष्ट्र के अवयव के रूप में देखते भी नहीं थे। उनकी एकमात्र निष्ठा उनके रहने वाले स्थान के प्रति थी जो कि आज के अनेक देशों की तुलना में एक छोटा–सा भू–क्षेत्र हुआ करता था, और उनकी वफ़ादारी किसी व्यक्ति (एक ताल्लुकदार, एक नवाब, एक राजकुमार, एक ज़मींदार, या अलग–अलग समाजों में उनके समतुल्य कोई पदधारी), एक नगर–राज्य, या एक राजा के प्रति होती थी जो उनके ऊपर शासन करता था।

जैसा कि ब्रिटिश सिद्धान्तकार थॉमस हॉब्स ने प्रतिपादित किया था, एक शक्तिशाली शासक के आगमन और उसके द्वारा सामाजिक व्यवस्था के लागू किये जाने से पहले वस्तुतः समाज में अधिकांश लोगों का जीवन 'कठोर, पशुवत और छोटा' हुआ करता था;[20] लिहाज़ा उसके प्रति वफ़ादारी दिखाना जनता की एक बड़ी ज़रूरत थी ताकि वह अपनी प्रजा के जान–माल की हिफ़ाज़त कर सके। अपने शासक के लिए वफ़ादारी की भावना का प्रदर्शन एक दुष्कर ज़िम्मेदारी थी : उदाहरण के रूप में मेरे पूर्वजों को लिया जा सकता है जो पहले मालाबार में रहते थे। अट्ठारहवीं सदी के उत्तरार्द्ध में मालाबार क्षेत्र के स्थानीय सरदारों, राजाओं और क़बीलाई मुखियाओं ने अपने सहायक सम्बन्धों के माध्यम से अधिक शक्तिसम्पन्न शासकों के साथ अपने रिश्ते (औपचारिक रूप से) जोड़ लिए। कालीकट के जमोरिन इसी श्रेणी में आते थे। अपने प्रति इस स्वामिभक्ति के बदले में शासक

---

19. कीर्थिक ससिधरन के 'ए क्लैश ऑफ़ नेशंस', में उद्धृत, *दी हिन्दू*, 15 जुलाई 2018।
20. थॉमस हॉब्स, *लेविएथन*, लन्दन : जे. एम. डेंट एंड संस लि., 1914।

बहुजातीय और बहुसांस्कृतिक साम्राज्यों की स्थापना को सुनिश्चित करने में सफल सिद्ध होते थे। इसी तरीक़े को अपनाकर उन्होंने अपने व्यापार और सैन्य सहायता का विस्तार दक्कन सल्तनत के साथ सम्बन्ध स्थापित करने में किया और पुर्तगालियों और डचों जैसे दूसरे आक्रान्ताओं का विरोध करने में भी कामयाब रहे। मिसाल के तौर पर विजयनगर साम्राज्य का उल्लेख किया जा सकता है जिन्होंने बाद में ब्रिटिशों के प्रति अपनी स्वामिभक्ति को प्राथमिकता दी थी। पलक्कड़ में रहने वाले मेरे पुरखों के लिए यह बता पाना सचमुच बहुत मुश्किल रहा होगा कि वे किस 'राष्ट्र' से सम्बन्ध रखते थे।

निस्सन्देह सामूहिकता या सामुदायिकता की भावना भी उतनी ही पुरानी है जितना पुराना मानव सभ्यता का इतिहास है। परिवार, वंश और कुटुम्ब आदिकाल से मनुष्य की महत्त्वपूर्ण इकाई रहे हैं। बड़े समुदायों को विभिन्न तरह से परिभाषित किया गया था। उदाहरण के लिए इब्न खल्दुन ने इस्लाम में उम्माह (दुनिया–भर के मुसलमानों को नियन्त्रित करने वाला एक नाममात्र का वैश्विक वर्ग) और वंश या समूह के प्रतीक असबिय्याह के बीच एक महत्त्वपूर्ण विभाजन–रेखा खींचने का काम किया।[21] जैसे–जैसे संचार के माध्यमों और आधुनिक आयुधों का विस्तार हुआ, वैसे–वैसे आम लोगों की निष्ठा में भी फैलाव आने लगा। इसके बावजूद उनमें राष्ट्रीयता जैसी भावना अभी विकसित नहीं हुई थी। उनकी दृष्टि में उनका राजा अन्य राज्यों के शासकों की तुलना में शक्ति, संसाधन, अधिकार और समृद्धि का सर्वोच्च प्रतीक था। ख़ज़ाने और सीमाओं पर उसका निर्विवाद नियन्त्रण था।

भारत में राजधर्म पर प्रामाणिक माना जानेवाला प्राचीन ग्रन्थ कौटिल्य रचित *अर्थशास्त्र* राजा के कर्तव्य, भूमिका और उत्तरदायित्वों का गहन विश्लेषण करता है लेकिन राष्ट्र जैसी किसी विचारधारा का उल्लेख उसमें भी नहीं है।[22] राजधर्म का अभिप्राय भौतिक शान्ति–समृद्धि और धर्म–दोनों के अर्थ में है लेकिन कौटिल्य ने बड़ी चतुराई के साथ दोनों को सम्मिश्रित करते हुए कहा है कि एक राजा की सफलता इस बात में मानी जाती है

21. इब्न खल्दुन, *दी मुकदिमा : एन इंट्रोडक्शन टू हिस्ट्री*, फ्रान्ज़ रोसेन्थल द्वारा अनूदित, प्रिंसटन यूनिवर्सिटी प्रेस, 1989।

22. कौटिल्य, *अर्थशास्त्र*, आर. शामाशास्त्री द्वारा अनूदित, बंगलोर : गवर्नमेंट प्रेस, 1915।

कि वह राजधर्म का पालन करते हुए अपनी प्रजा की शान्ति और समृद्धि को सुनिश्चित करे। प्रजा की निष्ठा का स्पष्ट उल्लेख किया गया है और उस निष्ठा को अर्जित करने और बचाये रखने के मार्ग भी बताये गये हैं। किन्तु राज्य ('राजा' और 'स्वामी' का पर्याय) को 'राष्ट्र' की तुलना में अधिक महत्त्वपूर्ण माना गया है। ग्रन्थ में यह भावना अन्तर्निहित है कि विभिन्न राष्ट्रों और भाषाओं को एक राज्य के अधीन रखा जा सकता है लेकिन राज्य की क्रियाविधि और तन्त्र की स्थायी रक्षा किसी भी मूल्य पर की जानी चाहिए। कौटिल्य के राज्य–सम्बन्धी सिद्धान्त को 'सप्तांग' अर्थात राज्य की संरचना के लिए आवश्यक सात अंगों का भी नाम दिया गया है। ये अंग हैं–स्वामी (राजा), अमात्य (मन्त्री), जनपद (भू–प्रदेश), दुर्ग (क़िला), कोष (ख़ज़ाना), दण्ड (आन्तरिक सुरक्षा) और मित्र (सहयोगी राज्य)। लेकिन, दो सहस्राब्दी बाद राष्ट्रवादी दृष्टिकोण के उभरने की सम्भावना को स्वीकार करते हुए कौटिल्य ने आठवें लक्षण के रूप में 'शत्रु' को शामिल किया है। इनमें सहज शत्रु अर्थात आन्तरिक शत्रु, कृत्रिम शत्रु अर्थात षड्यन्त्र करने वाला शत्रु और प्राकृत शत्रु अर्थात पड़ोसी राज्य जैसे नियति से बँधे हुए शत्रु सम्मिलित हैं। इस पूरे परिदृश्य में राज्य की तुलना में व्यक्ति का अस्तित्व नगण्य है, लेकिन राष्ट्र की अवधारणा कहीं नहीं दिखती है।

इस प्रकार प्रान्तों, राज्यों और साम्राज्यों में व्यक्ति अपने शासकों के समक्ष लगभग नियन्त्रणहीन और अस्तित्वहीन था। आप इसकी कल्पना कर सकते हैं कि मुग़ल साम्राज्य के उत्कर्ष के दिनों में दक्षिणी प्रान्तर का भारतीय भी ख़ुद को मुग़ल प्रजा कह सकता था, वहीं भारतीय शासक और सम्राट का परस्पर सम्बन्ध सहयोग के रिश्तों पर निर्भर था और मुग़ल बादशाहों का आदेश उनकी अपनी ही सल्तनत पर आवश्यक रूप से लागू नहीं होता था। बादशाहों को प्रान्तों का समर्थन प्राप्त करने के लिए अपने ही नियुक्त किये गये शासकों पर निर्भर रहना होता था। उनमें से कई शासक हैदराबाद के निज़ाम–उल–मुल्क की तरह बादशाह की सम्प्रभुता को नाममात्र के लिए स्वीकारते हुए अपनी मर्ज़ी से हुकूमत चलाते थे। दिलचस्प बात यह है कि मुग़ल सल्तनत और उसकी प्रजा के बीच के सम्बन्धों पर नये शोधों के ज़रिये यह व्याख्यायित करने का प्रयास किया गया है कि शहरी आबादी इस शासन के प्रति तक़रीबन उदासीन थी और

उपनिवेशवाद के आरम्भ तक अपनी राजनीतिक अपेक्षाओं को अभिव्यक्त करने में कोई रुचि नहीं लेती थी। बहरहाल इस वर्ग की अपनी एक विशिष्ट भूमिका थी, लेकिन उस भूमिका का निर्धारण भी बादशाह ही करता था। राष्ट्रवाद की अवधारणा से यह भूमिका प्रभावित नहीं होती थी।[23]

इन बातों का मुख्य अभिप्राय यह है कि उन्नीसवीं सदी के मध्य में दुनिया के ज़्यादातर लोग किसी–न–किसी व्यक्ति, समूह या शासक के प्रति निष्ठावान थे और 'राष्ट्र' जैसे किसी विचार में उनका विश्वास नहीं था। आप या तो महारानी एलिज़ाबेथ की प्रजा रहे हों या फिर बादशाह अकबर को शुल्क और भेंट दे रहे हों–अन्तिम सच यही है कि आप किसी राज्य के नागरिक नहीं थे और न एक परिभाषित राष्ट्र के सदस्य ही थे। राष्ट्र की अवधारणा का जन्म उस समय हुआ जब विभिन्न समाजों की जटिलताओं का प्रभाव राजा के निरंकुश अधिकारों पर पड़ने लगा और उसकी सत्ता धीरे–धीरे अस्थिर और अस्पष्ट होने लगी। इन स्थितियों में लोग एक–दूसरे के साथ अपने विशिष्ट लक्षणों के आधार पर सामाजिक रूप से अन्तरंग होने लगे और निजी लक्षणों की इसी समानता ने राष्ट्र की बुनियाद रखी होगी। एक निश्चित भौगोलिक सीमा, जातीयता, भाषा, धर्म, संस्कृति, आदर्श नायक और सामुदायिकता की प्रेरणा जैसे तत्त्व जब एकीकृत होते हैं तो किसी भू–क्षेत्र की राजनीतिक अस्मिता की पहचान होती है। अट्ठारहवीं सदी के मध्य में फ्रांस के विदेश मन्त्री रेने–लुइस दे वोयेर दे पौलमी, मार्किज द'अर्गेंसन ने टिप्पणी की थी कि 'राज्य अथवा राष्ट्र जैसे शब्द जितना आज प्रयोग में लाये जाते हैं उतना पहले कभी नहीं लाये जाते थे...लुइस चौदहवें के समय ये शब्द कभी नहीं बोले जाते थे, और न ऐसा कोई विचार पहचाना जाने लगा और वहाँ निवास करने वाले लोग अपनी राष्ट्रीयता के कारण चिह्नित किये जाने लगे।'[24] राष्ट्रवाद वह विचार था जिससे किसी राज्य की और उसके सभी नागरिकों की

---

23. अभिषेक कैकर, *दी किंग एंड दी पीपल,* न्यू यॉर्क : ऑक्सफोर्ड यूनिवर्सिटी प्रेस, 2020।
24. रेने–लुइस दे वोयेर पौलमी, मार्किज द'अर्गेंसन, *कंसिडेरेशंस सुर ले गवर्नमेंट एंसिएंट एट प्रेजेंट दे ला फ्रांस,* एम्स्टर्डम : मार्क मिशेल रे, 1764, https://books.google.co.in/books?id=iota TLfgXkC&printsec=frontcover&source=gbs_ge_summary_r&cad=0#v=onepage &q&f=false. पर उपलब्ध।

राष्ट्रीयता की व्याख्या स्पष्ट की जा सके। लोकप्रिय राजकीय सत्ता का उत्थान और सामान्य नागरिकों को प्राप्त आत्म–निर्णय के अधिकार ने लोगों में एक सामूहिक चेतना को जन्म दिया जिसकी अभिव्यक्ति राष्ट्रवाद के रूप में हुई।

जिनका उल्लेख मैंने यहाँ किया है, वे सभी बातें राष्ट्रवाद के लिए ज़रूरी तत्त्वों के बारे में मेरी बुनियादी समझ पर आधारित हैं। लेकिन जैसा कि विचारक दुसान केस्मानोविक ने कहा है, 'समाज विज्ञान हो अथवा इतिहास या राजनीति विज्ञान का क्षेत्र हो, कोई भी दो विद्वान राष्ट्रवाद के बारे में समान दृष्टि नहीं रख सकते हैं।'[25] ब्रिटेन के सामाजिक मानव विज्ञानी अर्नेस्ट गेलनेर जो राष्ट्रवादी अध्ययन के बड़े अध्येता के रूप में प्रतिष्ठित हैं, तर्क देते हैं कि राष्ट्रवाद किसी राष्ट्र की सामाजिक चेतना से नहीं अपितु जहाँ राष्ट्र की अवधारणा का कोई पूर्व अस्तित्व नहीं है वहाँ उस अवधारणा के अन्वेषण से सम्बन्धित है। हालाँकि गेलनेर का दृष्टिकोण यूरोपीय मध्यवर्ग के अहंकार के प्रतिनिधित्व के रूप में देखा जाता है।[26] इतिहासविद् पार्थ चटर्जी ने जोसेफ स्टालिन के अर्थगर्भित सार (जिसे एक चरणबद्ध और तर्कसम्मत तरीक़े से विस्तार से बताया गया है) को उद्धृत करते हुए कहा है कि 'ऐतिहासिक दृष्टि से राष्ट्र मनुष्यों का एक दृढ़ समुदाय है जिसकी बुनावट एक साझी भाषा, भू–क्षेत्र, आर्थिक जीवन, सांस्कृतिक–मनोवैज्ञानिक आधारों पर की गयी थी।'[27] भारतीय मूल के अमेरिकी विद्वान होमी जहाँगीर 'राष्ट्रीयता' की इस व्याख्या को विस्तार देते हुए कहते हैं कि एक अस्पष्ट और उभयजीवी अर्थ में स्वयं की परिकल्पना 'हम' के रूप में करना ही राष्ट्रीयता है। भाभा ने राष्ट्रीयता को एक कथन के रूप में प्रस्तुत करने का प्रयास किया है और यह 'कथन' एक सांस्कृतिक

---

25. दुसान केस्मानोविक, *दी मास साइकोलॉजी ऑफ़ एथनोनेशनलिज़्म*, न्यू यॉर्क : स्प्रिंगर 1996।
26. अर्नेस्ट गेलनेर, *नेशंस एंड नेशनलिज़्म*, इथाका : कॉर्नेल यूनिवर्सिटी प्रेस, 1983।
27. पार्थ चटर्जी, *नेशनलिस्ट थॉट एंड कोलोनियल वर्ल्ड : अ डेरिवेटिव डिस्कोर्स*, लन्दन : ज़ेड बुक्स, 1986, पृ. 34, जे. वी. स्टॉलिन, 'मार्क्सिज़्म एंड दी नेशनल क्वेश्चन', को उद्धृत करते हुए, कलेक्टेड वर्क्स, मास्को 1953, वॉल्यूम II, पृ. 307। स्टॉलिन के राष्ट्र की परिभाषा के लिए देखिए https://www.marxists.org/reference/archive/stalin/works/1913/03a.htm#s1।

महत्त्व की ओर इस तरह संकेत करता है मानो यह कोई 'लिखा हुआ' अथवा घोषित किया हुआ कथन हो।[28] यहाँ ग़ौरतलब यह है कि यह कोई विलक्षण या अकेला कथन नहीं है बल्कि भाभा की व्याख्या में जनता के 'दूसरे कथनों और असहमतियों को भी महत्त्व दिया गया है।'[29]

विद्वानों ने राष्ट्रों और राज्यों की परस्पर प्रतिद्वन्द्विता के कारण जनता के कष्टों के प्रति कड़ी चेतावनी दी है। चूँकि अनेक राष्ट्र अभी भी ख़ुद को एक देश के रूप में नहीं बदल पाये हैं और अभी भी तिब्बती राष्ट्र या अनेक देशों में बँटे कुर्द राष्ट्र की तरह 'एकाधिक राष्ट्रीय' देशों के रूप में बने हैं, वे अपरिहार्य तौर पर कभी एक देश के रूप में अस्तित्व में नहीं रहे। ऐसे राष्ट्रों में नागरिकों को नागरिकता प्रदान करने का आधार वे देश हैं जिनमें वे राष्ट्र शामिल हैं। यही कारण है कि कट्टर सिद्धान्तकारों की दृष्टि में ये 'राष्ट्र' दूसरे 'राष्ट्र–देशों' से कई अर्थों में भिन्न हैं। सामान्य राष्ट्रवादियों के लिए जो राष्ट्र और देश को आस्था का पर्याय मानते हैं, यह अवधारणा पूरी तरह से भिन्न है। (बेनिटो मुसोलिनी ने कहा था, 'तुट्तो नेल्लो स्टेटो नियेंते अल डी फुओरी डेल्लो स्टेटो, नुल्ला कंट्रो लो स्टेटो' यानी सभी कुछ राज्य के अधीन, राज्य के बाहर कुछ भी नहीं, राज्य के विरुद्ध कुछ भी नहीं)।[30] अमूमन राष्ट्रीयता, राष्ट्र–बोध या राष्ट्रीय चेतना राज्य के निर्माण के आवश्यक तत्त्व होते हैं और कई बार यह हिंसक तरीक़े से अपने उद्देश्यों को प्राप्त करने की कोशिश करते हैं।

आयरिश राजनीति विज्ञानी बेनेडिक्ट एंडरसन ने 1983 में प्रकाशित अपनी पुस्तक *इमेजिंड कम्युनिटीज़* में यह बात बड़े दावे के साथ रखी कि राष्ट्रवाद सिर्फ़ कुछ सिद्धान्त नहीं बल्कि अपने स्वरूप में वंशवाद और धर्म के अधिक निकट है। अनेक बार इसका राजनीतिक प्रभाव बिल्कुल अपने प्रतिपक्ष में खड़ा दीखता है जो एंडरसन के अनुसार 'सैद्धान्तिक रूप से निर्धन और बेतरतीब' होता है।' इस सिद्धान्त ने पश्चिम के अनेक विद्वानों

28. *होमी भाभा, 'इंट्रोडक्शन : नैरेटिंग दी नेशन', नेशन एंड नैरेशन, होमी के. भाभा (एड.), लन्दन एंड न्यू यॉर्क* : रूटलेज, 1990, पृ. 2–3।
29. होमी भाभा, 'डिस्सेमीनेशन : टाइम, नैरेटिव, एंड दी मार्जिन्स ऑफ़ दी मॉडर्न नेशन', *नेशन एंड नैरेशन,* पृ. 292 एंड 300।
30. स्पीच बिफोर दी चेंबर डिप्टीज, 26 मई 1927, इन बेनिटो मुसोलिनी, *डिसकोर्सी डेल 1927,* मिलानो : आल्पस, 1928, पृ. 159।

की राष्ट्रवाद की समझ और विमर्श को बदल दिया। 'अनेक दूसरे सिद्धान्तों की तरह राष्ट्रवाद ने कभी अपना कोई मूल विचारक पैदा नहीं किया : कोई हॉब्स, कोई टोकुएविल्ल, कोई मार्क्स या कोई वेबर नहीं।'[31] दर्शन और इतिहास की अपर्याप्तता के कारण मैं कोई भी टिप्पणी करने में सक्षम नहीं हूँ लेकिन राष्ट्रवाद पर उपलब्ध साहित्य को व्यापकता से पढ़ने के बाद एक अव्यवस्था स्पष्ट दिखाई पड़ती है। विविध राष्ट्रवादी विचारों को सुव्यवस्थित ढंग से श्रेणीबद्ध नहीं किया जा सका है और इसी कारण से सिद्धान्तों में तारतम्यता का अभाव है। उपन्यासकार सलमान रुश्दी ने राष्ट्रवाद को 'एक ऐसा स्वप्न कहा है जिस स्वप्न को देखने के लिए हम सभी सहमत हैं।'[32] लेकिन यह दर्शन भी अन्य रूढ़ विचारकों के सिद्धान्तों की तरह ही जटिल है।

अकादमिक विशेषज्ञ से लेकर वर्गीकरण के दूसरे सभी माध्यम अनेक प्रकार के राष्ट्रवादों को तर्कसंगत मानने को तत्पर दिखते हैं। इस विषय पर विकिपीडिया में भी दो मान्य सिद्धान्तों के विरुद्ध सोलह विरोधी सिद्धान्त उपलब्ध हैं। इन साहित्यों का गहन अवलोकन करने के बाद मैंने नौ व्यापक वर्गों को चिह्नित किया है : जातीय राष्ट्रवाद, भाषा–आधारित राष्ट्रवाद, सांस्कृतिक राष्ट्रवाद, धार्मिक राष्ट्रवाद, भौगोलिक राष्ट्रवाद, उग्र सुधारवादी राष्ट्रवाद, उपनिवेशविरोधी राष्ट्रवाद या उदार राष्ट्रवाद, प्रवासी राष्ट्रवाद, और नागरिक राष्ट्रवाद। राष्ट्रवाद की दिशा और दशा को समझने के लिए ये मेरे नौ प्रमुख माध्यम हैं, हालाँकि इनमें कुछ ऐसे भी हैं जो परस्पर एक–दूसरे का अतिक्रमण करते हैं।

जातीय राष्ट्रवाद उस राष्ट्रवाद को कहते हैं जिसमें नागरिक एक साझा पुरखे और आनुवंशिकी से सम्बन्ध रखते हैं और 'नागरिक' कुछ अदृश्य सम्भावनाओं के कारण परस्पर जुड़े होते हैं। जातीय राष्ट्रवाद का सबसे प्रमुख और कट्टर उदाहरण उन्नीसवीं शताब्दी के मध्य से लेकर बीसवीं शताब्दी के मध्य जर्मन राष्ट्रवाद के उभार को माना जा सकता है। जातीय राष्ट्रवाद में भाषाई, सांस्कृतिक और कई बार राष्ट्रीय राष्ट्रवाद

---

31. बेनेडिक्ट एंडरसन, *इमेजिंड कम्युनिटीज़ : रिफ्लेक्शंस ओं दी ओरिजिन एंड स्प्रेड ऑफ़ नेशनलिज्म*, लन्दन : वर्सो बुक्स, 1991 (सेकंड एडिशन), पृ. 5।
32. सलमान रुश्दी, *मिडनाइट्स चिल्ड्रेन*, न्यू डेल्ही : पेंगुइन बुक्स, 1981।

स्वतः समाहित होते है। लेकिन बहुजातीय राज्यों के रूप में इसको चिह्नित कर पाना बहुत जटिल है। जब 1993 में अपेक्षाकृत सौहार्दपूर्ण तरीक़े से चेकोस्लोवाकिया का विघटन हुआ और इस 'वेलवेट डिवोर्स' में दो पृथक् स्वतन्त्र गणराज्यों–'चेक' और 'स्लोवाक' का जन्म हुआ तब भी कुछ विसंगतियाँ और विषमताएँ सामने आयी थीं। एक तरफ़ दोनों देशों के बीच कुछ 'जातीय' और जनसांख्यिकी असमानताएँ रह गयी थीं तो दूसरी तरफ़ दोनों गणराज्यों में ऐसे नागरिकों की भी कमी नहीं थी जो भावनात्मक रूप से पृथक् हो चुके देश से अधिक गहरा लगाव अनुभव करते थे। चूँकि दोनों गणराज्य 1918 से एक ही राष्ट्र रहे इसलिए ऐसी समस्याओं का उत्पन्न होना स्वाभाविक था। जब मैं 1999 में राष्ट्रसंघ के महासचिव कोफी अन्नान के साथ दोनों देशों की यात्रा पर गया तो मुझे इस बात की जानकारी मिली कि स्लोवाकिया के विदेश मन्त्री एडुअर्ड कुकन मूलतः एक चेक थे, वहीं दूसरी तरफ़ प्राग में उनके समकक्ष चेक विदेश मन्त्री जॉन कवन वस्तुतः एक स्लोवाक थे। हालाँकि विनम्रतावश हमने इस तथ्य की अलग से पुष्टि नहीं की लेकिन हमारे लिए यह एक सराहनीय बात थी।

राष्ट्रवाद केवल नागरिकों और देशों को एकताबद्ध ही नहीं करता, कई बार उन्हें बाँटता भी है। ऐसे उदाहरण भी मिलते हैं कि कई बार इसका भाषा और धर्म पर ही असर नहीं पड़ा, परिवार भी इस असर की ज़द में आ गये। भारत और पाकिस्तान में इसकी ढेरों मिसालें मिलती हैं। मेरे मित्र और कांग्रेस पार्टी में मेरे सहयोगी सलमान ख़ुर्शीद अपनी स्मृतियों को कुरेदते हुए बतलाते हैं कि जिस समय वे भारत के प्रधानमन्त्री के लिए भाषण लिखने की ज़िम्मेदारी निभा रहे थे, कमोबेश उसी समय पाकिस्तान में रहने वाले उनके चचेरे भाई भी पाकिस्तानी राष्ट्रपति के लिए भाषण लिखने का काम कर रहे थे।[33]

निस्सन्देह *भाषाई राष्ट्रवाद* अनेक मामलों में जातीय राष्ट्रवाद में निर्णायक भूमिका अदा करता है, लेकिन 1971 में पाकिस्तान से बांग्लादेश के अलग होने के निर्णय का प्रमुख कारण यह था कि बंगाली नागरिक

33. सलमान ख़ुर्शीद, *विज़िबल मुस्लिम, इनविज़िबल सिटीज़न : इस्लाम इन इंडियन डेमोक्रेसी*, न्यू डेल्ही : रूपा पब्लिकेशन्स, 2019।

अपनी बांग्ला भाषा से अत्यधिक प्रेम करते थे जिसे 'राष्ट्रीय भाषा' के रूप में उर्दू को मान्यता प्रदान करने के बाद दोयम दर्जे की भाषा बना दिया गया था। स्वतन्त्र बांग्लादेश को अपने स्वतन्त्रता दिवस के रूप में 21 फ़रवरी को मान्यता देने के लिए राष्ट्रसंघ का दरवाज़ा खटखटाने तक की आवश्यकता पड़ी। ग़ौरतलब है कि 21 फ़रवरी को अन्तरराष्ट्रीय मातृभाषा दिवस के रूप में घोषित किया गया है। ऐसी स्थिति में बांग्लादेश का राष्ट्रवाद 'जातीय' है अथवा 'भाषा–आधारित', लेकिन निर्विवाद रूप से यह एक महत्त्वपूर्ण घटना है।

सांस्कृतिक राष्ट्रवाद स्थूल रूप में जातीय राष्ट्रवाद जैसा ही प्रतीत होता है क्योंकि संस्कृति का जातीयता से प्रगाढ़ सम्बन्ध दीखता है। लेकिन वस्तुतः दोनों के बीच एक सूक्ष्म अन्तर है। संस्कृति को केवल जातीयता के आधार पर नहीं बल्कि विवाह और आवास के आधार पर भी अर्जित किया जा सकता है और इसे मात्र आप्रवास की बुनियाद पर खोया नहीं जा सकता। (उन फ्रेंचभाषियों का स्मरण कीजिए जो वियतनामी मूल के होकर भी क्यूबेक राष्ट्रवाद का समर्थन करते हैं। लेकिन टोरंटो के अंग्रेज़ी परिवेश में जिन क्युबेकियों की परवरिश हुई है उन्हें क्यूबेक के अलगाववाद में कोई तर्क नहीं दिखता है। वे अपनी ही नस्ल के क्युबेकियों द्वारा सन्देह की दृष्टि से देखे जाते हैं)। राज्यों के भीतर सांस्कृतिक राष्ट्रवाद भी एक प्रकार का पृथक्तावाद है–और क्यूबेक इसकी वैसी ही जीती–जागती मिसाल है, जैसा कि स्पेन में कैटलन और बास्क राष्ट्रवाद, या बेल्जियम में फ्लेमिश और वलून राष्ट्रवाद है। भाषाई राष्ट्रवाद भी इसी में समाहित है क्योंकि राष्ट्रवाद को तीव्रता प्रदान करने में भाषाई गौरव–बोध का प्रमुख योगदान होता है। मैंने पहले ही उल्लेख किया है कि अन्य कारणों के अलावा भाषाई गौरव–बोध ने भी बांग्ला बोलने वाले पूर्वी पाकिस्तान को उर्दू बोलने वाले पश्चिमी पाकिस्तान से अलग हो जाने को प्रेरित किया और अभी भी बहुत सारे क्युबेकियों, कैटलनों, बास्को को प्रेरित कर रहा है।

उपनिवेशवाद के बाद के समाजों में सांस्कृतिक और भाषाई राष्ट्रवाद की गहरी प्रासंगिकता है। कीनियाई उपन्यासकार न्गुगी वा थिओंग'ओ ने औपनिवेशिक भाषा और सांस्कृतिक अलगाव थोपने की प्रतिक्रिया के रूप में असन्तोष और अस्वीकृति जताते हुए 1980 के दशक में अंग्रेज़ी

का परित्याग कर गिकुयु भाषा में लिखने का निर्णय लिया। न्गुगी की दृढ़ मान्यता थी कि अफ्रीका के उपनिवेश–विरोधी और महत्त्वपूर्ण राष्ट्रीय नेता भी अपनी अन्तरराष्ट्रीय स्वीकार्यता में इसलिए पिछड़ गये थे क्योंकि वे अपनी अभिव्यक्ति के लिए यूरोपीय भाषाओं पर निर्भर थे। भाषा और संस्कृति राष्ट्रवाद के लिए प्रामाणिकता हासिल करने के हमेशा से सर्वाधिक सशक्त माध्यम रहे हैं।

पुराने राष्ट्रवादियों के लिए भी भाषा एक बड़ा आधार रही है। मेरे दिवंगत पिता प्रायः मुझे अपने अनुभव सुनाते थे कि 1940 के दशक के अन्त में जब वे एक लन्दनवासी के तौर पर पेरिस घूमने गये थे तब स्थानीय नागरिकों ने उनके साथ शत्रुतापूर्ण व्यवहार किया था। उनका एकमात्र कसूर यह था कि उन्होंने उन पेरिसवासियों से अंग्रेज़ी में रास्ता पूछ लिया था। तब कहीं जाकर उनको यह बोध हुआ कि इस दुर्भाग्यपूर्ण बर्ताव का सामना उन्हें उस भाषा के कारण करना पड़ा था जिसे वे बोल रहे थे। एक भारतीय व्यक्ति को अंग्रेज़ी बोलता देखकर अहंकारी फ्रांसीसियों को यही अनुभव हुआ होगा कि उन्हें किसी ऐसे आदमी की मदद क्यों करनी चाहिए जो ख़ूबसूरत फ्रेंच के बजाय असभ्यों की भाषा अंग्रेज़ी बोल रहा हो? बहरहाल, वे मामले को समझ गये लेकिन चूँकि उनकी फ्रेंच बेहद कमज़ोर थी, लिहाज़ा अपनी समस्या के फ़ौरन निदान के लिए उनको दूसरा रास्ता चुनना पड़ा। उन्होंने सबसे आसान रास्ता चुना–वे सड़क पर खड़े हो गये और वहाँ से गुज़रने वालों से अपनी मातृभाषा मलयाली में कुछ–कुछ बड़बड़ाने लगे। वे लोगों को यह दिखाने की कोशिश कर रहे थे कि वे रास्ता भटक गये थे। उनकी तरकीब सफल रही : उन्होंने फ्रांसीसियों के रवैये में फ़ौरन बदलाव देखा। जो उनके साथ अभी तक बदसलूकी कर रहे थे, अब वही लोग एक भटके हुए बेबस विदेशी की मदद करने को तत्पर थे।

फ्रांसीसी भाषाई राष्ट्रवाद विश्व–प्रसिद्ध है, और 1883 में प्रशिया युद्ध में फ्रांस की शर्मनाक पराजय के बाद फ्रांसीसी गठबन्धन के साथ ही इसकी नींव पड़ गयी। युद्धभूमि में हार के बाद उन्होंने सन्धियों के ज़रिये अपनी ताक़त को एकजुट करने के लिए नया रास्ता चुना और लोगों के दिलों को जीतने का काम करना शुरू किया। इस अभियान में उनका प्रमुख हथियार फ्रेंच भाषा थी जिसे आज की राजनीति के परिप्रेक्ष्य में

'मुलायम ताक़त' का हथियार कहा जाता है। लेकिन किसी भी स्थिति में केवल भाषाई राष्ट्रवाद राष्ट्रीय एकता को सुदृढ़ करने का एकमात्र माध्यम नहीं हो सकता। आप स्विस राष्ट्रवाद को ही ले लें : यह इस पूरे मुद्दे को ही सिरे से ख़ारिज करता है और अपने सभी नागरिकों पर किसी एक राष्ट्रीय भाषा को *नहीं थोपने* के सिद्धान्त का अनुसरण करता है। यह फ्रांसीसी (23 प्रतिशत आबादी द्वारा बोली जाने वाली बोली), इतालवी (9 प्रतिशत से भी कम आबादी द्वारा बोली जाने वाली बोली) और रोमांस (सिर्फ़ 0.5 प्रतिशत स्विस लोगों द्वारा बोली जाने वाली बोली) को 63 प्रतिशत जर्मन बोलने वाली बृहत्तर आबादी को एक सामान मानता है।[34] अपने ही देश के जिनेवा शहर जिसमें फ्रांसीसी भाषा बोली जाती है, में घूमने आये मेरें स्विस–जर्मन मित्रों ने मुझे बताया कि अंग्रेज़ी जैसी विदेशी भाषा में रास्ता पूछने पर स्थानीय नागरिक उनकी सहायता को अधिक तत्पर दिखते थे, जबकि जर्मनी जैसी एक आधिकारिक स्विस भाषा के माध्यम से मदद चाहने पर स्थानीय लोग वैसी गर्मजोशी नहीं दिखलाते थे!

ठीक उसी तरह जातीय राष्ट्रवाद का ही एक अन्य प्रकार प्रतीत होने के बाद भी *धार्मिक राष्ट्रवाद* सर्वथा भिन्न है, लेकिन यहाँ भी फ्रांसीसी विचारक जॉक देरिदा की यह प्रसिद्ध टिप्पणी ग़ौरतलब है, 'ऐसी कोई राष्ट्रीयता या ऐसा कोई राष्ट्रवाद नहीं जो धार्मिक या पौराणिक नहीं है, भले व्यापक अर्थ के साथ हम इसे 'रहस्यवादी' भी कह सकते हैं, और 'व्यापक अर्थ' आडम्बरहीन न होकर आध्यात्मिक या विश्व तात्त्विक हो सकता है।'[35] भारत में भी जब कुछ मुसलमान नेताओं ने अपने स्वतन्त्र देश के रूप में भारतीय मुसलमानों के लिए पाकिस्तान की स्थापना की माँग की तब उनकी इस माँग का सैद्धान्तिक आधार यही था उनके नेता मुसलमानों को एक 'राष्ट्र' के रूप में देखते थे और भारत में मुसलमानों को एक अलग भू–प्रदेश का अधिकारी मानते थे। लेकिन इस प्रस्ताव को चुनौती देने वाले अन्य मुसलमानों का यह तर्क था कि इस्लाम को किसी भी राष्ट्र की प्रादेशिक सीमाओं तक सीमित करना उपयुक्त नहीं है।

---

34. 'स्विस पर्सपेक्टिव्स इन 10 लैंग्वेज़ेज', SWI, 26 फ़रवरी 2019, https://www.swissifo.ch/eng/languges/29177618 पर उपलब्ध।
35. जॉक देरिदा, *स्पेक्ट्रेस ऑफ़ मार्क्स*, लन्दन : रॉउटलेज, 1994, पृ. 91।

(बहरहाल, ऑर्गेनाइज़ेशन ऑफ़ इस्लामिक कॉन्फ्रेंस में आज के दिन सत्तावन सदस्य हैं) और जिनका यह तर्क था कि इस्लाम का विस्तार दुनिया के सभी हिस्से में होना चाहिए, वे पूरी दुनिया को दर–अल–इस्लाम (शान्ति का ठिकाना) बनाने के लिए कृतसंकल्प हैं क्योंकि किसी भी भौगोलिक परिधि में इसे सीमित कर देना उनकी आस्था के विरुद्ध एक पाप है। स्पष्ट शब्दों में कहा जाये तो पाकिस्तान के धार्मिक राष्ट्रवाद को 'जातीय' राष्ट्रवाद के रूप में व्याख्यायित नहीं किया जा सकता है क्योंकि जातीय आधार पर भी वहाँ की जनता पड़ोस में रहने वाले भारतीयों से भिन्न नहीं थी जिनसे वे धार्मिक राष्ट्रवाद के आधार पर अलग हुए थे। आज के दिन भी बहुत–से पाकिस्तानियों के रिश्तेदार भारत में हैं जिनकी रगों में एक ही ख़ून बहता है और उनकी आस्थाएँ भी एक ही हैं। दो अलग–अलग मुल्कों के नागरिक होने के बावजूद यह एक सच्चाई है। लेकिन पाकिस्तान और इजराइल ऐसे दो देश हैं जिनकी स्थापना विशेष रूप से एक ख़ास धार्मिक समुदाय के लोगों के लिए पृथक् राष्ट्र के रूप में की गयी जबकि उस नस्ल और धर्म के दूसरे लोग दूसरी राष्ट्रीयता से आज भी अपना सम्बन्ध रखते हैं।

सभी राष्ट्रवादों का सरलतम रूप हम *प्रादेशिक राष्ट्रवाद* के रूप में देखते हैं, जिसमें एक प्रदेश विशेष की सीमाओं के भीतर रहने वाले सभी लोग उस देश की राष्ट्रीयता के अधिकारी माने जाते हैं। चूँकि ऐतिहासिक दृष्टि से अनेक 'राष्ट्रीय देश' की सीमाएँ ठीक से परिभाषित नहीं थीं लिहाज़ा ऐसे राष्ट्रवाद बहुत कम थे जो अस्तित्व में शुद्ध रूप में प्रादेशिक थे। ऐसी स्थिति में ऑस्ट्रेलिया जैसे उपमहादेश और जापान और न्यूजीलैण्ड उपद्वीपीय देशों के लिए अपनी राष्ट्रीयता का दावा करना आसान था। जहाँ तक न्यूजीलैण्ड और उसके राष्ट्रवाद की बात है तो इसकी उत्पत्ति उसके साझा इतिहास और दुनिया से उसकी असम्पृक्तता–दोनों से मानी जा सकती है क्योंकि ये दोनों ही इस उपद्वीपीय राष्ट्र की प्रादेशिकता के वास्तविक कारण थे। सेनेगल के क्षेत्र के भीतर किसी टेढ़ी उँगली की तरह घुसे हुए एक छोटे–से प्रदेश गाम्बिया के राष्ट्रवाद का मुख्य निर्णायक तत्त्व भी उसकी प्रादेशिक सीमाएँ ही थीं। डेढ़ शताब्दी तक प्रभुत्व के लिए ब्रिटेन और फ्रांस के बीच के सत्ता–संघर्ष की परिणति–स्वरूप गाम्बिया नदी के दोनों किनारों पर ब्रिटेन का अधिकार हो गया जबकि फ्रांस ने

बचे हुए इलाक़ों पर क़ब्ज़ा कर लिया। उपनिवेशवाद की समाप्ति के बाद दोनों ही भू–क्षेत्र स्वतन्त्र 'राष्ट्र–देश' सेनेगल और गाम्बिया के रूप में अस्तित्व में आये। गाम्बिया की औपनिवेशिक भाषा के अतिरिक्त एक अकड़े हुए कृमि–सा उसके आकार का कारण यही है। हालाँकि दोनों देशों के बीच थोड़े समय के लिए राजनीतिक एकीकरण भी हुआ जिसे सेनेगाम्बिया का नाम दिया गया, लेकिन जल्दी ही गाम्बिया ने अपने आपको दोबारा प्रादेशिक रूप से स्वतन्त्र घोषित कर दिया। प्रादेशिक राष्ट्रवाद के इन सफल उदाहरणों को देखकर ही सम्भवतः राष्ट्रवाद के अन्य प्रारूपों ने अपनी राष्ट्रीयता को अपनी मातृभूमि की सीमाओं के भीतर ही लागू करना उपयुक्त समझा। यद्यपि इसके बाद भी प्रादेशिक राष्ट्रवाद और अन्य राष्ट्रवादों में परस्पर टकराव देखे जाते रहे। उदाहरण के रूप में, जापान के राष्ट्रवाद में तर्क की दृष्टि से देखा जाये तो जातीय, सांस्कृतिक और प्रादेशिक–सभी प्रकार के राष्ट्रवाद के तत्त्व समाहित हैं।

उग्र सुधारवादी राष्ट्रवाद का उद्देश्य भाषा, भूगोल और संस्कृति में अनावश्यक बदलाव बिना राज्य के भीतर के नाकाम और प्रयोजनहीन तन्त्र को उखाड़ फेंकना है। सुधारवादी राष्ट्रवाद अपने चरित्र में आदर्शवादी होता है। लेनिन रूस के जार साम्राज्य के विरुद्ध ख़ुद को एक उदारवादी राष्ट्रवादी मानता था, और वियतनाम के हो ची मिन्ह या कोरिया के किम II–सुंग द्वारा भी इस शब्दावली को एक गौरव के साथ उपयोग किया गया होगा। अमेरिकर कैब्रल और फ्रान्त्ज फानोन के सुधारवादी राष्ट्रीय संस्कृति के सिद्धान्त हालाँकि दक्षिणी गोलार्द्ध के परिवेश में जन्मे थे लेकिन अपने वैश्विक मानवतावादी दृष्टिकोण के कारण उन सिद्धान्तों ने आभिजात्य राष्ट्रवादी आत्ममुग्धता की उग्र आलोचना की। यद्यपि बेनिटो मुसोलिनी को इस मामले में चुनौती दी जा सकती है जिसने उक्त सिद्धान्तों का उपयोग इटली में अपनी फ़ासीवादी क्रान्ति में किया था। (सुधारवादी राष्ट्रवाद को सूक्ष्म रूप में धर्म–विरोधी माना जाता रहा है। अपने आरम्भिक पादरी–विरोधी वर्षों में मुसोलिनी ने भी एक बार ईश्वर की सत्ता को चुनौती दी थी, 'यदि सचमुच तुम्हारा अस्तित्व है तो मुझे यहीं का यहीं मार गिराकर यह प्रमाणित कर दो।' ईश्वर ने ऐसा कुछ भी नहीं किया और द्वितीय ड्यूस जीत के दम्भ से भर गया। बाद में जैसा कि इतालवी उपन्यासकार और विचारक उम्बेर्तो एको ने लिखा है, 'मुसोलिनी ने अपने

भाषणों में हमेशा ईश्वर का उल्लेख किया, और अपने को 'नियति–पुरुष' कहे जाने का कभी बुरा नहीं माना')।[36]

पूर्व औपनिवेशिक देशों में *उपनिवेश–विरोधी राष्ट्रवाद* सर्वाधिक परिचित राष्ट्रवाद माना जाता है। दुनिया के सबसे बड़े भू–भाग में राष्ट्रवाद की उत्पत्ति का यह सबसे बड़ा कारण है और अधिकतर देशों ने इसे गुलामी से लड़ कर अर्जित किया है। इसकी अगुआयी निस्सन्देह भारत ने की है। (इसलिए इसे *विमुक्ति राष्ट्रवाद* भी कहा गया है)। उपनिवेश–विरोधी राष्ट्रवाद में उपर्युक्त वर्णित जातीय, सांस्कृतिक, भाषायी, प्रादेशिक और सुधारवादी राष्ट्रवाद कारण के रूप में शामिल हो भी सकते हैं और नहीं भी हो सकते हैं। लेकिन इसका प्रमुख लक्षण आत्म–निर्णय के अधिकार को प्राप्त करने लिए विदेशी शासन से स्वतन्त्र होने का दृढ़–संकल्प है। अफ्रीका में जातीय राष्ट्रवाद का एक रोचक प्रारूप मैट्रिनिकन कवि, एमे ससैरे, सेनेगल के राजनयिक लियोपोल्ड सेदार सेंघोर और फ्रांसीसी कवि लीओन–गोंत्रण दमास द्वारा बनायी गयी नेग्रीट्यूड की संकल्पना में देखा जा सकता है। नेग्रीट्यूड की संकल्पना अफ्रीका के राष्ट्रवादी अभियान से जुड़ी हुई है। उपनिवेश–विरोधी राष्ट्रवाद की भाषा, प्रतीक और उत्साह स्वतन्त्रता की प्राप्ति के बहुत पहले अपना अस्तित्व ले चुका था जिसने शेष लोगों को भी *उपनिवेशोत्तर* राष्ट्रवाद के पक्ष में आवाज़ बुलन्द करने के लिए प्रेरित किया–मिसाल के तौर पर 1956 में मिस्र द्वारा स्वेज़ नहर के राष्ट्रीयकरण या 1961 में भारत द्वारा पुर्तगाली शासन से गोवा की मुक्ति का प्रेरक तत्त्व यही उपनिवेश–विरोध था।

उपनिवेश–विरोधी राष्ट्रवाद की एक प्रमुख चुनौती यह है कि इसकी अभिव्यक्ति एक औपनिवेशिक राज्य की सीमाओं के भीतर ही होती है, और ज़रूरी नहीं कि इसका द्वन्द्व जातीय, भाषाई, सांस्कृतिक अथवा किसी अन्य विशेष समूह की प्रादेशिक सीमाओं से हो। कैब्रल के प्रसिद्ध सिद्धान्त कि 'राष्ट्रीय स्वतन्त्रता अवश्यम्भावी रूप से एक सांस्कृतिक कृत्य है'[37] के बावजूद अनेक एशियाई और अफ्रीकी राष्ट्रवादों का चरित्र सांस्कृतिक

---

36. उम्बेर्तो एको, 'उर–फ़ासिज़्म', *न्यू यॉर्क रिव्यू ऑफ़ बुक्स,* 22 जून 1995, https://www.pegs.us/archive/Articles/eco_ur-fasism.pdf पर उपलब्ध।
37. अमिल्कैर कैब्रल, 'नेशनल लिबरेशन एंड कल्चर', *यूनिटी एंड स्ट्रगल : स्पीचेस एंड राइटिंग्स,* मिशेल वोल्फ़ेर द्वारा अनूदित, न्यू यॉर्क : मन्थली रिव्यू प्रेस, 1979, पृ. 143।

या जातीय नहीं बल्कि उपनिवेश–विरोधी रहा है (बेशक पश्चिमी अफ्रीकी लोगों के एक समूह द्वारा प्रशासनिक सुविधा की दृष्टि से उदारवादी अर्थ में इसे नाइजीरियाई या गाबोनी नस्ल के रूप में चिह्नित करने के प्रयास हुए हैं)। यह सत्य है कि राष्ट्रवादियों ने सभी औपनिवेशिक राज्यों की विदेशी शासन से आज़ादी के लिए संघर्ष किया, का अर्थ यह है कि राष्ट्रवाद को जातीयता, भाषा या संस्कृति जैसे संकीर्ण अर्थों से मुक्त होकर परिभाषित करने की आवश्यकता थी ताकि राज्य की मौजूदा संरचना में 'राष्ट्रवाद' का नया उत्साह संचारित किया जा सके। राष्ट्रवाद के माध्यम से क्रान्तिकारी सुधार हों, यह क़तई ज़रूरी नहीं था। भारत में ब्रिटिश उपनिवेश की समाप्ति को जब 'सत्ता का हस्तान्तरण' कहा गया तो इसे परित्याग से अधिक एक अप्रत्याशित घटना माना गया।

उपनिवेश–विरोधी राष्ट्रवाद के सिद्धान्तों की संख्या प्रचुरता में उपलब्ध है[38] जिनमें पार्थ चटर्जी, रणजीत गुहा, शहीद अमीन और दूसरे इतिहासकारों द्वारा उल्लिखित 'पराधीनता का सिद्धान्त' सर्वाधिक महत्त्वपूर्ण है। इस सिद्धान्त ने भारतीय राष्ट्रवाद के सम्बन्ध में पारम्परिक प्रज्ञता को चुनौती देते हुए इसे अधोमुखी इतिहास का नाम दिया जो पूर्व में उपनिवेश रह चुके देशों की बुनियादी वास्तविकताओं के प्रति लापरवाह था और यूरोपीय सिद्धान्तकारों द्वारा निर्मित सामान्य वैश्विक अवधारणाओं से अत्यधिक प्रभावित था। न्गुगी की तरह पार्थ चटर्जी की भी यही मान्यता थी कि उपनिवेश–विरोधी राष्ट्रवाद यूरोपीय राष्ट्रीयता के सिद्धान्तों को अपनाकर यूरोपीय आधिपत्य से ही मुक्ति की कामना करता था। वस्तुतः उपनिवेश–विरोधी राष्ट्रवाद ने उन्हीं आधुनिक गुणधर्मों को अंगीकार कर लिया था जिन्हें यूरोपीय राष्ट्रवादियों ने उस पर थोप रखा था।[39] पराधीनता का इतिहास लिखने वाले विद्वानों ने ग़ैर–पश्चिमी राष्ट्रवादी दृष्टिकोण पर अधिक ज़ोर दिया है, और पराधीनता की इतिहासबद्धता और उसके राष्ट्रवाद के अध्ययन के लिए अनुभवहीनता और प्रभावहीनता–दोनों को

---

38. फॉर अ इंटरेस्टिंग एटेम्पट टू रिथिंक पोस्टकोलोनियल थ्योरी'ज डिस्कशन ऑफ़ नेशन एंड नेशनलिज़्म थ्रू दी प्रिज्म ऑफ़ दी फिलोसफ़ी ऑफ़ फ्रीडम, सी फेंग चिह, *स्पेशल नेशनलिटी : पैसेज ऑफ़ फ्रीडम फ्रॉम कान्त टू पोस्टकोलोनियल लिटरेचर्स ऑफ़ लिबरेशन,* न्यू यॉर्क : कोलम्बिया यूनिवर्सिटी प्रेस, 2003।
39. चटर्जी, *नॉवेलिस्ट थॉट इन कोलोनियल वर्ल्ड*।

अधिक आवश्यक माना है। औपनिवेशिक शासनकाल में ही नहीं बल्कि उपनिवेशोत्तर काल के राज्यों में भी पराधीनों के त्वरित लोकप्रिय विरोधों की अवधारणा में उन्होंने 'सामान्य जन' के राष्ट्रवाद को रेखांकित करते हुए आत्मसन्तुष्टि की ताक़त को ज़्यादा तरज़ीह दी। उनका मानना था कि शोषण से मुक्ति के संघर्ष में पारम्परिक इतिहास ने 'वास्तविक' तथ्यों के साथ न्याय नहीं किया। आरम्भिक उपनिवेश–विरोधी राष्ट्रवाद में इस बात के ढेरों उदाहरण मिलते हैं। इसीलिए, भारतीय स्वदेशी नेता बिपिन चन्द्र पाल ने 1910 में यह घोषित कर दिया था :

> सामाजिक और धार्मिक पुनर्जागरण का आन्दोलन जो वर्तमान राष्ट्रवादी आन्दोलन का अग्रगामी था, ने सचमुच राष्ट्रीय जागरण की पुनर्वापसी का प्रतिनिधित्व करने का काम किया। जैसा कि स्थूल रूप से अवलोकन करने वाले विचारकों ने संकेत करने की कोशिश की है, यह मूलतः भारतीय समाज के प्रगतिशील और रूढ़िवादी तत्त्वों का परस्पर संघर्ष नहीं था, बल्कि आक्रामक यूरोपीय और प्रगतिशील भारतीय संस्कृति के बीच का द्वन्द्व था। यह यूरोप के बौद्धिक और आचार–सम्बन्धी आधिपत्य के विरुद्ध भारत का नैतिक और मनोवैज्ञानिक विरोध था।[40]

उल्टा यह सिद्धान्त उपनिवेश–विरोधी राष्ट्रवाद के उभार में स्थानीय संस्कृति के महत्त्व को दृढ़ता प्रदान करता प्रतीत होता है। स्वतन्त्रता के मौलिक स्वर माने जाने वाले फ्रान्त्ज़ फानोन ने कहा था, 'प्रत्येक पुरुष अथवा प्रत्येक स्त्री अपने कृत्यों से देश को जीवन प्रदान करते है'[41], और पराधीन जनसमुदाय की जागरूकता ही राष्ट्रीय संस्कृति और प्रेरणा के रूप में प्रकट होती है। न्गुगी अपने सिद्धान्त का खुलासा केवल औपनिवेशिक लोकाचारों को ख़ारिज करके नहीं बल्कि साथ ही पारम्परिक रिवाज़ों की ओर पुनर्वापसी को अस्वीकार करके भी करते हैं। लेकिन उनके सिद्धान्त

---

40. बिपिन चन्द्र पाल, *दी स्प्रिट ऑफ़ इंडियन नेशनलिज़्म*, लन्दन : हिन्द नेशनलिस्ट एजेंसी, 1910, पृ. 43–44, https://archive.org/details/in.ernet.dli.2015.73583/page/in59/mode/2up?q=conflict पर उपलब्ध।
41. फ्रान्त्ज़ फानोन, *दी रेच्ड ऑफ़ अर्थ*, कॉन्स्टेंस फरिंगटन द्वारा अनूदित, न्यू यॉर्क ग्रोव विडनफेल्ड, 1963, पृ. 132।

को क्षणभर के लिए भूल भी जायें तो राष्ट्रवाद का उत्थान उस प्रदेश की संस्कृति के उद्घोष पर भी निर्भर है जो स्वतन्त्रता की कामना करता है–और उस प्रदेश की संस्कृति वस्तुतः जनसाधारण की संस्कृति है जो और कुछ नहीं बल्कि उस प्रदेश के लोगों के सामूहिक योगदान और समाज द्वारा निरूपित भौतिक तथा आध्यात्मिक मूल्यों द्वारा प्रदत्त अद्भुत लोकाचार हैं। 'कोई जीवित संस्कृति कभी स्थिर नहीं हो सकती,' न्गुगी ने लिखा है। 'आधुनिक अफ्रीका में किसी भी पारम्परिक स्वरूप और संस्कृति का अक्षुण्ण उत्थापन निश्चित रूप से पूरी तरह सम्भव नहीं है। एक अर्थवान संस्कृति वह है जिसका जन्म वर्तमान अपेक्षाओं से हुआ है...'[42]। भारत में उपनिवेश–विरोधी राष्ट्रवाद केवल राजनीति तक सीमित नहीं रहा बल्कि उसने राष्ट्रीय जीवन के सभी क्षेत्रों जैसे शिक्षा, विज्ञान, कला, संस्कृति और समाज में आमूलचूल परिवर्तन लाने का काम भी किया। यह पुनः उपनिवेश–विरोधी राष्ट्रवाद को न्गुगी के सामाजिक–आर्थिक विकास की 'वर्तमान अपेक्षाओं' से गहन रूप से जोड़ता है जो नवस्वतन्त्र देशों के आर्थिक, सामाजिक और राजनीतिक पिछड़ेपन के लिए उत्प्रेरक का काम करता है। साम्राज्यवादी मेट्रोपोल ने एक साथ राज्य को बनाने और उसके संसाधनों के दोहन–दोनों का काम किया।

वर्तमान समय में एक प्रवृत्ति जो बार–बार ख़ुद को दोहरा रही है उसे हम *आप्रवासी राष्ट्रवाद* का नाम भी दे सकते हैं जिसमें विदेशों में रहने वाला कोई आप्रवासी उस देश के राष्ट्रीय आन्दोलन को तन–मन और धन से अपना समर्थन देता है जिसे वह छोड़ आया है। इस समर्थन का मुख्य कारण उस आदर्श मातृभूमि को प्राप्त करने का स्वप्न होता है जिसका त्याग कर देने के लिए उन्हें बाध्य कर दिया गया था। प्रायः आप्रवासन का जीवन मूल देश से बहिर्गमन के बाद भी अपने साथ अनेक प्रकार की आस्थाओं, रिवाज़ों, लोकाचारों और आदर्शों को जीवित रखता है–इसलिए न्यू यॉर्क उन भाषाओं के घर के रूप में प्रसिद्ध है जो अपने मूल देश में लुप्त होने की कगार पर पहुँच चुकी है। अनेक बार विदेशों से

---

42. न्गुगी वा थिओंग'ओ 'टुवर्ड्स अ नेशनल कल्चर', *होमकमिंग : एसेज ऑन अफ्रीकन एंड कैरेबियन लिटरेचर, कल्चर एंड पॉलिटिक्स*, लन्दन : हीमन, 1972, पृ. 4 एंड 12।

नाममात्र का ही सही लेकिन वित्तीय स्थानान्तरण निहायत सौम्य तरीक़े से होता जैसे आप्रवासियों का उद्देश्य 'घर' पर रहने वाले परिजनों की सांकेतिक तरीक़े से मदद करना या उनकी ज़िम्मेदारियों में हाथ बँटाना होता है। वे सामान्यतः अपनी परित्यक्ता मातृभूमि की राजनीति से स्वयं को दूर रखते हैं। इसके बावजूद जब उनके देशों में राष्ट्रीय आन्दोलन होते हैं तो उन आप्रवासियों का राजनीतिक आवेग किसी–न–किसी रूप में फूट पड़ता है। कई बार इस आवेग का चरित्र उग्र भी होता है। 1948 में इजराइल की स्थापना से पहले यहूदी राष्ट्रवाद को लगभग सौ साल का निष्कासन झेलना पड़ा था। अमेरिका में रहने वाले आयरिश लोगों ने आयरलैंड के राष्ट्रीय आन्दोलन को अपना व्यापक समर्थन दिया था। उसी प्रकार यूरोप और ख़ास कर ब्रिटेन में रहने वाले तमिल आप्रवासियों ने दशकों तक इस द्वीप में तमिल राष्ट्रवाद को जीवित रखा। भारत में भी सिख राष्ट्र (खालिस्तान) के लिए उग्र आन्दोलन पूरी तरह से उत्तरी अमेरिका में रहने वाले सिखों की आर्थिक सहायता पर निर्भर रहा। यही स्थिति इथियोपिया से पृथक् होकर एक ओरोमो राष्ट्र के लिए चलाये गये आन्दोलन की थी (इस बात के पर्याप्त संकेत मिलते हैं कि ओरोमो राष्ट्रवाद को सभी व्यावहारिक उद्देश्यों के लिए आप्रवासियों पर ही निर्भर करना पड़ा था)।

मैं स्वयं भी आप्रवासी राष्ट्रवाद के सौम्य प्रतिरूप का वारिस रहा हूँ। 1948–49 में लन्दन में मेरे पिता इंडियन लीग के सदस्य बने, और अपने मित्रों के समूह द्वारा तात्कालिक उच्चायुक्त वी. के. कृष्णा मेनन की इंडिया क्लब की स्थापना करने में मदद की जहाँ भारतीय आप्रवासियों को सस्ता और साधारण (लेकिन आवश्यक) भारतीय भोजन मिलने की सुविधा थी। सात दशक के उपरान्त उसी 'निष्कासित भारतीय' नॉस्टेल्जिया ने ही उस इमारत के जीर्णोद्धार का सफल विरोध किया जिसमें इंडिया क्लब खोला गया था। इस विरोध का तर्क यह था कि क्लब भारतीय आप्रवासी समुदाय के इकट्ठा होने की ऐतिहासिक जगह थी। आज दुनिया भर में आप्रवासी भारतीयों के लिए सन फ्रांसिस्को से लेकर सिडनी और डरबन से लेकर दुबई तक ऐसी अनेक संस्थाएँ अस्तित्व में हैं। ये संस्थाएँ अब मुख्यतः सांस्कृतिक संगठनों के रूप में काम करने लगी हैं क्योंकि आप्रवासी होने के बावजूद अधिकतर भारतीय संस्कृति के बहाने अपनी अस्मिता को बचाये

रखना चाहता है। अपने इस नये अवतरण में वह अपनी मातृभूमि और मेज़बान दोनों देशों के प्रति अधिक अनाक्रमक और सहिष्णु हो गया है।

लेकिन वह मात्र इतना भर ही नहीं है। जैसा कि बेनेडिक्ट एंडरसन ने कहा है 'दूरस्थ राष्ट्रवाद'[43] लोगों की हत्या अपने देशों से बहुत दूर ले जाकर करता है। मौजूदा वक़्त में दुनिया के अधिकतर आप्रवासी लोग भौतिक सुखों, आर्थिक सुरक्षा या पेशेगत अवसरों के कारण अपने देशों को छोड़ आये हैं क्योंकि उनकी मातृभूमि में उन्हें यह सब हासिल कर पाने का मौक़ा नहीं मिल पाया। कारण कुछ भी रहा हो लेकिन अधिकतर लोगों ने यही सोच रखा था कि एक दिन वे अपने मुल्क लौट जायेंगे। कुछेक साल विदेश में और गुज़ारकर थोड़ी दौलत और कमाई जा सकती है–वह ख़ुद को ही तसल्ली देने की कोशिश करता है। और, जिस वजह से उसे अपना घर–बार छोड़ना पड़ा था उन सभी मसलों पर जीत हासिल करने के बाद अपने लोगों के बीच दोबारा लौट जायेगा। वक़्त बीतता जाता है लेकिन उसके पास इतनी पर्याप्त दौलत कभी इकट्ठी नहीं हो पाती। डॉलर कमाने के साथ–साथ धीरे–धीरे उनकी ज़िम्मेदारियाँ भी एक–एक कर बढ़ती जाती हैं। उसकी दूसरी मजबूरियाँ मसलन दाम्पत्य, करियर, बच्चे और उनकी पढ़ाई जैसी बाधाएँ भी उसके सामने खड़ी होने लगती हैं, और अपना देश लौट आने की उसकी शेष बची सम्भावनाएँ धीरे–धीरे कम होने लगती हैं। नतीजा यह होता है कि वापिस नहीं लौट पाने की मजबूरियाँ उसके भीतर एक ग्लानि के तौर पर विकसित होने लगती हैं। अपनी इस ग्लानि का दोषी वे उन सामाजिक, राजनीतिक और आर्थिक हालातों को मानते हैं जिनकी वजह से उसको अपना देश छोड़ देने के लिए विवश होना पड़ा था। आप्रवासन की यह पीड़ा उस बेवफ़ा प्रेमी के दर्द की तरह होती है जो अपनी बेवफ़ाई का इलज़ाम भी उस प्रेमिका पर थोपने की कोशिश करता है मानो वह लड़की ही उसके प्रेम के उपयुक्त नहीं है।

अपनी मातृभूमि में जारी किसी उग्र असन्तोष को उसका समर्थन मिलने का एक प्रमुख कारण यह भी है। एक तरफ़ इस समर्थन से उसके आप्रवासन के अपराध–बोध को तृप्ति मिलती है और दूसरी तरफ़ इसके

---

43. बेनेडिक्ट एंडरसन, *दी स्पेक्ट्रे ऑफ़ कोपैरिजन्स : नेशनलिज़्म, साउथ–ईस्ट एशिया, एंड दी वर्ल्ड*, लन्दन : वर्सो बुक्स, 1998, पृ. 58–74।

ज़रिये वह अपने देश को छोड़ देने के फ़ैसले सही ठहराने की कोशिश भी करता है। उनको यह प्रतीत होता है कि उसके अपने देश की ही कोई ग़लती रही होगी जिसकी वजह से उन्हें अपना घर–बार छोड़ देना पड़ा वरना अपनी मिट्टी को भूलने की उसको क्या ज़रूरत थी? लेकिन बात सिर्फ़ इतनी भर ही नहीं है। दरअसल कोई आप्रवासी अब नये समाज की दृष्टि से अपने आपको फिर से परिभाषित करना चाहता है। अपने नये देश के परिवेश के साथ तालमेल स्थापित करने की लगातार कोशिशों के बाद भी उसको पता है कि वह पूरी तरह उस देश के अनुकूल ख़ुद को नहीं ढाल पायेगा। नस्लवाद, सामाजिक अलगाव, दोयम दर्जे की नागरिकता और आत्म–घृणा जैसी मुश्किलों से लगातार जूझते रहने के बाद उसके मन में भी अपनी स्वतन्त्र पहचान की कामना रहती है–उसी पहचान के ज़रिये वह भी आत्म–गौरव का अनुभव करना चाहता है ताकि वह आत्मनिर्वासन के अपने निर्णय को उचित ठहरा सके।

जैसे–जैसे उसके बच्चों की परवरिश किसी 'अमेरिकी' या 'ब्रिटिश' के रूप में होती है, और वे बच्चे अपनी–अपनी विरासत, पूर्वाग्रहों और डरों से मुक्त होते जाते हैं, वैसे–वैसे वह भी अपने अस्तित्व को लेकर तुलनात्मक रूप से अधिक आश्वस्त होता जाता है। लेकिन अपने देश के प्रति उसकी यह आसक्ति उसकी कुछ गिनी–चुनी स्मृतियों से ही जुड़ी होती है जो मुख्य रूप से उसकी मिट्टी, मूल्यों और उसके ख़ुद के परिवार, जाति, धर्म और रिवाज़ों से सम्बन्धित होती हैं। विदेशियों के बीच में रहते–रहते वह उन स्मृतियों के अधिक निकट पहुँच जाता है जिनसे विदेशियों का किसी तरह से कोई लेना–देना नहीं। बदक़िस्मती से जिस संस्कृति को–आसक्ति अथवा अस्वीकृति दोनों ही स्थितियों में–वह याद करता है, वह संस्कृति अपनी मिट्टी में पारस्परिकता के परिणामस्वरूप विकसित हुई होती है। निर्वासन में अपने विरूपित रूपों के कारण सच यही है कि एक आप्रवासी अपनी संस्कृति के बारे में कुछ भी नहीं जानता। अपने घर के बारे में उसकी जो कल्पनाएँ होती हैं, उनका कोई प्रत्यक्ष सम्बन्ध उसके निजी अनुभवों से नहीं होता है। एक आप्रवासी अपनी संस्कृति का जीवित अंग नहीं होता, वह उसका एक कटा हुआ हिस्सा होता है।

आप्रवासियों का यही इकलौता चेहरा नहीं है। खाड़ी के देशों में पढ़े–लिखे, मेहनतकश और पेशेवर भारतीयों का तबका भी रहता है। वे अपनी बेहतर

वित्तीय सम्भावनाओं की तलाश में विदेशों में काम करते हैं लेकिन अपने खुद के देश और परिवार के साथ उनका जुड़ाव अटूट होता है। अपने परिजनों को निरन्तर आर्थिक सहायता भेजना उनकी प्राथमिकता होती है। आप्रवासियों में ऐसे लचीले नागरिकों की भी बहुतायत है जो चीनी और आप्रवासी चीनी का दोहरा जीवन साथ–साथ जीते हैं। यह रूपान्तरित होने वाले पेशेवरों का ऐसा समूह है जो अपनी नौकरी के सिलसिले में एक साल सिंगापुर, दूसरा साल सिडनी और उसके बाद का साल सन फ्रांसिस्को में गुज़ारने के लिए तत्पर रहता है। उन आप्रवासियों को इसकी रत्ती भर भी परवाह नहीं कि इस प्रक्रिया में उन्होंने स्प्रिंगफील्ड या सोलिहुल में क्या कुछ खो दिया है। वे आप्रवासी राष्ट्रवाद से पूरी तरह से मुक्त माने जा सकते हैं लेकिन उनका अस्तित्व दूसरे आप्रवासियों के राष्ट्रवाद को अस्वीकार नहीं करता।

और, अब सबसे अन्त में *नागरिक या सामान्य राष्ट्रवाद* की बारी आती है। यह राष्ट्रवाद का वह स्वरूप है जिसके बारे में कुछ विस्तारपूर्वक अपनी बात रखना चाहूँगा। यह राष्ट्रवाद की ऐसी अवधारणा है जो ऐसे देश अथवा राज्य को प्रोत्साहित करता है जो अपनी राजनीतिक वैधता के लिए जातीयता, धर्म, भाषा, संस्कृति या ऐसी किसी अपरिहार्यता पर निर्भर नहीं है जिसको लोग जन्म के आधार पर नहीं बल्कि स्वीकृति और सहभागिता के आधार पर अर्जित करते हैं। यह तभी सम्भव है जहाँ लोग एक लोकतान्त्रिक राजनीतिक व्यवस्था के स्वतन्त्र सदस्य हों। ऐसा माना जाता है कि नागरिक राष्ट्रवाद का सिद्धान्त जॉन लॉक और जीन–जैक रूसो जैसे यूरोपीय विचारकों के लेखन द्वारा प्रतिपादित हुआ है। इस दृष्टि से रूसो की 1762 में लिखी पुस्तक *दी सोशल कॉन्ट्रैक्ट* का विशेष महत्त्व है जिसमें शासन की वैधता के स्रोत के रूप में लोगों की 'सामान्य इच्छा' (जनरल विल) का उल्लेख मिलता है। किसी भी नागरिक राष्ट्र की सदस्यता स्वैच्छिक है और इसे सिर्फ़ जन्म के आधार पर ही प्राप्त करना अनिवार्य नहीं। इसे आप्रवासन और दूसरी राज्यनिष्ठा के परित्याग द्वारा भी हासिल किया जा सकता है। राज्यनिष्ठा के परित्याग के दायरे में गिने–चुने ताक़तवर देश नहीं आते। नागरिक राष्ट्रवाद की कुछेक विशेषताएँ हैं। उदाहरण के रूप में उदार लोकतान्त्रिक संस्थाएँ, संविधान और उसके द्वारा सुनिश्चित अभिव्यक्ति और सभा का अधिकार, लोकतान्त्रिक पद्धति से चुने गये जनप्रतिनिधि और एक ऐसे राष्ट्रवाद की स्थापना जो

आधुनिक समाज के मानकों पर खरा उतरता हो। चूँकि ये सभी आवश्यक गुण नस्लवादी 'संकुचित लोकतन्त्र' की बहुलतावादी संरचना में दुर्लभ हैं, इसलिए नागरिक राष्ट्रवाद अपनी अस्तित्व–रक्षा के लिए मुख्य रूप से एक उदार संविधान पर निर्भर है। संयुक्त राज्य अमेरिका और फ्रांस को नागरिक राष्ट्रवाद का आदिरूप माना जाता है, उपनिवेश–विरोधी भारतीय राष्ट्रवाद एक नागरिक राष्ट्रवाद की दिशा में विकसित हो रहा है, और तार्किक दृष्टि से देखा जाये तो कभी जातीय राष्ट्रवाद का प्रतीक रहा जर्मनी भी आज एक नागरिक राष्ट्रवाद के रूप में विकसित हो चुका है।

राष्ट्रवाद निरन्तर बदलती हुई परिभाषा की चुनौतियों के परिणामस्वरूप पहचान की राजनीति से विकसित हुई एक अवधारणा है। जैसा कि कीर्थिक ससिधरन ने लिखा है, 'क्या वे सभी लोग अरब हैं जो अरबी बोलते हैं? यदि हाँ, तो ऐसी स्थिति में हम उत्तरी अमेरिका, लेबनान, या सीरिया में रहने उन लोगों को क्या कहेंगे जो अपनी पहली भाषा के रूप में अमज़िघ, द्रुज़े और फ्रेंच बोलते हैं। क्या अरब वे लोग हैं जो पश्चिमी सहारा से लेकर ओमान तक फैले प्रदेश में रहते हैं? यदि हाँ, तो फिर भूगोल को छोड़कर ऐसी कौन–सी बात है जिसने इनको एक सूत्र में बाँध रखा है? क्या मुसलमानों के अतिरिक्त जो अन्य लोग इस क्षेत्र में रहते हैं वे सभी भी अरब हैं? अगर हाँ, तो फिर वे लाखों कोप्टिक ईसाइयों, सीरियाई द्रुज़े, या इराक़ी यज़ीदियों के बारे में हम क्या कहेंगे? क्या अरब वे लोग हैं जो पूर्ण–अरबवाद जैसी किसी राजनीतिक चेतना में विश्वास करते हैं? अगर हाँ, तो उनकी अखिल राष्ट्रीय पहचान इतनी खण्डित क्यों है, या नासिर युग के संयुक्त अरब गणराज्य की स्मृतियाँ धुँधली क्यों पड़ गयी हैं? इन सवालों के जवाब से ये संकेत मिलते हैं कि सभी परिभाषाओं का कोई–न–कोई अपवाद अवश्य है।'[44] इन सवालों का एक सामान्य उत्तर यह भी हो सकता है कि : 'कवियों और पैग़म्बरों के द्वारा बोली जाने वाली अरबी भाषा मूलतः उस नखलिस्तान का प्रतीक है जहाँ प्रवासियों ने जन्म लिया और फिर सभी दिशाओं में फैल गये। इसने उस क्षितिज का काम किया जहाँ अरबी भाषा का न केवल विस्तार और विकास हुआ बल्कि उसे स्वीकार्यता भी मिली।' सभ्यता के सन्दर्भ में भी यही

---

44. कीर्थिक ससिधरन, 'जुलाई 25th 2020', *मेटाधर्मा*, 25 जुलाई 2020, https://metadharma.substack.com/p/july-25th-2020 पर उपलब्ध।

परिघटित हुआ : 'अरब वे लोग हैं जिनका जन्म और परवरिश एक विशिष्ट अरबी चेतना के साथ हुआ–जो कि अस्तित्व की एक मानसिक अवस्था है और जिसे अर्जित करने के साथ–साथ आने वाली पीढ़ियों के साथ गँवाया भी जा सकता है।'[45]

इस पुस्तक में मैंने राष्ट्रवाद के नौ स्वरूपों के बारे में नहीं बल्कि प्रमुख रूप से दो ही स्वरूपों के बारे में अपनी चिन्ता प्रकट की है : पहला, जातीय राष्ट्रवाद और इसके सभी उप–स्वरूप और अन्य प्रकार–मसलन भाषाई, सांस्कृतिक, प्रादेशिक, धार्मिक, सुधारवादी, 'सभ्यतामूलक' प्रकार–और दूसरा, नागरिक राष्ट्रवाद। मेरे विचार से राष्ट्रवाद के सिद्धान्त को राष्ट्रवाद के उन स्वरूपों में अनिवार्यतः बाँटा जा सकता है जो अपरिवर्तनशील (जैसे जातीयता और अन्य) हैं और जहाँ राष्ट्रीयता का बोध संवैधानिक संस्थाओं, व्यवहारों और संवैधानिक तन्त्र में समाहित हो और जिसकी पुनःपुष्टि लोकतान्त्रिक मतदान के ज़रिये नियमित रूप से होती रहे। अगर जातीय राष्ट्रवाद देह में प्रवाहित होता है तो नागरिक राष्ट्रवाद व्यक्ति के विवेक से अनुप्राणित होता है। नागरिक राष्ट्रवाद उस संविधान और संस्थाओं का राष्ट्रवाद है जिनका हम सम्मान करते हैं। इसमें हमारी पैदाइशी पहचान का कोई ख़ास महत्त्व नहीं होता।

जब हम राष्ट्रवाद की अवधारणा की बात करते हैं तो प्रथमदृष्टया अधिकतर लोग इसका पारम्परिक अर्थ 'जातीय राष्ट्रवाद' ही मानते हैं। मैं भी यह मानता हूँ कि राष्ट्रवाद केवल 'नस्लकेन्द्रित' नहीं बल्कि इस अर्थ में उसका सूक्ष्मतर रूप है कि यह अपने नागरिकों से एक 'ख़ास राजनीतिक अस्तित्व' के रूप में निष्ठावान रहने की अपेक्षा करता है, एक संगठनात्मक और सामाजिक समूह या समुदाय का सदस्य होने को आवश्यक मानता है, एक परिष्कृत राजनीतिक विचारधारा में आस्था रखने पर ज़ोर देता है, और राष्ट्र के प्रति नागरिक निष्ठा को प्रमाणित करने के लिए कुछ विशेष आचार–व्यवहार को ज़रूरी बताता है। उदाहरण के लिए झण्डे को सलामी, राष्ट्रगान का गायन और देश के प्रति दृढ़प्रतिज्ञा आदि। इसके बावजूद अगर नागरिक राष्ट्रवाद की आधारभूत विशेषताएँ अपरिवर्तनशील हैं जिन्हें एक नागरिक सामान्यतः अपने जन्म के कारण प्राप्त करता है, तो

45. वही।

ऐसी स्थिति में इसे जिस वर्ग में रखा जायेगा उसे मैं 'शास्त्रीय' जातीय राष्ट्रवाद कहना पसन्द करूँगा। नागरिक राष्ट्रवाद, राष्ट्रवाद होने के बाद भी, जातीय राष्ट्रवाद से इसलिए भिन्न है क्योंकि अपने स्वभावजात लक्षणों के कारण जातीय राष्ट्रवाद और उसके सभी उपकरण एक राज्य के प्रति एक राष्ट्रवादी की निष्ठा की उपेक्षा करता है। नागरिक राष्ट्रवाद के मामले में निष्ठा की यह उपेक्षा अनुपस्थित रहती है।

जर्मन विचारक फ्रेडरिक मेनेके ने भी द्वि–विभाजन की इसी प्रणाली के पक्ष में तर्क दिया है : 'कल्टरनेशन वर्सेज स्टेटनेशन' अर्थात सांस्कृतिक राष्ट्र बनाम राज्य–राष्ट्र। आदर्श रूप में उसके दिमाग़ में जर्मनी और फ्रांस जैसे देशों के नाम थे। इस खण्ड में जिस विमर्श की मैं प्रस्तावना करता हूँ, वह मेनेके के तर्क से आगे की बात है : मैं अस्मिता के मार्गों की तलाश करना चाहता हूँ। अस्मिता का एक मार्ग वह है जो किसी समुदाय, जाति या भाषा से अटूट और अपरिहार्य रूप से जुड़ा हुआ है, और अस्मिता का दूसरा मार्ग कुछेक अपेक्षित आचार–व्यवहारों से सहमति से जुड़ा हुआ है। पहले का आधार जैववैज्ञानिक और शारीरिक है; दूसरा व्यक्ति की मानसिक और सामाजिक संरचना से सम्बन्धित है। इन दोनों विशद श्रेणियों के विश्लेषण, और एक–दूसरे के जैसा होने के उपक्रम में दोनों के बीच के अन्तःसंघर्ष के अवलोकन के ज़रिये भारत के राष्ट्रवाद और उसके संकटों को समझा जा सकता है। इस विमर्श का विस्तार आगे के खण्डों में है।

3

संस्कृति का महत्त्व

जब बहुत सारे प्रायद्वीपों और छोटे–छोटे प्रान्तों को एक साथ जोड़ कर 1861 में एकीकृत इटली का निर्माण हुआ तब इटली के राष्ट्रवादी नेता, पेंटर और लेखक मासिमो टपरेल्ली, मार्किस डी'अज़ेग्लियो, ने भावुक होते हुए कहा था : 'हमने इटली का निर्माण तो कर लिया है, अब हमें इतालवी जनता का निर्माण करने की ज़रूरत है।' एक देश की राष्ट्रीय पहचान को सुनिश्चित करने के लिए जितनी आवश्यकता एक साझा संस्कृति की होती है, उस देश की साझा संस्कृति को विकसित करने में उसके राष्ट्रवाद की भूमिका भी उतनी ही महत्त्वपूर्ण होती है। इतालवी संस्कृति का निर्माण भी प्रत्यक्ष रूप से इटली के अस्तित्व से जुड़ा था। पिडमोंटेनी, वेनेसियाई, सिसिलियाई और उनके जैसे अन्य परस्पर प्रतिद्वन्द्वियों के बीच एकता स्थापित करना एक दुष्कर काम था लेकिन इतालवी एकीकरण और संस्कृति को सुदृढ़ करने के लिए यह दोनों काम बहुत ज़रूरी थे।

यदि हम राष्ट्रवाद के इतिहास का थोड़ा गहरा अन्वेषण करें तो हम देखेंगे कि राष्ट्रवादी भावनाओं के उभार के पीछे अनेक कारण और घटनाएँ थीं। ख़ुद में ही एक अनिच्छित कारण तो पुराने साम्राज्यों की सफलता भी था। विशाल और केन्द्रीकृत साम्राज्यों का निर्माण कर राजाओं और सम्राटों ने सदियों पुरानी सामन्ती निष्ठा को ध्वस्त करने का काम किया था और जनता को यह सोचने के लिए प्रेरित भी किया था कि वह समाज की एक स्थानीय इकाई बनी रहने के बजाय अपने अस्तित्व के बृहद् विस्तार के बारे में सोचे। लेकिन उसके बृहद् अस्तित्व का प्रतीक भी एक ही व्यक्ति था–वह सम्राट या राजा था। ऐसे में अनेक साझा कारणों और अभिलाषाओं ने व्यक्ति को व्यक्ति से एक–दूसरे से जोड़ने के लिए प्रेरित

किया और इन्हीं साझा प्रवृत्तियों और आवश्यकताओं ने राष्ट्र–निर्माण की अवधारणा की नींव भी रखी।

जैसा कि हमने देखा, जनता के आत्मनिर्णय के नये सिद्धान्तों और व्यक्ति के अधिकारों ने पुराने और निरंकुश राजतन्त्रों को चुनौतियाँ देना शुरू कर दिया था। सर्वप्रथम सत्रहवीं सदी के मध्य में इंग्लैंड का गृहयुद्ध, और उसके पश्चात अट्ठारहवीं सदी के अन्त में फ्रांस और अमेरिका में 'जनता' ने 'राजा' को अपदस्थ कर स्वतन्त्र राष्ट्रों का बीजारोपण किया। ये दोनों घटनाएँ ऐतिहासिक दृष्टि से महत्त्वपूर्ण मानी जाती हैं क्योंकि इनके बाद राजा राज्य का प्रमुख नहीं रह गया और जनता ने राष्ट्र–निर्माण के नये मार्गों को अंगीकार किया। वे यह मानने लगे कि अगर देश उसकी जनता का है तो शासन की बागडोर भी जनता के ही हाथों में होनी चाहिए। एक राष्ट्रीय राज्य–अर्थात राष्ट्र–देश। जनता ने राजा के अधिकार की अवधारणा के स्थान पर मातृभूमि की अवधारणा के महत्त्व को अनुभव किया और साथ ही यह भी मानने लगे कि उनकी निष्ठा राजधर्म की पवित्रता और सम्राट के पराक्रम के प्रति नहीं होकर अपनी मातृभूमि के प्रति होनी चाहिए। अब युद्ध का अर्थ यह नहीं था कि राजा की जनता उसके पक्ष में उसके शत्रुओं से युद्धरत हो। युद्ध अब राष्ट्र के पक्ष में किया जाने वाला उपक्रम था ताकि राष्ट्र–देश की रक्षा की जा सके।

राष्ट्र के निर्माण में सभ्यता की विकासयात्रा की भी महत्त्वपूर्ण भूमिका है। आरम्भ में राजनीतिक क्रियाकलापों को राष्ट्र की संकल्पना से सम्बद्ध कर नहीं बनाया गया था, इसलिए मानव सभ्यता का भी राष्ट्रवादी प्रवृत्तियों से कोई सरोकार नहीं था। पारम्परिक दृष्टि से, यूरोप की समवेत सभ्यता को धार्मिक व्यवहारों का एक परिणाम माना जाता था क्योंकि जितने भी छोटे या बड़े राज्य थे वे सभी मुख्य रूप से ईसाई धर्मावलम्बी थे। लिहाज़ा उनको ईसाई–राज्य ही माना जाता था। कैथोलिक गिरजाओं में उच्चस्थ धर्माधिकारी राज्य के राजा से अधिक शक्तिशाली और सम्मानित माने जाते थे। इस सन्दर्भ में सातवें पोप ग्रेगरी और पवित्र रोमन साम्राज्य के सम्राट हेनरी चतुर्थ के बीच गिरजाघरों के कर्मचारियों के नियुक्ति–सम्बन्धी अधिकार को लेकर हुई तनातनी एक उल्लेखनीय घटना मानी जाती है जिसमें पोप ने अपनी अपरिमित शक्ति के प्रयोग से सम्राट की नकेल कसते हुए उसको पदच्युत कर दिया। (हेनरी को 1077 के जाड़े में कैनोसा में भयावह ठण्ड

में तीन दिनों तक अपने महल के बाहर गुज़ारना पड़ा था। उसके बाद वह बर्फ़ पर नंगे पाँव चलते हुए पोप के पास गया और अपने निर्वासन को वापस लेने के लिए उससे क्षमा माँगी। इस दण्ड के बाद ही पोप उसे क्षमादान दिया था।) सीजर के पराक्रम पर ईश्वर का भय भारी पड़ा था।

लगभग आधी सहस्राब्दी बाद इंग्लैंड के हेनरी आठवें को भी पोप क्लेमेंट सातवें के साथ अपने मतभेदों के कारण जब ऐसे ही असन्तोष का सामना करना पड़ा तब उसने पूरे इंग्लैंड के गिरजाघरों को एकीकृत कर एक 'राष्ट्रीय गिरजाघर' की स्थापना की घोषणा कर दी। लेकिन यदि इस अपवाद को छोड़ दिया जाये तो पूरे ईसाई धर्म की अवधि तक जनता पर राजशाही के मुक़ाबले धार्मिक सत्ता का वर्चस्व बना रहा।

ठीक इसी तरह अपने विस्तार के साथ इस्लाम भी अनेक राज्यों और क्षेत्रों में पहुँच गया, लेकिन इसके बावजूद एक साझा इस्लामी सभ्यता विकसित हुई जिससे वे सभी जुड़े हुए थे। एक ही ईश्वर में आस्था रखने वाले दोनों धर्मों में अलबत्ता एक बड़ा अन्तर यह था कि इस्लाम में पोप के समतुल्य कोई धर्माधिकारी नहीं था। इस्लाम में राजतन्त्र धर्म की सत्ता से लगभग मुक्त था। जब खलीफ़ा की अवधारणा अस्तित्व में आयी तब वह एक साथ शक्तिसम्पन्न शासक और आस्था का सर्वोच्च प्रतीक–दोनों ही था। आधुनिक शोधों से संकेत मिलते हैं कि मुसलमान शासकों ने किस प्रकार सूफ़ी सन्तों के उच्चादर्शों की नक़ल शुरू कर दी। शरिया (धार्मिक क़ानून) और जिहाद (पवित्र युद्ध) के स्थान पर वलियत के चमत्कारिक आकर्षण ने इस्लाम में प्रभुसत्ता की नयी शैली को विकसित करने का काम किया।[46] इस्लाम के शिया सम्प्रदाय में एक अपवाद ज़रूर परिलक्षित हुआ जहाँ कई सदियों के बाद आये परिवर्तन के रूप में धार्मिक नेताओं ने स्वयं को राज्यसत्ता से अलग कर लिया। उन्होंने उन्नीसवीं और बीसवीं सदी की जटिलताओं पर केन्द्रित करते हुए अपने लिए अलग जगह और शहर का निर्धारण कर लिया। यह विशेष रूप से ईरान और इराक़ में घटित हुआ और वह भी एक अपवाद के रूप में।

ईसाई और इस्लामी दोनों ही समाजों में राष्ट्रीय निष्ठा के सन्दर्भ में सभ्यता की क्रमयात्रा में मध्ययुग तक धर्म ने सबसे प्रमुख भूमिका निभाई।

---

46. ए. अज़फर मोईन, *दी मिलेनियम सोवेरिन : सेक्रेड किंगशिप एंड सैंटहुड इन इस्लाम,* न्यू यॉर्क : कोलम्बिया यूनिवर्सिटी प्रेस, 2012।

यूनानी और रूसी रूढ़िवादी गिरजा बेशक राज्य के अधीन थे, जहाँ यूनानी सम्राट पादरियों और धर्माधीशों को नियुक्त करने में अपने एकाधिकार का उपयोग करते थे, लेकिन यह एक सर्वविदित सत्य है कि धार्मिक आस्था और राज्य के प्रति निष्ठा पूर्वआधुनिक काल तक एक–दूसरे के पर्याय रहे। केवल आवास, अध्यवसाय या दासता ही नहीं बल्कि लोगों के अधिकारों और कर्तव्यों का निर्धारण भी धर्माधिकारियों और धार्मिक क़ानूनों द्वारा किया जाता था। किसी भी समुदाय द्वारा किसी धर्म–विशेष के परिपालन की यह बुनियादी शर्त थी।

हालाँकि ईसाइयत ने बीसवीं सदी के आरम्भिक दशकों तक साम्राज्यवाद के विस्तार में अपना दबदबा बनाये रखा, लिहाज़ा साम्राज्यवादी ब्रिटिश राष्ट्रीयता के कायम रखने में इसने प्रमुख भूमिका निभाई। कैथोलिक गिरजाओं के समर्थन के अभाव में साम्राज्य–विरोधी आयरिश राष्ट्रवाद को कोई सफलता नहीं मिल पायी। किन्तु कैनोसा युग के आरम्भ से धर्म के प्रभुत्व में कमी स्पष्ट दिखने लगी। धर्म के प्रभाव में आरम्भिक ह्रास राष्ट्रवाद के उत्थान के कारण कम और प्राचीन यूनानी और रोमन संस्कृति के प्रति कुलीनों के श्रद्धाभाव के कारण अधिक हुआ (पन्द्रहवीं से सत्रहवीं सदी के पुनर्जागरण और 1750–1825 के मध्य के क्लासिज़्म को इसका श्रेय जाता है)। यह काल यूरोपीय संस्कृति का उत्स भी माना जाता है, और क्योंकि वह पूरा युग ही यूरोप की संस्कृति और समाज से प्रभावित था इसलिए इसे आधुनिक मानव सभ्यता का भी उत्स–काल माना जा सकता है। उन्नीसवीं सदी के आरम्भ होने तक इसी तथ्य को पूरी दुनिया में प्रामाणिक माना जाता था और यह अनिवार्य रूप से उन सभी लोगों के लिए वैध था जो स्वयं को आधुनिक सभ्यता का नागरिक मानते थे। फ्रांसीसी सभ्यता, भाषा और व्यंजन को यूरोप की संस्कृति में सर्वोत्कृष्ट माना जाता था और किसी भी राज्य के शिक्षित लोग एक आदर्श संस्कृति को अपनाने के उद्देश्य से फ्रांसीसी सभ्यता की नक़ल करते थे (जैसा कि हर एक व्यक्ति को यह विश्वास करना सिखाया जाता था और जैसा कि अमेरिकी राष्ट्रपति जॉन एफ. कैनेडी ने सदियों बाद यह कहा था : 'हर एक व्यक्ति के दो देश होते हैं–पहला उसका ख़ुद का और दूसरा फ्रांस।'[47])

47. फ्रॉम NBC रेडियो–JKF इन पेरिस–2 जून 1961–गॉर्डोन स्केन साउंड कलेक्शन, http://pastdaily.com/wp-content/uploads/2015/11/JKF-in-Paris-JUne-2-1961.mp3> पर उपलब्ध।

जीवन में क्रमशः बढ़ती हुई धर्मनिरपेक्षता और यूरोप में शिक्षा के प्रसार ने धर्म के प्रभावों को और अधिक क्षीण करने का काम किया। गिरजाओं ने प्राचीन भाषाओं और कर्मकाण्डों को प्रोत्साहित किया, जबकि धर्मनिरपेक्ष समाज ने स्थानीय बोलियों के विकास और महत्त्व को दृढ़ता प्रदान की। हालाँकि, धर्मसुधार काल में इस दृढ़ता की नींव पड़ने लगी थी और सांस्कृतिक राष्ट्रवाद पर कवियों, विद्वानों और इतिहासकारों ने विशेष ज़ोर दिया। मातृभूमि की गौरव–गाथा के लिए कविताएँ लिखी गयीं, प्राचीन राष्ट्रीय विरासत को मिथकों और प्रतीकों का सहारा लेकर 'सांस्कृतिक चेतना' के विस्तार के प्रयास हुए। इन प्रयासों का एकमात्र लक्ष्य एक राष्ट्रीय भाषा को विकसित करना था ताकि भाषाई पुरुषार्थ की मदद से राष्ट्रवादियों और शत्रुओं के मध्य एक भाषाई सीमा खींची जा सके। स्थानीय राष्ट्रीय संस्कृति राष्ट्रवाद के उभार की एक आवश्यक शर्त थी। प्रशिया में राजदरबार और राजकीय सिद्धान्तों की आधिकारिक भाषा फ्रेंच थी, और यहाँ तक कि राजा फ्रेडरिक महान ने भी जर्मन को असभ्यों की भाषा का नाम दिया। ऐसी स्थिति में जोहान गोटलिब फिच जैसे राष्ट्रवादी विचारकों के लिए जर्मन में लिखना अपरिहार्य हो गया और अपनी–अपनी भावना की अभिव्यक्ति के लिए कवियों को अपने स्थानीय मुहावरों की सहायता लेने की आवश्यकता पड़ गयी। विचारक नाज़नीन अहमद की भी यह मान्यता है कि 'अपने विस्तार–शक्ति के कारण कविता सामूहिक अभिव्यक्ति ("राष्ट्रीय भाषा") का एक सशक्त माध्यम है। साथ ही यह सामूहिक पीड़ा का पारम्परिक स्मरण–गान भी है।'[48] वह प्रत्येक आदमी जो राष्ट्रवादियों की भाषाई अस्मिता का विरोध करता था, उसे राष्ट्रीय अस्मिता और स्वायत्तता का भी विरोधी माना जाता था।

शिक्षा के क्षेत्र में भी भाषाई वर्चस्व और राष्ट्रीय चेतना एक–दूसरे के सहचर थे। जनता की राजनीतिक निष्ठा का 'राष्ट्रीयकरण', और राष्ट्र–देश के उत्थान ने इस मान्यता को मज़बूती दी कि राष्ट्रवाद में सभ्यता के अवयव पहले से ही उपस्थित थे। बीसवीं सदी के आरम्भ तक यह स्पष्ट

---

48. नाज़नीन अहमद, 'दी पोएटिक्स ऑफ़ नेशनलिज़्म : कल्चरल रेसिस्टेंस एंड पोएट्री इन ईस्ट पाकिस्तान / बांग्लादेश, 1952–71', *जर्नल ऑफ़ पोस्टकोलोनियल राइटिंग,* वॉल्यूम 50, नम्बर 3, 2014, पृ. 256–68।

हो गया कि सभ्यता और राष्ट्रवाद के बीच की विभाजन–रेखा बहुत क्षीण और धुँधली है। वागनर को सुनते हुए और ऑटोबान और भव्य इमारतों को बनाते हुए *गोटरडैमरंग* (विध्वंस) को अंजाम देने वाले नाज़ियों के बारे में कल्पना करना 'राष्ट्रीय सभ्यता' की पराकाष्ठा मानी जा सकती है। ब्रिटिश विद्वान जोसेप आर. लोबेरा के कथनानुसार पश्चिमी यूरोप में आधुनिक राष्ट्रीय पहचान की आवश्यकता उस समय महसूस की गयी 'जब मध्य की सभी व्यवस्थाएँ बुरी तरह चरमराने लगी थीं और जनसामान्य पर उनका प्रभाव तेज़ी से कम होने लगा था।'[49]

प्लेटो की दृष्टि में अस्मिता हमेशा से विकल्पों का शरण खोजती रही थी। मानव–मन अपने गौरव, आत्म–सम्मान और असन्तोष की अभिव्यक्ति के लिए विकल्पों पर ही निर्भर रहा। विकल्प हमारे अन्दर पहचान की इच्छा उत्पन्न करते हैं और अपनी मर्यादा का सम्मान करने के लिए प्रेरित करते हैं। इसीलिए अस्मिता मनुष्य की मौलिक आवश्यकता है और हमारा अस्तित्व क्या है, इस आदिप्रश्न से बुनियादी तौर पर जुड़ा है। इसलिए राष्ट्रवाद ने स्वयं को धर्म के विकल्प के रूप में प्रस्तुत किया, जिसने एक व्यक्ति के सामाजिक जीवन के अधिकारों और कर्तव्यों की अभिव्यक्ति का अवसर प्रदान किया और उसकी कर्तव्यनिष्ठा के लिए उसे पुरस्कृत करने और कर्तव्यहीनता के लिए उसे दण्डित करने जैसे नियम बनाये। राष्ट्रीय पहचान के लिए गौरव, आत्म–सम्मान और आस्था जैसे कुछ मानक निर्धारित किये गये जिनकी बुनियाद संविधान, लोकतान्त्रिक राजनीतिक मूल्य और समुदायों के परस्पर साहचर्य तथा साझेदारी पर टिकी थी।

एक तरफ़ दुनिया ने मानव सभ्यता के विविध रूपों को सम्मानपूर्वक अंगीकार किया, वहीं दूसरी तरफ़ अनेक जातीयतावादी–राष्ट्रवादियों ने अपनी पारम्परिक संस्कृति को प्रोत्साहित करने का एक समानान्तर उपक्रम आरम्भ कर दिया। वे यह प्रमाणित करने को उद्यत थे कि उनकी संस्कृति राष्ट्रीय सभ्यता का जीवन्त उदाहरण थी। अर्नेस्ट गेल्नर का मानना है : 'सांस्कृतिक विभिन्नताएँ हमारी नियति है, और व्यक्ति रक्तहीन वैश्विकता के कारण नहीं बल्कि अपनी विशिष्ट राष्ट्रीय संस्कृति से आत्मतृप्ति का अनुभव

---

49. जोसेप आर. लोबेरा, *दी गॉड ऑफ़ मॉडर्निटी : दी डेवलपमेंट ऑफ़ नेशनलिज़्म इन वेस्टर्न यूरोप,* ऑक्सफोर्ड : बर्ग पब्लिशर्स, 1994, पृ. 144।

करता है।'[50] राष्ट्रवाद की परिकल्पना के लिए संस्कृति एकाधिक रूप से उत्तरदायी है। सांस्कृतिक असहमतियों के अभाव में आख़िरकार 'राष्ट्र' ख़ुद को चिह्नित और परिभाषित कैसे कर सकते हैं? संस्कृति की महत्ता इसलिए भी थी ताकि शत्रुओं को स्वयं से भिन्न पहचाना जा सके। ऐसा भी अनेक बार देखा गया कि संस्कृति ने राष्ट्रवाद के नियामक के रूप में धर्म को अपदस्थ कर दिया। 1947 में भारतीय मुसलमानों की राष्ट्रवादी आकांक्षाओं को पूरा करने के लिए पाकिस्तान की स्थापना की गयी, लेकिन अपनी स्थापना के मात्र चौबीस घण्टे के भीतर इसके दो हिस्सों में बँटवारे की कोशिशें शुरू हो गयीं और पूर्वी बंगाल ने अपनी जातीयता, संस्कृति और भाषा के आधार पर एक पृथक् राष्ट्रीयता की माँग प्रस्तावित कर दी।

राष्ट्र–निर्माण में धर्म की भूमिका की सीमाओं को भलीभाँति समझने के लिए पाकिस्तान की स्थापना का विश्लेषण करना सबसे उपयुक्त होगा। इस्लाम एक राष्ट्र के रूप में पाकिस्तान के लिए वैश्विक स्वीकार्यता की दृष्टि से सन्तोषजनक विकल्प सिद्ध नहीं हो पाया और अपनी सीमाओं के भीतर ही उसकी राष्ट्रीय पहचान से जुड़े सवाल खड़े होने लगे। 1949 में पाकिस्तान ने अपनी राष्ट्रीय पहचान के संकट से निबटने के लिए स्वयं को एक 'इस्लामिक' राष्ट्र घोषित कर दिया। उसे आशा थी कि इस पहल से उसके नागरिकों की 'राष्ट्रीय पहचान' बनेगी, वे एक–दूसरे से भावनात्मक रूप से जुड़ सकेंगे और राष्ट्र के भीतर एक स्थिरता को बल मिलेगा। लेकिन इस आरोपित धार्मिक बन्धन के बाद भी पाकिस्तान अगले पच्चीस साल के भीतर दो टुकड़ों में बँट गया।

लेकिन बात इतने भर से नहीं रुकी। राष्ट्रीय धर्म की घोषणा और तत्पश्चात राजकीय क़ानूनों के इस्लामीकरण के बाद ग़ैर–मुसलमान आबादी के भविष्य पर अनेक प्रश्नचिह्न खड़े हो गये। 1941 की जनगणना के अनुसार जिस भूप्रदेश को पश्चिमी पाकिस्तान घोषित किया गया था वहाँ ग़ैर–मुसलमान लोगों की संख्या कुल आबादी की पच्चीस प्रतिशत थी; 1998 की जनगणना में उनकी तादाद घट कर सिर्फ़ 3.6 प्रतिशत रह गयी। इस आबादी में अहमदिया जैसे वे 'ग़ैर–मुसलमान' भी शामिल थे जिन्हें दुनिया

50. अर्नेस्ट गेल्नर, 'कल्चर एंड ओर्गेनाइजेशन, स्टेट्स एंड नेशनलिज़्म', *नेशनलिज़्म*, लन्दन : विडेनफेल्ड एंड निकोलसन, 1997, पृ. 8–9।

में दूसरी जगहों पर मुसलमान होने का दर्जा हासिल था। इस दृष्टि से पाकिस्तान की अब तक की सबसे बड़ी उपलब्धि वही मानी जायेगी जिसे दुनिया के शेष हिस्सों में 'जातीय सफ़ाई' का नाम दिया गया है। हैरत की बात यह है कि शुद्धिकरण की इस पीड़ा से गुज़रने वालों और शुद्धिकरण का यह दण्ड देने वालों की नस्ल में कोई भिन्नता नहीं थी। इस अर्थ में हम पाकिस्तान की राष्ट्रीय पहचान को 'ऋणात्मक राष्ट्रवाद' का नाम भी दे सकते हैं। इस राष्ट्रवाद की परिभाषा केवल यही हो सकती है कि यह 'भारतीय नहीं' और न ही 'हिन्दू, सिख अथवा ईसाई' है।

एक राष्ट्र की सामूहिक पहचान के निर्धारण में धर्म की भूमिका कितनी नकारात्मक और कमज़ोर हो सकती है इसकी मिसाल पाकिस्तान के रूप में देखी जा सकती है। ग़ैर–मुसलमानों को या तो निर्वासित होना पड़ा और संयोग से जो रह गये उन्हें प्रताड़ना झेल कर इसका दण्ड भोगना पड़ रहा है। उनके पासपोर्ट तथा अन्य पहचान–सम्बन्धी कागज़ातों पर असम्मानजनक तरीक़े से 'ग़ैर–मुसलमान' होने की मुहर लगा दी गयी है और उच्च पदाधिकारियों और सुरक्षा द्वारा बलों उन्हें काफ़िर कहकर तरह–तरह की यन्त्रणाएँ दी जा रही हैं। ख़ुद मुसलमानों के बीच धर्म को लेकर अनेक विभाजन–रेखाएँ हैं जिनमें शिया–सुन्नी के बीच का विभाजन सबसे प्रमुख है। पाकिस्तान में शियाओं की तादाद कुल आबादी की सिर्फ़ 6 फ़ीसदी है और वे एक उपेक्षित जीवन जीने के लिए मजबूर हैं। आक्रामक और सुन्नी बहुल आबादी द्वारा उनके धार्मिक स्थानों पर प्रायः हमले किये जाते हैं जिसमें कभी–कभार शियाओं की जान जाना एक सामान्य–सी घटना है।

इस्लाम के इस वैशिष्ट्य–बोध ने अपनी विश्व–व्यापकता की ऐसी परिकल्पना की जिससे खेल का मैदान भी अछूता नहीं रह पाया। पाकिस्तान के तत्कालीन क्रिकेट टीम के कप्तान शोएब मलिक ने जब 2007 में ट्वेंटी–ट्वेंटी वर्ल्ड कप में अपनी जीत के लिए 'दुनिया भर के मुसलमानों' के तथाकथित सहयोग के लिए उनका आभार प्रकट किया तब उनकी टीम और देश की मंशा स्पष्ट रूप से प्रकट हो रही थी। इस क्रम में वे यह भी भूल गये कि ऐसा कहकर उन्होंने अपनी ही टीम के ग़ैर–मुसलमान लेग स्पिनर दिनेश कानेरिया के साथ ही अन्य देशों के लिए खेलने वाले मुसलमान खिलाड़ियों का प्रकारान्तर में अपमान किया था।

ग़ौरतलब है कि पाकिस्तान के ख़िलाफ़ जीत दर्ज करने वाली भारतीय टीम में जिसे 'मैन ऑफ़ दी मैच' का खिताब मिला वह भारतीय खिलाड़ी इरफ़ान ख़ान भी एक मुसलमान था। यहाँ एक अन्य बिन्दु भी उल्लेखनीय है कि तमाम बाहरी समानताओं के बाद भी पाकिस्तानी लोग भारतीय नहीं हैं। भारत की क्रिकेट टीम का कप्तान यदि अपनी जीत के लिए 'दुनिया भर के हिन्दुओं' का आभार प्रकट करता तो उसे फ़ौरन बाहर का रास्ता दिखा दिया जाता किन्तु पाकिस्तानी कप्तान के लिए यह उसके राष्ट्रीय धर्म के प्रति निष्ठा प्रकट करने जैसा महत्त्वपूर्ण काम था।

किसी भी एकेश्वरवादी धार्मिक अस्मिता के समक्ष सबसे बड़ा संकट यह है कि इस्लाम ही नहीं, दुनिया का कोई भी अन्य धर्म अपने मूल स्वरूप में एकेश्वरवादी नहीं है। धर्मावलम्बियों को प्रायः यह लगता है कि जो लोग उदारवादी हैं वे मूलतः नास्तिक हैं। इसीलिए एक कट्टर मुसलमान को दूसरा व्यक्ति धर्मविरोधी दिखाई देता है। अहमदी मुसलमानों को ग़ैर–मुसलमान माना जाता था, लिहाज़ा जब अहमदी डॉ. अब्दुस्सलाम को नोबेल पुरस्कार मिला तो इसे ज़्यादातर पाकिस्तानवासियों ने इस्लामिक पाकिस्तान के गौरव में बढ़ोतरी नहीं माना। आये दिन अफ़गान तालिबानियों के हाथों हज़ारों शिया मुसलमानों को दण्डित करने और कई बार क़त्ल किये जाने की घटना सुनने में आती है। यह बात सर्वविदित है कि पाकिस्तान न केवल तालिबानियों को अपना समर्थन देता है बल्कि उनके लिए एक सुरक्षित शरणस्थली भी है। एक 'इस्लामिक राज्य' में अपेक्षित रूप से कम पवित्र व्यक्ति केवल अधार्मिक नहीं माना जाता, बल्कि राष्ट्र–विरोधी भी माना जाता है।

अनेक विद्वानों का तर्क है कि इस्लामिक देशों में धार्मिक शासन का विकल्प उदार संविधान नहीं बल्कि निरंकुश तानाशाही है। यही विकल्प अपनाकर अल्जीरिया और मिस्र जैसे देशों ने कट्टरवादी ताक़तों पर सफलतापूर्वक नकेल कस रखी है, जबकि ट्यूनिशिया, इराक़, सीरिया और लीबिया जैसे उदारवादी देशों में लोकतन्त्र अभी भी छटपटा रहा है। ईरान में निर्वाचित सरकार द्वारा संचालित उदारवादी लोकतन्त्र के साथ धार्मिक निरंकुशता का अजीबोग़रीब सम्मिश्रण एक अपवाद अवश्य है, लेकिन अधिकतर इस्लामिक देश जो प्रायः सुन्नियों के नियन्त्रण में हैं, की नज़रों में शिया ईरान एक अजूबा दुनिया है।

पाकिस्तानी सम्पादक और स्तम्भकार खालिद अहमद के इस निष्कर्ष से असहमत होना कठिन है कि, 'स्थिर राष्ट्रों की अपनी एक सुदृढ़ राष्ट्रीय पहचान होती है, लेकिन यह पहचान धर्म कतई नहीं हो सकता है।' भारत में हिन्दुत्व के बढ़ते हुए प्रभाव के सन्दर्भ में अहमद आगे कहते हैं : 'अगर भारत ने यह अच्छी तरह देखा होता कि धर्म ने कैसे पाकिस्तान को उसकी राष्ट्रीय पहचान से वंचित कर दिया है तो भारत ने भी धर्म के सम्भावित ख़तरों को देखते हुए अलग दृष्टि से सोचा होता।'[51]

मैक्स वेबर ने ज़ोर डालते हुए कहा कि अपने नागरिकों की दृष्टि में 'एक "राष्ट्र" की विशेषता यदि उसकी उत्कृष्टता में नहीं भी तो कम–से–कम उसके स्थायित्व में अवश्य निहित है। उस राष्ट्र के सांस्कृतिक मूल्यों की रक्षा और विकास में विभिन्न समूहों की साझेदारी और सहयोग की ज़रूरत होती है।'[52] ब्रिटिश समाजशास्त्री अन्थोनी डी. स्मिथ कहते हैं, 'स्थानीय संस्कृति का राजनीतिकरण प्रायः समुदायों के शुद्धिकरण का ही दूसरा रूप है। इसका सीधा अर्थ भाषा, संस्कृति, परम्पराओं, वस्त्रों, खानपान और कला जैसे जीवन के विभिन्न क्षेत्रों में सभी बाहरी तत्त्वों और प्रभावों का निषेध और पारम्परिक संस्कृति को पुनर्जीवित करने के लिए स्थानीय विशेषताओं को प्रोत्साहित करना है।'[53] इसीलिए भारत में उपनिवेश–विरोधी राष्ट्रवादी आन्दोलन के दौरान 1910 में स्वदेशी नेता बिपिन चन्द्र पाल ने घोषणा की :

> धार्मिक और सामाजिक पुनर्जागरण ने जिस वर्तमान राष्ट्रीय आन्दोलन की नींव रखी वह वस्तुतः अपने आप में राष्ट्रीय जागरण का ही पूर्व संकेत था। यह भारतीय समाज के प्रगतिवादी और कट्टरवादी तत्त्वों का अन्तर्द्वन्द्व नहीं था जैसा कि विद्वानों ने सतही अन्वेषण करने के बाद निष्कर्ष निकालने का प्रयास किया था।

---

51. खालिद अहमद, 'रैदर देन शोरिंग अप नेशनल आइडेंटिटी, रिलीजन क्रिएट्स स्किज़्म', *इंडियन एक्सप्रेस*, 1 अगस्त 2020।
52. एच. गर्थ एंड कम्पनी, राइट मिल्स (एडु. एंड ट्रांस.), *फ्रॉम मैक्स वेबर : एसे इन सोशियोलॉजी*, लन्दन : राउटलेज एंड केगन पॉल, 1948, पृ. 179।
53. अन्थोनी डी. स्मिथ, *नेशन एंड नेशनलिज़्म इन अ ग्लोबल एरा*, कैम्ब्रिज : पोलिटी प्रेस, 1955, पृ. 68।

> आक्रामक यूरोपियों और भारतीय संस्कृति के प्रगतिवादियों के बीच का संघर्ष यह अवश्य था। यह यूरोप के बौद्धिक और जातीय वर्चस्व के विरोध में भारत का मानसिक और नैतिक असन्तोष था।[54]

इस प्रक्रिया ने एक विशेष राष्ट्रीय संस्कृति का रूप ग्रहण कर लिया जो शीघ्र ही राष्ट्र के साथ एक सामान्य विभाजन–रेखा साझा करने लगा। अनेक राष्ट्र–देशों ने अपनी एक अलग संस्कृति विकसित कर ली है, इसलिए लोगों के मन में 'अमेरिकी उच्चारण', 'फ्रांसीसी व्यंजन', 'जर्मन कार्यक्षमता', 'इतालवी स्थापत्य' आदि के बारे में एक स्वतन्त्र समझ बन सकी है। 'राष्ट्रीय संस्कृति' के बारे में रूढ़ अवधारणा को व्यक्त करने के लिए एक पुराने लतीफे का सहारा लेना मुनासिब होगा कि स्वर्ग उस जगह को कहते हैं जहाँ के पुलिसकर्मी ब्रिटिश, जहाँ के खानसामे फ्रांसीसी, निर्माता जर्मन और प्रशासक स्विस हों, और वहाँ प्रेम करने वाले लोग इतालवी हों; जबकि नरक में पुलिसकर्मी जर्मन, रसोइये ब्रिटिश, निर्माता इतालवी और प्रशासक फ्रांसीसी हों, और जहाँ प्रेम करने वाले लोग स्विस हों! लेकिन बीजिंग ओलम्पिक्स के उद्‌घाटन समारोह में पश्चिमी सूट और टाई पहना कोई चीनी अधिकारी अपनी राष्ट्रीय विरासत की बात कहता है तब क्या वह केवल अपने देश की सभ्यता की ही बात कर रहा होता है? इस वैश्विक दुनिया में क्या प्रत्येक सभ्यता ने अपनी सीमाओं का अतिक्रमण नहीं कर लिया है? क्या अब दुनिया में कहीं भी कोई ऐसी सभ्यता बची रह गयी है जिसे हम किसी देश की 'विशुद्ध' सभ्यता का नाम दे सकें? यह एक ऐसा प्रश्न है जिस पर भारत के राष्ट्रवाद पर चर्चा करने के क्रम में हम दोबारा लौटेंगे।

राष्ट्रवाद को एक आकार देने में पूँजीवाद और वाणिज्य के विकास ने भी महत्त्वपूर्ण भूमिका निभाई। संचार और यातायात के नये और त्वरित माध्यमों और उपकरणों के आविष्कार के परिणामस्वरूप जैसे–जैसे दुनिया भर में व्यापार का विस्तार हुआ, वैसे–वैसे उद्यमशील और व्यापार में रुचि लेने वाला एक नया मध्यमवर्ग भी अस्तित्व में आया जिसने राष्ट्रवाद पर अपना गहरा और दूरगामी प्रभाव डाला। यह केवल संयोग की बात नहीं थी कि ब्रिटिश राष्ट्रवाद और व्यापार में लिप्त अंग्रेज़ी मध्यमवर्ग का उत्थान

---

54. बिपिन चन्द्र पाल, 'हिन्दुइज़्म एंड इंडियन नेशनलिज़्म', *दी स्पिरिट ऑफ़ इंडियन नेशनलिज़्म*, पृ. 22–48।

एक ही कालावधि में हुआ। औद्योगिक आन्दोलन ने न केवल दुनिया भर में अपनी पहुँच बनाने वाली एक समेकित और राष्ट्रीय अर्थव्यवस्था के उभार में सहायता की बल्कि उस उभार को ब्रिटिश सभ्यता के एक अन्तर्निहित तत्त्व की तरह प्रस्तुत भी किया। यह लगभग वही काल था जब ब्रिटिश लोगों ने स्थानीय पारिवारिक इकाई, शहर, देश या धर्म, या अपने सम्राट के हवाले से पहचाने जाने के बजाय स्वयं को 'ग्रेट ब्रिटेन' के रूप में पहचानना शुरू किया था।

उद्योग और व्यापार का यह विस्तार आरम्भ में साम्राज्यवादी सिद्धान्तों के लिए पूरी तरह से अनुकूल था। मार्क्सवादी विचारक लम्बे समय से कहते भी रहे थे कि साम्राज्यवाद वस्तुतः पूँजीवाद की ही पराकाष्ठा है जिसमें उपनिवेशों के विस्तार का मुख्य उद्देश्य बृहद् बाज़ार का विस्तार है। उपनिवेशों के आर्थिक शोषण और संसाधनों के दोहन से भी पूँजीवाद की अपेक्षाएँ पूरी होती थीं। लेकिन राष्ट्रवाद के उदय के बाद पूँजी ने अन्य राष्ट्र–देशों के साथ अपने सम्बन्धों के निर्धारण में राजनीतिक के साथ–साथ व्यापारिक स्वार्थों को भी प्राथमिकता देना आरम्भ कर दिया। वाणिज्यिक सफलताएँ और व्यापारिक समृद्धि राष्ट्रीय गौरव के विस्तार का स्वाभाविक माध्यम बन गयी थीं। ब्रिटिश ईस्ट इंडिया कम्पनी हालाँकि एक निजी उद्यम था किन्तु उसे राजतन्त्र का रॉयल चार्टर हासिल था जिसके आधार पर वह अपनी ख़ुद की सेना रखने की अधिकारी थी। उसे ब्रिटिश राजतन्त्र, संसद और अन्य संवैधानिक संस्थाओं का सक्रिय समर्थन भी प्राप्त था। उसके द्वारा किये गये औपनिवेशिक विस्तार और सैनिक कार्रवाइयों को ब्रिटिश जनता राष्ट्रीय उपलब्धि मानती थी। कम्पनी द्वारा अर्जित व्यापारिक लाभांश का उपयोग देश हित में होता था और यह राष्ट्रीय प्रसन्नता का विषय था। और तो और, कम्पनी के विरुद्ध 1857 के भारतीय विद्रोह ने ब्रिटेन में एक हिंसक नस्लविरोधी और राष्ट्रवादी उन्माद को भड़काने का काम किया।

एक विचित्र विरोधाभास यह है कि जिस पूँजीवाद का विस्तार पूरी दुनिया में साम्राज्यवादी वर्चस्व के कारण हुआ, उसी पूँजीवाद ने आर्थिक राष्ट्रवाद की अवधारणा को भी जन्म दिया। हालाँकि इसे उन सभी नौ राष्ट्रवादों से अलग कर नहीं देखा जा सकता जिसकी चर्चा हम यहाँ कर चुके हैं, बल्कि इसे अन्य सभी राष्ट्रवादी व्यवस्थाओं से सम्बद्ध कर देखे

जाने की आवश्यकता है। आर्थिक राष्ट्रवाद अन्तरराष्ट्रीय आर्थिक सहयोग से होने वाले तथाकथित लाभों, मुक्त व्यापार, बहुराष्ट्रीय कम्पनियों की आत्मकेन्द्रित कार्यपद्धति और वैश्विक आर्थिक खेमेबाज़ी के मुक़ाबले घरेलू व्यापार, उद्योग, रोज़गार और राष्ट्रीय आर्थिक प्राथमिकताओं को अधिक तरज़ीह देता है। इसका लक्ष्य एक सकारात्मक व्यापारिक सन्तुलन की स्थापना के साथ ही घरेलू मुद्रा को दृढ़ता प्रदान करना है। इस हेतु सुरक्षात्मक आर्थिक नीतियाँ बनायी जाती हैं ताकि कोई राष्ट्र अपने घरेलू उद्योगों और व्यापार के हितों का भलीभाँति बचाव कर सके। यह और बात है कि एडम स्मिथ ने अपने आदर्श आर्थिक दर्शन में तुलनात्मक लाभ के सिद्धान्त पर आधारित ऐसे मुक्त व्यापार की वकालत की है जिसमें सम्मिलित सभी राष्ट्रों को उन्नति के समान अवसर प्राप्त होते हैं, जबकि राष्ट्रवादियों की यह मान्यता है कि आर्थिक समस्याएँ अनिवार्यतः देश के बाहर जन्म लेती हैं और राष्ट्रवादी–आर्थिक उपायों के ज़रिये ही उनसे निबटा जा सकता है। विदेशी व्यापार पर शुल्क, अनुदान, आयात कोटा का परिसीमन और अन्य नियन्त्रण और प्रतिबन्ध इसलिए भी लगाये जाते हैं ताकि प्रतिद्वन्द्वी व्यापारिक राष्ट्रों की चुनौतियों से घरेलू अर्थव्यवस्था को आत्मनिर्भर बनाया जा सके।

भारत में यह स्थिति स्वतन्त्रता प्राप्ति के कई दशक के बाद आयी। यही कारण है कि उत्तर–उपनिवेश राष्ट्रीयता की पहचान इसी रूप में हुई है जिसे मैंने 'राष्ट्रवाद का अर्थशास्त्र' का नाम दिया है। इस स्थापना का आरम्भ उन्नीसवीं सदी के अन्त के राष्ट्रवादी नेता दादाभाई नौरोजी की किताब *पॉवर्टी एंड अन–ब्रिटिश रूल इन इंडिया* से हुआ और बाद के वर्षों में आर. सी. दत्त ने अपनी 'ड्रेन थ्योरी' के माध्यम से इसे विस्तारपूर्वक समझाने का प्रयास किया कि कैसे ब्रिटिश शासन ने उपमहाद्वीप के आर्थिक संसाधनों के भयावह दोहन का काम किया है। जैसा कि इतिहासकार बिपिन चन्द्र ने अपने लेखन में रेखांकित किया है, भारतीय राष्ट्रवाद का उत्थान ब्रिटिश औपनिवेशिक शासकों के राजनीतिक आचरण का प्रतिकार करने के इरादे से हुआ। यह बात मैंने अपनी पुस्तक *एन एरा ऑफ़ डार्कनेस* में विस्तार से लिखी है कि कैसे भारतीय राजस्व को साम्राज्यवादियों के फ़ायदे के लिए सिर्फ़ इसीलिए सौंप दिया जाता था क्योंकि यह विशाल देश उस द्वीप सरीखे देश की छत्रछाया में था। इसका परिणाम यह हुआ

कि भारतीय राष्ट्रवादी आन्दोलन को आरम्भ से ही विदेशी आर्थिक सम्बन्धों के अस्वीकार के ख़तरे से जूझना पड़ा। अमेरिका के पक्ष में यह बात थी कि वहाँ के अधिकांश लोगों में पूँजीवाद को स्वतन्त्रता के साथ जोड़ कर देखने की एक स्वाभाविक प्रवृत्ति विकसित हो गयी थी, जबकि भारत के राष्ट्रवादी पूँजीवाद को गुलामी से जोड़ कर देखने के अभ्यस्त हो चुके थे। इसका कारण बहुत सरल था कि ईस्ट इंडिया कम्पनी यहाँ व्यापार करने आयी थी लेकिन वह यहाँ हुकूमत करने लगी।

हमारे राष्ट्रवादी नेताओं की दृष्टि में ब्रीफ़केस लेकर घूमने वाला हरेक विदेशी नव–साम्राज्यवाद का प्रतिनिधि था, और इसीलिए सन्दिग्ध था। हालाँकि उपनिवेशी शासन से मुक्त होने के बाद सिंगापुर जैसे कुछेक देशों ने अपनी आर्थिक सफलता से दुनिया के आर्थिक परिदृश्य को विस्मित कर दिया था, लेकिन भारत के नेताओं का यह मानना था कि जिस राजनीतिक स्वतन्त्रता को उन्होंने इतना संघर्ष करके हासिल किया है उसे आर्थिक आत्मनिर्भरता के ज़रिये ही बरकरार रखा जा सकता है। ज़ाहिर बात थी कि आत्मनिर्भरता अब नया नारा था। सुरक्षात्मक आर्थिक प्रतिबन्ध कड़े कर दिये गये और अर्थव्यवस्था की बागडोर कारोबारियों के हाथ में देने के बजाय वह उन नौकरशाहों के हाथों में सौंप दी गयी जिनके कार्य–निष्पादन की ग़ैर–इरादतन लेटलतीफ़ी और अनुत्पादक व्यापारिक समझ ने भारत को न केवल समृद्धि और विकास के क्षेत्र में चालीस साल पीछे कर दिया बल्कि उसकी ग़रीबी को बढ़ाने में भी कोई कसर नहीं उठा रखी। इन विकास विरोधी नीतियों ने इतिहास के बारे में यह सबक सिखाया कि इतिहास भी कई बार हमें ग़लत पाठ पढ़ाता है।

बहरहाल 1991 के अभूतपूर्व आर्थिक संकट ने भारत को अपनी राष्ट्रवादी अर्थनीति को त्याग कर अपनी राह बदलने के लिए मजबूर कर दिया, और अब इक्कीसवीं सदी के आरम्भ में इन सुधारों को दोबारा वापस पलटना बहुत कठिन है। हैरतअंगेज़ बात यह है कि सत्तारूढ़ भाजपा सरकार और राष्ट्रीय स्वयंसेवक संघ (आरएसएस) के द्वारा सम्पोषित स्वदेशी जागरण मंच जैसी उसकी सहचर संस्थाएँ अब फिर से आर्थिक आत्मनिर्भरता और एक मज़बूत मुद्रा के तौर पर रुपये के पक्ष में अपनी आवाज़ उठाने लगी हैं। उनके लिए ये दोनों सुरक्षात्मक उपाय भारत के राष्ट्रीय गौरव को अक्षुण्ण रखने के लिए ज़रूरी हैं। उनका दावा है कि इस सदी के अन्त

तक भारतीय कारोबार जगत इतना विकसित हो चुका होगा कि वह अपनी अर्थव्यवस्था को दुनिया की सबसे समेकित और दृढ़ अर्थव्यवस्था होने पर गौरव कर सकेगा। कोरोना वायरस जनित महामारी के इस संकट के समय में प्रधानमन्त्री मोदी के फिर से 'आत्मनिर्भरता' के आह्वान ने 'राष्ट्रवादी अर्थव्यवस्था' की संकल्पना में एक नयी साँस फूँकने का काम किया है। उन्हें लगता है कि इस मार्ग पर चल कर भारत आर्थिक मन्दी के इस भयावह दौर से बाहर निकलने में सफल होगा।

यह एक दिलचस्प स्थिति है क्योंकि राजनीति, संस्कृति और आर्थिक राष्ट्रवाद के सिद्धान्त और विश्व के एक बड़े हिस्से को तक़रीबन डेढ़ सहस्राब्दी तक प्रभावित करने वाली 'विश्व–राष्ट्र' की राजनीतिक परिकल्पना परस्पर एक–दूसरे के विरुद्ध खड़ी हैं। पवित्र रोमन साम्राज्य से सम्बन्धित ईसाई राजनीतिक विचारधारा का उदाहरण इस सन्दर्भ में दिया जा सकता है जिसने प्राचीन समय में इसी कामना के साथ अपना विस्तार किया था। लेकिन विश्व के एक बड़े भू–भाग को विजित कर केवल सिकन्दर ही इसे व्यवहार रूप में प्राप्त करने में सफल हो पाया। सैद्धान्तिक दृष्टि से यह 'रेस पब्लिका क्रिश्चियाना' (क्रिश्चियन रिपब्लिक) की विश्व–राष्ट्र की अवधारणा से प्रेरित था। दूसरी तरफ़ इस्लाम का ख़ुद का फलसफ़ा था जो पूरी दुनिया को दर अल–इस्लाम बना कर उस पर अपनी हुकूमत क़ाबिज़ करना चाहता था। लेकिन उन दोनों से पहले हिन्दुत्व का वसुधैव कुटुम्बकम् अर्थात 'पूरा विश्व एक परिवार है' का दर्शन अस्तित्व ग्रहण कर चुका जो समस्त प्राणियों की एकता का पक्षधर था। पूरी दुनिया में राष्ट्रवाद इन्हीं राजनीतिक दर्शनों की परिधियों में विचरण कर रहा था जिसका वैश्विक लक्ष्य पूरी दुनिया के सभी मनुष्यों को राजनीतिक रूप से संगठित करना था। ध्यान देने की बात है कि इन सभी दृष्टिकोणों ने समानता की जगह विशिष्टता, वैश्विकता की जगह संकीर्णता और साझेदारी की जगह असहमतियों को प्रमुखता देने का काम किया।

4

अस्तित्व का समपार्श्व

राष्ट्रसंघ के मेरे पूर्व सहकर्मी ओमर बाखेत का जन्म और परवरिश इरीट्रिया में 1950 के दशक की शुरुआत में हुई थी और 1960 के दशक में किशोरवय में उन्होंने आज़ादी के लिए लड़ने वाले एक गोरिल्ला योद्धा का प्रशिक्षण लिया था। उनकी 'स्वतन्त्रता–सेना' ने उन्हें विदेशी मामलों का प्रभारी बना दिया था लेकिन जल्दी ही वे गोरिल्ला जीवन के औचित्य को लेकर विरोधाभासों से घिर गये और विदेशों में अपने निजी सम्बन्धों को विकसित करने में जुट गये। आख़िरकार वे एक शरणार्थी के रूप में इरीट्रिया को छोड़ भागे और म्यूनिख और प्राग जैसे यूरोपीय शहरों में रह कर अपनी पढ़ाई पूरी की। तत्पश्चात उन्होंने स्वीडन के लुंड विश्वविद्यालय में एक शोधार्थी के रूप में प्रवेश लिया और स्वीडिश शिक्षण संस्थान में योगदान देते हुए स्वीडिश नागरिकता हासिल कर ली। उस समय उनकी आयु तीस साल से भी कम थी जब एक ब्रिटिश नागरिक के रूप में वे जिनेवा में शरणार्थियों के लिए राष्ट्रसंघ उच्चायोग के कार्यालय में नियुक्त हुए। उनकी नियुक्ति के दो साल बाद मैंने राष्ट्रसंघ में योगदान किया और बाद में हम अच्छे दोस्त बन गये।

विकासशील अर्थव्यवस्था और विकास की राजनीति की बृहद् जानकारी से अलग मैं ओमर के जीवन की विषमताओं से अधिक आसक्त था। अफ़्रीका के बीहड़ों से आया स्वीडिश और अंग्रेज़ी बोलने वाला एक अश्वेत जो कभी ख़ुद शरणार्थी था और अब शरणार्थियों के लिए अपनी सेवाएँ दे रहा था, किसी के लिए भी कौतुक का कारण था। शीघ्र ही वह संगठन में काम करने वालों में सबसे वरीय स्वीडिश बन गया जिसके सान्निध्य में अनेक स्वीडिश सहकमियों को मार्गदर्शन मिला।

एक दिन ओमर के एक क़रीबी दोस्त ने फ़ोन पर अनुरोध किया कि वह पहली बार जिनेवा जाने वाले उसके एक स्वीडिश सहकर्मी की यथासम्भव मदद करे। ओमर फ़ौरन तैयार हो गया लेकिन चूँकि वह मोबाइल फ़ोन से पहले का ज़माना था लिहाज़ा सवाल यह था कि दोनों एक–दूसरे से कैसे सम्पर्क करेंगे। यह तय पाया गया कि ओमर गारे कोरनाविन की बड़ी घड़ी के नीचे खड़ा रहेगा। आगन्तुक की ट्रेन उसी प्लेटफ़ॉर्म पर आने वाली थी। दोनों को टेलीफ़ोन के ज़रिये यह बता दिया गया।

स्कैंडिनेवियाई पाबन्दी का पालन करते हुए ओमर ट्रेन के आने के दो मिनट पहले ही उस विशाल घड़ी के नीचे खड़े हो गये। ट्रेन अपने मुसाफ़िरों को उतारने के बाद आगे बढ़ गयी और जल्दी ही उन्होंने नीली आँखों वाले एक लम्बे क़द के नार्डिक आदमी को अपनी तरफ़ आते हुए देखा। लेकिन उसने एक नज़र ओमर पर डाली और हल्के से अपना सिर हिलाते हुए आगे बढ़ गया। शायद उसे किसी और घड़ी की तलाश थी। कुछ देर के बाद वह दोबारा उसी घड़ी के पास लौट आया जहाँ ओमर अभी भी धैर्य के साथ खड़े थे। इस घटना की पुनरावृत्ति कई बार और हुई। प्लेटफ़ॉर्म को धीरे–धीरे ख़ाली होता देखकर वह यूरोपीय वहाँ शेष बचे लोगों को अधीरता से देख रहा था। बीच–बीच में वह अपनी घड़ी देखता हुआ निराशा से सिर भी हिलाता जा रहा था लेकिन पास ही खड़े ओमर से उसने एक भी शब्द नहीं कहा। ज़ाहिरन उसके मन में यही बात थी कि उसके मेज़बान के आने में देरी हो गयी है और वह जब तक नहीं आता तब तक उसे इसी घड़ी के नीचे उसका इन्तज़ार करना चाहिए।

कोई पन्द्रह मिनट के बाद ओमर को उस पर तरस आ गया और उन्होंने उसे इस मुश्किल से बाहर निकालने का फ़ैसला किया। उन्होंने बड़ी नफ़ीस स्वीडिश ज़ुबान में उस आदमी से कहा, 'कहीं आप मेरी तलाश तो नहीं कर रहे हैं?'

आगन्तुक ने शर्मिन्दा होते हुए क्षमा माँगी, 'मुझे खेद है, मुझे कहा गया था कि मुझे एक स्वेड आदमी को खोजना है,' उसने सफ़ाई दी, 'और मुझे अन्दाज़ा नहीं था कि कोई...'

'मैं स्वीडिश हूँ,' ओमर ने तपाक से जवाब दिया और उस आदमी का बैग उठाकर पार्किंग में खड़ी कार की तरफ़ बढ़ गये।

जब ओमर ने मुझे यह कहानी सुनायी तो मैंने चुटकी लेते हुए कहा, क्या वह कुछ अधिक ही निर्मम नहीं हो गया था। वह उस आदमी को पहले भी तो अपने बारे में बता सकता था। जवाब में उसने कहा, 'उसकी बात से मुझे चोट पहुँची थी। उस आदमी को यह बता दिया गया था कि मैं उसे घड़ी के नीचे खड़ा मिलूँगा। मैं बिल्कुल सही वक़्त पर वहाँ खड़ा भी था, फिर उसने मुझसे पूछने की ज़रूरत नहीं समझी कि क्या मैं ही वह ओमर हूँ जिससे उसे मिलना था? स्वीडिश लोगों को अपने नस्लवादी नहीं होने का गर्व है। फिर उसने यह कैसे मान लिया कि चूँकि मैं उसकी तरह नहीं दीखता था, या जैसा मुझे दिखना चाहिए था वैसा दीखता था इसलिए मैं एक एक स्वेडी नहीं था?'

यह बात बरसों–बरस मेरे ज़ेहन में रही और जब कभी भी राष्ट्रीय पहचान का मसला मेरे सामने आता था तब–तब मुझे इस घटना की याद आती रही। आख़िर किन वजहों से ओमर एक स्वीडिश था? बेशक वह स्वीडन में रहता था, उसने वहीं अपनी पढ़ाई की, वह वहीं की भाषा बोलता था और उसके पास एक स्वीडिश पासपोर्ट भी था, लेकिन उसकी शक्ल–सूरत, उसकी चमड़ी का रंग और बालों की बनावट में कोई ऐसी बात तो ज़रूर थी जिसकी वजह से स्वेडी लोग उसकी स्वीडिश पहचान को स्वीकार नहीं कर पा रहे थे! अधिकतर लोगों के लिए राष्ट्रीयता की पहचान के लिए जातीय–नस्लीय की न्यूनतम पात्रता क्या थी?

इस सन्दर्भ में बेनेडिक्ट एंडरसन की परिभाषा बहुत लोकप्रिय मानी जाती है। उन्होंने राष्ट्र को एक परिकल्पित राजनीतिक समुदाय कहा है–उसकी अन्तर्निहित सीमाएँ और सम्प्रभुता दोनों ही परिकल्पित हैं। एंडरसन अपनी परिभाषा को विस्तार देते हुए कहते हैं, 'यह इसलिए परिकल्पित है क्योंकि छोटे–से–छोटे राष्ट्र के भी अधिकांश नागरिक एक–दूसरे को नहीं जानते हैं। एक–दूसरे से मिलना तो दूर, उन्होंने उनके बारे में कुछ सुना भी नहीं होता है। इसके बावजूद वे सभी एक सामुदायिक चेतना के रूप में एक–दूसरे की कल्पनाओं में रहते हैं। समुदाय हर स्थिति में विशिष्ट होते हैं–केवल अपनी मौलिकता/मिथ्यारूपता के कारण नहीं बल्कि कल्पनाओं में अपनी शैली और पद्धति के कारण भी। इसलिए किसी भी राष्ट्र की कल्पना एक समुदाय के रूप में की जाती है क्योंकि अपनी सभी अन्तर्निहित असमानताओं और शोषणकारी तत्त्वों के बावजूद राष्ट्र

की परिकल्पना एक दृढ़ और स्थिर सहभागितापूर्ण कारणों से ही सम्भव है। आख़िरकार भाईचारे की भावना किसी भी राष्ट्र के निर्माण के लिए एक आधारभूत आवश्यकता है। सभी सीमाओं के बाद भी विगत दो सौ से भी अधिक सालों में लाखोलाख व्यक्तियों की इसी भावना ने किसी की जान लेने के बजाय अपनी जान देने के लिए अधिक प्रेरित किया है।'[55] इजरायली लेखक युवाल नोआह हरारी की दृष्टि में तो राष्ट्रवाद मानवीय संरचना की महान 'गाथाओं' में एक है जिसने समाजों के निर्माण में सहायता की और मनुष्यों की बड़ी–बड़ी आबादियों को एकजुट किया।

लेकिन जैसे ही कल्पना एक समुदाय का मूर्त रूप लेती है, वैसे ही वह सामुदायिक राष्ट्र अपनी प्रभुसत्ता को प्राप्त करने, उसे सुरक्षित बचाये रखने और किसी भी बाह्य हस्तक्षेप से मुक्त अपनी मातृभूमि पर अपना शासन स्थापित करने की दिशा में प्रयत्नशील हो जाता है। एक व्यक्ति की राष्ट्रीय पहचान आत्म–निर्णय के बारे में उसके आदर्शों में प्रतिबिम्बित होती है। किसी भी राजनीतिक संगठन के लोगों के लिए यह एक स्वाभाविक और आदर्श आधार है, और उसकी सम्प्रभुता उसकी जनता की इच्छा द्वारा निर्धारित होनी चाहिए क्योंकि जनता की इच्छा ही राज्य की राजनीतिक सत्ता का उपयुक्त और संवैधानिक स्रोत है। राष्ट्रवाद व्यक्ति की निजी पहचान और सामूहिक पहचान को एक–दूसरे के साथ दृढ़तापूर्वक जोड़ने का काम करता है और दोनों को अविभाज्य बनाता है।

ब्रिटिश विचारक कार्ल पोपेर का मानना है कि राष्ट्रवाद 'हमारी क़बीलाई चेतना को, हमारे मनोवेगों और दुराग्रहों को, और हमारी कामनाओं को गहरे रूप में आसक्त करता है ताकि व्यक्तिगत उत्तरदायित्व के तनावों को एक समूह के उत्तरदायित्व का आकार दिया जा सके।'[56] लेकिन इस काम के लिए भी कल्पनाशीलता जैसी प्रवृत्ति की आवश्यकता होती है। जैसा कि हरारी कहते भी हैं, 'राष्ट्रवाद हमारी तरह एक ही समुदाय से जुड़े हुए लाखों सदस्यों, जो एक–दूसरे से अपरिचित हैं, को कल्पनाशीलता के ज़रिये आपस में जोड़ने के लिए अतिरिक्त समय में भी कार्यरत रहता है क्योंकि हम सभी एक साझा अतीत के वारिस हैं, हम सबके हित साझा हैं और हम

---

55. एंडरसन, *इमेजिंड कम्युनिटीज*, पृ. 5–6।
56. कार्ल पोपेर, *दी ओपन सोसाइटी एंड इट्स एनेमीज*, वॉल्यूम 2, लन्दन : राउटलेज एंड केगन पॉल, 1962 (चौथा संशोधित संस्करण), पृ. 49।

सबका भविष्य भी साझा है। यह झूठ नहीं है, यह कल्पनाशीलता है। धन, लिमिटेड ऋण कम्पनियों और मानवाधिकारों की तरह राष्ट्र और उसके उपभोक्ता नागरिक परस्पर आश्रित वास्तविकताएँ हैं। उनका अस्तित्व सिर्फ़ हमारी सामूहिक कल्पनाशीलता में है लेकिन उनकी शक्तियाँ अपरिमित हैं।'[57]

यह परिकल्पित राजनीतिक समुदाय संस्कृति, भाषा, जातीयता, धर्म, और समान इतिहास जैसी साझा सामाजिक विशेषताओं पर निर्मित एकल राष्ट्रीय पहचान के रूप में प्रतिबिम्बित होता है। (हालाँकि एंडरसन के मतानुसार राष्ट्रीय परिकल्पना उपर्युक्त सभी 'विशेषताओं' से बिल्कुल स्वतन्त्र रह कर अपना काम करती है, और 'राष्ट्रीयता' अपने आप में ही एक साझी सामाजिक विशेषता या सामूहिकता है जिसमें कोई भी अपनी परिकल्पना कर सकता है। मेरी समझ से नागरिक राष्ट्रवाद का यही एकमात्र सत्य है और इसमें जातीयता का समावेश कतई सम्भव नहीं है।) राष्ट्रवाद, चूँकि नागरिकों को उनके अतीत और परम्परा का बोध कराने में एक महत्त्वपूर्ण उपकरण है, इसलिए इसका सीधा सम्बन्ध उनकी पुरानी स्मृतियों से है। उनको यह प्रतीत होता है कि वे जिस समुदाय के सदस्य हैं, इतिहास में उसका स्थान न केवल सम्मानजनक है, बल्कि शाश्वत भी है। इस दृष्टि से अस्मिता के बोध को एक आश्वस्तिजनक भविष्य की दिशा में एक राष्ट्र के नागरिकों के सामूहिक प्रयासों का पर्याय भी माना जा सकता है।

राष्ट्रसंघ में अपने कार्यकाल में जिन दिनों मैं भूतपूर्व युगोस्लाविया से जुड़े मामलों को देख रहा था, तो मैं विभिन्न पक्षों के वार्ताकारों से उनके सुदूर अतीत की घटनाओं के बारे में सुनते हुए कई बार विस्मित रह जाता था। वहाँ 1389 ई. और 1448 ई. में कोसोवा में दो युद्ध लड़े गये थे, लेकिन सर्ब लोग उन युद्धों के बारे में उतनी ही शिद्दत से बात करते थे मानो वह गुज़रे हुए कल की ही बातें हों। वे न सिर्फ़ आज भी अपने आक्रोश को तर्कसंगत ठहरा रहे थे बल्कि अपने सुरक्षित भविष्य के लिए कल भी हथियार उठाने को तैयार थे। ऐसी एक मिसाल भारत में भी मिलती है। बाद में 'हिन्दुत्व के पिता' के रूप में पहचाने जाने वाले विनायक दामोदर सावरकर अपने शुरुआती दिनों में हिन्दू–मुसलमान एकता के पक्के समर्थक

57. युअल नोआह हरारी, *सेपियंस : अ ब्रीफ़ हिस्ट्री ऑफ़ ह्यूमनकाइंड*, लन्दन : हार्विल सेकर, 2014।

थे। उन्होंने ही 1857 के विद्रोह को सर्वप्रथम 'भारत की स्वतन्त्रता की पहली लड़ाई' घोषित किया था जिसमें असंख्य भारतीयों ने धर्म, प्रदेश, भाषा और जातीयता की विभाजन रेखा से बाहर निकलकर मुग़ल प्रभुसत्ता के नेतृत्व में सक्रिय भागीदारी की। समृद्ध इतिहास की स्मृतियाँ वर्तमान राष्ट्रवाद के निर्माण में महत्त्वपूर्ण योगदान करती हैं।

इस सैद्धान्तिक आधार पर निर्मित शाश्वत राष्ट्रीय समुदाय एक ख़ास भूप्रदेश से सम्बन्धित था, कालान्तर में जिसका राजनीतिक शुद्धिकरण 'मातृभूमि' के रूप में किया गया, और इस शुद्धिकरण के बाद भूप्रदेश को उसके पवित्र इतिहास से जोड़ दिया गया। उन्नीसवीं सदी के इतालवी राष्ट्रवादी ज्युसेपे मज़िनी ने प्रायद्वीप के छोटे–छोटे और परस्पर संघर्षरत प्रान्तों के एकीकरण का महान काम किया। चूँकि उन प्रान्तों ने कभी राष्ट्रभक्ति को अपना उत्तरदायित्व नहीं समझा लिहाज़ा जन्मभूमि के प्रति एक प्रेम की भावना जनता के भीतर कभी विकसित नहीं हो सकी। मज़िनी की दृष्टि में जन्मभूमि से प्रेम करना उसके जीवन का सबसे पवित्र उद्देश्य था इसलिए उसके लिए जन्मभूमि 'उस घर की तरह थी जहाँ ईश्वर ने अपनी उन सन्तानों को एक परिवार के रूप में रखा था जो अपने धर्म, भाषा, इतिहास और संस्कृति के कारण एक–दूसरे से जुड़े हुए थे।'[58] किसी भी राष्ट्र के इतिहास में उसकी सभी विजय और पराजय की भूमिका होती है जो उसके हिस्से में एक राष्ट्रीय समुदाय के रूप में आये। ठीक उसी तरह दूसरे राष्ट्रों और समुदायों (विशेष रूप से बाहरी शक्तियाँ जिनके अधीन वह राष्ट्र पहले था) के असन्तोष या अस्वीकृति की भी राष्ट्रवाद के विकास में मुख्य भूमिका रही। इसी उपक्रम में राष्ट्रवाद के भीतर 'शुद्धिकरण' की प्रक्रिया विकसित हुई। इस प्रक्रिया को शब्द देते हुए अन्थोनी डी. स्मिथ ने इसे 'पौराणिक नायकों की गौरवगाथा और आदर्शों के अनुरूप "नये पुरुष" और "नयी स्त्री" को ढालने के उद्देश्य से किये गये शुद्धिकरण का नाम दिया है।'[59]

---

58. एमिली अशुर्स्ट वेंटुरी, *जोसेफ मज़िनी : अ मेमॉयर बाय ई. ए. वी. : विथ टू एसेज बाय मजिनी : थॉट्स ऑन डेमोक्रेसी एंड ड्यूटीज ऑफ़ मैन*, लन्दन : हेनरी एस. किंग एंड कम्पनी, 1875, पृ. 2।
59. अन्थोनी डी. स्मिथ, *नेशन एंड नेशनलिज़्म इन ग्लोबल एरा*, कैम्ब्रिज : पोलिटी प्रेस, 1995, पृ. 68।

'अतीत एक आवश्यक तत्त्व है, विशेष रूप से राष्ट्रीय आदर्शों के सन्दर्भ में यह अत्यावश्यक है,' ऐसा एरिक होब्सबॉम मानते हैं। 'यदि उपयुक्त अतीत नहीं हो तो उसे रचा जा सकता है। क्योंकि अतीत स्थितियों को वैधता देने में सक्षम है। अतीत अपेक्षाकृत एक विपन्न वर्तमान, जिसके पास प्रदर्शित करने को कुछ विशेष नहीं है, को एक गौरवशाली पृष्ठभूमि प्रदान कर सकता है।'[60] इतिहास और राष्ट्रवाद की तुलना करते हुए होब्सबॉम एक को अफ़ीम और दूसरे को हेरोइन का नशा बताते हैं। चूँकि राष्ट्रीय एकता का काम जो कि राष्ट्रीयता की अभिव्यक्ति के लिए आवश्यक है, वह सहभागिता की भावना, जातीयता अथवा भाईचारे, और अन्ततः एक सुरक्षित तथा स्पष्ट भूप्रदेश पर निर्भर है, इसीलिए ये दोनों ही तत्त्व–मसलन भाईचारा और जन्मभूमि सभी राष्ट्रवाद के लिए आधारभूत ज़रूरत हैं। इसी प्रकार राष्ट्रीय उत्ताप को तर्कसंगत ठहराने के लिए भी यही दो तत्त्व सहायक होते हैं। भले ही वे यदि वास्तविक नहीं हों तो काल्पनिक ही हों, या फिर दोनों की मिलीजुली अभिव्यक्ति। इसलिए राष्ट्रवाद के बुनियादी सिद्धान्तों और एक राष्ट्र के निर्माण के लिए इतिहास की भूमिका निर्णायक है। स्मिथ के शब्दों में 'इतिहास का निर्माण, बल्कि इतिहास का आविष्कार कोई बौद्धिक जुमलेबाज़ी नहीं; यह एक राष्ट्र के सम्मान और सामूहिक प्रयासों का मामला है।'[61]

भारतीय राष्ट्रवाद के सन्दर्भ में इतिहास के उपयोग और दुरुपयोग की भूमिका पर हम इस किताब में बाद में चर्चा करेंगे। लेकिन यह पक्की बात है कि यह एक गम्भीर मसला है। मिसाल के तौर पर अमेरिकी विचारक हंस कोहन ने कहा है कि जर्मनी के सांस्कृतिक राष्ट्रवाद ने एशियाई और अफ्रीकी राष्ट्रवादियों के लिए बुरा उदाहरण स्थापित करने का काम किया–'अपने पश्चिम–विरोधी, आत्ममुग्ध और अहंकारी रवैये के कारण जर्मन राष्ट्रवाद अपने अनेक समानधर्मी और रूढ़िवादी राष्ट्रवादियों के लिए एक आदर्श बन गया। रूस से लेकर भारत और स्पेन से लेकर लातिनी

---

60. ई. जी. होब्सबॉम : 'दी न्यू थ्रेट टू हिस्ट्री', वेरा एंड डोनाल्ड बिन्केन, ओपन सोसाइटी आर्काइव, http://www.osaarchivum.org/blog/the-new-threat-to-history पर उपलब्ध।

61. अन्थोनी डी. स्मिथ, *दी एथनिक ओरिजिन ऑफ़ नेशंस*, ऑक्सफोर्ड : बेसिक ब्लैकवेल, 1986, पृ. 148।

अमेरिका तक आधुनिक दुनिया के अनेक राष्ट्र अपने इसी तथाकथित 'श्रेष्ठताबोध' और आधुनिक काल के पहले की अपनी गौरवशाली संस्कृति के प्रति अतीतमोह के कारण राष्ट्रवाद के आदर्श मार्ग से पथभ्रष्ट हो गये।'[62]

चूँकि इतिहास राष्ट्रवाद के लिए इतना अपरिहार्य है कि इसे राष्ट्रवाद के आशय के लिए पुनर्निर्मित और पुनःपरिभाषित किया जा सकता है। बल्कि, किया भी जाना चाहिए। जैसा कि तुर्की विद्वान उमुट ओज़्किरिमली पूछते हैं, 'कोई भी पुनर्रचित और पुनर्व्याख्यायित अतीत किस सीमा तक वास्तविक अतीत हो सकता है? जब हम लोगों की सामूहिक स्मृतियों की बात करते हैं तो हम किन लोगों की और किन स्मृतियों की बात करते हैं?'[63] उदाहरण के लिए, तुर्की राष्ट्रवाद में कुर्दिश स्मृतियों का क्या स्थान (अगर कोई है) है?' ओज़्किरिमली संकेत करते हैं कि 'किसी भी स्थिति में स्मृतियाँ नहीं बल्कि उनको प्रस्तुत करने की वे पद्धतियाँ महत्त्व रखती हैं जिनका उपयोग राष्ट्रवादी विचारकों ने अगुआई के क्रम में किया। सर्ब और क्रोएट लोग साथ रहते थे। बल्कि उनके बीच वैवाहिक सम्बन्ध भी सामान्य थे। तुजमन और मिलोसेविक आबादियों का उत्थान होने तक कई दशकों तक दोनों के बीच के सम्बन्ध बदस्तूर कायम रहे। यह भी एक सच्चाई है कि अतीत में जो कुछ घटित हो चुका है, उसे वर्तमान में किसी क़ीमत पर नहीं बदला जा सकता है। लेकिन राष्ट्रवादी व्याख्याओं के क्रम में कुछ ख़ास बातों की अनदेखी, और कुछ ख़ास बातों को रेखांकित अवश्य किया जा सकता है। कुछ घटनाओं के बारे में बढ़ा–चढ़ा कर और कुछ घटनाओं को अपेक्षाकृत महत्त्वहीन बताया जा सकता है। बहरहाल दोनों ही स्थितियों में यह वास्तविक तथ्यों को तोड़मरोड़ कर प्रस्तुत करना है।'[64]

किसी राष्ट्र की स्थापना के लिए सिर्फ़ एक पवित्र भू–भाग या जन्मभूमि और एक पुनर्रचित इतिहास की ही ज़रूरत नहीं है, दुनिया भर में समय–समय पर इस बात पर विशेष बल दिया गया कि किसी राष्ट्र

---

62. हंस कोहन, *प्रील्यूड टू नेशन–स्टेट : दी फ्रेंच एंड जर्मन एक्सपीरिएंस, 1789–1815*, प्रिंसटन : वैन नोसट्रेंड, 1967, पृ. 32।
63. उमुट ओज़्किरिमली, 'दी नेशन एज एन आर्टीचोक? अ क्रिटिक ऑफ़ एथनोसिंबोलिस्ट इंटरप्रिटेशन ऑफ़ नेशनलिज़्म', *नेशंस एंड नेशनलिज़्म*, वॉल्यूम 9, नम्बर 3, 2003, पृ. 339–55।
64. वही।

को अपने अन्तर्गत निवास करते मुख्य नस्लों को अपने आदर्शों में समाहित करना भी उतना ही आवश्यक था। उदाहरण के लिए ओटो मान बिस्मार्क का जर्मन राष्ट्रवाद वह एकीकृत जर्मनी था जिसमें पूरी दुनिया के जर्मन लोग समाविष्ट थे। चूँकि एक राष्ट्र–देश की पहचान उसके लोगों, उसकी वैधता, उसकी प्रकृति और उसके विस्तार से जुड़ी होती है और ये सभी तत्त्व अनिवार्य रूप से उसके जातीय सिद्धान्तों पर निर्भर हैं। आप दुनिया के किसी भी हिस्से में रहने वाले जर्मन हों, राज्य के नीतिगत सिद्धान्त के अनुसार आप जर्मनी राष्ट्र का एक अंग हैं। इसी भावना ने जर्मनी को वहाँ के बाशिन्दों की मर्ज़ी के ख़िलाफ़ एल्सेस–लोरेन पर अपना अधिकार स्थापित करने के लिए प्रेरित किया। बर्लिन में सत्ता में बैठे लोग उन्हें जर्मन नस्ल का मानते थे, लिहाज़ा उनकी ख़ुद की मर्ज़ी या अपने शासक फ्रांस के प्रति उनकी निष्ठा का कोई विशेष महत्त्व नहीं था। आधी सदी बाद हिटलर ने बिस्मार्क की इस नीति का विस्तार जर्मन बोलने वाले एक अन्य राष्ट्र ऑस्ट्रिया तक किया, और इस उद्देश्य के लिए 'अन्स्च्लुस' अथवा ऑस्ट्रिया के साथ अपनी सन्धि को माध्यम बनाया।

गेल्नर ने राष्ट्रवाद को सटीक तरीक़े से परिभाषित करते हुए इसे 'एक ऐसा राजनीतिक सिद्धान्त कहा था जिसके राजनीतिक और राष्ट्रीय अवयव एक–दूसरे के समरूप हों।'[65] इस परिभाषा का एक अर्थ यह भी निकाला जा सकता है (बल्कि निकाला जाना भी चाहिए) कि भारत जैसे सामाजिक विविधताओं वाले देश की बुनियादी चुनौतियों से निबटने के लिए जिस समरूप दृष्टिकोण की ज़रूरत थी उसे राष्ट्रवाद की मदद से ही हासिल किया जा सकता था। स्थानीय आबादी के सामाजिक–राजनीतिक एकीकरण को सुनिश्चित करने और उनके मिथकों, प्रतीकों और लोकाचारों में परस्पर साझेदारी के लिए राष्ट्रवादी विमर्शों और आदर्शों का उपयोग किया जाता था। अनेक राष्ट्र–देशों ने समरूपता के सिद्धान्त को अपनाने के क्रम में प्रचलित और बहुलवादी लोकाचारों में अपेक्षाकृत गौण लोकाचारों को विलोपित कर दिया। बहुत–से यूरोपीय देशों ने यही सिद्धान्त अपनाया। कुछेक राष्ट्र–देशों ने विरोधियों (ख़ासतौर से जो वहाँ पहले से अस्तित्व में थे) के उन्मूलन और निर्वासन का विकल्प चुना। अमेरिका इसकी सबसे बड़ी मिसाल है जहाँ स्थानीय निवासियों का संहार सिर्फ़ इसलिए किया

65. गेल्नर, *नेशंस एंड नेशनलिज़्म*, पृ. 1।

गया ताकि एक आधुनिक राष्ट्र–देश की स्थापना की जा सके। आधुनिक चीन में भी लाखों इघुर मुसलमानों को क़ैदी बनाकर शिनजियांग प्रान्त के बन्दी शिविरों में रखे जाने की घटना से पूरी दुनिया बख़ूबी परिचित है। वहाँ उनके इस्लाम धर्म मानने और तुर्कीक भाषा बोलने पर पाबन्दी है। उन्हें दाढ़ी बनाने और सूअर का मांस खाने के लिए ज़बरन मजबूर किया जाता है, और वे वहाँ–चाइनीज़ बहुल भाषा, संस्कृति और आदर्शों को अपनाने के लिए बाध्य हैं। थोपी हुई इस समरूपता को चीनी राष्ट्रवाद और एक राष्ट्र–देश की अखण्डता के लिए अपरिहार्य ठहराने के प्रयासों से हम अच्छी तरह अवगत हैं।[66]

समरूपता का तर्क अपने आप में अन्तर्विरोधों से भरा हुआ है। युगोस्लाविया का उदाहरण सामने है जिसकी स्थापना प्रथम विश्वयुद्ध की समाप्ति पर तात्कालिक साम्राज्यों के विरुद्ध राष्ट्रवादी आन्दोलन के परिणामस्वरूप हुई थी। इसका लक्ष्य सातवीं और आठवीं सदियों में बाल्कन इलाक़ों में आकर बसे कॉकेशियन मूल के दक्षिणी स्लाविक लोगों को एक राजनीतिक इकाई के रूप में एकीकृत करना था। 1918 में 'सर्ब, क्रोएट और स्लोवेनियाई लोगों के इस प्रान्त' को 1929 में युगोस्लाविया का नया नाम दिया गया। लेकिन इस अखिल–स्लाविक एकता को तब धक्का पहुँचा जब विभिन्न जातीय लक्षणों, धर्मों, भाषा और इतिहास के आधार पर अलग–अलग सामुदायिक वर्गों ने अपनी अस्मिता की तलाश शुरू कर दी। इस संघर्ष में पहली सफलता स्लोवेनियाइयों को 1991 में मिली, उसके एक साल बाद क्रोएट लोगों को कामयाबी हासिल हुई और इस तरह बीसवीं सदी के अन्त तक युगोस्लाव संघ टूट कर राष्ट्रसंघ के छह अलग–अलग सदस्य देश बन गये और सातवाँ कल्पित देश कोसोवो अपनी बारी की प्रतीक्षा में था।

यह अनुक्रम राष्ट्रवाद (जातीय राष्ट्रवाद भी) को परिभाषित करने की चुनौतियों की ओर संकेत करता है। स्लोवेनियाई लोग अपनी भिन्न भाषा के कारण ख़ुद को विशिष्ट मानते थे। विडम्बना थी कि 1991 में युगोस्लाव नेवी के प्रमुख जिन्होंने संघीय गणराज्य की तरफ़ से स्लोवेनियाई विद्रोह

---

66. विस्तार से देखिए कपिल कोमिरेड्डी, 'शो नो मर्सी : दी ट्रेजिडी इन शिनजियांग', *दी क्रिटिक*, 8 जून 2020।

को कुचलने की कोशिशों की अगुआई की, ख़ुद भी एक स्लोवेनियाई थे। सर्ब और क्रोएट लोग अनिवार्यतः एक ही भाषा बोलते थे, भले ही सर्ब भाषा क्रिलिक लिपि में लिखी जाती थी और क्रोएट रोमन लिपि में। वैश्विक परिदृश्य पर भी वे सर्ब–क्रोएशियन आबादी के तौर पर पहचाने जाते थे लेकिन सर्ब रूढ़िवादी थे और क्रोएट कैथोलिक थे और उनमें से ऐसा मानने वालों की कमी नहीं थी कि अलग–अलग राष्ट्र की स्थापना के लिए उनके पास पर्याप्त कारण हैं। मुझे याद है, दोनों 'राष्ट्रों' के बीच युद्ध के आरम्भ के तुरन्त बाद मैं राष्ट्रसंघ के प्रतिनिधि के रूप में युगोस्लाविया गया हुआ था। दौरे में मेरी मुलाक़ात एक क्रोएशियन कमांडर से हुई जिसने मुझे मृत बच्चों की एक जघन्य तस्वीर दिखायी। उनकी गर्दनें क्रूरतापूर्वक काट कर उनकी हत्या कर दी गयी थी। 'देखिए, सर्ब राक्षसों ने हमारे बच्चों के साथ क्या किया है!' उसने आक्रोश के साथ कहा। दो दिनों के बाद जब मैं सर्ब कमांडर के मुख्यालय पर गया तो मुझे ठीक वही तस्वीर वहाँ भी दिखाई गयी–वही क़त्ल किये गये मासूम बच्चे, और वही आक्रोश से भरा सवाल : 'देखिए, क्रोएट राक्षसों ने हमारे बच्चों के साथ क्या किया है!'

चूँकि सर्ब और क्रोएट दोनों के भीतर समान नस्लीय गुणसूत्र उपस्थित हैं इसलिए यह बता पाना असम्भव था कि मारे गये बच्चे किस समूह के थे। लेकिन दोनों पक्षों के बीच जितनी गहरी मतभिन्नता थी उसे देखते हुए यह मानना ग़लत नहीं होगा कि जातीयता राष्ट्रवाद की एक बुनियादी शर्त है। सर्बियाई लेखक एलेक्ज़ेंडर हेमोन ने अपने इस भयावह अनुभव के बारे में लिखा है कि देखते ही देखते उनके बचपन का एक दोस्त किस तरह एक नस्लवादी और फ़ासिस्ट सर्बियाई राष्ट्रवादी में बदल गया। हेमोन लिखते हैं, उनका दोस्त इस हद तक कट्टरवादी बन चुका था कि किसी भी तर्क और उदाहरण का उस पर कोई प्रभाव नहीं पड़ता था। बचपन के अनेक साझा अनुभवों और सपनों के बावजूद हेमोन ने उसे समझाने–बुझाने का ख़याल दिमाग़ से निकाल दिया था। आदमी के भीतर जातीय राष्ट्रवाद की भावना कितनी चिरन्तन होती है, हेमोन के अनुभवों से सहज इसका अनुमान लगाया जा सकता है।[67]

67. एलेक्ज़ेंडर हेमोन, 'फासिज़्म इज़ नॉट एन आइडिया टू बी डिबेटेड, इट्स अ सेट ऑफ़ एक्शन टू फाइट', *लिटरेरी हब*, 1 नवम्बर 2018।

बाल्कन के प्रतिद्वन्द्वियों के बीच मतभेद लगातार बढ़ता गया। वे भी युद्ध में शामिल होने के लिए जब एकत्र हुए तब बोस्नियाई मुसलमानों पर दोनों तरफ़ से गोले दागे जा रहे थे। भूमि की वह लम्बी पट्टी जिसे वे अपना सम्प्रभु राष्ट्रीय प्रदेश स्थापित करना चाहते थे, उन पर क्रोएट और सर्ब लोगों का नियन्त्रण था जो बोस्निया–हेर्ज़ेगोविना में अपने–अपने निर्धारित इलाक़ों में रह रहे थे। मोंटेनेग्रिन आबादी को अतीत में अपने पर्वतीय सर्ब होने के कारण एक जातीय श्रेष्ठता का अभिमान था। वे ख़ुद को बेहतर नस्ल का सर्ब मानते थे। दूसरी तरफ़ जब सर्बिया पर तुर्क आक्रमणकारियों ने हमला किया तब ब्लैक माउंटेन पर जा बसे सर्बों को भी तुर्कों के विरुद्ध युद्ध करने के औचित्य पर सन्देह हुआ। लेकिन साझा नस्लीय उत्पत्ति, साझा धर्म (रूढ़िवादी ईसाई) और साझा भाषा भी युगोस्लाविया के विघटन के बाद मोंटेनेग्रो को सर्बिया के साथ एक संघ में शामिल होने से नहीं रोक सकीं।

'नर्सिसिज़्म ऑफ़ माइनर डिफरेंसेस' की मनोविश्लेषणात्मक अवधारणा की चर्चा करते हुए फ्रायडवादी विचारक इसे भूतपूर्व युगोस्लाविया के राष्ट्रवाद के सन्दर्भ में बिल्कुल सटीक बताते हैं। युगोस्लाव गृहयुद्ध के बारे में लिखते हुए कनाडियाई राजनीतिज्ञ और विचारक माइकल इग्नाटिफ़ ने अनुभव किया कि भौतिक सीमाओं ने अन्तरंग सामूहिक पहचानों के लिए अलगाव के कारणों को जन्म दिया। सिगमंड फ्रायड ने उक्त कथन के माध्यम से इसकी व्याख्या की थी।[68] फ्रायड ने कहा कि एक विचार, नस्ल और स्थान को साझा करने वाले लोगों के बीच के छोटे और आपसी मतभेद भी कई बार अपनी पराकाष्ठा पर पहुँच जाते हैं, उनको विस्तार–रूप दे दिया जाता है और वे अनावश्यक रूप से हिंसक और उग्र हो उठते हैं। उसके अनुसार एक समूह के तौर पर लोगों में जितनी समानता और अन्तरंगता होगी, उनके आन्तरिक मतभेद की सम्भावनाएँ भी उतनी ही अधिक होंगी। निष्कर्ष के रूप में फ्रायड ने कहा कि एक समूह विशेष के लाक्षणिक आत्ममोह (नर्सिसिज़्म) के कारण ही उसका सदस्य दूसरे समूह को नापसन्द और उसकी निन्दा करता है क्योंकि दिखने में

68. माइकल इग्नाटिफ़, *ब्लड एंड बिलोंगिंग : जर्नीज इनटू दी न्यू नेशनलिज़्म*, टोरंटो : पेंगुइन बुक्स, 1994, पृ. 34–71।

समान होने के बावजूद उनमें तीव्र असहमति होने की सम्भावना रहती है। यह असहमति कई बार प्रतिपक्षी के लिए हिंसात्मक रूप में भी प्रकट होती है। युगोस्लाविया के मसले का हल निकालने की कोशिश करते हुए मुझे यह विद्वेषपूर्ण उक्ति बार–बार सुनने को मिलती थी, 'अगर तुम्हें मेरे देश में एक अल्पसंख्यक बनकर रहने से इनकार है तो मैं तुम्हारे देश में अल्पसंख्यक बनकर क्यों रहूँ?'

निष्कर्ष के रूप में मैं कहना चाहूँगा कि इस अध्याय में मेरे विस्तारपूर्वक विश्लेषण से भिन्न देखा जाये तो एक आधुनिक राष्ट्र अनिवार्यतः एक नयी अवधारणा है–भले ही वह अवधारणा परिकल्पित हो अथवा पुनर्निर्मित। इसका भी कोई अर्थ नहीं है कि राष्ट्र की अपने अस्तित्व के बारे में क्या दावेदारी है और राष्ट्र की सच्ची आस्था किस अवधारणा में है। क्या वह अपने शाश्वत अस्तित्व की दावेदारी करता है अथवा उसकी आस्था अपने प्राचीन जातीय अतीत में है? इसका कारण बहुत सहज है–आज के अधिकतर राष्ट्र–देश अपेक्षाकृत नयी राजनीतिक इकाइयाँ हैं। वे आकार में छोटे हों या बड़े लेकिन अतीत की तुलना में भौगोलिक रूप से वे अच्छी तरह सुपरिभाषित हैं। आर्थिक दृष्टि से भी वे सुदृढ़ तरीक़े से एकीकृत हैं और संस्कृति के मामले भी पहले से ज़्यादा स्थानीय हैं।

जैसा कि जर्मन विचारक और समाजशास्त्री जुरगेन हबेरमस का कथन है कि, किसी भी राष्ट्र–देश की सफलता उसके पुरातन सामन्ती या राजतान्त्रिक निष्ठा पर नहीं बल्कि उसके नागरिकों के आन्तरिक सौहार्द पर टिकी होती है। हबेरमस आगे कहते हैं, 'किन्तु जब राजनीतिक चेतना से बहुत हद तक वंचित नागरिकों के स्वनिर्णय की स्थिति आती है तो इस संघीय उपलब्धि पर संकट मँडराने लगते हैं।'[69] इस प्रकार राष्ट्रवाद के सन्दर्भ में अतीत–गौरव एक मज़बूत बन्धन और कई बार एक क्षरणकारी घटक–दोनों ही भूमिकाएँ निभाता है। समकालीन भारत में हमें इसके इसी दूसरे रूप के दुखद दर्शन होते हैं।

राष्ट्रवाद पर बेनेडिक्ट एंडरसन के इस मौलिक योगदान के लगभग एक सौ साल पहले फ्रांसीसी राजनीतिक सिद्धान्तकार अर्नेस्ट रेनन ने

---

69. जुरगेन हबेरमस, *दी इनक्लूजन ऑफ़ अदर : स्टडीज़ इन पोलिटिकल थ्योरी*, कैम्ब्रिज पोलिटी प्रेस, 1999, 2005।

अपनी विख्यात पुस्तक 'एक राष्ट्र क्या है?' में राष्ट्र को 'एक आत्मा, एक आध्यात्मिक सिद्धान्त' कहकर सम्बोधित किया था। 'यह दो स्थितियाँ हैं लेकिन वास्तविकता दोनों में एक ही है। या तो आत्मा का निर्माण करना आवश्यक है, या फिर आध्यात्मिक सिद्धान्त का। एक की जड़ें अतीत में हैं और दूसरा वर्तमान से अपना प्राणवायु प्राप्त करता है। एक साझा स्मृतियों की समृद्ध विरासत है और दूसरा वर्तमान समय में एक साथ रहने की सहमति है ताकि उन अविभाज्य आदर्शों को आगे बढ़ाया जा सके जो उन्हें विरासत में मिले हैं।' रेनन के मतानुसार 'राष्ट्र एक विस्तारित सौहार्द है जो अतीत में किये गये त्यागों और भविष्य में त्याग करने की उत्कण्ठाओं की बुनियाद पर बना है।' उन्होंने राष्ट्र–रूपी आत्मा के सिद्धान्त को प्रकट करने के लिए एक स्पार्टन गीत को उद्धृत किया : 'आज हम वही हैं जो कल तुम थे; कल हम वही होंगे जो तुम आज हो।' 'हम' होने के लिए हमें इतिहास में साझीदार होना होगा। 'हम' बने रहने के लिए हमें एक साथ भविष्य को आत्मसात करना होगा।[70]

रेनन की दृष्टि में राष्ट्रवाद के लिए स्मृति और सहमति–दोनों ही ज़रूरी खाद–पानी थे। याद करना और भूल जाना अटूट राष्ट्रीयता की कुंजी थीं : इस बात का विशेष महत्त्व था कि एक राष्ट्र याद रखने के लिए किन घटनाओं को और भूल जाने के लिए किन बातों को चुनता था, या राष्ट्रवाद को सम्भव बनाने के लिए किन मुद्दों पर सामूहिक रूप से सहमत। अकेली स्मृति किसी भी राष्ट्रवाद की व्यावहारिकता के लिए घातक सिद्ध हो सकती थी क्योंकि 'वह इतिहास की उन हिंसक घटनाओं पर केन्द्रित हो सकती थी जो किसी राजनीतिक घटक के उद्‌भव के समय घटित हुई होगी–भले ही उनका परिणाम लाभप्रद रूप में सामने आया हो...।'[71] कुछ घटनाओं को सामूहिक रूप से भूल जाना आवश्यक था। स्मृति से उन्हें पूरी तरह मिटा देना ही बेहतर था क्योंकि उसकी राख की ढेर पर ही एक राष्ट्र का निर्माण सम्भव था। इस सन्दर्भ में संयुक्त राज्य अमेरिका का उदाहरण दिया जा सकता है जहाँ राष्ट्रीय समरसता स्थापित करने के

70. अर्नेस्ट रेनन, 'क्वे'स्ट–एस कु'उने नेशन?', सर्बौने में 11 मार्च 1882 को दिया गया व्याख्यान, http://ucparis.fr/files/9313/6549/9943/What_is_a_Nation.pdf पर उपलब्ध।

71. वही।

लिए बड़े पैमाने पर अमेरिका के मूल निवासियों का नरसंहार किया गया और शेष बचे लोगों को बृहत्तर आबादी के प्रमुख लोकाचारों को अंगीकार करने के लिए बाध्य कर दिया गया।

यदि मुझे अनुमति मिलती है तो मैं ऐतिहासिक विस्मृति के महत्त्व से थोड़ा विषयान्तर करना चाहता हूँ। मैं उस छोटे–से विवाद का उल्लेख करना चाहूँगा जो टीपू सुल्तान के जन्म की वर्षगाँठ पर मेरे एक ट्वीट से पैदा हुआ था। टीपू अट्ठारहवीं सदी के उत्तरार्द्ध में मैसूर के मुसलमान शासक थे जो अपनी स्थिति को सुदृढ़ करने में जुटे ब्रिटिश साम्राज्यवादियों का विरोध करने के कारण उनकी आँखों में बहुत चुभ रहे थे। लेकिन आज के भारत में अपने मुसलमान होने के कारण उनको हिन्दू राष्ट्रवादियों द्वारा बहुत धिक्कारा जाने लगा है। फ़ेसबुक पर एक पोस्ट लिख कर एक व्यक्ति ने मुझ पर टीपू सुल्तान का गुणगान करने का आरोप लगाते हुए मुझसे सवाल किया, 'केरल पर हमला करने के लिए टीपू सुल्तान को किसने न्योता दिया था?' फिर उसी पोस्ट में लक्षित उसने जवाब भी दिया, 'मेरी जानकारी के अनुसार वे पालघाट के राजा, थरूर स्वरूपम कुल के रमण कोम्बी अचन थे!' पोस्ट के लेखक ने एक प्रकार से मुझ पर यह आरोप लगाने का प्रयास किया था कि देश से गद्दारी करना मेरी वंश–परम्परा रही है।

इस पोस्ट ने मुझे हतप्रभ कर दिया। यह सही बात थी कि टीपू से पहले पलक्कड़ कुछ सदियों तक थरूर स्वरूपम कुल के नायर शासकों के अधीन रहा। यह भी उतना ही सही है कि हमारा रक्त–सम्बन्ध पलक्कड़ के राजा के मूल वंश से था और हम उसी वंश–परम्परा से थे। बाद में थरूर की शाखाएँ बिखर गयीं, और उसी क्रम में मेरे पिता के पूर्वज चित्तिलमचेरी गाँव में जा बसे जहाँ उन्होंने ज़मींदारी और खेती–बाड़ी शुरू कर दी। बहरहाल, यह सम्भव है कि मेरी आलोचना करने वाला व्यक्ति सही हो, लेकिन यह भी उतना ही सच है कि उस बात का कोई सम्बन्ध हमारी पारिवारिक–गाथा से नहीं था। मैंने परिवार के किसी भी सदस्य से रमण कोम्बी अचन के बारे में कुछ कहते हुए कभी नहीं सुना।

लिहाज़ा मैं अगर टीपू सुल्तान का सम्मान करता हूँ तो इसकी वजह यह है कि वे उपनिवेशविरोधी थे। एक महान राष्ट्रवादी योद्धा के रूप में उन्होंने ब्रिटिशों को न केवल चुनौती दी बल्कि नेपोलियन के पास अपने

दूत भी भेजे और युद्ध में तब तक परास्त नहीं हुए जब तक उनके साथ धोखा नहीं हुआ। उनके प्रति मेरे सम्मान का कोई प्रत्यक्ष या अप्रत्यक्ष सम्बन्ध इस संयोग से नहीं था कि मैं थरूरों का वंशज हूँ। लेकिन मेरे ननिहाल पक्ष के कारण यह मामला थोड़ा जटिल हो गया था क्योंकि टीपू के बारे में उन सबकी राय बिल्कुल भिन्न थी। ऐसे भी नायर कुल पितृसत्तात्मक नहीं होता और परिवार में मातृपक्ष की प्रधानता अधिक प्रबल होती है।

मेरी माँ के परिवार के लोग अर्थात एलावनचेरी और पलक्कड़ ज़िले के मुन्दरथों को टीपू के कारण बहुत कष्ट झेलना पड़ा था। मुन्दरथ एलावनचेरी और उसके आसपास के ग्रामीण इलाक़ों के शासक और ज़मींदार थे। जब उन तक टीपू के मालाबार पर हमला करने की ख़बर पहुँची तो मुन्दरथों के कान खड़े हो गये। परिवार के एक मुखिया ने हमले से निपटने के लिए औरतों के आभूषण, सोना–चाँदी और हीरे–मोती घड़ों में भर लिए और उनको सुरक्षित रखने के लिए बैलगाड़ियों पर लाद कर उन्हें सुदूर जंगल में गाड़ दिया। यह क़िस्सा भी कहा जाता है कि सभी मज़दूरों की आँखों पर पट्टी बाँध दी गयी थी कि उन्हें रास्ते का पता नहीं चले। कुछ लोग तो यहाँ तक कहते थे कि पूरी घटना को गुप्त रखने के लिए उन मज़दूरों को मार डाला गया।

बहरहाल मुन्दरथों ने अपनी दूरदर्शिता और सूझ–बूझ का परिचय दिया और अपने कुल की दो स्त्रियों को भी पहाड़ियों में बहुत दूर कहीं भेज दिया। उन्होंने शायद यही सोचा था कि टीपू द्वारा पूरे परिवार का सफाया कर दिये जाने के बाद भी मुन्दरथों की वंश–परम्परा आगे बढ़ती रहेगी। यह मुन्दरथों का दुर्भाग्य था कि घटनाएँ उनकी योजनाओं के मुताबिक़ नहीं घटीं। जब टीपू मालाबार से वापस लौट रहे थे और ब्रिटिशों के हाथों जब उनको हार का सामना करना पड़ा, तक़रीबन उसी वक़्त मुन्दरथ कुल का वह वृद्ध सदस्य भी अपनी अन्तिम साँसें ले चुका था। ख़ज़ाने का रहस्य उसकी ज़िन्दगी के साथ ही दफ़न हो गया और बहुत तलाश करने के बाद भी परिवार को कोई सामान हाथ नहीं लगा।

मुन्दरथ कुल के लिए यह एक प्रलयंकारी घटना थी। एक ही रात में वे कंगाल हो गये थे। वे अपने पुरखों की पूरी दौलत गँवा चुके थे। उनके पास सिर्फ़ वे ताम्र–पत्र बचे रह गये थे जो उनके पूर्वजों ने उनको ग्यारहवीं शताब्दी में ज़मींदारी के पट्टे के रूप में सौंपा था। अपने बचपन

में उन ताम्रपत्रों को मैंने पैतृक घर की अटारी में देखा था। लेकिन ठीक से रखरखाव में लापरवाही के कारण वे सभी ख़राब हो गये, और यह पूरे परिवार के लिए एक अस्थायी नुक़सान था। किसी अनजान जगह पर दबा ख़ज़ाना भी स्मृतियों की बात हो गयी जिसे पारिवारिक क़िस्से कहते हुए लोग कभी--कभार गौरव और अफ़सोस के साथ बताते थे।

कई बार कितने आश्चर्यजनक तरीक़े से ऐतिहासिक स्मृतियाँ और पारिवारिक स्मृतियाँ एक--दूसरे का अतिक्रमण करती हुई लगती हैं! पलक्कड़, जहाँ टीपू के एक क़िले के अवशेष अभी देखे जा सकते हैं, में नायरों के दिल में उसके लूटपाट के ज़ख़्म अब भी ताज़ा हैं। लिहाज़ा मेरे परिवार के दो अलग--अलग पक्ष के लिए टीपू केवल इतिहास की पुस्तक के एक चरित्र मात्र नहीं हैं। एक पक्ष वह था जिसने टीपू सुल्तान को पलक्कड़ पर हमला करने का न्योता भेजा था, और दूसरा पक्ष वह था जो उस हमले के डर से अपनी दौलत और शानोशौक़त से हमेशा के लिए हाथ धो बैठा था। ऐसे में इस सम्भावना को अस्वीकार नहीं किया जा सकता है कि मैं पलक्कड़ के उन दोनों परिवार का वंशज हूँ।

इसीलिए कुछ घटनाओं को हमेशा के लिए भूल जाना ही बेहतर है। लेकिन ठीक उसी तरह से कुछ ऐसी बातें भी हैं जो बार--बार अपनी पुष्टि चाहती हैं। आम सहमति उनमें सबसे महत्त्वपूर्ण है। रेनन ने विस्मृति की महत्ता को रेखांकित करते हुए यह माना है कि यदि फ्रांस के लोग मिडी के ऐतिहासिक जनसंहार और ज़्यादतियों को नहीं भूलते तो फ्रांस कभी भी एक एकीकृत देश के रूप में दुनिया के नक़्शे पर जन्म नहीं ले पाता। उसी तरह एक साझी निष्ठा के लिए 'जनता की आम सहमति भी एक राष्ट्र के निर्माण के लिए समान रूप से आवश्यक है क्योंकि जैसे एक व्यक्ति का अस्तित्व जीवन की दैनिक पुष्टि है, ठीक उसी प्रकार अपने नागरिकों के दैनिक अनुमोदन के बिना राष्ट्र का अस्तित्व असम्भव है।' अपने एक व्याख्यान में रेनन ने इस बात पर विशेष ज़ोर दिया कि राष्ट्र अपने नागरिकों के आत्म--निर्णय की निरन्तर विकसित होती प्रवृत्तियों से निर्मित होते हैं। स्विट्ज़रलैंड और उसकी उन चार भाषाओं का जिसकी चर्चा मैं कर चुका हूँ, का उदाहरण देते हुए रेनन ने कहा--'मनुष्य में उसकी भाषा की तुलना में भी एक श्रेष्ठ बात होती है--और वह उसकी इच्छाशक्ति होती है। स्विट्ज़रलैंड के भीतर भाषायी विविधता के बावजूद

राष्ट्रीय एकता की एक तीव्र इच्छाशक्ति जीवित थी। इच्छाशक्ति ने, इस स्थिति में भाषा की तरह ही एक प्रेरक प्रवृत्ति के रूप में काम किया।'

सिद्धान्त–रूप में आत्म–निर्णय एक सशक्त करने वाला विचार था जो नागरिकों को राज्य द्वारा प्रदत्त कुछ अधिकारों के उपयोग के लिए सक्षम बनाता था। लेकिन यह एक अनुपयुक्त विचार भी था क्योंकि यह आदर्शों और मूल्यों की भौगोलिक सीमाओं को सीमित करता था, इतिहास द्वारा स्वयं को न्यायसंगत ठहराता था और नियति द्वारा संचालित होता था। भूगोल का प्रमाणीकरण वस्तुतः राष्ट्रवादियों द्वारा निष्पादित एक अपवित्र शुद्धिकरण था जिसमें जनता, राज्य और प्रदेश तीनों की मिलीभगत थी। लेकिन यदि यह सिद्धान्त रेनन के फ्रांस और ग्लेडस्टोन के ब्रिटेन में सफल हो सकता था तो दुनिया भर में फैले फ्रांस और ब्रिटेन के उपनिवेशों के सन्दर्भ में यह ठीक उसी समय अनुपयुक्त कैसे हो सकता था जब रेनन ने अपने सिद्धान्त को प्रतिपादित किया? यदि आत्म–निर्णय नागरिकों को गिनीचुनी शक्तियों के उपयोग का अधिकार देता था तो फिर उपनिवेशों की दास जनता को इस अधिकार से वंचित कैसे रख सकता था?

1882 में अपने लेखों और भाषणों में रेनन ने साफ़–साफ़ कहा कि आत्म–निर्णय के सिद्धान्त को भारत जैसे उपनिवेश में आज़माना निश्चित रूप से असम्भव था। लेकिन विचारक, कवि, संगीतकार और बहुमुखी प्रतिभा–सम्पन्न रबीन्द्रनाथ टैगोर के लिए रेनन की यह मान्यता भी अप्रासंगिक थी क्योंकि वास्तविक भारतीय दर्शन मानवतावादी था। उनका तर्क था कि 'भारत कभी भी राष्ट्रवाद जैसी भावना से प्रेरित नहीं रहा। बेशक मुझे बचपन से ही यह सिखाया गया था कि अपने राष्ट्र की उपासना करना मानवता अथवा ईश्वर की आराधना करने से श्रेष्ठ है, लेकिन मुझे लगता है कि मैंने इस विचार को जीवन में कभी भी आत्मसात नहीं किया। बल्कि मेरा मानना है कि मेरे देशवासी सच में अपना भारत तभी प्राप्त कर सकेंगे जब वे इस शिक्षा को अस्वीकार कर देंगे जो उन्हें यह सिखाती है कि राष्ट्र मानवीय मूल्यों से महान होता है।'[72] टैगोर निश्चित रूप से एक आदर्शवादी व्यक्ति थे लेकिन उनकी भावनाएँ विशुद्ध व्यावहारिक थीं। उन्होंने एक बार कहा भी था : 'किसी भी भारतीय भाषा में 'नेशन' के समतुल्य कोई शब्द नहीं है।'

---

72. टैगोर के वे सभी उद्धरण जो उनकी पुस्तक *नेशनलिज़्म* से लिए गये हैं, और जिनका अलग से कोई उल्लेख नहीं किया गया है, न्यू यॉर्क : मैकमिलन, 1917।

लगभग मिलते–जुलते विचार टैगोर के समकालीन मानवतावादी और बांग्ला के सुपरिचित उपन्यासकार और कहानीकार शरतचन्द्र चट्टोपाध्याय के भी थे। उनका कहना था–'मुझे किसी विशेष देश की परम्पराओं और मान्यताओं से हमेशा के लिए बँध कर क्यों रहना चाहिए? सिर्फ़ इसलिए कि मैंने वहाँ जन्म लिया है? यदि उसकी विशिष्टताएँ समाप्त भी हो जाती हैं तो इससे क्या फ़र्क़ पड़ता है? क्या हमारे लिए उन विशिष्टताओं से चिपके रहना ज़रूरी है? यदि दुनिया में रहने वाले सभी लोग एक जैसे विचारों और भावनाओं को साझा करें तो इसमें क्या बुराई है? यदि हम एक भारतीय के रूप में नहीं भी पहचाने जायें तब भी क्या होता है? इसमें क्या ख़राबी है? अगर हम ख़ुद को इस दुनिया के नागरिक मानें तो इससे किसी को क्या आपत्ति हो सकती है। क्या यह कम गौरव की बात है?'[73]

उनकी बात कुछ हद तक 108 ई. के यूनानी दार्शनिक एपिक्टेटस के मन्तव्य की याद दिलाती है :

> यदि ईश्वर और मनुष्य के सम्बन्धों के बारे में दार्शनिकों ने जो कहा है वह सही है तो ऐसी स्थिति में मनुष्य के लिए सुकरात की तरह ही यह प्रश्न पूछने के सिवा दूसरा क्या विकल्प रह जाता है–'आप किस देश से सम्बन्ध रखते हैं?' कहने को आप एक अथेनियन हैं अथवा एक कोरिंथियन हैं, लेकिन अन्ततः आप एक विश्व–नागरिक हैं। आपको फिर यह कहने की क्यों ज़रूरत है कि आप अथेनियन हैं और उस छोटे–से नुक्कड़नुमा स्थान से सम्बन्ध रखते हैं जहाँ केवल आपके शरीर ने जन्म लिया है? एक बड़ी सत्ता की दृष्टि से स्वयं को मात्र एक अथेनियन या कोरिंथियन मानना क्या एक व्यक्ति, परिवार और पूरे देश को एक ऐसी संकीर्णता में रखकर देखना नहीं है जिसमें आपके पूर्ववर्तियों ने आपको क़ैद कर रखा है।'[74]

---

73. शरतचन्द्र चट्टोपाध्याय, *दी फाइनल क्वेश्चन*, नयी दिल्ली, पेंगुइन बुक्स, 2001।
74. कोटेड बाय हिज डिसिप्ल अर्रियन इन 'डिस्कोर्सेज', एपिक्टेटस एंड फ्लाविउस एरियानस, बिशप ऑफ़ सेंट डेविड्स, *दी क्रिश्चियनिटी ऑफ़ स्टोसिज़्म : ऑर सिलेक्शन्स फ्रॉम अर्रियन्स ऑफ़ डिस्कोर्सेज ऑफ़ एपिक्टेटस*, ट्रांसलेटेड बाय मिसेज कार्टर, कामर्थेन : जे. एवांस, 1822।

(यह तो निश्चित तौर पर कहा जा सकता है कि एपिक्टेटस या शरतचन्द्र–दोनों में से कोई भी थेरेसा मे की अध्ययन–सूची में शामिल रहे होंगे!)

> बहरहाल मैं टैगोर की बात जारी रखना चाहूँगा कि एक राष्ट्र के गठन के लिए क्या आवश्यक है : यह सभी लोगों की संगठनात्मक ताक़त से जुड़ा पक्ष है। इस संगठन की निरन्तरता अपनी आबादी को कर्मठ और योग्य बनाने का आग्रह करती है। किन्तु यह कर्मठता और योग्यता आदमी की ऊर्जा को निचोड़ लेती है और वह आत्मोसर्ग और निर्माण के अपने श्रेष्ठ लक्ष्य से विचलित हो जाता है। राजनीतिक स्वतन्त्रता हमें इस अर्थ में स्वतन्त्रता नहीं देती है क्योंकि इस व्यवस्था में हमारा मस्तिष्क स्वतन्त्र नहीं रहता है। राष्ट्र की अवधारणा मनुष्य द्वारा आविष्कार की गयी चेतनशून्य करने की सबसे अचूक औषधि है। इसकी गन्ध बड़े सुनियोजित ढंग से विचारों में विष फैलाने में कारगर है और इसके प्रभाव में आकर लोग इस बात से भी बेख़बर हो जाते हैं कि यह एक नैतिक विचलन है।

टैगोर की दृष्टि में, एक राष्ट्र के रूप में रहने वाले लोगों का यह नैतिक विचलन उनके भीतर के विशिष्टता–बोध को दृढ़ बनाता था और वे किसी अन्य राष्ट्र में रहने वाले लोगों के समूह से स्वयं को अधिक महत्त्वपूर्ण और श्रेष्ठ मानते थे। ऐसे विचार 'राष्ट्रीय उद्देश्य' के लिए आधार का निर्माण करते थे।

इस सन्दर्भ में ऑस्ट्रियाई विद्वान ओटो बौएर का कथन स्मरणीय है : 'राष्ट्र विशेषताओं का वह समूह है जो केवल समूह की समानताओं के कारण नहीं बल्कि समूह की नियति के कारण जन्म लेता है।'[75] सम्भव है कि विशेषताओं और संस्कृति के बारे में बौएर के विचार कुछ हद तक तर्कसम्मत हों लेकिन टैगोर की दृष्टि में यह विचार निराधार था। उनके लिए केवल नियति का महत्त्व था। इनकी नज़र में व्यक्ति का नहीं अपितु

75. ओटो बौएर, 'दी क्वेश्चन ऑफ़ नेशनलिटीज एंड सोशल डेमोक्रेसी' (1907), *मैपिंग दी नेशन*, गोपाल बालाकृष्णन (सम्पा.), लन्दन : वर्सो बुक्स, 2012, पृ. 52।

मानवीयता का महत्त्व था। उनका कहना था कि 'इतिहास केवल एक है–मनुष्य का इतिहास। बाक़ी सभी राष्ट्रीय इतिहास इसी बृहत्तर इतिहास का अलग–अलग अध्याय हैं।'

मानव–प्रजाति की एकता और मानवीय उद्देश्यों और आदर्शों की समानता में टैगोर की आस्था के कारण वे राष्ट्र और राष्ट्रवाद की अवधारणा के पक्षधर नहीं थे। उनकी मान्यता थी कि राष्ट्रवाद अपने नागरिक–वर्ग के लिए एक दिग्भ्रमित करने वाला सम्मोहन है जो व्यक्ति के भीतर इस ग़लतफ़हमी को जन्म देने में मददगार साबित होता है कि स्थितियाँ उसके नियन्त्रण में हैं, जबकि सत्य यह है कि वह राष्ट्रवाद के आदर्श का दास–मात्र है। दूसरे शब्दों में राष्ट्रवाद वह अवधारणा है जिसका नियन्त्रण और संचालन उन गिने–चुने लोगों के हाथों में होता है जिनके पास राष्ट्र की सत्ता होती है। इसी शुद्धिकरण और समरूपता की स्थापना के क्रम में यूरोप के विभिन्न हिस्सों में यहूदियों, फ्रांसीसी प्रोटेस्टेंटो (ह्यूजनॉट), जिप्सियों, मुसलमानों तथा अन्य अल्पसंख्यक आबादियों की बड़े पैमाने पर हत्या की गयी ताकि 'सिर्फ़' मानवीयता के विस्तार के राष्ट्रीय अभियान को सफल किया जा सके।

'राजनीतिक और आर्थिक संघ के अर्थ में एक राष्ट्र वस्तुतः अपनी पूरी जनता के लिए एक यान्त्रिक संगठन का ही पर्याय है।' यह टैगोर का तर्क था, ...'राष्ट्र के नाम का यह राजनीतिक और व्यापारिक संगठन जब उच्च सामाजिक जीवन के सौहार्द की क़ीमत पर सर्वशक्तिशाली हो जाता है तब यह मानवता के लिए सबसे संकट का समय होता है।' इसीलिए टैगोर की दृष्टि में एक राष्ट्र के प्रति तथाकथित प्रेम से प्रेरित राष्ट्रवाद एक ऐसा विचार था जो अन्य राष्ट्रों और उसके नागरिकों के बजाय अपने नागरिकों के कल्याण और सर्वश्रेष्ठता को अधिक महत्त्व देता था। साथ ही राष्ट्रीय गौरव का बोध नस्लीय और राष्ट्रीय श्रेष्ठता जैसे घातक विचारों का भी जन्मदाता था।

1943 में जब द्वितीय विश्वयुद्ध अपने चरम पर था तब ब्रिटिश विद्वान फ्रेडरिक हर्ट्ज़ ने लिखा था : 'राष्ट्रीयता की भावना के चार मुख्य आधार हैं–राष्ट्रीय एकता की कामना, राष्ट्रीय स्वतन्त्रता का स्वप्न, विशिष्टताओं, व्यक्तित्वों, मौलिकताओं और विचित्रताओं से संचालित होती अलगाव की प्रवृत्ति, और अन्ततः राष्ट्रों के बीच परस्पर प्रतिद्वन्द्विता।' हर्ट्ज़ के अनुसार,

चौथा और अन्तिम आधार–राष्ट्रों के बीच परस्पर प्रतिद्वन्द्विता सबसे प्रमुख है जिसके सामने सभी अन्य कारण गौण हो जाते हैं, 'क्योंकि राष्ट्रों की आपसी प्रतिद्वन्द्विता मुख्यतः सम्मान, अहंकार और मर्यादा जैसी भावनाओं से प्रेरित होती है और अपना वर्चस्व सिद्ध करने को उकसाती है।'[76] राष्ट्रवाद के विश्लेषण में यह एक बार–बार विचार करने वाला बिन्दु है।

इस प्रकार टैगोर ने 'मानवीय अन्तरराष्ट्रीयवाद' को राष्ट्रवाद के बनिस्बत एक श्रेष्ठ विचार बताया। गेल्नर ने भी 'राष्ट्रवाद को अनन्यता, विशिष्टता, असहिष्णुता, संकीर्णता और क्रूरता का पर्याय' कहकर प्रकारान्तर में टैगोर के मन्तव्य को ही समर्थन दिया। लेकिन साथ ही उसने यह भी कहा कि 'किसी भी राष्ट्र के नागरिकों के अवचेतन में उपर्युक्त प्रवृत्तियाँ बहुत गहरे पैठ चुकी हैं।' गेल्नर के मत से टैगोर जैसे आदर्शवादी विचारक एक व्यर्थ की लड़ाई लड़ रहे थे; वे 'पुरातनवादियों के विरुद्ध एक असम्भव और कष्टदायी युद्ध में व्यस्त थे, लेकिन बड़ी बात यह थी वे मानव–हृदय की सकारात्मक प्रवृत्तियों के पक्ष में खड़े थे।'[77]

---

76. कोटेड इन राय तारस, *लिबरल एंड इल्लिबरल नेशनलिज़्म*, न्यू यॉर्क : पालग्रेव मैकमिलन, 2002, पृ. 13।
77. अर्नेस्ट गेल्नर, 'कल्चर एंड ऑर्गेनाइजेशन, स्टेट्स एंड नेशनलिज़्म', *नेशनलिज़्म*, पृ. 9।

5

देशप्रेम भिन्न क्यों है?

टैगोर सच्चे अर्थों में स्त्री–मन के चितेरे थे। वे एक राजनीतिक विचारक होने से पहले एक गीतकार–कवि थे। ज़ाहिर था कि जनता की भावना का सम्मान करने के लिए उनको स्वयं को एक 'देशभक्त' के रूप में प्रस्तुत करना भी आवश्यक रहा होगा। हालाँकि वे पूरी दुनिया को अपनी विरासत मानते थे, इसके बाद भी उनके लेखन में अपनी मातृभूमि, संस्कृति और बंगाल की धरती के प्रति उनका अगाध लगाव स्पष्ट रूप से अभिव्यक्त होता है। उनकी मान्यता थी कि देश भूगोल (मृण्मय) से अधिक एक विचार (चिन्मय) है।[78] उन्होंने देशप्रेम के उन अमर गीतों की रचना की जो बंगाल के पुनर्जागरण को भी परिभाषित करते हैं। उनकी दृष्टि में बंगाल भारत के स्वतन्त्रता आन्दोलन का अग्रदूत था। देश के प्रति उनके गहरे अनुराग की झलक उनके 'बांगलार माटी बांगलार जोल', 'आजी बांग्लादेश ए ह्रदोय होते', और 'मोरू बिजोएर केताउनो उराव' जैसे कालजयी गीतों में मिलती है। इसीलिए जब राष्ट्रवाद के इस कटु आलोचक ने दो देशों–भारत और बांग्लादेश–के राष्ट्रगीतों की रचना की तो किसी को कोई आश्चर्य नहीं हुआ। उनका एक अनूदित गीत जिसकी संगीत–रचना सम्भवतः उन्होंने ही की है और जिसे उनके एक शिष्य ने

78. सी. ए. एंड्रू को सम्बोधित करते हुए रबीन्द्रनाथ टैगोर, 13 मार्च 1921, सब्यसाची भट्टाचार्य (सम्पा.), *दी महात्मा एंड दी पोएट : लेटर्स एंड डिबेट्स बिटवीन गाँधी एंड टैगोर, 1915–1941*, नयी दिल्ली : नेशनल बुक ट्रस्ट इंडिया, 1997, पृ. 61। माइकल कॉलिंस में भी सन्दर्भित, *एम्पायर, नेशनलिज़्म एंड पोस्टकोलोनियल वर्ल्ड : रबीन्द्रनाथ टैगोर्स राइटिंग ऑन हिस्ट्री, पॉलिटिक्स एंड सोसाइटी*, अबिंगडॉन : रॉउटलेज, 2021, पृ. 1 और 90।

गाया भी है—वर्तमान श्रीलंका का राष्ट्रगीत है। ध्यान से सोचें तो देशप्रेम व्यक्ति का अपनी भूमि और देश के प्रति वैसा ही प्रेम है जैसा एक शिशु का अपनी माँ के लिए होता है।

अमेरिकी विद्वान विलियम गालस्टोन देशप्रेम और राष्ट्रवाद के बीच भेद बताते हुए लिखते हैं : '*देशप्रेम* एक विशेष राजनीतिक समुदाय के प्रति जनता का गहरा लगाव है और आवश्यक नहीं कि यह लगाव उस समुदाय पर शासन करने वाली तत्कालीन सरकार के प्रति भी हो। *राष्ट्रवाद* एक साझा नस्ल और राज्य की सम्प्रभुता—दोनों के सम्मिश्रण के प्रति आसक्ति है। इस सम्मिश्रण की प्रकृति वास्तविक भी हो सकती है, या इसकी प्राप्ति की कामना भी की जा सकती है। प्रायः देशप्रेम और राष्ट्रवाद को एक मान लिया जाता है।'[79]

अनेक भारतीय भाषाओं में इस भेद को संस्कृत भाषा से उद्धृत किये गये शब्दों द्वारा अभिव्यक्त किया गया है। हिन्दी और मलयाली भाषा में राष्ट्रवाद को 'राष्ट्रभक्ति' अर्थात राज्य और राजव्यवस्था के प्रति समर्पण कहा गया है, जबकि देशप्रेम के लिए 'देशप्रेम' शब्द प्रयुक्त हुआ है जिसका आशय अपनी मातृभूमि से प्रेम है। एक देशभक्त को अपनी मातृभूमि में जन्म लेने का अभिमान होता है। वह अपने होने को लेकर किसी श्रेष्ठ—ग्रन्थि से ग्रसित नहीं होता और न किसी राजनीतिक—भौगोलिक वर्चस्व की कामना ही रखता है। वह पृथक् भूमि पर उस भूमि के लोगों के अधिकार का सम्मान करता है।

देशभक्ति अक्सर व्यक्ति के अपनी भूमि से प्रेम के तात्कालिक प्रस्फुटन में प्रतिबिम्बित होती है और निजी अस्मिता से गहरे रूप में जुड़ी होती है। उदाहरण के रूप में, अन्तरराष्ट्रीय क्रीड़ा समारोहों में राष्ट्रगीत गाना, ओलिम्पिक खेलों में देश के लिए पदक जीतने पर गौरव का अनुभव करना, किसी पुराने देशभक्ति गीत को सुनते हुए भावुक हो जाना, देश की सेवा और सुरक्षा में प्राणों की आहुति देने स्त्री और पुरुषों को श्रद्धा के साथ स्मरण करना और अन्य दूसरे राष्ट्रीय अवसरों पर देश के प्रति सम्मान

79. विलियम ए. गालस्टोन, 'इन डिफेन्स ऑफ़ ए रीजिनेबल पेट्रियोटिज़्म,' ब्रूकिंग्स, 23 जुलाई 2018, https://www.brookings.edu/research/in-defence-of-a-reasonable-patriotism/> पर उपलब्ध।

की भावना से भर उठना जैसी घटनाओं का उल्लेख किया जा सकता है। कहा जाता है कि लता मंगेशकर का देशप्रेम से ओतप्रोत गीत– *'ऐ मेरे वतन के लोगो ज़रा आँख में भर लो पानी जो शहीद हुए हैं उनकी ज़रा याद करो कुरबानी'*–सुनकर प्रधानमन्त्री जवाहरलाल नेहरू की आँखों में आँसू छलछलाने लगे थे।

देशभक्ति तुलनात्मक रूप से राष्ट्रवाद जैसे वैचारिक आदर्शों के दबाव से मुक्त होती है। चूँकि देशप्रेमी का अपनी भूमि से प्रेम दूसरों की हार और असफलता पर आश्रित नहीं होता इसलिए देशप्रेम दूसरों की सफलता का भी स्वागत करता है। राष्ट्रवादी की तरह देशप्रेम में विध्वंस की भावना निहित नहीं होती है और न यह राज्य द्वारा संचालित ही होता है। वस्तुतः जैसा कि लेखक बद्री रैना लिखते हैं : 'देशप्रेम अर्थात किसी स्थान–विशेष से हमारा लगाव हमें अन्य जगह या देश में निवास करने वाले लोगों को अपनी जगह या देश से प्रेम करने में अवरोध बनने से रोकता है और हमें दूसरों के प्रति वर्चस्ववादी विचारों जैसे अनुचित और दुराग्रही तर्कों का विश्लेषण करने का अवसर भी देता है। दूसरी तरफ़ राष्ट्रवाद हमें यह अवसर नहीं देता है क्योंकि अपने स्वरूप में वह किसी धार्मिक आस्था की तरह ही कट्टर होता है। राष्ट्रवाद दूसरों की संस्कृति, स्थान और सामाजिक गतिविधियों की उपेक्षा की क़ीमत पर अपनी अपेक्षाओं के विस्तार का आग्रही होता है। राष्ट्रवाद में अपनी दैविक उत्पत्ति और श्रेष्ठता की भावना आक्रामक रूप में उपस्थित रहती है। देशप्रेम विविधताओं की वास्तविकता को तत्परता से स्वीकार करता है जबकि राष्ट्रवाद विविधता का प्रबल विरोधी होता है और पूरे विश्व पर अपनी श्रेष्ठता थोपना चाहता है।'[80]

देशप्रेम इन दोनों शब्दों में अधिक पुराना है और इसकी उत्पत्ति सातवीं सदी में हुई मानी जाती है। चूँकि देशप्रेम राष्ट्रीय आदर्शों पर आधारित अनुराग है इसलिए प्रायः इसे राष्ट्रवाद का ही पर्यायवाची शब्द मान लिया जाता है। देशप्रेम के कारण ही पीढ़ियों से करोड़ों लोग देश के लिए आत्म–बलिदान की सैकड़ों सच्ची और कल्पित कहानियाँ सुनते और उन्हें आत्मसात करते रहे हैं।

---

80. बद्री रैना, 'व्हाई दी रेन इज़ अ पेट्रियट एंड नॉट अ नेशनलिस्ट' *मेनस्ट्रीम वीकली*, वॉल्यूम LVIII, नं. 25, नयी दिल्ली, 6 जून 2020।

भारतीय सन्दर्भ में ब्रिटिश इतिहासकार सी. ए. बेली ने सबसे पहले भारतीय राष्ट्रवाद को रेखांकित करने का काम किया। उन्होंने इसे पूर्वउपनिवेशवाद काल से पहले के उस 'पारम्परिक देशप्रेम' के साथ जोड़ा है जिसका सरोकार 'मातृभूमि, भाषा और सम्प्रदाय' से था। यह पश्चिमीकरण की प्रक्रिया की शुरुआत से बहुत पहले की बात है। कम्पनी के शासनकाल में इस भावना की अभिव्यक्ति अनेक माध्यमों से हुई किन्तु 1857 के विद्रोह के रूप में इसकी चरम परिणति हुई। बेली के अनुसार आरम्भिक देशप्रेम का बीजारोपण अपनी स्थानीय जन्मभूमि अर्थात *वतन* और स्थानीय स्वामी के प्रति उसकी जनता के प्रेम के रूप में हुआ। मराठों के अपने प्रान्त के लिए संघर्ष को देशप्रेम की इस श्रेणी में रखना समीचीन होगा। बाद के वर्षों में इस भावना का विस्तृत रूपान्तरण हुआ और जनता अपने *देश* की स्थापना के लिए आपसी सहयोग और वफ़ादारी की ज़रूरत को समझने लगी।'[81] इस 'पारम्परिक देशप्रेम' को भारतीय स्वतन्त्रता आन्दोलन के समय निरन्तर और विधिवत तरीक़े से प्रोत्साहित किया गया जिससे अन्ततः भारतीय राष्ट्रवाद का जन्म हुआ। इसमें भिन्न समुदायों, भाषाओं, धर्मों और जातियों के लोगों की साझेदारी रही।

आंग्ल–आयरिश कवि और आलोचक ऑस्कर वाइल्ड ने देशप्रेम को 'धूर्तों का सद्‌गुण' कहा है। लेकिन अपने वक्तव्य में वे सम्भवतः पूर्णरूपेण सही नहीं थे। जहाँ राष्ट्रवादी अपने राष्ट्र और उसका प्रतिनिधित्व करने वाली सभी चीज़ों को चुनौतियों से परे मानते हैं वहीं देशभक्त अपने देश से किसी मिथ्याभिमान के कारण नहीं बल्कि एक सहज भाव से प्रेरित होकर प्रेम करते हैं। वे अपने देश से सिर्फ़ उसकी ख़ूबियों के कारण नहीं, उसकी कमज़ोरियों के बावजूद प्रेम करते हैं। देशभक्त अपने देशों की असफलताओं को न केवल स्वीकार करते हैं, उसे दुरुस्त करने की कोशिश भी करते हैं। दूसरी ओर राष्ट्रवादी यह मानते हैं कि उनके भीतर कोई कमी हो ही नहीं सकती, और इसीलिए अपनी त्रुटियों को सहजता से स्वीकार करना उनके लिए कठिन होता है। स्कॉटिश विचारक अलासदियेर मैकइंटरे ने ऐसे राष्ट्रवाद को 'अपने देश के प्रति एक तर्कहीन निष्ठा' का

81. सी. ए. बेली, *ओरिजिन ऑफ़ मॉडर्न नेशनलिटी इन साउथ एशिया : पेट्रियोटिज़्म एंड एथिकल गवर्नमेंट इन दी मेकिंग ऑफ़ मॉडर्न इंडिया*, दिल्ली : ऑक्सफोर्ड यूनिवर्सिटी प्रेस, 1988, पृ. 27।

नाम दिया है।[82] देशप्रेम यह कहता है कि 'जहाँ मैं रहता हूँ वह जगह और वहाँ के तौर–तरीक़े मुझे बहुत प्रिय हैं। यह स्वीकार करता है कि बेशक हमारी सड़कें टूटी–फूटी हैं, बेशक हमारी गलियाँ अँधेरी और तंग हैं, बेशक हमारी आदतें क्षुद्र हैं, बेशक हम कई बार विज्ञान और तर्क से परे सोचते हैं, बेशक हम कभी–कभार नियम–क़ानूनों को ताक पर रख देते हैं, बेशक हम मामूली बातों पर उग्र हो उठते हैं, बेशक हमारी जातिवादी और साम्प्रदायिक सोच मनुष्य के अधिकार, समानता और एकता के लिए एक बड़ी बाधा है, फिर भी हमें अपने देश और देशवासियों से गहरा लगाव है। देशप्रेम यह कुबूल करता हैं कि दूसरे देशों में स्थितियाँ हमसे बेहतर हो सकती हैं, इसके बावजूद एक देशप्रेमी को अपनी जन्मभूमि और उसकी कमियों से प्रेम होता है और वह उन कमियों को दूर करने का प्रयास करता है।'[83]

अमेरिकी राजनीतिक सिद्धान्तकार जॉन एच. शार लिखते हैं, 'देशप्रेम का अर्थ अपनी गृहभूमि और गृहभूमि से जुड़ी स्थितियों और स्मृतियों से प्रेम करना होता है। इस दृष्टि से देशप्रेम व्यक्ति की एक सहज और बुनियादी भावना है। यह हमारी समस्त प्रजाति की एक नैसर्गिक प्रवृत्ति है जो मानव जीवन की बुनियादी सच्चाइयों, उसकी भौगोलिक अवस्थितियों और पारिवारिक–सामुदायिक भावनाओं और सम्बन्धों से अनिवार्य तौर पर जुड़ी हुई है। हम लोगों, स्थानों और अपने परवरिश के तौर–तरीक़ों से स्वाभाविक रूप से आसक्त होते हैं और इसी आसक्ति में हमारे देशप्रेम की जड़ें विकसित होती हैं।'[84] शार विभिन्न प्रकार के देशप्रेम में अन्तर स्पष्ट करते हैं। उनमें सबसे प्रमुख देशप्रेम 'स्वाभाविक देशप्रेम' है जिसका प्रत्यक्ष सम्बन्ध उस भूमि या प्रदेश से होता है जिसमें व्यक्ति जन्म लेता है। प्राचीन यूनान के लोग या नवाहो लोग इसी देशप्रेम की मिसाल थे किन्तु अमेरिकियों के सन्दर्भ में यह इसलिए अप्रासंगिक था क्योंकि वे

---

82. आलासदियेर मैकइंट्रे, *अ शार्ट हिस्ट्री ऑफ़ एथिक्स : अ हिस्ट्री ऑफ़ मोरल फिलोसफी फ्रॉम दी होमेरिक एज टू दी ट्वेंटिएथ सेंचुरी*, नोट्रे डेम : यूनिवर्सिटी ऑफ़ नोट्रे डेम प्रेस, 1998।

83. रैना, 'व्हाई दी रेन इज़ अ पेट्रियट एंड नॉट अ नेशनलिस्ट'।

84. जॉन एच. शार, *लेजिटिमेसी इन दी मॉडर्न स्टेट*, न्यू ब्रंसविक : ट्रांजैक्शन बुक्स, 1981, पृ. 287।

जड़विहीन और यायावर लोग थे और उनकी अपनी कोई भूमि नहीं थी। इसके विकल्प में अब्राहम लिंकन ने 'नियमबद्ध देशप्रेम' की परिकल्पना की जिनमें नागरिक विविध नस्लों और संस्कृतियों से सम्बन्धित होने के बाद भी एक राजनीतिक विचार के ज़रिये एकताबद्ध थे।

कई बार देशप्रेम अपने बुनियादी सिद्धान्तों के विरुद्ध भी विकसित होता है जब व्यक्ति अपनी पुरातन निष्ठा और बुनियादी विचारों को त्याग कर देश के प्रति अपने लगाव को प्रकट करता है। दासप्रथा के प्रबल विरोधी अमेरिकी विचारक हेनरी डेविड थोरौ मेक्सिको और अमेरिका के युद्ध में अमेरिका की हार के इच्छुक थे क्योंकि उनका यह मानना था कि युद्ध में जीत हासिल करने के पीछे अमेरिका का उद्देश्य दासों के अपने व्यापार का विस्तार करना था। उनकी स्पष्ट धारणा थी कि चूँकि अमेरिका का उद्देश्य कुत्सित था लिहाज़ा उनके देश को जंग हार जानी चाहिए थी। इससे मिलती–जुलती बात ई. एम. फोरस्टर ने भी लिखी है, 'यदि मुझे अपने मित्र और देश में किसी एक को धोखा देने के लिए चुनना पड़े तो मैं चाहूँगा कि मुझे अपने देश को धोखा देने के लिए चुनने की हिम्मत मिले।'[85]

अमेरिकी राजनीतिक सिद्धान्तकार जॉर्ज कतेब ने न्यू यॉर्क के न्यू स्कूल में अक्टूबर 2019 में 'ओडिटी ऑफ़ पेट्रियोटिज़्म' नाम से अपना प्रसिद्ध वक्तव्य पढ़ा था। वक्तव्य में उन्होंने 'देशप्रेम को कोई गुण नहीं बल्कि एक छद्‌माचार'[86] बताया। उन्होंने लिखा कि 'देशप्रेम एक नैतिक और बौद्धिक चूक है जो एक देश की मिथ्या कल्पना के कारण असंख्य लोगों की हत्या करके विकसित होती है। इस मुद्दे पर फ़रवरी 1933 में ऑक्सफोर्ड यूनियन में एक प्रस्ताव पर बहस भी हुई, जो 152 के मुक़ाबिले 275 मतों से पारित हुआ। प्रस्ताव में कहा गया कि 'सदन यह प्रस्तावित करता है कि किसी भी स्थिति में यह सम्राट और देश के पक्ष में किसी युद्ध का समर्थन नहीं करेगा।'[87] जब एक महीने के बाद रैंडोल्फ चर्चिल एक दूसरा

---

85. ई. एम. फोरस्टर, *व्हाट आय बिलीव एंड अदर एसेज*, लन्दन : पेंगुइन बुक्स, 1938।
86. जॉर्ज कतेब एंड जॉन बास्किन, 'मिस्टेक्स वी हैव मेड : ए कनवर्सेशन विथ जॉर्ज कतेब', *दी पॉइंट*, 12 जून 2020।
87. 'दी किंग एंड कंट्री डिबेट : वन ऑफ़ दी ऑक्सफोर्ड यूनियंस मोस्ट नटोरियश डिबेट्स'। दी लैंडमार्क ट्रस्ट, https://www.landmarktrust.org.uk/news-and-events/latest+-news/king-and-country/ पर उपलब्ध।

प्रस्ताव लाया जिसमें इस 'अवमाननापूर्ण, बेशर्म और पतित' पिछले प्रस्ताव को अभिलेख से ख़ारिज कर देने की बात कही गयी थी, तो उक्त प्रस्ताव को 138 के मुक़ाबले 750 मतों से हार का सामना करना पड़ा। अलबत्ता यह बात ज़रूर हैरत में डालने वाली थी कि मूल प्रस्ताव के समर्थन में बोलने वाले अनेक लोगों ने छह साल बाद ही नाज़ी जर्मनी के ख़िलाफ़ ब्रिटेन के लिए हथियार उठा लिए।

कार्ल शर्ज़ भाड़े पर लड़ने वाले एक आदर्शवादी युवा जर्मन सैनिक थे जो अपने देश की 1848 की असफल क्रान्ति में बहुत सक्रिय थे। क्रान्तिकारियों के सपने जब चकनाचूर हो गये तब शर्ज़ भाग कर अमेरिका चले गये और वहाँ संघ के सैनिक बल में शामिल हो गये। जब अमेरिका में गृहयुद्ध की शुरुआत हुई तब उन्हें जनरल के ओहदे पर पदोन्नत कर दिया गया। आम अमेरिकी जनता के बीच उनको पर्याप्त प्रतिष्ठा मिली और गृहयुद्ध की समाप्ति के बाद वे सीनेटर चुने गये। एक बार बहस के दौरान जब विस्कॉन्सिन के उनके सहयोगी सीनेटर ने उन पर अपने नये देश के प्रति अतिशय निन्दात्मक होने का आरोप लगाया तब शर्ज़ ने धैर्य के साथ उसके आरोप का उत्तर देते हुए कहा, 'मेरा देश सही और ग़लत दोनों में कुछ भी हो सकता है, अगर वह सही है तो उसे सही रखने की ज़रूरत है अगर वह ग़लत है तो उसे सही करने की ज़रूरत है।'[88]

मौजूदा राजनीतिक समय में किसी भी देश के सन्दर्भ में ऐसे देशप्रेम की परिकल्पना व्यर्थ है जहाँ एक सच्चे देशप्रेमी होने के साथ ही आप सरकार की आलोचना करने का भी साहस दिखा सकें। जैसा कि अमेरिकी उपन्यासकार मार्क ट्वेन ने लिखा है, 'आधुनिक देशप्रेम, या सच्चा देशप्रेम, या एकमात्र तर्कसम्मत देशप्रेम अपने देश के प्रति सदैव निष्ठावान बने रहना और अपनी सरकार के प्रति तब निष्ठावान बने रहना है जब सरकार को आपकी निष्ठा की नैतिक आवश्यकता हो।'[89] लेकिन एक राष्ट्रवादी के लिए उसकी सरकार किसी भी सवाल से परे है। उसकी दृष्टि में सरकार

---

88. सीनेटर कार्ल शर्ज़, रिमार्क्स इन दी सीनेट, 29 फ़रवरी 1872, *दी कांग्रेशनल ग्लोब*, वॉल्यूम 45, पृ. 1,287। हंस एल. ट्रेफौस्सी का *कार्ल शर्ज़ : अ बायोग्राफ़ी*, भी देखें, नॉक्सविल : यूनिवर्सिटी ऑफ़ टेनेसी प्रेस, 1982, अध्याय 11, पृ. 180।
89. मार्क ट्वेन, 'दी जार्स सोलीलॉक', *नार्थ अमेरिकन रिव्यू*, वॉल्यूम 180, नं. 580, मार्च 1905, पृ. 324।

हमेशा सही है। देशप्रेमी इस भ्रम से मुक्त होते हैं। इतालवी इतिहासकार कार्लो गिंज़बर्ग ने लिखा है, 'देशप्रेम अपने देश के लिए प्रेम नहीं है बल्कि देश की उन स्थितियों से सम्बन्धित है जिन पर आप शर्मिन्दा हैं।'[90] एक राष्ट्रवादी के लिए ऐसा सोचना भी अपराध है क्योंकि वह एक ऐसे राष्ट्र की कल्पना भी नहीं कर सकता जिस पर उसको शर्मिन्दा होना पड़े. 'ऐसा नासमझ आदमी जिसके पास अपने राष्ट्र पर अभिमान करने लायक कुछ भी नहीं हो, वह अपने राष्ट्र पर अभिमान करने के आयातित बहाने तलाशता है।' यह बात जर्मन विचारक आर्थर शौपेन्हाएर ने लिखी है, 'वह अपने राष्ट्र की सभी बेवकूफ़ियों और ग़लतियों पर न सिर्फ़ ख़ुश होता है बल्कि उसका बचाव भी करता है। इस ज़रिये दरअसल वह अपनी कमियों को छुपाने की कोशिशें करता है।'[91]

अपने देश की ख़ूबियों और उपलब्धियों पर गर्व करने के मामले में एक देशभक्त किसी भी राष्ट्रवादी से पीछे नहीं रहता क्योंकि दोनों की नज़रों में, उनके देश का होने के नाते वे सभी ख़ूबियाँ और उपलब्धियाँ सराहनीय हैं। अमेरिकी कवि जेम्स बाल्डविन ने अपने निर्वसन के दिनों में लिखा था, 'मैं किसी भी अन्य देश की तुलना में अमेरिका से प्रेम करता हूँ, और इसी आधार पर मुझे ज़रूरत पड़ने पर उसकी आलोचना करने का अधिकार है।'[92] एक देशभक्त को अपने इस अधिकार को अपने साथी–नागरिकों के साथ साझा करने में भी आपत्ति नहीं होती। उसे अपने देश की उपलब्धियों पर ठीक वैसे ही गर्व होता है जैसे दुनिया के दूसरे देशों के निवासियों को अपने–अपने देश की उपलब्धियों पर होता है। (रैना के शब्दों में, 'देशभक्त दूसरे देश के देशभक्तों की भावनाओं को समझते और उनका सम्मान करते हैं। राष्ट्रवादी उनको अपना सम्भावित शत्रु मानते हैं।'[93] एक देशभक्त दुनिया के किसी भी नागरिक के देशप्रेम को ख़ारिज

---

90. कार्लो गिंजबर्ग, 'दी बांड ऑफ़ शेम', *न्यू लेफ्ट रिव्यू* 120 नवम्बर / दिसम्बर 2019, https://newleftreview.org/issues/11120/articles/carlo-ginzburg-the-bond-of-shame पर उपलब्ध।
91. आर्थर शौपेन्हाएर, *एसेज एंड अफोरिज़्म,* आर. जे. होलिंगडेल द्वारा अनूदित, लन्दन : पेंगुइन बुक्स, 1970।
92. अमिते एत्ज़िओनि द्वारा उद्धृत, *रिक्लेमिंग पेट्रियोटिज़्म,* शेर्लोटविल : यूनिवर्सिटी ऑफ़ वर्जिनिया प्रेस, 2019, पृ. 60।
93. रैना, 'व्हाई दी रेन इज़ अ पेट्रियट एंड नॉट अ नेशनलिस्ट।'

नहीं करता बल्कि उसका स्वागत करता है। दूसरी तरफ़ एक राष्ट्रवादी का अपने देश के प्रति रुझान विशिष्ट होता है, और उसकी राष्ट्रवादी कसौटी पर जो खरा नहीं उतरता, चाहे वह राष्ट्र के भीतर अथवा बाहर का व्यक्ति हो, राष्ट्रविरोधी है।

ब्रिटिश राजनेता लार्ड ऐक्टन जो अपने इस मशहूर कथन के लिए जाने जाते हैं कि 'सत्ता व्यक्ति को भ्रष्ट बना देती है और निरंकुश सत्ता व्यक्ति को पूरी तरह से भ्रष्ट बना देती है,' ने भी राष्ट्रवाद और देशप्रेम के बीच एक बारीक़ लकीर खींचने की कोशिश की है। 'जातीयता पर आधारित इसलिए तर्कहीन है क्योंकि नस्ल से हमारा स्वाभाविक रूप से केवल दैहिक सम्बन्ध है जबकि देशप्रेम किसी राजनीतिक समुदाय के प्रति हमारी नैतिक ज़िम्मेदारी और सजगता की तरफ़ संकेत करता है।'[94] गेल्नर ने सिद्धान्त रूप में यह बताने का प्रयास किया है कि 'राष्ट्रवाद देशप्रेम का ही एक विशिष्ट प्रकार है जो कुछ निश्चित सामाजिक कारणों से एक वर्चस्ववादी विकृति के रूप में उभर कर प्रकट हुआ है। यह केवल आधुनिक विश्व में ही देखा जा सकता है और इससे पहले इसका कोई अस्तित्व नहीं था।'[95]

अंग्रेज़ी लेखक जॉर्ज ऑरवेल ने 1945 में राष्ट्रवाद पर लिखे अपने बहुचर्चित लेख में बहुत प्रभाशाली तरीक़े से राष्ट्रवाद और देशप्रेम के बीच के अन्तर को स्पष्ट करने का प्रयास किया है :

> 'देशप्रेम से मेरा अभिप्राय एक ख़ास जगह और ख़ास जीवन–शैली में वहाँ के लोगों की आस्था से है, जिसे वहाँ रहने वाले लोग दुनिया में सर्वश्रेष्ठ मानते हैं लेकिन दूसरे लोगों से उसे स्वीकार करने का दुराग्रह या ज़बरदस्ती नहीं करते। देशप्रेम अपने स्वरूप में सुरक्षात्मक होता है–सैन्य और सांस्कृतिक दोनों ही अर्थों में। दूसरी ओर राष्ट्रवाद को किसी भी तरह से सत्ता की महत्त्वाकांक्षा से पृथक् कर नहीं देखा जा सकता। बल्कि राष्ट्रवाद अधिक–से–अधिक शक्ति और दर्प का आपेक्षी होता है।

---

94. लार्ड ऐक्टन, *नेशनलिटी : एसेज ऑन फ्रीडम एंड पॉवर*, ग्लौसेस्टर : पीटर स्मिथ, 1972, पृ. 163।
95. अर्नेस्ट गेल्नर, *नेशन एंड नेशनलिज़्म*, पृ. 138।

यह कामना व्यक्ति विशेष के लिए नहीं अपितु उस राष्ट्र या इकाई के लिए होती है जिसमें विलय होकर उसके नागरिक का 'स्व' तिरोहित हो जाता है।'[96]

निष्कर्ष यह हुआ कि देशप्रेम व्यक्ति को राष्ट्र की एक इकाई के रूप में उदारतापूर्वक स्वीकार करता है और उसे स्वयं को अभिव्यक्त करने की स्वतन्त्रता देता है। दूसरी तरफ़ राष्ट्रवाद राष्ट्र के माध्यम से व्यक्ति की आधारभूत स्वतन्त्रता को कुचलने का प्रयास करता है। राष्ट्रवाद का मन्तव्य है कि व्यक्ति एक स्वतन्त्र अस्तित्व अथवा किसी समूह के सदस्य के रूप में–राष्ट्र का अधीनस्थ होता है और उसकी निजी आकांक्षाओं और अधिकारों से कहीं अधिक महत्त्वपूर्ण राष्ट्र–देश के हित होते हैं जिनके प्रति उसे अनिवार्य रूप से निष्ठावान होना होता है। ध्यानपूर्वक देखें तो 'राष्ट्रीय शक्ति' और 'राष्ट्रीय एकता' जैसे शब्द राष्ट्रवाद की इसी निर्वैयक्तिक प्रवृत्ति की ओर संकेत करते हैं। साथ ही यह राज्य द्वारा अपने तन्त्रों के उपयोग से अपनी ताक़त और सत्ता के विस्तार की मंशा को भी इंगित करता है। इस बारे में मुसोलिनी के वक्तव्य का उल्लेख पहले ही किया जा चुका है।

1920 से लेकर 1940 के दशक तक इटली में मुसोलिनी के फ़ासीवाद और जर्मनी में हिटलर के नाज़ीवाद के रूप में राष्ट्रवाद अपने सर्वाधिक बीभत्स रूप में अभिव्यक्त हुआ। नतीजा यह हुआ कि बीसवीं सदी के आरम्भ में युद्धोत्तर यूरोप की आर्थिक–राजनीतिक उथल–पुथल की आड़ में दोनों तानाशाहों ने राष्ट्रीय हितों के नाम पर नागरिकों की वैयक्तिक स्वतन्त्रता पर लगभग आधिपत्य जमा लिया। स्वयं को राष्ट्रीय पहचान और परम्परा का प्रतीक बताते हुए दोनों ने अपने प्रति अपने राष्ट्र के नागरिकों की निष्ठा को तर्कसम्मत बताया और इस तरह राष्ट्र के नये अवतार के रूप में जनता अपने नेताओं–क्रमशः ड्यूस द्वितीय और फ्यूहरर का आदेश मानने को कमोबेश मजबूर कर दी गयी। राष्ट्र ने जनता के

---

96. जॉर्ज ऑरवेल, 'नोट्स ऑन नेशनलिज़्म', *पोलेमिक अक्टूबर* 1945, पेंगुइन बुक्स द्वारा 1963 में पुनर्मुद्रित, https://www.orwellfoundation.com/the-orwell-foundation/orwell/essays-and-other-works/notes-on-nationalism/ पर भी उपलब्ध। [ऑरवेल के सभी उद्धरण इसी आलेख से लिए गये हैं।]

हितों के नाम पर आम जनजीवन में इस प्रकार हस्तक्षेप करना शुरू कर दिया कि उससे जनता की स्वतन्त्रता और अधिकारों का प्रत्यक्ष हनन हुआ।

डच इतिहासकार फ्रैंक डीकॉट्टर ने बीसवीं सदी के तानाशाही शासन का गहन विश्लेषण करते हुए इसे व्यक्तित्वों पर आधारित व्यवस्था का नाम दिया जिसमें अपने शासन की स्थापना और रक्षा के लिए तानाशाह असंख्य झूठों की सहायता लेता है।[97] इस व्यवस्था में जनता अपने शासक के आदेशों का पालन इस भ्रम में करती है कि उसे यह प्रतीत होता है कि ऐसा करते हुए वस्तुतः वह अपनी इच्छाओं और अधिकारों का ही उपयोग कर रही है।

इसका सबसे स्पष्ट उदाहरण द्वितीय विश्वयुद्ध के समय जर्मनी में नाज़ी पार्टी के रूप में देखा जा सकता है। नाज़ी पार्टी के गठन में भले ही 'राष्ट्रीय' और 'सोशलिस्ट' शब्द का प्रयोग किया गया था लेकिन वस्तुस्थिति यह थी कि अपने चरित्र में यह एक निरंकुश पार्टी थी जिसकी दृष्टि में राज्य के हित सर्वोपरि थे। (नाज़ी पार्टी का पूरा नाम दरअसल नेशनल सोशलिस्ट जर्मन वर्कर्स पार्टी था जिसके शुरुआती चार शब्दों में दक्षिण और वामपन्थ के सभी अपेक्षित राजनीतिक गुण समाविष्ट थे और जो परस्पर एक–दूसरे से प्रतिस्पर्द्धा भी करते रहते थे।) हिटलर के नाज़ीवाद की स्थापना ही 'आर्य जाति' की श्रेष्ठता के सिद्धान्त पर हुई थी। जर्मन राष्ट्र के अधिकांश नागरिक स्वयं को इसी जाति के वंशज मानते थे और इस नाते अन्य राष्ट्रों से सैन्य, संस्कृति, बुद्धि, राजनीतिक सभी दृष्टि से श्रेष्ठ समझते थे। (नाज़ियों ने राष्ट्रवाद के विस्तार के लिए जिस प्रकार उग्र हिंसा का प्रयोग किया कि उन्हें देखकर फ्रांसीसी राष्ट्रवादी क्रान्तिकारियों के नेतृत्व वाले 'जेकोबीन राष्ट्रवाद' का अनायास स्मरण हो आता है।)

निष्कर्ष के रूप में, देशप्रेम और राष्ट्रवाद के तुलनात्मक अन्तर को स्पष्ट करने के लिए यह कहा जा सकता है कि देशप्रेम का सम्बन्ध स्वीकार्यता, सहअस्तित्व, मानवीय मूल्य और अपने देश से उसी रूप में प्रेम करना है जैसा कि वह वास्तव में है, जबकि राष्ट्रवाद का सम्बन्ध एकता, ताक़त,

---

97. फ्रैंक डीकॉट्टर, *हाउ टू बी ए डिक्टेटर : दी कल्ट ऑफ़ पर्सनालिटी इन दी ट्वेंटिएथ सेंचुरी*, लन्दन : ब्लूम्सबरी, 2019।

गौरव, अभिमान और दूसरे देशों के साथ सम्बन्ध निर्धारित करने में अपनी श्रेष्ठता से है। राष्ट्रवाद में सामूहिक निष्ठा की आदिम प्रवृत्ति और स्थानीय की तुलना में बाहरी लोगों के लिए घृणा और तिरस्कार की भावना–इन दोनों के मिले–जुले रूप की अभिव्यक्ति होती है। राष्ट्रवादियों के लिए उनके श्रेष्ठ समूह में बाहरी लोगों के लिए इसलिए निषिद्धता है क्योंकि जाति और नस्ल के आधे बाहरी लोगों को राष्ट्रवादी हेय मानते हैं। जैसा कि राष्ट्रवाद के ब्रिटिश विशेषज्ञ एली केडौरी ने कहा है, 'अपने देश या अपने समूह के लिए आसक्ति, अपनी संस्थाओं के प्रति निष्ठा और उन्हें बचाये रखने का संकल्प जैसी मानवोचित भावनाएँ देशप्रेम की सामान्य पहचान हैं। दूसरी तरफ़ बाहरी लोगों के प्रति तिरस्कार (Xenophobia) का मूल चरित्र अजनबियों के लिए नफ़रत और अपने समूह में उनके प्रवेश को अस्वीकृत करने की प्रवृत्ति है। इसका कोई सरोकार मानवविज्ञान में वर्णित किसी भावना से नहीं है, और न यह राज्य के स्थापना सम्बन्धी किसी सिद्धान्त और व्यक्ति की पारस्परिकता से ही इसका कोई प्रत्यक्ष सम्बन्ध है। देशप्रेम के लिए ये दोनों तत्त्व आवश्यक हैं। देशप्रेम एक व्यापक सिद्धान्त है जिसमें भिन्न–भिन्न राजनीतिक विचारों को अभिव्यक्त करने की पर्याप्त गुंजाइश है।'[98] इस बारे में फ्रांसीसी नेता चार्ल्स डे गुल्ले की उक्ति भी उल्लेखनीय है, 'देशप्रेम में देश के लिए प्रेम की भावना सर्वोपरि होती है। राष्ट्रवाद में अपने लोगों से आसक्ति की तुलना में दूसरों से घृणा की भावना अधिक बलवती होती है।'[99] नोबेल पुरस्कार विजेता भौतिकशास्त्री अल्बर्ट आइंस्टीन ने इसे एक प्रकार का मनोविकार बतलाया है : 'राष्ट्रवाद एक बचपना है। यह मनुष्य की प्रजाति के लिए खसरे की बीमारी की तरह है।'[100]

राष्ट्रवाद के लिए यह मनोविकार कुछ हद तक ज़रूरी है क्योंकि इसी के ज़रिये व्यक्ति का अस्तित्व राष्ट्र में समर्पित हो सकता है और इसी के ज़रिये वे लोग राष्ट्र से अस्वीकृत किये जा सकते हैं जो राष्ट्र से बाहर के

---

98. एली केडौरी, *नेशनलिज़्म*, लन्दन : हचिन्सन, 1960, पृ. 72।
99. एत्ज़िओनि के *रिक्लेमिंग पेट्रियोटिज़्म* में सूक्ति–रूप में उल्लिखित।
100. 'व्हाट लाइफ मीन्स टू आइंस्टीन', एन इंटरव्यू बाय जॉर्ज सिल्वेस्टर विरेक, *सैटरडे ईवनिंग पोस्ट*, 26 अक्टूबर 1929।

हैं। एक विचारक के अनुसार, 'राष्ट्रवाद दो समानान्तर दीवारों के बीच ऐसे स्थान की संरचना है जो दीवारों के बीच बसे अपने लोगों को बाहर जाने से और दीवार के बाहर के अपरिचितों को भीतर आने से रोकता है।'[101] इसमें व्यक्ति को समूह का अधीनस्थ बनने के लिए बाध्य कर दिया जाता है और तत्पश्चात उस समूह को बाहरी दूसरे लोगों से केवल इसलिए घृणा करने को प्रेरित किया जाता है क्योंकि वे उस समूह का अंश नहीं हैं।

मुझे अनायास अपने मित्र और राष्ट्रसंघ में मेरे पुराने सहकर्मी अंसार हुसैन ख़ान की याद आती है जिन्होंने *दी रिडिस्कवरी ऑफ़ इंडिया : ए न्यू सबकॉन्टिनेंट* जैसी विवादास्पद पुस्तक लिखी थी। इस पुस्तक को जब ओरिएंट लॉन्गमैन ने 1996 में प्रकाशित किया था तो इसकी ख़ासी चर्चा हुई थी। अंसार भाई की कहानी भी अजीबोग़रीब थी। उनका जन्म अविभाजित भारत के कलकत्ता के एक मुसलमान परिवार में 1926 में हुआ था। उनकी रगों में मुग़लिया और पंजाबी का ख़ून था और जब वे लाहौर यूनिवर्सिटी में अपनी पढ़ाई कर रहे थे उस वक़्त वे वहाँ के स्टार वक्ता थे। 1948 में पाकिस्तान जब एक नवजात सूबा था, राष्ट्रसंघ में अपना योगदान देने के लिए उन्हें परीक्षाओं से होकर गुज़रना पड़ा था। उस समय वे सिर्फ़ बाईस साल के थे।

अंसार भाई राष्ट्रसंघ में योगदान देने वाले शुरुआती पाकिस्तानी अधिकारियों में एक थे और राष्ट्रसंघ मुख्यालय में अपने अनुभवों के आधार पर उन्होंने यह महसूस किया कि दरअसल वह भारत ही है जिनसे उनकी पहचान जुड़ी है। राष्ट्रसंघ में भारतीय अधिकारियों के महत्त्वपूर्ण ओहदे, रंगविरोध को चुनौती देने के लिए उनके द्वारा उठाये गये क़दम, स्वेज नहर के निर्माण में नेहरू की भूमिका और गुटनिरपेक्षता की नीति का अनुसरण–इन सभी बातों ने उनकी संवेदनाओं को गहराई से छुआ था। दूसरी तरफ़ पाकिस्तान अपने लड़खड़ाते हुए लोकतन्त्र और सैनिकों के द्वारा बार–बार किये जाने वाले तख़्ता–पलट से ऊबता–घिसटता धीरे–धीरे इस्लामीकरण और कट्टरवाद की तरफ़ बढ़ने लगा था। पश्चिमी देशों के सिएटो (SEATO) और सेंटो (CENTO) जैसे संगठनों की तरफ़ पाकिस्तान

101. थॉमस जे. शेफ, *दी ब्लडी रिवेंज : इमोशंस, नेशनलिज़्म, एंड वार,* बोल्डर : वेस्टव्यू प्रेस, 1994, पृ. 58।

के झुकाव से भी अंसार भाई ख़ुश नहीं थे लिहाज़ा जिस देश से वे ख़ुद को सैद्धान्तिक रूप से जुड़ा हुआ पाते थे वह भारत ही था। उनकी नैतिकता और बौद्धिकता ने हमेशा से दो राष्ट्र की स्थापना के सिद्धान्त को अस्वीकार किया था। ऐसे में पाकिस्तान उनके लिए एक ऐसा देश था जहाँ रहना उन्हें असहज कर रहा था।

फिर एक दिन अकस्मात उन्होंने भारत की नागरिकता लेने का फ़ैसला कर लिया। राष्ट्रसंघ में उनके सहयोगी उनके इस निर्णय के बारे में जान कर स्तब्ध थे। शुरू में तो किसी ने उनकी बात को गम्भीरता से नहीं लिया; आख़िर एक पंजाबी मुसलमान जो राष्ट्रसंघ में पाकिस्तान का प्रतिनिधित्व कर रहा हो, वह एक भारतीय नागरिक क्यों बनना चाहेगा? लेकिन वे अपने निर्णय पर अडिग रहे। उन्होंने भारत सरकार से इस बारे में लिखित रूप से आवेदन किया और राष्ट्रसंघ में नियुक्त भारतीय अधिकारियों से भी मनुहार की। उधर लाहौर यूनिवर्सिटी के उनके पुराने साथी और उनके समकालिक पाकिस्तान सिविल सेवा में तरक़्क़ी पाकर सरकार के रसूखदार ओहदों पर पहुँच रहे थे। उनमें कई लोगों ने अंसार भाई के इस फ़ैसले को सनकी का नाम दिया तो कइयों ने खुल कर उनका विरोध भी किया। यहाँ तक कि उन पर राजद्रोह तक के आरोप भी लगाये गये। दोस्तों और सहपाठियों के साथ उनके रिश्तों में एक कड़ुवाहट आ गयी। जिनेवा में आये उनके एक मेहमान ने उनको मशविरा भी दिया, 'अगर आपको पाकिस्तानी बने रहने से दिक़्क़तें हैं तो आप स्विस या अमेरिकी पासपोर्ट ले लीजिए। पाकिस्तान में किसी को कोई एतराज़ नहीं होगा। लेकिन भारत की नागरिकता? कोई भी इस फ़ैसले को माफ़ नहीं करेगा।'

अंसार भाई पर किसी की बात का कोई असर नहीं पड़ा और कोई बीस साल की जद्दोजहद के बाद आख़िरकार उनको उस देश का पासपोर्ट हासिल करने में कामयाबी मिल गयी जो उनके विचारों और मान्यताओं का देश था। बहरहाल उन्होंने अपना पाकिस्तानी पासपोर्ट सरकार के सुपुर्द कर दिया और एक भारतीय नागरिक बन गये। लेकिन भारत की नागरिकता प्राप्त करने की उनको ख़ासी क़ीमत चुकानी पड़ी। उनको उनके ही पुराने हमवतनों ने अपनी जमात से एक तरह से निकाल बाहर कर दिया और पाकिस्तान का वीसा देने से इनकार कर उनको अपने ही

माँ–बाप की क़ब्र पर जाने से वंचित कर दिया। अपने नाते–रिश्तेदारों और पुराने दोस्तों से उनका कोई सम्बन्ध नहीं रहा। जीवन भर वे अपने माँ–बाप की क़ब्रों पर दोबारा नमाज़ अदा करने नहीं जा पाये, और इस बात की तकलीफ़ उन्हें ताउम्र सालती रही।

अंसार भाई का अध्ययन–संसार अद्भुत था और उनकी तार्किकता और चिन्तन का मैं हमेशा क़ायल रहा। बतौर एक पन्थनिरपेक्ष मुसलमान उन्होंने हिन्दू मान्यता में धर्म को जिस रूप में परिभाषित किया उससे मैं ख़ासा प्रभावित हुआ : 'हमसे जिस प्रकार का जीवन जीने की अपेक्षाएँ हैं, वही धर्म है।' लेकिन ख़ुद अपनी ही ज़िन्दगी के द्वन्द्वों और संघर्षों को परास्त कर पाना उनके लिए बहुत कठिन साबित हुआ। अवकाशप्राप्ति के बाद अंसार भाई स्विट्ज़रलैंड के जिनेवा में रहने लगे थे। अपनी आख़िरी तस्वीर में वे अपनी स्विस पत्नी अनीता के साथ दिखे थे जो एक निहायत विनम्र महिला थीं। एक सुबह उन्होंने अपनी बन्दूक़ निकाली और अनीता को गोली मार दी। फिर उन्होंने पुलिस को बुला कर ख़ुद को उसके हवाले कर दिया लेकिन उसी रोज़ लॉक–अप में दिल का दौरा पड़ने से उनकी मौत हो गयी।

सतही तौर पर कहा जा सकता है कि अंसार हुसैन ख़ान की मौत राष्ट्रीयता से जुड़ा मुद्दा थी। लेकिन उनसे निरन्तर होने वाले संवादों के ज़रिये मैं यह जानता था कि राष्ट्रीयता की गुत्थी के कारण उनके मन में कैसी उथल–पुथल चल रही थी। भारत ने हालाँकि एक नागरिक के तौर पर उनको स्वीकार करने में कोई हिचक नहीं दिखाई और वे अक्सर अपनी पारम्परिक अचकन और गंजे सिर में राष्ट्रसंघ के समारोहों और बैठकों में किसी बुज़ुर्ग मुखिया की भूमिका का निर्वहन करते देखे जाते थे। वे जिनेवा की यात्रा पर आये भारतीय प्रधानमन्त्री और अन्य महत्त्वपूर्ण मेहमानों के स्वागत के लिए बनाये गये शिष्टमण्डल के स्थायी सदस्य भी थे। लेकिन अधिकांश भारतीय अधिकारियों की नज़र में वे एक ऐसे पाकिस्तानी थे जो पाला बदलने में माहिर था। पाकिस्तानियों की भी उनके बारे में कमोबेश यही राय थी। उनकी दृष्टि में वे एक गद्दार थे जो दुश्मनों से जा मिला था।

अंसार भाई की कहानी सिर्फ़ एक आदमी की कहानी भर नहीं है। यह उससे कहीं कुछ अधिक है। यह हमें बतलाती है कि राष्ट्रीयता जब लोगों को बाँट देती है तो उसके दूरगामी प्रभाव क्या होते हैं।

जब सीमाएँ खींची जाने के बाद लोगों के दिल और दिमाग़ पर जो अत्याचार होते हैं, वे नहीं दिखने के बाद भी कितने गहरे और घातक होते हैं।

राष्ट्रवाद के पास एक सपाट नज़रिया होता है। जो स्थिति उसे अपने अनुरूप नहीं लगती उसका आरोप राष्ट्रवाद बहुत तटस्थता के साथ 'बाहरी' या 'विदेशी शत्रु' जैसे समूह को चिह्नित कर उसी के माथे मढ़ देता है। शत्रु के तौर पर पहचाने जाने और परिभाषित किये जाने के लिए नस्लवाद के पैमाने को द्वितीय विश्वयुद्ध में सबसे बीभत्सता के साथ अपनाया गया था। जापान के ख़िलाफ़ जंग में युद्धबन्दियों से अपने बर्ताव के क्रम में अमेरिका ने इसका भरपूर दुरुपयोग किया क्योंकि नस्लीय आधार पर जापानी हमेशा से अमेरिका के लिए सन्दिग्ध रहे।

लेकिन ऐसी ही एक शर्मसार कर देने वाली घटना का साक्षी भारत को भी बनना पड़ा जिसका ज़िक्र जॉय मा और दिलीप डी'सूजा की कहानी *दी देओलिवालाज़* में मिलता है। यह कहानी उन सच्ची घटनाओं का वृत्तान्त है जब 1962 के भारत–चीन के युद्ध के बाद हज़ारों चीनी मूल के भारतीय लोगों को विश्वासघाती होने के शक़ के आधार पर बन्दीगृहों में डाल दिया गया था और उनके ऊपर अमानुषिक अत्याचार किये गये थे। चार सालों की यातनापूर्ण क़ैद के बाद अन्ततः उन्हें 1967 में रिहाई मिली थी।[102] संविधान लागू होने के बाद भारत में पहली बार कोई ऐसी घटना हुई थी जिससे यह प्रमाणित होता था कि जन्म, निवास, उत्पत्ति और आजीविका में से कोई भी आधार भारत का नागरिक होने के लिए पर्याप्त नहीं था। उन हज़ारों निर्दोष लोगों को सिर्फ़ इसलिए अत्याचार और यातना से होकर गुज़रना पड़ा था कि अपनी नस्ल के कारण वे राष्ट्रवादियों की दृष्टि में सन्दिग्ध मान लिए गये थे। भारत इसी स्थिति से कमोबेश आज दोबारा गुज़र रहा है जब कुछ ग़ैर–ज़िम्मेदार, कट्टर और अधकचरे राष्ट्रवादियों के द्वारा भारत में रहने वाले मुसलमानों के भारतीय होने की योग्यता पर प्रश्न खड़े किये जा रहे हैं। वे धर्म को आधार बताते हुए मुसलमानों को अन्य भारतीयों के समतुल्य अधिकार देने को कतई तैयार नहीं हैं।

राष्ट्रवाद की उग्रतम प्रवृत्ति की अभिव्यक्ति तब होती है जब कोई राष्ट्र किसी अन्य देश को अपना शत्रु मान लेने के 'अतिआग्रह' से ग्रसित

---

102. दिलीप डी'सूजा एंड जॉय मा, *दी देओलिवालाज़ : दी ट्रू स्टोरी ऑफ़ दी 1962 चाइनीज–इंडियन इंटर्नमेंट*, नयी दिल्ली : पैन मैकमिलन, 2020।

हो जाता है। इस बात से उसे कोई फ़र्क़ नहीं पड़ता कि शत्रु मान लिया गया देश भी बदले में उसे शत्रु मानता है या नहीं। उसके सिद्धान्तों की परिधि से जो बाहर है, वहाँ विस्तार के लिए उग्र राष्ट्रवाद 'विजय और वर्चस्व' जैसे अलोकतान्त्रिक मार्गों को भी अपनाने से बाज नहीं आता। जर्मनी में नाज़ीवाद का उत्कर्ष इस उग्रता का ज्वलन्त उदाहरण माना जा सकता है। राष्ट्रवाद 'यह हमारा है–वह उनका है' जैसी मानसिकता को तूल देता है और इसके पहले चरण की शुरुआत व्यक्ति की निजी अस्मिता के पूर्ण समर्पण से होती है। एक विशेष जातीय–राष्ट्रीय समूह का सदस्य अब व्यक्ति नहीं रह जाता बल्कि एक अधिक व्यापक और अन्तरविहीन रूढ़ व्यवस्था का सदस्य मात्र बन जाता है। अगर समाज की क़िस्मत अच्छी रही तो यह लक्षण आगे ख़तरनाक तरीक़े से विकसित नहीं होता, जैसा कि संयोगवश अब तक भारत इससे बचा रहा है। अगर समाज की क़िस्मत ख़राब रही तो लक्षण दूसरी अवस्था में प्रवेश कर जाता है जहाँ 'अमानवीयकरण' की प्रक्रिया आरम्भ होती है। इस प्रक्रिया के अन्तर्गत दूसरे व्यक्ति के मनुष्य होने की स्थिति का सायास हनन आरम्भ होता है, और उसकी अस्मिता, गरिमा, सम्मान और आवश्यकता पड़ी तो उसके प्राण की महत्त्वहीनता पर भी विचार किया जा सकता है। यहूदियों के साथ हिटलर का सलूक इस मिसाल की पुष्टि करता है। इस निरंकुश प्रवृत्ति को अमेरिकी राजनीतिशास्त्री फ़्रांसिस फुकुयामा ने 'मेग्लोथिमिया' (यूनानी मूल का एक प्राचीन शब्द) का नाम दिया है। इस मनोदशा से ग्रसित लोग स्वयं को दूसरों से श्रेष्ठ समझते हैं, और 'इस लोकतान्त्रिक युग में यही मनोदशा राष्ट्रवाद के तीव्रतम रूप में अभिव्यक्त होने में सहायक होती है।'[103]

जॉर्ज ऑरवेल ने इसे और अधिक स्पष्टता देने का प्रयास किया है : 'द्वन्द्वात्मक सम्मान के सन्दर्भ में एक राष्ट्रवादी अकेला, या कम–से–कम मुख्य रूप से, सोचता है...उसके दिमाग़ में हर वक़्त हार, जीत और अपमान जैसे विचार उमड़ते–घुमड़ते रहते हैं...उसके लिए हर एक घटना अपनी श्रेष्ठता और दूसरे की निम्नता को प्रदर्शित करने का एक अवसर है।'[104]

---

103. फ़्रांसिस फुकुयामा, *दी एंड ऑफ़ हिस्ट्री एंड दी लास्ट मैन,* न्यू यॉर्क : दी फ्री प्रेस, 1992, पृ. 201।

104. ऑरवेल, 'नोट्स ऑन नेशनलिज़्म।'

ऑरवेल कहते हैं, 'यदि राष्ट्रवाद लोगों के बीच एकता स्थापित करने का काम करता है तो यह बात भी ग़ौरतलब है कि इस एकता की स्थापना दूसरे लोगों के विरुद्ध की जाती है।'

ऑरवेल ने अपना यह विचार प्रथम विश्वयुद्ध की विभीषिका का साक्षी बनने के बाद प्रकट किया था। होलोकॉस्ट और हिरोशिमा की घटनाओं के रूप में फ़ासीवाद के नग्न नाच ने उनके भवनों को शुष्क बना दिया था, इसलिए राष्ट्रवाद के बारे में उनकी मान्यता टैगोर की तरह उदार नहीं थी। उन्होंने स्पष्ट लिखा, 'राष्ट्रवाद कुछ और नहीं बल्कि आत्मवंचना के हाथों तराशी हुई केवल ताक़त की एक भूख है। हर एक राष्ट्रवादी बुनियादी तौर पर ग़ैर–ईमानदार होता है लेकिन चूँकि उसे अपने विचारों और कार्यों के महान होने का इतना गहरा संभ्रम होता है कि उसे अपना लक्ष्य बहुत महान दिखाई देता है।' दुनिया को प्रथम विश्वयुद्ध की तरफ़ बढ़ता देखकर टैगोर व्यथित थे और अपनी व्यथा को प्रकट करने के लिए उन्होंने कविता को माध्यम बनाया। बीसवीं सदी के आगमन पर उन्होंने आहत मन से लिखा था, 'सदी के अन्तिम सूरज का अवसान पश्चिम के रक्तस्नात बादलों और घृणा के बवण्डर में हो रहा है। निर्लज्जता से नृत्य करता नग्न राष्ट्रवाद लालच के नशे में मदहोश है। लोहों की टकराहट और मर्मान्तक चीख़ों के पार्श्व में प्रतिशोध के संगीत का स्वर सुनायी पड़ता है।' ग़ौरतलब है कि प्रथम विश्वयुद्ध में भागीदारी करने वाले भारतीय सैनिकों में 74,187 सैनिक मारे गये और 67,000 ज़ख़्मी हुए।

बहरहाल टैगोर और ऑरवेल दोनों की दृष्टि में राष्ट्रवाद अनैतिक था। इसीलिए टैगोर ने बिना किसी लागलपेट के कहा, 'मैं किसी के भी राष्ट्र के विरुद्ध नहीं हूँ, बल्कि मैं राष्ट्रवाद के आधारभूत सिद्धान्त के ही विरुद्ध हूँ।' टैगोर की नैतिकता पूरी तरह यथार्थवादी नहीं थी क्योंकि उनकी आस्था का आधार एक वैश्विक अध्यात्म था, वहीं ऑरवेल जातीयता के कारणों से राष्ट्रवाद के मुखर विरोधी थे। उनकी दृष्टि में राष्ट्रवादी एक दोहरे चरित्र का व्यक्ति था जो 'दूसरे' की क्रूरता की निन्दा करता था लेकिन 'ख़ुद' की गयी ज़्यादतियों और हिंसा को उचित ठहराता था। टैगोर और ऑरवेल के दृष्टिकोणों का सामान्य पक्ष यह था कि दोनों ही राष्ट्रवाद को नैतिक पतन के रूप में देखते थे और दोनों ने ही उसके नकारात्मक पहलुओं की तरफ़ संकेत करने की कोशिश की। राष्ट्रवादियों की नज़र में उनका

देश किसी भी दूसरे देश से महान है और जो लोग उनसे असहमत होते है, उनका उग्र विरोध किया जाता है और ज़रूरत पड़ी तो उनकी आवाज़ भी दबा दी जाती है। भले ही असहमति का आधार वैचारिक या जातीय हो, और असहमत होने वाला कोई अलग राष्ट्र हो। टैगोर के शब्दों में, 'छल का सहारा लेना पड़े अथवा त्रुटिपूर्ण मार्ग को अपनाना पड़े, हम हर हाल में यही सिद्ध करने का प्रयास करते हैं कि हम दूसरों से श्रेष्ठ हैं, और इस उपक्रम में दूसरे देशों को तुच्छ मानने लगते हैं।' अपने उग्रतम रूप में राष्ट्रवाद युद्ध, नरसंहार, नस्लीय भेदभाव, बड़े पैमाने पर लोगों के निष्कासन और जातीय सफ़ाये जैसी क्रूर और अमानवीय घटनाओं में अभिव्यक्त होता है। हालिया सालों में इसकी मिसालें बोस्निया, रवांडा और जॉर्जिया जैसी जगहों में देखी जा सकती हैं।

इन तमाम कमियों के बाद भी आधुनिक अवचेतन को एक आकार देने में राष्ट्रवाद एक ताक़तवर सिद्धान्त के रूप में उभरा है। इसने लोगों को अपने विचारों को संगठित करने में सहायता की है कि दुनिया की राजनीति और भूगोल का उनके लिए क्या अर्थ और औचित्य है।

6

राष्ट्रवाद का दोमुँहा चेहरा

12 सितम्बर 1919 की सुबह इटली के कवि, लेखक, उपन्यासकार, पत्रकार, राजनेता, सांसद और प्रथम विश्वयुद्ध के नायकों में एक गेब्रिएल डी'अन्नुन्जियो ने राष्ट्रवादी प्रदर्शनकारियों के एक छोटे-से समूह की अगुआई करते हुए एड्रिएटिक के किनारे बसे बन्दरगाह शहर फिउमे तक का मार्च किया। उनके साथ अनेक इतालवी सैन्य अधिकारी और गण्यमान्य लोग भी थे। फिउमे की जनता ने उनका पुरज़ोर स्वागत किया मानो डी'अन्नुन्जियो उनकी मुक्ति के उद्देश्य से वहाँ गये थे। स्थानीय लोग फिउमे को इटली में शामिल करने के इच्छुक थे जबकि इटली के विपरीत मित्र-राष्ट्रों की सरकारें युद्ध की समाप्ति के बाद फिउमे को सर्ब, क्रोएट और स्लोविनी के नवनिर्मित राज्य (जो बाद में युगोस्लाविया के नाम से जाना गया) का हिस्सा बनाना चाहते थे। बहरहाल इटली के राष्ट्रवादियों ने न केवल बन्दरगाह शहर पर अधिकार कर लिया बल्कि तक़रीबन एक साल तक वहाँ शासन भी किया। यह बेशक एक सनक से भरी कार्रवाई थी लिहाज़ा अधिक दिनों तक सफल भी नहीं हो सकी। लेकिन अनेक इटलीवासियों की दृष्टि में डी'अन्नुन्जियो की यह कोशिश एक राष्ट्र के पक्ष में किया गया विद्रोह था। दिसम्बर 1920 में इटली की राष्ट्रीय सेना के दबाव में राष्ट्रवादियों को फिउमे पर अपना अधिकार छोड़ना पड़ा और शहर को युगोस्लावों के हाथों सौंपना पड़ा। हालाँकि जब मुसोलिनी की फ़ासिस्ट सरकार सत्ता में आयी तो उसने न केवल डी'अन्नुन्जियो के इस प्रयास की सराहना की और उसे इटली के राष्ट्रकवि होने का गौरव भी प्रदान किया। बहरहाल राष्ट्रवादियों के इस प्रयास को यहाँ उद्धृत करने का सन्दर्भ यह है कि राष्ट्रवाद अपने तात्कालिक और दीर्घकालिक दोनों

ही उद्देश्यों की प्राप्ति में असफल सिद्ध हुआ था। फिउमे अब अपने नये नाम रिजेक के नाम से जाना जाता है और अब क्रोएशिया गणराज्य का एक हिस्सा है।[105]

दरअसल वहाँ रहने वाले इतालवियों की दृष्टि में फिउमे इटली राष्ट्र का एक स्वाभाविक अंग था और योद्धा–कवि डी'अन्नुन्जियो उनकी इस धारणा को वास्तविक रूप देना चाहते थे। उन्हें लगता था कि फिउमे पर इटली का इतना रूहानी और वैचारिक प्रभाव था कि वहाँ बसने वाले क्रोएट और दूसरे ग़ैर–इतालवी भी इटली के परिवेश और तौर–तरीक़ों को अंगीकार करने से ख़ुद को रोक नहीं पायेंगे।

कोई भी राष्ट्र हो, वह मात्र केवल अपने नागरिकों का समूह भर नहीं होता, बल्कि हर राष्ट्र का अपना ख़ुद का एक व्यक्तित्व होता है। जर्मन दार्शनिक कार्ल मार्क्स और फ्रेडरिक एंजल्स ने राष्ट्र की इस अपेक्षा को बहुत हद तक पहचाना भी था लेकिन उन्होंने राष्ट्रीयता और राष्ट्र के बीच एक विभाजन–रेखा भी खींचने की कोशिश की। राष्ट्रीयता एक राष्ट्र के रूप में तभी परिवर्तित हो सकती है जब उसके पास अपना एक राज्य हो, अन्यथा स्वयं मार्क्स की दृष्टि में वह 'इतिहासविहीन व्यक्तियों' (Geschichtslosen Volker) का एक समूह मात्र है। सोवियत तानाशाह जोसफ़ स्टालिन ने भी 1913 में लिखी प्रसिद्ध पुस्तक *मार्क्सिज़्म एंड दी नेशनल क्वेश्चन* में इस बात पर ज़ोर दिया था, 'एक राष्ट्र की स्थापना उसके इतिहास की बुनियाद पर होती है। यह उन लोगों का एक स्थायी समुदाय है जो अपनी भाषा, प्रदेश, आर्थिक जीवन और संस्कृति को साझा करते हैं।' किन्तु स्टालिन ने जिस पारम्परिक, प्रादेशिक और ऐतिहासिक एकरूपता को आवश्यक बताया, उसे मार्क्स और एंजल्स ने राष्ट्र–निर्माण के लिए पर्याप्त नहीं माना। लेकिन अन्ततः एक विचारक के रूप में अपनी व्याख्या को स्पष्ट करते हुए स्टालिन ने एक एकीकृत राज्य में अनेक राष्ट्रीयता की समाविष्टि की वकालत की, और एक प्रकार से राष्ट्रीयता और राष्ट्र से सम्बन्धित मार्क्स के विभाजन–सिद्धान्त का समर्थन किया।

---

105. अधिक विस्तार के लिए 'डी'अन्नुन्जियो की पुस्तक फिउमे इंटरप्राइज़ेज; 100 ईयर्स ऑन'। *इटैलिक मैगज़ीन*, 12 सितम्बर 2019 देखें।

स्टालिन की इस प्रेरणा के पीछे दरअसल लेनिन के संशय की भूमिका थी जिन्हें लगता था कि राष्ट्रीयता के मुद्दे पर रूस की क्रान्ति में बिखराव सम्भव था। इसीलिए राष्ट्रीय संस्कृति और राष्ट्रवादी भावना की उपेक्षा करते हुए स्टालिन और लेनिन दोनों ने साम्यवादी आन्दोलन के अन्तरराष्ट्रीय स्वरूप को अपनाने पर ज़ोर डाला। स्टालिन को अपने सिद्धान्त को व्यवहार–रूप देने में पर्याप्त सफलता भी मिली क्योंकि उन्होंने विभिन्न राष्ट्रीयताओं को एक सूत्र में पिरो कर सोवियत संघ की नींव रखी। संघ के सदस्य राज्यों को आन्तरिक स्वायत्तता तो अवश्य मिली किन्तु वे एक स्वतन्त्र राष्ट्र या राज्य नहीं माने गये। मार्क्स ने राष्ट्र के सिद्धान्त को एक राजनीतिक इकाई के बजाय संगठन की एक अवधारणा के रूप में प्रतिपादित करने का प्रयास किया था किन्तु 1991 में सोवियत संघ के विघटन ने उस सिद्धान्त को अन्तिम रूप से ख़ारिज कर दिया। सोवियत बेड़ियों में लम्बे समय से घुटती राष्ट्रीय अस्मिता ने विद्रोह का बिगुल फूँक दिया और अपने लिए स्वतन्त्र देशों की घोषणाएँ कर दीं। सभी देशों ने अपने पौराणिक लोकजीवन को पुनर्जीवित कर अपनी–अपनी गौरवशाली 'राष्ट्रीय' अतीत की पहचान आरम्भ कर दी। नये सिरे से इतिहास का पुनर्लेखन किया गया और आठ दशक पुरानी सोवियत संघ की दमनकारी घटनाओं से जुड़ी स्मृतियों के पन्नों को नष्ट करने की क़वायद शुरू कर दी गयी।

ऐसी स्थिति में यह स्वाभाविक प्रश्न उठता है कि देशप्रेम की व्यापक सकारात्मकता के परिप्रेक्ष्य में क्या राष्ट्रवाद पूरी तरह से एक नकारात्मक प्रवृत्ति है? इसका समाधान प्रस्तुत करते हुए स्कॉटिश राजनीतिक विचारक टॉम निर्ण लिखते हैं, 'सभी प्रकार का राष्ट्रवाद एक साथ अच्छा और बुरा दोनों होता है। आरम्भ से ही उसकी अनुवांशिकी में अग्रगामी और प्रतिगामी दोनों गुणसूत्र उपस्थित होते हैं।'[106]

अनेक विद्वानों की दृष्टि में राष्ट्रवाद एक 'दोमुँहा' विचार है। अपने स्वरूप में यह एक साथ अच्छा और बुरा दोनों है।[107] फ्रांसीसी दार्शनिक एटिएन बलिबर के शब्दों में, 'एक चेहरा वह है जो एक राज्य अथवा समुदाय

---

106. टॉम निर्ण, *दी ब्रेक–अप ऑफ़ ब्रिटेन : क्राइसिस एंड निओ–नेशनलिज़्म*, लन्दन : वर्सो बुक्स, 1981।

107. निर्ण, *फेसेज़ ऑफ़ नेशनलिज़्म : जानुस रिविजिटेड*, लन्दन : वर्सो बुक्स, 1998।

के निर्माण के बारे में सोचता है, और दूसरा चेहरा जनता पर अधिकार करना चाहता है और इस अधिकार के लिए विध्वंस का रास्ता चुनने से भी नहीं हिचकता। एक चेहरा नैतिकता का है और दूसरा बलप्रयोग का। एक चेहरा दूसरे राष्ट्रवादों को न केवल बर्दाश्त करता है बल्कि उनके हितों की रक्षा के प्रयास करता है और उनको एक ही ऐतिहासिक परिप्रेक्ष्य में देखता है...और राष्ट्रवाद का दूसरा चेहरा अन्य राष्ट्रों के अस्तित्व को साम्राज्यवादी और जातीय हथकण्डों का इस्तेमाल कर अस्वीकार करने का प्रयास करता है।'[108] अमेरिकन विधि विशेषज्ञ ली ब्रिलमायेर राष्ट्रवाद की नैतिक महत्ता के स्वरूप को रेखांकित और स्पष्ट करते हुए कहते हैं कि राष्ट्रवाद स्वयं में नैतिकता के स्तर पर पारदर्शी है और यही कारण है कि यह अच्छाई और बुराई दोनों के साथ सहअस्तित्व की वस्तुस्थिति को बनाने और बनाये रखने में समर्थ है।[109]

1917 में विलियम टेलर पेग की लिखी किताब *दी अमेरिकंस क्रीड* में उस 'नैतिक पारदर्शिता' का उल्लेख मिलता है जिसे 3 अप्रैल 1918 में अमेरिका के हाउस ऑफ़ कॉमन्स में एक प्रस्ताव के रूप में पारित किया गया। इस प्रस्ताव में लिखा था :

> 'जनता की, जनता के द्वारा, जनता के लिए सरकार के रूप में मेरी आस्था संयुक्त राज्य अमेरिका में है; जिसकी शक्तियाँ शासित लोगों की सहमति से हैं; एक लोकतन्त्र जो मूलतः एक गणराज्य है; जो एक से अधिक सम्प्रभु राज्यों की एकता से बना एक सम्प्रभु राष्ट्र है; एक सम्पूर्ण संघ, जो एक है और अविभाज्य है; जो स्वतन्त्रता, समानता, न्याय और मानवता के सिद्धान्तों पर स्थापित है जिनके लिए अमेरिकी देशभक्तों ने अपने धन और प्राणों की आहुतियाँ दीं। इसलिए मैं संकल्प लेता हूँ कि एक कर्तव्य की तरह इस देश से प्रेम करूँगा, इसके संविधान के अनुरूप

---

108. एटिएन्ने बलिबर, 'रेसिसिज़्म एंड नेशनलिज़्म', *रेस, नेशनल, क्लास : अम्बिगोउस आइडेंटिटीज,* एटिएन्ने बलिबर एंड एमेनुएल वालरस्टीन (सम्पादित), लन्दन; वर्सो बुक्स, 1991।
109. ली ब्रिलमायेर, 'दी मोरल सिगनिफिकेंस ऑफ़ नेशनलिज़्म', *नोट्रे डेम लॉ रिव्यू,* 1919,https://scholarship.law.nd.edu/ndrl.vol71/iss1/2 पर उपलब्ध।

चलने का उत्तरदायित्व निभाऊँगा, इसके नियमों का परिपालन करूँगा, इसके ध्वज का सम्मान करूँगा और सभी शत्रुओं से इसकी रक्षा करूँगा।'[110]

आदर्श राष्ट्रवाद में वस्तुतः ऐसा कोई तत्त्व नहीं जिसे अपनाने में दुनिया के किसी भी राष्ट्रवादी को कोई आपत्ति होगी। जहाँ तक मेरा प्रश्न है तो मैं टैगोर और ऑरवेल की राय के ख़ुद को ज़्यादा क़रीब मानता हूँ कि राष्ट्रवाद अन्ततः विश्व को विनाशकारी परिणामों की तरफ़ ले जाता है, इसके व्यवहार रूप में मुझे अमेरिका के इतिहासकार हंस कोहन जैसे विद्वानों के विचार अधिक आश्वस्तकारी लगते हैं जिन्होंने 'अच्छे' राष्ट्रवाद और 'बुरे' राष्ट्रवाद के बीच के भेद का सूक्ष्म विश्लेषण किया है। जर्मन 'राष्ट्रवाद 'बुरे' राष्ट्रवाद की बेहतर मिसाल है।'[111] अच्छा राष्ट्रवाद अपने चरित्र में रचनात्मक होता है। चूँकि यह इसका लक्ष्य एक राष्ट्र–देश का निर्माण होता है इसलिए इसमें जनता को एक उद्देश्यपूर्ण समुदाय को बेहतर तरीक़े से संगठित करने की क्षमता होती है। अच्छा राष्ट्रवाद लोकतान्त्रिक संस्थाओं और मूल्यों के प्रति दृढ़संकल्प होता है, और प्रतिद्वन्द्विता, अन्धराष्ट्रीयता, वैमनस्य, शत्रुता और दमनात्मक और विध्वंसक प्रवृत्तियों को हेय मानता है। अपने इन्हीं सकारात्मक तत्त्वों के कारण ही राष्ट्रवाद ने यूनानी और आयरिश स्वतन्त्रता आन्दोलनों में सफलता प्राप्त की। ये आन्दोलन स्वतन्त्र राष्ट्र के अधिकार को अस्वीकार करने वाली साम्राज्यवादी ताक़तों के विरुद्ध किये गये थे। आधुनिक इजराइल के लिए किया गया जिओनिस्ट आन्दोलन भी इसकी एक जीती–जागती मिसाल था। सोवियत संघ का विघटन भी इसका एक बड़ा सबूत है जिसमें लम्बे और ज़बरन साम्यवादी एकीकरण से मुक्त होकर सदस्य राज्यों ने अपनी स्वतन्त्रता घोषित कर दी। 'राष्ट्रवादियों का सर्वाधिक बीभत्स रूप हमें जर्मनी में नाज़ियों और इटली में फ़ासिस्टों के शासन में दिखाई देता है जिसके कारण बीसवीं सदी के पूर्वार्द्ध में पूरी दुनिया को अभूतपूर्व क्रूरता,

---

110. विलियम टेलर पेग, 'दी अमेरिकन्स क्रीड', 1917, <https://www.ushistory.org/documents/creed.htm> पर उपलब्ध।

111. हंस कोहन, *दी आइडिया ऑफ़ नेशनलिज़्म : अ स्टडी इन इट्स ओरिजिन एंड बैकग्राउंड*, न्यू यॉर्क : दी मैकमिलन कम्पनी, 191944; पिस्काटावे : ट्रांजेक्शन पब्लिशर्स, 1967 (पुनर्मुद्रित)।

हिंसा और पीड़ा से होकर गुज़रना पड़ा, ऐसा गेल्नर ने लिखा, 'राष्ट्रवाद केवल एक वरदान नहीं है, यह विपत्ति भी है।'[112]

इन उदाहरणों को देखते हुए एक त्वरित व्याख्या की जा सकती है कि जब राष्ट्रवाद सफल होता है तब वह 'अच्छा' राष्ट्रवाद और जब राष्ट्रवाद विफल होता है तो वह 'बुरा' राष्ट्रवाद होता है, ज़ाहिर है कि इतिहास भी जीतने वाले ही लिखते हैं और जो हार जाते हैं वे विरोधियों या अलगाववादियों का नाम देकर ख़ारिज कर दिये जाते हैं, या उनके साथ और बदतर सलूक किया जाता है। मिसाल के तौर पर कुर्दिश राष्ट्रवाद का इतिहास अभी लिखा जाना शेष है क्योंकि इराक़ में उसे अभी केवल आंशिक रूप से स्वायत्तता हासिल हुई है, सम्प्रभुता से अभी वह कोसों दूर है। सीरिया में भी कुछ भू–क्षेत्र पर उसका नियन्त्रण अवश्य है लेकिन उसे मान्यता नहीं दी गयी है। इराक़ और तुर्की के कुछ प्रदेशों में भी कुर्द आबादी है लेकिन उन पर अमानुषिक जुल्म ढाये जा रहे हैं। कुल मिलाकर एक कुर्दिश राष्ट्र अभी एक दूर की कौड़ी है।

जहाँ तक मेरी निजी राय है, मेरी स्पष्ट आसक्ति नागरिक राष्ट्रवाद और देशप्रेम की अभिव्यक्ति वाले राष्ट्रप्रेम के प्रति है। आप इसे 'अच्छा' राष्ट्रवाद का नाम भी दे सकते हैं। जैसा कि अमेरिकी विचारक अमिते एत्ज़िओनि लिखते हैं, 'देशप्रेम अपने सहजीवी नागरिक और समुदाय के साथ सहअस्तित्व और साझेदारी की भावना को विकसित करने का काम करता है, कमियों के बावजूद अपने राष्ट्र से प्रेम करना सिखाता है और उसकी समृद्धि और विकास के लिए प्रयास करता है। मेरे लिए 'अच्छे राष्ट्रवाद' का यही अर्थ है।'[113] हालाँकि 'अच्छा' राष्ट्रवाद और देशप्रेम में बहुत–सी बातें समान हैं, किन्तु इसके बाद भी दोनों में अन्तर है। 'अच्छा' राष्ट्रवाद वस्तुतः उदार लोकतन्त्र पर आधारित एक नागरिक राष्ट्रवाद है जबकि देशप्रेम अपने देश के प्रति एक सकारात्मक भावुकता और जन्मभूमि के प्रति एक संवेदनात्मक लगाव है।

मेरा राष्ट्रवाद कदाचित भिन्न है जो ग़ैर–भारतीयता को अस्वीकार करते हुए प्रतिदिन तिरंगा लपेल पिन के गौरवपूर्वक धारण करने पर बल देता हो। मैं राष्ट्रवाद और देशभक्ति का वह हाइब्रिड संस्करण चाहता हूँ

---

112. गेल्नर, *नेशन एंड नेशनलिज़्म*, पृ. 138।

113. एत्ज़िओनि, *रिक्लेमिंग पेट्रियोटिज़्म*, पृ. 7।

जो सांस्थानिक और नागरिक राष्ट्रीयता के संविधान सम्मत स्तम्भों पर टिका हो। जहाँ तक देशप्रेम और राष्ट्रवाद का प्रश्न है तो मेरा मानना है कि देशप्रेम सत्य के पक्ष में खड़ा होता है, राष्ट्रवाद ताक़त के पक्ष में खड़ा होता है। दोनों के दोनों अपनी भूमि से प्रेम करते हैं और अपनी–अपनी भूमि के लिए अपना सर्वस्व न्योछावर करने की भावना से ओतप्रोत होते हैं लेकिन एक देशभक्त अपनी जन्मभूमि के लिए अपनी जान की बाज़ी लगा सकता है, वहीं एक राष्ट्रवादी अपने राष्ट्र के लिए दूसरे की जान ले भी सकता है।

'लेखकों ने अपने लेखन में राष्ट्रवाद में पाँच मुख्य लक्षणों की पहचान की है–राष्ट्रीय एकता (बल्कि एकरूपता) की कामना, राष्ट्र के लिए एक विशेष निष्ठा, देश की स्वतन्त्रता (व्यक्ति की नहीं) की आकांक्षा, विशिष्ट और भिन्न होने की लालसा, और दूसरे राष्ट्रों के बीच अपने लिए विशेष सम्मान और गौरव की तलाश। सभी समस्याओं की सबसे बड़ी जड़ आख़िरी लक्षण ही है क्योंकि सम्मान और गर्व की तलाश वर्चस्व की भावना को जन्म देती है। जब एक देश की गरिमा के लिए दूसरे देशों की पराजय ज़रूरी हो, जब आपका सम्मान स्वयं को दूसरों से श्रेष्ठ सिद्ध करने में हो तो ऐसी अवस्था में राष्ट्रभक्ति एक क्रूर और विवेकहीन कृत्य परिणत हो जाती है, अपनी नैतिकता के पथ से भटक जाती है, और सहअस्तित्व को मानने से इनकार कर देती है।

जवाहरलाल नेहरू ने 1938 में यूरोप में भीषण युद्ध की सम्भावनाओं को देखते हुए अमेरिकी दैनिक *एशिया* में लिखा था :

> 'पश्चिम में अपनी सभी कुत्सित प्रवृत्तियों के साथ युद्ध आक्रामकता, असहिष्णुता और भयानक हिंसा का कारण बनने को आतुर है। फ़ासीवाद, साम्राज्यवाद और नस्लवाद के समर्थक सभी प्रतिक्रियावादी एकजुट हो रहे हैं और उन्नीसवीं सदी के यूरोप की उदार और प्रगतिवादी प्रवृत्तियों को नुक़सान पहुँचाने पर आमादा हैं। महान सभ्यता और संस्कृति पर ख़तरे के बादल मँडरा रहे हैं। लोकतन्त्र और स्वतन्त्रता को आघात पहुँचाने के प्रयास हो रहे हैं। नस्लीय हिंसा में स्पेन में बमबारी में असंख्य निर्दोष स्त्री–पुरुष और बच्चों की हत्याकर दी गयी।'

अपनी तमाम विकृतियों के साथ आज राष्ट्रवाद यूरोप में आक्रामकता, असहिष्णुता और क्रूर हिंसा के जनक के रूप में अपने पाँव पसार चुका है। फ़ासीवाद, साम्राज्यवाद, जातीय कट्टरवाद और अभिव्यक्ति के दमन जैसी प्रतिक्रियावादी प्रवृत्तियों के प्रतीक के रूप में आज यह उन सभी सकारात्मक लक्षणों के विरुद्ध खड़ा है जिनकी उत्पत्ति उन्नीसवीं सदी के यूरोप में हुई थी। आज राष्ट्रवाद के हाथों मानव–सभ्यता और संस्कृति की गर्दन ज़िबह हो रही है। स्वतन्त्रता और लोकतन्त्र इसके सीधे निशाने पर है। इसकी आड़ में स्पेन में बमबारी कर निर्दोष बच्चों और औरतों की हत्याएँ की जा रही हैं और उन पर बेइन्तहा जुल्म ढाये जा रहे हैं।

इसके बावजूद यह राष्ट्रवाद ही था जिसने तक़रीबन सौ साल पहले मृतप्राय यूरोप में न केवल नये राष्ट्रों के निर्माण की आधारशिला रखी बल्कि पूर्वी विश्व को भी विदेशी वर्चस्व से मुक्त होने के लिए विविध राष्ट्रों की स्थापना के लिए प्रेरित किया। इसने इस नवस्थापित राष्ट्रों में एकता स्थापित करने और जनता में नये जोश का संचार किया। इन राष्ट्रों में न केवल स्वतन्त्रता की भावना बलवती हुई बल्कि एक प्रगतिवादी दृष्टिकोण भी विकसित हुआ। पूरब के जर्जर और रुग्ण मानसिकता से ग्रसित भूप्रदेशों में इस जिजीविषा ने एक प्राणवायु का संचार किया और वे अपनी दुर्दशा से बाहर निकलने के लिए संघर्ष करने को उद्यत हुए।

भारत भी इसका अपवाद नहीं है। अपने संघर्ष की पराकाष्ठा पर पहुँच कर इसने भी विश्व के बजाय केवल अपने हितों के बारे में विचार करना आरम्भ कर दिया है। किन्तु जैसे–जैसे यह शक्तिशाली होता जा रहा है और अपनी सफलता से उसके आत्मविश्वास में वृद्धि हो रही है, वैसे–वैसे यह भी अपनी सीमाओं से बाहर सोचने लगा हैं...'[114]

यह विडम्बना ही है कि अपने चिरन्तन स्वरूप में राष्ट्रवाद एक केवल आत्मकेन्द्रित विचारधारा ही नहीं अपितु वैश्विकता की उदारता से समृद्ध था।

---

114. एस. इरफ़ान हबीब की किताब (सम्पादित), *इंडियन नेशनलिज़्म : दी एसेंसिअल राइटिंग्स*। नयी दिल्ली : आलेफ बुक कम्पनी, 2017।

जब 'समानता, स्वतन्त्रता और बन्धुत्व' की घोषणा करते हुए फ्रांसीसियों ने अपने ख़ुद के ही शासक को अपदस्थ कर दिया था तो यह घटना केवल फ्रांस के नागरिकों के पक्ष में नहीं बल्कि विश्व की समस्त जनता के पक्ष में थी। एक हद तक यह क्रान्ति धार्मिक उत्साह से भी अनुप्राणित थी। जैसा कि अमेरिकी समाजशास्त्री मार्क जुइरगेंसमेयर ने कहा भी है, कि इस नैतिक दायित्व में धर्म और राष्ट्रवाद दोनों ने समान भूमिका निभाई। ऐसे भी राष्ट्रवाद और धर्म का साझा कवच अपने दृढ़ आवरण के भीतर सभी प्रकार की सार्वजनिक निष्ठा को अन्तिम प्रश्रय प्रदान करता है। 'शहादत के नाम पर हुई हिंसा को राष्ट्रवाद और धर्म का गठजोड़ जिस तरह की नैतिक पवित्रता को जन्म देता है, उसे किसी भी साझा उपक्रम के ज़रिये हासिल कर पाना सम्भव नहीं।'[115] लोबेरा राष्ट्रवाद की वर्तमान कामयाबी का श्रेय बहुत कुछ आधुनिक राजनीतिक को देते हैं। वे कहते हैं, 'राष्ट्र को अपनी पवित्रता धर्म से विरासत में मिली है। दूसरे अर्थ में राष्ट्र हमारे युग का पन्थनिरपेक्ष ईश्वर है।'[116]

बहरहाल अपनी तमाम निश्चितताओं और सकारात्मकताओं के बावजूद राष्ट्र की अनेक अनिश्चितताएँ और नकारात्मकताएँ भी हैं। द्वितीय विश्वयुद्ध के सम्भावित नुक़सानों का आकलन करते हुए कैथम, लन्दन के रॉयल इंस्टिट्यूट ऑफ़ इंटरनेशनल अफेयर्स ने 1939 में एक रिपोर्ट में राष्ट्रवाद की अस्पष्टता के सन्दर्भ में विस्तार से लिखा है। रिपोर्ट के अनुसार 'एक शब्द के रूप में राष्ट्र का उपयोग मैज़िनी, ग्लैडस्टोन, और वुडरो विल्सन के साथ–साथ हेर्र हिटलर की नीतियों और व्याख्याओं की व्यापकता में मिलता है।'[117]

---

115. मार्क जुएरगेंसमेएर, *दी न्यू कोल्ड वार? : रिलीजियस नेशनलिज़्म कन्फ्रंट्स दी सेक्युलर स्टेट*, बर्कले : यूनिवर्सिटी ऑफ़ कैलिफ़ोर्निया प्रेस, 1993, पृ. 15।
116. लोबेरा, *दी गॉड ऑफ़ मॉडर्निटी*, पृ. 211।
117. देखें, केकमनोविक, *दी मास साइकोलोजी ऑफ़ एथनोनेशनलिज़्म*, पृ. 201।

7

भूमण्डलीकरण का युग

जापान के राजनीतिशास्त्री की वाकैज़ुमी के साथ 1970 में हुए संवाद में प्रख्यात ब्रिटिश इतिहासकार अर्नाल्ड तोयन्बी ने राष्ट्रवाद के खात्मे और एक विश्व–राष्ट्र की स्थापना की बात कही थी।[118] तोयन्बी ने कहा था, 'राष्ट्रवाद एक के बाद दूसरी सभ्यताओं का अवशेष मात्र है।' उन्हें यह प्रतीत होता था कि एक विश्व–व्यापी आध्यात्मिक क्रान्ति के परिणामस्वरूप पूरी दुनिया की राजनीतिक एकता अवश्यंभावी है। उन्हें विश्वास था कि एक ऐसा समय आयेगा जब 'समस्त मानव प्रजाति एक विश्व–समाज, एक विश्व–राष्ट्र, और एक विश्व–नगर का सदस्य होगी।'

बारह खण्डों में प्रकाशित तोयन्बी के *अ स्टडी ऑफ़ हिस्ट्री* को आज भी राजनीति विज्ञान का एक क्लासिक माना जाता है। लेकिन यह आवश्यक नहीं कि अतीत की कोई मान्यता वर्तमान की भी वास्तविकता सिद्ध हो। तोयन्बी का पूर्वानुमान भी सच साबित नहीं हो सका। हालाँकि विश्वयुद्ध आरम्भ होने के समय 1939 में और दोबारा 1979 में भूमण्डलीकरण की शुरुआत के बाद तीन दशकों (1980 से 2010) तक वैश्विक राष्ट्रवाद की सम्भवानाएँ अपनी क्षीणता के साथ दोबारा प्रकट हुईं और तोयन्बी की भविष्यवाणी भी सच होती प्रतीत हुई। विभिन्न देशों के बीच पूँजी के त्वरित प्रवाह और यातायात और संचार के आधुनिक माध्यमों ने अन्तरराष्ट्रीय सम्पर्कों के नये मार्ग प्रशस्त कर दिये और इंटरनेट के विस्तार ने दुनिया भर के लोगों को एक–दूसरे के साथ जोड़ने में बड़ी भूमिका निभाई।

---

118. अर्नाल्ड तोयन्बी, *सरवाइविंग दी फ्यूचर*, लन्दन और न्यू यॉर्क : ऑक्सफोर्ड यूनिवर्सिटी प्रेस, 1971।

संचार–तकनीक और यातायात के अत्याधुनिक माध्यमों ने भौगोलिक दूरियों को न्यूनतम कर दिया और सामाजिक–राजनीतिक गतिविधियों की समग्रता और पारस्परिकता ने वैश्विक राष्ट्रवाद की आशाओं को पुनर्ज्वलित किया। नवउदारवाद और खुले व्यापार के प्रादुर्भाव, जिसकी समृद्धि और सफलता सीमाओं के बन्धन से मुक्त होकर ही सम्भव थी, ने नस्लों और प्रादेशिक सीमाओं को ही नहीं बल्कि राष्ट्रों के अस्तित्व को भी अप्रासंगिक बना दिया।

आज स्थिति दोबारा बदल चुकी है। कोरोना वायरस के कारण फैली महामारी ने दुनिया के राष्ट्रों को वैश्वीकरण के स्थान पर पृथक्ता और सुरक्षात्मकता का मार्ग चुनने के लिए बाध्य कर दिया है। पूर्वीकरण की नाकामी ने विगत दशक में राष्ट्रवाद के अस्तित्व पर पहले ही गम्भीर सवाल खड़े कर दिये थे। राष्ट्रवाद अपना अस्तित्व बचाये रखने में सफल हो सकेगा या नहीं, यह प्रश्न भिन्न–भिन्न और आक्रामक राष्ट्रवादों से भरी दुनिया, और विशेष रूप से विकसित राष्ट्रों के सामने मुँह बाये खड़ा था। पूरी दुनिया 1945 में जो सोचती थी, अब बिल्कुल उसके विपरीत ध्रुव पर खड़ी थी। कभी अमेरिकी राष्ट्रपति हैरी एस. ट्रूमैन अंग्रेज़ी कवि अल्फ्रेड लार्ड टेनीसन की निम्नांकित पंक्तियों को अपना राजनीतिक आदर्श मान कर अपनी जेब में लिए घूमा करते थे :

फॉर आई डिप्ट इनटू दी फ्यूचर, फार ऐज ह्यूमन ऑय कुड सी,
साव दी विज़न ऑफ़ दी वर्ल्ड, एंड आल दी वंडर दैट दी वुड बी;

साव दी हैवन्स फिल विद कॉमर्स, अर्गोसिज ऑफ़ मैजिक सैल,
पायलट्स ऑफ़ पर्पल ट्वाईलाइट ड्रापिंग डाउन विद कॉस्टली बेल्स...

टिल दी वार–ड्रम थ्रोब्ड नौ लॉन्गर, एंड दी बैटल–फ्लैग्स वेयर फर्ल्ड
इन दी पार्लियामेंट ऑफ़ मैन, दी फेडरेशन ऑफ़ वर्ल्ड।
देयर दी कॉमन सेन्स ऑफ़ मोस्ट शैल होल्ड अ फ्रेटफुल रेअल्म इन एव,

एंड दी काइंडली अर्थ शैल स्लम्बर, लेप्ट इन यूनिवर्सल लॉ।

लेकिन ट्रूमैन और ट्रम्प दोनों में से आज कोई भी 'पार्लियामेंट ऑफ़ मैन' की अवमानना और 'वैश्विक नियमों' को धता बता कर उन्हें एक धमकीपूर्ण

व्यापारिक युद्ध में परिवर्तित करने के लिए जीवित नहीं हैं। 'वैश्विक गणराज्य' का स्थान आज विश्व व्यापार संगठन और विश्व स्वास्थ्य संगठन ले चुका है और ट्रम्प–प्रशासन की एजेंसी के रूप में अमेरिकी नीतियों को अंजाम देने में व्यस्त है। उनका एकमात्र उद्देश्य ट्रम्प की योजनाओं, नियमों और संसाधनों को पूरी दुनिया में लागू करना है।

कुछ लोग मानते हैं वैश्वीकरण के उत्कर्ष के बावजूद राष्ट्रवाद की चमक कभी भी धूमिल नहीं हुई बल्कि वैश्विकता ने राष्ट्रवाद को और अधिक माँज कर निखारने का काम किया है। लेकिन 1968 में ही अमेरिकी विद्वान और विचारक स्टैनली हॉफमैन ने सम्भावना जताई थी कि धीरे–धीरे राष्ट्र–देश की अवधारणा एक दिन समाप्त हो जायेगी और यूरोपीय संघ जैसी नयी संगठनात्मक इकाइयों के रूप में राष्ट्रीय सम्प्रभुता अपने नये अवतार में सामने आयेगी। हॉफमैन का यह आकलन आंशिक रूप से सच सिद्ध भी हुआ कि एक दिन लोगबाग राष्ट्र–देश के प्रति निष्ठावान नहीं रहेंगे बल्कि कुछ विशेष लाभों के उद्देश्य से यूरोपीय संघ जैसे संगठनों के प्रति अपनी निष्ठा स्थानान्तरित कर देंगे। इन संगठनों की स्थापना के बावजूद हॉफमैन ने राष्ट्रों का अस्तित्व भी सुरक्षित रहने की बात कही थी, क्योंकि उनके लिए राष्ट्र 'उनकी दिनचर्या में शामिल एक सामुदायिक अभ्यास है।'[119]

जनता का यह अभ्यास–या कह लें, अभ्यासों का समूह वैश्वीकरण के दौर में भी जनजीवन की सामान्य राजनीतिक और सांस्कृतिक गतिविधियों में प्रतिबिम्बित हुआ। राष्ट्रवाद के अमेरिकी विशेषज्ञ लियाह ग्रीनफेल्ड लिखते हैं, 'कोई भी यूरोपीय पहचान ब्रिटिश, फ्रांसीसी, इतालवी और जनता की अस्मिता को रेखांकित कर पाने में पूरी तरह सक्षम नहीं है क्योंकि उनकी प्राथमिकता उनका राष्ट्र है, यूरोप का स्थान उसके बाद आता है।'[120] वे अपने खान–पान, कला और संगीत, सिनेमा और साहित्य और अपने राजसत्ता की विशिष्टता जैसी परम्पराओं में अपना राष्ट्रीय गौरव महसूस करते हैं। यहाँ तक कि खेल–कूद भी उनकी राष्ट्रीय अस्मिता से जुड़ा है।

---

119. स्टैनले हॉफमैन, 'ऑन दी पोलिटिकल साइकोलॉजी ऑफ़ पीस एंड वार : अ क्रिटिक एंड एन एजेंडा', *पोलिटिकल साइकोलॉजी*, वॉल्यूम 7, नं. 1, मार्च 1968, पृ. 34।
120. ग्रीनफेल्ड, *नेशनलिज़्म : अ शार्ट हिस्ट्री*, पृ. 34।

इस बारे में मैं ख़ुद अपनी ही मिसाल देना चाहूँगा। जीवनपर्यन्त राष्ट्रसंघ में कार्यरत रहने के बावजूद जब कभी भी भारत कोई क्रिकेट मैच खेला था अथवा किसी वर्ल्ड कप में हिस्सेदारी करता था, मेरे भीतर का भारतीय राष्ट्रवादी जाग्रत हो उठता था! राष्ट्रवाद, तुलनात्मक दृष्टि से अपने देश के प्रति एक सौम्य प्रेम है जो व्यक्ति का उसकी जन्मभूमि से आसक्ति और उसकी सफलता में प्रदर्शित होता है। इस भावना से बच पाना कठिन है।

यह आदत मेरे भीतर स्थायी रूप से तब भी बनी रही जब मैं 1996 में अपने राष्ट्रसंघ के एक सहकर्मी–मित्र के साथ न्यू यॉर्क में टेलीविज़न पर क्रिकेट वर्ल्ड कप का फाइनल देख रहा था। हालाँकि वह मैच श्रीलंका और ऑस्ट्रेलिया के बीच खेला जा रहा था और मैं एक तटस्थ दर्शक की हैसियत से खेल देख रहा था, इसके बावजूद मैं अपने उपमहादेशीय पड़ोसी को मैच जीतता देखना चाहता था। बहरहाल मेरे मित्र पलीता कोहोना के साथ ज़रा अजीबोग़रीब मामला था। वे एक सिंहली के रूप में श्रीलंका में पैदा हुए थे और ऑस्ट्रेलिया चले गये थे। वहाँ उन्होंने क़ानून की पढ़ाई की और ऑस्ट्रेलियाई सरकार के लिए नौकरी करने के बाद राष्ट्रसंघ में ऑस्ट्रेलिया की तरफ़ से प्रतिनियुक्त हो गये। मैच जैसे ही आरम्भ हुआ उन्होंने ऑस्ट्रेलिया के प्रति अपनी निष्ठा दिखाते हुए उसकी जीत की उम्मीद दिखायी। लेकिन जैसे–जैसे खेल बढ़ता गया, श्रीलंका के प्रति उनकी आसक्ति भी उजागर होती गयी। शुरू में यह आसक्ति मौन में प्रकट हुई लेकिन शीघ्र ही उसकी अभिव्यक्ति शब्दों के माध्यम से होने लगी। वे श्रीलंका की हर एक सफलता पर आह्लादित दिख रहे थे और जब उनके मूल देश ने मैच में अपनी ऐतिहासिक जीत दर्ज की तब उनकी खुशियों का कोई पारावार नहीं रहा। मैच समाप्त होने के बाद मैंने उन्हें याद दिलाया कि उनके पास किसी भी देश का पासपोर्ट रहा हो, लेकिन यह सिद्ध हो चुका था कि उनके लिए उनकी नागरिकता से अधिक उनकी जन्मभूमि का महत्त्व था। वे भले ही आधिकारिक तौर पर एक ऑस्ट्रेलियाई लेकन दिल से अन्ततः एक श्रीलंकाई ही थे। लिहाज़ा उस वक़्त मुझे कोई हैरत नहीं हुई जब वे वापिस अपने मूल देश श्रीलंका लौट गये और जहाँ उन्होंने एक सरकारी उच्चाधिकारी के रूप में अपना योगदान दिया और उसी राष्ट्रसंघ में श्रीलंका के स्थायी सदस्य के रूप में नियुक्त हुए जिसमें वे ऑस्ट्रेलिया के प्रतिनिधि के रूप में काम कर चुके थे।

इस तरह का राष्ट्रवाद आक्रामक नस्लीय निष्ठा का ही एक संस्करण है, लेकिन साथ ही अपने गहरे अर्थ में यह दूसरों के प्रति सौहार्द, साझा निवास तथा सांस्कृतिक इतिहास की साझेदारी को भी अभिव्यक्त करता है। विद्वान रक्तसम्बन्ध, पासपोर्ट, निवास, नागरिकता, देशप्रेम और राष्ट्रवाद जैसा सतर्क विभाजन प्रस्तुत कर सकते हैं, लेकिन मेरी दृष्टि में राष्ट्रवाद भी देशप्रेम का ही एक रूप है। यह मैं पहले भी कह चुका हूँ, लेकिन मेरे राष्ट्रवाद का प्रेम स्वयं अपने लिए प्रेम से बृहद् और व्यापक है, और उस प्रेम से पृथक् है जो 'मुझसे जुड़ी चीज़ों' से सम्बन्धित है–वह सब कुछ जिससे मैं जुड़ा हूँ और वे सभी चीज़ें जो मुझसे सम्बन्धित हैं। इस प्रेम में किसी के लिए कोई चुनौती और किसी के लिए कोई चेतावनी की जगह नहीं है : 'मैं यह कतई नहीं चाहता हूँ कि एक भारतीय के रूप में मेरी निष्ठा में किसी दूसरे की निष्ठा के लिए मामूली प्रतिद्वन्द्विता का भाव हो।' महान संविधान–निर्माता भीमराव रामजी अम्बेडकर ने यह बात कही थी, 'हम किसी भी धर्म, किसी भी संस्कृति और किसी भी भाषा के प्रति निष्ठावान हों, मेरी इच्छा है कि सबसे पहले और सबसे अन्त में हमें एक भारतीय नागरिक होना चाहिए। कुछ और नहीं, केवल एक भारतीय।'[121]

इन आधारभूत मानवीय तथ्यों की अस्वीकृति और 'रक्तहीन वैश्विकता' के पक्ष में गेल्नर लिखते हैं, 'अनेक अन्तरराष्ट्रीयवादी चिन्तक राष्ट्रवादी विचारों के मामले में भटकते हुए से दिखते हैं। उनके पास वैश्विक विश्वबन्धुत्व की व्याख्या के 'तीसरे तर्क' हैं जिसके एक सिरे पर प्रतिक्रियावादी पारम्परिकता या कट्टर राष्ट्रवाद है, और दूसरे सिरे पर एक जड़विहीन वैश्विक पूँजीवाद है। इन दो सिरों के बीच एक तीसरा रास्ता भी है जिसे अमेरिका के राजनीतिक सिद्धान्तकार बेंजामिन बार्बर ने 'जिहाद बनाम मैकवर्ल्ड'[122] का नाम दिया है। लेकिन एक ज़रूरी सवाल यह है कि वैश्विक विश्वबन्धुत्व परम्परा, समुदाय, जातीयता और मातृभूमि के लिए प्रेम (जिससे राष्ट्रवाद अनिवार्य रूप से जुड़ा हुआ है) जैसी समस्याओं का निराकरण करने में असमर्थ है। क्या यही वजह है कि स्कॉट लोगों

---

121. बॉम्बे असेम्बली में दिया गया भाषण, *इंडियन एक्सप्रेस*, पृ. 27 में उद्धृत।
122. बेंजामिन बार्बर, *जिहाद वर्सेज मैकवर्ल्ड : हाउ ग्लोबलिज़्म एंड ट्राइबलिज़्म आर रिशेपिंग दी वर्ल्ड*, न्यू यॉर्क : बलंटाइन बुक्स, 1996।

की तरह यूरोप का एक बड़ा तबका अपनी तुलना में भौगोलिक दृष्टि से बहुत छोटे देश ब्रिटेन से स्वतन्त्र होने के लिए व्यग्र है? तीसरी दुनिया के पक्षधर इस सवाल का जवाब बहुपक्षवाद में देखते हैं। उनके अनुसार कैटलन और बास्क की आबादियों की तरह स्कॉटों को भी एक एकीकृत (शिथिल रूप से एकीकृत) यूरोप के अधीन अपने लिए आज़ादी चाहिए।

ऐसी स्थिति में लोग दो तरह की नागरिकता के अधिकारी बन जायेंगे–पहली नागरिकता उनके तत्काल राजनीतिक समुदाय की होगी और दूसरी नागरिकता उनके बृहत्तर राजनीतिक समुदाय की होगी। इसकी मिसाल स्कॉटलैंड में देखी जा सकती है जहाँ पहली नागरिकता के रूप में लोग स्कॉटलैंड के और दूसरी नागरिकता के रूप में यूरोपीय संघ के सदस्य हैं। बीसवीं सदी के उत्तरार्द्ध में कैंटियन की तर्ज़ पर यूरोपियन विचारकों ने तर्क प्रस्तुत किया कि राष्ट्रीय आत्मसंरक्षण को राष्ट्रवाद की अधीनता की आवश्यकता थी और एक सम्प्रभु राष्ट्र को एक ऐसी अन्तरराष्ट्रीय सम्प्रभुता के मार्गदर्शन की दरकार थी जिसमें समान परम्पराओं वाले राष्ट्रों का समावेश सम्भव हो। वैश्वीकरण ने इस विचार का विस्तार किया और इस बात पर ज़ोर दिया कि राष्ट्रीय आत्मसंरक्षण के लिए राष्ट्रीय अर्थव्यवस्था के एकीकरण और विश्व अर्थव्यवस्था के अनुरूप राष्ट्रीय आर्थिक हितों की रक्षा आवश्यक है। द्वितीय विश्वयुद्ध के उपरान्त इस विचार के पक्षधरों ने तर्क दिया, 'एक सच्चे राष्ट्रवादी को अनिवार्यतः एक अन्तर्राष्ट्रवादी होना ही चाहिए ताकि उसका राष्ट्र निर्धनता से होने वाली क्षति और तकलीफ़ों से बच सके।'[123]

इस लिहाज़ से यूरोप में यूरोपीय संघ ने एक आदर्श मॉडल पेश किया। नाटो (NATO) ने, ब्रिटिश राजनीतिज्ञ लार्ड इस्मे के यादगार शब्दों में, एक ऐसा समीकरण प्रस्तुत किया जिसमें 'रूसियों को बाहर रखने, अमेरिकियों को शामिल करने और जर्मनों को नीचा दिखाने की व्यवस्था की गयी थी।'[124] यह एक पूर्व निर्धारित और आवश्यक शर्त थी जो खुली

123. जे. ब्रौन्थल, *दी पैराडॉक्स ऑफ़ नेशनलिज़्म,* लन्दन : सेंट बोटोल्फ, 1946, पृ. 5।

124. जोनाथन मौंडर्स 'ए पॉटेड एंड ब्लडी हिस्ट्री ऑफ़ NATO', काउंटरफायर, 29 अक्टूबर 2016, https://www.counterfire.org/articles/history/18584-keep-the-russians-out-the-americans-in-and-the-germans-down-a-potted-and-bloody-history-of-nato पर उपलब्ध।

सीमाओं, सीमाशुल्क संघ (कस्टम्स यूनियन) और मुक्त आन्तरिक व्यापार पर निर्भर थी। इसके बदले जर्मनी, जिस पर दुनिया को दो विश्वयुद्धों की आग में झोंकने का आरोप था, को आर्थिक हितों की रक्षा हेतु पक्षपातपूर्ण राष्ट्रवाद का परित्याग करने को बाध्य किया गया।

हाल–फ़िलहाल के चुनाव और लोकमत–संग्रह तस्दीक करते हैं कि अनेक यूरोपीय राष्ट्रों में देशप्रेम अपनी लोकप्रियता खोता जा रहा है। 'आप कितने देशभक्त हैं?–यूगोव द्वारा 2015 में किये गये जनमत–संग्रह में पूछे गये इस प्रश्न के उत्तर में सिर्फ़ 9 प्रतिशत जर्मनों ने अपने कट्टर देशभक्त होने की बात कुबूली। उनकी तुलना में 49 प्रतिशत अमेरिकियों और 48 प्रतिशत चीनियों ने अपने देशभक्त होने की बात मानी। जिस प्रकार देशभक्ति ने राष्ट्रवाद और राष्ट्रवाद ने नाज़ीवाद का रूप ले लिया था, शायद जर्मनों के अवचेतन में अतीत की यह स्मृति सक्रिय रही होगी और वे शिष्ट यूरोपियों की अपनी नयी छवि के प्रति चिन्तित रहे होंगे। तक़रीबन 37 प्रतिशत लोगों ने अपने 'आंशिक देशभक्त' होने की बात स्वीकार की। 34 प्रतिशत लोगों का उत्तर था कि 'वे बहुत अधिक देशप्रेमी नहीं थे' जबकि 11 प्रतिशत लोगों ने यह स्पष्ट रूप से कुबूल किया कि वे 'किसी भी दृष्टि से देशभक्त नहीं थे।'[125] यह आधुनिक शिक्षा प्रणाली का एक आंशिक प्रतिबिम्ब है जिसने अपने भयावह अतीत को दो दशकों तक स्वीकार करने की अनिच्छा के बाद, अन्ततः उसे स्वीकार करते हुए बच्चों को यह बताने का निर्णय किया कि राष्ट्रवाद की आड़ में नाज़ियों ने कैसे–कैसे जुल्म ढाए थे। बच्चों को दचाऊ और बर्गेन–बेल्सेन जैसे नाज़ी–युग के यातना–शिविरों का भ्रमण कराया गया ताकि वे स्वयं को राष्ट्रवाद की अन्धभावुकता से मुक्त कर सकें। हालाँकि पेगिडा में एक वैकल्पिक फर ड्यूसलैंड की माँग को लेकर कुछ समय पहले हुए उपद्रव और यूरोपीय संघ के साथ जर्मनी के सम्बन्धों में मौजूदा खटास के कारण इन प्रयासों को एक आघात अवश्य पहुँचा है, इसके बावजूद राष्ट्रवाद के दुष्परिणामों की ओर संकेत करती ऐसी कोई घटना यूरोप में अन्यत्र नहीं दिखती है।

---

125. विल दह्ल्ग्रीन, 'पेट्रियोटिज़्म इन ब्रिटेन रिड्यूसेज विथ इच जेनेरेशन', *यूगोव*, 14 जुलाई 2015, >https://yougov.com.uk/topics/politics/articles-reports/2015/07/14/decline-british-patriotism> पर उपलब्ध।

2020 के एक सर्वे में लोगों से यह प्रश्न किया गया कि जिस देश में वे फ़िलहाल रहते हैं क्या वह 'उन्नीसवीं सदी में दुनिया का सबसे श्रेष्ठ देश' था। इस सवाल के पीछे की मंशा लोगों के देशप्रेम का आकलन करना था। लेकिन हैरत की बात थी कि किसी भी देश में 'हाँ' में उत्तर देने वाले लोग बहुसंख्य नहीं थे। इस कसौटी पर अपने देश से सर्वाधिक प्रेम करने वाले लोग अमेरिका के थे जिनकी आबादी का 41 प्रतिशत ने 'हाँ' में जवाब दिया। 35 प्रतिशत के साथ भारत दूसरे स्थान पर था, और सिर्फ़ 13 प्रतिशत मतों के साथ ब्रिटेन नवें स्थान पर था।[126]

यूरोप को छोड़कर दुनिया के कई हिस्सों में बहुपक्षवाद को प्रोत्साहित करता हुआ निरपेक्ष देशप्रेम वर्तमान समय में एक विरल प्रवृत्ति है। ख़ासतौर पर भारत जैसे कुछ हाल–फ़िलहाल स्वतन्त्र हुए भूतपूर्व उपनिवेश कड़े संघर्षों के बाद अर्जित अपनी आज़ादी और सम्प्रभुता को बचाये रखने के लिए राष्ट्रवाद को लेकर अलबत्ता अधिक गम्भीर हैं। एक भारतीय राजनयिक ने बातचीत के क्रम में मुझसे कहा, 'हमारी मातृभूमि को 'सभ्य बनाने की मुहिम' में निकले मुट्ठी भर आक्रान्ताओं के हाथों हमने अपनी आज़ादी को गिरवी रख दिया था। दो सौ साल बाद देश को 'सभ्य बनाने की मुहिम' में शामिल चन्द लोगों की ख़्वाहिशों को पूरा करने के लिए दोबारा हम यह ग़लती क्यों दोहराएँ?' लेकिन बहुपक्षवादियों का तर्क है कि भारत जैसे कुछेक अपवादों को छोड़कर–अधिकतर विकासशील देश राष्ट्र का निर्माण करने में अपेक्षित रूप से नाकाम सिद्ध हुए हैं। इस सन्दर्भ में अफ्रीका के असफल राष्ट्रों की मिसाल दी जा सकती है। यदि उन्होंने स्वयं को अधिक योग्य प्रादेशिक या वैश्विक सत्ता के सुपुर्द कर दिया होता तो आज उनकी सम्प्रभुता, सुरक्षा और समृद्धि अधिक सुनिश्चित होती। लेकिन विकासशील देशों के नेतृत्व पर इस दलील का ख़ास असर नहीं हुआ। इसलिए यह कोई हैरत की बात नहीं थी कि उन्होंने चार्टर ऑफ़ दी यूनाइटेड नेशंस के आत्मनिर्णय के बुनियादी सिद्धान्त पर अधिक ध्यान से अमल किया और उसे वैश्विक शान्ति और सुरक्षा के आधार के रूप में अंगीकार किया। ज़ाहिर बात थी कि इस सिद्धान्त का परित्याग करने में उनकी कोई रुचि नहीं थी।

---

126. 'मोस्ट पेट्रियोटिक कंट्रीज 2020', *वर्ल्ड पोपुलेशन रिव्यू,* https://worldpopulationreview.com/countries/most-patriotic-countries/ पर उपलब्ध।

8

श्रेष्ठ राष्ट्रवाद

मेरा बेटा ईशान–जो आधा मलयाली, आंशिक रूप से बंगाली और आंशिक रूप से कश्मीरी है, एक भारतीय के रूप में सिंगापुर में पैदा हुआ और छह साल की उम्र के बाद अमेरिका में उसकी परवरिश और पढ़ाई–लिखाई हुई, उसने अमेरिका में जन्मी एक लड़की से शादी की और अब वह एक महत्त्वपूर्ण अमेरिकी मीडिया हाउस में काम करता है–ने जब 2020 में एक दिन अपने लिए अमेरिकी पासपोर्ट हासिल होने की ख़बर दी तो सुनकर मैं अवाक् रह गया। उसका कहना था कि अमेरिका का 'नागरिक राष्ट्रवाद' उसके मिज़ाज के ज़्यादा क़रीब था और किसी देश का नागरिक होने के लिए 'अपनी जन्मभूमि और रक्तसम्बन्धों' को वह बहुत ज़रूरी समझता था। एक पिता के रूप में मैंने उससे उलट अपने पुरखों के देश वापिस लौट जाने का फ़ैसला लिया था। लिहाज़ा उसके फ़ैसले से मैं एक अजीब द्वन्द्व की स्थिति में था। मेरी दृष्टि में उसके द्वारा भारतीय नागरिकता का परित्याग एक तरह की बेईमानी थी। उसकी नज़र में हो न हो लेकिन मेरी नज़र में यह एक अपराध था। ईशान की पीढ़ी के लोगों के लिए अपने पुरखों की ज़मीन और रक्त से जुड़े सम्बन्धों को विस्मृत कर देना एक बहुत असामान्य घटना नहीं थी। भौगोलिक सीमाओं में बँधे पुरातन राष्ट्रवाद के स्थान पर अपने काम और भविष्य के लिए उपयुक्त परिवेश को तरज़ीह देना शायद उनके जीवन की बड़ी प्राथमिकता थी।

मेरे गुस्से की प्रतिक्रिया में ईशान ने मुझसे साफ़ तौर पर कहा कि अगर भारत में दोहरी नागरिकता का प्रावधान होता तो उसे भारतीय पासपोर्ट रखने में भी कोई आपत्ति नहीं थी। लेकिन अमेरिका की तरह भारत अपने प्रति अपने नागरिकों की राष्ट्रीय निष्ठा में किसी दूसरे देश की हिस्सेदारी

नहीं चाहता है, उसने ज़ोर डालते हुए यह बात मुझे बताई थी। लिहाज़ा दोनों में से किसी एक देश की नागरिकता को चुनना उसकी बाध्यता है। अलबत्ता अमेरिका अपने ग़ैर–नागरिकों को एक ओवरसीज सिटिज़नशिप ऑफ़ इंडिया नाम का आप्रवासी प्रमाणपत्र ज़रूर देता है जो कुछ और नहीं बल्कि दरअसल सिर्फ़ एक छलावा है। यह एक ऐसा आजीवन वीसा है जिसे ठीक उसी तरह से स्थगित या रद्द किया जा सकता है जैसे किसी सामान्य वीसा को। 2020 की महामारी के दौरान इस स्थगन और निरस्तीकरण की मिसाल बड़े पैमाने पर देखने को मिली। सच यह है कि अपने आप्रवासियों के प्रति भारत का रवैया बहुत उदार नहीं है। या तो वह देश के नागरिकों को एक भारतीय पासपोर्ट रखने को विवश कर देता है, या उनके मेज़बान देशों द्वारा एकतरफ़ा शोषण करने के लिए उनको एकदम खुला छोड़ देता है। यह एक ऐसी स्थिति है जिसमें कोई अन्य पासपोर्ट हासिल करने के लिए आपको अपनी जन्मभूमि को भूल जाना ज़रूरी है। लेकिन अपने कार्यकाल में बार–बार इस मुद्दे के पक्ष में सवाल खड़े करने का निष्कर्ष यही निकला कि भारतीय संस्थाओं में ऐसा कोई प्रावधान नहीं है जिसके अन्तर्गत प्रवासी भारतीयों को दोहरी नागरिकता प्रदान की जा सके। लिहाज़ा ऐसे लोगों की कोई कमी नहीं है जो अपने देश से तो प्रेम करते हैं लेकिन नागरिकता की दृष्टि से किसी दूसरे देश की निष्ठा के साथ उनकी प्रतिबद्धता है। वे विकल्पहीन लोग हैं जो अपने देश से प्रेम करने के अपने चयन को खो चुके हैं।

मुझे जातीयता पर आधारित राष्ट्रवाद के मामले देखने और इस मसले को उठाने के अनेक अवसर मिले हैं। मेरी नज़र में हाल–फ़िलहाल के सालों में राष्ट्रवाद की संकल्पना पर सर्वाधिक प्रभावी असर जातीयता का पड़ा है क्योंकि संस्कृति की साझा विरासत को जातीयता, भाषा और धर्म ने स्थानापन्न कर दिया है। इसके विपरीत 'नागरिक राष्ट्रवाद' के वातावरण में साझा नागरिकता, नैतिकता, सांस्थानिक अस्मिता और संवैधानिक अधिकारों तथा उत्तरदायित्वों के सामने जातीयता का प्रभाव अपेक्षाकृत क्षीण हो जाता है। नागरिक राष्ट्रवाद में भी देशप्रेम 'रक्त और भूमि' से जुड़े राष्ट्रवाद की तरह ही दृढ़ होता है लेकिन यह राष्ट्रवाद एक संज्ञाहीन और अमूर्त पैतृक निष्ठा से नहीं बल्कि कुछ संवैधानिक ख़ूबियों द्वारा परिभाषित एक देश की अस्मिता से सम्बद्ध होता है। अमेरिका एक ऐसा ही देश है जिसे

नागरिक राष्ट्रवाद के एक शीर्ष उदाहरण के रूप में उद्धृत किया जा सकता है। अमेरिकी संविधान के आदर्शों और व्यवहारों के अधीन विविध जातीयता के लोग कोई ढाई सौ सालों से सामाजिक–राजनीतिक और आर्थिक दृष्टि से फलफूल रहे हैं।

नागरिक राष्ट्रवाद में नागरिकता और अस्मिता न केवल बहुआयामी रूप में एक–दूसरे पर निर्भर हैं बल्कि दोनों एक–दूसरे के सहारे विकसित भी होते हैं। राष्ट्रवाद के इस स्वरूप में जातीयता, धर्म, भाषा, या किसी अन्य आन्तरिक अथवा बाहरी सत्ता के भय से उत्पन्न एकता के बजाय समस्त राष्ट्र समान आदर्शों, मूल्यों और नियमों के प्रति संकल्पित होता, और यही ख़ूबियाँ उसके नागरिकों के दृढ़ अन्तःसम्बन्धों का भी कारण होती हैं। परस्पर असहमतियों और सहायक विचारधाराओं को नागरिक राष्ट्रवाद में अस्वीकृत नहीं माना जाता है। वहाँ विविधताओं के प्रति एक सम्मान की प्रवृत्ति होती है, भिन्न–भिन्न पहचान वाले नागरिकों के बीच सहअस्तित्व की भावना अधिक मुखर होती है और एक साझा राष्ट्रीय पहचान के अन्तर्गत सभी नागरिकों को सामाजिक–संवैधानिक प्रश्रय प्रदान किया जाता है। जर्मन विचारक थियोडोर डब्ल्यू. अडोर्नो ने लिखा था : 'एक मुक्त समाज कभी भी एक एकल देश नहीं हो सकता। वह असहमतियों में सामंजस्य की स्थापना के ज़रिये वैश्विकता की भावना का बोध करता है।' उनके अनुसार, 'एक बेहतर राष्ट्र वह है जिसमें मतान्तर के बाद भी लोग निर्भय होकर रहते हैं।'[127] यही विनम्र और उदार राष्ट्रीयता ही राष्ट्रवाद के आधुनिक, समावेशी, बहुजातीय, बहुभाषिक और बहु–आस्थावादी समाज का वास्तविक प्रतिनिधि है। राष्ट्रवाद का यह स्वरूप सांस्कृतिक और ऐतिहासिक नज़रिये से देश को परिभाषित करने वाली पारम्परिक समझ से भिन्न है जिसकी बुनियाद रक्तसम्बन्ध और जन्मभूमि है।

नागरिक राष्ट्रवाद को विकसित होने के लिए सामान्यतः उदार लोकतन्त्र की आवश्यकता पड़ती है जबकि जातीय राष्ट्रवाद की अपनी सीमाएँ हैं और वह आनुवंशिकी के इतर आमतौर पर नहीं सोचता। हालाँकि जातीयता चिरन्तन राष्ट्रवाद की बुनियाद की पहली ईंट है लेकिन इससे और अधिक

---

127. थियोडोर अडोर्नो, *मिनीमा मोरालिया : रिफ्लेक्शंस ऑन अ डैमेज़्ड लाइफ* (1974), ई. एफ. एन. जेफ़काट द्वारा अनूदित, लन्दन : वर्सो बुक्स, 2005, पृ. 103।

उदारचेता, समतावादी, सभ्य और सहिष्णु होने की अपेक्षा की जाती है ताकि नागरिक राष्ट्रवाद के निर्माण में सहयोगी सभी इकाइयों का यह खुले मन से स्वागत कर सके।

इस तरह का राष्ट्रवाद सत्ता और वर्चस्व के उपकरणों का न्यूनतम उपयोग करता है और उन संस्थाओं पर अधिक निर्भर करता है जो सरकार की ज़िम्मेदारियों और नागरिकों के अधिकारों को नियन्त्रित करते हैं, कार्यपालिका पर अंकुश लगाते हैं और बहुलतावाद से धार्मिक, भाषाई, लैंगिक, सांस्कृतिक तथा अन्य अल्पसंख्यकों के अधिकारों की रक्षा कर लोकतन्त्र के अस्तित्व को बचाये रखते हैं। नागरिक राष्ट्रवाद में क़ानून के शासन और न्यायालय, सरकार की राजनीतिक चालाकियों से बचाव के लिए संसदीय उत्तरदायित्व, सत्ता और अधिकारों के वैकल्पिक स्रोत के रूप में विकसित स्थानीय निकाय, एक जाग्रत सिविल सोसाइटी और प्रेस की आज़ादी, स्वतन्त्र प्रबुद्ध समाज और शिक्षण संस्थान और सबसे ऊपर एक मज़बूत विपक्ष—जो व्यवस्था का समर्थन किन्तु तत्कालीन सरकार का विरोध कर सके—की महत्त्वपूर्ण भूमिका होती है।

नागरिक राष्ट्रवाद में विरोध और आलोचना को देशद्रोह बता कर कभी ख़ारिज नहीं किया जाता बल्कि उन्हें प्रशासनिक संरचना के अनिवार्य तत्त्वों के रूप में अंगीकार किया जाता है। शिक्षा, नागरिक अधिकारों और सामुदायिक गतिविधियों तक सभी नागरिकों की एक समान पहुँच होती है, अल्पसंख्यकों और आप्रवासियों के लिए अनुकूल भाषा—नीति बनायी जाती है, उन सभी राष्ट्रीय प्रतीकों का परित्याग कर दिया जाता है जो नागरिकों के एकताबद्ध करने की जगह उन्हें आपस में बाँटने का काम करें, जातीय या धार्मिक वैधानिक संस्थाओं की बनिस्बत नागरिक संस्थाओं को विकसित किया जाता है। ऐसे राष्ट्र में एक मुक्त अर्थव्यवस्था लागू होती है और उस तक सभी की पहुँच सुलभ होती है। समाजवादी या सामाजिक—लोकतान्त्रिक देश मुक्त अर्थव्यवस्था से अर्जित राजस्व पर निगरानी रखते हैं और उसका एक अंश अर्थव्यवस्था के सुदृढ़ीकरण पर ख़र्च करते हैं। पत्र—पत्रिकाओं, फ़िल्मों, साहित्य और रंगमंच का उद्देश्य केवल मनोरंजन करना नहीं होता बल्कि वे मौजूदा रूढ़िवाद की आलोचना और विरोध भी करते हैं। जातीय, धार्मिक, भाषाई और राजनीतिक विविधताओं का उत्सव नागरिक राष्ट्रवाद की सफलता की चाबी है।

यह दिलचस्प बात है कि जिस अमेरिकी नागरिक राष्ट्रवाद की प्रशंसा ईशान ने की थी, उसे न केवल पश्चिम के उदार लोकतन्त्रों ने अनुकरणीय बतलाया है बल्कि अनेक विकासशील देशों में भी उसकी जम कर तारीफ़ की है। इसका मुख्य कारण यह था अतीत के उपनिवेशवादियों ने जो प्रादेशिक सीमाएँ निर्धारित की थीं, उसमें किसी एक जाति अथवा नस्ल के वर्चस्व को ध्यान में नहीं रखा गया था। लिहाज़ा जातीय राष्ट्रवाद का उन पर कोई विशेष प्रभाव नहीं पड़ सका था। चूँकि अनेक देशों, ख़ास कर अफ़्रीकी देशों का निर्माण ही भाषा और जातीयता से मुक्त छोटी राजनीतिक इकाइयों के गठजोड़ से हुआ था, लिहाज़ा नस्ल या भाषा उनकी राष्ट्रीयता का आधार बन भी नहीं सकते थे। ऐसी स्थिति में राष्ट्रों की अस्तित्व–रक्षा के लिए नागरिक राष्ट्रवाद का अधिक प्रासंगिक होना लाजिमी था। केवल राष्ट्रीय संस्थाएँ और प्रशासनिक पद्धतियाँ ही नागरिकों के वैविध्य की पहचान करते हुए उसे आत्मसात कर सकती हैं। नागरिक राष्ट्रवाद राष्ट्रीयता का एक ऐसा बन्धन बनाने में सक्षम है जो प्रतिद्वन्द्वी गोत्रों और क़बीलों को न केवल एक पारस्परिक प्रतिबद्धता और विश्वास के साथ एकजुट बनाये रखता है बल्कि स्वभावतः इतना उदार भी होता है कि उन पर अपना कोई नैतिक दायित्व भी नहीं थोपता है।

जहाँ जातीय राष्ट्रवादी राष्ट्रीय पहचान पर संकट के नाम पर किसी भी प्रकार की विविधता को स्वीकार करने से इनकार करते हैं वहीं नागरिक राष्ट्रवाद के लिए यह स्वागतेय है। जैसा कि फ़्रांसिस फुकुयामा ने लिखा है : 'वर्तमान विश्व में नस्ल, जाति, धर्म, लिंग, यौनिकता आदि से सम्बन्धित विविधताएँ लोगों के जीवन और मूल्यों को गहरे तौर पर प्रभावित कर रही हैं। आधुनिक समाजों के लिए एकाधिक कारणों से विविधताएँ एक वरदान हैं। अलग–अलग विचारों और जीवन–पद्धतियों से परिचय नयी रचनात्मकता, सिद्धान्तों और उद्यमों को प्रोत्साहित करने में सहायक हैं। विविधता एक हद तक लचीलेपन के प्रति आलोचना का भाव भी रखती है।'[128] जिस प्रकार पर्यावरणवादी जैववैज्ञानिक यह स्पष्ट करते हैं कि

128. फ़्रांसिस फुकुयामा, *कंटेम्परारी आइडेंटिटी पॉलिटिक्स एंड स्ट्रगल फॉर रिकग्निशन*, लन्दन : प्रोफाइल बुक्स, 2018, फ़्रांसिस फुकुयामा के 'इन एन एज ऑफ़ आइडेंटिटी पॉलिटिक्स, इन्कुल्सिव नेशनल आइडेंटिटी मैटर्स मोर दैन एवर' का अंश, *ABC रिलिजन एंड एथिक्स*, 27 नवम्बर 2018।

कृत्रिम रूप से उपजाई गयीं फ़सलें अनेक रोगों का शिकार आसानी से इसलिए बन जाती हैं क्योंकि उनके अन्दर आनुवंशिक विविधताएँ अनुपस्थित रहती हैं, ठीक उसी प्रकार, फुकुयामा कहते हैं कि एक स्वस्थ समाज के लिए भी विविधताएँ इसलिए बहुत आवश्यक हैं कि उनकी दुर्बलता को बढ़ने से रोका जा सके। किसी राष्ट्र की पहचान के लिए उसके चरित्र का समावेशी होना ज़रूरी है, 'बशर्ते उस चारित्रिक विविधता को उदार और लोकतान्त्रिक मूल्यों को केन्द्र में रखकर किया जाये, और साथ ही नागरिकों के साझा अनुभवों को ध्यान में रखा जाये। इस विविधता और साझेदारी के कारण ही अलग–अलग समुदायों के बीच एक सम्पर्क–सेतु निर्मित होता है।'[129] इन्हीं सब कारणों से नागरिक राष्ट्रवाद आधुनिक लोकतन्त्र की अपरिहार्यता है।

बेशक नागरिक राष्ट्रवाद विविधताओं से युक्त देशों की स्वभावगत व्याधियों के लिए अन्तिम उपचार नहीं है क्योंकि यह उस बुनियादी सवाल को नज़रअन्दाज़ करता है जिसे स्टालिन ने राज्य के अधीन 'राष्ट्रों' का नाम दिया था। राज्य के अधीन उन 'राष्ट्रों' को चिह्नित कर पाना कठिन था। कभी घाना के अधीन रहा 'अशान्ति राष्ट्र' और युगांडा के अधीन रहा 'बुगंदन राष्ट्र' की उत्पत्ति इस स्थिति की जीवन्त मिसाल है। इन देशों को अपने प्रति निष्ठा के परिप्रेक्ष्य में अपने ही नागरिकों के दो परस्पर द्वन्द्वों से होकर सतत गुज़रना पड़ता है–प्रथम, उस राष्ट्र के प्रति निष्ठा के रूप में प्रतिबिम्बित होती है जिस राष्ट्र से उसके नागरिक जातीयता के आधार पर जुड़े हों, और द्वितीय, कुछ नियमों द्वारा स्थापित और संचालित राज्य के प्रति निष्ठा से सन्दर्भित है। ऊपर उल्लिखित दोनों देशों में भी नागरिक राष्ट्रवाद को विकसित करने के प्रयास अवश्य किये गये होंगे ताकि अधीनस्थ देशों का एक राष्ट्र के रूप में एकीकरण किया जा सके। इन प्रयासों के बाद भी इतिहास में इसके अनेक उदाहरण मिलते हैं कि कई देशों को एक स्वतन्त्र राष्ट्र की माँग को लेकर हिंसक अलगाववादी आन्दोलनों का सामना करना पड़ा। इनमें दक्षिणी सूडान और इरीट्रिया का नाम प्रमुखता के साथ लिया जा सकता है। ये उदाहरण इस बात की ओर संकेत करते हैं कि जब दो समानान्तर निष्ठाएँ एक–दूसरे के विरुद्ध

---

129. वही।

सक्रिय होती हैं तब संविधानसम्मत 'राज्य' के प्रति निष्ठा अन्ततः जातीय 'राष्ट्र' के प्रति निष्ठा से पराजित हो जाती है। नागरिक राष्ट्रवाद, सिद्धान्त रूप में, दोनों तरह की निष्ठाओं के बीच के सभी संवादित विवादों को समाप्त करने का कारगर उपाय प्रस्तुत करता है। इस क्रम में वह उन सभी विविधताओं की पहचान करता है जो नागरिकता के लिए एक व्यवहार्य आधार का निर्माण करती हैं, और साथ ही उन साझा संस्थाओं की स्थापना भी करता है जो इन देशों को एक निरपेक्ष, विकासोन्मुख और लोकतान्त्रिक प्रशासन देने में सक्षम हों। ऐसी सूरत में अलगाववादी प्रवृत्ति स्वतः अनावश्यक हो जाती है। नागरिक राष्ट्रवाद जब अपनी पूरी सक्षमता के साथ काम करता है तो देश विकसित और समृद्ध होता है, और जब यह अपने काम में असफल हो जाता है तो देश में अन्तःसंघर्ष की स्थिति उत्पन्न हो जाती है और नागरिक राष्ट्रवाद बहुद्देशीय राज्यों को एकताबद्ध रख पाने में असमर्थ होता है।

अनेक उपनिवेशोत्तर राष्ट्रों को अपने जातीय, क़बीलाई और भाषाई विशिष्टता के भग्नावशेषों को एकत्रित कर एक व्यवहार्य राष्ट्रीय राजनीतिक इकाई की तरह एकबद्ध होने में अनेक चुनौतियों का सामना करना पड़ा है। उन राष्ट्रों का एकमात्र साझा सत्य यह है कि वे अतीत में एक साझा विदेशी शासन के अधीन थे। राष्ट्रवाद की आवश्यकता उनके लिए इसलिए है कि यह विश्वास, सौहार्द और आपसी समझ का निर्माण करता है जो एक राष्ट्र के अस्तित्व के लिए सबसे ज़रूरी है। लेकिन अधिकांश विकासशील राष्ट्रों में यह उन्हीं स्थितियों में सफल होता है जब इसका चरित्र समावेशी, उदार और लोकतान्त्रिक हो। मैंने जिस नागरिक राष्ट्रवाद का उल्लेख किया है 'वह नागरिकों की बहुसंख्यक तादाद से साझा मूल्यों को आत्मसात करने की अपेक्षा नहीं करता, और न अपने अल्पसंख्यकों से अपने विशिष्ट प्रतीकों और स्मृतियों से मुक्त होने का दुराग्रह ही करता है।'[130]

कुछ अन्य मुख्य अन्तर भी हैं। पारम्परिक राष्ट्रवाद का राजनीतिक आचरण अपने राष्ट्रीय समुदाय को एक जैविक समूह के रूप में देखता है

---

130. अन्थोनी डी. स्मिथ, *नेशनलिज़्म एंड मॉडर्निज़्म : अ क्रिटिकल सर्वे ऑफ़ रीसेंट थ्योरीज़ ऑफ़ नेशंस एंड नेशनलिज़्म*, लन्दन : राउटलेज, 1998, पृ. 40–41।

क्योंकि पारम्परिक राष्ट्र के निवासी अपने जन्म, रक्तसम्बन्ध और प्रदेश से परिभाषित होते हैं। इस क्रम में यह भी महत्त्वपूर्ण है कि नागरिक अपनी व्यक्तिगत पहचान को किस हित में और किसके सामने समर्पित करते हैं। दूसरी तरफ़ नागरिक राष्ट्रवाद व्यक्ति को अपनी पहचान और अपने व्यक्तिगत हितों की रक्षा करते हुए, और साथ में साझा मूल्यों के पक्ष में अपनी मर्ज़ी से अपने लिए एक राजनीतिक–भौगोलिक समुदाय चुनने की सुविधा देता है। सिद्धान्त रूप में ही सही लेकिन नागरिक राष्ट्रवाद नागरिकों को नागरिकता त्यागने के उद्देश्य से गठित समूह का सदस्य बनने की मनाही भी नहीं करता है। कनाडा और ब्रिटेन ने क्रमशः क्यूबैक और स्कॉटलैंड में अपने नागरिकों को स्वतन्त्रता के पक्ष में जनमत संग्रह कराने की इजाज़त देकर इस लोकतान्त्रिक उदारता का परिचय दिया, लेकिन अमेरिका, स्पेन और भारत जैसे देशों ने अलगाववाद से निबटने में ख़ासी सख़्ती दिखलाई है। इसके बावजूद यह स्वीकार करना होगा कि नागरिक राष्ट्रवाद केवल राष्ट्र के प्राचीन गौरव का ही गुणगान नहीं करता है, अपितु उसकी कमियों, नाकामियों और ज़्यादतियों को भी खुले हृदय से स्वीकार करता है। यह न्यायसंगत और उद्देश्यपूर्ण तरीक़े से समानता, अस्मिता, और विकास की दिशा में अपने सामूहिक नैतिक संघर्ष को जारी रखता है, और यह संघर्ष ही देश को एक बृहद् समुदाय का आकार देता है।

लेकिन एक तटस्थ प्रेक्षक के तौर पर मेरे दूसरे बेटे कनिष्क की राय भी ग़ौरतलब है। उसका कहना था, 'भारत जैसे बहुलतावादी देशों की तरह इस प्रकार के उदार राष्ट्रवाद की भी कुछ दिक़्क़तें हैं। इसके अत्यधिक मुखर और अमूर्त होने की सम्भावनाएँ हैं क्योंकि समावेशिता और समानता सम्बन्धी इसके आदर्श इतने वैश्विक़ हैं कि उनमें कमियाँ होना स्वाभाविक है। अपनी शर्तों के कारण इसकी सैद्धान्तिक प्रतिबद्धता की सीमाएँ क्षीण और धुँधली हैं। ऐसी स्थिति में जबकि भूमण्डलीकरण ने हमारे जीवन की दुश्वारियाँ बढ़ा दी हैं, हम अपनी आसक्ति और निष्ठा बोध को अपने देश की सीमाओं के परे क्यों नहीं ले जाते हैं? न्यू यॉर्क का कोई बाशिन्दा जैसे नेब्रास्का के प्रति प्रतिबद्ध होता है वैसे नयी दिल्ली का कोई बाशिन्दा क्यों नहीं हो सकता है? हम में बहुतों के लिए स्वयं को वैश्विकता के साथ जोड़ कर देखना एक सामान्य घटना हो सकती है,

लेकिन इसमें सन्देह नहीं कि यह बात एक पृथक् राष्ट्र के होने की दावेदारी को कमज़ोर बनाती है।'[131]

इस कारण हमें एक दिलचस्प दुविधा भी दिखती है। क्या नागरिक राष्ट्रवाद इतना 'नागरिक' हो सकता है कि उसे 'राष्ट्रवाद' की शक्ल लेने की ज़रूरत पड़े? यदि हम कुछ निर्धारित मूल्यों और व्यवहारों की साझेदारी मात्र से आपस में एकजुट हो सकते हैं तो इस एकजुटता की परिधि किसी प्रादेशिक सीमा की मोहताज़ क्यों हो? इस प्रश्न का उत्तर इस अपरिहार्य तथ्य में निहित है कि संविधानों और संस्थाओं का अधिकार क्षेत्र भी उस भू–क्षेत्र की सीमाओं तक ही सीमित है। अमेरिका में नागरिकों की निष्ठा प्रदर्शित करने का जो राष्ट्रवादी स्वरूप है वह फ्रांस और भारत जैसे राष्ट्रों से सर्वथा भिन्न है। ज़ाहिर वजहों से वे एक जैसे हो भी नहीं सकते हैं। लेकिन नागरिक राष्ट्रवाद की यह सीमा साझा सौहार्द और सहिष्णुता की भावना को कहीं से बाधित नहीं करती है। किसी भी राष्ट्र के उदारवादी और समाजवादी किसी दूसरे देश के समान विचारों वाले प्रबुद्धों को संकट में घिरा देखकर उनके पक्ष में वैचारिक एकजुटता दिखलाते हैं तो यह कतई अस्वाभाविक नहीं है। ठीक उसी तरह अपने ही राष्ट्र में उनके अधिकारों पर जब संकट मँडराते हैं तो समान वैचारिकता के लोग पूरी दुनिया में गोलबन्द हो सकते हैं। ख़ास बात यह है कि यह एकजुटता किसी भी तरह से किसी राष्ट्र विशेष की आन्तरिक वास्तविकताओं का अतिक्रमण नहीं करती है, और इस तरह उस राष्ट्र का नागरिक राष्ट्रवाद अक्षुण्ण बना रहता है।

बहरहाल जहाँ तक मेरे परिवार की सच्चाई है तो यह कहा जा सकता है कि कनिष्क का दृष्टिकोण अधिक तर्कसंगत है। मेरे माता–पिता ने वापस भारत आने का निर्णय लिया था लेकिन उनकी सन्तानों ने अपने लिए प्रवासी होने का चयन किया। मैंने तीन वर्षों तक विदेश में रह कर पढ़ाई की, उनतीस सालों तक राष्ट्रसंघ के अधिकारी के रूप में कार्यरत रहा और दो सालों तक बतौर विशेषज्ञ और सलाहकार यायावरी की, लेकिन इतने सबके बाद भी मैं अन्तिम रूप से भारतीय ही बना रहा और यही

---

131. कनिष्क थरूर, 'कोस्मोपोलिस : दी पस्त थ्रो ए डिस्टिल्ड लेंस', *ब्लिंक, हिन्दू बिज़िनेस लाइन*, 31 दिसम्बर 2019।

सोचा कि मेरे माता–पिता ने भी हमारी बेहतरी के लिए ही भारत लौटने का फ़ैसला किया होगा। लेकिन मेरी दोनों बहनें विदेशों में बस गयीं और उन्होंने अपने लिए ग़ैर–भारतीय पासपोर्ट हासिल कर लिया। मेरी बहन शोभा एक अमेरिकी नागरिक है और वह दो भारतीय–अमेरिकी सन्तानों की माँ हैं। उनके दोनों दौहित्रों की रगों में तीन महादेशों के अनेक देशों का मिश्रित ख़ून दौड़ रहा है। मेरी दूसरी बहन स्मिता एक ब्रिटिश है जिसकी तीन अश्वेत ब्रिटिश सन्तानें हैं। उनमें से एक फ़िलहाल अमेरिका में नौकरी करती है। इस तरह मेरे सहोदरों और माता–पिता के सात नाती–पोतों को मिलाकर हमारे परिवार में तीन देशों के पासपोर्ट और ग्यारह रिहाइशी पते हैं, इसके बावजूद हम एक ही परिवार हैं। हम आपस में एक–दूसरे से गहरे रूप से जुड़े हैं और अपनी भारतीय विरासत के प्रति–थोड़ा कम या अधिक–संवेदनशील भी हैं। हमने अपने सांस्कृतिक रीति–रिवाज़ अपने माता–पिता से अर्जित किये हैं और अब अपने ज़रिये उन्हें अगली पीढ़ी को सौंप रहे हैं। हम सभी एक–दूसरे के नियमित सम्पर्क में रहते हैं, अपने विचार और फ़ोटोग्राफ़्स साझा करते हैं, साथ–साथ छुट्टियाँ बिताते हैं और अवसर मिलते ही दो सौ साल पुराने अपने पुरखों के घर अवसर मिलने पर इकट्ठे होते हैं जो पलक्कड़ के एक ग्रामीण इलाक़े में बना हुआ है। हम अपनी दादी के हाथ के बने भोजन के स्वाद को याद करते हैं, स्थानीय और पौराणिक लोककथाओं और पारिवारिक इतिहास की चर्चा करते हैं। परिवार के दो सदस्य विदेशों में पैदा हुए हैं वे सभी अक्सर भारत आते रहते हैं ताकि अपने पुरखों की जड़ें और विरासत को देख–समझ सकें। हालाँकि संचार और यातायात के आधुनिक माध्यमों ने दुनिया को पहले की तुलना में बहुत छोटा कर दिया है और सम्पर्क में रहना कोई चमत्कार नहीं रह गया है किन्तु ग़ौरतलब बात यह है कि हमारी अलग–अलग राष्ट्रीयता हमारी भारतीयता को कहीं से भी ख़तरे में डालने की स्थिति में नहीं है। प्रश्न यह है कि क्या राष्ट्रीयता सचमुच आज की दुनिया में महत्त्व रखती है? हम कह सकते हैं कि यह महत्त्व रखती है; और एक तरह से नहीं भी रखती है।

हम आज उस युग में दाख़िल हो चुके हैं जिसमें राष्ट्रवाद की अवधारणा दिन–प्रतिदिन अधिक लचीली और समावेशी होती जा रही है। अब राष्ट्र तुलनात्मक रूप में सहिष्णु, बहुजातीय और बहुधर्मी समुदाय में

परिवर्तित हो रहा है। एकल पासपोर्ट, एक निवासस्थान, और यहाँ तक कि एकल नागरिकता का भी अब वह अभिप्राय नहीं रह गया है जो पहले हुआ करता था। अब आप एक आत्मविश्वास से भरे ऐसे तुर्क हो सकते हैं जिसके इन्स्तान्बुल और ब्रेमेन दोनों शहरों में घर हो सकते है, जिसके पास जर्मनी का पासपोर्ट हो और जो जर्मनी के नागरिक के रूप में वहाँ की राष्ट्रीय फुटबाल टीम से खेलता हो।

आज नागरिक राष्ट्रवाद को लोकतान्त्रिक, सहिष्णु और समावेशी होने की जिन ख़ूबियों की वजह से सराहा जाता रहा है उनको बहुसंख्यक राजनीति के अराजक पुनरुत्थान द्वारा नये सिरे से चुनौतियाँ दी जा रही हैं। अमेरिका के डोनाल्ड ट्रम्प, ब्रिटेन के बोरिस जॉनसन, ब्राज़ील के जेर बोल्सोनारो, हंगरी के विक्टर ओर्बन। रूस के ब्लादिमीर पुतिन, तुर्की के रेसेप तय्यिप एरडोगन, इजराइल के बेंजामिन नेतान्याहू और भारत के नरेन्द्र मोदी जैसे विश्व के प्रमुख नेताओं की एक ख़ासी लम्बी सूची है जो बहुलतावादी राष्ट्रवाद के पक्षधर हैं। और, ऐसा भी नहीं है कि वे अकेले हैं। उनके अनुगामियों और कट्टरता में उनसे होड़ लेते उनके प्रतिद्वन्द्वियों की भी कोई कमी नहीं है। वे सत्ता में हों या प्रतिपक्ष में लेकिन हरेक लोकतन्त्र में वे उपस्थित हैं। अनेक यूरोपीय देशों में जहाँ की सरकारें उदारवादी हैं वहाँ भी प्रतिक्रियावादी नेता प्रमुख विपक्ष के रूप में दिखते हैं। फुकुयामा ने इस बात की तरफ़ आगाह करते हुए इसे 'प्रतिस्पर्द्धी और उग्र राष्ट्रवाद' का नाम दिया था और उसे लोकलुभावन लोकतन्त्र में 'व्यक्ति की आज़ादी पर सबसे बड़ा ख़तरा' बताया था।'[132]

दूसरी तरफ़ कई समकालिक प्रबुद्ध विचारकों ने नागरिक राष्ट्रवाद के कुछ ज्वलन्त प्रश्नों की तरफ़ हमारा ध्यान आकृष्ट करने की कोशिश की है। मिसाल के तौर पर इजरायली विचारक योरम हजोंय ने अपनी किताब *दी वर्च्यू ऑफ़ नेशनलिज़्म* में यह व्याख्यायित करने का प्रयास किया है कि राष्ट्रीय–राज्य अपने नागरिकों के अधिकारों की रक्षा के नाम पर आधुनिक उदारवाद का अतिक्रमण करता है। हजोंय ने इसे भी एक प्रकार का 'साम्राज्य' कहा है जो अपने साम्राज्यवादी तन्तुओं के दुनिया में अन्यत्र विस्तार के ज़रिये मानवीय गरिमा और मनुष्य की स्वतन्त्रता को

---

132. फ़्रांसिस फुकुयामा, 'अमेरिका दी फेल्ड स्टेट', *प्रॉस्पेक्टस,* 13 दिसम्बर 2016।

नुक़सान पहुँचाता है।[133] हजोंय इजराइल के प्रधानमन्त्री बेंजामिन नेतान्याहू के पूर्व सहयोगी रह चुके हैं, इसलिए उनकी व्याख्या में इजराइल के जातीय–राष्ट्रवाद का दृष्टिकोण स्पष्ट परिलक्षित होता है। उनके विचारों में एक रूढ़िवादी अमेरिकी पत्रिका के सम्पादक रिच लोवरी की भी अनुगूँज साफ़ सुनी जा सकती है। लोवरी अपनी पुस्तक *दी केस ऑफ़ नेशनलिज़्म : हाउ इट मेड यूएस पावरफुल; यूनाइटेड, एंड फ्री* के ज़रिये ख़ासी चर्चा बटोर चुके हैं। उन्होंने राष्ट्रों का एक जैविक अस्तित्व के रूप में मूल्यांकन किया है, और उसकी रचना साझा अस्तित्वों और आदर्शों के इर्दगिर्द हुई बताते हैं। वे अमेरिकी 'नागरिक राष्ट्रवाद' की सांस्कृतिक और नस्लीय विविधताओं से अधिक प्रभावित नहीं दिखते और अमेरिका को विश्व में सहअस्तित्व की बेहतरीन मिसाल मानने के बजाय अंग्रेज़ी भाषा, ईसाई धर्म और अपनी यूरोपीय विरासत के तीन स्तम्भों पर टिके अमेरिकी राष्ट्रवाद की वकालत करते हैं। उन्होंने श्वेत पुरुष नायकों को ही एकमात्र राष्ट्रीय नायकों के रूप में भी अधिष्ठापित करने पर बल दिया है।[134] हजोंय और लोवरी समकालीन विश्व में जातीय राष्ट्रवाद की प्रतिगामी विचारधारा की वापसी का समर्थन करने वाले प्रतिनिधि–विचारकों में अग्रगामी नाम हैं। दुर्भाग्य से यह एक ऐसा बदलाव है जिसके निकट भविष्य में ख़त्म होने के आसार नहीं दिखते हैं।

अमेरिकी लेखक और इतिहासकार जिल लेपोरे ने इस बात पर गहरी चिन्ता जताई है कि उदारवादी डेमोक्रेटों ने थोड़ी लापरवाही दिखाते हुए अमेरिकी राष्ट्रवाद पर सोचने और लिखने का काम कट्टर जातीय राष्ट्रवादियों के ज़िम्मे सौंप दिया है। *फॉरेन अफेयर्स* नाम की पत्रिका में एक आलेख में वे सवाल करती हैं, 'एक सुपठित वर्तमान और सत्य–सदृश भविष्य के बीच अमेरिका को एक राष्ट्र के रूप में प्रतिष्ठापित करने का ऐतिहासिक अपराध कौन लोग कर रहे थे? प्रपंची..., हास्यास्पद..., और निरंकुश... जब इतिहासकार एक राष्ट्र की उत्पत्ति और समाज का अध्ययन करने में चूक जाते हैं, या लेखक उस देश के लोगों का साझा इतिहास लिखने का प्रयास त्याग देते हैं, तब राष्ट्रवाद मरता नहीं है। वह उदारवाद का

---

133. योरम हजोंय, *दी वर्च्यू ऑफ़ नेशनलिज़्म*, न्यू यॉर्क : बेसिक बुक्स, 2018।

134. रिच लोवरी, *दी केस फॉर नेशनलिज़्म : हाउ इट मेड यूएस पावरफुल, यूनाइटेड, एंड फ्री*, न्यू यॉर्क : ब्रॉडसाइड बुक्स, 2019।

भक्षण करने लगता है।'[135] यह कोई पूरी तरह से नवीन अन्तर्दृष्टि नहीं है। 1980 के दशक में जब ब्रिटिश विचारक ब्रायन बैरी ने टिप्पणी करते हुए लिखा था कि आंग्ल–अमेरिकन अकादमिक और उदारवाद बौद्धिकों ने राष्ट्रीयवाद को 'सभ्यता के आदर्शों के प्रतिकूल एक हानिकर नीति' बताते हुए इसे अंगीकार करने में शिथिलता दिखलाई तो इस शून्यता का लाभ सनकी अवसरवादियों और जातीय राष्ट्रवादियों ने उठाने में कोई कोताही नहीं की।[136]

2016 के ब्रेक्सिट जनमत संग्रह में ब्रिटेन ने इस नस्लीय विद्वेष का स्वाद चख लिया था। 'बाहर जाओ अभियान' (लीव कैम्पेन) वस्तुतः ब्रिटिश मूल्यों का ही वर्चस्व था जिसमें वे समस्त अवयव उपस्थित थे जिन्हें विदेशी मूल के लोगों के विरुद्ध नस्लीय शत्रुता का नाम दिया जा सकता था। अंग्रेज़ी भाषा बोल पाने में असमर्थ सभी आप्रवासियों को इसका शिकार बनना पड़ा। ब्रेक्सिट अभियान के ज़रिये उन सभी शरणार्थियों और श्रमिक कामगारों के साथ दुर्भावनापूर्ण और अपमानजनक व्यवहार किया गया जो ब्रिटेन में रोज़ीरोटी की तलाश में गये थे। 'लिटिल इंग्लैंडर्स' के नस्लीय राष्ट्रवाद ने ब्रिटेन के बहुसांस्कृतिक राष्ट्रवाद की पोल खोल दी थी।

आज अमेरिका और ब्रिटेन दोनों देश के वर्तमान राष्ट्रवाद में एक शुचितावादी यूटोपिया दिखने लगी है, जिसमें राष्ट्र के खुरदरे अतीत की उपेक्षा और कल्पनाशीलता और तात्कालिकता प्रचुरता में देखी जा सकती हैं। उन सभी ऐतिहासिक विवरणों को सायास तरीक़े से सम्पादित कर दिया गया है जो दोनों राष्ट्रों के लिए असुविधाजनक हैं : 'अमेरिका को पुनः महान बनाना है' का तात्पर्य यह नहीं कि 'अमेरिका को पुनः सहज रूप से देशी अमेरिका बनाना है' बल्कि यह हो गया है कि 'अमेरिका को पुनः श्वेत बनाना है'। जैसा कि ब्रेक्सिट का आह्वान करने वालों ने 'लीव' के समर्थन में वोट देने वाले मतदाताओं को अपना 'नियन्त्रण स्थापित करने' के लिए नहीं बल्कि 'दोबारा अपना नियन्त्रण स्थापित करने के लिए' उकसाया। ट्रम्प ने जनता के सामने अमेरिका को महान बनाने का नहीं

---

135. जिल लेपोरे, *फॉरेन अफेयर्स* में जिल लेपोरे का व्याख्यान, *दिस अमेरिका : दी केस फॉर दी नेशन*, न्यू यॉर्क : लिवरलाइट पब्लिशिंग, 2019।

136. ब्रायन बैरी, *डेमोक्रेसी, पॉवर एंड जस्टिस : एसेज इन पोलिटिकल थ्योरी*, ऑक्सफोर्ड क्लेरेंडॉन प्रेस, 1989।

बल्कि पुनः महान बनाने का संकल्प लिया। प्रकारान्तर में ट्रम्पवादियों का अभिप्राय यह जतलाने का था, 'हम कभी महान थे और अगर हम उन बाहरी लोगों और अल्पसंख्यकों जो अमेरिकियों को निगलने को व्यग्र हैं, वापिस खदेड़ देंगे तो हमें *दोबारा* महान बनने से कोई नहीं रोक सकता है।' टेलर स्टीम के शब्दों में, 'ब्रेक्सिट और मेक अमेरिका ग्रेट अगेन के नॉस्टेलजिया' (कुछ श्वेत लोगों के लिए) ने यह ढाढस बँधाने का काम किया कि अतीत की नैतिक पराजय वस्तुतः उस जीत का आरम्भ है जिसका वे स्वप्न देखते हैं।[137]

137. स्टीम, 'स्टेचू वार्स : व्हाट वी डू विथ ट्रबलसम मोनुमेंट्स?'

9

अस्मिता का बोध

1980 और 1990 के दशक में ब्रिटेन इस मुसीबत से लगातार जूझ रहा था कि अपने यहाँ रहने वाले अश्वेत, आंग्ल–सैक्सन और ईसाई अल्पसंख्यकों की बड़ी आबादी को संगठित करने में उसे कैसे कामयाबी मिलेगी। यह दरअसल एक ऐसी समस्या थी जिस पर नागरिक राष्ट्रवादियों ने कभी अपेक्षित ध्यान नहीं दिया। यह ब्रिटेन की राष्ट्रीय संस्कृति का एक भावनात्मक पक्ष था जिसे विद्वानों ने राष्ट्र से अपनी सम्बद्धता का 'भावनात्मक आयाम' (अफेक्टिव डायमेंशन) का नाम दिया था। अस्मिता और सामूहिक अभिव्यक्ति के अन्तर्द्वन्द्व का स्पष्ट उदाहरण अल्पसंख्यकों की प्रवृत्ति में तब परिलक्षित हुआ जब ब्रिटिश राजनीतिज्ञ नार्मन टेबिट ने उनकी राष्ट्रीयता को निर्धारित करने के लिए अपने कुख्यात 'टेबिट मानदण्ड' का प्रतिपादन किया। उसके अनुसार, ब्रिटेन के वे सभी नागरिक जो किसी क्रिकेट मैच के दौरान ब्रिटेन की प्रतिद्वन्द्वी टीम का हौसला बढ़ाते हैं, वे 'सही मायनों' में ब्रिटिश नहीं हैं। यह ब्रिटेन में बड़ी तादाद में रहने वाले भारतीयों, पाकिस्तानियों, बांग्लादेशियों और वेस्ट इंडियन लोगों की ओर स्पष्ट संकेत था जिनका बड़ा हुजूम ब्रिटेन के ख़िलाफ़ खेलती अपने पुरखे देश की टीम का समर्थन करने के लिए स्टेडियम में मौजूद रहता था।

टेबिट टेस्ट ने एक ऐसा प्रश्न उठाया था जिसका नागरिक राष्ट्रवाद के पास कोई आश्वस्तिपूर्ण उत्तर नहीं था : क्या राष्ट्रवाद केवल एक पासपोर्ट या किसी चयन अथवा आजीविका के कारण किसी देश में निवास करने का अधिकार मात्र है? क्या इस प्रकिया में उक्त नागरिक की अपने अंगीकृत राष्ट्र के प्रति निष्ठा अनिवार्य है? और, क्या इस निष्ठा में खेल और युद्ध को अलग–अलग परिप्रेक्ष्य में रखकर देखा जा सकता है?

यदि अल्पसंख्यक नागरिकों के लिए खेल और युद्ध दो भिन्न स्थितियाँ नहीं हैं तब इस स्थिति में नस्लीय और जातीय अल्संख्यक नागरिकों से अपने अंगीकृत देश के प्रति एक भावनात्मक निष्ठा की अपेक्षा करना स्वाभाविक ही है। नागरिक राष्ट्रवाद बल्कि इसके विपरीत यह इस प्रकार के किसी मानदण्ड को उदार लोकतन्त्र में आवश्यक नहीं मानता है और इस बात पर बल देता है कि नागरिक अपनी मर्ज़ी के मुताबिक़ किसी का भी समर्थन करने के लिए स्वतन्त्र हैं। लेकिन बहुसंख्यक दृष्टिकोण से यह एक सर्वमान्य विचार नहीं हो सकता है। जातीय राष्ट्रवादियों की मान्यता और भी अधिक संकीर्णतापूर्ण और आक्रामक है, और वे कहते हैं कि जातीय अल्पसंख्यक चूँकि किसी से सच्चा सरोकार नहीं रख सकते, इसलिए वे किसी भी राष्ट्र के प्रति आत्मिक रूप से निष्ठावान और उत्तरदायी नहीं हो सकते हैं।

इसके बावजूद एक राष्ट्र खुद से जुड़ी अस्मिता के 'भावनात्मक आयाम' को सुविधाजनक तरीक़े से नागरिकों की पारम्परिक सुविधाओं और अधिकारों के साथ सम्बद्ध करते हुए, उनसे अपने पुरखों के देश के प्रति किसी तरह की भी निष्ठा का परित्याग, और साथ ही नये अंगीकृत देश के प्रति पूर्ण समर्पण की अपेक्षा रखता है। यह एक ऐसी सूक्ष्म बात है जिस पर उदारवादी लोकतान्त्रिक विचारकों और नागरिक राष्ट्रवादियों ने ग़ौर से सोचने की ज़रूरत नहीं समझी। इससे उलट शायद उन्होंने यही सोचा था कि एक–दो पीढ़ियाँ गुज़रने के बाद जैसे–जैसे अल्पसंख्यक अपने नये देश की संस्कृति के अनुरूप ढलते जायेंगे, समय के साथ ऐसी परिस्थिति स्वतः बनती जायेगी। लेकिन उस समय भी कुछ लोगों का अवश्य ऐसा मानना था कि इस ज़रूरी कोशिशों के बग़ैर इस प्रक्रिया में बदलाव लाना मुश्किल काम है।

अमेरिका और यूरोप–इन दोनों जगहों में सबसे बड़ी समस्या मुसलमान अल्पसंख्यकों के आप्रवासन से सम्बन्धित है जिनके बारे में जातीय राष्ट्रवादी यह मानते हैं कि अपने धर्म के प्रति उनकी कट्टर आस्था और पश्चिम के प्रति उनका स्थायी राजनीतिक बैर उनकी वैश्विक स्वीकार्यता को सन्दिग्ध बनाते हैं और, इस कारण से यूरोपीय देशों और अमेरिका की राष्ट्रीय संस्कृति में उनका विलय कठिन है। दूसरी ओर नागरिक राष्ट्रवादियों के लिए आप्रवासी मुसलमान इसलिए स्वागतयोग्य थे क्योंकि उनके नज़रिये

से समाज में उनकी उपस्थिति उन विविधताओं को जन्म देती थी जो पश्चिम की उदारवादी राष्ट्रीय पहचान के लिए ज़रूरी थी। आज पश्चिमी देशों के नये उभरे आक्रामक नस्लवादी और धार्मिक राष्ट्रवादियों के तीखे निशाने पर सबसे पहले यही नागरिक राष्ट्रवादी हैं।

पश्चिम में इस आदर्श और उदार बहुसंस्कृतिवाद को केवल राजनीतिक स्तर पर ख़ारिज नहीं किया जा रहा है। मिसाल के तौर पर नीदरलैंड में मुसलमान आप्रवासियों के ख़िलाफ़ मुहिम चलाने वाला एक उदारवादी समलैंगिक पिम फोर्तुयन था, जो चाहता था कि मुसलमान अपने पारम्परिक आदर्शों का परित्याग कर यौन स्वतन्त्रता, समलैंगिकता और डच समाज में प्रचलित उन सभी आचरणों को स्वीकार करें जिन्हें वे अभी तक अस्पर्शनीय मानते आये थे। फोर्तुयन और उनके साथी आन्दोलनकारी आप्रवासियों को निर्वासित करने की माँग के ख़िलाफ़ थे, वे आप्रवासी अल्पसंख्यकों को डच नागरिकता के सिद्धान्तों का पाठ पढ़ा कर उनका 'राष्ट्रीयकरण' करना चाहते थे। ज़ाहिर बात थी कि यह भी एक प्रकार का वर्चस्ववादी जातीय राष्ट्रवाद ही था। इस राष्ट्रवादी दुराग्रह की अनुगूँज फ्रांस द्वारा बीचों और स्विमिंग पूलों पर 'बुरकिनी' पर थोपे गये प्रतिबन्ध में भी सुनी जा सकती है। बुरकिनी रूढ़िवादी मुसलमान औरतों द्वारा पहनी जाने वाली एक स्विमिंग कास्ट्यूम थी जो उन्हें सर से लेकर पाँव के अँगूठे तक पूरी तरह ढँके रखती थी।

ये सभी बदलाव अंशतः अनेक देशों में जातीय राष्ट्रवाद के पुनरुत्थान की तरफ़ संकेत करते थे। इस पुनरुत्थान को धार्मिक पुनर्जागरण का मौन समर्थन और 'राष्ट्रीय विरासत' की आत्ममुग्धता का दिशानिर्देश भी प्राप्त था, ऐसा माना जा सकता है। सार के रूप में कहा जा सकता है कि अल्पसंख्यकों की प्रचलित पद्धतियों के प्रति नागरिक राष्ट्रवादियों में जो पन्थनिरपेक्षता थी उसको धीरे–धीरे विनष्ट करने के प्रयास शुरू हो चुके थे।

अफ़सोस की बात है कि भारत के पास टेबिट टेस्ट का अपना संस्करण है जहाँ हिन्दू अन्धराष्ट्रवादी मुसलमानों पर यह आरोप लगाते रहे हैं कि जब–जब भारत पाकिस्तान के ख़िलाफ़ क्रिकेट मैच खेलता है तब–तब भारतीय मुसलमान भारत की हार पर जश्न मनाते हुए पटाखे चलाते हैं और देश के ख़िलाफ़ अपनी गद्दारी का सबूत देते रहते हैं। इक्की–दुक्की वारदात को छोड़ दें तो यह राजनीतिक प्रपंचों पर आधारित

एक सामान्यीकरण है जिन्हें 1980 के दशक से एक एजेंडे के तहत समय–समय पर सायास तरीक़े से अंजाम दिया जाता रहा है। ऐसे भी भारत हो अथवा पश्चिम के देश हों, राष्ट्रवाद के ऊँचे आदर्शों को हमेशा से धर्म या राष्ट्रीयेतर भावुकताओं की अग्निपरीक्षा से होकर गुज़रना पड़ा है। नागरिक राष्ट्रवाद के सभी मुखर प्रवक्ताओं को, जो यह मानते रहे हैं कि किसी भी मैच के दौरान एक नागरिक को किसी भी टीम का समर्थन करने का अधिकार है, ऐसा 'राष्ट्र विरोधी' आघात अक्सर पहुँचता रहा है।

लेकिन पहचान के इन दो स्वरूपों–नागरिकता और अस्मिता–के बीच एक अव्यक्त अन्तर भी है। नागरिकता एक प्रकार का अधिकार–पत्र है जो किसी व्यक्ति को राष्ट्रीय समुदाय के एक सदस्य के रूप में उसके अधिकारों का उपयोग करने के लिए दिया जाता है; लेकिन अस्मिता का बोध किसी समुदाय से व्यक्ति के सरोकार के भावपक्ष को प्रकट करता है। किसी समुदाय, या सामाजिक श्रेणी, या दोनों ही से अस्मिता का जुड़ाव किसी राजनीतिक समुदाय से अस्मिता के जुड़ाव से भिन्न होता है। राजनीतिक अस्मिता अनिवार्य सहभागिता के कुछ नियमों और उन नियमों के प्रति प्रतिबद्ध उत्तरदायित्वों पर निर्भर होती है। नागरिक राष्ट्रवादी स्वयं को केवल पहली शर्त के साथ जोड़ कर देखते हैं। दूसरी शर्त की वे अपेक्षा अवश्य रखते हैं लेकिन उसे अपरिहार्य नहीं मानते। वहीं जातीय राष्ट्रवादियों के लिए दूसरी शर्त अधिक महत्त्व रखती है क्योंकि जिसकी अस्मिता स्पष्ट नहीं है उसे नागरिकता देना वे ग़ैरवाज़िब समझते हैं।

नस्लवाद, कट्टरपन्थ और श्रेष्ठ होने के अभिमान में अल्पसंख्यकों के अधिकारों को अनावश्यक मान कर उन्हें ख़ारिज करने वालों की तादाद बहुतायत में है। लेकिन जातीय राष्ट्रवादियों द्वारा उठाये जाने वाले प्रश्नों की प्रासंगिकता में इसकी भूमिका तो निश्चित रूप से है : क्या ऐसी भी साझा जातीय स्मृतियाँ और चिरन्तन निष्ठाएँ हैं जिनसे सभी नागरिक समान रूप से स्वयं को सम्पृक्त कर सकें? क्या ऐसा कोई धार्मिक और भाषाई बन्धन है जो नागरिकों को एक सामुदायिक निष्ठा के सूत्र में एक साथ बाँध सके? क्या ऐसा कोई नैतिक पन्थ या सिद्धान्त, या फिर ऐतिहासिक विरासत नहीं है जिसकी बुनियाद सरकार जैसी कोई संस्था बन सके? और क्या राज्य अपनी जनता को एक पासपोर्ट और एक स्थायी पता मुहैया कराने वाला एक सुविधाजनक मंच मात्र है, जिसके ज़रिये वह अपने

निजी हितों की रक्षा कर सके? राष्ट्र आख़िर किन विचारों और संस्थाओं से बनता है? क्या यह जातीय बहुलता वाले वर्ग के 'स्वाभाविक' वर्चस्व की भूमि मात्र है जहाँ बहुसंख्यकों के अधिकतर कृत्य विधिसम्मत माने जाते हैं, और अल्पसंख्यकों या आप्रवासियों के अधिकार के लिए जहाँ अधिक गुंजाइश इसलिए भी नहीं है क्योंकि राष्ट्र के पिछले इतिहास से उनका कोई मूल (जातीय, ऐतिहासिक या सांस्कृतिक) सम्बन्ध नहीं है?

किन्तु यहाँ एक सहज प्रश्न यह खड़ा होता है कि इस प्रामाणिकता का निर्णायक अथवा निर्धारक आख़िर कौन है? भारत के सन्दर्भ में, वे लोग जो 'भारतीय संस्कृति' के उन्मादी प्रहरियों के रूप में प्रकट हुए हैं और जो यौन कामनाओं के लम्बे इतिहास, कामुक काव्य और प्रेमनिमग्न मूर्तिस्थापत्य (मन्दिरों में भी) जैसे आदिकालीन चित्रण को 'ग़ैर' भारतीय कहकर उसकी प्रामाणिकता को सन्दिग्ध ठहराने की चेष्टा करते रहे हैं? क्या वे हिन्दू–अन्धराष्ट्रभक्त दंगाई जो वैलेंटाइन दिवस के मौक़े पर सार्वजनिक स्थलों पर अराजक स्थिति पैदा करते हैं, वैलेंटाइन डे में ग्रीटिंग कार्ड्स बेचने वाली दुकानों में तोड़फोड़ करते हैं और 14 फ़रवरी के दिन तफ़रीह के लिए निकले प्रेमी–युगलों को सार्वजनिक रूप से प्रताड़ित करते हैं, अगर उनको यह बतलाया जाये कि यह दिन वस्तुतः हिन्दू धर्म में प्रेम का प्रतीकदेव माने जाने वाले कामदेव की अधिस्थापना का दिन है तो क्या अचानक उनके बर्ताव में बदलाव आ जायेगा? संस्कृति के इन स्वयंभू संरक्षकों को आख़िर कौन ये अधिकार देता है कि वे ज्ञात अथवा अज्ञात कारणों से अन्य नागरिकों पर अपनी परिभाषित नागरिकता को थोपें?

नागरिक राष्ट्रवाद की वकालत करने वाले जिस सहजता के साथ इन सवालों की वैधता को ख़ारिज करते रहे हैं, वह शायद मुनासिब नहीं है। इसकी बजाय राष्ट्र के प्रति निष्ठा व्यक्त करने के लिए कौन–कौन से तत्त्व आवश्यक हैं, उन तत्त्वों को अन्वेषित और व्याख्यायित करना अधिक बेहतर होगा : क्या यह निष्ठा किसी सिद्धान्त के प्रति है, या यह संविधान के प्रति है, या यह तत्कालीन सरकार के क्रिया–कलापों के प्रति है, या यह बहुसंख्यकों के धर्म के प्रति है या फिर बहुसंख्यकों के सांस्कृतिक रीति–रिवाज़ के प्रति है? जब भारतीय मूल के अमेरिकी नागरिक ह्यूस्टन के एक विशाल स्टेडियम में (जिस प्रकार वे वेम्बली में और विदेशों में कई अन्य स्थानों पर इकट्ठे हुए थे) एक विदेशी राजनेता नरेन्द्र मोदी को

देखने, सुनने और उनका स्वागत करने के लिए एकत्रित हुए थे तब वे सभी अमेरिकी पासपोर्टधारी थे और दूसरे देश द्वारा दी जाने वाली सुविधाओं और अधिकारों का उपयोग कर रहे थे। ह्यूस्टन और वेम्बली–इन दोनों जगह पर मौजूद भीड़ एक तरीके से उन राष्ट्रीय नेताओं का उपहास उड़ा रही थी जिनके देशों के प्रति वे औपचारिक रूप से निष्ठावान थे, तो क्या वे उन देशों के साथ धोखा कर रहे थे जिनके प्रति उनको कृतज्ञ होना चाहिए था?

जहाँ तक मेरी जानकारी है, अधिकांश या सम्भवतः सभी देशों में क़ानून तब ही हस्तक्षेप करता है जब किया जाने वाला काम विधिसम्मत नहीं हो। सभी संवैधानिक प्रावधान और क़ानून की किताबों में देशद्रोह की साफ़–साफ़ परिभाषा मिलती है। धोखाधड़ी, मादक पदार्थों की तस्करी, गुप्तचरी, विध्वंस और इनसे सम्बन्धित अपराध देशद्रोह की श्रेणी में आते हैं और ये अपराध निर्वासन और दण्ड के योग्य माने जाते हैं। इसके विपरीत देश के प्रति निष्ठा की कोई परिभाषा निर्धारित नहीं की गयी है, और अनेक अदृश्य और संश्लिष्ट कृत्यों को राष्ट्रीयता के लिए अवैध नहीं माना गया है। यह अस्पष्टता कट्टर राष्ट्रवादियों की प्रतिक्रियावादी मानसिकता को नयी बुनियाद देती है और उनको राष्ट्रीय एकता को नये सिरे से परिभाषित और क्रियान्वित करने के अवसर भी देती है।

दो प्रतिद्वन्द्वी समुदायों की पारस्परिक टकराहट और एक–दूसरे को उकसाने वाले उनके बयान अक्सर आन्तरिक संघर्ष को बढ़ावा देते हैं। कई बार स्थितियाँ इतनी बदतर हो जाती हैं कि यह टकराहट देश को एक दीर्घकालिक अस्थायित्व, प्रशासनिक निष्क्रियता और विघटन की स्थिति तक ले जाती है। हालाँकि विकसित दुनिया के उदार लोकतन्त्रों को इस भयावहता का सामना करने की नौबत अभी तक नहीं आयी है लेकिन विकासशील देशों और उपनिवेशोत्तर राष्ट्रों के लिए यह एक सामान्य घटना है। दुर्भाग्यवश नागरिक राष्ट्रवाद के अधिकांश सिद्धान्तकारों ने इस विषय पर इतनी गम्भीरता के साथ मनन नहीं किया है।

दूसरा खण्ड

भारत की अवधारणा

गाँधी और नेहरू, वर्ष 1946

उपर्युक्त अवधारणाओं में राष्ट्रवाद की कौन–सी अवधारणा भारत के लिए अधिक उपयुक्त है? ब्रिटिश राज से भारत की आज़ादी की लड़ाई में उपनिवेश–विरोधी राष्ट्रवाद के सभी ज़रूरी गुण उपस्थित थे–उपनिवेश काल के पहले के गौरवशाली अतीत की स्मृतियाँ, वैभवशाली इतिहास और एक स्वर्णिम सांस्कृतिक विरासत, जिसमें विविध धार्मिक आस्थाओं और रीतिरिवाज़ों को समान महत्त्व दिया गया था। स्वतन्त्रता के तक़रीबन तीस साल बाद ब्रिटिश इतिहासकार ई.पी. थॉमसन ने लिखा था, 'भारत भविष्य में विश्व के लिए सम्भवतः सबसे महत्त्वपूर्ण देश है। सभी नये और अद्‌भुत प्रभाव इसी समाज की देन होंगे...पश्चिम हो या पूरब, कहीं भी कोई भी ऐसा विचार नहीं सोचा जा रहा है जो किसी–न–किसी भारतीय के मस्तिष्क में नहीं चल रहा हो।'[138]

यह खण्ड इस विमर्श पर केन्द्रित है कि किस प्रकार भारतीय राष्ट्रवाद को उस संविधान में समाहित किया गया जिसे देश ने स्वतन्त्रता के तीन वर्षों के व्यापक विचार–विमर्श के बाद अंगीकार किया था। 'भारत की अवधारणा' वस्तुतः इसके राष्ट्रवादी आन्दोलन और उस आन्दोलन के सांस्थानिकीकरण–दोनों के सम्मिश्रण से निर्मित हुई है, और उसके मूलभूत आदर्श के विकास, क्रियान्वयन और अनुभवों से आज़ादी के अगले सत्तर वर्षों में एक नागरिक राष्ट्रवाद के रूप में परिवर्तित हुई है। इस आदर्श को जिन चुनौतियों से जूझना पड़ा, पुस्तक के इस खण्ड में हम इसी विषय पर विशद चर्चा करेंगे।

---

138. ई. पी थॉमसन, 'इन्दिरा : दी लाइट दैट फैल्ड', दी गार्डियन, 16 नवम्बर 1978, रिप्रिंटेड इन एन एक्स्पेंडेड वर्सन इन ई. पी. थॉमसन, *राइटिंग बाई कंडललाइट*, लन्दन : मर्लिन प्रेस, 1980, पृ. 135–49, कोटेड इन शशि थरूर, 'सेवेंटी ईयर्स आफ्टर इंडिया डिक्लेयर्ड इंडिपेंडेंस, वेयर इट इज़ नाउ?'। *वर्ल्ड इकोनोमिक फोरम*, 15 अगस्त 2017, एवलेबल एट https://www.weforum.org/agenda/2017/08/seventy-years-after-india-declared-independence-where-is-it-now/> ।

10

मूल तत्त्व

डॉ. बी.आर. अम्बेडकर ने 1944 में कटाक्ष करते हुए कहा था, 'एक ऐसी दुनिया में जिसमें राष्ट्रीयता और राष्ट्रवाद को लोगों की महत्त्वपूर्ण विशिष्टता बताई जाती थी, ऐसे में यदि मिस्टर एच. जी. वेल्स की भाषा में कहूँ तो यह स्वाभाविक था कि भारतीय हिन्दू भी ऐसा सोचें कि बिना राष्ट्रीयता के भारत की स्थिति कमोबेश वैसी ही हास्यास्पद हो जायेगी जैसे बिना वस्त्रों के किसी व्यक्ति की एक भीड़–भाड़ वाली जगह पर हो जा सकती है।'[139] यह व्यंग्यपूर्ण बयान भारत के उस नेता का था जो आने वाले सालों में भारत की संविधान सभा की ड्राफ़्टिंग कम्पनी का अध्यक्ष चुना गया, और जिसे पश्चिम में भारत के जेम्स मैडिसन के तौर पर जाना जाता था। मैडिसन भी अपने देश के संविधान के प्रमुख ड्राफ्ट्समैन थे। अम्बेडकर के उक्त कथन को मज़ाक़ में इसलिए नहीं उड़ाया जा सकता था क्योंकि भारतीय राष्ट्रवाद के सन्दर्भ में यह बयान उन चुनौतियों की ओर संकेत करता था जो मुस्लिम लीग के द्वारा देश के बँटवारे की माँग की रौशनी में भारत के समक्ष आ खड़े हुए थे।

आने वाले दिनों में 'भारत की अवधारणा' शब्द एक मुहावरे (रूढ़ अर्थों में ही सही) के रूप में प्रयुक्त होने लगा जिसका ज़िक्र मैंने इस पुस्तक की प्रस्तावना में भी किया है। लेकिन वर्तमान राजनीतिक परिदृश्य में यह सम्भवतः सर्वाधिक चर्चित और विवादित विषय है। मेरी निश्चित तौर पर मान्यता है कि भारत की अवधारणा टैगोर द्वारा इस मुहावरे के ईजाद

139. बी. आर अम्बेडकर, 'अ नेशन कालिंग फॉर अ होम', *पाकिस्तान ऑर पार्टीशन ऑफ़ इंडिया*, बॉम्बे : ठक्कर एंड कम्पनी लिमिटेड, 1940।

या इसके इतर प्रयोगों से कही अधिक पुरानी है। सभ्यता के इतिहास में इन शब्दों की उत्पत्ति सम्भवतः भारत के जन्म के साथ ही हो चुकी थी। यदि मुझसे मेरी राष्ट्रीयता के बारे में पूछा जायेगा तो शायद अभी भी मेरा जवाब वही होगा जो मैंने उस ब्रिटिश कांसुलर अधिकारी को दिया था, 'मैं आईना देखता हूँ तो उसमें मुझे एक भारतीय की परछाईं दिखाई देती है।' ऐसा लगता है कि राष्ट्रवाद के बारे में मेरे उस उत्तर का आधार जातीयता रही होगी। लेकिन उक्त प्रसंग की पूरी कहानी वही नहीं थी। जब मैंने उपनिवेश–विरोधी राष्ट्रवाद का अध्ययन किया जिसने भारत के स्वतन्त्रता आन्दोलन के लिए उत्प्रेरक का काम किया और संविधान में वर्णित नागरिक राष्ट्रवाद का आधार निर्मित किया, तब मैंने भारतीय होने का अधिक गहरा और व्यापक अर्थ पाया।

15 अगस्त 1947 की आधी रात को जब स्वतन्त्र भारत का जन्म हुआ था तब पहले प्रधानमन्त्री जवाहरलाल नेहरू ने अपने सम्बोधन में कहा था, 'यह क्षण जब हमारा मिलन प्रारब्ध से हो रहा है, इतिहास के दुर्लभ क्षणों में एक है, जब हम अतीत से बाहर निकलकर भविष्य की तरफ़ बढ़ रहे हैं। एक युग का अन्त हो रहा है, और लम्बी यातना झेल चुके एक देश की आत्मा को अपनी बात कहने के लिए स्वर मिला है।' इन शब्दों के साथ ही भारत एक महत्त्वपूर्ण यात्रा पर निकल पड़ा था–महत्त्वपूर्ण इसलिए कि यह स्वतन्त्रता सबके लिए थी।

विंस्टन चर्चिल ने एक बार कटाक्ष करते हुए कहा था, 'भारत एक ज़मीन के टुकड़े से ज़्यादा और कुछ नहीं है। यह भूमध्य रेखा से अधिक बड़ा क्षेत्र नहीं है, और न ही अखण्डित है।' हालाँकि चर्चिल अपने बड़बोलेपन के लिए कुख्यात थे और उनका कथन कई बार ग़लत साबित हो चुका था लेकिन यहाँ वे इस अर्थ में सही थे कि दुनिया के किसी अन्य देश में जातीयता का यह असाधारण मिश्रण, भाषाओं का ऐसा घालमेल, क्षेत्रों और जलवायु की ऐसी विषमता, धर्मों और सांस्कृतिक रीतिरिवाज़ों की ऐसी विविधता और सामाजिक समानता और विकास की ऐसी विसंगति दुर्लभ दृश्य थे।

इन असंगतियों के बावजूद मैं बार–बार कहता रहा हूँ कि भारत को इन अन्तर्विरोधों के आधार पर परिभाषित कर पाना कठिन है। दरअसल इनमें से अधिकतर अन्तर्विरोध ब्रिटिशों के भारत पर राज को न्यायोचित

ठहराने के बहाने थे। इसीलिए बेंजामिन डिसरैली (जिसने कभी कहा था कि 'एक देश कला और समय' का परिणाम होता है, और जलवायु, मिट्टी, धर्म, रीतिरिवाज़, लोकाचार, ऐतिहासिक घटनाओं और दुर्घटनाओं और इस सबसे ऊपर 'एक राष्ट्रीय मस्तिष्क' आदि जैसे विभिन्न प्रभावों द्वारा धीरे–धीरे निर्मित होता है) ने भी भारत को एक देश मानने से इनकार किया था क्योंकि इसकी कोई एक भाषा और एक धर्म नहीं था, कोई साझा परम्परा नहीं थी, एक ऐतिहासिक अनुभव नहीं था, बहुसंख्यकों में समझदारी भरा सौहार्द नहीं था और न ही एक सुपरिभाषित भू–क्षेत्र था जो उसके अनुसार एक राष्ट्र के अनिवार्य अवयव थे।[140] लेकिन भारत के राष्ट्रवादियों के पास इसका यथेष्ट सन्तोषप्रद उतर था। नेहरू के शब्दों में, 'भारत एक अदृश्य किन्तु सशक्त एकता के सूत्र में बँधा देश है। यह एक मिथक... एक विचार है, एक स्वप्न और एक दृष्टि है, और इसलिए वास्तविक और वर्तमान है। यह एक दर्शन है।'[141]

जिस भी तरीक़े से भारत के बारे में सोचा जाये, लेकिन इस देश को परिभाषित करना एक दुरूह चुनौती है। यह एक ऐसी भूमि है जहाँ बर्फ़ीली चोटियाँ और उष्णकटिबन्धीय वन–प्रदेश दोनों हैं, जहाँ संविधान में सूचीबद्ध बाईस बड़ी भाषाएँ[142] और बीस हज़ार से भी अधिक भिन्न–भिन्न बोलियाँ[143] बोली जाती हैं जिनमें से कुछ बोलियाँ स्वीडिश, मोआरी और इस्टोनियाई भाषाएँ बोलने वाले लोगों से अधिक संख्या द्वारा बोली जाती हैं, और जहाँ इक्कीसवीं सदी के तीसरे दशक में सभी नस्लों को मिलाकर कोई एक अरब अड़तीस करोड़ लोग रहते हैं जिनकी धार्मिक आस्था का

---

140. सतीश चन्द्र मित्तल, *इंडिया डिस्टॉर्टेड : अ स्टडी ऑफ़ ब्रिटिश हिस्टोरियंस इन इंडिया*, वॉल्यूम 1, दिल्ली : एम. डी. पब्लिकेशन्स, 1995, पृ. 162।

141. कोटेड बाय प्रणब मुखर्जी, प्रेसिडेंट ऑफ़ इंडिया, इंडिपेंडेंस डे एड्रेस 2015, फुल टेक्स्ट : प्रेसिडेंट प्रणब मुखर्जीज एड्रेस ऑन एव ऑफ़ इंडिपेडेंस डेज, *इंडियन एक्सप्रेस*, 15 अगस्त 2015।

142. गवर्नमेंट ऑफ़ इंडिया, डिपार्टमेंट ऑफ़ ऑफ़िशियल लैंग्वेजेज, 'लैंग्वेजेज़ इन्क्लुडेड इन दी एटथ शेड्यूल ऑफ़ इंडियन कांस्टीचुएशन', https://rajbhasha.gov.in./en/languges-included-eighth-schedule-indian-constituations पर भी उपलब्ध।

143. PTI, 'मोर दैन 19,500 मदर टंग्स स्पोकन इन इंडिया : सेन्सस', *इंडियन एक्सप्रेस*, 1 जुलाई 2018।

मूल स्वर मानवीयता है। यह विश्व के चार प्रमुख धर्मों की जननी रहा है और इसने अनेक सम्प्रदायों को शरण देने का उत्तरदायित्व निभाया है, ज्ञान और अध्यात्म के अनेक सिद्धान्त यहीं प्रतिपादित हुए हैं और इस भूमि ने दुनिया को विश्व–बन्धुत्व और समावेशिता के सबक सिखाये हैं। इतने महती योगदान के बाद भी यह देश जाति व्यवस्था जैसी सामाजिक विसंगतियों से बुरी तरह त्रस्त है जिका दुष्परिणाम लाखों लोगों को झेलना पड़ा है। भारत में दो प्रमुख शास्त्रीय संगीत परम्पराएँ–कर्नाटक और हिन्दुस्तानी, अनेक शास्त्रीय प्रमुख नृत्य कला–कथकली, भरतनाट्यम, कत्थक, मणिपुरी, ओडिसी के साथ–साथ अनेक लोकसंगीत और लोकनृत्य की समृद्ध परम्पराएँ और संस्कृति विकसित हुई हैं जो गुरु–शिष्य परम्पराओं के अधीन पुष्पित–पल्लवित हुई हैं और आने वाली पीढ़ियों के हाथों सौंपी जा रही हैं। इन परम्पराओं के प्रभाव से विश्व फ़िल्म उद्योग भी अछूता नहीं रहा है। अमेरिकन कवि वाल्ट व्हिटमैन के कथनानुसार, 'यह विराट और भौगोलिक–सामाजिक विविधताओं से भरा हुआ है। यह सवाल सहज उठता है कि ऐसा कोई अन्य देश भी है जो इतनी चुनौतियों से भरा हो?'

बावजूद मैंने अपनी पुस्तक *एन एरा ऑफ़ डार्कनेस* में यह तुलना की है कि कैसे ऋग्वेद में वर्णित भूप्रदेश जो हिमालय से लेकर दक्षिण में समुद्र तक फैला हुआ है वह वर्तमान में भारत के मौलिक विस्तार की तरह व्यापक है। इस दृष्टि से भारत की प्राचीन अवधारणा वैदिक काल से आरम्भ हुई मानी जा सकती है। वर्तमान भारत भी ठीक इसी प्रकार पर्वतमालाओं और समुद्रों से घिरा हुआ है और सभ्यता, संस्कृति और इतिहास की दृष्टि से देश को आपस में सम्पृक्त करता है। स्पष्ट है कि सदियों पुराने आन्तरिक विभाजन के बाद भी भारतीय राष्ट्रवाद में एक अबाध निरन्तरता दिखती है।

एक विचार के रूप में 'राष्ट्रवाद' का जन्म उन्नीसवीं सदी के यूरोप में भले ही हुआ हो किन्तु मेरे विचार में विश्व के हर हिस्से में लोगों के अन्दर उन समुदायों से जुड़ने, जो आकार में उनसे बृहद् हो की कामना आरम्भ से उपस्थित रही है। मुस्लिम उम्माह और शंकराचार्य की कथित 'पवित्र भूमि' का अभिप्राय कमोबेश यही था कि दोनों सम्प्रदायों के लोग खुद को बृहद् समुदायों से जुड़ा हुआ अनुभव कर सकें। इस सन्दर्भ में सोचें तो भारत के लोग यदि यह कहते हैं कि भारत एक 'पुराना' राष्ट्र

रहा है तो उनकी बात कहीं से ग़लत नहीं है जबकि 'राष्ट्र' की अवधारणा सर्वथा नयी है। लेकिन उपनिवेश विरोधी संघर्ष के लिए भारत देश एक विशिष्ट राजनीतिक विषय बन गया—एक सामूहिक स्वशासन का प्रतीक, लोकतन्त्र की सुबह का संवाहक। जब तक भारत ब्रिटिश साम्राज्य के अधीन रहा, भारतीय लोग प्रजा थे। उनकी पहचान राजनीतिक से अधिक सांस्कृतिक थी। लेकिन जैसे ही भारतीय नागरिक बने, कहानी पूरी तरह से बदल गयी।

मैं इस विषय पर दोबारा लौटूँगा। फ़िलहाल मुझे भारत के उन मूल्यों की बात करनी है जो मानवाधिकारों, क़ानून की सुचारु और प्रभावी प्रक्रियाओं और क़ानून के समक्ष उसके समस्त नागरिकों की समानता जैसे तुलनात्मक आधुनिक विचारों पर आधारित था। आरम्भिक काल में भारत के विचारों की प्रेरणा पौराणिक और लोककथाएँ हुआ करती थीं। लेकिन टैगोर के रहस्यवाद और गाँधी के अध्यात्म और नैतिकता के बावजूद नये भारत के आधुनिक विचार धर्मनिरपेक्षता और क़ानून जैसे मज़बूत स्तम्भों पर टिके हुए थे जिनके जनक अम्बेडकर, नेहरू और पटेल (वर्णमाला के अनुसार) जैसे हमारे राष्ट्र—निर्माताओं की दृष्टि और बुद्धि थी। इस नयी दृष्टि का बेहतरीन और मुखर उदाहरण संविधान की प्रस्तावना के रूप में देखा जा सकता है। इसमें भारतीय गणराज्य के मुख्य तत्त्व, न्याय, स्वतन्त्रता, समानता और सौहार्द जैसे मूलतत्त्वों के दर्शन हैं और क़ानून इस राष्ट्रीय अभियान की ठोस ज़मीन है।

मेरी दृष्टि से उदार नीतिनिर्माण की मुख्य भूमिका नागरिक राष्ट्रीयवाद की बृहत्तर विशिष्टता को भारतीय समाज के आधुनिकीकरण और उत्तरोत्तर विकास को नयी आकृति प्रदान करना है। पिछली सदी में इस लक्ष्य को प्राप्त करना अधिक महत्त्वपूर्ण था। किसी भी संविधान का मुख्य ध्येय उसकी सम्पूर्ण रूपरेखा का निर्माण करना, उसके संवैधानिक क़ानून को परिभाषित करना और उसके मानदण्डों, मूल्यों और उस व्यवस्था जिसके तहत राज्य का प्रशासन और क़ानून व्यवस्था अपना काम करेंगी आदि लोकतान्त्रिक भावनाओं को साझा करना है। हरेक समाज का उस क़ानूनी व्यवस्था के साथ एक अन्तःसम्बन्ध होता है जो उस समाज पर शासन करता है। यह अन्तःसम्बन्ध कितना जटिल और प्रतिस्पर्द्धात्मक हो सकता है यह स्थिति समय विशेष की हलचलों पर निर्भर है। इस प्रतिस्पर्द्धा और जटिलता के अन्तर्द्वन्द्व से समुदाय समाज में बदल जाते हैं, समाज बदलकर सभ्यताओं

में परिणत हो जाते हैं, सभ्यताओं में एक राष्ट्र बोध उत्पन्न हो जाता है, राष्ट्रों के निर्माण से ऐतिहासिक चरित्र जन्म लेते हैं।

संविधान सभा की ड्राफ्टिंग कमिटी के अध्यक्ष डॉ. बी. आर. अम्बेडकर पूर्ण रूप से संशयमुक्त थे और उनकी मान्यता थी कि भारतीय गणराज्य की संवैधानिक जड़ें बहुत गहरी हैं। वे जानते थे कि कुछ प्राचीन राज्य अपने मूल चरित्र में गणराज्य थे। उनमें लिच्छवी जो उत्तरी बिहार और नेपाल की तराइयों में छठी और पाँचवीं ईसा पूर्व (लगभग बुद्ध के काल में) शासन करते थे, कुशीनारा के मल्ल, और वैशाली के वज्जी (या वृजी) संघ इत्यादि प्रमुख थे। प्रारम्भिक भारतीय गणतन्त्र प्राचीन भारत में स्वतन्त्र गण संघों के रूप में छठी और चौथी ईसापूर्व में उपस्थित थे।

यूनानी इतिहासकार डियोडोरस सिकुलस जिसने 326 ईसापूर्व में सिकन्दर महान द्वारा भारत पर आक्रमण का वृत्तान्त लिखते हुए इस बात का उल्लेख किया है कि प्राचीन भारत में स्वतन्त्र और लोकतान्त्रिक गणराज्य अस्तित्व में थे।[144] हालाँकि डियोडोरस ने जो वृत्तान्त लिखा है उसकी अवधि सिकन्दर के आक्रमण के दो सौ साल बाद थी। उन विवरणों के अनुसार ऐसा प्रतीत होता है कि शीर्ष पर एक राजा के साथ एक सभा हुआ करती थी जो नियमित रूप से मिलने और आपसी परामर्श के बाद गणराज्य के सभी महत्त्वपूर्ण विषयों पर निर्णय लेती थी। गण संघों में ही राज्य के सभी आर्थिक, प्रशासनिक और न्यायिक अधिकार निहित होते थे और राजा के चुनाव का अधिकार भी उसे ही प्राप्त था। इससे ज्ञात होता है कि राजा पद वंशानुगत नहीं होता था। राजा अपने सभी निर्णयों से सभा को अवगत कराता था और कुछ गणराज्यों में राजा के सहयोग के लिए सरदारों का एक परिषद् भी होता था।

प्राचीनतम भारतीय गणराज्य अपने स्वरूप और व्यवस्था में एक–दूसरे से भिन्न थे। लिच्छवी गणराज्य की अधिशासी समिति में 7,077 सदस्य थे जिसमें गणराज्य के प्रमुख परिवारों के मुखिया शामिल थे, दूसरी तरफ़ शाक्य, मल्ल और कोलिया गणराज्यों के सदस्य निर्धन और धनवान दोनों

---

144. डियोडोरस सिकुलस, *बिबिलोथिका हिस्टोरिका*, वॉल्यूम II., ट्रांसलेटेड बाय सी. एच. ओल्डफादर, लाइब्रेरी ऑफ़ हिस्ट्री : लोएब क्लासिकल लाइब्रेरी, कैम्ब्रिज : हार्वर्ड यूनिवर्सिटी प्रेस, 1935।

नागरिक हो सकते थे। गाँवों की अपनी ग्राम सभाएँ होतीं जिनके मुखिया स्थानीय नागरिक होते थे और ग्रामक कहलाते थे। लेकिन इन सभाओं के सन्दर्भ में यह पूरी तरह स्पष्ट नहीं था कि उनकी संगठनात्मक संरचना और कार्यप्रणाली पूरी तरह से जनतान्त्रिक थी और वे जातिव्यवस्था की कुरीतियों से पूर्णतः मुक्त होकर अपने कार्यों का निष्पादन करते थे या उनके राजा वंशानुगत नहीं थे और उनकी संस्थाएँ संवैधानिक सिद्धान्तों के अनुरूप काम करती थीं क्योंकि उसी काल में यूनान और रोम गणराज्यों के निर्वाचित राजा के जीवन्त प्रमाण थे। प्राचीन और मध्ययुगीन गणराज्यों के राजाओं और विजेताओं के विपरीत प्राचीन राजनीति में एक क़ानूनी व्यवस्था, उसको अभिप्रमाणित करने वाले शिलालेख और सुस्पष्ट नीतियों के प्रमाण दिखाई देते हैं किन्तु आधुनिक काल जैसी विधायिका के प्रमाण नहीं नज़र आते हैं।

इस अर्थ में ब्रिटिशों के शासन के मध्यान्तर काल को ग़ौरतलब माना जाना चाहिए जिसने लागू होने के बाद 'क़ानून' को सरकारी व्यवस्था की मुख्य रीढ़ बनाने में भरपूर मदद की और उसकी सूक्ष्मतम तकनीकों से राज्य को अवगत कराया। विधिवेत्ताओं की बढ़ती हुई भूमिका से ज़ाहिरन राज्य के और सरकार के क्रियाकलापों में उसकी भूमिका अत्यन्त महत्त्वपूर्ण हो गयी। पुनर्जागरण के समय से विश्व की राजनीति और समाज में जिन लोगों ने युगान्तकारी भूमिकाएँ निभाईं (सकारात्मक और नकारात्मक दोनों अर्थों में) उनमें क़ानूनविद् बड़ी संख्या में थे। भारत भी इसका अपवाद नहीं था। संविधान सभा में नेहरू, अम्बेडकर और पटेल जैसे नेता भी क़ानूनों के ज्ञाता थे और अविभाजित भारत के दो अग्रणी नेता—महात्मा गाँधी और जिन्ना भी विधिवेत्ता थे। भारत की स्वतन्त्रता और भारतीय गणराज्य की स्थापना में इन क़ानूनवेत्ताओं ने बड़ी भूमिकाएँ अदा कीं। क़ानून के इन जानकारों में महिलाओं की भी ख़ासी तादाद थी। उनके पास प्राचीन सभ्यता से आधुनिक काल तक लोकतन्त्र और गणराज्यों के सामने जो चुनौतियाँ थीं उनसे निबटने के लिए पर्याप्त अन्तर्दृष्टि और समझ थी। हालाँकि संविधान सभा के प्रतिनिधियों का निर्वाचन सीमित मतदान के माध्यम से हुआ था और ब्रिटिशों ने उनको जो लोकतान्त्रिक अधिकार दिये थे उनकी भी अपनी सीमाएँ थीं लेकिन उनके प्रतिनिधित्व में सभी राजनीतिक दलों का ध्यान रखा गया था और उनके द्वारा लिए

गये निर्णयों को पर्याप्त वैधता मिली हुई थी। वे व्यक्तिगत प्रतिबद्धता और त्याग की भावना से ओतप्रोत थे। इस दृष्टि से ये विधिवेत्ता संविधान के सिद्धान्तों के लिए सन्तुलन और नियन्त्रण की बेहतरीन मिसाल प्रस्तुत करने में समर्थ थे और भारतीयों की समानता और अधिकारों के लिए प्रतिबद्ध थे।

एक ऐसा महाद्वीप जिसकी जनसंख्या तैंतीस करोड़ हो, जिसमें दर्जन भर से अधिक प्रशासनिक इकाई और छह सौ से ज़्यादा रियासतें हों, को एक नये गणतन्त्र का आकार देना और उस पर शासन करने की प्रविधि विकसित करना और उनको एकता के सूत्र में बाँधना सहज काम नहीं था–ख़ास कर तब, जब कि पूरा का पूरा भूप्रदेश जातीय, धार्मिक, सांस्कृतिक और भाषाई रूप से बुरी तरह से विखण्डित हो।

पच्चीस साल पहले ही मैंने अपनी पुस्तक *इंडिया : फ्रॉम मिडनाइट टू मिलेनियम* में इस बात का ज़िक्र किया था कि भारत के प्रति सबसे सरल दृष्टिकोण यह है कि भारत के सन्दर्भ में हम 'मैं' नहीं बल्कि 'हम' के सन्दर्भ में अपनी बात रखें। भारतीयों के बारे में ऐसे भी यह एक प्रचलित मुहावरा है। यहाँ हर कोई बहुवचन में अपनी बात कहना पसन्द करता है। एकवचन का ऐसे भी कोई अर्थ और प्रयोजन नहीं है, हमारी स्वतन्त्रता के पहले सात दशकों में भारत में 'हम' के प्रयोग ने एक प्रकार की राजनीतिक और संवैधानिक व्यवस्था में एक वैधता प्राप्त कर ली है जिसने भारत की राजनीतिक समूहों, धार्मिक समुदायों, पन्थों के हितों और विचारधाराओं को नियन्त्रित और विकसित होने में निरन्तर मदद की है। ब्रिटिशों द्वारा धर्म के आधार पर भारत के विभाजन के बावजूद जब मुसलमानों के लिए एक पृथक् देश का निर्माण कर दिया गया, उसके बाद भी भारत में मुसलमानों की कुल तादाद पाकिस्तान जाकर बसे कुल मुसलमानों की संख्या से कहीं अधिक थी। भारत में यह सम्प्रदाय धर्मनिरपेक्षता की राजनीति पर न केवल चलता रहा बल्कि आज भी यह वर्तमान राजनीतिक पार्टी को कड़ी टक्कर पेश कर रहा है।

एक ऐसे वक़्त में जबकि विश्व के अधिकांश विकासशील देशों ने अपनी आर्थिक प्रगति और राष्ट्रनिर्माण के उद्देश्य से अधिनायकवादी सरकार का मार्ग चुनना पसन्द किया है, भारत ने अपने लिए बहुदलीय लोकतन्त्र का रास्ता अपनाया है। और, अपनी संवैधानिक संस्थाओं में अनेक चढ़ाव और उतार (जिस पर इस खण्ड के आख़िर में चर्चा होगी) के बावजूद भारत

आज भी एक लोकतन्त्र है। बेशक भारतीय लोकतन्त्र की अपनी कुछ कमियाँ और सीमाएँ हैं, लेकिन इन कमियों और सीमाओं के बाद भी यहाँ लोकतन्त्र फलफूल रहा है।

अनेक विदेशी विचारकों को भारत के बहुलतावादी देश के रूप में अस्तित्व पर आश्चर्य होता है। लेकिन अगर भारत बहुलतावादी देश नहीं होता तो सम्भवतः अपना अस्तित्व बचाये रखना इसके लिए कठिन होता। बहुलतावादी होना भारत के मूल स्वभाव में है। इसकी भौगोलिक स्थिति के पास कोई अन्य चयन नहीं है और इसका इतिहास के पास इस चयन पर अपनी मुहर लगाने के सिवा कोई विकल्प नहीं है। बहुलतावादी और समावेशी होना भारत की प्रकृति है। यह प्रकृति उसे अपनी सभ्यता से हासिल हुई है जिसने सहस्रों साल में यहूदियों, पारसियों, ईसाइयों के विभिन सम्प्रदायों और ख़ास कर मुसलमानों को हरेक तरह की धार्मिक और सांस्कृतिक स्वतन्त्रता दी। बेबिलोनियाइयों द्वारा उनके पहला धर्म स्थल नष्ट कर दिये जाने के बाद यहूदी यहाँ कई ईसापूर्व पहले आये थे और भारत में किसी उत्पीड़न का सामना तब तक नहीं करना पड़ा जब तक सोलहवीं सदी में पुर्तगाली यहाँ नहीं आये। ईसाई धर्म का भारत–भूमि पर आगमन धर्म प्रचारक सन्त थॉमस के साथ हुआ। इस सन्दर्भ में थॉमस द्वारा बाइबिल में जिस तिथि का उल्लेख है वह बहुत विश्वसनीय माना जा सकता है जिसके अनुसार सन्त थॉमस ईसापूर्व 52 में केरल के तटीय इलाक़े पर आया जहाँ एक बाँसुरी वादक यहूदी लड़की ने उसका स्वागत किया था। उसने बड़ी संख्या में स्थानीय लोगों का धर्म परिवर्तन कर उन्हें ईसाई बनाया था। इस दृष्टि से भारत में असंख्य ऐसे ईसाई हैं जिनके पूर्वज भारत में ईसाइयत आने से पहले से ही ईसाई हो चुके थे। उत्तर भारत में आमतौर पर मुसलमानों की छवि एक हमलावर के रूप में पेश की गयी है जो भारत में लूटपाट करने के इरादे से आये थे जबकि सच यह है कि मुसलमान भारत में आक्रान्ताओं के रूप में नहीं बल्कि व्यापारी, मुसाफ़िर और धर्म प्रचारक के रूप में आये थे। दक्षिण भारत का एक शासक पैग़म्बर साहब से इतना प्रभावित था कि वह पैग़म्बर साहब से मिलने के लिए अरब की यात्रा पर निकल पड़ा। हालाँकि राजा चेरामन पेरूमल अपने उद्देश्य में सफल नहीं हो पाया किन्तु पैग़म्बर साहब से मिलने के लिए वह जो नारियल उपहार स्वरूप अपने साथ लेता गया था, उससे निकले हुए

पेड़ आज भी ओमान के दक्षिणी तट पर लहलहा रहे हैं। कालीकट का जमोरिन भी मुसलमान मछुआरों के कौशल से इतना प्रभावित हुआ था कि उसने बजाप्ता एक शाही फ़रमान के ज़रिये यह आवश्यक कर दिया कि सभी मछुआरे अपने परिवार की एक सन्तान को जमोरिन के हवाले कर दें ताकि उसकी नौसेना में सिर्फ़ मुसलमान सैनिक नियुक्त किये जा सकें। बहादुर कुंजली की कथा का स्रोत भी शायद यही था।

भारत की विविधता की विरासत का अर्थ मेरे लिए यह है कि जहाँ स्कूल के दिनों में मैं रहा, वहाँ मुसलमानों की नमाज़ के लिए मुएज़्ज़िन की अजान रोज़ाना शिव मन्दिर से आने वाले मन्त्रों के साथ अद्‌भुत युगलबन्दी करते थे। पास के गुरुद्वारे से अरदास की आवाज़ें आती थीं और वहीं नुक्कड़ पर सन्त पॉल का चर्च भी था। आज मैं भारत की संसद में तिरुवनन्तपुरम संसदीय क्षेत्र का प्रतिनिधित्व करता हूँ। यह केरल की राजधानी भी है जहाँ पलायुम जुमा के चमकते हुए गुम्बद और सन्त जोजफ चर्च की ऊँची मीनारें एक–दूसरे से गलबहियाँ करती प्रतीत होती हैं, और कोने पर ही शहर का सबसे पुराना शिव मन्दिर भी है। मेरे निर्वाचन क्षेत्र के अनुभव और आकांक्षाएँ रोज़ मुझे यह याद दिलाती हैं कि भारत एक ऐसा देश है जहाँ ऑस्ट्रेलिया से भी अधिक ईसाई और पाकिस्तान की जनसंख्या के तक़रीबन बराबर मुसलमान बसते हैं।

मैं इसी भारत की बात करता हूँ जिससे मेरी पहचान जुड़ी है।

11

परिभाषा की चुनौती

हमारे समक्ष ऐसे में सबसे बड़ी चुनौती यह है कि हम भारत को किसी एक सामान्य तरीक़े से परिभाषित नहीं कर सकते हैं। बल्कि भारत की परिभाषा के सन्दर्भ में हमारी सबसे बड़ी चुनौती यह है कि इसका सामान्यीकरण सम्भव नहीं है। इसके नाम का भी सबसे बड़ा सच यही है। इसका नाम 'भारत' भी उस नदी के नाम पर रखा गया है जो अब पाकिस्तान में बहती है। बड़ी संख्या में भारतीय नेताओं ने जब इसका संवैधानिक नाम बदलकर भारत रखने की माँग की तब भी उन्हें अधिक सफलता नहीं हासिल हुई, हालाँकि अधिकांश भारतीय भाषाओं में इसे भारत के नाम से ही जाना जाता है।

इन विचारों को ध्यान में रखते हुए हम भारत भारतीयता की अवधारणा को कैसे परिभाषित करेंगे?

ब्रिटिश भारत पर अपने शासन को तर्कसंगत ठहराते हुए भारत को अपनी उपलब्धि बताते हैं। वे भारत की राजनीतिक एकता का श्रेय ख़ुद को देते हुए कहते हैं कि आपस में एक–दूसरे से लड़ते हुए अनेक रियासतों और रजवाड़ों को मिलाकर उन्होंने भारत की अवधारणा की आधारशिला रखने की चुनौती पूरी की थी। भारत अभी भले तीन हिस्सों में बँट चुका हो लेकिन उपनिवेशकाल में यह कहीं अधिक बड़ा भूप्रदेश हुआ करता था। इस विषय पर मैंने विस्तार से अपनी पुस्तक *एन एरा ऑफ़ डार्कनेस* में लिखा है। लेकिन हमें यह बात नहीं भूलनी चाहिए यह पुरानी मान्यता है जिसे ब्रिटिश शासकों ने अपने उत्कर्ष काल में गढ़ा था। इस सन्दर्भ में ब्रिटिश राजनेता सर जॉन स्ट्राची द्वारा 1880 में कैम्ब्रिज विश्वविद्यालय में दिया गया व्याख्यान महत्त्वपूर्ण है जिसमें उन्होंने कहा था कि चूँकि भारत

की कोई स्वतन्त्र सामाजिक या राजनीतिक पहचान नहीं है इसलिए वह कोई देश नहीं हो सकता है। स्ट्राची ने कैम्ब्रिज के श्रोताओं से कहा था कि 'भारत के परिप्रेक्ष्य में यह जानना सबसे आवश्यक है कि–भारत नाम का कोई देश कभी भी नहीं रहा। यूरोपीय मान्यता की दृष्टि से भारत कभी भी भौगोलिक, राजनीतिक, सांस्कृतिक, सामाजिक और धार्मिक दृष्टि से एक नहीं रहा है।' भारत नाम का कोई भी देश और राष्ट्र अतीत में नहीं रहा और भविष्य में भी इसकी कोई सम्भावना नहीं दिखती है। 'स्कॉटलैंड जिस तरह स्पेन से भिन्न है, ठीक वैसे ही बंगाल भी पंजाब से भिन्न है।' स्ट्राची मानते थे कि कुछ गिनेचुने रजवाड़ों और रियासतों में भारतीयता के प्रति थोड़ा झुकाव रहा होगा लेकिन उस झुकाव को एक अखिल भारतीय रूप कभी नहीं मिल पाया। पंजाब, बंगाल, पश्चिमोत्तर सीमान्त प्रान्त और मद्रास के लोगों ने यह कभी महसूस नहीं किया कि वे एक भारत के निवासी हैं। यूरोप के देशों की तरह भारत भी कभी एक देश बन पायेगा, उसके लिए फ़िलहाल पर्याप्त कारण नहीं हैं। इसलिए एक देश के रूप में भारत की कल्पना दूर की कौड़ी के सिवा और कुछ नहीं।[145]

इसलिए उत्तर विक्टोरियन काल के अन्धराष्ट्रभक्तों का यह दावा कि भारत की राजनीतिक एकता मूलतः ब्रिटिशों की देन है, एक निराधार और बेतुकी बात है। लेकिन अपनी किताब *एन एरा ऑफ़ डार्कनेस* में मैंने यह अवश्य लिखा है कि सभी कपोल कल्पनाओं के बावजूद और ब्रिटिश मान्यताओं के ख़ारिज किये जाने के बाद भी उपमहाद्वीप में एकता की एक अन्तर्लहर हमेशा से उपस्थित रही थी। अनेक शासनकालों में इस बात का उदाहरण हमें देखने को मिलता है जब उपमहादेश को एक सूत्र में आबद्ध करने के प्रतिबद्ध प्रयास किये गये। मौर्य (321–185 ईसापूर्व), गुप्त (अपने उत्कर्ष काल 320–550 ईस्वी) और मुग़ल (1526–1857) साम्राज्यों और तुलनात्मक रूप से दक्षिण के छोटे राज्य विजयनगर (उत्कर्ष काल 1136–1565 ईस्वी) और मराठा संघ (1674–1818 ईस्वी) ने अपने–अपने शासनकाल में भारत के अधिकाधिक हिस्से को विजित कर एक शासन–सूत्र में बाँधने की कोशिशें कीं। अगर ध्यान से आकलन किया जाये तो भारत

145. कोटेड इन रामचन्द्र गुहा, 'दी ब्रेक्सिट ऑफ़ 1947 : "स्कॉटलैंड इज़ मोर लाइक स्पेन दैन बंगाल इज़ लाइक दी पंजाब"', *स्क्रॉल. इन*, 24 जून, 2016 ।

में जब कभी भी राजनीतिक अराजकता की स्थिति उत्पन्न हुई तब उस अराजकता का लाभ उठाकर एक सशक्त केन्द्रीय सत्ता की स्थापना के प्रयास हुए। अगर अंग्रेज़ों ने अपने बेहतर आयुधों और युद्ध कौशल का लाभ भारत की राजनीतिक अराजकता के विरुद्ध नहीं उठाया होता तो इस सम्भावना से इनकार करना कठिन है कि कोई भारतीय शासक, सम्भवतः कोई मराठा योद्धा ने इस काम को अंजाम दिया होता और उपमहादेश के एक बड़े भू–भाग पर अपना शासन स्थापित करने में कामयाब होते।

सम्भवतः यही प्रेरणा महाभारत और रामायण जैसे हमारे पौराणिक ग्रन्थों में भारत देश का काल्पनिक आधार रही हो जिसकी बात हमारे बीसवीं सदी के राष्ट्रवादी भारतीय करते। इन पौराणिक ग्रन्थों का भारतीय जनमानस और राष्ट्रीय चेतना में अद्वितीय स्थान रहा है। विभिन्न भाषाओं, जातियों और धर्मों के भारतीय इन प्राचीन कथाओं से परिचित हैं। इन कथाओं का अनेक भारतीय लोकभाषाओं में अनुवाद हो चुका है। हमारे दैनिक जीवन में ये हिन्दू जनश्रुतियाँ किसी–न–किसी रूप में उपस्थित रही हैं। यहाँ तक कि ग़ैर–हिन्दू सम्प्रदाय के सदस्य भी इन पौराणिक चरित्रों और गाथाओं से भलीभाँति परिचित हैं और सभी सम्प्रदायों के लोग इन चरित्रों से कमोबेश मन्त्रमुग्ध दिखते हैं। जब इन पौराणिक गाथाओं का भव्य बॉलीवुड संस्करण धारावाहिक के रूप में प्रसारित हुआ, पहली बार 1988 में दूसरी बार कोरोना वायरस के समय लगाये गये लॉकडाउन में तो इनको देखने वालों ने पिछले सभी रिकार्ड्स ध्वस्त कर डाले। उन दर्शकों में समाज के सभी वर्ग के लोग शामिल थे। ग़ौरतलब है कि टीवी धारावाहिक महाभारत की पटकथा और संवाद लिखने वाले एक मुसलमान शायर डॉ. राही मासूम रज़ा थे। यही कारण है कि जब मैंने अपना व्यंग्य उपन्यास *दी ग्रेट इंडियन नॉवेल* लिखा तो उनके चरित्र, घटनाएँ और विचार मैंने महाभारत से प्रेरित होकर रखे थे। महाभारत में पाण्डवों का जो परिदृश्य दिखाया गया है वह अखिल भारतीय परिदृश्य है जिसका रचनाकाल लगभग 400 ईसापूर्व से 400 ईस्वी माना जाता है। जैसा कि महाभारत में दिखाया गया है कि पाण्डवों ने अपने जीवनकाल में लगातार और बृहद् यात्राएँ की थीं, और इस यात्रा के क्रम में वे विभिन्न भाषाएँ और बोलियाँ बोलने वाले असंख्य लोगों के सम्पर्क में आये थे। जिन स्थानों पर वे गये उनमें से कुछेक के नाम भी इस ग्रन्थ में उल्लिखित हैं।

ज़ाहिरन उन स्थानों के लोग एक सभ्यता–आधारित एकता का अनुभव करते हैं। भगवान राम की भारत–भूमि की बृहद् यात्रा और लंका के अ़सुर राजा रावण के विरुद्ध उनकी विजय की कहानी भी भारतीय एकता की वही गाथा दोहराती है।

इसमें कोई सन्देह नहीं है कि भारत ने भी प्रादेशिक और सांस्कृतिक एकता के अतिशय प्राचीन दिन देखे हैं, और इस एकता का इतिहास कम–से–कम अशोक (तीसरी ईसापूर्व) तक पुराना तो अवश्य रहा है। भारत की भौगोलिक एकता को मूर्त रूप देने का काम आदि शंकर ने किया जिन्होंने दसवीं सदी में व्यापक भ्रमण करने के बाद श्रीनगर, द्वारका, पुरी और शृंगेरी में मठों की स्थापना की। भारत को एक आध्यात्मिक लोकाचार में बाँधने का महत्त्वपूर्ण कार्य किया। इसे ही हार्वर्ड के विद्वान डायना इच ने 'पवित्र भूप्रदेश' का नाम दिया था। अलौकिक भारत पर इच के लेखन ने धर्म के नाम पर भारत की राजनीतिक एकता को चित्रित करने का सराहनीय काम किया। जैसा कि इच ने लिखा है, 'भारत की एक देश के रूप में एकता की पुष्टि इसके पवित्र भू–क्षेत्र के माध्यम से होती है। यह भले ही एक सामान्य अवधारणा हो सकती है किन्तु यह अवधारणा उतनी ही सम्मानित भी है। इसकी पर्वतमालाएँ, वन–प्रान्तर, नदियाँ और पहाड़ियों पर बने मन्दिर इन्हीं तीर्थों के कारण परस्पर जुड़े हुए हैं।'[146]

तीर्थ–स्थलों के बीच की यह भौगोलिक विविधता का अकेला प्रमाण मेरी दृष्टि में केवल हिन्दू ग्रन्थों में ही दिखाई देता है। दुनिया की नज़रों में भी भारत हमेशा से एक रहा है। चीन के बौद्ध यात्री क्सुंज़ंग और फक्सियान के साथ–साथ मार्को पोलो ने भारत का ज़िक्र उस देश के रूप में किया है जहाँ वह चीन जाने के क्रम में रुका था। अरब, तुर्क और फ़ारसी भी पूरे उपमहाद्वीप 'अल हिन्द' और भारतीयों को 'हिन्द' नाम से बुलाते थे चाहे वे पंजाब से आये हों या फिर बंगाल और केरल से आये हों। महान राष्ट्रवादी नेता मौलाना आज़ाद, जो कि ख़ुद एक आस्थावान मुसलमान थे, ने भी इस घटना का उल्लेख करते हुए एक बार इस बात का हवाला दिया था कि कैसे हज में सभी भारतीयों को दूसरे मुसलमान धर्मावलम्बी 'हिन्दिस' कहकर सम्बोधित किया करते थे–चाहे वे पठान हों या फिर तमिइ़स हों। उन सबके साथ बर्ताव भी एक जैसा ही किया जाता

146. डायना एल. इच, *इंडिया : अ सेक्रेड जियोग्राफ़ी*, न्यू यॉर्क : हारमनी बुक्स, 2012।

था। निश्चित रूप से यह प्रेरणा पुराने ऋषि–मुनियों और सम्राटों में भी अवश्य उपस्थित रही होगी। भारत की राजनीतिक एकता के पीछे इस प्रेरणा ने कितनी भूमिका निभाई होगी?

प्रतितथ्यात्मक बातों को सिद्ध करना असम्भव होता है। इस सन्दर्भ में किसी भी घटना को पूरी तरह सही ठहराना ग़लत सिद्ध हो सकता है और न ही घटना की विराटता पर कोई स्पष्ट टिप्पणी ही की जा सकती है। कौन–सी घटना कब घटी है, या नहीं घटी है और उसके पीछे किसकी भूमिका थी, और कौन–सी घटना सिर्फ़ कल्पनाओं की उपज है, यह बात भी आधिकारिक तौर पर नहीं कही जा सकती है। भारत में बिस्मार्क, मज्ज़िनी, अतातुर्क या गैरीबाल्डी जैसे नेता तो थे नहीं। लेकिन ऐतिहासिक घटनाएँ अपने लिए उपयुक्त नायकों को ख़ुद ही चुन लेती हैं और इस बात पर सन्देह करना उचित नहीं होगा कि भारत ने भी इस मामले में वही किया होगा जो विश्व में कहीं अन्यत्र हुआ होगा। प्रतितथ्यात्मक बातें हों अथवा सैद्धान्तिक बातें हों लेकिन सच तो वही होता है जो दीखता है। और, तथ्य यही था कि इसके स्पष्ट संकेत मिलते हैं कि ब्रिटिशों के अधीन भारत में जो पहले से उपस्थित राजनीतिक संस्थाएँ थीं उनका विखण्डन आरम्भ हो चुका था। साम्प्रदायिक विभाजन की शुरुआत हो चुकी थी, और ब्रिटिश आधिपत्य को बनाये रखने और उसके विस्तार के लिए सुनियोजित राजनीतिक भेदभाव की नींव पड़ चुकी थी।

1757 में पलासी के युद्ध में जीत के बाद से ही ब्रिटिशों ने एक सोची–समझी साज़िश के तहत भारतीय रियासतों के बीच के मतभेद और शत्रुता को हवा देने का काम शुरू कर दिया और अपनी ताक़त को सुदृढ़ करने में जुट गये। उनकी यह नीति स्पष्ट रूप से 1858 में परिलक्षित होने लगी जब उन्होंने 'फूट डालो और राज करो' को अपनी प्रशासनिक नीति का एक अनिवार्य हिस्सा बना लिया। 1857 की बग़ावत में हिन्दू और मुसलमानों ने एक–दूसरे के साथ कन्धे से कन्धा मिलाकर हिस्सा लिया था और साथ–साथ मिलकर अंग्रेज़ों से लड़े थे। उन्होंने एक–दूसरे की अगुआई में किसी को अहंकार के बिना समान महत्त्व दिया था और मुग़ल बादशाह के नेतृत्व को भी क़ुबूल किया था। ब्रिटिशों को सतर्क करने के लिए हिन्दू और मुसलमानों की यह साझीदारी काफ़ी थी। लिहाज़ा वे फ़ौरन इस नतीजे पर पहुँच गये कि दोनों गुटों में फूट डाल कर और उनको एक–दूसरे के ख़िलाफ़

इस्तेमाल करके ही वे अपनी हुकूमत के ख़िलाफ़ भारतीयों की चुनौतियों का मुक़ाबला और अपने साम्राज्य का विस्तार कर सकते थे।

1859 में ही बॉम्बे के तत्कालीन ब्रिटिश गवर्नर लार्ड एल्फिंस्टन ने लन्दन को परामर्श दिया था 'डिवाइड एट इम्पेरा एक पुरानी रोमन कहावत है, और अब हम इस कहावत को आजमाएँ, इसका समय आ चुका है।' हिन्दू और मुसलमान में कटुता पैदा करना और उस कटुता में निरन्तरता बनाये रखना ब्रिटिश साम्राज्यवादी नीति का सबसे कारगर और महत्त्वपूर्ण अस्त्र था। डिवाइड एट इम्पेरा की परियोजना अपनी पराकाष्ठा पर विभाजन की भयावहता और भारत में अन्ततः ब्रिटिश हुकूमत के पतन के रूप में 1947 में देश के सामने आयी। ऐसे में उपनिवेशवादियों का यह तर्क खोखला प्रतीत होता है कि भारत में राजनीतिक एकता और लोकतन्त्र जैसे विचारों को लाने का श्रेय उनको ही दिया जाना चाहिए।

नेहरू की तरह मैं भी यही दोहराना चाहूँगा कि भारत की एकता उसकी विविधता में है। मूल रूप से टैगोर का यह कथन अब कमोबेश एक रूढ़ोक्ति में परिवर्तित हो चुका है। टैगोर ने लिखा है, 'भारत का एकमात्र उद्देश्य, हमेशा से विविधताओं में एकता स्थापित करना रहा है, सभी मार्गों पर एक ही संकेतक लगा है ताकि भारतीय भी शामिल हों। मेरी बात गहन है लेकिन स्पष्ट है।' भारत की विराट विविधताओं, मतान्तरों और बहुलतावाद के बावजूद इसके सौहार्द और सहिष्णुता की जड़ें इतनी गहरी हैं कि स्वतन्त्रता प्राप्त करने के काफ़ी पहले विदेशी साम्राज्य के ख़िलाफ़ भारत के लोग अपना मन बना चुके थे।

ब्रिटिश अधीनता में ऐसा कई बार हो चुका था कि राष्ट्रवादी आन्दोलनों की छोटी–मोटी घटनाएँ घटीं–सन् 57 का विद्रोह जिसे अनेक राष्ट्रवादी इतिहासकारों ने 'भारत की आज़ादी की पहली लड़ाई' का नाम भी दिया, 1905 में बंगाल विभाजन का जन प्रतिरोध (धार्मिक विभाजन को तर्कसम्मत ठहराने के लिए पहली ब्रिटिश प्रशासनिक कार्रवाई), आत्मनिर्भरता को प्रोत्साहित करने के उद्देश्य से स्वदेशी आन्दोलन और लगभग उसी समय विदेशी वस्तुओं के बहिष्कार का आन्दोलन, पाश्चात्य शिक्षा और विचारों के प्रभाव से उत्पन्न हुई आज़ादी और आत्म–निर्णय आदि के अधिकार। समाजवादी नेता जयप्रकाश नारायण के मतानुसार भारतीय राष्ट्रवाद का मुख्य कारण यही प्रतिरोध था।

> 'ब्रिटिशों ने जब पूरे भारत पर अपना आधिपत्य स्थापित कर लिया तब भारत ने पहली बार एक प्रशासनिक सरकार के अधीन एक राजनीतिक एकता स्थापित करने में पहली सफलता प्राप्त की थी। चूँकि यह राजनीतिक एकता थोपी हुई थी लिहाज़ा राष्ट्रवाद की स्थापना और विकास में इससे किसी तरह की मदद हासिल नहीं हो सकी। बल्कि यह थोपी हुई सरकार के विद्रोह की एक प्रक्रिया और भारतीय राष्ट्रवाद के जन्म का कारण भी यही प्रक्रिया बनी।'[147]

इस चुनौती के सिवा एक दूसरी चुनौती भी थी जो कम गम्भीर नहीं थी। 565 भारतीय रजवाड़ों और रियासतों को एकताबद्ध करके भारतीय संघ की अधीनता को स्वीकार करने का काम कम महत्त्वपूर्ण और मुश्किलों से भरा हुआ नहीं था। ब्रिटिशों के निष्कासन के बाद स्वतन्त्रता के सिद्धान्तों को जीवन्त बनाये रखना ख़ासतौर पर धार्मिक सद्भावना और सौहार्द की रक्षा करना भी एक आवश्यक उत्तरदायित्व था। यही कारण था कि जिन्ना ने धर्म को पृथक् राष्ट्रीयता का वैध कारण बताते हुए भारतीय मुसलमानों के लिए एक स्वतन्त्र राष्ट्र की माँग की तो गाँधी और नेहरू ने उसके तर्क को तत्काल अस्वीकार कर दिया। परिणामतः भारतीय राष्ट्रवादी आन्दोलन दो धड़ों में बँट गये। इस मतभेद का आधार वैचारिक (मार्क्सवाद बनाम पूँजीवाद) नहीं था और न इसका लेना–देना प्रादेशिकता (उत्तर भारत बनाम दक्षिण भारत) था। मतभेद का आधार सिर्फ़ यह सिद्धान्त था कि क्या धर्म की भूमिका राष्ट्रीयता के निर्धारण में होनी चाहिए? यदि मुस्लिम लीग और हिन्दू महासभा को जाने दें तो नेहरू और उनके साथी राष्ट्रवादियों ने एक सिरे से इस प्रस्ताव को ख़ारिज कर दिया क्योंकि इससे सहमति का अर्थ भारत की अवधारणा की मूल आत्मा के साथ क्रूरता होती। भारत तब केवल एक हिन्दू राष्ट्र होकर रह जाता और इसकी कल्पना नेहरू ने कभी नहीं की थी, जिस भारत के बारे में पूरी मुखरता के साथ बोलते थे।

टैगोर ने उस 'भारत की अवधारणा' का स्पष्ट उल्लेख 1917 में लिखी अपनी पुस्तक *नेशनलिज़्म* में किया है :

> भारत में हमारी अधिकतर चुनौतियाँ आन्तरिक हैं और इसका कारण है कि हम सामाजिक समझौतों के एक अबाध इतिहास

---

147. जयप्रकाश नारायण, 'ओरिजिन ऑफ़ अ नेशन', *इंडियन नेशनलिज़्म,* पृ. 259 [एम्फेसिस एडेड] ।

के साक्षी रहे हैं। हमने प्रतिरक्षा और आक्रमण जैसे विकल्पों पर कभी विचार किया ही नहीं। महानगरीय जीवन की अलक्ष्यता और राष्ट्रस्तुति के बहाने स्वयंभू जीवन की जटिलता मानव के इतिहास का उद्देश्य कभी भी नहीं रही। और इसीलिए भारत ने अपने सामाजिक मतभेदों को सौहार्द के माध्यम से नियन्त्रित करने का काम किया, वहीं समान भाव से विश्व को आध्यात्मिक एकता से परिचित कराने का भी काम किया।

यहाँ टैगोर सहसा हमें स्वामी विवेकानन्द की याद दिलाते हुए प्रतीत होते हैं जिन्होंने सहनशीलता और स्वीकृति के बीच के अन्तर को स्पष्ट करते हुए कहा था कि सहनशीलता एक संरक्षणवादी विचार है जबकि स्वीकृति एक सम्मान–बोधक भाव है। टैगोर ने लिखा, 'उसने (भारत माता ने) हमारे बीच 'नस्ल' की मज़बूत दीवारें खड़ी करके गम्भीर मुश्किलें पैदा कर दी हैं। उन दीवारों के अनुसार ख़ुद को ढालने में हमने 'नस्लों' के बीच 'जातीयता' के खाँचे बना डाले। इससे हमारी मुश्किलें तो कम नहीं हुईं बल्कि उसकी सन्ततियों के रूप में हम कहीं अधिक पंगु और रूढ़िवादी अवश्य होते गये। हमारी सामाजिक परम्पराएँ कमोबेश अब इसी अवस्था में हैं और अब हमें इसी तरह जीवन व्यतीत करने की लत लग गयी है। जहाँ तक उसकी बात है तो वह तक़रीबन एक ऐसी मेज़बान में परिवर्तित हो चुकी है जिसके मेहमानों की तादाद बेशुमार है। उसे हरेक मेहमान के ठहरने और खाने–पीने का ध्यान रखना होता है क्योंकि उन सबकी आदतें और ज़रूरतें एक–दूसरे से भिन्न हैं। इससे स्थितियाँ दिनानुदिन जटिलतम हो रही हैं और इनका हल केवल कौशल से नहीं निकाला जा सकता है बल्कि सच्ची करुणा और मानवमात्र की एकता से ही इस समस्या का हल खोजा जा सकता है।'[148] 'नस्ल' से टैगोर का तात्पर्य सम्भवतः धर्म से था जो उस अवधि में आमतौर पर इसी अर्थ में प्रयुक्त होता था।

जैसा कि जयप्रकाश नारायण ने लिखा है, 'एकता का बोध जिसका स्पष्ट उल्लेख रवीन्द्रनाथ टैगोर ने किया है, कोई राष्ट्रीय भावना नहीं थी बल्कि एक आध्यात्मिक और सांस्कृतिक भावना थी जो एक आम आदमी

---

148. रवीन्द्रनाथ टैगोर, *नेशनलिज़्म*, सन फ्रांसिस्को : बुक क्लब ऑफ़ कैलिफ़ोर्निया, 1917, पृ. 15–16।

के जीवन से जुड़ा दर्शन था और हमारे सामाजिक जीवन की पद्धति थी। टैगोर ने इसीलिए इसे "आत्मिक एकता" का नाम दिया था।'[149]

इन जटिलताओं का समाधान खोजना आसान चुनौती नहीं थी, लेकिन इसने जीवन की वास्तविकताओं से अनुभूत उस साझी राष्ट्रीयता को समझने में सहयोग किया जिसका यह एक अंश था। यूरोपीय विचारों में राष्ट्र–देश में स्थानीय समुदायों की भागीदारी का परित्याग बहुत सतर्कतापूर्वक किया गया था किन्तु भारत एक ग़ैर–यूरोपीय राष्ट्र था जिसने अपनी विविधता को न केवल आत्मसात किया था बल्कि उस अक्षुण्णता को सुनिश्चित भी किया था। यह कहना अधिक उपयुक्त होगा कि उसे अपनी विविधता पर गौरव था। ख्यातिनाम इतिहासकार रोमिला थापर ने भारतीय राष्ट्रवाद को इन शब्दों में वर्णित किया है : 'एक राष्ट्र उन लोगों का बसा हुआ प्रदेश है जो ख़ुद को उस समुदाय का मानते हैं जो उस भूप्रदेश के देश बनने से पहले से वहाँ रहते आये हों। उस राष्ट्र के लोग एक ही इतिहास को साझा करते हैं, उनके हित एक जैसे होते हैं और उनकी जनाकांक्षाएँ भी एक साझा संस्कृति के रूप में अभिव्यक्त होती हैं जो कि वस्तुतः विविध संस्कृतियों का सम्मिश्रण होती हैं।'[150]

'सीमान्त गाँधी' के नाम से प्रसिद्ध ख़ान अब्दुल गफ़्फ़ार ख़ान भारतीय राष्ट्रवाद के कट्टर समर्थक थे जिनका राष्ट्र उनकी इच्छा के विरुद्ध उनसे एक तरह से छीन लिया गया था। उनकी परवरिश ब्रिटिश भारत के एक मुस्लिम बहुल राज्य पश्चिमोत्तर सीमान्त प्रान्त (NWFP) में एक खाँटी मुसलमान परिवार में हुई थी। यह सूबा अफ़ग़ानिस्तान की सरहद पर बसा हुआ था। वे 'बादशाह' ख़ान से भी मशहूर थे और भारतीय राष्ट्रवाद के मुखर समर्थक होने के नाते महात्मा गाँधी के बहुत प्रिय पात्र थे। वे लम्बे क़द के दबंग और प्रभावशाली शख़्सियत के मालिक थे। उन्होंने अपने लड़ाका साथियों को इकट्ठा करके उन्हें ख़ुदाई खिदमतगार (ईश्वर के सेवक) नाम से उन्हें राष्ट्रवादी शान्ति सेना के रूप में संगठित किया। वे भारतीय एकता और सांस्कृतिक विविधताओं के पक्ष में एक दृढ़ और बुलन्द आवाज़ थे और आजीवन उन्होंने धार्मिक या साम्प्रदायिक राष्ट्रवाद का विरोध किया। हालाँकि गाँधी ने भी कभी अपने लिए कोई राजनीतिक पद स्वीकार नहीं

149. नारायण, 'ओरिजिन ऑफ़ अ नेशन', *इंडियन नेशनलिज़्म,* पृ. 259।

150. रोमिला थापर, 'रिफ्लेक्शन्स ऑफ़ नेशनलिज़्म एंड हिस्ट्री', *ऑन नेशनलिज़्म,* नयी दिल्ली अलेफ बुक कम्पनी, 2016, पृ. 3, [एम्फेसिस एडेड]।

किया लेकिन उन्होंने अपने भाई डॉक्टर ख़ान साहेब का समर्थन किया जो अपने सूबे में कांग्रेस के क़द्दावर नेता थे। जब मुस्लिम लीग अपनी अलगाववादी नीतियों के अनुसार अपना चुनाव–अभियान चला रही थी और 1946 के चुनावों में उसने अधिकांश सीटों पर जीत दर्ज करने में कामयाबी हासिल की थी, तब बादशाह ख़ान का NWFP ही अकेला मुस्लिम बहुल सूबा था जहाँ कांग्रेस ने अपनी सरकार बनाने में सफलता हासिल की थी। लेकिन इसका कोई फ़ायदा नहीं हुआ। जब देश का बँटवारा हुआ और मुस्लिम बहुल सूबों को भारत से काट कर मुसलमानों को दे दिया गया तब NWFP भी पाकिस्तान के हिस्से में चला गया।

बादशाह ख़ान जिन्होंने अपनी आख़िरी साँस तक विभाजन का विरोध किया था, बेतरह टूट चुके थे। अब वे एक ऐसे सूबे के नागरिक थे जिसका मूल चरित्र धार्मिक राष्ट्रवादी था। यह उनके मूल स्वभाव के विपरीत था। उन्हें निरन्तर प्रताड़ित किया गया और सरकार की नीतियों की मुखालफत करने के जुर्म में उन्हें कई बार जेल की सज़ा भी काटनी पड़ी। उन पर बेवजह मुक़दमे चलाये गये। जिस देश के लिए उन्होंने अपना सर्वस्व न्योछावर कर दिया था, उस भारत ने भी उनके लिए चिन्ताएँ जतायीं किन्तु अब यह एक अलग मुल्क था जो असहाय और निरुपाय था। 1969 में भारत की संसद के संयुक्त अधिवेशन को सम्बोधित करने जब वे यहाँ आये थे तो उस वक़्त गुजरात साम्प्रदायिक दंगों की आग में जल रहा था। उन्होंने भारतीय राष्ट्रवादियों को बड़े भावुक अन्दाज़ में सम्बोधित करते हुए शान्ति और सद्भाव बनाये रखने की अपील की थी। उनका सम्बोधन फ़साद में मुब्तिला दोनों सम्प्रदाय के लोगों के लिए था :

> देश ही अकेला राष्ट्रीयता का आधार हो सकता है, धर्म तो हरगिज़ नहीं। दुर्भाग्यवश भारत में धर्म राष्ट्रीयता का पर्याय बनता जा रहा है। मुल्क के बँटवारे की असल वजह यही थी। सवाल यह उठता है कि क्या आप अपने दिलोदिमाग़ से इन पुरानी यादों को हमेशा के लिए मिटा देना चाहते हैं या उन यादों की परवरिश करना चाहते हैं और उनको अपने ज़ेहन में हमेशा के लिए ज़िन्दा रखना चाहते हैं जिसकी बुनियाद पर मुल्क के दो टुकड़े हो गये?[151]

151. कोटेड इन *इंडियन नेशनलिज़्म,* पृ. 32।

यह एक ऐसा सवाल था जिसका समर्थन संसद ने तालियों की गड़गड़ाहट के साथ किया था। दरअसल यह तालियाँ उस धर्मनिरपेक्षता और बहुलतावाद के समर्थन में बजी थीं जिसके लिए बादशाह ख़ान जाने जाते थे। आज भी उनके कहे हुए शब्द हमारा पीछा करते हैं। यह और बात है कि वे आज ज़िन्दा होते तो उन्हें संसद के अन्दर या बाहर शायद वैसा समर्थन हासिल नहीं हो पाता जो उन्हें उनके जीवन–काल में मिला था।

विक्टोरियन कवि और साम्राज्यवादी राष्ट्रगीत 'दी वाइट मैन्स बर्डन' के रचयिता रुडयार्ड किपलिंग ने कहा था कि हिंसा ने भारतीयों के दिमाग़ पर इतना गहरा असर किया था कि 'उनके भीतर स्व–शासन की समस्त सम्भावनाएँ समाप्त हो चुकी थीं।' 1891 में अपने ऑस्ट्रेलियाई दौरे पर किपलिंग ने स्पष्ट रूप से कहा था : 'भारतीयों का इतिहास 4,000 साल पुराना है। स्व–शासन का कौशल सीखने के लिए पार्यप्त समय है। उनके लिए सबसे ज़रूरी क़ानून और व्यवस्था का शासन था और हमने उनको वही दिया जिसकी आवश्यकता उनको सबसे अधिक थी।'[152] लेकिन 'क़ानून और व्यवस्था' को एक अपवाद मान लें तो सभी नस्लवादी यूरोपीय राष्ट्रों की तरह ब्रिटिश भी स्व–शासन और उन सभी लोकतान्त्रिक अधिकारों को भारत को सौंपने में अनिच्छुक दिखे जिनसे एक आत्मनिर्भर राष्ट्र की पहचान सुस्पष्ट हो सके। यह किस रूप से स्पष्ट रूप में प्राप्त हो पाया, एक भारतीय संविधान ने किस प्रकार अपना आकार पाया, उसका क्रियान्वयन कैसे हुआ–ये सभी प्रश्न हमें इस विश्लेषण में मदद करेंगे कि राष्ट्रवाद जैसा महत्त्वपूर्ण मुद्दा अभी तक उपेक्षित क्यों रहा, और अन्ततः आज जब हम इसे हासिल कर चुके हैं तब फ़िलहाल उसे किन चुनौतियों से होकर गुज़रना पड़ रहा है।

152. कोटेड इन गुहा, 'दी ब्रेक्सिट ऑफ़ 1947'।

12

भारत में हम सभी अल्पसंख्यक हैं

पिछले सत्तर से भी अधिक सालों में भारत ने अपने विचारों और आदर्शों को कैसे बचाये रखा है जबकि इसकी आबादी 37 करोड़ से बढ़ कर एक अरब तीस करोड़ हो गयी है? इसे बार–बार अपने राज्यों को पुनर्गठित करना पड़ा है और बाहरी के साथ–साथ आन्तरिक संकटों से भी निरन्तर जूझते रहना पड़ा है। इन चुनौतियों के बावजूद इसने अपनी लोकतान्त्रिक संरचना को किस प्रकार बचाये रखा है? इस प्रश्न का उत्तर मैंने विस्तार से अपनी अनेक पुस्तकों में ढूँढ़ने का प्रयास किया है और संक्षेप में यहाँ भी मेरी यह कोशिश जारी रहेगी। सचमुच यह एक असाधारण उपलब्धि है और आज़ादी के तक़रीबन तीन–चौथाई दशक पूरे होने के उपलक्ष्य में हम सबके लिए यह एक गौरवपूर्ण क्षण है।

अनेक सामाजिक–आर्थिक विसंगतियों के बीच लोकतन्त्र ने मध्ययुगीन परम्पराओं को ध्वस्त कर हमें धार्मिक, जातीय और सांस्कृतिक विविधताओं को जीवन्त बनाये रखने में अपना अमूल्य योगदान दिया है। निस्सन्देह भारत में अभी भी सामाजिक शोषण और जातीय उत्पीड़न के मामले देखने में यदाकदा आते हैं। ग्रामीण भारत इससे अधिक ग्रस्त है। लेकिन लोकतन्त्र ने भुक्तभोगियों के लिए उपचार और न्याय भी मुहैया कराने का काम किया है, और अनेक अवसरों पर पीड़ितों को न्याय मिला भी है। निश्चित रूप से इसका श्रेय लोकतन्त्र को जाता है। आज़ादी के बाद की सभी सरकारों ने ग्रामीण निर्धनों के उत्थान के लिए अनेक जन कल्याणकारी योजनाओं का आरम्भ किया है। यह भारतीय नागरिकों और राज्य के बीच दृढ़ होते सेतु का द्योतक है।

लेकिन एक दूसरा सच यह भी है कि स्वतन्त्रता प्राप्ति के सत्तर सालों के बाद भी लोकतन्त्र हमें व्यक्ति के रूप में एकताबद्ध करने में असफल रहा है और हम आज ख़ुद को एक अखण्डित राजनीतिक समुदाय नहीं बना पाये हैं। बल्कि यूँ कहना अधिक ठीक होगा कि जो तत्त्व हमें विभाजित करने की क्षमता रखते हैं उन तत्त्वों के प्रति हम पहले से भी अधिक संवेदनशील और प्रतिक्रियावादी हो गये हैं : मसलन धर्म, क्षेत्र, जाति, भाषा, नस्ल आदि। हमारी राजनीतिक व्यवस्था पहले की तुलना में अधिक शिथिल और निष्क्रिय हो गयी है। अपनी राजनीतिक पहचान को सुनिश्चित करने के प्रयोजन में राजनेतागण किसी भी संकीर्णता और मिथ्याचरण से परहेज़ नहीं बरत रहे हैं। राजनीति में अब एक 'पिछड़ा वर्ग', एक 'आदिवासी', या किसी 'ख़ास धर्म' का नेता होना अधिक महत्त्वपूर्ण हो गया है। अब भारतीय मात्र होना तुलनात्मक दृष्टि से महत्त्वहीन हो गया है। और, कुछ नेताओं के लिए भारतीय होने से बेहतर एक 'गौरवशाली' हिन्दू होना है। यह हमारी राजनीतिक विडम्बना ही कही जायेगी कि नेहरू के काल में जो राष्ट्रवादी आन्दोलन हुए उनमें भारत के सभी तबकों की बराबर की भागीदारी रही थी—भले ही उनकी सामाजिक—आर्थिक—धार्मिक पृष्ठभूमि कुछ भी रही हो। सबकी सामान्य मान्यता यही थी कि स्वतन्त्रता उनके लिए एक ऐसी छतरी सिद्ध होगी जिसकी छाँव में सबको न्याय और बराबरी का दर्जा मिल सकेगा। संयोग से जनमानस तक यह बात पहुँचाने का माध्यम कांग्रेस पार्टी थी। किन्तु अन्य राजनीतिक दलों के अस्तित्व में आने और उनके उत्थान के साथ पारस्परिक प्रतिद्वन्द्विता ने उन्हें अपनी स्वतन्त्र पहचान के लिए उकसाया। ऐसी स्थिति में अपनी पहचान को पुख्ता करने के लिए धर्म और जातियाँ उनके लिए सबसे कारगर (आप चाहें तो हानिकर भी कह सकते हैं) माध्यम के रूप में उभरे।

जाति—व्यवस्था जिसके प्रति नेहरू और उनके साथी निहायत बुरी राय रखते थे और आशान्वित थे कि एक दिन आधुनिक भारत के सामाजिक परिदृश्य से यह बुराई हमेशा के लिए ग़ायब हो जायेगी, न केवल सुरक्षित बची रही है बल्कि मौजूदा राजनीति के लिए एक ज़रूरी बुराई बनकर पहले से कहीं अधिक असरदार बन चुकी है। राजनीतिक दल अब अपने प्रत्याशियों का चयन करते हुए इस बात को ख़ासतौर पर ध्यान में रखते हैं कि कौन—सा उम्मीदवार चुनाव में अपने पक्ष में कितने मत ला सकता है।

वे मतदाताओं से अपेक्षा रखते हैं कि वे अपनी जाति अथवा उपजाति के पक्ष में ही अपने मतों का प्रयोग करेंगे। परिणामतः समाज में जातिगत चेतना के बहाने जातिवाद पहले से कहीं अधिक मज़बूत होकर उभरा है। अनेक राज्यों में जातियाँ शैक्षणिक अवसर, रोज़गार और सरकारी नौकरियों में प्रोन्नति निर्धारित करती देखी गयी हैं। लोग प्रायः कहते सुने जाते हैं, अगर आप 'बैकवर्ड' नहीं हैं तो फॉरवर्ड जाने की बात सोचिए भी मत। 2008 में सर्वोच्च न्यायालय के न्यायमूर्ति जस्टिस आर. वी. रवीन्द्रन ने कहा था कि 'जब अधिक–से–अधिक लोग आगे बढ़ने के लिए पिछड़ेपन के मोहताज़ हो जायें तो देश का विकास ठहर जाता है।'[153] लेकिन फिर भी आरक्षण के प्रावधानों को समाप्त करने की बात तो दूर ठहरी, संसद में इस विषय की पुनरीक्षा करने की भी पर्याप्त राजनीतिक इच्छाशक्ति का अभाव साफ़ दीखता है। इसी निर्णय में जस्टिस रवीन्द्रन ने इस बात की भी आशंका व्यक्त की है कि 'जाति आधारित आरक्षण की निरन्तरता देश को जातिगत वर्गों में हमेशा के लिए बाँट सकती है।' किन्तु उनके निर्णय के बाद भी राजनीति से प्रेरित जातिगत जागरूकता राष्ट्रीय परिदृश्य में अधिक तीव्रता के साथ प्रभावी होती जा रही है।

मैंने अन्यत्र कहीं इसका उल्लेख भी किया है, नेहरू की राजनीतिक विरासत की एक विशिष्ट बात यह भी थी कि उनकी राजनीतिक अन्तर्दृष्टि ने किसी भी वैचारिक कट्टरवाद और प्रतिक्रियावाद को कभी भी कोई मान्यता प्रदान नहीं की। नेहरू की चारों पीढ़ियाँ अपने सार्वजनिक जीवन में आचार–विचार और दृष्टिकोणों में पूरी तरह से पन्थनिरपेक्ष रही हैं। उनकी पेशेवर ज़िन्दगियाँ भी ऐसी ही रही हैं। उनकी सार्वजनिक छवि की अपील जाति, क्षेत्र, भाषा और धर्मों के लोगों तक पहुँचती है। भारत के किसी भी अन्य प्रमुख नेता का व्यक्तित्व इतना करिश्माई नहीं है। किन्तु निर्वाचन का माध्यम रहा हो अथवा आरक्षित कोटे का, राजनीति समकालीन भारत में भी पुराने प्रतीक चिह्नों, आचरणों, आस्थाओं और दुराग्रहों द्वारा निर्देशित होती रही है। इस मनःस्थिति में परिवर्तन लाना इक्कीसवीं सदी की भारतीय राजनीति की सबसे बड़ी चुनौती है।

---

153. धनंजय महापात्र, 'एससी स्ट्रेसेज ऑन एक्सपायरी फॉर कोटा', *टाइम्स ऑफ़ इंडिया*, 14 अप्रैल 2008।

ज़ाहिर–सी बात है, यह सवाल स्वाभाविक रूप से उठता है कि वह कौन–सी बातें हैं जो भारत को एक देश बनाती हैं? जब कोई भारतीय किसी को अपनी राष्ट्रीयता की बात बताता है तो अपनी राष्ट्रीय पहचान के बारे में वह क्या कहता है? टैगोर ने 1917 में प्रकाशित अपने लेख 'नेशनलिज़्म इन इंडिया' में इस बारे में विस्तार से लिखा था। उनके अनुसार 'भारत के राष्ट्रबोध की सबसे बड़ी चुनौती का सीधा सम्बन्ध जनमानस की चेतना के विकास के साथ ही उस चेतना की जड़ों की गहराई से जुड़ा है।'[154] आज एक शताब्दी बाद हम स्वयं को कहाँ खड़ा देखते हैं? यह ग़ौरतलब बात है कि एक सदी के आसपास ही डी'अज़ेगिलो ने इटली के निर्माण के बाद जो टिप्पणी की थी, वह बात दोहराने की स्थिति में आज भी कोई भारतीय राष्ट्रवादी नेता नहीं है। आधुनिक भारतीय राष्ट्रवाद के सबसे मुखर पुरोधा माने जाने वाले नेहरू ने तो कभी 'भारतीयों के निर्माण' की बात नहीं कही होती क्योंकि वे तो यह मानते थे कि बीसवीं सदी में अपनी राजनीतिक अपेक्षाओं को प्रदर्शित करने वाले भारतीय और भारत तो उसके भी हज़ारों साल पहले से अस्तित्व में थे।

बहरहाल 1947 में जिस भारत ने जन्म लिया था वह वास्तविक अर्थों में एक नया निर्माण था–एक ऐसा राज्य जिसमें लदाखी और लक्षद्वीपवासी पहली बार साथी नागरिक थे, जिसमें पहली बार पंजाबियों को पंजाबियों से अलग कर दिया गया था, जिसमें केरल के एक किसान को राजधानी दिल्ली में रहते हुए पूरे देश पर शासन करने वाले एक कश्मीरी पण्डित के प्रति अपनी निष्ठा सिद्ध करनी थी। और, यह भी पहली बार हुआ था। यही कारण था कि जिसने मुझे 2003 में नेहरू की जीवनी का शीर्षक *दी इन्वेशन ऑफ़ इंडिया* रखने के लिए प्रेरित किया।

इंडिया : फ्रॉम मिडनाइट टू मिलेनियम में मैंने एक सरल कहानी के माध्यम से अपना अभिप्राय स्पष्ट करने का प्रयास किया है। जब भारत 1996 में ब्रिटिश शासन से अपनी स्वतन्त्रता की उन्चासवीं वर्षगाँठ मना रहा था, तब हमारे तात्कालिक प्रधानमन्त्री एच. डी. देवेगौड़ा सत्रहवीं सदी में निर्मित लाल क़िले की प्राचीर से राष्ट्र के नाम अपना पारम्परिक भाषण दे रहे थे। उनका सम्बोधन हिन्दी में था जो भारत की आधिकारिक

154. टैगोर, *नेशनलिज़्म*।

भाषाओं में एक है और देश के एक बड़े भूप्रदेश में बोली जाती है। यह काम दस अन्य प्रधानमन्त्री अड़तालीस अवसरों पर पहले भी कर चुके थे लेकिन देवेगौड़ा का सम्बोधन इस अर्थ में विरल था कि दक्षिण भारतीय प्रान्त कर्नाटक का मूल निवासी होने के नाते वे देश को एक ऐसी भाषा में सम्बोधित कर रहे थे जिसके एक भी शब्द के अर्थ से वे अपरिचित थे। राजनीति और परम्परा दोनों को हिन्दी में भाषण की आवश्यकता थी, लिहाज़ा हिन्दी में भाषण देना उनकी राजनीतिक विवशता थी। भाषण की लिपि उनकी मातृभाषा कन्नड़ थी। ऐसी स्थिति में उस लिपि का भी कोई निहितार्थ नहीं था।

ऐसे प्रकरण सम्भवतः दुर्लभ हैं किन्तु भारतीय राजनीति की विसंगतियों की झलक इस छोटी–सी घटना के माध्यम से आराम से देखी जा सकती है। ऐसी स्थिति में एक फ्रांसीसी की कल्पना करना भी बेमानी लगता है जो फ्रांस का नागरिक हो लेकिन फ्रांसीसी नहीं बोल पाता हो। लेकिन भारत में यह एक सामान्य बात है। देश की तक़रीबन आधी आबादी हिन्दी बोल और समझ नहीं पाती है। केवल भारत ही वह देश हो सकता है जिसके शासन की बागडोर एक ऐसे आदमी के हाथ में हो जो यहाँ की प्रमुख भाषा बोल पाने में अक्षम हो। और, भारत ही वह देश भी हो सकता है जहाँ इस प्रकार की समस्या का ऐसा विलक्षण निराकरण करने में समर्थ हो ताकि उसके नागरिक अपने प्रधानमन्त्री का उद्‌बोधन सुन सकें।

यह विचित्र स्थिति केवल एक प्रधानमन्त्री तक ही सीमित नहीं रही। एक बार का वाक़या है जब मैं भी लाल क़िले के पोडियम पर प्रधानमन्त्री मनमोहन सिंह के कनीय अधीनस्थ के रूप में पीछे की क़तार में बैठा हुआ था और उन्हें दाहिने से बायें पन्ने पलटते हुए देख रहा था। चूँकि उनकी पैदाइश अविभाजित भारत (अब पाकिस्तान का हिस्सा) में हुई थी, इसलिए उन्होंने जो हिन्दुस्तानी सीखी थी वह उर्दू लिपि में थी न कि देवनागरी में। देवेगौड़ा को कन्नड़ में और मनमोहन सिंह को उर्दू में प्रधानमन्त्री के रूप में स्वतन्त्रता दिवस का भाषण देते हुए देखना भारतीय बहुलतावाद की तस्दीक करता है।

बहरहाल, मैं अक्सर यह बात कहता रहा हूँ कि भारत में हम सभी अल्पसंख्यक हैं। मिसाल के तौर पर जब उत्तर प्रदेश के गंगा के मैदानी इलाक़े से आये एक हिन्दीभाषी पुरुष हिन्दू को बड़ी सहजता

से यह ग़लतफ़हमी हो सकती है कि वह भारत के 'बहुसंख्यक' समाज का प्रतिनिधित्व करने वाला व्यक्ति है। आमतौर पर उसकी इस धारणा के पीछे अधिक श्रमशील नहीं रहे पत्रकारों की व्याख्या की भूमिका है। लेकिन वास्तविक अर्थों में वह व्यक्ति बहुसंख्यक नहीं है। चूँकि वह एक हिन्दीभाषी हिन्दू है लिहाज़ा उसके प्रति यह अस्सी प्रतिशत लोगों के मन में उसके बहुसंख्यक होने की धारणा बन गयी है। जबकि इस देश की आबादी का बृहत्तर हिस्सा हिन्दी बोलता ही नहीं है। देश की एक बड़ी जनसंख्या उत्तर प्रदेश में भी नहीं रहती है। इस देश में ऐसे भी सूबे हैं जहाँ पुरुष भी बहुसंख्यक नहीं हैं। इस सन्दर्भ में केरल का उदाहरण हमारे सामने है। बल्कि ज़्यादा साफ़ लहजे में कहा जाये तो हमारे यूपी के एक ठेठ हिन्दीभाषी हिन्दू को ही अगर भारत के किसी बड़े रेलवे स्टेशन पर खिचड़ी ज़ुबान बोलने वालों की रेलमपेल में अकेला छोड़ दिया जाये तब उसको यह अनुभव होता है कि वह किस हद तक एक अल्पसंख्यक है। यहाँ उसका हिन्दुत्व भी उसके बहुसंख्यक को सुनिश्चित करने के लिए नाकाफ़ी हो सकता है क्योंकि यहाँ उसकी जाति ही उसके अल्पसंख्यक होने की पुष्टि कर देती है। अगर वह एक ब्राह्मण है तो नब्बे फ़ीसदी उसके हमवतन भारतीय ब्राह्मण नहीं हैं। अगर वह एक यादव है, 'एक पिछड़ा वर्ग', तो पिच्चासी प्रतिशत भारतीय यादव नहीं हैं। इस तरह के अन्य उदाहरण भी हमारे सामने हैं।

भाषा की बात ले लें। जैसा कि मैं पहले भी कह चुका हूँ, हमारे पास संविधान की मान्यता प्राप्त बाईस भाषाएँ हैं हालाँकि हमारे करेंसी नोटों में उनमें से सिर्फ़ पन्द्रह भाषाओं का ही उल्लेख किया गया है, लेकिन अगर हम अंग्रेज़ी को भी इनमें शामिल कर लें तो संविधान द्वारा मान्यता प्रदत्त हमारी कुल भारतीय भाषाएँ तेईस हैं। हमारी पैंतीस बोलियाँ दस लाख से अधिक लोगों के द्वारा बोली जाती हैं। इन बोलियों की अपनी स्वतन्त्र लिपि, व्याकरणिक संरचना और सांस्कृतिक पृष्ठभूमियाँ हैं, और वे उपभाषाएँ नहीं हैं। यदि उपभाषाओं की गणना की जाये तो भारत में 20,000 से भी अधिक उपभाषाएँ बोली जाती हैं। इन उपभाषाओं को बोलने वाला प्रत्येक स्थानीय व्यक्ति स्वयं में एक भाषाई अल्पसंख्यक है क्योंकि इनमें से कोई भी व्यक्ति बहुसंख्यक होने की अर्हताएँ पूरी नहीं करता है। इसके बाद भी यदि आधे भारत में हिन्दी बोली नहीं जाने के बावजूद समझी जाती है तो इसका

श्रेय बहुत हद तक बॉलीवुड फ़िल्मोद्योग को दिया जाना चाहिए। लेकिन इसका कोई ख़ास लाभ नहीं है क्योंकि हम जो भाषाएँ बोलते हैं, उनके प्रचलित मुहावरों, लैंगिक नियमों और मूल अर्थों से यदि हम अपरिचित हैं तो उस भाषा का जानना हमारे लिए व्यर्थ है। दक्षिण भारतीय और पूर्वोत्तर के अधिकांश लोग हिन्दी की लिपि से ही अनभिज्ञ हैं।

जातीयता हमारे बहुसंख्यक समुदाय की जटिलताओं में और वृद्धि करने का काम करती है। बहुधा किसी भी भारतीय का नाम फ़ौरन यह साफ़ तौर पर बता देता है कि वह भारत के किस भू–भाग से सम्बन्धित हो सकता है और कौन–सी भाषा बोलता है। लिहाज़ा जब हम अपने बारे में किसी को कुछ बता रहे होते हैं तो दरअसल उसी वक़्त उसे अपनी उत्पत्ति के बारे में भी बता रहे होते हैं। बड़े शहरों में रहने वाले कुलीन वर्ग के विजातीय विवाहों को अपवाद मान लें तो ज़्यादातर भारतीय स्वभाव से सजातीय ही होते हैं और एक बंगाली को एक पंजाबी से भिन्न समझने में हमें अधिक श्रम नहीं करना पड़ता है। यह कहना अधिक उपयुक्त होगा कि भारतीयों के बीच समानताएँ कम और असमानताएँ अधिक हैं। कर्नाटक का ब्राह्मण अपनी हिन्दू आस्था की दृष्टि से बिहारी कुर्मी की तरह हो सकता है लेकिन अपने व्यक्तित्व, वेशभूषा, भाषा, रीतिरिवाज़, खानपान और राजनीतिक विचारों के मामले में दोनों एक–दूसरे से बिल्कुल अलग हैं। ठीक उसी तरह एक तमिल हिन्दू अपने आपको तमिल ईसाई से, या मुसलमान एक हरयाणवी जाट से ख़ुद को अलग समझता है जबकि दोनों एक ही धर्म में आस्था रखने वाले भारतीय हैं।

मैं इन असमानताओं का राग आख़िर क्यों आलाप रहा हूँ? शायद इस बहाने मेरा उद्देश्य बताना है कि भारतीय राष्ट्रवाद अपने आप में एक अजूबा और अनोखी चीज़ है। यह भूमि अपने किसी भी नागरिक पर किसी तरह की संकीर्ण शर्त या बाध्यता नहीं थोपती है। आप एक होकर भी उसके साथ विविध चीज़ें–दोनों हो सकते हैं। आप एक सच्चे मुसलमान, एक अच्छे मलयाली और पक्के भारतीय–एक साथ तीनों हो सकते हैं।

मैंने पिछले ही खण्ड में इसका उल्लेख किया था कि जब युगोस्लाविया गृहयुद्ध की चपेट में आकर टुकड़े–टुकड़े हो रहा था तो एक–दूसरे के ख़िलाफ़ जंग करने वाले सभी लोग उसी स्लाविक क़बीले की सन्तानें थे जो एक सहस्राब्दी पहले बाल्कन प्रायद्वीप में आ बसे थे। बाद के वर्षों में उनके भीतर छोटी–छोटी बातों पर इतने तीव्र मतभेद उत्पन्न होने लगे

कि वे एक–दूसरे को मरने–मारने पर आमादा हो गये थे। फ्रायड ने इसी प्रवृत्ति को सम्भवतः आत्ममुग्धता का नाम दिया है। जब मैंने राष्ट्रसंघ के अधिकारी के तौर पर इस मसले को सुलझाने के क्रम में युगोस्लाविया का दौरा किया तो वस्तुस्थिति से परिचित होने के बाद मैंने भी फ्रायड के उक्त कथन का अनुमोदन किया था। वे आमतौर पर एक ही भाषा बोलने वाले लोग थे और उनके उपनाम भी एक जैसे ही थे। ज़ाहिर तौर पर वे एक ही पुरखे के वंशज रहे थे, लेकिन अपनी छोटी महत्त्वाकांक्षाओं और प्रतिद्विन्द्विताओं के हाथों मजबूर होकर वे एक–दूसरे के ख़ून के प्यासे हो गये थे। भारत में ख़ुशक़िस्मती से हम अपनी इन्हीं विविधताओं और असहमतियों का उत्सव मनाते हैं। इस सन्दर्भ में मुझे माइकल इग्नाटिफ़ की बात सबसे अधिक प्रासंगिक लगती है, 'यह हम सबकी अस्मिता की धरती है, हमारे लहू की नहीं।'

मेरा अभिप्राय यह है कि भारतीय राष्ट्रीयता का आधार आज के विश्व में एक असाधारण आधार है। भारतीय राष्ट्रवाद के बारे में सोचते हुए मुझे अनायास एक पुरानी कहानी की याद आती है जिसमें दो विधिवेत्ता किसी समस्या पर विमर्श करते हैं। पहला व्यक्ति समस्या के व्यावहारिक समाधान पर बल देता है तो दूसरा उसकी बात को काटता हुआ कहता है, 'व्यावहारिक तौर पर यह कारगर हो सकता है लेकिन क्या यह सिद्धान्त–रूप में उचित होगा?'

भारतीय राष्ट्रवाद भी व्यवहार में खरा उतरता है लेकिन सिद्धान्त की कसौटी पर यह अधिक सफल नहीं माना जा सकता है। यह भाषा पर आधारित राष्ट्रवाद नहीं है क्योंकि भारत में अनेक भाषाएँ बोली जाती हैं। यह भूगोल पर भी आधारित नहीं है। हालाँकि विभाजन की त्रासदी से गुज़रने के बाद उसकी भौगोलिक संरचना वह नहीं रह गयी जो 1947 के पहले हुआ करती थी, इसके बावजूद इस महाद्वीप का भूगोल भी इसकी सामाजिक–सांस्कृतिक विविधताओं की ही पुष्टि करता है। इसकी नस्लीय और जातीय पृष्ठभूमि पर भी प्रश्न खड़े किये जा सकते हैं क्योंकि नस्लों के मामले में भी यह असमानताओं और विविधताओं से भरा हुआ है, और उनमें कुछ नस्लें ऐसी हैं जो कहने को तो भारतीय हैं किन्तु अपने हमवतन के बजाय विदेशियों से जैविक रूप से अधिक निकट हैं। उदाहरण के तौर पर बंगाल के लोग अपने पड़ोसी बांग्लादेशियों से और पंजाब के लोग अपने पड़ोसी पाकिस्तानियों से अधिक साम्य रखते हैं। वे पूनावाला और

बंगलोरियन से सर्वथा भिन्न हैं। और, न ही भारतीय राष्ट्रवाद का आधार धर्म है जिसका हवाला मैं बार–बार देता रहा हूँ। यह अनेक आस्थाओं की धरती रही है। हिन्दुत्व बेशक एक ऐसा धर्म हो सकता है जिसमें देश का ख़ासा बड़ा तबका विश्वास रखता है किन्तु इस धर्म का कोई राष्ट्रीय संगठनात्मक या संस्थागत चरित्र नहीं है, इसका कोई शीर्ष मठ भी नहीं है और न उस मठ का कोई वर्गानुक्रमिक ढाँचा ही है। हिन्दू धर्म में कोई धर्मगुरु नहीं है, और न मक्का जैसी सर्वोच्च पवित्र जगह ही है, कोई सब्त का दिन, कोई कठोर रीतिरिवाज़ और न उपासना की कोई समान विधि। ये सारे तत्त्व बहुसंख्यक आस्था में प्रयुक्त विविधताओं की अभिव्यक्तियाँ हैं। इस दृष्टि से भारतीय राष्ट्रवाद मेरे मतानुसार उन आदर्शों पर आधारित राष्ट्रवाद है जो भारत–भूमि पर सदा–सर्वदा से रहे हैं–जो आदर्श इसकी आदि सभ्यता से जन्मे हैं, जिन्हें हमारे साझा इतिहास से एकताबद्ध किया है और जिन आदर्शों को हमारे बहुलतावादी लोकतन्त्र ने क़ानून के राज के अधीन संरक्षित किया है।

मैंने बार–बार संकेत किया है कि भारत का आधारभूत गुणसूत्र (डीएनए) वह एकता की भूमि है जिसमें विविधताओं के लिए पर्याप्त स्थान और सम्मान है। भारत एक विचार है कि विभिन्न जातियाँ, नस्लें, वर्ण, संस्कृतियाँ, खानपान, आस्थाएँ, परम्पराएँ आदि लोकतान्त्रिक आम सहमति का खाद–पानी पाकर कैसे एक ही राष्ट्र में साथ–साथ जीवित रह सकती हैं। इस आम सहमति का क़ानून के राज में सरल लोकतान्त्रिक सिद्धान्त यह है कि ऐसी कोई बाध्यता नहीं है आप हर मुद्दे पर हर किसी के साथ सहमत हों–बस आपकी असहमतियों पर कुछ बुनियादी और ज़रूरी बन्दिशें ज़रूर लगाई जा सकती हैं। पिछले सत्तर से भी अधिक वर्षों में भारत ने जैसे झंझावातों और संकटों का सामना किया है इन्हें देखते हुए बहुत–से लोगों ने इसके खण्ड–खण्ड हो जाने की अनेक भविष्यवाणियाँ की थीं। उनके लिए भी यह देखना एक नया अनुभव है कि तमाम असहमतियों के बावजूद सहमत कैसे हुआ जा सकता है। दुर्भाग्यवश सत्तासीन कुछ लोग इन मूलभूत नियमों को चुनौती देने पर आमादा दिख रहे हैं, लिहाज़ा आज भारत की आत्मा जो कि विविधता में बसती है को अनुभूत करने की आवश्यकता पहले से कहीं अधिक है। भारतीय राष्ट्रवाद का असल ताना–बाना इसकी विविधताएँ ही हैं। संविधान के साये में क़ानून के राज के ज़रिये ही इन विविधताओं को जीवित बचा कर समृद्ध किया जा सकता है।

13

संविधान और भारतीय राष्ट्रवाद

13 दिसम्बर 1946 के दिन नवस्थापित संविधान सभा में प्रस्ताव लाते हुए जवाहरलाल नेहरू ने जो भाषण दिया था, उसकी आरम्भिक पंक्तियाँ इस बात की ओर संकेत करती हैं कि तात्कालिक स्थितियों के अनुकूल एक कारगर संविधान का निर्माण करने के लिए संविधान निर्माताओं पर कितनी भारी ज़िम्मेदारी थी, और उन ज़िम्मेदारियों को उन्होंने कितने न्यायपूर्ण तरीक़े से पूरा किया था। वे पूर्णरूपेण सजग थे कि भविष्य की ओर अग्रसर होते हुए भी वे अपने गौरवशाली अतीत को भूल न जायें। नेहरू ने कहा था :

> हम एक पुराने युग के अन्तिम सिरे पर खड़े हैं और सम्भवतः यहाँ से एक नये युग में प्रवेश करने वाले हैं। ऐसे में मैं ख़ुद को अपने 5,000 साल पुराने सुनहरे इतिहास को याद करने से नहीं रोक पा रहा हूँ। इतिहास का वह मुहाना जहाँ से हमारी सभ्यता की शुरुआत होती है। मैं सभ्यता के उस अतीत से घिरा खड़ा हूँ जिसका मेरे ज़ेहन पर गहरा दबाव है। क्या मैं इस शानदार अतीत का बोझ उठा पाने के क़ाबिल हूँ? मैं उस भविष्य की तरफ़ भी देखता हूँ जो शायद ज़्यादा बेहतर हो। अतीत और भविष्य के बीच के इस कगार पर चलते हुए मेरे पाँव काँपते हैं लेकिन मुझे मेरी ज़िम्मेदारियों का भी अहसास है। आज हम भारत के इतिहास के एक विरल पल में खड़े हैं। मुझे प्रतीत होता है, यह शायद पुराने से नये की ओर प्रस्थान का पल है। रात का अँधेरा छँटने के बाद भोर के फूटने का चमत्कारिक पल। सम्भव है कि

> जब दिन हो तो आसमान पर बादल छाये हुए हों, फिर भी दिन तो आख़िर दिन होता है। जब बादल छँट जायेंगे तब हम सूरज को देख सकेंगे।[155]

इस सन्दर्भ में हमें डॉ. अम्बेडकर द्वारा 25 नवम्बर 1949 को संविधान सभा में दिये गये भाषण के समापन को भी नहीं भूलना चाहिए जो उनकी पुस्तक *दी ग्रामर ऑफ़ अनार्की* में संग्रहित है। भारत की समस्याओं का उल्लेख करते हुए उन्होंने क़ानून के अन्तर्गत संचालित एक आदर्श राज्य की स्थापना की आवश्यकता पर बल दिया था। राजनीति, क़ानून और सामाजिक वर्गानुक्रम के समपार्श्व से भारत को देखते हुए उनके वक्तव्य को अत्यन्त महत्त्वपूर्ण और प्रभावशाली माना जाता है। उन्होंने कहा था :

> राजनीति की दृष्टि से हम इसी समीकरण को समझते हैं कि एक व्यक्ति को एक मतदान करने का अधिकार प्राप्त है, और हर एक मत का मूल्य समान है। लेकिन व्यवस्थागत और संरचनात्मक त्रुटियों के कारण हमारे सामाजिक और आर्थिक जीवन में 'एक व्यक्ति और एक मूल्य' के सिद्धान्त की उपेक्षा की जाती है। इन अन्तर्विरोधों से भरा जीवन हम कब तक जीते रहेंगे?[156]

अम्बेडकर द्वारा असमानता और अस्पृश्यता पर किये गये इस मुखर प्रहार का असर भारत के शोषित और वंचित समाज पर पहली बार व्यापक और गहरे रूप में पड़ा।

अम्बेडकर ने कोलम्बिया विश्वविद्यालय और लन्दन स्कूल ऑफ़ इकोनॉमिक्स जैसे संस्थानों से शिक्षा ग्रहण की थी, और वे बॉम्बे के अतिप्रतिष्ठित गवर्नमेंट लॉ कॉलेज के पहले भारतीय प्रिंसिपल भी नियुक्त हो चुके थे। उनके मन में जातीय व्यवस्था के परिणामस्वरूप सामाजिक समानताओं के प्रति गम्भीर चिन्ताएँ थीं और इस बात से भी सशंकित थे कि आज़ादी के बाद दलित कहीं ऊँची जातियों के सामाजिक–आर्थिक वर्चस्व के शिकार न हो जायें। हालाँकि वे जातिव्यवस्था के उन्मूलन में

155. जवाहरलाल नेहरू, *वर्ड्स ऑफ़ फ्रीडम : आइडिया ऑफ़ अ नेशन*, दिल्ली : पेंगुइन बुक्स इंडिया, 2010।

156. बी. आर. अम्बेडकर, 'दी ग्रामर ऑफ़ अनार्की', स्पीच टू दी कांस्टीचुएंट्स असेम्बली, 25 नवम्बर 1949।

विश्वास रखने वाले एक राष्ट्रवादी नेता थे और उनका मानना था कि ब्रिटिशों से आज़ादी की लड़ाई में भी दलितों की भूमिका होनी चाहिए लेकिन साथ ही उनको नये संविधान जिसके निर्माण में उनकी महत्त्वपूर्ण भूमिका थी, के दायरे में रहते हुए अपनी समानता और हक़ की लड़ाई भी उतनी ही मुस्तैदी से लड़ने की ज़रूरत है। 1942 में रेडियो पर प्रसारित हुए नवस्थापित लेबर पार्टी की तरफ़ से बोलते हुए भी उन्होंने अपना दृष्टिकोण रखा था कि 'स्वतन्त्रता उस लक्ष्य को प्राप्त करने का एक साधन मात्र है जिसके लिए लेबरों ने अपने जीवन का सर्वस्व न्योछावर कर दिया है।'[157] राष्ट्रीय अस्मिता, अन्य अर्थ में कहें तो अपने आप में कोई नैतिक महत्त्व की बात नहीं है। राष्ट्रवाद भारत को एकताबद्ध कर सकता है किन्तु उसके 'मूलभूत सिद्धान्तों के बिना' उसकी सार्थकता को प्राप्त करने की बात सोचना बेमानी है।

आठ साल बाद जब अम्बेडकर संविधान सभा में ज़ोर डालते हुए भारत के संविधान को लोकतन्त्र का सबसे प्रभावी उपकरण बता रहे थे तो प्रकारान्तर में वे अपनी ही कही बात को दुहराते प्रतीत हो रहे थे। निस्सन्देह यह भारतीय लोकतन्त्र का आधारभूत ढाँचा है। भारतीय संविधान के अन्तर्गत राज्य के तीन अनिवार्य अंग हैं–विधायिका, कार्यपालिका और न्यायपालिका। संविधान में उनके कार्यक्षेत्रों की व्याख्या के साथ–साथ उनके अधिकारों पर लगाये गये नियन्त्रणों का भी उल्लेख किया हुआ है। उनके उत्तरदायित्वों को बाँट दिया गया है और तीनों के परस्पर नागरिकों के साथ उनके सम्बन्धों का नियन्त्रण भी संविधान ही करता है। लेकिन भारतीयता के सन्दर्भ में नागरिक राष्ट्रवाद का सबसे महत्त्वपूर्ण योगदान यह माना जाता है कि इसने एक आम आदमी की सत्ता में भागीदारी सुनिश्चित की।

क़ानूनविद् माधव खोसला ने क़ानून के इतिहास पर लिखी अपनी बहुचर्चित पुस्तक *इंडियाज फाउंडिंग मोमेंट* में उपनिवेशोत्तर भारत, जो कि 'अभावग्रस्तों और निरक्षरों का देश था और जाति, धर्म और भाषाओं

---

157. अम्बेडकर्स 1942 बॉम्बे रेडियो एड्रेस, कोटेड इन लुईस कैब्रेरा, *दी हम्बल कॉस्मोपॉलिटन : राइट, डाइवर्सिटी, एंड ट्रांस–स्टेट डेमोक्रेसी*, न्यू यॉर्क : ऑक्सफोर्ड यूनिवर्सिटी प्रेस, 2019, पृ. 277।

जैसी सदियों पुरानी कुपरम्पराओं द्वारा बुरी तरह विभाजित था',[158] में एक राजनीतिक उपस्कर के रूप में संवैधानिक लोकतन्त्र की स्थापना पर आज़ादी के बाद सामान्य लोगों की जानकारी और समझ में व्यापक समृद्धि की ताकि नागरिक शासन के अभिकरण की धुरी और कार्यप्रणाली के अनुरूप स्वयं को ढाल पाये। स्वशासन और पारस्परिक अन्तःसम्बन्धों में सकारात्मक परिवर्तन के लिए यह अत्यन्त आवश्यक था।

स्वयं डॉ. अम्बेडकर जो कि संविधान निर्माण समिति के अध्यक्ष भी थे, की पहल पर गणराज्य के निर्माताओं ने समाज के लिए एक ऐसे उदार संविधान का चयन किया जो ऐसा उदार भी नहीं था जिसे ओछा कहा जा सके क्योंकि एक तरफ़ इसने पारम्परिक संस्कृतियों को सुरक्षित रखा और दूसरी तरफ़ जाति, धर्म और सामाजिक वर्गानुक्रम जैसे पूर्वाग्रहों पर आक्रमण करने में सक्षम भी था। उन्होंने अपना ध्यान राज्य की सुदृढ़ता और ग़ैर–साम्प्रदायिक राजनीतिक प्रतिनिधित्व आदि जैसे उदार संविधान के सिद्धान्तों पर केन्द्रित किया ताकि लोकतन्त्र के सम्मुख खड़ी चुनौतियों से प्रभावी ढंग से निबटा जा सके। उन्होंने समकालीन उदार विचारों के साथ भारत में एक आमफहम ज़ुबान में क़ानून के शासन के लिए एक प्रतिबद्धता व्यक्त की। राज्य का सशक्तीकरण, क्षेत्रीयता में ह्रास और जनप्रतिनिधित्व का एक ऐसा मॉडल विकसित करना जो समुदाय–आधारित न होकर व्यक्ति–आधारित हो–नये संविधान की वास्तविक प्राथमिकताएँ यही थीं। खोसला के अनुसार 'मुख्य लक्ष्य' भारतीयों को 'अवसर, स्वतन्त्रता और समानता का समान अधिकार' प्रदान करना था। यह बहुत आसान काम नहीं था।

अम्बेडकर इस बात को बख़ूबी समझते थे कि राज्य की सत्ता और निरंकुशता पर नियन्त्रण लगाने का सबसे उपयुक्त माध्यम संविधान ही है। असल चुनौती यह थी कि इन नियन्त्रणों को जनभावनाओं को ध्यान में रखते हुए लगाया जाये, और इस उपक्रम में अस्थायी बहुमत के लोभ से बचा जाये ताकि संविधान का उद्देश्य और आत्मा को किसी तरह का आघात नहीं पहुँचे (ऐसे भी लोकतन्त्र में बहुमत एक अस्थायी स्थिति है,

---

158. माधव खोसला, *इंडियाज फाउंडिंग मोमेंट : दी कॉन्स्टीचुएशन ऑफ़ अ मोस्ट सरप्राइजिंग डेमोक्रेसी*, कैम्ब्रिज : हार्वर्ड यूनिवर्सिटी प्रेस, 2019।

हालाँकि लोग इस बात को प्रायः भूल जाते हैं)। खोसला का मानना है कि भारतीय गणराज्य के निर्माताओं के मस्तिष्क में एक ऐसे लोकतन्त्र का आदर्श था जो बहुमत के शासन का अतिक्रमण करने की क्षमता रखता हो और आवश्यकतानुसार उसे अस्वीकृत भी कर सके। संविधान के इसी अधिकार को अमेरिकी विचारक रोनाल्ड डोवोर्किन की कुख्यात उक्ति 'बहुसंख्यकवाद के परिसर' के तौर पर सन्दर्भित किया जाता है।[159] यह राजनीति को क़ानून की परिधि से बाहर जाने की अनुमति नहीं देते हैं। जैसा कि अम्बेडकर ने भी लिखा है कि भारतीय नागरिकों को 'उनके अधिकारों से केवल उन नियमों द्वारा वंचित नहीं किया जा सकता जिसे बहुमत ने पारित किया है।'

भारत की स्वतन्त्रता का संघर्ष केवल एक विदेशी शासन से आज़ादी पाने का आन्दोलन मात्र नहीं था। यह साम्राज्यवादी निरंकुशता से क़ानून और व्यवस्था के प्रशासन को केन्द्रच्युत करने की जद्दोजहद भी था। 'संवैधानिक नैतिकता' के बीजारोपण का आरम्भ यहीं से हुआ माना जाता है जिसका अभिप्राय संवैधानिक माध्यमों, इसकी कार्यविधियों और सांस्थानिकता के प्रति दृढसंकल्प है। और, इस क्रम में अभिव्यक्ति की आज़ादी, सार्वजनिक क्रियाकलापों में पारदर्शिता और अधिकार और शक्तियों पर विधि के नियन्त्रण को भी सुनिश्चित करने की आवश्यकता थी। ये ही वे तरीक़े थे जिनसे भारत में स्वतन्त्रता को सही अर्थों में सिंचित और समृद्ध करना सम्भव था।

अम्बेडकर तो भलीभाँति इस भय से परिचित थे कि संविधान में ढाँचागत परिवर्तन किये बिना भी उसके मूल उद्देश्यों के साथ छेड़छाड़ करना पूरी तरह से सम्भव था। इसके लिए केवल प्रशासन को मामूली रूप से अस्थिर और नागरिकों के प्रति उदासीन बनाने की आवश्यकता थी। उन्होंने तर्क भी दिया था 'संवैधानिक नैतिकता एक नैसर्गिक प्रवृत्ति नहीं है। इसे विकसित करने की ज़रूरत होती है। हमें यह बात हर क़ीमत पर समझनी होगी कि हमारे लोगों को अभी यह सीखना होगा। भारत में लोकतन्त्र अभी एक सतही विचार है क्योंकि हमारा समाज भीतर से

159. रोनाल्ड डोवोर्किन, *फ्रीडम्स लॉ : दी मोरल रीडिंग ऑफ़ दी अमेरिकन कांस्टीचुएशन*, कैम्ब्रिज : हार्वर्ड यूनिवर्सिटी प्रेस, 1997, पृ. 1–38।

अनिवार्यतः अलोकतान्त्रिक है।' इसलिए उन्होंने नीति निदेशक सिद्धान्तों पर विशेष ज़ोर दिया। यह भारतीय संविधान की एक महत्त्वपूर्ण उपलब्धि है और विश्व के दूसरे संविधानों में कहीं नहीं उपस्थित है। इनकी आवश्यकता इसलिए भी अनुभव की गयी क्योंकि लोकतान्त्रिक प्रकिया के अन्तर्गत जिनका निर्वाचन होता है उन लोगों के हाथ में राजनीतिक सत्ता स्वतः आ जाती है। नीति निदेशक सिद्धान्त यह सुनिश्चित करते हैं कि 'जिनके हाथ में भी सत्ता का नियन्त्रण होता है, वे उन शक्तियों को अपनी मर्ज़ी और सुविधानुसार इस्तेमाल नहीं कर सकें।'

अक्सर यह भी कहा जाता है कि अम्बेडकर ने सार्वजनिक तौर पर अपने ही बनाये संविधान का परित्याग कर दिया था। 1953 में संसद में उनके द्वारा दिये गये एक आक्रोशपूर्ण और भावुक सम्बोधन के आधार पर इस निष्कर्ष पर पहुँचना एक अतिशयोक्ति होगी। राज्यसभा के कुछ दूसरे सांसदों के साथ तीखी झड़प में उन्होंने कहा था : 'हम वकीलों को बहुत–सी बातों का बचाव करना होता है। लोगबाग मुझसे अक्सर कहते रहते हैं, "ओह! तो आपने ही संविधान को बनाया है।" ऐसे में मेरा जवाब होता है कि मुझे इस काम के लिए किराये पर रखा गया था। मुझसे जो भी करने को कहा गया, वह मैंने अपनी मर्ज़ी के ख़िलाफ़ जाकर किया।'[160]

वास्तविकता यही थी कि अपने जीवन के अन्तिम वर्षों में अम्बेडकर संविधान में बहुसंख्यकवाद की निरन्तर बढ़ती हुई दखल से व्यथित थे। संविधान निर्माण समिति का अध्यक्ष बनने से पूर्व उन्होंने स्पष्ट तौर पर कहा था, 'अगर ब्रिटिश व्यवस्था को अपनाया गया तो इसका दुष्परिणाम कार्यपालक शक्तियों पर साम्प्रदायिक बहुसंख्यकों के स्थायी वर्चस्व के रूप में सामने आ सकता था।'[161] यद्यपि संविधान सभा के सदस्य के रूप

---

160. कोटेड इन भानु धमीजा, 'व्हाई अम्बेडकर डिड'न्ट लाइक इंडियाज कांस्टीचुएशन', *दी क्विंट*, 14 अप्रैल 2018। डिस्पाइट डिस सेल्फ–डिसपैरेजमेंट, अम्बेडकर्स स्टेचर हैज ग्रोन एनोर्म्सली सिंस हिज पासिंग; इन हिज लाइफटाइम ही लॉस्ट ऑलमोस्ट एवरी इलेक्शन ही कांटेस्टेड, इन्क्लुडिंग टू रन्स फॉर दी लोक सभा, बट टुडे ही इज़ अर्गुअब्ली अमोंग्स्ट दी मोस्ट रेवेरेड ऑफ़ इंडियंस, हिज बर्थडे दी अकेजन ऑफ़ अ फाइव–नाइट विजिल बाय हिज डिवोटेड फॉलोअर्स, हिज स्टेच्युज अक्रॉस दी कंट्री सेकंड ओनली इन नम्बर्स टू दोज ऑफ़ महात्मा गाँधी।

161. वही।

में वे बहुधा बहुमत दृष्टिकोण के ही साथ रहे किन्तु 1953 में बीबीसी को दिये गये एक साक्षात्कार में उन्होंने अपनी आशंका के बारे में खुल कर बात की कि उन्होंने संविधान सभा में अपनी चेतावनी दी थी : 'लोकतन्त्र सफल नहीं हो सकेगा।' उनकी आवाज़ में एक निराशा थी, 'इसका सरल कारण यह है कि हमारी सामाजिक संरचना संसदीय लोकतन्त्र के लिए पूरी तरह प्रतिकूल है।'[162]

व्यक्तिगत या सार्वजनिक जीवन में मैंने जिन बातों का उल्लेख किया हो किन्तु संविधान में अम्बेडकर ने लोकतन्त्र के प्रति अपनी सकारात्मक आस्था व्यक्त की थी। उन्होंने भारतीयों से सत्ता के प्रति नयी समझ विकसित करने का आह्वान किया था। उनका मानना था कि एक ऐसी निर्वैयक्तिक सत्ता जो सबको बराबरी का हक़ देती हो, के अधीन रह कर ही भारतीय सच्चे अर्थों में स्वतन्त्र हो सकते हैं और इस अर्थ में स्वतन्त्र हुए नागरिक ही सामाजिक–आर्थिक परिवर्तन का कारण बनेंगे। भारत का स्वतन्त्रता दिवस महज़ सांस्कृतिक आयोजनों, झंडोत्तोलन और राष्ट्रगान खानापूर्ति भर नहीं था। स्वतन्त्रता का वास्तविक महत्त्व विचारों की आज़ादी में है। भारतीयों से अपेक्षा की जाती थी वे उन दीवारों को पहचानें और उन्हें गिरा कर ध्वस्त कर दें जिन्हें टैगोर ने अपनी प्रसिद्ध उक्ति 'टुकड़ों में बाँटने वाली तंग दीवारों' का नाम दिया था।[163] सदी में महान और बहुमुखी चिन्तकों में टैगोर ने अपनी बात को विस्तार देते हुए कहा था, 'मेरे देशवासियों को उनका वास्तविक भारत तभी प्राप्त हो सकेगा जब वे उस शिक्षाप्रणाली से लड़ेंगे जो उन्हें यह बतलाता है कि देश मानवीय आदर्शों से अधिक महत्त्वपूर्ण और महान होता है।'[164]

यह बिल्कुल भिन्न और अनोखे प्रकार का राष्ट्रवादी विचार था। लेकिन उनके विपरीत नेहरू जैसे मध्यममार्गी राष्ट्रवादी भी थे जो टैगोर की भाँति अति आदर्शवादी नहीं थे। नेहरू का लक्ष्य कहीं अधिक व्यावहारिक था क्योंकि वे मानते थे कि भारत में लोकतन्त्र की पहली प्राथमिकता समाज में सबको बराबरी का अधिकार दिलाना एक सम्मानजनक जीवन जीने का अवसर प्रदान करना होना चाहिए। नेहरू आर्थिक ताक़त को राज्य की

---

162. वही।
163. रवीन्द्रनाथ टैगोर, *गीतांजलि : सोंग ओफरिंग्स* (1912), किघ्ली : पमोना प्रेस, 2007।
164. टैगोर, *नेशनलिज़्म।*

देखरेख में कुछ धनाढ्य लोगों के हाथों में सौंप देने के पक्षधर थे ताकि ग़रीबी और बेरोज़गारी में कमी लायी जा सके और लोग भौतिक रूप से अधिक सुविधासम्पन्न हो सकें। उनके सामने बड़बोले विंस्टन चर्चिल जैसे नेताओं को ग़लत साबित करने की चुनौती थी जिसने यह हास्यास्पद भविष्यवाणी की थी कि ब्रिटिशों के छोड़ जाने के बाद 'सदियों से अन्तिम रूप से अपराजेय रहे भारत में क्रूरता और लूटखसोट का बीभत्स नृत्य आरम्भ हो जायेगा और एक देश देखते ही देखते मध्ययुगीन आखेट–वन में बदल जायेगा।'[165] नेहरू जानते थे कि ऐसी बेतुकी भविष्यवाणियों को तरक़्क़ी और विकास के ज़रिये झूठा साबित करके ही स्वतन्त्रता के औचित्य के सही सिद्ध किया जा सकता था।

यहाँ एक बात और ग़ौरतलब थी कि संविधान सभा ने पृथक् निर्वाचक–मण्डल, भारतीय प्रतिनिधित्व और धर्म के आधार पर आरक्षण जैसी माँगों को ठुकरा दिया था। स्वतन्त्रता प्राप्ति और ब्रिटिश भारत के बँटवारे के मात्र कुछ ही दिन पहले सरदार वल्लभ भाई पटेल ने अल्पसंख्यक और मानवाधिकार परामर्शदात्री समिति के अध्यक्ष की हैसियत से संविधान सभा के सभापति, राजेन्द्र प्रसाद को पत्र लिखकर पृथक् निर्वाचक–मण्डल की माँग को ख़ारिज किये जाने के बारे में विस्तार से बताया था। पटेल का तर्क था धर्म के आधार पर नागरिकों में भेद करने के सिद्धान्त को औपनिवेशिक भारत में पहले ही आज़माया जा चुका था जिसका दुष्परिणाम विभाजन के रूप में सामने आया था। इसलिए इस विषय पर एक उदार किन्तु निर्धारित सिद्धान्त बना लिया गया था और प्रतिनिधित्व, पहचान, नागरिकता के सिद्धान्त और राजनीतिक भागीदारी जैसे विषयों पर संविधान की परिधि में रहते हुए समय–समय पर छोटे–मोटे परिवर्तन किये जाते रहे। बहुसंख्यक और अल्पसंख्यक की व्याख्या और पुनर्व्याख्या के लिए भी यही मानदण्ड अपनाये गये और इस बात का प्रयास किया गया कि सभी नागरिकों को यथासम्भव अधिकाधिक संवैधानिक सुरक्षा के दायरे में लाया जा सके।[166]

---

165. रामचन्द्र गुहा, 'एन अनलाइक नेशन', *न्यू स्टेट्समैन*, 2 अगस्त 2007।
166. वल्लभभाई पटेल, *दी कलेक्टेड वर्क्स ऑफ़ सरदार वल्लभभाई पटेल*, वॉल्यूम 1, दिल्ली : कोणार्क पब्लिशर्स, 1990।

संविधान–निर्माताओं के बीच बौद्धिक मतभेद का मुख्य कारण यह नहीं था कि उनको भारत के रूप में एकीकृत भौगोलिक क्षेत्र चाहिए अथवा नहीं। वह मसला तो बँटवारे के ज़रिये कमोबेश सुलझाया जा चुका था और संविधान सभा के काम करने के तत्काल बाद से यह लागू भी किया जा चुका था। संविधान सभा के सदस्यों के बीच सबसे गहरा मतभेद का मुद्दा यह था कि उनका एक धड़ा ऐसी व्यक्तिगत नागरिकता का पक्षधर था जो धर्म या जाति जैसी निजी पहचान से मुक्त हो, जबकि दूसरा धड़ा भारतीय राष्ट्रीयता को एक संघ की अपरिहार्य पहचान के रूप में परिभाषित करना चाहता था। ऐसे राष्ट्रवादी ख़ासी तादाद में थे जो हालाँकि संविधान सभा के सदस्य नहीं थे लेकिन एकीकृत भारत के कट्टर पक्षधर थे। ऐसे नेताओं में आज़ाद और गाँधी जैसे लोग थे, फिर भी एक बड़ा तबका यह मानता था कि भारत वस्तुतः विभिन्न समुदायों का एक समूह है, साथ–साथ सौहार्दपूर्ण सहअस्तित्व में ही फल–फूल सकते हैं। बहरहाल नेहरू और अम्बेडकर के नेतृत्व में संविधान सभा ने उल्टी दिशा में जाने का निर्णय लिया। उन्होंने सोच–समझ कर राष्ट्रीयता के लिए व्यक्तिगत नागरिकता का विकल्प चुना क्योंकि वे जानते थे कि भारत में व्यक्ति अपने समुदायों से प्रभाव से बाहर नहीं रह सकता है।

अम्बेडकर ने यह बात अपने एक भाषण में साफ़–साफ़ कह दी थी जिससे एक वाक्य मैं पहले के अध्याय में उद्धृत कर चुका हूँ। 'मुझे नहीं लगता कि इस देश में किसी विशेष संस्कृति के लिए कोई विशेष स्थान है, चाहे वह हिन्दू संस्कृति हो, या मुस्लिम संस्कृति हो या फिर कन्नड़ी या गुजराती संस्कृति हो। ऐसी बहुत–सी बातें हैं जिनसे हम इनकार नहीं कर सकते हैं लेकिन उन्हें लाभ के उद्देश्य से प्रोत्साहित नहीं किया गया है, बल्कि देखा जाये तो उनके अपने कुछ नुक़सान हैं जो हमारी निष्ठा को बाँटती हैं और हमें अपने उद्देश्य से भटकाती हैं,' उनकी दलील थी। 'हमारा साझा उद्देश्य उस मानसिकता का निर्माण है कि हम सभी पहले भारतीय हैं। जब लोग कहते हैं कि मैं पहले भारतीय हूँ और उसके बाद ही हिन्दू या मुसलमान हूँ, तो मुझे यह बात बुरी लगती है। मुझे यह बात इसलिए खटकती है क्योंकि... मैं भारतीय होने की अपनी निष्ठा को किसी भी अन्य प्रतिद्वन्द्वी निष्ठा के साथ बँटता नहीं देखना चाहता हूँ, चाहे वह निष्ठा हमारे धर्म से जन्मी हो, या फिर हमारी संस्कृति अथवा भाषा से उपजी हो। *मैं सभी लोगों को पहले एक भारतीय देखना चाहता हूँ,*

आख़िर मैं एक भारतीय देखना चाहता हूँ, और भारतीय होने के सिवा कुछ और नहीं देखना चाहता हूँ.... ।"[167]

विचारों की यह बुनियादी असहमति कि लोग हिन्दू या मुसलमान पहले हैं, या भारतीय पहले हैं आज भी हमारी राजनीति का सबसे बड़ा यक्षप्रश्न है। हमारा राष्ट्रवादी आन्दोलन आरम्भ से ही दो विचारों में बँटा रहा। पहले विचार में वे लोग शामिल थे जो धर्म को अपनी राष्ट्रीयता का निर्णायक तत्त्व मानते थे, और दूसरी विचारधारा से ऐसे लोग सम्बद्ध थे जो सबके लिए एक समावेशी भारत के पक्षधर थे। उनके लिए धार्मिक समुदायों और आस्था से अधिक आवश्यक आम आदमी के अधिकारों की गारंटी को सुनिश्चित करना था। पहले विचार से पाकिस्तान की अवधारणा निकली, और दूसरा विचार भारत का आदर्श बना। पाकिस्तान एक ख़ास धर्म पर आधारित राष्ट्र बना–एक ऐसा राष्ट्र जो अपने अल्पसंख्यक नागरिकों के साथ भेदभाव भरा बर्ताव करता है और उन्हें बराबरी का हक़ देने से इनकार करता है। लेकिन भारत ने कभी उन सिद्धान्तों को स्वीकर नहीं किया जिन्होंने देश के दो टुकड़े कर दिये। हमारा स्वतन्त्रता आन्दोलन सबके लिए था, और हमारा नवस्वतन्त्र भारत भी सबके लिए है।

देश की स्वतन्त्रता प्राप्ति के उपरान्त जो वैचारिकी भारतीय स्वतन्त्रता संघर्ष और उसके चार दशकों में पाते रहे बल्कि उनकी लोकप्रियता के प्रभाव में पर्याप्त वृद्धि भी हुई। लेकिन विगत तीन दशकों में एक राष्ट्र के रूप में भारत बहुसंख्यकों के धर्म के कारण अधिक पहचाना जाने लगा। भारत का नाम स्मृति में आते ही एक हिन्दू राष्ट्र की धारणा बनती प्रतीत होती है। इस विषय पर और साथ ही एक दर्शन के रूप में हिन्दुत्व का क्या दृष्टिकोण है–इस पर हम पुस्तक के अगले खण्ड में विस्तार से बात करेंगे।

---

167. कोटेड इन *इंडियन नेशनलिज़्म,* पृ. 27 [इम्फेसिस एडेड] ।

14

एक जीवन्त दस्तावेज़

अगर आज के सन्दर्भ में विश्लेषण किया जाये तो यह बात ध्यान देने योग्य है कि भारत के संविधान–निर्माताओं ने बहुत सजगता के साथ धर्म को नागरिकता के निर्धारण में किसी तरह की अड़चन नहीं बनने दिया। उनका स्पष्ट मानना था कि प्रत्येक मतदाता तब इस लोकतान्त्रिक परम्परा का हिस्सा बना रहेगा जब तक वह अपने मत का प्रयोग करते हुए स्वयं को किसी भी धार्मिक निष्ठा से पूरी तरह मुक्त रखेगा। खोसला लिखते हैं, 'भारत में कोई भी व्यक्ति तब तक एक राजनीतिक अभिकरण नहीं हो सकता जब तक अपनी राजनीतिक पहचान उसने ख़ुद निर्मित नहीं की हो'[168] क्योंकि संविधान ने उसे धर्म जैसी पूर्वनिर्धारित पहचान के आधार पर प्रतिनिधित्व का अधिकार नहीं दिया है। इसलिए हर एक व्यक्ति के मत को इतना बहुमूल्य समझा गया। सिद्धान्ततः लोकतान्त्रिक राजनीति का पूर्वनिर्धारित हितों के पक्ष में उपयोग नहीं किया जा सकता था, अलबत्ता राजनीति को व्यक्ति के हितों को अभिव्यक्त करने का माध्यम अवश्य बनाया जा सकता था। 'ऐसी स्थिति में यही संविधान व्यक्ति की नागरिक के तौर पर पहचान करता है,' खोसला व्याख्यायित करते हैं, 'इस अर्थ में संविधान व्यक्ति की स्वतन्त्रता का प्रारूप भी है।'[169]

लेकिन इसके समानान्तर संविधान में समूहों के अधिकारों के लिए विशेष प्रावधान किये गये हैं–जैसे धार्मिक सम्प्रदायों द्वारा धार्मिक और कल्याणार्थ उद्देश्यों से संस्थाएँ स्थापित करने और उनके रखरखाव के

168. खोसला, *इंडियाज फाउंडिंग मोमेंट*, पृ. 137।

169. वही, पृ. 140।

अधिकार (अनुच्छेद 26/ए), या 'नागरिकों के किसी समूह' द्वारा किसी विशेष भाषा, लिपि या संस्कृति के अभिरक्षण (अनुच्छेद 29/1) आदि के अधिकार। इसके अतिरिक्त अनुसूचित जनजाति के हितों की रक्षा (अनुच्छेद 19/5) के लिए भी प्रावधान किये गये हैं। अनुच्छेद 25 के अन्तर्गत यह कहते हुए कि अल्पसंख्यक स्वयं को सुरक्षित अनुभव करें, बहुसंख्यकों पर विशेष प्रावधान लगाये गये हैं। चूँकि अनेक समूहों के स्वतन्त्र संवैधानिक अधिकारों को अलग से चिह्नित करने के क्रम में संविधान अपने 'एकल एकीकरण' के सिद्धान्त से किंचित् विचलित होता हुआ अवश्य प्रतीत हुआ, लेकिन इसके पक्ष में सर्वोच्च न्यायालय के जस्टिस धनंजय चन्द्रचूड़ ने कहा है कि इस विचलन का निहितार्थ इस तथ्य में है कि समूहों की व्यक्ति की पहचान निर्मित और तय करने में विरल भूमिका है। किसी समूह के सदस्य के अधिकारों की सुरक्षा सुनिश्चित कर राज्य को अतीत में व्यक्ति के साथ हुए अन्याय और ग़ैरबराबरी को समाप्त करने का अवसर प्राप्त हो सकता है। संविधान–निर्माताओं ने संवैधानिक उदारता को भारत की बहुलतावादी वास्तविकताओं के बीच यह सोच कर स्थापित किया था कि संवैधानिक उदारता और बहुलतावादी अस्मिता के बीच सन्तुलन बना रहे। साथ ही अपनी उत्पत्ति के साथ इस देश की विराट विविधताओं को क्षति पहुँचाये बिना उनको आत्मसात किया जा सके।[170]

समूहों की पहचान करते हुए उसके अलग–अलग सदस्यों के अधिकारों के बारे में निर्णय लेने की क्षमता और राष्ट्रीय जीवन की निरन्तर परिवर्तित होती हुई वास्तविकताओं के अनुसार उसकी अनुकूलनशीलता ने संविधान को सामाजिक परिवर्तन का एक प्रभावी माध्यम बनाने में बड़ी भूमिका निभाई है। इस सन्दर्भ में यह बात विशेष रूप से उल्लेखनीय है कि इस महती अवदान में संसद ने भी संविधान का साथ कन्धे से कन्धा मिलाकर दिया है। भारतीय संविधान ने ख़ुद को एक ऐसी संस्था के रूप में निर्मित किया है जिसमें अपने आपको विकसित और संशोधित करने की क्षमता

---

170. जस्टिस धनंजय वाई. चन्द्रचूड़, जस्टिस पी. डी. देसाई मेमोरियल लेक्चर 2020, 15 फ़रवरी 2020, गुजरात उच्च न्यायालय, <https://images.assettype.com/brandbench/2020-02/f3dad31-ed51-4ddb-af39-5d9138bf6162/Justice_DY_Chandrachud__Justice_PD_Desai_Memorial_Speech.pdf> ।

स्वतः उपस्थित है—एक ऐसा जीवन्त दस्तावेज़ जो समय के परिवर्तनों के साथ–साथ ख़ुद को भी परिवर्तित कर सके। लेकिन इस क्रम में यदि वह अपने बुनियादी ढाँचे में किसी तरह की फेरबदल करता है तब न्यायपालिका इसमें हस्तक्षेप करने का अधिकार रखती है।

26 जनवरी 1950 के दिन लागू होने के बाद से संविधान को संसद के द्वारा एक सौ से भी अधिक अवसरों पर संशोधित किया जा चुका है। संविधान के साथ–साथ संसद की स्थापना का एक उद्देश्य यह भी था। संकुचित विचारों के लोगों की नज़रों में यह संविधान की एक दुर्बलता है जिसके कारण इसे इतने अधिक संशोधनों से होकर गुज़रना पड़ा, किन्तु व्यापक दृष्टि रखने वाले लोग यह बात बख़ूबी जानते हैं कि स्वयं को क्षति पहुँचाये बिना राजनीतिक दृष्टि से इतना लचीला होना वास्तव में संविधान की एक आन्तरिक ताक़त है। एक लोकतान्त्रिक प्रक्रिया के अन्तर्गत जनप्रतिनिधित्व के माध्यम से स्वयं को समय की आवश्यकतानुरूप परिवर्तित कर लेना इसकी एक विरल अन्तर्निर्मित क्षमता है। अपनी इसी विशेषता के कारण बदलते हुए राजनीतिक और सामाजिक परिदृश्य में भी भारतीय संविधान ने अपनी प्रभावशीलता और समावेशिता को क्षीण नहीं होने दिया है।

अपनी इस यात्रा में संविधान ने अनेक मौक़ों पर न केवल अपने मूल आदर्शों को समृद्ध किया है, उन मिसालों की तादाद भी कम नहीं है जब उसे अपने ही अन्तर्द्वन्द्वों से भी जूझना पड़ा है। मैंने पहले भी इसका उल्लेख किया है, संविधान की अवधारणा को संवर्द्धित करने का सम्भवतः सबसे बेहतर समय पण्डित जवाहरलाल नेहरू का कार्यकाल था। 1951 में हुए पहले संशोधन के माध्यम से सम्पत्ति के अधिकार के विरुद्ध होने के बावजूद ज़मींदारी जैसी सामन्ती प्रथा का उन्मूलन कर दिया गया। बेशक इसने स्वतन्त्रतावादियों के मन की छटपटाहट बढ़ा दी लेकिन सार्वजनिक रूप से कोई बात कहने की आज़ादी पर कुछ 'ज़रूरी' बन्दिशें लगा दी गयीं। 1956 में हुए सातवें संशोधन ने भाषा के आधार पर राज्यों के पुनर्गठन की बुनियाद डालने का काम हुआ जिसने नये राज्यों की स्थापना और केन्द्रशासित राज्य तथा उनकी स्वायत्तता ने पूर्वोत्तरी राज्यों और नये प्रदेशों को भारतीय संघ में शामिल करने और अपनी संवैधानिक वैधता का विस्तार करने का मार्ग प्रशस्त करने में सहायता की। साथ ही इस संशोधन ने

भारतीय संघ पर केन्द्र के वर्चस्व की तस्दीक भी कर दी। यह बात स्पष्ट हो गयी कि भारत अमेरिका की तरह केवल राज्यों के समूहों के मिलने से बना देश मात्र नहीं है, बल्कि एक ऐसा देश है जिसके निर्माण के पीछे सदियों पुरानी सभ्यता की विकास–यात्रा की भूमिका रही है और जिसे अपनी उप–इकाई के रूप में नये राज्यों के निर्माण का अधिकार प्राप्त है।

आपात्काल के दौरान संविधान में बयालीसवाँ संशोधन हुआ जिसने अनेक अनुच्छेदों को प्रभावित किया लेकिन उनमें से दो प्रमुख आदर्शों को रेखांकित करना अधिक उपयुक्त होगा। इस संशोधन ने भारत के संविधान में दो नये शब्द शामिल किये–'समाजवादी और धर्मनिरपेक्ष।' इसलिए इसे ऋणात्मक के स्थान पर धनात्मक प्रक्रिया का नाम देना उचित होगा। वैसे भी इन विचारों को भारत की अवधारणा से पृथक् नहीं किया जा सकता है, सम्भवतः इसीलिए संविधान–निर्माताओं ने इन शब्दों को मौलिक संविधान में रखने की आवश्यकता अनुभव नहीं की थी। हालाँकि देश को ऐसे अनेक संकटों से गुज़रना पड़ा, इसके बाद भी बाद की किसी सरकार ने इन शब्दों को संविधान से हटाने का साहस नहीं दिखाया।

संविधान के मूल स्वरूप को दृढ़ और तुलनात्मक दृष्टि से अधिक समावेशी बनाने के लिए, ताकि भारतीय समाज के वंचित और पिछड़े तबकों के हितों की रक्षा की जा सके, उनमें ऐसे अनेक संशोधन किये गये। इन संशोधनों में तेईसवाँ, पैंतालीसवाँ, इक्यावनवाँ आदि विशेष रूप से उल्लेखनीय हैं। मानवतावादी न्यायाधीशों के एक समूह ने कठोर और शुष्क क़ानूनों को शिथिल कर मानवाधिकारों और कल्याणकारी नीतियों को प्रोत्साहित करने हेतु अनेक ऐतिहासिक निर्णय दिये। विश्व के विशालतम लोकतन्त्र में एक होने के बावजूद भारत जैसे देश को अपने सभी बच्चों के लिए शिक्षा का अवसर प्रदान करने के लिए जूझना पड़ रहा था, लिहाज़ा 2009 में ऐतिहासिक छियासीवाँ संशोधन लाकर छह साल से चौदह साल के आयु–वर्ग के सभी बच्चों के लिए मुफ़्त शिक्षा देना अनिवार्य कर दिया गया। जून 2005 में पारित सूचना का अधिकार अधिनियम एक अन्य संवैधानिक उपलब्धि है जिसने क़ानून और उसके क्रियान्वयन की पारदर्शिता और सरकार की ज़िम्मेदारियों के निर्धारण में महती भूमिका निभायी। इस संशोधन में भारतीय नागरिकता से निःसृत राष्ट्रीयता की नींव को मज़बूत करने का काम किया। नागरिकों के आवेदन पर उन्हें सूचनाएँ

उपलब्ध कराने के अधिकार को सुनिश्चित करके संविधान में अन्तर्निहित क़ानूनों को आम लोगों के प्रति और अधिक उत्तरदायी और विश्वसनीय बनाया गया। अनुच्छेद 21 के अन्तर्गत आजीविका के अधिकार की इस प्रकार व्याख्या की गयी कि 'जानने का अधिकार' उसमें स्वतः समाहित हो सके। इसी प्रकार 2017 में निजता के अधिकार ने नागरिकों की स्वतन्त्रता को राज्य के अनावश्यक हस्तक्षेप से और अधिक सुरक्षित बना दिया। इन अधिकारों के नये ढाँचे–ज्ञान, सूचना, शिक्षा और निजता–नागरिकता को नयी संवैधानिक शक्तियों से लैस करने के साथ–साथ सहभागी लोकतन्त्र को भी दृढ़ता दी है।

इसमें दो मत नहीं है संविधान में लाये गये संशोधन बहुधा समयानुरूप और आवश्यक रहे हैं, लेकिन यहाँ यह नहीं भूलना चाहिए कि भारत की क़ानूनी संरचनाओं में भी कुछेक बदलावों की ज़रूरतें थीं लेकिन उन पर अधिक ध्यान नहीं दिया गया। उदाहरण के रूप में विक्टोरिया युग की आचार संहिता (पैनल कोड) को लिया जा सकता है जिसकी ड्राफ्टिंग मैकाले ने 1837 में किसी भी भारतीय से परामर्श किये बिना की थी। इस आचार संहिता को ब्रिटिश उपनिवेशवादी प्रशासन ने 1860 में लागू किया था। गुणवत्ता की दृष्टि से यह कभी भी त्रुटिमुक्त नहीं रहा क्योंकि यह ऐसी विसंगतियों और असमानताओं से भरा हुआ है जिसे एक आधुनिक देश में क़ानून के शासन का दर्जा तो किसी भी हाल में नहीं दिया जा सकता है। बहरहाल, यदि इस आचार संहिता को नये सिरे से नहीं भी लिखा जाये तो भी इसमें बुनियादी संशोधन के पर्याप्त कारण दिखलाई देते हैं। इनमें से अनेक प्रावधान तो ऐसे हैं जिन्हें अब ब्रिटेन में भी निरस्त कर दिया गया है, लेकिन विडम्बना है कि हम भारत के लोग इस दुर्भाग्यपूर्ण औपनिवेशिक विरासत को अभी तक ढो रहे हैं।

इन क़ानूनों में तर्कहीन और अहितकर देशद्रोह क़ानून धारा 124/ए भी शामिल है। इस क़ानून का राज्य सरकारों और निचली अदालतों में धड़ल्ले से दुरुपयोग किया जा रहा है, जबकि दशकों पहले माननीय सर्वोच्च न्यायालय ने अपने निर्णय में यह कहा था कि देशद्रोह के क़ानून को केवल हिंसा उकसाने के मामले में लागू किया जाना चाहिए। कुख्यात धारा 377 जो व्यक्ति की लैंगिक यौनेच्छा (पसन्द) के कारण उसके साथ भेदभाव करता था, क़ानून की किताबों में तब तक बना रहा जब तक

माननीय सर्वोच्च न्यायालय ने अन्ततः सितम्बर 2018 को निरस्त घोषित नहीं कर दिया। स्त्रियों के विरुद्ध लैंगिक दुराग्रहों के और भी उदाहरण ब्रिटिशकालीन आचार संहिता में देखे जा सकते हैं, हालाँकि उनमें कइयों का समाधान एक हद तक माननीय सर्वोच्च न्यायालय के प्रगतिन्मुख निर्णयों द्वारा किया भी जा चुका है। बहरहाल अलग–अलग प्रावधान पर लोगों के अलग–अलग विचार हो सकते हैं लेकिन इस मामले में मैं भारत के पूर्व राष्ट्रपति प्रणव मुखर्जी का समर्थन करना चाहूँगा जिन्होंने 2016 में ब्रिटिशकालीन आचार संहिता को समाप्त कर उसकी जगह एक स्वतन्त्र राष्ट्र के अनुभवों और आवश्यकताओं पर आधारित एक नयी आचार संहिता लिखे जाने की अपील की थी–शून्य से आरम्भ होकर एक अनुभवी राष्ट्र के निर्माण तक, और औपनिवेशिक शोषण से शुरू होकर एक लोकतान्त्रिक समुदाय तक की यात्रा पर आधारित एक पूरी तरह से नयी आचार संहिता जो नागरिक राष्ट्रवाद के सिद्धान्तों के साथ बेहतर तारतम्य स्थापित करने में सफल हो।

अभी कुछ साल पहले एक शक्तिशाली और शासन के हस्तक्षेप से मुक्त जन लोकपाल की नियुक्ति के लिए अन्ना हज़ारे के नेतृत्व में देशव्यापी आन्दोलन हुआ जिसने हमारे लोकतन्त्र में प्राथमिक के आधार पर विधेयक पारित कराने में सिविल सोसाइटी की भूमिका पर एक नये सिरे से विमर्श की शुरुआत की। आन्दोलन के समर्थन में उमड़े जनसैलाब और आम लोगों की भावनाओं को देखते हुए सरकार ने संसद में लोकपाल विधेयक प्रस्तावित भी कर दिया। सांसदों के पास भी विधेयक का समर्थन करने के सिवा कोई उपाय नहीं था, जबकि उनमें से कई सांसदों के मन में इस विधेयक के औचित्य को लेकर गहरा पूर्वाग्रह था। उन्हें लगता था कि सिविल सोसाइटी की बढ़ती हुई भूमिका से संसद में क़ानून–निर्माण की प्रक्रिया में अनावश्यक हस्तक्षेप होगा जबकि न्यायपालिका के ज़रिये यह चुनौती उसे पहले से ही मिल रही थी। ग़ौरतलब है कि लोकतन्त्र को अधिक प्रभावी बनाने के लिए अदालतों में जनहित याचिकाओं के अम्बार रोज़ न सिर्फ़ बढ़ते जा रहे थे बल्कि अदालतें उन याचिकाओं को तरज़ीह देते हुए बड़ी तादाद में मंजूर भी कर रही थीं।

दो राय नहीं कि आज के दिन क़ानून–निर्माताओं की चुनौतियाँ पहले की तुलना में कहीं अधिक कठिन और पेचीदी हैं। सूचना प्रौद्योगिकी के

तेज़ी से बढ़ते प्रसार और प्रभावों, सामाजिक सूचकांकों में प्रगति, बदलती हुई जनसांख्यिकी, हमारे देश की तेज़ी से विकसित होती आर्थिक क्षमताएँ, दिन–प्रतिदिन भूमण्डलीकरण की नयी–नयी चुनौतियाँ और अन्तरराष्ट्रीय परिदृश्य में हमारे अनुकूलन की अद्‌भुत क्षमताएँ–इन सभी आधुनिक प्रवृत्तियों ने क़ानून–निर्माण के संसदीय एकाधिकार पर आवश्यकतानुरूप अंकुश लगाया है। निजता के अधिकार के बावजूद कोविड–19 के उपरान्त सरकार नागरिकों की गतिविधियों और सम्पर्कों पर नज़र रखने के लिए निगरानी के नये तकनीकों को विकसित और क्रियान्वित करने पर भी विचार कर रही है। कोरोना वायरस जैसे प्राणघातक विषाणुओं के संवाहकों को धर–दबोचने के लिए सरकार की इस योजना को जनता का अपार समर्थन भी हासिल है। कोविड–19 के संकट का सामना करने के लिए जिस प्रकार विधायिका महीनों से ठप्प पड़ी हैं और आर्थिक–राजनीतिक परिदृश्य पर जो नकारात्मक असर पड़ा है, उसने यह सवाल एक बार फिर से खड़ा कर दिया है कि क्या वायरस का प्रकोप भारतीय लोकतन्त्र को सुरक्षित बचने देगा?

हालिया सालों में सिविल सोसाइटी के विरोधों ने कई दूसरी चुनौतियाँ भी खड़ी कर दी हैं। लोकतन्त्र में नागरिकों को अपनी राजनीतिक स्वतन्त्रता के बेहतर इस्तेमाल के लिए राज्य द्वारा कुछ विशेष अधिकार दिये गये हैं : मसलन भाषण देने और राजनीतिक जनसभाएँ करने की आज़ादी, कुछ नागरिकों (दूसरे शब्दों में सिविल सोसाइटी के सदस्य) को अपनी सरकारों के विरोध अथवा समर्थन में सभा करने, तर्क और विमर्श करने, बहस और आलोचना करने, विरोध और (और केरल–सिर्फ़ केरल में! आम लोगों की असुविधाओं की चिन्ता किये बिना) हड़ताल करने, और यहाँ तक कि उपवास और भूख हड़ताल करने जैसे अधिकार आदि। दो आम चुनावों के बीच की अवधि में सरकार के उत्तरदायित्व को विकसित करने के लिए ये अत्यन्त उपयोगी माध्यम हैं। ऐसे में यह बहस का कोई मुद्दा ही नहीं है कि किसी नागरिक का अधिकार अपने मत के उपयोग द्वारा केवल अपनी पसन्द की सरकार चुनने तक ही सीमित है।

इस बारे में नोबल पुरस्कार विजेता अर्थशास्त्री अमर्त्य सेन ने भारत के सन्दर्भ में अपनी पुस्तक *दी आर्ग्युमेंटेटिव इंडियन* में एक महत्त्वपूर्ण बात लिखी है कि विमर्श की निरन्तरता और 'तर्क और ज्ञान के विस्तार'

के ज़रिये ही लोकतन्त्र के निहितार्थों को स्थापित किया जा सकता है।[171] सेन के विशद विश्लेषण की आवश्यकता पर ज़ोर डालने से भारत में उनके आलोचकों ने उनके वक्तव्य को सवर्णवादी, पितृसत्तात्मक, अकादमिक और आदर्शवादी कहकर अस्वीकार्य घोषित कर दिया, और दो टूक लहजे में उनसे प्रतिप्रश्न भी किया कि भारत में बात कौन करता है, किससे करता है और कैसे करता है? विमर्श गहरे रूप से एक ख़ास वर्ग, जाति, लिंग और उच्चशिक्षित लोगों का शगल है। भारत के सन्दर्भ में यह इसलिए भी व्यर्थ है क्योंकि अमेरिका में अनेक गम्भीर मसलों पर बातचीत में अफ्रीकियों, अमेरिका के मूल निवासियों, आयरिशों और अमेरिकन चीनियों को शामिल नहीं किया जाता है, बल्कि 1857 में ड्रेड स्कॉट ने अपने निर्णय में यहाँ तक कहा कि चूँकि स्वतन्त्र अश्वेत मूलतः गुलामों के वंशज थे, इसलिए उन्हें नागरिकता नहीं दी जा सकती। इस नज़रिये से उलट भारत अपने यहाँ दलितों के कल्याण और विकास के लिए ऐसे समय पर अनेक कारगर योजनाएँ चला रहा था जिस समय बहुत–से अमेरिकी राज्यों ने अधिसंख्य अश्वेतों को मतदान का अधिकार तक नहीं दिया था। लोकतन्त्र को विकसित और प्रभावी होने के लिए पर्याप्त समय की ज़रूरत होती है। इसकी कमियों के कारण इसे अस्वीकार नहीं किया जा सकता, बल्कि महत्त्वपूर्ण बिन्दुओं पर काम करके उसे सुदृढ़ करने की आवश्यकता होती है।

यहाँ क़ानून और औचित्य अथवा वैधता के बीच के एक भेद को भी समझने की ज़रूरत है। कार्यपालिका की तरफ़ से विधायिका द्वारा पारित अधिनियम क़ानून कहलाता है लेकिन उस अधिनियम को प्रस्तावित, पारित और क्रियान्वित करने के लिए जनप्रतिनिधियों की जनकल्याणार्थ तत्परता उस क़ानून का औचित्य है। इस दृष्टि से लोकतन्त्र में क़ानून और औचित्य दोनों एक–दूसरे के पूरक हैं और दोनों का परम उद्देश्य नागरिकों के हितों की रक्षा में निहित है। आम आदमी के लिए बना क़ानून जितनी सहजता के साथ आम लोगों तक पहुँच कर उनके सशक्तीकरण का उपकरण बन सकेगा, उतनी ही सहजता के साथ आम लोग भी राज्य और उसकी संस्थाओं को स्वीकार कर सकेंगे, और क़ानून का औचित्य भी उतनी ही

171. अमर्त्य सेन, *दी आर्ग्युमेंटेटिव इंडियन : राइटिंग्स ऑन इंडियन हिस्ट्री, कल्चर एंड आइडेंटिटी*, न्यू यॉर्क : फर्रार, स्ट्रॉस एंड गिरौक्स, 2006, पृ. 273।

सहजता के साथ सिद्ध हो सकेगा। इस सूत्र की बहुत अच्छी व्याख्या रूसो ने निम्नांकित शब्दों में की है :

> 'यह केवल क़ानून ही है जो व्यक्ति को न्याय और समानता का महत्त्व समझने के योग्य बनाता है। यह मनुष्यों के बीच नागरिक अधिकारों और सामाजिक समानताओं के संकल्प की अत्यावश्यक प्रक्रिया है। क़ानून ही वह दिव्य स्वर है जो हर एक नागरिक को सार्वजनिक औचित्यों के प्रति सचेत करता है, और उसमें अपने तर्कों की कसौटी पर क़ानून के अनुसार काम करने की समझ विकसित करता है, ताकि वह केवल अपने स्वार्थ से प्रेरित होकर आचरण की अस्थिरता से बच पाये। केवल यही वह भाषा है जिसमें जनप्रतिनिधि को शासन करते हुए बात करनी चाहिए।'[172]

इस उद्देश्य की दृष्टि से देखें तो सिविल सोसाइटी क़ानून–निर्माण की प्रक्रिया को प्रभावित करने का प्रयास करता है, और उसे यह काम करना भी चाहिए। लेकिन सिर्फ़ इतनी सी बात के लिए इसे सिविल सोसाइटी के प्रत्यक्ष हस्तक्षेप का नाम देना मुनासिब नहीं लगता है। यहाँ हम स्विट्ज़रलैंड का उदाहरण भी देख सकते हैं। वहाँ एक आम नागरिक यदि चुने गये जनप्रतिनिधियों की उपेक्षा करके कोई क़ानून प्रस्तावित करता है तो उस क़ानून को भी उतनी ही वैधता मिलती है जितनी चुनी गयी सरकार द्वारा बनाये गये किसी सामान्य क़ानून को मिलती है। विश्व के अन्य लोकतन्त्रों में जहाँ सिविल सोसाइटी क़ानून–निर्माताओं को प्रभावित करने की स्थिति में है, यह बात स्विट्ज़रलैंड की तरह लागू नहीं होती है। फिर भी इस सच से इनकार नहीं किया जा सकता है कि लोकमत को आकार देने, लॉबिइंग को प्रभावित करने, मीडिया के ज़रिये अपने पक्ष का प्रसार करने और जन–आन्दोलनों के माध्यम से सरकार पर दबाव बढ़ाने के उपकरण के रूप में सिविल सोसाइटी की महत्त्वपूर्ण भूमिका है।

भारत में हम इन्हीं राष्ट्रीय आदर्शों के सहारे लोकतान्त्रिक पद्धतियों को पूरा करने का प्रयास करते हैं। हम यह भी कह सकते हैं कि यही पद्धति हमारी आम जनता के लोकतान्त्रिक मानस के अनुकूल है।

---

172. जीन–जैक्स रूसो, *दी सोशल कॉन्ट्रैक्ट*, ट्रांसलेटेड बाई मॉरिस क्रेन्सटन, लन्दन : पेंगुइन बुक्स, 2001।

पूर्व अध्यायों में इसका उल्लेख भी है कि प्राचीन काल में भी हमारी सभ्यता में समितियों और सभाओं के प्रावधान थे, जो राज्यों और साम्राज्यों को भी लोकतान्त्रिक सिद्धान्तों के अनुरूप शासन करने में सहायता करती थीं। ये इकाइयाँ स्थानीय स्तर पर पंचायतों के रूप में सक्रिय थीं लेकिन जनसंख्या के आधार पर क्रमशः बड़ी होती जाती थीं : उदाहरणस्वरूप राजदरबारों में विद्वान और बुद्धिमान सभासद राजा–महाराजाओं को परामर्श देने के लिए होते थे। यहाँ इस परम्परा का स्मरण करना इसलिए भी प्रासंगिक है क्योंकि यह प्रमाणित करती है कि जननीतियों के निर्माण में बहुसंख्यकों के साथ–साथ अल्पसंख्यकों की भावनाओं को भी बराबर सम्मान दिया जाता था। भारत जैसे विविधताओं और भिन्नताओं से भरे देश में ऐसे समाज का होना, जिसमें अलग–अलग सामाजिक–धार्मिक पहचान वाले असंख्य समुदाय के लोग रहते हों, यह किसी उपलब्धि से कम नहीं थी। आज यह उत्तरदायित्व क़ानून का है कि वह इन विविधताओं को अक्षुण्ण रखते हुए देश को प्रगति की राह पर आगे बढ़ाये।

भारतीय राष्ट्रवाद की उन्नति और विकास में असहमति और बहस के महत्त्व को लाला लाजपत राय ने स्वतन्त्रता प्राप्त करने के बहुत पहले ही समझ लिया था। वे कांग्रेस के एक जुझारू नेता थे और कुछ समय तक हिन्दू महासभा के अध्यक्ष भी रहे। पण्डित माधो राम (एक स्वयंभू हिन्दू राष्ट्रवादी) द्वारा हिन्दू विभेद पर दिये गये एक उबाऊ भाषण के उत्तर में 1902 में 'हिन्दू राष्ट्रवाद' में लिखे गये अपने आलेख में लाला लाजपत राय ने लिखा :

> 'राष्ट्रवाद का अर्थ यह कदापि नहीं होता कि इसके सदस्य हरेक धार्मिक और राजनीतिक विषय पर अनिवार्य रूप से एकमत हों और न इसका अर्थ यह है कि सभी सदस्यों या नेताओं के बीच पूर्ण सामंजस्य और सौहार्द का माहौल हो। इसके नेता व्यक्तित्व और भाषा–सम्बन्धी मानवीय दुर्बलताओं से मुक्त हों, यह भी आवश्यक नहीं है। बल्कि सच यही है कि ईमानदार मतभेद, वैचारिक बहस, और सार्वजनिक लोगों द्वारा सार्वजनिक लोगों की आलोचना राष्ट्रवाद के स्वस्थ विकास और उन्नति के लिए बहुत आवश्यक हैं। यह अपेक्षा ग़लत है कि राष्ट्रीयता या राष्ट्रवाद में पूर्ण धार्मिक, सामाजिक, आर्थिक और राजनीतिक एकता आवश्यक है,

और न यह पन्थ सम्बन्धी झगड़ों, विवादों या दुर्भावनाओं की पूर्ण स्वतन्त्रता की ही अनुमति देता है।'[173]

असहमतियों की यह स्वीकार्यता, बहस और विमर्श का यह संवैधानिक माहौल, मीडिया की यह स्वतन्त्रता और प्रतिष्ठा, सिविल सोसाइटी फोरम की यह जागरूकता, मानवाधिकार समूहों की यह ऊर्जा, स्वायत्तशासी संस्थाओं की यह स्वायत्तता और उपयुक्त समय पर होने वाले आम चुनावों का यह महोत्सव ही भारत के नागरिक राष्ट्रवाद की वास्तविक सम्पदाएँ हैं। मतभेदों और प्रतिद्वन्द्वी राजनीतिक संस्कृतियों के बावजूद एकजुटता, और संविधान के एक सुरक्षित ढाँचे की वजह से जीवित होने के इन्हीं गुणों ने इस विकासशील विश्व के सामने भारत ने सफल प्रबन्धन का महत्त्वपूर्ण उदाहरण प्रस्तुत किया है।

173. लाला लाजपत राय, 'अ स्टडी ऑफ़ हिन्दू नेशनलिज़्म', *हिन्दुस्तान रिव्यू एंड कायस्थ समाचार*, 3–4, सितम्बर–अक्टूबर, 1902, पृ. 249–54।

15

'इंडिक (भारतीय?) सभ्यता' और भारतीयता

लगभग चार दशक पहले एक विशिष्ट विदेशी व्यक्ति ने जब से मुझसे यह कहा है कि 'आप भारतीय लोगों ने ख़ुद को शायद यह भूल जाने दिया कि इंडिक (भारतीय?) नाम की भी कोई सभ्यता रही है। और, इसके अन्तिम छोर पर हम लोग हैं', तब से इस बात को लेकर मेरे मन में यह द्वन्द्व चल रहा है।

1982 में जब मैं सिंगापुर में राष्ट्रसंघ के प्रभारी अधिकारी के रूप में नियुक्त था तब मुझे खमेर राष्ट्रवादी नेता और एक बार प्रधानमन्त्री रह चुके सोन सान ने यह बात कही थी। उनकी शिकायत थी कि 1979 में विएतनाम द्वारा कम्बोडिया की पराजय में भारत ने विएतनाम का समर्थन किया था। लगभग सत्तर साल के सोन एक सम्मानित नेता माने जाते थे जिनके मतानुसार कम्बोडिया, जो कि मूलतः एक 'इंडिक सभ्यता' था, एक 'सिनिक' (चीनी?) राज्य की ताक़त के हाथों सताया जा रहा था, और उन्हें इस बात का गहरा मलाल था कि द्विपक्षीय युद्ध में भारत जो कि कम्बोडियाई सांस्कृतिक विरासत का उत्स था, विएतनाम का हमदर्द बना हुआ था। मेरे ज़ेहन में बस यही बात थी कि कम्बोडिया में विएतनाम की दखलन्दाज़ी ने खमेर रुज के रक्तरंजित और दहशत से भरे शासन का ख़ात्मा करने में बड़ी भूमिका निभाई थी, लिहाज़ा इस मुद्दे पर मैं सभ्यता की दृष्टि से नहीं बल्कि एक कूटनीतिक नज़र से देख रहा था। लेकिन सोन सान के कहे हुए ये शब्द मेरी स्मृति में कहीं ठहर गये थे।

अंगकोर वाट में कम्बोडिया या भारत के ही नहीं, बल्कि सम्भवतः पूरे विश्व के सबसे पुराने और भव्य हिन्दू मन्दिर का भ्रमण करते हुए मुझे वे शब्द अकस्मात याद आ रहे थे। उन भव्य स्थापत्यों को देखते हुए मुझे

रामायण और महाभारत की किंवदन्तियाँ बार–बार याद आ रही थीं। मेरा कम्बोडियाई गाइड मुझे मन्दिर की सुरक्षा के लिए बनाये गये प्रतीकों–नाग, सिंह और गरुड़ की तुलना आधुनिक जल सेना, थल सेना और वायु सेना से करता हुआ उनका महत्त्व समझा रहा था। स्थापत्यकला की दृष्टि से आज अंगकोर वाट के हिन्दू मन्दिर के वैभव की तुलना दुनिया में कहीं भी बनी मस्जिद या गिरजाघर से की जा सकती है। साथ ही यह इस बात की ओर भी संकेत करता है कि हमारी संस्कृति का विस्तार प्राचीनकालीन भारत से बाहर समुद्र के पार भी हो चुका था। कम्बोडिया में हिन्दुत्व के प्रसार का श्रेय कोई एक सहस्राब्दी पहले यात्रियों और सौदागरों को जाता है। उसके उपरान्त एक लम्बे कालखण्ड से हिन्दुत्व कम्बोडिया की धरती से विलुप्त हो गया। पुनः अनेक शताब्दियों के बाद वहाँ का मुख्य धर्म बौद्ध हो गया, और वह भी भारत से ही कम्बोडिया गया। बहरहाल, दो मत नहीं हैं कि हिन्दुत्व ने कम्बोडियाई लोगों की संस्कृति, संगीत, नृत्य और पौराणिक कथाओं को गहरे अर्थों में प्रभावित किया। अंगकोर वाट की कुछ मिनट की ड्राइव पर बयोन अवस्थित है, वहाँ मेरे कम्बोडियाई गाइड ने मुझे सोलहवीं शताब्दी की वह जगह दिखाई जहाँ हिन्दू और बौद्ध एक ही परिसर में बने अपने–अपने मन्दिरों में पूजन करते हैं। गाइड के वृत्तान्त में एक प्रशंसा का भाव था। आज के भारत में जहाँ पूजा–स्थल विद्वेष का सबसे बड़े कारण बन गये हों और धर्म 'जिसकी लाठी उसकी भैंस' के सिद्धान्त पर चलने वाले अखाड़े में तब्दील हो गया हो, वहाँ ऐसे दृश्य की कल्पना करना भी दुर्लभ है।

सोन सान ने शायद सही कहा था। दुनिया में चीन के बढ़ते हुए प्रभावों के मद्देनज़र कम्बोडिया वास्तव में इंडिक सभ्यता की आख़िरी चौकी है। लेकिन इस सत्य का असल यथार्थ क्या है? एक ऐसे दुर्दान्त समय में जब उत्तर भारत निरन्तर बाहरी अतिक्रमणों और एक प्रकार की सांस्कृतिक गतिहीनता से जूझ रहा था, तब पूर्व और दक्षिण भारत के हमारे पूर्वज भारतीयता से जुड़ी प्रवृत्तियों और विशिष्टताओं को दक्षिणपूर्व एशिया में विस्तार देने में व्यस्त थे। यह एक विराट काम था जिसे युद्धों और साम्राज्य के विस्तार से पूरा नहीं किया जा सकता था। इस काम को अंजाम देने वाले लोग मामूली सौदागर, शिक्षक और धर्म–प्रचारक थे। उन्होंने शान्ति के नियमों का पालन किया और अनेक सालों में इन्हें पूरा किया।

संस्कृतियों पर उनका प्रभाव इतना स्थायी था कि आज भी थाईलैंड के राजाओं के राज्याभिषेक के समय ब्राह्मण पुरोहितों की उपस्थिति अनिवार्य समझी जाती है, जावा के मुसलमानों के नामों में आज भी संस्कृत भाषा का असर देखा जा सकता है, अरब में भी मुसलमानों का एक ऐसा वर्ग है जिनके नामों की उत्पत्ति भारतीय भाषाओं से हुई देखी जा सकती है, इंडोनेशिया की राष्ट्रीय एयरलाइन का नाम गरुड़ है और रामायण वहाँ के सबसे ज़्यादा बिकने वाले क्लोव सिगार का ब्रांड है। यहाँ तक कि फिलीपींस में भी पाश्चात्य संगीत पर आधारित एक नृत्य–नाटिका की प्रस्तुति हुई है जिसमें राम द्वारा अपनी पत्नी की खोज और उसके उपरान्त की घटनाओं का मंचन किया गया है। दक्षिणपूर्व एशिया के अनेक देशों में हमें 'पवित्र प्रदेश' की अवधारणा की झलक दिखती है। प्राचीन थाई राज्य आयुत्थाया का नाम भारत की अयोध्या से लिया गया है, और थाईलैंड के अनेक राजप्रासाद रामायण में वर्णित घटनाओं से सम्बन्धित हैं–उदाहरण के रूप में एक वह पर्वत जहाँ हनुमान को संजीवनी की तलाश में भेजा गया था। 1782 से थाई नरेशों के साथ राम का नाम अनिवार्य रूप से जोड़ा जाता है। यह बात रामायण परम्परा की निरन्तरता की तरफ़ इशारा करती है : वहाँ के वर्तमान सम्राट का नाम राम X है। इंडोनेशिया का जावानीज शहर योग्याकर्ता भी अयोध्या का ही लिप्यान्तरण है।

वस्तुतः फ्रांस के प्रख्यात भारतविद् सिलवैन लेवी ने भी 'Le monde Indien' या 'बृहत्तर भारत' के बारे में लिखा और कहा है। कमोबेश यही अवधारणा अमेरिका के संस्कृत–विद्वान शेल्डन पोलाक की पुस्तक 'The Sanskrit Cosmopolis' में भी प्रतिध्वनित होती है। दोनों शब्दावलियाँ उन देशों की ओर संकेत करती हैं जिनकी संस्कृतियाँ इस अर्थ में भारतीय अथवा 'इंडिक' थीं क्योंकि उन पर संस्कृत भाषा और साहित्य का गहरा प्रभाव पड़ा था। इन विद्वानों के लिए भौगोलिक भारत (वह महाद्वीप जो अरब सागर, बंगाल की खाड़ी और हिमालय पर्वतमालाओं से घिरा था) और राजनीतिक भारत (आज का भारतीय गणतन्त्र जो 1914 के ब्रिटिश राज के अधीन का भारत, और उससे भी अधिक 1947 के ब्रिटिश भारत) की अवधारणा इस अर्थ में ग़लत थी क्योंकि सभ्यता के विस्तार की दृष्टि से भारत का अस्तित्व अधिक बृहद् था। विपरीत अर्थ में यह एक संकुचित अवधारणा थी क्योंकि इंडिक अथवा भारतीय सभ्यता का विस्तार

आधुनिक भारतीय गणतन्त्र के उन कुछ हिस्सों में अच्छी तरह से नहीं हो सका जो भारत के राजनीतिक मानचित्र का हिस्सा कभी नहीं रहे। उदाहरण के रूप में बर्मा, थाईलैंड, कम्बोडिया, श्रीलंका, जावा, बाली या सुमात्रा का उल्लेख किया जा सकता है। फ्रांसीसी भारतविद् गेराल्ड फुसमैन तर्क देते हैं, 'पहली सहस्राब्दी ईस्वी की अधिकतर अवधि तक सांस्कृतिक दृष्टि से ये देश उतने ही भारतीय थे जितना उसी समय में आन्ध्र प्रदेश या बांग्लादेश थे। इन देशों में ग़ैर–संस्कृत भाषाएँ बोली जाती थीं और स्थानीय देवी–देवताओं की पूजा–अर्चना होती थी। लेकिन भारत में संस्कृति और राजनीति की भाषा संस्कृत अवश्य थी, या फिर पालि। मुख्य भारत में समाज के शिक्षित–समृद्ध वर्ग के लोग हिन्दू या बौद्ध थे। कलाकार और स्थापत्यकार तकनीकों के लिए संस्कृत में लिखी पुस्तकों की सहायता लेते थे।'[174]

लेकिन समकालीन अन्तरराष्ट्रीय राजनीति की सोची–समझी नीतियों, प्रौद्योगिकी से लैस आधुनिक संकेतकों, आर्थिक हितों और भौगोलिक सम्बन्धों ने इन तथ्यों को बहुत हद तक अप्रासंगिक बना दिया है। भारत भी 'इंडिक' प्रभावों वाले देशों के लिए अब पहले की तरह महत्त्वपूर्ण नहीं रह गया है। सभ्यताओं ने परिभाषाएँ भी बदल ली हैं। चीन जैसा पड़ोसी देश आज अधिक प्रभावशाली और आर्थिक रूप से विस्तारवादी होता जा रहा है। ऐसे में भारत की अवधारणा के बारे में किस रूप में सोचा जाना चाहिए? अथवा सोचा जाना भी चाहिए या नहीं? मेरे विचार से अवश्य सोचा जाना चाहिए। किसी भी महान सभ्यता को इस बात से ख़ास फ़र्क़ नहीं पड़ना चाहिए कि दुनिया उसे किस दृष्टि से देखती है।

लेकिन आधुनिक सन्दर्भ में 'इंडिक' अथवा भारतीय सभ्यता क्या है? कुछ लोगों का यह मानना है कि भारत एक 'राष्ट्र–राज्य' होने के बजाय मूलतः एक 'सभ्यता का राज्य' है। किन्तु जब ऐसे लोग भारतीय सभ्यता की बात करते हैं तो सिद्धान्त–रूप में वे केवल हिन्दू धर्म की बात करते हैं। उनके विचारों में उन छोटे–बड़े ग़ैर–हिन्दू सम्प्रदायों के प्रति कोई

---

174. गेराल्ड फुसमैन, 'हिस्ट्री ऑफ़ इंडिया एंड ग्रेटर इंडिया', हिमालयन एंड सेंट्रल एशियन सिविलाइज़ेशन, *फर्स्ट यूरोपियन कोलोकियम ऑफ़ दी यूरोपियन सोसायटी फॉर दी स्टडी ऑफ़ हिमालयन एंड सेंट्रल एशियन सिविलाइज़ेशन*, 27–28 अप्रैल 2009, पृ. 24–25, https://doi.org/10.4000/letters-cdf.756 पर भी उपलब्ध।

सम्मान नहीं दीखता जिन्होंने समकालीन भारतीय सभ्यता को आकार–प्रकार देने में उल्लेखनीय योगदान दिया है। हंटिंगटन के सिद्धान्त के अनुसार विश्व में प्रमुख और स्वीकार्य विभाजन–रेखा विचारधाराओं की नहीं अपितु सभ्यताओं की होनी चाहिए, अर्थात विचार से अधिक पहचान को महत्त्व दिया जाना चाहिए। इस मान्यता ने न केवल मतदाताओं को लुभाने में सफलता प्राप्त की बल्कि भारतीय राष्ट्र की विशेषताओं को परिभाषित करते हुए हिन्दुत्ववादी आन्दोलन की नींव भी रखी। जैसा कि अटल बिहारी वाजपेयी ने बिना किसी लाग–लपेट के कहा था, 'मेरे लिए हिन्दू राष्ट्र और भारतीय राष्ट्र पर्यायवाची शब्द हैं।'[175]

लेकिन इस स्थापना से मेरी गहरी असहमति है। विगत हज़ारों सालों में अपनी सभ्यता में हुए विभिन्न चरणों के सन्दर्भ में दूसरी संस्कृतियों के अवदानों की उपेक्षा करके हम केवल अपनी सांस्कृतिक–धार्मिक विरासत के प्रति आत्ममुग्धता से भरे रहें–इतना भी कृपण कैसे हुआ जा सकता है? हालाँकि यहाँ मैंने जो भी उदाहरण प्रस्तुत किये हैं उनका सम्बन्ध हिन्दू परम्पराओं से रहा है, फिर भी इस सत्य को कैसे अस्वीकार किया जा सकता है कि यहाँ जिस भारतीय संस्कृति की हम बात कर रहे हैं वह विभिन्न संस्कृतियों के सम्मिश्रण से विकसित हुई है। यदि हम भारत में ब्रिटिश राज को अपवाद के रूप में भी ले लें तो भी क्या इस संस्कृति के विस्तार में हम बौद्ध, ईसाई और इस्लाम धर्म के प्रभावों से इनकार कर सकते हैं? क्या आज भारत की संस्कृति पर बात करते हुए हम कव्वाली, ग़ालिब की शायरी या यहाँ तक कि क्रिकेट से, जिसे आधुनिक भारत में व्यावहारिक तौर पर राष्ट्रीय खेल का दर्जा हासिल है, बच सकते हैं? आज किसी भारतीय को एक औपचारिक अवसर पर पहनने के लिए 'राष्ट्रीय परिधान' का चुनाव करने की आवश्यकता पड़ती है तो वह अलग–अलग तरह की सिली गयी शेरवानियों में से किसी एक का चुनाव करता है। यह बात ध्यान देने योग्य है कि भारतीय पोशाक में शेरवानी मुसलमान आक्रान्ताओं के आने के बाद ही शामिल हुई थी। कुछ साल पहले जब इंटरनेट पर आधुनिक विश्व के 'सात नये अजूबों'

175. योगेश जोशी, 'वाजपेयी एट होम इन पुणे; डिड'न्ट वांट टू बी कॉल्ड "गेस्ट" इन सिटी', *हिन्दुस्तान टाइम्स*, 16 अगस्त 2018।

को चुनने की एक विचित्र प्रतियोगिता हुई थी तब हिन्दुओं ने मुग़लों द्वारा बनाये गये ताजमहल के पक्ष में अपना वोट दिया था, न कि अंगकोर वाट के पक्ष में, जो उनके धर्म से जुड़ी सबसे भव्य स्थापत्यकला का निर्माण–स्थल है। ऐसे में क्या भारतीयता का अर्थ वही नहीं है जिस प्राचीन 'इंडिक' सभ्यता का हवाला सोन सान ने दिया था? एक ऐसी सभ्यता जो भारत की धरती पर पनपी अन्य सभ्यताओं की पारस्परिकता से जन्मी हो। सोन सान अपने दृष्टिकोण में बिल्कुल दुरुस्त थे, और आज हमें भारतीय सभ्यता की इस विकास–यात्रा को अधिक–से–अधिक समृद्ध बनाने की आवश्यकता है।

इस सन्दर्भ में एक बिल्कुल नये विवाद का सामना हमें 1999 में करना पड़ा जब भारतीय राष्ट्रीय कांग्रेस के अध्यक्ष पद के लिए सोनिया गाँधी का नाम प्रस्तावित किया गया। इस मुद्दे ने मुझे नये सिरे से इस महत्त्वपूर्ण प्रश्न पर विचार करने को बाध्य कर दिया, 'एक भारतीय कौन है?' या, दूसरे तरीक़े से पूछें तो 'आज "एक भारतीय" होने का क्या अर्थ है?'

इस प्रश्न का उत्तर कांग्रेस के तीन क़द्दावर नेताओं शरद पवार, पूर्णो संगमा और तारिक अनवर ने यह कहकर दिया कि सोनिया गाँधी प्रधानमन्त्री पद के लिए पूर्ण रूप से अनुपयुक्त थीं क्योंकि उनका जन्म इटली में, और एक ग़ैर–भारतीय परिवार में हुआ था। क्रमशः हिन्दू, ईसाई और मुसलमान होने के कारण तीनों नेतागण कांग्रेस की आदर्श धर्मनिरपेक्षता के बेहतरीन उदाहरण थे। सोनिया गाँधी को लिखे गये अपने ऐतिहासिक पत्र में जिसकी भनक किसी तरह मीडिया को भी लग गयी थी, पार्टी के तीनों नेताओं ने स्पष्टतः कहा : '98 करोड़ की आबादी वाले एक ऐसे देश में जो शिक्षा, योग्यता और सामर्थ्य की दृष्टि से इतना समृद्ध हो, किसी ऐसे व्यक्ति को जिसने भारत में जन्म नहीं लिया हो, सरकार का नेतृत्व सौंप देने का कोई तर्कसम्मत आधार नहीं दीखता है।'[176] अपने लिखे पत्र में तीनों नेता इतने दृढ़ थे कि उन्होंने एक संवैधानिक संशोधन लाने का प्रस्ताव भी किया ताकि भविष्य में राष्ट्रपति और प्रधानमन्त्री के पद पर

176. फॉर दी फुल टेक्स्ट ऑफ़ दी लैटर, सी, 'इट इज़ इम्पॉसिबल दैट अ कंट्री ऑफ़ 980 मिलियन कैन हैव एनीवन अदर दैन एन इंडिया–बोर्न टू हेड इट्स गवर्नमेंट', *rediff.com*, 17 मई 1999।

केवल नैसर्गिक रूप से जन्मे भारतीय नागरिकों को नियुक्त करने का स्थायी प्रावधान किया जा सके।

भारतीय राष्ट्रीयता की यह भौगोलिक और नस्लीय अवधारणा अनेक कारणों से कौतूहल का विषय थी–ख़ास कर भारतीय राष्ट्रीय कांग्रेस के मौलिक नज़रिये और उद्देश्य से यह एक गम्भीर प्रश्न था क्योंकि यह एक ऐसी पार्टी थी जिसके पहले अध्यक्ष स्कॉटलैंड में पैदा हुए एलन ओक्टावियन ह्यूम (1885) थे और जिसके अन्य सम्मानित और अग्रणी नेताओं में आयरिश मूल की एनी बेसेंट और ब्रिटिश नेली सेनगुप्ता प्रमुख थे। बेसेंट 1917 में और सेनगुप्ता 1933 में पार्टी के निर्वाचित अध्यक्ष भी हुए, लेकिन प्रामाणिक भारतीय राष्ट्रवादी नेताओं के रूप में उनकी स्वीकार्यता को किसी भी चुनौती का सामना नहीं करना पड़ा। पार्टी के महानतम नेता महात्मा गाँधी का कांग्रेस की इस नीति को खुला समर्थन प्राप्त था क्योंकि वे पार्टी को मूलतः प्रतिनिधित्व के आधार पर सूक्ष्मतम इकाई बनाने के पक्षधर थे ताकि पार्टी का चरित्र अधिक–से–अधिक लचीला, घुलनशील और बहुआयामी–बहुसांस्कृतिक बनाया जा सके। इस अर्थ में हिन्दू पुनर्जागरण से जुड़े आरम्भिक राष्ट्रवादी नेता बाल गंगाधर तिलक ने लगभग एक शताब्दी पहले जो कहा था, वह उल्लेखनीय है :

> 'भिन्नता' और 'परायेपन' का राष्ट्रीय हितों से गहरा सम्बन्ध रहा है। लेकिन यह परायापन या अपरिचय का काली या गोरी चमड़ी से कोई लेना–देना नहीं है। धर्म का भी इस परायेपन से कोई सरोकार नहीं है, और न हमारे व्यापार या रोज़गार से ही है। मैं उस व्यक्ति को अपरिचित नहीं मानता हूँ जो उस देश की सुव्यवस्था में अपना योगदान करना चाहता हो जिस देश में वह निवास करता है, जिस देश में उसकी भावी पीढ़ी रहने की इच्छुक है, जिस देश में उन्हें अपना और अपने परिवार का भविष्य दिखाई पड़ता है, और जहाँ बसने से उसे व्यक्तिगत रूप से लाभ होने की प्रत्याशा है। सम्भव है कि वह व्यक्ति मेरे साथ उसी मन्दिर में नहीं जाता हो जहाँ मैं जाता हूँ, और उसी देवी–देवता की पूजा–अभ्यर्थना नहीं करता हो जिसकी मैं करता हूँ। मेरे और उस व्यक्ति के परिवारों के बीच वैवाहिक सम्बन्ध नहीं हो सकते हैं और हम एक–दूसरे

के खानपान में साझेदारी भी नहीं करते हों। ये सभी प्रश्न बेतुके और आधारहीन हैं। लेकिन, यदि वह व्यक्ति स्वयं को भारत के कल्याण के लिए झोंक रहा है, और उसके अन्य सभी प्रयास इसी दिशा में हैं तब ऐसे में मैं उस व्यक्ति को पराया और अपरिचित नहीं मानूँगा।'[177]

स्थानीयता के पक्ष में विद्रोह का बिगुल फूँकने वाले पार्टी के तीनों दिग्गजों को इस बात की अपेक्षा थी कि गाँधी की मौलिक नीतियों के विरुद्ध जाने के कारण उनकी तीखी आलोचना की जायेगी, इसके बाद भी उन्होंने अपने निर्णय के पक्ष में गाँधी की नीतियों की पुनर्व्याख्या करने का प्रयास किया। 'भारत हमेशा से महात्मा के शब्दों से प्रेरित और अनुप्राणित होता रहा है जिन्होंने स्वयं कहा था "मुझे अपने कमरे में चारों दिशाओं की हवाएँ चाहिए", तीनों ने वह पत्र यदि पूरी आत्मिक शुद्धता से नहीं भी तो, अत्यन्त निष्ठापूर्वक लिखा था। लेकिन उन्होंने यह भी कहा था, "मैं अपने पैरों को अपनी ज़मीन पर जमाये रखना चाहता हूँ।" हम भी उसी विनम्रता और उत्साह के साथ अपनी मिट्टी में उत्तर, दक्षिण, पूरब और पश्चिम के विचारों और गुणों को आत्मसात करना चाहते हैं। लेकिन साथ ही हम यह बात भी कैसे विस्मृत नहीं कर सकते हैं कि हमारी अन्तःप्रेरणा, हमारा अन्तःकरण, हमारा सम्मान, हमारा गौरव और हमारी गरिमा की जड़ें हमारी अपनी मिट्टी में हैं? और, उन्हें अपनी धरती से ही अपना पोषण चाहिए।' लेकिन महात्मा के विचारों और तीनों नेताओं के वक्तव्यों के अन्तर्विरोध इतने स्पष्ट थे कि उनकी तरफ़ संकेत करने की भी कोई आवश्यकता नहीं थी। महात्मा ने 'चारों दिशाओं की हवाओं' की बात कही थी जबकि दूसरी तरफ़ तीनों नेताओं ने 'अपनी जड़ों, सम्मान, गौरव, गरिमा और मिट्टी' की बात कही। क़ानून की दृष्टि से भी उनके लिखे हुए पत्र में विसंगति थी। संविधान की दृष्टि में 'नैसर्गिक रूप से जन्मे एक भारतीय' के लिए भी यह बाध्यता थी कि उसके दादा अथवा दादी में किसी एक ने 1935 में भारत सरकार अधिनियम में परिभाषित अविभाजित भारत में जन्म लिया हो। इस व्याख्या के अनुसार नागरिकता के लिए किसी भी भारतीय का भारत–भूमि में जन्म लेना कतई आवश्यक नहीं है।

177. बाल गंगाधर तिलक, स्पीच डिलीवर्ड एट अहमदनगर, 31 मई 1916, *इंडियन नेशनलिज़्म*, पृ. 29।

सोनिया गाँधी यदि अपने जन्म के आधार पर नहीं भी तो अपने विवाहोपरान्त ही सही, लेकिन सहज रूप से एक भारतीय नागरिक होने की अर्हताएँ पूरी करती थीं। बहरहाल उनकी राष्ट्रीयता से उत्पन्न हुए प्रश्नों का लाभ उठाते हुए और जनभावनाओं का रुख भाँपते हुए अनेक तथाकथित राष्ट्रभक्त क्षेत्रीय नेताओं ने आननफानन में विद्रोही त्रिमूर्ति को अपना समर्थन सौंपने में थोड़ी–सी भी देरी या हिचक नहीं दिखायी। प्रतिपक्षी भाजपा की सुषमा स्वराज ने अपनी पार्टी के दृष्टिकोण को जनता के सामने अभिव्यक्त करने की बागडोर अपने हाथों में सँभाल ली और कांग्रेस के प्रस्ताव पर तीखे प्रहार किये। प्रहारों की यह प्रक्रिया 2013 तक बदस्तूर जारी रही। उन्होंने बाकायदा ललकारते हुए अपने भाषण में यह कहा था, 'अगर आज़ादी के साठ साल बाद भी हमें अपने शीर्ष संवैधानिक पद के लिए किसी विदेशी को चुनने की आवश्यकता पड़ती है तो इसका सीधा मतलब यह है कि एक अरब लोग इस पद के लिए योग्य नहीं हैं... ज़ाहिरन आम जनता और मतदाताओं को इस बात से गहरी ठेस पहुँचेगी। बेल्लारी से मेरे चुनाव (1999) लड़ने का औचित्य यही है और इस सन्देश को जन–जन तक पहुँचाना ही मेरा उद्देश्य है।'[178]

राष्ट्रीय जनतान्त्रिक गठबन्धन से जुड़े हुए अन्य राजनेताओं ने भी यही बात दोहराई कि सत्ता की धुरी एक विदेशी के हाथों में दे देना भारत के राष्ट्रीय गौरव का अपमान होगा। कई नेताओं ने तो नागरिकता अधिनियम में तत्काल संशोधन की माँग की ताकि सिर्फ़ नैसर्गिक रूप से जन्मे भारतीय नागरिक ही इस उच्च संवैधानिक पद के लिए चुने जा सकें। भारतीय राष्ट्रवाद के आचरण में यह प्रश्न पिछली एक सदी में उस रूप में कभी उभरकर सामने नहीं आया था, जिस रूप में यह हमारे सम्मुख आज उपस्थित है। किन्तु भारत के राष्ट्रीय गौरव के स्वयंभू प्रवक्ता सम्भवतः यह बात भूल जाते हैं कि भारतीय संस्कृति के अनेक लब्धप्रतिष्ठ विशेषज्ञ–मसलन ए. एल. बाशम और रिचर्ड लन्नोय से लेकर आर.सी. ज़ेह्नेर और सिलवैन लेवी तक–मूलतः विदेशी ही थे। भारतीय संस्कृति के अच्छे–अच्छे जानकार भी उनके समतुल्य कहीं टिकते नहीं दिखाई देते हैं।

---

178. पीटीआई, 'आई एम स्टील अपोज्ड टू सोनिया गाँधी बिकमिंग पीएम' : सुषमा स्वराज, *इकॉनोमिक टाइम्स*, 19 सितम्बर 2013।

अपने पूरे इतिहास में कांग्रेस पार्टी इस बात की मुखर पक्षधर रही कि भारतीय राष्ट्रवाद अपने स्वरूप में समावेशी, सहिष्णु और बहुलतावादी है और, जन्म, धर्म, जातीयता, या यहाँ तक प्रादेशिकता जैसी किसी अग्निपरीक्षा से इसे गुज़रने की कभी ज़रूरत नहीं रही क्योंकि इनमें से कोई भी अपरिहार्यता या बाध्यता किसी के भारतीय होने की दावेदारी को चुनौती नहीं दे सकती है। जैसा कि राजनीतिशास्त्री आशुतोष वार्ष्णेय ने लिखा है, 'सोनिया गाँधी के भारतीय नागरिक होने पर किसी तरह का सन्देह करना निराधार है। जिस प्रकार वे भारत में अपना जीवन जीती हैं और जिस प्रकार उन्होंने अपने नये घर को अपना लिया है, वह उनके भारतीय होने की धारणा की पुष्टि करता है। वास्तविक भारतीय वह है जिसने भारतीय लोकाचारों को अंगीकार कर लिया हो।'[179] कांग्रेस नेता मणि शंकर अय्यर तो 'संस्कृति' शब्द के इस बेतुके इस्तेमाल से बेतहाशा भड़क उठे थे, 'एक बहू की विश्वसनीयता पर प्रश्नचिह्न लगाना भी सामान्य भारतीय परम्परा का अपमान है।'[180]

अन्ततः सोनिया गाँधी को अपने पक्ष में ख़ुद तर्क देना पड़ा : 'हालाँकि मैंने एक विदेशी–भूमि पर जन्म लिया किन्तु मैंने भारत को अपने देश के रूप में चुना,' उन्होंने घोषणा की। 'मैं एक भारतीय हूँ और अपनी आख़िरी साँस तक मैं यहीं रहूँगी। भारत ही मेरी मातृभूमि है, और मुझे यह अपनी जान से भी अधिक प्यारी है।'[181] (यहाँ मुझे बाइबिल का एक सन्दर्भ अनायास याद आता है जो उस रुथ की पुस्तक में उद्धृत है जिसने इजरायली लोगों को अपने सगों की तरह अपना लिया था। रुथ 1 : 16–17 में माओबी रुथ अपनी इजरायली सास नाओमी से कहती है, 'आप जहाँ जायेंगी मैं भी वहीं जाऊँगी, और आप जहाँ रहेंगी मैं भी आपके साथ वहीं रहूँगी। अब से आपके प्यारे लोग ही मेरे अपने लोग हैं और आपके प्रभु मेरे भी प्रभु हैं। जहाँ आपकी मृत्यु होगी, मैं भी वहीं मरूँगी और मुझे भी दफ़न किया जायेगा। यदि मृत्यु भी मुझे आपसे अलग कर दे तो मैं ईश्वर का

---

179. आशुतोष वार्ष्णेय, 'इज़ सोनिया इंडियन?', *rediff.com*, 21 अप्रैल 1999।
180. आल्सो साइटेड इन शशि थरूर, *इंडिया : फ्रॉम मिडनाइट टू दी मिलेनियम*, न्यू यॉर्क : आर्केड बुक्स, 1997, पृ. 26।
181. कोटेड इन पॉल आर. डेटमैन, *इंडिया चेंजेज कोर्स : गोल्डन जुबिली टू मिलेनियम*, लन्दन : प्रेगेर, 2001, पृ. 135।

दिया हुआ कठोरतम दण्ड भी अकेले ही झेलूँ।') लेकिन सोनिया गाँधी कोई मुद्दा कभी नहीं रहीं। उनकी नियति का निर्णय उनकी पार्टी को, स्वयं उनको, और सबसे अधिक मतदाताओं को करना था। (और, जब उनकी पार्टी ने 2004 का आम चुनाव जीत लिया और देश के अगले प्रधानमन्त्री पद के लिए उनका नाम प्रस्तावित किया, उन्होंने बहुत गरिमा के साथ अपनी अनिच्छा प्रकट करते हुए इस उत्तरदायित्व को डॉ. मनमोहन सिंह को सौंप दिया। भाजपा की दिवंगत नेता सुषमा स्वराज ने यह धमकी तक दे रखी थी कि यदि सोनिया गाँधी प्रधानमन्त्री बनीं तो वे सिर मुँडवा कर संसद के सामने धरने पर बैठ जायेंगी। बहरहाल सोनिया गाँधी के निर्णय से इस विवाद का पटाक्षेप हो गया।) लेकिन असल मुद्दा तब भी था और आज भी है कि क्या भारतीयों को ऐसे असहिष्णु राजनेताओं को जो सिर्फ़ अपने दृष्टिकोण को ही सही मानते हों, असली भारतीय के रूप में मान्यता देनी चाहिए अथवा नहीं।

मैंने यह प्रायः कहा है कि 'हमारे' और 'तुम्हारे' के इस दुर्भावनापूर्ण बँटवारे ने हमारी राष्ट्रीय चेतना को बुरी तरह से विषाक्त कर डाला है। यह बात मैं अपनी इस पुस्तक में भी दोहराना चाहूँगा। हमारे देश ने अपने नागरिकों के पुष्टिकरण के लिए कभी कोई संकीर्ण सिद्धान्त नहीं अपनाया। इस देश में आप बहुत कुछ होते हुए भी सिर्फ़ एक हो सकते हैं। आप गोरी त्वचा की, साड़ी पहनने वाली और इतालवी बोलने वाली भारतीय हो सकती हैं। या फिर आप केरल की मेरी दादी से अधिक विदेशी नहीं हो सकती हैं जो गेहुआँ रंग की थीं, सलवार–क़मीज़ पहनती थीं और पंजाबी बोलती थीं। हमारे देश में दोनों तरह के लोगों के लिए पर्याप्त जगहें हैं; दोनों हम भारतीयों में से कइयों के लिए समान रूप से 'विदेशी' हैं, और शेष बचे हम जैसे लोगों के लिए समान रूप से भारतीय हैं। हमारे पूर्वजों ने उनके सपनों के लिए भी संविधान का निर्माण किया है और हम उस संविधान के आदर्शों के संवाहक हैं। भारतीय नागरिकों को उनकी भारतीयता से वंचित कर देना एक प्रकार से उनके साथ छल करना है। यह भारतीय राष्ट्रवाद की अन्तर्निहित परिभाषा में एक अवांछित हस्तक्षेप है। जैसा कि मैंने पहले भी कहा है, उसे पुनः दोहरा रहा हूँ : *वह भारत जो आज हम में से कुछ लोगों को अपने लिए अस्वीकार करता है, वह एक दिन हम सबको भी अस्वीकार कर सकता है।*

जहाँ तक सभ्यता का प्रश्न है तो इस बारे में यही कहा जा सकता है कि हम एक ऐसी भारतीय संस्कृति का अंग हैं जो सच्चे अर्थों में अपनी अन्तःप्रेरणा और अभिव्यक्ति में बहुलतावादी है, एक ऐसी संस्कृति जो इक्कीसवीं सदी की दुनिया में तेज़ी से विकसित होते हुए भारत का प्रतिनिधित्व करती है। हमारी पीढ़ी बहुलतावाद को सहज रूप में लेते हुए पली–बढ़ी। उस सम्प्रदायवाद को अस्वीकार करना भी हमने इसी तरह से सीखा जिस सम्प्रदायवाद ने ब्रिटिश राज की समाप्ति पर देश को विभाजित कर दिया था। अलग पाकिस्तान की माँग को नामंजूर करते वक़्त हमने भारतीय राष्ट्रीयता के निर्धारण में धर्म की भूमिका की अवधारणा को भी नामंजूर कर दिया था। हम इस प्रच्छन्न कपट में फँसने से बाल–बाल बच गये कि जिस प्रकार मुसलमानों के लिए एक अलग देश पाकिस्तान बनाया गया, ठीक उसी तरह जो शेष बचा रहा वह हिन्दुओं का राष्ट्र था। भारतीय राष्ट्रवाद के गुह्यार्थों को समझने के लिए हमें उस सिद्धान्त से घृणा करना सीखना होगा जिसने देश को विभाजित कर दिया।

भले ही आज की राजनीति में सबसे अधिक दुरुपयोग किया जाने वाला शब्द 'धर्मनिरपेक्षता' ही है और इस शब्द का उल्लेख संविधान में पहली बार 1976 में किया गया था, लेकिन हमारे लिए कमोबेश संविधान के प्रावधानों में धर्मनिरपेक्षता की यह उदार भावना आरम्भ से ही अनुस्यूत रही है। पश्चिमी शब्दकोशों में धर्मनिरपेक्षता की परिभाषा धर्म की अनुपस्थिति के तौर पर की गयी है, लेकिन भारत में इसे सभी धर्मों का समागम बताया गया है। इसका अभिप्राय यह है कि राज्य सभी धर्मों को समान महत्त्व देता है लेकिन उनमें से किसी को भी प्राथमिकता नहीं देता है। भारत में धर्मनिरपेक्ष होने का अर्थ अधार्मिक होना कदापि नहीं है। विचारों का यह मार्ग चुनने से वामपन्थी या द्रविड मुन्नेत्र कझगम (डीएमके) जैसी अनीश्वरवादी पार्टियों के सम्मुख भी अपने मतदाताओं के बीच अलोकप्रिय होने का संकट उत्पन्न हो सकता है। इस बारे में मैंने अपनी पुस्तक *व्हाई आय एम अ हिन्दू* में भी लिखा है कि किस प्रकार सालाना दुर्गा पूजा के अवसर पर कोलकाता में वामपन्थी पार्टियों के बीच देवी दुर्गा के लिए भव्य पंडाल बनाने की होड़ सी मची रहती है। इस अभिप्राय में भारतीय परम्परा में धर्मनिरपेक्षता का मतलब बहुधर्मी होना है। भारतीय इतिहास में देखें तो हमारी परम्परा में धार्मिक सहिष्णुता की जड़ें बहुत गहरी रही हैं।

बौद्ध सम्राट अशोक और मुसलमान बादशाह अकबर से भी पहले यह परम्परा लगभग 1,800 साल पुरानी है। अमर्त्य सेन ने संकेत किया है कि अशोक के तीसरी सदी ई.पू. के शिलालेखों में मानवाधिकारों के प्राचीनतम उल्लेख मिलते हैं। यह तक़रीबन वही वक़्त था जब स्वतन्त्रता पर विस्तार से लिखने के बावजूद अरस्तू ने महिलाओं और गुलामों को सायास रूप से इस अधिकार से वंचित रखा था। इस दृष्टि से अशोक के योगदान को ऐतिहासिक कहा जा सकता है।[182] जिस समय यूरोप के कैथोलिक विधर्मी होने का आरोप लगाकर अन्य ईसाइयों को अपने भय से आतंकित और यहूदियों को क़ानूनन दण्डित कर रहे थे, लगभग उसी समय दिल्ली में सत्तासीन मुसलमान बादशाह अकबर ने अपनी हुकूमत में यह फ़रमान जारी किया था कि 'धर्म के आधार पर किसी भी आदमी की ज़िन्दगी में कोई दख़लअन्दाज़ी नहीं की जायेगी, और कोई भी आदमी अपनी राज़ीख़ुशी से अपनी पसन्द का धर्म अपना सकता है।'[183]

स्वतन्त्रता प्राप्ति के दशकों तक भारत की राजनीतिक संस्कृति से धर्मनिरपेक्षता के प्रति यह दृष्टिकोण और विचार प्रतिबिम्बित होते रहे। मैं रेखांकित करते हुए इस बात का उल्लेख करना चाहूँगा कि भारतीय आबादी का लगभग 80 प्रतिशत भाग हिन्दू है, और यह देश मुसलमानों के लिए एक अलग राष्ट्र की माँग के आधार पर पहले ही विभाजित हो चुका है, इसके बावजूद भारत के चौदह में से तीन राष्ट्रपति और चार उप–राष्ट्रपति मुसलमान रहे हैं। राज्यपालों, केन्द्रीय मन्त्रियों, राज्यों के मुख्यमन्त्रियों, राजदूतों, जनरलों, सर्वोच्च न्यायालय के न्यायमूर्तियों और मुख्य न्यायाधीशों की तादाद का आँकड़ा भी ख़ासा लम्बा–चौड़ा रहा है। धर्मनिरपेक्षता की बेहतरीन और अपनी पसन्दीदा मिसाल के तौर पर मैं अक्सर 1971 के भारत–पाक युद्ध का ज़िक्र करता हूँ : भारतीय वायु सेना के उत्तरी सेक्टर की कमान एक मुसलमान इदरिस हसन लतीफ़ के हाथ में थी; भारतीय थल सेना के कमांडर एक पारसी सैम मानेकशॉ थे; बांग्लादेश कूच करने वाली फ़ौज के जनरल ऑफ़िसर कमांडिंग–इन–चीफ़ एक सिख जगजीत सिंह अरोड़ा, और पूर्वी बंगाल में आत्मसमर्पण कर

182. सेन, *दी आर्ग्युमेंटेटिव इंडियन,* पृष्ठ 136।
183. वही, पृ. 18।

चुकी पाकिस्तानी फ़ौज के साथ सुलह के उद्देश्य से वहाँ के लिए हवाई उड़ान भरने वाले जनरल एक यहूदी जे. एफ. आर. जैकब थे। यही भारतीय राष्ट्रवाद की मूल अवधारणा थी जो युद्धभूमि में भी अपने अनायास रूप में परिलक्षित हुई थी।

किन्तु 1940 में लिखी अपनी पुस्तक में अम्बेडकर ने इस तर्क को पाकिस्तान के पक्ष में स्वीकार करते हुए लिखा कि हालाँकि उनका धर्म उनके अलग राष्ट्र माँग को सही नहीं ठहराता है लेकिन यदि मुसलमान अलग होना चाहते हैं तो इस मसले पर दूसरे नेता चाह कर भी कुछ नहीं कर सकते हैं। इस पुस्तक का एक छोटा अंश मैंने इस अध्याय के आरम्भ में उद्धृत भी किया है। बहरहाल विभाजन से पहले हिन्दू और मुसलमानों के बीच की असहमतियों की चर्चा करते हुए अम्बेडकर ने लिखा था :

> 'जिन स्थितियों ने हमें बाँटने का काम किया वे उन स्थितियों से कहीं अधिक महत्त्वपूर्ण और गम्भीर थीं जिन्होंने हमें एक सूत्र में बाँधे रखा था। हिन्दू और मुसलमानों के सामाजिक जीवन की कुछ साझा विशेषताओं पर निर्भर करते हुए, उन दोनों की भाषाओं की समानताओं को देखते हुए, एक ही नस्ल का और एक ही देश का होने के कारण हिन्दुओं ने भूलवश उसे ही सच मान लिया जो सतही और भ्रामक था, जो बुनियादी और ज़रूरी था उसे नहीं। राजनीतिक और धार्मिक मनमुटावों ने हिन्दू और मुसलमानों के बीच इतना गहरा बँटवारा कर दिया कि शेष सामान्य चीज़ें उन्हें एक नहीं रख पायीं।'[184]

अम्बेडकर उस समय की परिस्थितियों के अनुसार थोड़ा यथार्थवादी हो गये प्रतीत होते थे लेकिन विभाजन की घटना को देखते हुए सात साल बाद वे अपने कथन में सही सिद्ध हुए। निष्कर्ष के तौर पर उन्होंने कहा, 'यदि दोनों ही समुदायों के लोगों द्वारा अपने–अपने अतीत को भुला दिया जाता तो सम्भव है कि स्थितियाँ थोड़ी भिन्न होतीं।' हालाँकि इस किताब में मेरे मतानुसार इस विस्मरण की कोई सम्भावना नहीं थी।[185]

---

184. बी. आर. अम्बेडकर, 'अ नेशन कालिंग फॉर अ होम', *पाकिस्तान और पार्टीशन ऑफ़ इंडिया,* बॉम्बे : ठाकरे, 1940।
185. वही।

लेकिन 1940 में ही कट्टर मुसलमान राष्ट्रवादी नेता मौलाना अबुल कलाम ने रामगढ़ में अपने भाषण में सर्वथा विपरीत बात कही जिसे अपने परिदृश्य के छुपे हुए पक्ष के कारण अधिक महत्त्वपूर्ण माना जा सकता है। उनका भाषण चूँकि मुसलमानों के दृष्टिकोण से दिया गया था लिहाज़ा उसमें कुछ बिन्दुओं को भूल जाने के बजाय उनको याद रखने की आवश्यकता पर बल दिया गया था, इसलिए उस भाषण के एक बृहद् अंश को यहाँ उद्धृत करना अधिक प्रासंगिक होगा :

> 'मैं एक मुसलमान हूँ और मुझे इस बात का गर्व है। इस्लाम की तेरह सौ साल पुरानी भव्य परम्परा मुझे विरासत में मिली है। मैं अपनी समृद्ध विरासत का एक छोटा–सा भी हिस्सा खोने के लिए तैयार नहीं हूँ। इस्लाम का इतिहास और उपदेश, इसकी कला और साहित्य और इसकी सभ्यता मेरा धन और दौलत हैं। मेरा फ़र्ज़ है कि मैं इनकी हिफ़ाज़त करूँ।
>
> एक मुसलमान होने के नाते इस्लामिक मज़हब और संस्कृति में मेरी ख़ास दिलचस्पी है और उसमें किसी की भी कोई दख़लअन्दाज़ी मुझे मंजूर नहीं है। लेकिन इस रुझान के सिवा भी मेरी दूसरी भावनाएँ हैं जिनको अपनी ज़िन्दगी की सच्चाइयों और परिस्थितियों के कारण मानने के लिए मैं बाध्य हूँ। इस्लाम में मेरी आस्था मेरी अन्य भावनाओं के आड़े नहीं आती है बल्कि यह मुझे प्रेरित करती है और अपने मक़सद के चलने के लिए मेरा हौसला बढ़ाती है। मुझे अपने भारतीय होने का गर्व है। मैं भारतीय राष्ट्रवाद की अखण्ड एकता का एक हिस्सा हूँ। मैं इस शानदार और उदार परम्परा का एक अविभाज्य अंग हूँ और मेरे बिना भारत की यह महान संरचना अधूरी है। भारत के निर्माण में मेरी केन्द्रीय भूमिका रही है। मैं कभी भी अपने इस दावे का परित्याग नहीं करूँगा।

यह भारत की ऐतिहासिक नियति थी कि इसने मनुष्यों की अनेक नस्लों, संस्कृतियों और धर्मों को अपनी तरफ़ आकृष्ट किया। उन्होंने यहाँ की ज़मीन पर न सिर्फ़ अपना डेरा डाला, बल्कि उनमें से बड़ी तादाद ने आख़िरकार अपना बसेरा यहीं बसा लिया। इतिहास के आरम्भ में ही यह कारवाँ भारत में दाख़िल हुआ था और उसके पीछे–पीछे भारी संख्या में

दूसरे लोगों ने भी इधर का रुख़ किया। इस महान देश और यहाँ की उपजाऊ मिट्टी ने सभी आने वालों का स्वागत किया और उनको अपने सीने से लगाया। अपने पुरखों के कारवाँ के पीछे–पीछे जो यहाँ आये वे इस्लाम के अनुयायी थे। वे यहाँ आकर न केवल बस गये बल्कि उन्होंने इसकी मिट्टी के लिए अपना सर्वस्व अर्पित कर दिया। उनके आने से भारत में संस्कृति की दो समानान्तर धाराएँ बहीं–ठीक उसी तरह जिस तरह गंगा और यमुना नदियाँ बहुत दूर तक एक–दूसरे से अलग बहती हैं लेकिन आख़िरकार संगम में जाकर एक–दूसरे में मिल जाती हैं। संस्कृतियों का यह मिलन इतिहास की एक महत्त्वपूर्ण घटना थी। यहाँ वक़्त ने एक नयी करवट ली जहाँ से भारत अपनी पुरानी राह को त्याग कर नयी राह पर चल पड़ा। हम अपनी विरासत अपने साथ लेकर आये थे, और दूसरी तरफ़ भारत के पास अपनी समृद्ध संस्कृति थी। हमने अपनी दौलत यहाँ के लोगों के साथ साझा की और भारत ने भी अपने ख़ज़ाने का दरवाज़ा हमारे लिए खोल दिया। हमने भारत को वे सभी चीज़ें दीं जो हम उसे दे सकते थे। हमने उसे अपनी दौलत की सबसे बेशक़ीमती चीज़ इस्लाम तोहफ़े के तौर पर दी। उस तक लोकतन्त्र और बराबरी का सन्देश इस्लाम ने ही पहुँचाया।

पूरी की पूरी ग्यारह सदियाँ उसके बाद गुज़र चुकी हैं। आज भारत की मिट्टी पर इस्लाम की भी उतनी ही पुख़्ता दावेदारी है जितनी कि हिन्दुत्व की है। अगर हिन्दुत्व हज़ारों साल से यहाँ के लोगों का धर्म रहा है तो इस्लाम को भी यहाँ आये एक हज़ार साल हो चुके हैं। जिस तरह एक हिन्दू को यह कहते हुए गर्व अनुभव होता है कि वह हिन्दुत्व का परिपालन करने वाला एक भारतीय है, तो उसी बराबर हक़ के साथ हम भी कह सकते हैं कि हम भी भारतीय हैं जिनका मज़हब इस्लाम है। बल्कि मैं इस दायरे को और बड़ा करके देखूँ तो भारतीय ईसाइयों को भी यह कहने का उतना ही अधिकार है कि उन्हें भी अपने भारतीय होने का उतना ही गर्व है और वे भी एक भारत के एक अन्य धर्म–ईसाइयत के अनुयायी हैं।

> '...हज़ारों साल पुरानी हमारी साझा ज़िन्दगियों ने हम सबको एक साझी राष्ट्रीयता में ढाल दिया है। यह प्रक्रिया अपनी स्वाभाविक रफ़्तार के रूप में पूरी हुई। किसी भी बाह्य प्रयास और प्रभाव के बिना सदियों में हमारी संस्कृति ने यह आकार प्राप्त किया।

नियति ने इस संस्कृति की सम्पूर्णता पर अपनी मुहर लगा दी है। हम इसे पसन्द करें अथवा नहीं करें, सच यही है कि अब हम एक भारत देश हैं–जो अखण्ड है और अविभाजित है। कोई भी परिकल्पना या कृत्रिम योजना अब न तो हमें अलग कर सकती है और न हमारी एकता को तोड़ सकती है। हमें इतिहास के साथ–साथ इस यथार्थ के तर्क को भी स्वीकार करना होगा... ।'[186]

मौलाना आज़ाद कोई अकेले मुसलमान नेता नहीं थे जिन्होंने एक मुस्लिम राष्ट्र की अवधारणा को अस्वीकार कर दिया था। प्रीमियर अल्लाह बक्श सुमरू ने भी अलग मुस्लिम राष्ट्र पाकिस्तान के प्रस्ताव के बारे में कहा था : 'ऐसा समझना ही ग़लत है कि भारत के भीतर हिन्दू और मुसलमान–दो अलग–अलग देश बसते हैं। यह कहना कहीं अधिक उपयुक्त होगा कि सभी भारतीय मुसलमान को अपनी भारतीयता पर गर्व है और उनको इस बात का भी गर्व है कि उनकी आध्यात्मिकता और आस्था की धुरी इस्लाम है। एक भारतीय के रूप में हिन्दू हों या मुसलमान, या फिर किसी अन्य धर्म के लोग हों–भारत की एक–एक इंच ज़मीन और उसके भौतिक और सांस्कृतिक संसाधनों पर सबका बराबरी का हक़ है। वे सब के सब इसी गौरवशाली मिट्टी के बेटे हैं।'[187] अल्लाह बक्श सुमरू सिन्ध के सर्वोच्च निर्वाचित अधिकारी थे और इस ओहदे के लिए 1938 और 1942 के बीच दो बार चुने गये थे।

आज़ाद की तरह सुमरू भी भारत की साझा ऐतिहासिक विरासत और सम्मिश्रित राष्ट्रवाद के पक्के हिमायती थे। अप्रैल 1940 में आज़ाद मुस्लिम कॉन्फ्रेंस (जिन्ना की मुस्लिम लीग और उसके पाकिस्तान सम्बन्धी प्रस्ताव के विरोध में हुई जनसभा) में दिये गये अपने अध्यक्षीय भाषण में उन्होंने इस बात पर ज़ोर डाला कि भारत की विविध संस्कृतियों का पारस्परिक प्रभाव इतना मौलिक है कि इसे चाह कर भी क्षीण नहीं किया जा सकता है। दो राष्ट्रों के सिद्धान्त को कठोरतापूर्वक अस्वीकार करते हुए उन्होंने कहा : '9 करोड़

---

186. एक्सट्रैक्ट फ्रॉम प्रेसिडेंसियल एड्रेस टू फिफ्टी–थर्ड सेशन ऑफ़ इंडियन नेशनल कांग्रेस, रामगढ़, 1940, *इंडियन नेशनलिज़्म*, पृ. 238–39।

187. एस. इरफ़ान हबीब, 'फ्रीडम फाइटर अल्लाह बक्श सुमरू'ज लाइफ शोज दैट इंडियन मुस्लिम्स आर नॉट पाकिस्तानी–लेफ्ट–बिहाइंड', *कारवान*, 28 जुलाई 2020।

भारतीय मुसलमान जो भारत के आरम्भिक निवासियों के वंशज हैं, किसी भी अर्थ में इस मिट्टी की अन्य सन्तानों मसलन आर्यों या द्रविड़ों से कमतर नहीं हैं। वे इस मिट्टी में बसने वाले शुरुआती लोगों में हैं। अलग–अलग देशों के नागरिक अपनी नागरिकता को खुद से सिर्फ़ इसलिए नहीं छीन सकते हैं क्योंकि उन्होंने कोई दूसरी आस्था अपना ली है। अपनी वैश्विकता में इस्लाम ने हमारी आस्था और संस्कृति को बाहर और भीतर से इतना गहरे रूप में प्रभावित किया है कि उससे मुक्त हो पाना कठिन है।'[188]

सुमरू ने अपनी और आज़ाद की भारतीय वैश्विकता को सुस्पष्ट तरीक़े से अभिव्यक्त करते हुए कहा : 'हिन्दू, मुसलमानों तथा भारत में रहने वाले अन्य लोगों की यह भ्रान्ति बेहद ख़तरनाक है कि इस देश की कुछेक चुनिन्दा चीज़ें उन्हीं की बदौलत हैं क्योंकि उनका हक़ तो पूरे मुल्क पर बराबर का है। यह देश अपनी अविभाजित सम्पूर्णता और साझी एकता के साथ उन सबका है जो इसमें रहते हैं। इस देश की विरासत पर भारतीय मुसलमानों का भी दूसरे भारतीयों की तरह समान अधिकार है।'[189]

आज़ाद और सुमरू के ये उद्वेलित करने वाले शब्द भी भारत को बँटने और भारत की एक बड़ी मुसलमान आबादी को अपनी राष्ट्रीय धारा को छोड़कर जाने से नहीं रोक पाये। 1943 में सुमरू की हत्या बहुलतावादी और एकीकृत भारत के विरोधियों द्वारा कर दी गयी। बहरहाल ख़ासी तादाद में मुसलमानों ने भारत में ही बसने का फ़ैसला किया। भारत वापिस लौट आने वालों की भी कमी नहीं रही। मिसाल के तौर पर मार्च 1948 में पश्चिम पाकिस्तान से तक़रीबन 22,000 मुसलमान वापिस लौट आये। उन्हें डर था कि सरकार ने उनकी जिस जायदाद को बेनामी घोषित कर दिया था, उस पर कहीं किसी और का क़ब्ज़ा न हो जाये। बाद में परमिट सिस्टम की पेचीदगियों की वजह से इन लौट कर आने वाले लोगों की संख्या में गिरावट आने लगी, और जुलाई में यह घट कर सिर्फ़ 2,000 रह गयी। इक्कीसवीं सदी के आगमन पर भारतीय मुसलमानों की जनसंख्या पाकिस्तान में रहने वाले मुसलमानों की संख्या से ज़्यादा थी।

विभाजन ने लोगों के दिलों और परिवारों को भी बाँट दिया। दोनों देशों के बीच 1948 और 1965 के युद्ध ऐसी कहानियों से भरे हुए हैं जिनमें

---

188. वही।

189. वही।

एक ही माता–पिता से जन्मे हुए दो सहोदर एक–दूसरे पर गोलियाँ बरसा रहे थे। 1948 में ऐसे ही दो सगे भाइयों की तैनाती कश्मीर की पहाड़ियों पर दोनों मुल्कों द्वारा की गयी थी। भारत की तरफ़ से मेजर साहिबज़ादा यूनुस ख़ान थे और उनके ख़िलाफ़ उनके सगे छोटे भाई मेजर साहिबज़ादा याकूब ख़ान थे जो पाकिस्तान की तरफ़ से लड़ रहे थे। दोनों भाई पहले ब्रिटिश फ़ौज में नौजवान ऑफ़िसर के तौर पर नियुक्त थे और द्वितीय विश्वयुद्ध में यूरोप में जंग में शिरकत भी कर चुके थे। लेकिन विभाजन की वजह से उन्होंने अपने लिए दो अलग–अलग फ़ौजें चुनीं। सुनने में आता है कि 1948 के युद्ध में बड़े भाई द्वारा दागी गयी एक गोली से छोटा भाई ज़ख़्मी होकर गिर पड़ा। उसे गोली लगता देख यूनुस चिल्ला कर बोला, 'छोटे, नाराज़ मत होना. हम सिपाही हैं और हमें अपना फ़र्ज़ ज़रूर निभाना चाहिए।' यूनुस एक कर्नल के तौर पर रिटायर हुए लेकिन उसका छोटा भाई जनरल के पद तक जा पहुँचा, और रिटायर होने के बाद पाकिस्तान का राजदूत और विदेश मन्त्री भी बना।

मेज़र मारूफ़ रज़ा जो भारतीय फ़ौज में अपनी शानदार नौकरी छोड़कर एक सुरक्षा रणनीतिकार और सेना–मामलों के विशेषज्ञ टिप्पणीकार बन गये, 1965 के युद्ध में एक अवकाशप्राप्त भारतीय अधिकारी से सुने हुए एक वाक़ये का ज़िक्र है।[190] उस भारतीय अधिकारी ने वह क़िस्सा एक मेहमान पाकिस्तानी ब्रिगेडियर बेग से सुन रखा था। सितम्बर 1965 में जब दोनों देशों की फ़ौजों के बीच तोपों का युद्ध उत्कर्ष पर था तब बेग, जो उस वक़्त एक नौजवान पाकिस्तानी लेफ़्टिनेंट थे, को सुबह होने से पहले भारतीय तोपों के कमांडर को मार गिराने के उद्देश्य से एक कमांडो हमले में जाने को कहा गया। घुप्प अँधेरे में एक भारतीय टैंक पर चढ़ने के बाद उनकी नज़र टैंक के खुले सिरे से भीतर बैठे एक मेजर पर गयी जो किसी नक़्शे के ऊपर झुका हुआ था। शायद वह अगली सुबह के युद्ध की योजना पर विचार कर रहा था। अपने दुश्मन के सर पर गोली मारने के बाद बेग ने उस भारतीय अधिकारी के चेहरे का नक़ाबनुमा कपड़ा हटा कर देखा ताकि उसकी मौत के प्रति आश्वस्त हो सके। उसे भारतीय मेजर की जेब में एक

190. मारूफ़ रज़ा, '1965 वार : ए टेल ऑफ़ वार एंड थ्री ब्रदर्स', *ओपन*, 27 अगस्त 2015।

ताबीज़ भी मिला। अपनी सीमा में वापस लौटने के बाद लेफ़्टिनेंट बेग ने मृतक की निशानियाँ उस ब्रिगेडियर के हवाले कीं जिसने बेग को उस मिशन पर भेजा था। पाकिस्तानी ब्रिगेडियर के लिए यह हैरानी की बात थी कि भारतीय फ़ौज में ऐसे भी मुसलमान थे जो इतनी प्रतिबद्धता और बहादुरी के साथ पाकिस्तान के ख़िलाफ़ जंग में हिस्सा ले रहे थे। आगे की कहानी रज़ा के शब्दों में कुछ ऐसे थी :

> 'उन निशानियों को लेते हुए पाकिस्तानी ब्रिगेडियर के हाथ काँपने लगे और वह अपनी भावनाओं पर नियन्त्रण नहीं रख पाया। उसकी आवाज़ भर्राने लगी और आँखें डबडबा गयीं। वह अपनी कुर्सी पर ढहता हुआ बैठ गया। लेफ़्टिनेंट बेग ने पूरी इज़्ज़त के साथ अपने कमांडर से पूछा कि उसके साथ कोई ख़ास परेशानी तो नहीं थी। ब्रिगेडियर ने रुँधे हुए गले से कहा, 'नौजवान, तुमने जो निशानियाँ मेरे हवाले की हैं, उन्हें देखकर मुझे पता चला है कि मैंने तुम्हें अपने सगे छोटे भाई का क़त्ल करने का काम सौंपा था...मुझे यह ज़रा भी ख़याल नहीं रहा कि हमारे ख़िलाफ़ 16 कैवलरी की तैनाती की गयी थी। जिसे तुम मार कर आये हो वह मेजर एम. ए. आर. शेख मेरा छोटा भाई था।'

बहरहाल जिस भारतीय अधिकारी ने रज़ा को यह कहानी सुनायी, उसने राज़ पर से आख़िरी पर्दा यह कहते हुए उठाया कि वह ख़ुद अपने परिवार के तीन भाइयों में सबसे छोटा था :

> 'जब वह पाकिस्तानी मेहमान मुझे फटी आँखों से देख रहा था, इस कहानी को कहने वाले ने ब्रिगेडियर बेग से अपने परिवार के लोगों से मिलने के लिए घर आने की गुज़ारिश की। उस अधिकारी के घर वहाँ से कुछेक घण्टे की ड्राइव के बाद पहुँचा जा सकता था जहाँ उस वक़्त दोनों थे। उसकी बूढ़ी माँ को उस आदमी से मिलने की पुरानी ख़्वाहिश थी जो उसके बेटे के ख़िलाफ़ जंग में लड़ा था। जब पाकिस्तान से आये ब्रिगेडियर बेग अगले रोज़ उस बूढ़ी बेगम (जो यह जानती भी नहीं थीं कि उनका बेटा बेग के हाथों ही मारा गया था) से मिले तो वे यह देखकर बेहद ख़ुश हुईं कि दुश्मन उनकी ख़ैरियत पूछने आया है।

> रिकॉर्ड बताते हैं कि मेजर शेख 1965 में सियआलकोट के क़रीब हुई जंग में सिर पर गोली लगने से मारे गये। उन्हें मरणोपरान्त वीर चक्र सम्मान से सम्मानित किया गया। पाकिस्तानी फ़ौज में नियुक्त उनके बड़े भाई जो उस जंग में ब्रिगेड कमांडर थे, बाद में पाकिस्तान के जनरल नियुक्त हुए।'

यह कहानी अनेक स्तरों पर मर्मस्पर्शी है : ऑफ़िसर द्वारा अनजाने में अपने ही छोटे भाई को मार कर आने का हुक्म दिया जाना (हालाँकि युद्ध के मैदान में यह हुक्म उसे दूसरे हालात में भी देना ही पड़ता); और हत्यारे ऑफ़िसर का मारे गये ऑफ़िसर की माँ से मिलने जाना; वह माँ जो उस कमांडर की भी माँ थी जिसने उस मारने वाले ऑफ़िसर को यह हुक्म दिया था। ध्यान से सोचने पर अलग–अलग लोगों के नज़रिये से यह पूरी घटना भावनाओं का एक ऐसा नाटकीय दृश्य प्रस्तुत करती है जो इससे जुड़े हर एक शख़्स की अलग शख़्सियत का बयान करती है। जब एक आदमी दो देशों के बीच बँट जाये तो यही बहुत तकलीफ़देह स्थिति है, लेकिन जब एक परिवार उस वक़्त जबकि दो देश एक–दूसरे से युद्ध में लिप्त हों, का उन देशों में बँट जाना तो भयावह और त्रासदपूर्ण है।

लेकिन मौलाना आज़ाद देश के बँटवारे के बाद अपनी ज़िन्दगी की आख़िरी साँस तक उसी भारत में ज़िन्दा रहे जिसकी उन्होंने संकल्पना की थी। 1958 में अपनी मृत्यु तक उन्होंने बतौर एक केन्द्रीय मन्त्री इस देश में अपना अमूल्य योगदान भी दिया। उनके सपनों के भारत में वे सभी तत्त्व सम्मिलित रहे जिनकी उन्होंने परिकल्पना की थी; जैसा कि मैंने ज़िक्र भी किया था कि अगर अमेरिका को हम एक ऐसी हाँड़ी मान लें जिसमें साथ–साथ कई चीज़ें मिलाकर पकाई जा सकती हैं, तो भारत भी उस सजी–धजी थाली से कम नहीं है जिसमें अलग–अलग कटोरियों में अलग–अलग व्यंजन परोसे गये हों। सभी व्यंजनों के स्वाद और रंगों में भिन्न हैं और एक साथ परोसे जाने के कारण वे एक–दूसरे के पूरक हैं। इस तरह सभी ज़ायके साथ मिलकर एक पूरा का पूरा भोजन बनने की क्षमता रखते हैं।

हर एक भारतीय एक साथ अपनी अनेक पहचान को बरकरार रखने के लिए स्वतन्त्र है–प्रदेश, धर्म, जाति, भाषा और नस्ल हर एक आधार पर अलग–अलग पहचान। भारतीय लोगों का यह एक बहुप्रचलित व्यवहार है

कि वे अक्सर एक–दूसरे से पूछते हैं कि वे कहाँ से आये हैं। और, मैं यह एक आसान से सवाल के सामने निरुत्तर हो जाता हूँ। जब लोग मुझसे पूछते हैं कि मैंने कहाँ जन्म लिया था, तब मुझे उन्हें यह बताना पड़ता है कि मैं लन्दन में पैदा हुआ था, हालाँकि मैंने खुद को वहाँ से आया हुआ कभी अनुभव नहीं किया। मैं उन्हें कह सकता हूँ कि मैं तिरुवनन्तपुरम से आया हूँ जिस क्षेत्र का मैं संसद में प्रतिनिधित्व करता हूँ। लेकिन अनेक लोग जानते हैं कि मूलतः मैं पलक्कड़ का हूँ जो मेरे पुरखों का ज़िला है, जहाँ से मेरे माता–पिता का परिवार सम्बन्धित है और पारम्परिक मुहावरे में जिसे मेरा जन्मस्थान कहा जा सकता है। दिल्ली में मैं खुद को केरल का बताता हूँ, केरल में मुझे लोग मेरी जाति 'नायर' या मेरे धर्म 'हिन्दू' की वजह से जानते हैं। केरल के बाहर मैं एक 'मलयाली' हूँ जो दरअसल मेरी मातृभाषा है। लेकिन मैं अपनी इन सभी पहचानों के साथ खुद को भावनात्मक रूप से गहरे जुड़ा महसूस करता हूँ और मेरे भीतर ये सब के सब एक साथ उपस्थित रहते हैं–मेरा गाँव, मेरा संसदीय क्षेत्र, मेरा क्षेत्र, मेरी भाषा, मेरा राज्य और मेरा देश–सभी के सभी। इस दृष्टि से पूरी दुनिया मेरी है। मेरी उन सब चीज़ों पर दावेदारी है वैसे ही जैसे उन सब की मेरे ऊपर दावेदारी है। लेकिन अपनी इन सभी पहचानों के बीच मैं स्वयं को इसलिए सुरक्षित अनुभव करता हूँ क्योंकि मेरी एक बृहद् पहचान भी है–और वह पहचान मेरे भारतीय होने की पहचान है।

तीसरा खण्ड

भारत की हिन्दुत्व अवधारणा

राष्ट्रीय स्वयंसेवक संघ की एक शाखा

समाचारों की दृष्टि से यह एक सुस्त सी सुबह थी।

2018 का साल समाप्ति की तरफ़ बढ़ रहा था। मेरे द्वारा कई बार पहले भी की जा चुकी एक टिप्पणी (जिस पर 2013 में मैंने ट्वीट भी किया था) पर हमारे टेलीविज़न चैनलों का विचित्र उन्माद अभी–अभी थोड़ा थमा था। मैंने बस इतना भर कहा था कि अगर भाजपा संसद के दोनों सदनों के साथ–सराथ भारत के अधिकतर राज्यों पर अधिकार जमाने और 'हिन्दू राष्ट्र' के अपने एजेंडे में सफल रही तो भारत की स्थिति भी कमोबेश एक 'हिन्दू पाकिस्तान' जैसी हो जायेगी। नेहरू ने तो यह आशंका बहुत पहले ही प्रकट की थी। मेरे इस निष्कलुष विचार को अनावश्यक तूल दे दिया गया था, और केवल मेरे कहे उन दो शब्दों को तोड़मरोड़ कर ऐसे पेश किया गया जैसे मैं कोई हिन्दू–विरोधी या देशद्रोही व्यक्ति हूँ।

भारत की जिस अवधारणा का मैंने उल्लेख किया है और जिसे संविधान ने भी अंगीकृत किया है, वह नागरिक राष्ट्रवाद की अवधारणा है। यह अवधारणा इंडिक (सिन्धु?) सभ्यता द्वारा परिष्कृत और बहुलतावाद के सिद्धान्तों द्वारा संवर्द्धित है। विभाजन के उपरान्त जो चुनौतियाँ प्रकट हुई; यह भारतीय राष्ट्रवादियों द्वारा उनका ही उत्तर थी। दूसरी ओर एक हिन्दू राष्ट्र की हिन्दुत्व सम्बन्धी अवधारणा का विकल्प था जिसकी संकल्पना भाजपा/आरएसएस ने आधुनिक पाकिस्तान के हिन्दू–प्रतिबिम्ब के रूप में कर रखी थी–एक वर्चस्ववादी बहुसंख्यक धर्म वाला ऐसा राष्ट्र जो अपने अल्पसंख्यकों को अपनी अधीनस्थता में रखे। एक ऐसा राष्ट्र जो अपनी सजातीय (धार्मिक, सांस्कृतिक और भाषाई) नागरिकता को 'हिन्दी–हिन्दू(त्व)–हिन्दुस्तान' जैसे नारों में व्याख्यायित करता हो। नागरिक राष्ट्रवादी सिद्धान्त का यह मुख्य विकल्प है, और यहाँ इसके विस्तृत विश्लेषण की आवश्यकता है।

16

हिन्दुत्व का सिद्धान्त

हिन्दू–सिद्धान्ततः 'हिन्दूवाद' की संकल्पना और अन्वेषण का श्रेय मुख्यतः विनायक दामोदर सावरकर को जाता है, जिन्होंने 1923 में अपनी पुस्तक *एसेंशियल ऑफ़ हिन्दुत्व* में इसका आधार रखा।[191] 1928 में यह पुस्तक *हिन्दुत्व : हू इज़ अ हिन्दू?* के नाम से पुनःप्रकाशित हुई और आज यह हिन्दू राष्ट्रवादी सम्प्रदाय का आधार–ग्रन्थ मानी जाती है। सावरकर के विचारों पर मैंने अपनी पुस्तक *व्हाई आय एम अ हिन्दू* में विस्तार से लिखा है, इसके बाद भी मैं संक्षेप में इस अध्याय और पुस्तक में अन्यत्र भी अपनी बात का पुनरुल्लेख करूँगा और साथ ही हिन्दुत्व सम्बन्धी अन्य मान्यताओं की संरचना की भी चर्चा करूँगा क्योंकि उनका प्रत्यक्ष सम्बन्ध राष्ट्रीयता के उन विचारों से है, जिनका अन्वेषण मैं कर रहा हूँ।

सावरकर का व्यक्तित्व विशेष रूप से रोचक है। वे न केवल हिन्दू राष्ट्रवाद की दृष्टि से एक क़द्दावर नेता थे, अपितु उनके स्वयं के बौद्धिक–चिन्तन की यात्रा भी कम अजीबोग़रीब नहीं थी। किसी भाजपा सरकार के हस्तक्षेप से संसद के भीतर उनका तैलचित्र ठीक महात्मा गाँधी के तैलचित्र के सामने लगाया गया है जिनके विचारों का विरोध सावरकर ने सदैव किया। 1857 के विद्रोह पर लिखी गयी अपनी एक आरम्भिक पुस्तक में वे हिन्दू–मुसलमान की एकता के प्रति प्रशंसात्मक भावों से भरे दिखते हैं। उन्होंने लिखा भी था कि दोनों सम्प्रदायों के लोग एक ही माँ से जन्मे भाई हैं। उसी सावरकर ने 1937 में हिन्दू महासभा के अध्यक्ष के

191. वी. डी. सावरकर, *एसेंशियल ऑफ़ हिन्दुत्व*, बॉम्बे : वीर सावरकर प्रकाशन, 1923, (पहला संस्करण)।

रूप में यह तर्क दिया कि हिन्दू और मुसलमान दो अलग–अलग राष्ट्र हैं। मुसलमानों को भाई कहने से मुझे बरबस फ्रांस की क्रान्ति की समाप्ति पर किसी सनकी आदमी की कही गयी एक पुरानी कहावत याद आ गयी : 'जब मैंने भाईचारे के नाम पर लोगों को जो कुछ करते देखा, उसके बाद मैंने संकल्प लिया कि अगर मेरा कोई सगा भाई होगा भी तो मैं उसे चचेरा भाई ही कहूँगा।'[192]

अण्डमान में ग्यारह साल लम्बे सश्रम कारावास की सज़ा और दण्ड–दासता काटने (मैंने सेलुलर जेल में उनकी कालकोठरी देखी है जिसे अब एक संग्रहालय बना दिया गया है), और ब्रिटिशों से क्षमादान के अनेक पत्रों और आजीवन ब्रिटिश सम्राट के प्रति वफ़ादार रहने का वचन देने के बाद जब सावरकर को रिहा किया गया तो वे पूरी तरह से बदल चुके थे। उनके नस्लवादी–धार्मिक राष्ट्रवाद का आरम्भ यहीं से हुआ माना जाता है। हालाँकि एक युवा क्रान्तिकारी के रूप में भारत के प्रति उनकी समझ अधिक उदार और व्यापक थी और वे सभी धर्मों का बराबर सम्मान करते थे। यह एक विडम्बना ही थी कि सावरकर की सी लगभग मिलती–जुलती कहानी हिन्दू–मुसलमान एकता के एक अन्य पुरोधा मोहम्मद अली जिन्ना की भी थी क्योंकि बाद के वर्षों में उन्होंने भी अपने लिए धार्मिक राष्ट्रवाद का मार्ग चुन लिया था।

जातीय, सांस्कृतिक और धार्मिक दृष्टि से 'एक हिन्दू होने के गुण' का उल्लेख करने के लिए सावरकर ने 'हिन्दुत्व' शब्द का चयन किया। उनकी मान्यता थी कि हिन्दू वह व्यक्ति है जो भारत को अपनी मातृभूमि, पुरखों की पितृभूमि और अपनी पुण्यभूमि समझता है। भारत हिन्दुओं की भूमि है क्योंकि हिन्दुओं की जातीयता भारतीय है, और हिन्दू आस्था की उद्‌गम–भूमि भी भारत ही है। सावरकर के मतानुसार सिख धर्म, बौद्ध धर्म और जैन धर्म जैसी भारत में उत्पन्न हुई अन्य आस्थाएँ भी हिन्दुत्व की ही शाखाएँ हैं क्योंकि वे उन तीनों मानदण्डों पर खरी उतरती हैं, लेकिन इस्लाम और ईसाई धर्म चूँकि भारत में बाहर से आये हैं, इसलिए वे हिन्दुत्व की शाखाएँ नहीं माने जा सकते हैं। इस दृष्टि से एक हिन्दू

---

192. साइटेड बाय मीनू आर. मसानी एट दी कांस्टीचुएंट असेम्बली डिबेट्स, 17 दिसम्बर 1946, *कांस्टीचुएंट असेम्बली डिबेट्स*, वॉल्यूम 1।

के लिए हिन्दू माता–पिता का होना आवश्यक है जिसके मन में इस भूमि अर्थात 'भारतवर्ष' के लिए सम्मान हो। वह भारतवर्ष जो सिन्धु नदी से लेकर सागर–तटों तक विस्तृत हो–यही भारतवर्ष उनकी पवित्र मातृभूमि है और 'उसके धर्म की पालन–भूमि भी है।'[193]

अपने समय के जातीय सिद्धान्तों को ध्यान में रखते हुए सावरकर यह मानते थे कि हिन्दुत्व हिन्दू 'जाति' में अन्तर्निहित वह अपरिभाषेय गुणों का समूह है जिसे हिन्दू धर्मावलम्बियों में सहजता से लक्षित कर पाना कठिन है। इसलिए उन्होंने हिन्दुत्व को अपने राजनीतिक विचारों का पर्यायवाची नहीं, अपितु पूरक बताया। यह बात आज के हिन्दुत्व के पक्षधरों को अचम्भित कर सकती है। इस स्पष्ट भेद के बावजूद आज हिन्दुत्व की अवधारणा का उपयोग हिन्दुओं को राजनीतिक रूप से संगठित करने के लिए किया जाता है क्योंकि सावरकर ने यह स्पष्ट रूप से भारत में जन्मे मुसलमानों और ईसाइयों को हिन्दुत्व की परिधि में लाने से अस्वीकृत कर दिया था। उनके मतानुसार वे हिन्दुत्व के तीन 'स्थापित' मानकों–'समान राष्ट्र, समान जाति और समान संस्कृति पर खरा नहीं उतरते थे। दोनों ही धर्मों के लोग भारत–भूमि के साझा इतिहास, साझा जननायकों, साझा साहित्य, साझा कला, साझा क़ानूनों और अधिकार–क्षेत्र, साझा त्योहार और उत्सवों, साझा रीतिरिवाज़ों और साझा कर्मकाण्डों का प्रतिनिधित्व भी नहीं करते थे।'[194] इन कथित रूप से परिभाषित साझा आदर्शों और आचरणों को धारण करने वाले हिन्दुओं ने ही भारत राष्ट्र का गठन किया है। और, चूँकि भारत राष्ट्र आदिकाल से अस्तित्व में रहा है, इसलिए सावरकर ने ब्रिटिशों के इस दृष्टिकोण को अस्वीकार किया है कि भारत राष्ट्र एक भौगोलिक अभिव्यक्ति मात्र है जिसे चर्चिल ने अपने हास्यास्पद वक्तव्य में 'भूमध्य रेखा से कतई बड़ा नहीं' बताया था। चर्चिल के उक्त वक्तव्य को मैं पहले भी उद्धृत कर चुका हूँ।

हिन्दुत्व के प्रति अपने विचारों को सावरकर उस 'हिन्दू राष्ट्र' के आधारभूत सिद्धान्तों के रूप में देखते थे जो पूरे भारतीय उपमहाद्वीप तक विस्तृत हो, और सागर–तटों और पर्वतमालाओं की सीमाओं से घिरा अविभाजित भारत (अखण्ड भारत) हो। यह मौर्य (321 ई.पू.–185 ई.पू.)

193. सावरकर, *एसेंशियल ऑफ़ हिन्दुत्व*।

194. वही।

जैसे प्राचीन वंशों से अभिप्रेरित था जिन्होंने चन्द्रगुप्त और अशोक जैसे महान शासकों के अधीन उपमहाद्वीप के एक बृहद् भाग को एक सूत्र में बाँधने और उस पर नियन्त्रण स्थापित करने में सफलता प्राप्त की। राष्ट्रीय स्वयंसेवक संघ के बाद के सालों में प्रकाशित *श्री गुरुजी, दी मैन एंड हिज मिशन* में यह साफ़–साफ़ लिखा हुआ है–'यह बात प्रमाणित हो चुकी है कि हिन्दू ही वस्तुतः भारत राष्ट्र थे और हिन्दुत्व इस राष्ट्र का राष्ट्रीयत्व था।'[195]

यह बात सहज रूप से समझी जा सकती है कि सावरकर के लिए हिन्दुत्व भारतीयता का पर्याय था। सावरकर की हिन्दुत्ववादी अवधारणा व्यापक थी : 'हिन्दुत्व कोई शब्द नहीं अपितु एक इतिहास है। हमारा आध्यात्मिक अथवा धार्मिक इतिहास नहीं, जैसा कि प्रायः समझ लिया जाता है–यह स्वयं में एक सम्पूर्ण इतिहास है। हिन्दुत्व एक जाति–विशेष के रूप में हमारे विचारों और व्यवहारों के सभी प्रकोष्ठों का स्पर्श करता है।'[196] प्रत्युत्तर में हिन्दू 'जाति' एक राष्ट्र की अवधारणा से जटिल रूप में गुँथा हुआ है। जैसा कि सावरकर ने लिखा है, 'हम हिन्दू एक–दूसरे से भावनात्मक रूप में केवल इसीलिए नहीं बँधे हुए हैं क्योंकि हम एक समान पितृभूमि से सम्बन्ध रखते हैं और एक ही लहू हमारी नसों में प्रवाहित होता है जिसके कारण हमारा हृदय स्पन्दित होता है बल्कि हमारे समर्पण का कारण वे समान त्याग और बलिदान हैं जो हमने अपनी महान सभ्यता के लिए किये हैं। वह महान सभ्यता ही हमारी हिन्दू संस्कृति है।'

यहाँ पर ध्यान देने योग्य यह बात है कि हिन्दुत्व की उनकी परिभाषा में वे लोग सम्मिलित नहीं थे जिनके पूर्वज कहीं और से आये थे या जिनकी भूमि भारत के अधीन नहीं आती थी। इसलिए भारत के दो सर्वाधिक महत्त्वपूर्ण अल्पसंख्यक–मुसलमान और ईसाई उनके सन्दर्भ–परिधि से सदैव बाहर रहे। सावरकर की राष्ट्र–निर्माण सम्बन्धी अवधारणा में उनका योगदान क्या था, और उनकी स्थिति क्या थी, इसका कोई स्पष्ट संकेत नहीं मिलता है, अलबत्ता इस बात के पर्याप्त संकेत अवश्य मिलते हैं

---

195. *श्री गुरुजी, दी मैन एंड हिज मिशन* (ऑथर अनस्पेसिफ़ाइड), राष्ट्रीय स्वयंसेवक संघ, नागपुर, 1973।

196. सावरकर, *हिन्दुत्व*, पृ. 3।

भारत में वे दोयम दर्जे की नागरिकता से अधिक की दावेदारी की हैसियत नहीं रखते थे जो प्रताड़ित होने की अवस्था में ही भारतीय नागरिकता के अधिकारी थे।

सावरकर के हिन्दुत्व सम्बन्धी सिद्धान्त को एम. एस. गोलवलकर ने और अधिक रूढ़ता और कट्टरता प्रदान करने का काम किया जो तीन से भी अधिक दशकों (1940–1973) तक आरएसएस के प्रमुख अथवा सरसंघचालक रहे। उन्होंने अपनी पुस्तकों *वी ऑर आवर नेशनहुड डिफाइंड*[197] और *दी बंच ऑफ़ थॉट्स*[198] और उग्र भाषणों में भी सावरकर को हिन्दू राष्ट्रवाद का अग्रणी सिद्धान्तकार घोषित किया। अपने लेखन के ज़रिये गोलवलकर ने यह बात साफ़ लहजे में कही कि भारत हिन्दुओं की पुण्यभूमि था। वे लिखते हैं : 'हिन्दुस्तान हिन्दुओं की धरती है और केवल इसी धरती पर एक हिन्दू राष्ट्र समृद्ध हो सकता है...' उनके कथनानुसार प्राचीन समय से ही भारत हिन्दुओं की आदिभूमि रहा है जिसके अतुल्य गौरव को विदेशी हमलावरों के निरन्तर हमलों ने नष्ट कर दिया। इसीलिए भारत के पुनः अभ्युदय के लिए उन्होंने 'राष्ट्रीय पुनर्जागरण' की आवश्यकता पर बल दिया।[199]

सावरकर ने तुलनात्मक रूप से अधिक धर्मनिष्ठ गोलवलकर द्वारा अपनी विचारधारा को हथियाये जाने की बात को बहुत सहजता के साथ नहीं लिया। उदाहरण के रूप में उन्होंने गोलवलकर द्वारा प्रतिपादित और बहुप्रचारित गौ–पूजन की प्रथा का विरोध किया और कहा कि लोगों को वह सब खाने का अधिकार है जो उन्हें पसन्द है और जिसका मूल्य चुकाने में वे आर्थिक रूप से समर्थ हों। सावरकर के मन में हिन्दू धार्मिकों के प्रति बहुत सहानुभूति की भावना नहीं थी। वे जाति–प्रथा की समाप्ति और सामाजिक परिवर्तनों के प्रबल पक्षधर थे। उनकी दृष्टि में व्यक्तिगत नास्तिकता कोई अपराध नहीं था और वे वैज्ञानिक दृष्टिकोण को तरज़ीह देते थे। सम्भवतः इसीलिए आरएसएस में आये हुए नये स्वयंसेवकों को

197. एम. एस. गोलवलकर, *वी ऑर आवर नेशनहुड डिफाइंड*, नागपुर : भारत प्रकाशन, 1945 (तीसरा संस्करण)।
198. गोलवलकर, *दी बंच ऑफ़ थॉट्स*, बेंगलोर : विक्रम प्रकाशन, 1968 (4जी इंप्रेशन)।
199. गोलवलकर, *वी ऑर आवर नेशनहुड डिफाइंड*।

सचेत करते हुए एक बार उन्होंने अपने भाषण में कहा था कि बेहतर होगा कि संघ में आने के बजाय वे अपने जीवन में कोई भौतिक उपलब्धि प्राप्त कर लें। वैभव पुरन्दरे[200] और विक्रम सम्पत[201] लिखित नयी पुस्तकों में सावरकर को एक हिन्दू पुनरुत्थानवादी के स्थान पर एक सामाजिक सुधारक के रूप में चित्रित किया गया है; ये आरएसएस और गोलवलकर थे जिन्होंने हिन्दुत्व को अधिक 'कट्टरवादी' बनाने का काम किया।

अपने लेखन के माध्यम से गोलवलकर ने अपना यह दृष्टिकोण निरन्तर व्यक्त किया कि 'हिन्दू राष्ट्र' (वह मातृभूमि जिसके लिए 'हिन्दू लोगों' ने अपना रक्त बहाया) का पुनर्निर्माण केवल हिन्दुत्व के पुनरुत्थान से ही सम्भव हो पाया। गोलवलकर ने 'भौगोलिक राष्ट्रवाद' की आधुनिक विचारधारा को पूरी तरह अस्वीकृत कर दिया जो एक राष्ट्र को उसकी प्रादेशिक सीमाओं के माध्यम से चिह्नित करती थी और उस सीमा के अन्दर रहने वाले सभी नागरिकों को बराबर का अधिकार देती थी। गोलवलकर की दृष्टि में यह बेतुकी बात थी क्योंकि सिर्फ़ एक भौगोलिक क्षेत्र किसी राष्ट्र के निर्माण का पर्याप्त आधार नहीं हो सकता है। राष्ट्र का वास्तविक गठन उसमें बसने वाले लोग करते हैं। वे लोग कौन थे? भारत के सन्दर्भ में वे हिन्दू थे। आरएसएस और गोलवलकर 'सांस्कृतिक राष्ट्रवाद' के कट्टर समर्थक थे, हालाँकि उनके विचार बेशक भारत के संविधान में अनुस्यूत नागरिक राष्ट्रवाद के सिद्धान्त के धुर विरोधी थे।

गोलवलकर के विचार से, 1947 में औपनिवेशिक शासन से मुक्ति से भारत को असली आज़ादी नहीं मिली क्योंकि शासन की बागडोर सँभालने वाले जो नये नेता आये वे 'राष्ट्रवाद की विकृत विचारधारा' के पैरोकार थे और उन्होंने भारत के भू–क्षेत्र में रहने वाले सभी नागरिकों को समान अवयव के रूप में स्वीकार किया। उन्होंने लिखा कि 'प्रादेशिक राष्ट्रवाद की अवधारणा ने वस्तुतः हमारे राष्ट्रीय पौरुष को पंगु बना डाला है, और मूलभूत ऊर्जा से वंचित एक शरीर से हम और क्या अपेक्षा कर सकते हैं? यही कारण है कि भ्रष्टाचार, विखण्डन और अपव्यय जैसे कीटाणु हमारे

---

200. वैभव पुरन्दरे, *सावरकर : दी ट्रू स्टोरी ऑफ़ दी फादर ऑफ़ हिन्दुत्व*, नयी दिल्ली : जगरनॉट बुक्स, 2019।

201. विक्रम सम्पत, *सावरकर : इकोज फ्रॉम दी फॉरगॉटन पास्ट, 1883–1924*, नयी दिल्ली : पेंगुइन बुक्स, 2019।

देश की आन्तरिक काया को जर्जर कर रहे हैं क्योंकि हमने स्वाभाविक राष्ट्रवाद के जीवन्त मार्ग को त्याग कर अपने लिए प्रादेशिक राष्ट्रवाद जैसा अस्वाभाविक, अतार्किक और निर्जीव मार्ग चुन लिया है।'[202]

अपनी पुस्तक *दी बंच ऑफ़ थॉट्स* में गोलवलकर ने यहाँ तक लिखा है कि प्रादेशिक राष्ट्रवाद एक प्रकार की असभ्यता है, क्योंकि कोई भी राष्ट्र 'केवल राजनीतिक अधिकारों की गठरी मात्र नहीं है', बल्कि उसकी संस्कृति का हिन्दुत्व जैसा प्राचीन और उदात्त होना भी उतना ही आवश्यक है। पुस्तक में गोलवलकर लोकतन्त्र का उपहास भी उड़ाते हैं। उनकी दृष्टि में लोकतन्त्र हिन्दू संस्कृति के लिए एक अपरिचित स्थिति है। मैंने अपनी पुस्तक *व्हाई आय एम अ हिन्दू* में यह उद्घाटित करने का प्रयास किया है कि गोलवलकर प्रकारान्तर में जाति–व्यवस्था जैसे पारम्परिक हिन्दू व्यवहारों का समर्थन करते प्रतीत होते हैं, और ये व्यवहार आधुनिक सन्दर्भ में ध्वंसकारी सिद्ध हो सकते हैं।

गोलवलकर ने जातीयता पर आधारित राष्ट्रवाद को प्रादेशिक राष्ट्रवाद का सर्वोत्तम विकल्प बतलाया। हिटलर जब अपने उत्कर्ष पर था तो गोलवलकर ने अपनी पुस्तक *वी ऑर आवर नेशनहुड डिफाइंड* में लिखा था :

> 'अपनी जाति और इसकी संस्कृति की रक्षा के लिए जर्मनी ने यहूदियों का सामूहिक शुद्धिकरण करके पूरी दुनिया को स्तब्ध कर दिया। इतिहास में जातीय आत्मगौरव की यह पराकाष्ठा थी। जर्मनी ने यह सिद्ध कर दिखाया कि अपनी जाति और संस्कृति के लिए लगभग असम्भव सा काम भी कैसे सफल किया जा सकता क्योंकि राष्ट्रवाद की समग्रता के लिए यह शुद्धिकरण अनिवार्य था। हम हिन्दुस्तान के लोग न केवल इस घटना से सबक ले सकते हैं बल्कि लाभान्वित भी हो सकते हैं।'[203]

---

202. *गोलवलकर, वी ऑर आवर नेशनहुड डिफाइंड,* पृ. 52–53, सम स्कॉलर्स हैव रिसेंटली बिगन टू सजेस्ट दैट दिस बुक, दाऊ इट बोर गोलवलकर्स नेम, वाज नॉट आथर्ड बाय हिम, दी फैक्ट दैट ही क्लेम्ड ऑथरशिप प्रमोटेड दी बुक एक्सेंटेसिवली, व्हाइल नॉट रिप्युडिएटिंग एनी ऑफ़ इट्स टेनेट्स इन हिज लाइफटाइम, विशिएट्स दी फोर्स ऑफ़ दिस डिस्क्लेमर। वेदर ही रोट इट ऑर नॉट, ही वाज हैप्पी टू क्लेम इट्स कंटेंट्स ऐज हिज ओन वर्क।

203. गोलवलकर, *वी ऑर आवर नेशनहुड डिफाइंड*।

सावरकर हिन्दुत्व को प्रमुखतः एक सांस्कृतिक पहचान मानते थे। वे हिन्दू धर्म को राष्ट्रीय हिन्दू संस्कृति का एक अंग मानते थे। इस दृष्टिकोण से गोलवलकर के विचारों को प्रस्थान–बिन्दु के रूप में देखे जाने की ज़रूरत है। गोलवलकर ने सावरकर के तर्क को विपरीत दिशा में घुमा दिया। उन्होंने लिखा, 'हमारे लिए संस्कृति हमारे व्यापक धर्म का एक हिस्सा है, एक ऐसा अविभाज्य अवयव जिसके बिना शरीर महत्त्वहीन है।'

गोलवलकर के बाद से हिन्दुत्व को एक ऐसी विचारधारा के रूप में देखा जाने लगा जो भारत की राजनीतिक व्यवस्था में हिन्दुओं, हिन्दू आदर्शों और हिन्दू जीवनपद्धति के वर्चस्व की पक्षधर थी। सावरकर पहले ही गाँधी के 'वैश्विकवाद' और 'अहिंसा' को उपहासपूर्ण तरीक़े से अस्वीकृत कर चुके थे। उनकी दृष्टि में गाँधी की शान्ति सम्बन्धी नैतिकता एक भ्रान्तिपूर्ण नशा थी, और इसलिए उन्होंने हिन्दुत्व के 'राजनीतिक पौरुष' पर अधिक बल दिया। गोलवलकर ने सावरकर के इस सिद्धान्त को अपनी कट्टरता से और धार दी।

गोलवलकर ने इस तथ्य को कभी छुपाने का प्रयास भी नहीं किया कि उनके सिद्धान्तों का प्रमुख आधार जातीय (नस्लीय) घृणा थी : 'जब से मुसलमान भारत में दाख़िल हुए, उस बुरे दिन से आज तक हिन्दू राष्ट्र उन लुटेरों को मार भगाने के लिए बहादुरी के साथ लड़ रहा है। हिन्दुओं को अपनी नस्लीय श्रेष्ठता पर अभिमान है।'[204] गोलवलकर के वक्तव्य में हिन्दुत्व के मुसलमान–विरोधी एजेंडे का संकेत साफ़–साफ़ दिखाई पड़ता है, लेकिन 'नस्ल' शब्द का पहली बार उपयोग उन्होंने सम्भवतः 1930 के दशक में नाज़ियों की विचारधारा से प्रभावित होकर किया था। यद्यपि शाब्दिक अर्थ की दृष्टि से यह बहुत उपयुक्त शब्द नहीं था, क्योंकि यदि सभी नहीं भी तो अधिकतर मुसलमानों के पूर्वज हिन्दू ही थे। लिहाज़ा नस्ल या जातीयता की दृष्टि से वे उस अर्थ में हिन्दुओं से भिन्न नहीं थे जिस अर्थ में गोलवलकर ने उनके भिन्न होने का उल्लेख किया था।

---

204. वही, पृ. 15 और 16, सबस्क्वेंट गोलवलकर कोट्स आर फ्रॉम दिस बुक एंड हिज *बंच ऑफ़ थॉट्स*।

हिन्दुत्व के समर्थकों का यह मानना था कि एक ही पुरखे की सन्तान होने के बावजूद मुसलमानों ने ख़ुद को हिन्दू संस्कृति से अलग कर लिया था–वे अरबी में नमाज़ अदा करते थे जबकि भारत की मिट्टी में पैदा होने के नाते यह काम उनको संस्कृत में करना चाहिए था, वे मक्का की तरफ़ रुख़ करके नमाज़ अदा करते थे और उसे अपना सबसे पवित्र तीर्थ मानते थे जो कि एक विदेशी शहर है, वे उस किताब को अपना सबसे पवित्र धार्मिक ग्रन्थ मानते थे और उसी के प्रति निष्ठावान भी थे जिस ग्रन्थ का भारत की पवित्रभूमि से कोई लेनादेना नहीं है। वी. एस. नायपॉल अपनी पुस्तक *अमंग दी बिलीवर्स* में इन विचारों का अनुमोदन करते प्रतीत होते हैं, 'अब ऐसा महसूस होता है कि अरबी लोग मानव सभ्यता के सफलतम साम्राज्यवादी थे क्योंकि उनके द्वारा (और उन जैसों के द्वारा) आस्था का जो बीजारोपण कालान्तर की सभ्यताओं में हुआ, वह आज भी फलफूल रहा है।'[205]

इसी प्रश्न के उत्तर के रूप में गोलवलकर मुसलमानों और अन्य अल्पसंख्यकों द्वारा विदेशी निष्ठा के प्रतीकों का ज़बरन परित्याग करने को आवश्यक मानते थे, ताकि अल्पसंख्यक स्वयं को हिन्दू राष्ट्रवाद की मुख्यधारा में सहजता के साथ शामिल कर सकें। लगभग साढ़े चार सदी पहले स्पेन के धार्मिक न्यायाधिकरणों द्वारा यहूदियों पर भी ईसाइयत के अतिरिक्त कोई अन्य धार्मिक प्रतीकों के उपयोग पर प्रतिबन्ध लगा दिया गया था। 'रेस स्पिरिट' अर्थात जातीय श्रेष्ठता–बोध की इस जर्मन अवधारणा ने गोलवलकर को भी गहरे रूप में प्रभावित किया। वे मानते थे कि भारत में रहने के लिए मुसलमानों को स्वयं को हिन्दुओं के समक्ष समर्पित कर देना चाहिए। पैग़म्बर मोहम्मद द्वारा पहाड़ पर जाने की घटना के प्रसंग में उन्होंने लिखा, 'भारतीय सन्दर्भ में भारतीय लोग ही वह पहाड़ हैं और यहाँ की मुसलमान आबादी पैग़म्बर मोहम्मद है। इससे अधिक कुछ भी कहना व्यर्थ होगा।'

तीन पैराग्राफ़ पहले ही मैंने नाज़ियों के जातीय (नस्लीय) सिद्धान्त के प्रति गोलवलकर के प्रशंसा–भाव का उल्लेख किया है। लेकिन उनके

205. वी. एस. नायपॉल, *अमंग दी बिलीवर्स : एन इस्लामिक जर्नी*, लन्दन : पेंगुइन बुक्स, 1982।

लेखन में ऐसा बहुत कुछ प्रचुरता में उपलब्ध है जिस पर विवाद सम्भव है। ग़ैर–हिन्दुओं के प्रति गोलवलकर की घृणा की पराकाष्ठा मुसलमानों और ईसाइयों के प्रति उनकी निन्दा में अधिक स्पष्ट रूप में परिलक्षित हुई है। पारसियों और यहूदियों के प्रति उनका रवैया ज़रा नम्र है। इन दोनों समुदायों को आदर्श मानते हुए उन्होंने अपना कट्टरवादी दृष्टिकोण थोड़ा लचीला रखा है। एक तरफ़ वे मुसलमानों और ईसाइयों को जहाँ आक्रान्ता मानते थे वहीं दूसरी तरफ़ यहूदियों और पारसियों को भारत में आया अतिथि समझते थे। उन्होंने लिखा, 'उन्हें कभी भी इस सवाल से नहीं जूझना पड़ा कि जातीय विविधता से भरी इतनी बृहद् आबादी एक ही मिट्टी की सन्तानें कैसे हो सकती हैं, क्योंकि संयोगवश भारत में उनके आकर बसने का एक ही कारण था कि उनके और हिन्दुओं के शत्रु एक ही थे।'

गोलवलकर एक धर्मनिरपेक्ष भारत के पक्ष में कोई तर्क सुनने को तैयार नहीं थे। जैसा कि उन्होंने *वी ऑर आवर नेशनहुड डिफाइंड* में लिखा है : 'इन विदेशी तत्त्वों के लिए हिन्दुस्तान में सिर्फ़ दो विकल्प बचे हैं– या तो वे ख़ुद को राष्ट्रीय जाति में शामिल कर उसकी संस्कृतियों को पूरी तरह आत्मसात कर लें, या ख़ुद को इस राष्ट्रीय जाति की दया पर छोड़ दें, और जब हिन्दुस्तान की इच्छा हो तब इसे छोड़कर चले जायें। हिन्दुस्तान चूँकि मूलतः हिन्दुओं का अधिवास है इसलिए बाहर से यहाँ आकर बसी अन्य जातियाँ या नस्लें इस राष्ट्र के लिए या तो आक्रान्ता हैं अथवा उसके शत्रु... हिन्दुस्तान में आयी सभी विदेशी नस्लों को हिन्दू जाति में शामिल होने के लिए अपना स्वतन्त्र अस्तित्व भुला देना होगा, या फिर उनको स्वयं को हिन्दू राष्ट्र के अधीन सौंप देना होगा। वे किसी भी विशेषाधिकार, सुविधा और यहाँ तक कि नागरिक अधिकारों के लिए भी सर्वथा अनुपयुक्त होंगे।' विभाजन के चार महीने बाद दिसम्बर 1947 में दिये गये अपने एक भाषण में गोलवलकर ने मुसलमानों का हवाला देते हुए साफ़–साफ़ कहा, 'इस धरती की कोई भी ताक़त मुसलमानों को हिन्दुस्तान छोड़ने से नहीं रोक सकती है।'[206]

---

206. गोलवलकर, *बंच ऑफ़ थॉट्स*।

गोलवलकर के यह विचार हाल–फ़िलहाल तक आरएसएस के हिन्दुत्व सम्बन्धी आधिकारिक विचार माने जाते रहे हैं। 1993 में ग़ैरक़ानूनी गतिविधियों (रोकथाम) से सम्बन्धित अधिनियम 1967, द्वारा गठित न्यायाधिकरण में एक मामले की सुनवाई के क्रम में आरएसएस ने आधिकारिक रूप से यह वक्तव्य दिया था कि 'भारत की सांस्कृतिक राष्ट्रीयता हिन्दू है, और इसमें वे सभी सम्मिलित हैं जिन्होंने इस भूमि में जन्म लिया है और भारत को अपनी 'पवित्र मातृभूमि' के रूप में अंगीकार कर लिया है।'

यह वक्तव्य यद्यपि सावरकर के त्रिकोणीय सूत्र में उल्लिखित 'पवित्र भूमि' के बिन्दु की अवहेलना करता है जिसके अनुसार : आप मुसलमान, ईसाई या पारसी कोई भी हों, और सांस्कृतिक दृष्टि से कितने भी 'हिन्दू' क्यों न हों, भारत आपकी 'पवित्र भूमि' कदापि नहीं हो सकता है। यह अपने आप में एक विरोधाभासों से भरा दृष्टिकोण है। यदि आप इसका परिपालन करते हैं तो भी आप क्या कहे जायेंगे? एक 'मुसलमान हिन्दू', 'एक ईसाई हिन्दू' अथवा 'एक पारसी हिन्दू'–भारत आपको किस रूप में अंगीकार करेगा? हालाँकि ऐसे लोगों की संख्या बहुतायत में नहीं है, फिर भी कइयों का यह मानना है कि हिन्दुत्व–नेतृत्व में भारत में रहना उनका कोई स्वागत नहीं है।

यह बात ग़ौरतलब है कि हिन्दूवादियों और इक्कीसवीं सदी के दक्षिण एशियाई और पश्चिम एशियाई आधुनिकों में अनेक विशेषताएँ समान हैं–मसलन उनके गौरवशाली अतीत, उस गौरवशाली अतीत का अधोपतन (जिसके लिए प्रायः बाहरी हमलों को दोषी बताया गया है), संस्कृति के बारे में उनके अस्वाभाविक विचार और वैचारिक असहमतियाँ, 'पश्चिमीकरण' या 'पश्चिम के मूल्यों' के प्रति उनका अनादर–भाव, और अपने राष्ट्रीय गौरव की पुनर्स्थापना के लिए एक धार्मिक एकजुटता का उनका उत्कट प्रयास। इस सामूहिक उत्तरदायित्व का उद्‌भव उनके उत्पीड़न की ऐतिहासिक स्मृतियों से हुआ है, और उनके भीतर के एक निरन्तर असुरक्षा–बोध ने उसे जीवित किये रखने का काम किया है जो कि इतनी बड़ी आबादी को देखते हुए असंगत प्रतीत होता है। यद्यपि भारत ने उपनिवेशवाद का साहस के साथ प्रतिवाद किया था, किन्तु कुछ औपनिवेशिक घाव राष्ट्र के मानस में गहरी नकारात्मक या सकारात्मक छाप छोड़ जाते हैं–एक राष्ट्रीय देश उनकी इस अन्तःप्रेरणा का आदर्श संवाहक सिद्ध होता है।

लेकिन अनेक राष्ट्रवादी इससे कहीं परे जाकर सोचते हैं। किसी राष्ट्र के लिए उनको एक भाषा, एक धर्म, और एक बराबर पहचान की आवश्यकता अनुभव नहीं होती। दूसरी तरह के राष्ट्रवादी इससे उलट सोचते हैं। उनको इस बात का भय होता है कि यदि उपर्युक्त नियमों को अनिवार्य रूप से लागू नहीं किया गया तो वे अनेक आन्तरिक और बाह्य दुर्बलताओं का लक्ष्य बन सकते हैं।

हिन्दुत्व की अवधारणा के पीछे भी अनेक व्यामोह और भय हैं। इस भय की व्याप्ति के अनेक कारण हैं। यह तथाकथित 'दूसरे लोग' कौन हैं, इस तथ्य को भी स्पष्ट रूप में परिभाषित किये जाने की आवश्यकता है, हालाँकि मौजूदा भारत की छवि से सन्तुष्ट राष्ट्रवादियों और सच्चे देशप्रेमियों को इस परिभाषा की कोई आवश्यकता कभी नहीं रही। गोलवलकर की मृत्यु के लगभग पचास साल बाद राष्ट्रवाद पर उनके विचार आज भी उनके राजनीतिक अनुयायियों को प्रभावित और प्रेरित कर रहे हैं। उन विचारों से सिर्फ़ वही मुक्त हैं जो उन विचारों के राजनीतिक निहितार्थों को भलीभाँति समझते हैं। वे यह भी समझते हैं कि वैसे अनेक लोग आज न केवल सत्ता को नियन्त्रित कर रहे बल्कि उन विचारों को उनके अन्तिम परिणामों तक इन्हें ले जाने को भी कृतसंकल्प हैं।

नाज़ी जर्मनी से अनुप्राणित गोलवलकर के पास 'विदेशियों' से सख़्ती के साथ निबटने के लिए अनेक घृणास्पद सुझाव थे। चूँकि उनकी नज़र में मुसलमान, ईसाई, और वामपन्थी 'इस राष्ट्र में निवास करने वाले शत्रुवत तत्त्व' थे, जो राष्ट्रीय सुरक्षा के लिए बाहरी हमलावरों से भी अधिक घातक सिद्ध हो सकते हैं, इसलिए उनका धर्म–परिवर्तन या उन पर पूर्ण नियन्त्रण बहुत आवश्यक है। उन्होंने चेतावनी दी कि उन पर मुक़दमा चलाया जाना चाहिए, या राष्ट्रीय जाति की इच्छा का सम्मान करते हुए उन्हें 'देश छोड़कर जाने के लिए बाध्य किया जाना चाहिए।'[207]

इस तरह की भाषा का समकालीन शब्दों में अनुवाद दुःसाध्य है। विद्वेष से भरी नीयत और भाषा में ही यह किया जा सकता है–जैसा कि एक तरफ़ नागरिकता (संशोधन) अधिनियम, 2019 (सीएए) और प्रस्तावित राष्ट्रीय नागरिकता रजिस्टर अधिनियम के बीच, और दूसरी तरफ़ जर्मनी

---

207. गोलवलकर, *वी ऑर आवर नेशनहुड डिफाइंड*।

के 1935 के नरमबर्ग क़ानूनों से प्रभावित होकर कुछ विशेष लोगों ने धूर्ततापूर्ण पद्धति और प्रयोजन से करने का प्रयास किया है। नाज़ियों ने जर्मन नागरिकता का अधिकार केवल उन तक सीमित कर दिया था जिसकी नागरिकता सम्बन्धी दस्तावेज़ों पर तीसरे राइक की अनुमति प्राप्त होती थी। आज नरेन्द्र मोदी की भाजपा सरकार भी कुछ ऐसा ही करने का प्रयास कर रही है। भारत क़ी अवधारणा का आज अनेक अर्थों में वैकल्पिक निष्कर्ष यही तलाशने की चेष्टाएँ हो रही हैं।

17

हिन्दू राष्ट्र का नवीनीकरण

पण्डित दीनदयाल उपाध्याय हिन्दू राष्ट्र के एक अपेक्षाकृत समन्वयवादी और विवेकशील प्रवक्ता माने जाते हैं, जो उस समय भारतीय जनता पार्टी के अग्रगामी भारतीय जनसंघ के एक प्रमुख नेता और अल्प अवधि के लिए उसके अध्यक्ष भी रह चुके थे। उपाध्याय का अधिकांश दार्शनिक चिन्तन इस बिन्दु पर था कि भारत देश की रचना करने वाले मुख्य तत्त्व क्या थे, और उनके विचार से वे तत्त्व भारत को सुदृढ़ और एकीकृत करने में सफल क्यों नहीं हो पाये। उपाध्याय ने इस असफलता को नैतिकता की कसौटियों पर विश्लेषित किया–उदाहरणस्वरूप राजनीतिक भ्रष्टाचार, भारत को समर्थ और समृद्ध बनाने की जनसाधारण में इच्छाशक्ति का अभाव, समाज का विखण्डन और उन आदर्शों के प्रति उदासीनता जिन्होंने लोगों को स्वतन्त्रता आन्दोलन के लिए प्रेरित किया। भारतीयों ने केवल विदेशी शासन को जड़मूल से उखाड़ फेंकने को ही स्वतन्त्रता का पर्याय मान लिया था। इस नकारात्मक रवैये ने लोगों को सकारात्मक योगदानों और अपनी मातृभूमि के प्रति वास्तविक देशप्रेम से विचलित कर दिया।

दिलचस्प बात यह थी कि शुरुआती उपनिवेश–विरोधी राष्ट्रवादियों को हिन्दुत्व के पुनर्जागरण में विदेशी दासता से मुक्ति का मार्ग दिखा था और उन्होंने स्वत्रन्त्रता की प्राप्ति के लिए इसे अनिवार्य भी बताया। इस परिभाषा को सुस्पष्ट करने वाले और इस विचार के पक्षधरों में क्रान्तिकारी से आध्यात्मिक सन्त बने श्री अरबिन्दो का नाम अग्रणी माना जाता है :

> 'मैं यह कदापि नहीं कहूँगा कि राष्ट्रवाद कोई सम्प्रदाय, कोई धर्म अथवा कोई विश्वास है। मैं यह कहूँगा कि सनातन धर्म ही हमारा

वास्तविक राष्ट्रवाद है। इस हिन्दू राष्ट्र की उत्पत्ति सनातन धर्म के साथ ही हुई है, दोनों एक ही साथ विकसित हुए हैं, दोनों एक ही साथ समृद्ध हो रहे हैं। जब सनातन धर्म का अधोपतन होगा, तब इस राष्ट्र में भी बिखराव आयेगा। जब सनातन धर्म का नाश होगा तो उसके साथ यह राष्ट्र भी नष्ट हो जायेगा। राष्ट्रवाद की नियति अनिवार्यतः सनातन धर्म से जुड़ी हुई है। अपने सन्देश में आप सबसे मैं यही कहूँगा।'[208]

अनेक आरम्भिक राष्ट्रवादी नेताओं ने इस सन्देश का खुले हृदय से स्वागत किया। उनमें मदन मोहन मालवीय और 'लाल–बाल–पाल' अर्थात लाला लाजपत राय, बाल गंगाधर तिलक और बिपिन चन्द्र पाल की 'त्रिमूर्ति' प्रमुख थे जिन्होंने इसे ब्रिटिश सत्ता के विरुद्ध भारतीय राष्ट्रवाद को सुदृढ़ करने के उद्देश्य से हिन्दुओं के एकीकरण के एक अवसर के रूप में देखा। स्वदेशी नेता बिपिन चन्द्र पाल ने तो **1910** में ही यह लिखा था :

'भारत में हिन्दुओं के बीच नागरिक धर्म बहुत सहज और स्वाभाविक प्रक्रिया से विकसित हो रहा है। यह धर्म भारतीयों की पुरानी प्रतीकात्मकताओं और परम्पराओं से प्रेरित है। अन्य दूसरी जातीय व्यवस्थाओं की तरह वस्तुतः हिन्दुत्व को भी अपनी पौराणिकता, प्रतीकों और रीतिरिवाज़ों का लाभ मिला है। इसके संस्कार और रहस्य दोनों आंशिक रूप में नागरिक, आंशिक रूप से सामाजिक और आंशिक रूप से आध्यात्मिक हैं, जबकि यहाँ आये अन्य नवजात धर्मों के साथ यह बात नहीं है। सच तो यह है कि हिन्दुत्व में सामाजिकता और आध्यात्मिकता दोनों की साथ–साथ एक अद्‌भुत बुनावट दिखती है। परिणामस्वरूप, इस नयी राष्ट्रीय अन्तःप्रेरणा को अपने धार्मिक कर्मकाण्डों और सिद्धान्तों को विस्तार देने के लिए एक उपयुक्त माध्यम मिल गया है।'[209]

---

208. श्री अरबिन्दो, *उत्तरपारा स्पीच* (1909), पाण्डिचेरी : श्री अरबिन्दो आश्रम, पब्लिकेशन डिपार्टमेंट, 1999।

209. बिपिन चन्द्र पाल, 'हिन्दुइज़्म एंड इंडियन नेशनलिस्ट एजेंसी', *दी स्पिरिट ऑफ़ इंडियन नेशनलिज़्म,* लन्दन : दी हिन्द नेशनलिज़्म एजेंसी, 1910, पृ. 22–48।

एक प्रमुख भारतीय राष्ट्रवादी होने के नाते पाल ने बल देते हुए कहा कि यह पुनर्जागरण वास्तव में यूरोपीय साम्राज्यवाद के विरुद्ध एक राष्ट्रवादी उद्घोष था।

> 'राष्ट्रवादी आन्दोलन से पहले होने वाले सामाजिक और धार्मिक पुनर्जागरण आन्दोलन वास्तव में राष्ट्रीय चेतना की ओर पुनर्वापसी का प्रतिनिधित्व करते थे। यह भारतीय समाज के प्रगतिशील और रूढ़िवादी तत्त्वों के बीच का द्वन्द्व नहीं था, जैसा कि सतही विश्लेषण करने वाले अनेक लोगों ने इसे बताया है। बल्कि यह आक्रामक यूरोपियों और प्रगतिवादी भारतीय संस्कृति के बीच का अन्तःसंघर्ष था। यह यूरोप के जातीय वर्चस्व के विरुद्ध भारत का एक ठोस नैतिक और बौद्धिक प्रतिरोध था।'[210]

दीनदयाल उपाध्याय इस बात से न केवल सहमत होते, सम्भव है कि वह अपनी बात कहते हुए पाल की बातों को अतिक्रमित भी कर जाते सावरकर और गोलवलकर की तरह उपाध्याय भी प्रादेशिक राष्ट्रवाद के सिद्धान्त के पक्षधर थे और यह मानते थे कि भारत राष्ट्र का निर्माण उन सभी लोगों द्वारा किया गया है जो भारत की भूमि पर रहते हैं। किन्तु उनकी दृष्टि में भारत को एकमात्र एक भू–क्षेत्र के रूप में सीमित करके देखने की प्रवृत्ति और इस भू–क्षेत्र में रहने वाले सभी लोगों से जुड़े ऐसे कुछ आधारभूत प्रश्न हैं जिनके अनुकूल उत्तर की आवश्यकता है : यह देश किसका है? स्वतन्त्रता का उद्देश्य क्या है? और यहाँ हमें किस तरह का जीवन जीने की आवश्यकता है? हमें अपने लिए कैसे आदर्श और मूल्य निर्धारित करने चाहिए? किस तरह का राष्ट्रवाद हमारे लिए सचमुच कारगर और महत्त्वपूर्ण है?

पश्चिमी दर्शन और दृष्टिकोण से प्रभावित भारतीय सम्भवतः यही मानते थे कि एक भू–क्षेत्र के रूप में भारत और उसमें निवास करने वाले–चाहे वे हिन्दू हों, मुसलमान हों, ईसाई या किसी अन्य सम्प्रदाय में विश्वास करने वाले लोग हों–वे सब के सब लोग ब्रिटिश शासन का विरोध करने के लिए एक साझा राष्ट्रीयता के नीचे एकताबद्ध हो जायेंगे। लेकिन उपाध्याय की

---

210. वही।

नज़र में यह एक ख़ुशफ़हमी के सिवा कुछ नहीं था। 'कोई देश सिर्फ़ एक भौगोलिक इकाई भर नहीं है। राष्ट्रीयता की सबसे पहली आवश्यकता यह है कि लोगों के दिलों में अपने देश के लिए असीम समर्पण की भावना भरी हो। अपनी मातृभूमि के प्रति हमारी भावनाओं का एकल आधार है। एक–दूसरे के साथ लम्बे समय से और निरन्तर रहने की प्रवृत्ति ने हमारे भीतर एक 'एकत्व' के बोध को विकसित किया है।'[211]

उपाध्याय के अनुसार, ब्रिटिश सत्ता के उन्मूलन के बाद उपनिवेश–विरोध से उपजे नकारात्मक राष्ट्रवाद के अभ्यस्त हो चुके लोगों के समक्ष एक शून्यता की स्थिति उत्पन्न हो गयी। राष्ट्रवाद का उद्देश्य केवल विदेशी सत्ता का अस्वीकार नहीं होता। इसका उद्देश्य अधिक व्यापक और बृहद् होता है। उपाध्याय यह भी मानते थे कि एक राजनीतिक प्रभाव के रूप में राष्ट्रवाद की पश्चिमी अवधारणा मूलतः फ्रांस की क्रान्ति और उसके आदर्शों से अभिप्रेरित थी। उनका कहना था देश जिन अवयवों के मिलने से बना है–मसलन समान जाति, धर्म, प्रदेश, परम्पराओं, आपदाओं के साझा अनुभवों, यातायात के साधनों, एक समान राजनीतिक प्रशासन इत्यादि–उन सभी अवयवों को अलग–अलग कर देख पाना कठिन है। और फिर, इस सिद्धान्त में राष्ट्रवाद का सबसे आवश्यक लोकाचार प्रायः अनुपस्थित रहता है–वह लोकाचार है मातृभूमि के प्रति प्रेम।

चूँकि अपने देश से प्रेम करने की प्रवृत्ति उसके निवासियों को घुट्टी में नहीं पिलाई जा सकती थी, ऐसे में स्वतन्त्र भारत के नागरिकों का जीवन पूरी तरह पैसा और धनलोलुपता पर केन्द्रित हो गया। हालाँकि 'अर्थ' और 'काम' को मनुष्य–जीवन में पुरुषार्थ के लिए आवश्यक भी बतलाया गया है, लेकिन दुर्भाग्यवश भारतीय पुरुषार्थ के दो अन्य तत्त्वों 'धर्म' और 'मोक्ष' का भारी मूल्य चुका कर उन्हें प्राप्त करने के प्रयास में व्यस्त हो गये।

211. दी कोट्स फ्रॉम एंड रिलेटिंग टू उपाध्यायाज व्यूज मे बी फाउंड इन के. एस. भारती, *दी पोलिटिकल थॉट ऑफ़ पण्डित दीनदयाल उपाध्याय*, नयी दिल्ली : कंसेप्ट पब्लिशिंग कम्पनी, 1998; पृ. 86; सी. पी. *भिष्कर, पण्डित दीनदयाल उपाध्याय : आइडियोलॉजी एंड परसेप्शन–पार्ट 5 : कंसेप्ट ऑफ़ दी राष्ट्र*, नयी दिल्ली : सुरुचि प्रकाशन, 2014, पृ. 4; एंड वी. वी. नेने, *पण्डित दीनदयाल उपाध्याय : आइडियोलॉजी एंड परसेप्शन*, ट्रांसलेटेड बाई एम. के. परांजपे एंड डी. आर. कुलकर्णी, नयी दिल्ली : सुरुचि प्रकाशन, 1988।

उपाध्याय ने इसे एक बड़े सामाजिक दोष के रूप में देखा। अपनी पुस्तक *राष्ट्र जीवन की दिशा* में उन्होंने लिखा भी : 'हमारे राजनीतिक जीवन में आज जो बुराइयाँ हैं उनकी उत्पत्ति हमारी चिन्तन–पद्धति में सहजता से खोजी जा सकती है। अधिकारों की होड़ में हम सेवाभाव के महान आदर्शों को विस्मृत कर चुके हैं। ...भारतीय संस्कृति के आदर्शों पर आधारित बदलावों को अपनाकर ही हम इस आत्मकेन्द्रित दृष्टिकोण में परिवर्तन ला सकते हैं।'[212]

उपाध्याय का मानना था कि तथाकथित विकसित देशों की आँखें चुँधियाने वाली भौतिक प्रगति की नक़ल करते हुए भारत ने भी विदेशी अर्थशास्त्रियों की सलाह पर 'पंचवर्षीय योजनाएँ' और अन्य महत्त्वाकांक्षी विकासशील परियोजनाएँ आरम्भ कीं। भारत ने अपने लिए पश्चिमी विचारों पर आधारित एक ऐसे संविधान का निर्माण किया जिसका हमारी जीवन–पद्धति, भारतीय नैतिक विचारों और व्यक्ति तथा समाज के अन्तःसम्बन्धों से कोई सरोकार नहीं था। (ऐसा कहते हुए वे परोक्ष रूप में गोलवलकर की बात ही दोहरा रहे थे, जिन्होंने हमारे संविधान को इसलिए 'बोझिल और बेतुका' बताया था क्योंकि वह *मनुस्मृति* के अनिवार्य वैचारिक प्रभावों से 'पूरी तरह' मुक्त था।)

इसलिए उपाध्याय ने भारत जैसे प्राचीन देश के लिए उपयुक्त एक ऐसे हिन्दू राजनीतिक दर्शन की आवश्यकता को अनुभव किया जो देशप्रेम की सकारात्मक अवधारणा पर आधारित हो, और जिस दर्शन में एक स्वतन्त्र अस्तित्व के रूप में देश के प्रति एक समग्र दृष्टि समाहित हो–उदाहरण के लिए देश की सुरक्षा, उसकी अखण्डता, उसकी प्रगति, उसके जनमानस का कल्याण और उसके हर एक नागरिक का सर्वांगीण विकास जैसे विषय। ये सभी उत्तरदायित्व देश की मूल प्रकृति, संस्कृति, आध्यात्मिक दृढ़ता और उन स्थायी आदर्शों पर आधारित होने चाहिए जो समय की कसौटियों पर हमेशा खरे सिद्ध हुए हों।

उपाध्याय की दृष्टि में हमारे प्राचीन देश की एक महत्त्वपूर्ण और स्वतन्त्र पहचान थी जो उसे अन्य देशों से अलग करती थी। इसके अपने लोकाचार थे जो एक राष्ट्रीय दर्शन के माध्यम से सफलतापूर्वक प्रतिबिम्बित हो सकता था।

212. दीनदयाल उपाध्याय, *राष्ट्र जीवन की दिशा*, लखनऊ : लोहित प्रकाशन, 1971।

केवल मौलिक भारतीय दृष्टि ही भारतवासियों की ख़ुशी सुनिश्चित कर सकती थी। उपाध्याय आश्वस्त थे कि व्यक्तिवाद, लोकतन्त्र, समाजवाद, साम्यवाद या पूँजीवाद जैसे पाश्चात्य विचार भारत जैसे स्वतन्त्र देश के लिए अनुपयुक्त थे, और भारत को इन विचारों के मोह से मुक्त होकर अपने लिए एक अलग जीवनदृष्टि खोजने की आवश्यकता है। दुर्भाग्यवश, उनके मुताबिक़, स्वतन्त्रता के बाद भारत की राजनीतिक व्यवस्था का निर्माण मौलिक सिद्धान्तों पर नहीं कर इन्हीं सतही और खोखले पाश्चात्य सिद्धान्तों की बुनियाद पर किया गया। भारतीय राजनीति को अपनी परम्पराओं और प्राचीन हिन्दू संस्कृति के लोकाचारों पर आधारित होना चाहिए था।

हम देख सकते हैं कि सावरकर और गोलवलकर की तरह उपाध्याय का भी यह स्पष्ट मानना था कि भारत के राष्ट्रीय विचारों की एक क्षेत्र–विशेष में सीमाबन्दी और उस सीमा के भीतर निवास करने वाले सभी लोगों को समान मानने का विचार एक राजनीतिक चूक थी। यहाँ एक और बात ग़ौरतलब है कि हिन्दुत्व के सभी प्रमुख ध्वजवाहकों ने 'प्रादेशिक राष्ट्रवाद' के सिद्धान्त को एक सिरे से नकार दिया था। उपाध्याय ने कठोरतापूर्वक यह कहा कि ऐसे ही विचारों ने ख़िलाफ़त आन्दोलन के बाद राष्ट्रवादी आन्दोलन का नेतृत्व किया और ब्रिटिश शासन का *ज़ोरदार मुक़ाबला* करने के इरादे से मुसलमानों के प्रति एक तुष्टीकरण की नीति अपनायी। आरएसएस के संस्थापक–नेता डॉ. के. बी. हेडगेवार (जिनकी मराठी में लिखी आत्मकथा का अनुवाद उपाध्याय ने किया था) ने इस दृष्टिकोण से उत्पन्न हुए 'वैचारिक अन्तर्द्वन्द्व' की ओर संकेत भी किया था। उनके और उपाध्याय के नज़रिये से मुसलमान साम्प्रदायिकता पहले से कहीं अधिक तीखी और आक्रामक हो गयी जबकि कांग्रेस के नेता उनके साथ सहमतिपूर्ण तरीक़े से रहने के लिए अधिक–से–अधिक समझौतावादी होते गये।

1947 का बँटवारा एक अखण्डित भारत का सपना देखने वालों के लिए किसी बड़े आघात से कम नहीं था। लेकिन ग़ौर से देखा जाये तो यह भारत की एकता की असफलता नहीं थी बल्कि उस अव्यावहारिक आदर्शलोक की पराजय थी जो राष्ट्रीय एकता के नाम पर ग़ैर–हिन्दुओं को अपने पक्ष में करना चाहता था। उपाध्याय की दृष्टि में दोष उद्देश्यों

में नहीं था, बल्कि उस पद्धति में था जो एकता बनाये रखने के लिए अल्पसंख्यकों की तुष्टीकरण पर आधारित थी। यह युद्ध इसलिए हारा गया। उपाध्याय ने कहा, 'कोई भी देश अपने स्वरूप और स्वतन्त्रता के लिए अपने मुख्य उद्देश्यों के अनुसार खुशहाल और समृद्ध होना चाहता है। जो भी देश अपने स्वरूप, विचारों तथा कार्यों के मार्ग से भटकेगा उसे असफल होने से कोई नहीं रोक सकता है। इसीलिए आज हमारा देश समस्याओं के झंझावातों से घिर गया है।' भारत 'अपनी संस्कृति और परम्पराओं' के अनुरूप विश्व को अपना योगदान देने में सक्षम था, और इसे वही करना चाहिए था।

वह संस्कृति निस्सन्देह हिन्दू संस्कृति थी। भारत में, 'केवल एक संस्कृति का अस्तित्व है ...मुसलमानों और ईसाइयों के लिए यहाँ कोई अलग–अलग संस्कृतियाँ नहीं हैं।' इसलिए मुसलमान और ईसाइयों सहित सभी समुदायों को 'स्वयं को हमारी आदिकालीन राष्ट्रीय सांस्कृतिक धारा, जो कि इस देश में हिन्दू संस्कृति है, को अंगीकार करना ही होगा'। उनका तर्क था, 'जब तक सभी लोग एक ही सांस्कृतिक धारा का हिस्सा नहीं बनेंगे, राष्ट्रीय एकता और अखण्डता की कल्पना असम्भव है। भारतीय राष्ट्र को सुरक्षित बचाये रखने का मात्र यही एक उपाय है।' उनके मतानुसार, 'राष्ट्रीय सांस्कृतिक धारा भविष्य में भी एक ही रहेगी, और जो उस धारा में शामिल नहीं हो सकेंगे, उन्हें भारत का नागरिक भी नहीं माना जायेगा।'

उपाध्याय जिस राष्ट्रीय संस्कृति का उल्लेख कर रहे थे, वह संस्कृति हिन्दू थी और, स्पष्ट तौर पर मुस्लिम नहीं थी। मक्का, मदीना, हसन और हुसैन, सोहराब और रुस्तम और बुलबुल सबका अपना महत्त्व हो सकता है लेकिन वे सभी भारतीय संस्कृति की राष्ट्रीय धारा का हिस्सा नहीं हो सकते हैं। जो लोग इनसे भावनात्मक रूप से जुड़े हैं और राम और कृष्ण की परम्पराओं से अपरिचित हैं, उन्हें भारतीय नागरिक कैसे माना जा सकता है? हमारी दृष्टि में जैसे ही कोई इस्लाम कुबूल करता है, उसी क्षण वह स्वयं को देश की आदि परम्पराओं से असम्पृक्त कर एक अपरिचित परम्परा का अंश बना लेता है।

उपाध्याय ने यह भी कहा कि अतीत में भी मुसलमानों ने भारत के साथ अच्छा बर्ताव नहीं किया था। 'उन्होंने हमें न केवल बार–बार पराजित किया,

बल्कि अपमानित और उत्पीड़ित भी किया। हमारा अतीत कालजयी गौरव–गाथाओं से भरा है लेकिन उनकी निकृष्टताओं से हमें अनेक बार शर्म से अपना सर झुकाने के लिए विवश होना पड़ा।' हिन्दुओं ने मुसलमानों से भिन्न दृष्टि रखते हुए इन ऐतिहासिक घटनाओं को देखा। 'मुहम्मद गोरी या महमूद गजनी के हमलों से हमें अपार कष्टों से गुज़रना पड़ा। ज़ाहिर बात थी, हमने पृथ्वीराज चौहान और अन्य देशभक्तों के साथ एक गहरा भावनात्मक जुड़ाव अनुभव किया। इसके बाद भी अगर कोई अपने देश से प्रेम करने के बजाय हमलावरों का उल्लेख करते हुए गौरव का अनुभव करता है, तो वैसे व्यक्ति से देश से प्रेम करने की अपेक्षा व्यर्थ है। राणा प्रताप, छत्रपति शिवाजी या गुरु गोबिन्द सिंह के बलिदानों का स्मरण करते हुए हमारा माथा श्रद्धा और सम्मान से झुक जाता है। वहीं दूसरी ओर औरंगज़ेब, अलाउद्दीन, क्लाइव या डलहौजी का नाम सुनते ही हमारा मन एक आक्रोश से भर उठता है, और किसी भी विदेशी घुसपैठिए के प्रति यह क्रोध स्वाभाविक भी है।' उपाध्याय ने विशेष रूप से उल्लेख करते हुए कहा कि केवल हिन्दू समाज ही अकबर की तुलना में राणा प्रताप की महानता का महत्त्व समझता है; इसलिए इसमें कोई संशय नहीं होना चाहिए कि हिन्दू राष्ट्रवाद ही वास्तव में भारतीय राष्ट्रवाद है।

अपने निष्कर्ष में उपाध्याय पूरी तरह स्पष्ट थे : मुसलमानों ने 'भारतीय सांस्कृतिक मूल्यों, उसके आदर्शों, राष्ट्रीय नायकों की छवियों, परम्पराओं, आस्थाओं के प्रतीकों और धार्मिक–स्थलों को नष्ट करने के यथासम्भव प्रयास किये', और इसीलिए 'कभी भी इस देश का अभिन्न अंग नहीं हो सकते है'। उपाध्याय की दृष्टि में, एकता की अन्तर्निहित चेतना, इतिहास और परम्पराओं से एकात्मकता, भूमि और उसके लोगों के बीच के अन्तःसम्बन्ध, और समान आशाएँ और महत्त्वाकांक्षाएँ हिन्दुस्तान को एक हिन्दू राष्ट्र बनाती हैं। 'हमें यह स्वीकार करना होगा कि हमारी राष्ट्रीयता, हिन्दू राष्ट्रीयता के अतिरिक्त कोई अन्य राष्ट्रीयता नहीं है। अगर कोई भी बाहरी व्यक्ति यहाँ आता है तो उसे हिन्दू राष्ट्रीयता के अनुरूप स्वयं को ढालना होगा।'

लेकिन उपाध्याय ने अपने मानस–गुरु गोलवलकर के इस विचार को नहीं अपनाया कि भारत में मुसलमानों के साथ वही व्यवहार किया जाना चाहिए जो हिटलर ने यहूदियों के साथ किया था। 'कोई भी विवेकशील आदमी यह नहीं कहेगा कि छह करोड़ मुसलमानों का नाश कर दिया

जाये या उसे भारत से ज़बरन बाहर निकाल दिया जाये,' उन्होंने अपने आलेख 'अखण्ड भारत : उद्देश्य और साधन' में यह बात स्वीकार भी की। 'लेकिन शर्त यही है कि उन्हें पूरी तरह भारतीय जीवन के अनुसार ख़ुद को ढालना होगा।' मुसलमानों को भारतीय वास्तविकताओं को स्वीकार करना ही पड़ेगा लेकिन प्रश्न उठता है कि इसका आधार क्या होगा? 'एकता किसी देश की स्थानीय संस्कृति के बीच ही सम्भव है, भिन्न देशों के बीच नहीं। अलग–अलग अन्न और दाल को आपस में मिलाकर कोई व्यंजन पकाया जा सकता है, लेकिन यदि उसमें बालू के कण मिला दिये जायें तो पूरा खाना ही बर्बाद हो जायेगा।' उन्होंने अपनी बात को विस्तार से समझाया। उस बालू के कणों को हटाने का एक ही तरीक़ा था कि उनका 'परिष्करण' अर्थात 'मुसलमानों को तार्किक तरीक़े से भारतीय बनाने के लिए' उनका 'राष्ट्रीयकरण' कर दिया जाये। कांग्रेस के नेतृत्व ने ब्रिटिशों के विरुद्ध राष्ट्रवादी आन्दोलन में ग़लत नीति के अन्तर्गत हिन्दू और मुसलमानों को एकजुट करने का प्रयास किया, लेकिन 'जब तक सभी लोग एक ही सांस्कृतिक धारा का हिस्सा नहीं बनेंगे, तब तक राष्ट्रीय एकता और अखण्डता के लक्ष्य को प्राप्त नहीं किया जा सकता है। ...एक ऐसा परिवेश बनाने की आवश्यकता है जिसमें भारत में इस्लाम के प्रभाव को स्थायी रूप से समाप्त किया जा सके। तभी, और सिर्फ़ तभी सांस्कृतिक एकता की जड़ें इस मिट्टी में पनप सकेंगी।'

मुसलमानों तथा अन्य अल्पसंख्यकों की अधीनस्थता और संस्कृतिकरण की बुनियाद पर निर्मित उपाध्याय की आकांक्षाओं का भारत–तर्क और लक्ष्य दोनों ही दृष्टि से सावरकर और गोलवलकर के राष्ट्रवाद का ही पर्याय था। अलबत्ता ऐसे भारत और उसके संविधान के निर्माण सम्बन्धी उनके विचार अवश्य भिन्न थे। आज उनके ही अनुयायी रहे प्रधानमन्त्री मोदी और उनके सहयोगियों को उसी संविधान की शपथ खाते हुए उसके सिद्धान्तों के प्रति वचनबद्धता और स्वीकार्यता प्रदर्शित करते हुए देखना एक विरोधाभास और कौतुकपूर्ण दृश्य उपस्थित करता है। जैसा कि उपाध्याय ने *राष्ट्र जीवन की धारा* में लिखा है :

> '1947 में हम स्वतन्त्र हो गये। अंग्रेज़ों को भारत छोड़कर जाना पड़ा। हमें ऐसा लगा कि राष्ट्र–निर्माण के हमारे प्रयासों के मार्ग की सबसे बड़ी बाधा समाप्त हो गयी। लेकिन भारतीय नेता...हमारे

संविधान निर्माण के क्रम में हमारे अन्तर्निहित राष्ट्रीय आदर्शों और परम्पराओं को चिह्नित करने में असफल रहे हैं। इसका दुष्परिणाम यह हुआ कि उन आयातित विचारों में हमारी राष्ट्रीय संस्कृति और परम्पराएँ कभी भी प्रतिबिम्बित नहीं हो पायीं और अन्ततः वे हमारी राष्ट्रीय चेतना के मर्म को छू पाने में असफल रहीं।'[213]

उपाध्याय ने संविधान के मूल ढाँचे को तो अस्वीकार किया ही, संविधान की ड्राफ्टिंग और अंगीकरण की भी कठोर आलोचना की। उनका कथन था, 'एक देश कोई क्लब या संस्था नहीं जिसे इच्छानुसार शुरू और भंग किया जा सके। एक देश का निर्माण एक समान व्यवहार संहिता के पक्ष में एक प्रस्ताव पारित कर या उसे परिभाषित कर नहीं किया जा सकता, जिसे करोड़ों लोगों पर ज़बरन थोप दिया गया हो। देश अन्तर्निहित प्रेरणाओं के लोगों का एक बृहत्तर समूह है। यह उस आत्मा की तरह है (यहाँ उन्होंने एक हिन्दू मान्यता को उद्धृत किया है) जिसे अपनी स्थूलता के प्रकटीकरण के लिए शरीर की आवश्यकता पड़ती है।'

एक आदर्श हिन्दू सूत्र के अनुसार राजा को अपने उत्तरदायित्वों का पालन राज धर्म अर्थात प्रशासन की न्यायोचित पद्धति के अनुसार करना चाहिए। यह राज धर्म उसके द्वारा नहीं बल्कि कुछ आत्ममुक्त और वैरागी ऋषि–मुनियों द्वारा निर्धारित होता है। यदि आधुनिक भाषावली में कहें तो उपाध्याय की दृष्टि में एक हिन्दू राजा वह मुख्य कार्यपालक होता है जो अपने साझीदारों (यहाँ तात्पर्य आम जनता से है) द्वारा प्रदत्त अधिकारों का प्रयोग करता है, और बोर्ड का परामर्श (यहाँ तात्पर्य ऋषि–मुनियों के ज्ञान से है) अधिकारों के प्रयोग के क्रम में अवश्य करता है। लेकिन उपाध्याय को इस बात की निराशा थी कि भारतीय गणराज्य के संस्थापक पाश्चात्य विचारों में शिक्षित अंग्रेज़ीदाँ लोग थे, लिहाज़ा उनके कामों में भारतीयता कहीं से नहीं दिखती थी। उपाध्याय के लिए संविधान एक त्रुटिपूर्ण दस्तावेज़ था जो भारत को राज धर्म के पथ पर आगे बढ़ाने में असमर्थ था। बल्कि यह हिन्दुओं को दासता की ओर उन्मुख कर रहा था। 'स्वशासन और स्वाधीनता प्रायः पर्यायवाची माने जाते हैं। लेकिन गहनता से विचार करने पर हम देख सकते हैं कि एक आज़ाद देश भी गुलामी में

213. उपाध्याय, *राष्ट्र जीवन की दिशा*।

रह सकता है।' हमारा हिन्दू राष्ट्र भी अनुचित पश्चिमीकरण की गुलामी का शिकार हो चुका है। जिस भाषा में संविधान लिखा गया, उस भाषा ने भी वास्तविकता की उपेक्षा की। 'यदि संविधान मौलिक रूप से हिन्दी या किसी अन्य भारतीय भाषा में लिखा गया होता तो सम्भवतः उस पर 'ग़ैर–भारतीय प्रभाव' इतना हावी नहीं होता।' लेकिन उपाध्याय की चिन्ताएँ सिर्फ़ भाषा तक ही सीमित नहीं रहीं। उनके विचार से संविधान में देश की मूल अवधारणा बुनियादी तौर पर भारतीय थी ही नहीं।

उपाध्याय ने इस प्रकार उस प्रक्रिया, जिसके तहत इसका निर्माण हुआ, बल्कि संविधान की वैधता और औचित्य पर ही गम्भीर प्रश्न खड़े कर दिये। उनकी दृष्टि में वह संविधान स्वीकार करने योग्य हो ही नहीं सकता जिसमें हिन्दू राष्ट्र के आदर्श अनुपस्थित रहे हों। उपाध्याय के लिए राष्ट्र–निर्माण और प्रशासन के लिए धर्म का केन्द्रीय विचार के रूप में होना अतिआवश्यक था।

विदेशी अवधारणा और शब्दावलियों के प्रति अपनी नापसन्दगी करते हुए उपाध्याय ने अपनी मान्यताओं की व्याख्या के लिए संस्कृत के शब्दों का बहुतायत में प्रयोग किया, यद्यपि उन शब्दों के अर्थ सन्दर्भ की दृष्टि से समकालीन थे। उनका ऐसा ही एक पसन्दीदा शब्द 'चिति' था, जिसका प्रयोग उपाध्याय किसी देश के 'आत्मबल' के लिए करते थे। इस आत्मबल की व्याख्या उन्होंने एक पुरानी और प्रचलित उपमा के माध्यम से की : एक हज्जाम ने अपने ग्राहक को बताया कि उसका उस्तरा साठ साल पुराना था और उसके पिता भी उसी उस्तरे का इस्तेमाल किया करते थे। अच्छी तरह से जाँच–पड़ताल करने के बाद ग्राहक ने पाया कि विगत सालों में अनेक बार उस्तरे की मूँठ और ब्लेड बदले गये थे, लेकिन इसके बाद भी हज्जाम का यह दावा था कि वह वही उस्तरा था जिसका इस्तेमाल उसके पिता किया करते थे। यह उसके गौरव और प्रतिष्ठा से जुड़ी बात थी। दरअसल अतीत में बहुत–से बदलावों के बाद भी उस उस्तरे से हज्जाम के जुड़ाव में कोई बदलाव नहीं आया था। हरेक राष्ट्र की ऐसी ही एक पहचान होती थी जो किसी परिस्थिति और काल में नहीं बदली जा सकती थी। दुर्भाग्य से आधुनिक भारत–जो संविधान के अनुसार अब एक लोकतान्त्रिक गणराज्य है–के भीतर चिति का कोई बोध नहीं था।

इस समस्या का एक उदाहरण देश की संवैधानिक संरचना स्वयं थी। उपाध्याय के विचार से विभाजन के बीज संविधान में ही मौजूद थे। मसलन अमेरिका की नक़ल पर 'सूबे' की जगह 'राज्य' शब्द के प्रयोग का कोई प्रयोजन नहीं था। इस कारण भारत मात्र राज्यों के एक संघ तक सीमित होकर रह गया। यह उनकी दृष्टि में विभाजन की एक अत्यन्त घातक अवधारणा थी। उनका तर्क था कि प्रत्येक भारतीय राज्य का अपना–अपना पृथक् संविधान नहीं होना चाहिए और पूरे भारत में अनिवार्यतः एक ही नागरिकता होनी चाहिए। लेकिन उन्होंने महसूस किया कि संविधान में उल्लिखित प्रावधानों ने एकीकृत भारतवर्ष की पवित्र अवधारणा में मिलावट का काम किया था। भारत को राज्यों का संघ बनाने के बजाय एक एकीकृत राज्य बनाया जाना चाहिए था ताकि भारत की 'चिति' जीवित रहे। लेकिन यह तर्क प्रस्तुत करते वे सम्भवतः यह विस्मृत कर गये कि इन राज्यों और उनकी भिन्न–भिन्न भाषाओं के कारण ही देश में एकता की स्थापना सम्भव हो सकी क्योंकि भारत उन सभी विविधताओं को अच्छी तरह अंगीकार करते हुए और एक बृहत्तर एकीकृत राष्ट्रीयता की भावना को गँवाये बिना उन सभी राज्यों को राजनीतिक अभिव्यक्ति की स्वतन्त्रता देने में सक्षम था। लेकिन उन्होंने इन विविधताओं के सकारात्मक पक्षों को कभी स्वीकार नहीं किया। उनके अनुसार 'चिति' से अनुप्राणित एक एकीकृत राष्ट्र में विराट शक्ति होती है। जूझने और लड़ने की एक सुसंगठित और एकताबद्ध ताक़त जो आक्रमण और विखण्डन से देश की हिफ़ाज़त करती है। यदि चिति एक राष्ट्र की आत्मा है तो विराट शक्ति उसकी जीवनशक्ति है। बेशक संविधान में इन दोनों तत्त्वों का स्पष्ट उल्लेख नहीं है, और उपाध्याय की दृष्टि में यह एक बड़ी त्रुटि है।

उपाध्याय इस बात को लेकर गम्भीर रूप से चिन्तित थे कि भारत की संवैधानिक व्यवस्था ने निहित राष्ट्रीय भावनाओं के प्रतिकूल एक नकारात्मकता का परिदृश्य बनाने का काम किया था और अगर आधुनिक भारत इसी मार्ग पर बढ़ता रहा तो हिन्दू सभ्यता का नष्ट होना निश्चित है। यूनान और मिस्र के साथ भी यही हुआ, जिनके आधुनिकीकरण का उन शानदार सभ्यताओं के साथ अब कोई सम्बन्ध नहीं रहा जिनके वारिस होने के दावे वे करते थे। सम्भव है कि अरब देशों में अभी भी उन प्राचीन नस्लों के निवासी रहते हों लेकिन अपने ही गौरवशाली अतीत और पूर्वजों

से अब इनका कोई साम्य नहीं रह गया है। वास्तव में उनके समाज की मौलिकता और उनकी अस्मिता पूरी तरह बदल चुकी थी। भारत के सन्दर्भ में भी उपाध्याय की यही आशंका थी कि संविधान में निर्दिष्ट धर्मनिरपेक्ष और पाश्चात्य मार्ग पर चल कर एक दिन इसका भी यही हश्र होगा और यह राष्ट्र अपनी मूल पहचान खो बैठेगा (जो चिति की अवधारणा में निहित है)। इन कारणों से भारत एक विकृत सभ्यता का देश बन जायेगा जिसे अपनी उत्पत्ति को तलाशने के लिए अतीत के कोहरे में भटकना होगा।

उपाध्याय ने कटु शब्दों में कहा कि हिन्दू राष्ट्र का विरोध करने वाले देश की प्रतिद्वन्द्वितापूर्ण राजनीति की बाध्यता में इस शब्दावली से इस लिए परहेज़ करते थे क्योंकि वे लाखों ईसाई और मुसलमान मतदाताओं के खोने के भय से आक्रान्त थे। उनकी धारणा ग़लत थी कि इस शब्दावली में मुसलमान और ईसाई समुदायों को शामिल नहीं किया जायेगा। यदि दोनों समुदाय राष्ट्रीय संस्कृति की मुख्यधारा में समाहित होकर एक हो जाते तो नये भारत में उनका पुरज़ोर स्वागत किया जाता। इसके लिए उन्हें अपने पूजन–विधान में किसी परिवर्तन की आवश्यकता नहीं थी। उनको केवल भारत की प्राचीन परम्पराओं को अपनाने की ज़रूरत थी, भारतीय नायकों को अपना भी राष्ट्रीय आदर्श बनाना था, और भारत माता के प्रति एक समर्पण की भावना विकसित करनी थी। उसके बाद वे हिन्दू भारत के योग्य नागरिक के रूप में अपना लिए जायेंगे।

18

एक 'हिन्दू पाकिस्तान'

यद्यपि पीछे के दो अध्यायों में 'हिन्दू पाकिस्तान' से जुड़े विवाद का उल्लेख हो चुका है, लेकिन इस अध्याय की शुरुआत मैं इसी मुद्दे से करना चाहूँगा। मैंने हमेशा सत्ताधारी पार्टी द्वारा भारत को पाकिस्तान का हिन्दुत्व संस्करण बनाने की कोशिशों का विरोध किया क्योंकि इस लक्ष्य की प्राप्ति के लिए हमारी आज़ादी की लड़ाई नहीं लड़ी गयी थी, और न संविधान बनाने के पीछे यह विचार ही था।

जैसा कि भाजपा ने हमें आश्वस्त करने का प्रयास किया होगा, यह केवल अल्पसंख्यकों से सम्बन्धित मामला भी नहीं था। मेरी तरह असंख्य हिन्दू हैं जिन्होंने अपने लिए एक समवेशी भारत की कल्पना की होगी, और अपने पाकिस्तानी पड़ोसियों की तरह केवल एक धर्म को महत्त्व देने वाले असहिष्णु देश में रहने का दुःस्वप्न भी नहीं देखा होगा। स्वामी विवेकानन्द ने कहा था, हिन्दूवाद अपने मूल विचारों में हमें असहमतियों को स्वीकारने का पाठ पढ़ाता है। हिन्दुत्व और हिन्दूवाद दोनों दो भिन्न मान्यताएँ हैं। हिन्दुत्व एक धार्मिक नहीं बल्कि एक राजनीतिक पद्धति है। एक 'हिन्दू भारत' पूर्णरूपेण हिन्दू कभी नहीं हो सकता है, लेकिन एक संघी हिन्दुत्व राष्ट्र वह अवश्य बन सकता है। और, वह एक बिल्कुल अलग देश होगा। मेरे जैसे लोग उस भारत को बचाना चाहते हैं जिससे वे प्रेम करते हैं। हम अपने प्यारे देश को वैसा धार्मिक राष्ट्र हरगिज़ नहीं बनाना चाहते जिससे हमें घृणा करना सिखाया गया था।

मेरी तथाकथित विवादास्पद टिप्पणी पर मीडिया की हंगामेबाज़ी की सबसे बड़ी विडम्बना यह थी कि भाजपा की लगातार बयानबाज़ियों, शोरशराबे और छींटाकशी की तुलना में मुझे अपना पक्ष रखने का कोई

अवसर ही नहीं दिया गया। उपर्युक्त 'दो शब्द' कहने से पहले मैंने मीडियाकर्मियों से परिहासवश एक सरल सा सवाल पूछा था, 'क्या भाजपा ने भारत को एक हिन्दू राष्ट्र बनाने का सपना देखना छोड़ दिया है?' मेरे उस सवाल को मीडिया ने सिरे से ग़ायब कर दिया, और उसकी जगह प्रधानमन्त्री की पवित्र संविधान में आस्था व्यक्त करने की भाजपा–समर्थकों की बात को ज़ोर–शोर से बहुप्रसारित किया जाने लगा। इस उपक्रम में राज्यपाल तथागत रॉय से लेकर तत्कालीन केन्द्रीय राज्यमन्त्री अनन्त कुमार हेगड़े समेत अनेक वरिष्ठ भाजपा नेताओं के उन वक्तव्यों को सायास रूप से विस्मृत करने का प्रयास दिखाया गया जिनसे उनका यह लक्ष्य प्रतिध्वनित होता था कि 'भाजपा के सत्ता में आने का उद्देश्य संविधान में बदलाव लाना है' और ऐसा 'वह निकट भविष्य में ही करेगी।'[214] आरएसएस विचारक के. एन. गोविन्दाचार्य ने यह घोषणा भी की है कि 'भारत के लिए वह एक नये हिन्दुत्व संविधान के काम में लगे हुए हैं।'[215]

हम जानते हैं कि संविधान की हिन्दूवादी दृष्टि से आलोचना करने वाले मूलतः कट्टरवादी विचारों के लोग हैं। वे भारत के संविधान को इसलिए त्रुटिपूर्ण और असफल मानते हैं कि नागरिक राष्ट्रवाद के प्रति अपनी पक्षधरता के कारण यह उनकी हिन्दू अवधारणा की कसौटियों पर खरा नहीं उतरता। दीनदयाल उपाध्याय जिन्होंने भारत के संविधान को विचार, स्वरूप और तत्त्व–तीनों ही आधार पर ख़ारिज कर दिया था, को अपने अपेक्षित अनुगामियों द्वारा अपने भाषणों में उसी संविधान की एक–एक पंक्ति की भूरि–भूरि प्रशंसा करता देख अवश्य आश्चर्य हुआ होता। यह संविधान सभा द्वारा संविधान के पारित और अंगीकार करने, और उस ऐतिहासिक दिन (अर्थात 'संविधान दिवस') को प्रत्येक वर्ष भारत के गणतन्त्र दिवस के रूप में मनाये जाने के निर्णय का एक विशेष स्मरणोत्सव का अवसर था जिसे संसद में समारोहपूर्वक मनाया गया था। संसद का यह विशेष अधिवेशन भी सत्ताधारी भाजपा द्वारा आहूत था। बहरहाल हैरत

---

214. अपूर्वा, 'वी आर हियर टू चेंज दी कांस्टीच्युशन : केन्द्रीय राज्यमन्त्री अनन्त कुमार हेगड़े', *इंडियन एक्सप्रेस*, 26 दिसम्बर 2017।

215. विश्वदीपक, 'वी शुड रिमूव सेकुलरिज़्म, सोशलिज़्म फ्रॉम दी कांस्टीच्युशन : गोविन्दाचार्य', *नेशनल हेराल्ड*, 2 अक्टूबर 2017।

की बात यह है कि हममें से किसी ने प्रधानमन्त्री मोदी को यह कहते हुए कभी नहीं सुना, 'हालाँकि मैं दीनदयाल उपाध्याय का सम्मान करता हूँ, लेकिन संविधान के बारे में उनके विचारों से मेरी असहमति है।'

अपनी पार्टी का पक्ष रखने वाले भाजपा के अनेक नेताओं ने यह सफ़ाई दी कि सरकार ने संविधान में संशोधन करने की दिशा में कोई प्रयास नहीं किया। राजनीति के अनेक जानकारों ने भी माननीय सर्वोच्च न्यायालय के निर्णय का हवाला देते हुए कहा कि चूँकि धर्मनिरपेक्षता संविधान की 'आधारभूत संरचना' का हिस्सा है, इसलिए हिन्दुत्व पाकिस्तान का विचार भी अकल्पनीय अवस्था है। लेकिन सत्य यही है कि उल्लिखित दोनों ही स्थितियों में एक छोटे–से तथ्य की अनदेखी हुई है कि भाजपा को अपने लक्ष्य तक पहुँचने के लिए आवश्यक संख्याबल प्राप्त नहीं है। यह संशोधन लाने के लिए भाजपा को संसद के दोनों सदनों में दो–तिहाई मतों और भारत के कुल राज्यों में से आधे की सहमति की ज़रूरत होगी। इस सन्दर्भ में यह उल्लेखनीय है कि 2018 के अन्त तक बीस राज्यों की विधानसभाओं पर भाजपा का नियन्त्रण हो चुका था। दो अन्य राज्यों में उसके नेतृत्व में गठबन्धन की सरकारें हैं, जिसका सीधा अर्थ यह हुआ कि निकट भविष्य में राज्यसभा की अधिसंख्य सीटों पर उसका अधिकार हो जायेगा। 2019 के लोकसभा के चुनावों में उसकी भारी जीत और जून 2020 में राज्यसभा की अनेक सीटों पर उसके क़ब्ज़े से एक बात बिल्कुल साफ़ हो चुकी है कि अपने लक्ष्य तक पहुँचने के लिए वह आवश्यक तत्त्वों से पूरी तरह लैस हो चुकी है। देश के सामने यह एक बड़ी चेतावनी है।

19

गढ़ा हुआ इतिहास

जॉर्ज ऑरवेल की प्रसिद्ध उक्ति थी, 'किसी भी राष्ट्रवादी को यह आशंका सताती है कि अतीत को बदला जा सकता है। उसका काफ़ी कुछ उस फ़न्तासी की दुनिया में विचरते हुए बीतता है जिसमें वह उन स्थितियों को उस रूप में देखने का प्रयास करता है जैसी उनकी कल्पना में उन्हें होनी चाहिए, ताकि उन विखण्डित टुकड़ों से वे सुविधानुसार अपने इतिहास की किताब में फेरबदल कर सकें। उदाहरण के तौर पर ये जिज्ञासाएँ कि क्या स्पेनी बेड़े की सफलता सचमुच ऐतिहासिक थी? या, रूस की क्रान्ति को 1918 में कुचल दिया गया था? हमारे समय का अधिकांश प्रचारवादी और फ़र्ज़ी लेखन इसी लीपापोती पर टिका हुआ है। अनेक ठोस तथ्य दबा दिये गये, तारीख़ें बदल दी गयीं, उक्तियों को सन्दर्भों से ग़ायब कर दिया गया और बदले हुए अर्थों के साथ उनका उल्लेख किया गया, उन घटनाओं का ज़िक्र तक नहीं किया गया जो घटीं तो ज़रूर लेकिन उनका नतीजा मन के मुताबिक़ नहीं निकला, और अन्ततः उन घटनाओं से इनकार भी कर दिया गया...जैसे ऐसा कुछ घटा ही नहीं हो जिसकी पुष्टि या अस्वीकृति की आवश्यकता महसूस की जाये। ऐसी अनेक महत्त्वपूर्ण घटनाओं को विस्मृति में दफ़ना दिया गया। वास्तविक दुनिया में जो कुछ घटित हो रहा था, राष्ट्रवादियों की इन बातों में कोई रुचि नहीं थी। वे ताक़त, जीत, हार और प्रतिशोध की अपनी ही दुनिया में रमे हुए थे। उनके सामने बस एक लक्ष्य था–स्वयं को दूसरी प्रतिद्वन्द्वी इकाइयों से श्रेष्ठ साबित करना, और यह करने का एक सहज तरीक़ा अपने शत्रु की

असफलताओं को रेखांकित करना और उसकी उपलब्धियों को जाँचे–परखे बिना अस्वीकृत कर देना।'[216]

इन शब्दों को लिखने के तक़रीबन आठ दशक बाद ऑरवेल के इस पूर्वबोध को भारत में आज़माने की कोशिशें की जा रही हैं, जहाँ राष्ट्रवाद के इतिहास को दोबारा लिखने का काम पूरे ज़ोरशोर पर है। मोदी के अधीन भाजपा भारत के इतिहास की अनेक फीकी तस्वीरों में अपनी मर्ज़ी के रंग भरने की जद्दोजहद में है। इतिहास के पन्नों को दोबारा लिखने की कोशिशें जारी हैं जिनमें मुसलमानों और उदारवादियों को खलनायक बनाकर पेश किया जा रहा है। उन नये पन्नों में हिन्दू विजेता बताये गये हैं जबकि युद्ध के मैदान में वे पराजित हो चुके थे। बहरहाल हिन्दू राष्ट्रवाद की राह पर आगे बढ़ने के लिए भाजपा ने सनक की हद तक हिन्दू–मुसलमान के बीच के विभाजन को ज़रूरी और कारगर समझा। एक दूसरा रास्ता जो पार्टी ने इख़्तियार किया, वह वैदिक युग के सुदूर गौरवशाली अतीत की उपलब्धियों का यशगान करना था। वे उपलब्धियाँ वास्तविक थीं अथवा काल्पनिक, इस बात से कोई फ़र्क़ नहीं पड़ता था। एक टिप्पणीकार ने व्यंग्य में कहा, 'जो भी साक्ष्य उपलब्ध हैं उनके आधार पर भाजपा के मन्त्रियों ने राष्ट्रवाद के केन्द्र में हिन्दुत्व "इतिहास" को रखते हुए हास्यास्पद वक्तव्यों की झड़ियाँ लगा दी हैं और "इंटरनेट हिन्दू" की एक सर्वथा नयी प्रजाति को जन्म दिया है। सभी विरोधाभासों और तथ्यात्मक सन्तुलन को नज़रअन्दाज़ करते हुए नये सिरे से "सांस्कृतिक पुनर्गठन" की क़वायद हो रही है। यह भय उत्पन्न करने वाली स्थिति है।'[217]

दरअसल अगर ग़ौर से देखें तो हमारी मौजूदा पीड़ाओं में अधिकतर की जड़ें हमारे अतीत में हैं। हमारे सामने यह संशय आज भी उपस्थित है कि अतीत की जिन घटनाओं के बारे में हम जानते हैं, वे किस हद तक काल्पनिक अथवा वास्तविक हैं। जैसा कि अनेक विद्वानों ने लिखा है, औपनिवेशिक काल में हिन्दू और मुसलमानों के बीच पहचान के अन्तर को ब्रिटिशों ने एक सोची–समझी रणनीति के तहत परिभाषित, रेखांकित और

216. ऑरवेल, 'नोट्स ऑन नेशनलिज़्म'।

217. के फ्रिएस, 'व्हेन इट कम्स टू इंडियन हिस्ट्री, अमर चित्र कथा इज़ दी न्यू नॉर्मल', *स्क्रॉल इन*, 29 सितम्बर 2015।

परिवर्तित किया। विडम्बना यह है कि विभाजन के इस ब्रिटिश साम्राज्यवादी अभियान में कट्टर राष्ट्रवादियों की भी सकारात्मक भागीदारी थी।

ज़ाहिर बात थी 'फूट डालो और राज करो' की इस नीति में धर्म एक बड़ी भूमिका निभाने वाला तत्त्व था। 'हिन्दू–मुसलमान विभाजन' की शुरुआत उसी तरीक़े से हुई जैसे ब्रिटिशों ने हमें अपने इतिहास को देखने के लिए सिखाया था। इस बारे में मैंने *एन एरा ऑफ़ डार्कनेस* में विस्तार से लिखा है, लेकिन यहाँ भी इस नीति का संक्षेप में उल्लेख मैं आवश्यक समझता हूँ। भारतीय इतिहास को ब्रिटिशों ने 'युगों' का सायास विभाजन शासकों के धर्मों के आधार पर किया और इस विभाजन को औपनिवेशिक नीति के उपयुक्त परिभाषित किया : उदाहरणस्वरूप स्कॉटिश इतिहासकार जेम्स मिल ने 1817 से 1826 के बीच प्रकाशित हुए *दी हिस्ट्री ऑफ़ ब्रिटिश इंडिया* में इस विभाजन का निरूपण 'हिन्दू', 'मुसलमान' और 'ब्रिटिश' युग के रूप में किया। इस अवधि–निर्धारण की सूक्ष्म विवेचना करने से इस निष्कर्ष पर सहज पहुँचा जा सकता है कि भारत का इतिहास–लेखन इस पूर्वमान्यता के अनुसार किया गया मानो यह एक रूढ़िवादी और परस्पर युद्धरत धार्मिक समुदायों की सभ्यता थी जिसमें सबसे पहले हिन्दू और उसके बाद में मुसलमान शासकों का वर्चस्व रहा।

उन्नीसवीं शताब्दी के मध्य तक मिल, मैकाले और इंग्लैंड में रहने वाले मैक्स म्युलर की त्रयी ने भारत के अतीत और इतिहास के बारे में इस औपनिवेशिक अवधारणा को इतनी सफलता के साथ स्थापित कर दिया था कि भारतीयों ने भी अपने इतिहास को उन्हीं के दृष्टिकोण से देखना शुरू कर दिया। उनके द्वारा लिखे हुए इतिहास में भारतीय सभ्यता को उन हिन्दुओं की सभ्यता के रूप में प्रस्तुत किया गया जो आक्रान्ताओं के रूप में लगभग 1500 ईसापूर्व में मध्य एशिया से आये मूलतः आर्य नस्ल के लोग थे। उत्तर और पश्चिमोत्तर दिशा से भारत में प्रवेश करने के बाद उन्होंने स्थानीय आबादी को विस्थापन और स्वयं में विलय के लिए विवश कर दिया और कृषि पर आधारित एक सामाजिक सभ्यता की नींव डाली। उनकी बोलचाल की भाषा संस्कृत थी और उन्होंने ही वेदों की रचना की। अगले चरण में मुसलमानों ने भारत पर हमले किये और सल्तनतों की स्थापनाएँ कीं। सबसे अन्त में ब्रिटिश भारत आये। उन्नीसवीं सदी के उत्तरार्द्ध के भारतीय हिन्दू और मुसलमान–दोनों राष्ट्रवादियों ने

भी इतिहास को उसी रूप में ग्रहण किया, जैसा ब्रिटिशों ने उनके हाथों में सौंपा था। लेकिन हिन्दुत्ववादियों को इतिहास की यह स्थापना अपने लिए अधिक उपयुक्त लगी।

रोमिला थापर ने बहुत ठोस तरीक़े से यह सत्यापित किया है कि भारत को आदिकाल से हिन्दू आर्य–सभ्यता की धरती के रूप में परिभाषित वस्तुतः एक औपनिवेशिक स्थापना थी, और इस औपनिवेशिक परिभाषा के जनक होने का दोष 3–एम के माथे पर है।[218] हाल–फ़िलहाल के शोध से यह पता चलता है कि आर्यों ने भारत पर सुनियोजित हमला कभी नहीं किया, बल्कि उत्तर और पश्चिमोत्तर के रास्ते वे आप्रवासियों के रूप में यहाँ आये थे। उनका सतत आगमन एक स्वाभाविक प्रक्रिया थी और यही कई सदियों तक चलता रहा। उनके प्रवेश से पहले भी अन्य आप्रवासी भारत आते रहे थे। बहरहाल भारत में आर्यों के प्रवेश और विस्तार का आधार उस शहरी सभ्यता का अवसान था जिसे हम सिन्धु घाटी की सभ्यता के नाम से जानते हैं। सिन्धु घाटी की सभ्यता भी 'मूलतः भारत' और फारस के पठार से आकर बसे क़बीलाइयों के मिलने से बनी थी[219], और इसी पारस्परिकता के पश्चात वेदों की रचना हुई। उनमें सबसे पहला वेद ऋग्वेद था। उस काल के विभिन्न समुदायों के अन्तःसम्बन्ध से हिन्दूवाद की उत्पत्ति हुई। थापर की दृष्टि में वास्तविक राष्ट्रवादी इतिहासकार वह है जो 'मिल–मैकाले–म्युलर' की भारत सम्बन्धी स्थापना को स्वीकार और उसका प्रचार करने के बजाय उस स्थापना को चुनौतियाँ देता है। उन्होंने उस अन्तर्विरोध की ओर भी संकेत किया कि हिन्दुत्व आन्दोलन के स्वयंभू राष्ट्रवादी अपने राजनीतिक एजेंडे को आगे बढ़ाने के उपक्रम में अन्ततः एक औपनिवेशिक स्थापना को ही प्रश्रय दे रहे हैं।[220] भारत के राष्ट्रीय इतिहास के परिदृश्य से मुसलमानों को हाशिए पर करने की उन्नीसवीं सदी की औपनिवेशिक व्याख्या ने ही बीसवीं सदी में दो राष्ट्रों के सिद्धान्त का बीजारोपण किया, और अन्ततः देश के बँटवारे का कारण भी बनी। इस सिद्धान्त ने 'फूट डालो और राज करो' की ब्रिटिश कूटनीति पर विद्वत्ता

---

218. थापर, 'रिफलेक्शन्स ऑन नेशनलिज़्म एंड हिस्ट्री', *ऑन नेशनलिज़्म*, पृ. 31–35।

219. टोनी जोसेफ, *ईयर्ली इंडियंस : दी स्टोरी ऑफ़ आवर एंसेस्टर्स एंड व्हेयर वी केम फ्रॉम*, नयी दिल्ली : जगरनॉट बुक्स, 2018।

220. थापर, 'रिफलेक्शंस ऑन नेशनलिज़्म एंड हिस्ट्री', *ऑन नेशनलिज़्म*, पृ. 35।

और वैचारिकता का मुलम्मा चढ़ाने में भी मदद की जिनके आवरण में न केवल हिन्दू और मुसलमानों के बीच की असहमतियों को रेखांकित किया गया, बल्कि मुसलमानों के मन में इस भावना को भी सिंचित किया गया कि हिन्दुओं का एकतरफ़ा विकास मुसलमानों की हित–रक्षा में सबसे बड़ा गतिरोध है।

इस प्रकार औपनिवेशवादियों ने अपने इतिहास–लेखन के ज़रिये भारतीय हिन्दुओं और मुसलमानों की धार्मिक असहमतियों को एक षड्यन्त्र के अन्तर्गत प्रोत्साहित किया, जबकि उपनिवेश–पूर्व के इतिहास में इसका कोई वास्तविक आधार नहीं मिलता है। औपनिवेशिकता के पक्षधर ब्रिटिश इतिहासकार दोनों समुदायों ही के प्रतिनिधियों से स्वतन्त्र संवाद करते थे और जाति, या मुहर्रम, या गोहत्या जैसे संवेदनशील मुद्दों के सम्बन्ध में उनकी आस्थाओं और व्यवहारों से जानकारियाँ प्राप्त कर सुविधानुसार अपने ख़ुद के विचारों का निर्माण करते थे। परिणामतः उन प्रतिनिधियों ने उपनिवेशवादियों के समक्ष अपनी कट्टर आस्थाओं और धार्मिक व्यवहारों के बारे में बढ़ा–चढ़ा कर प्रस्तुत किया। दूसरे शब्दों में कहें तो औपनिवेशिक नीतियों ने उनकी साम्प्रदायिक पहचान को और तीखा तेवर देने का काम किया।

दरअसल पूर्व–औपनिवेशिक काल दोनों समुदायों के लिए आपसी भाईचारे और सौहार्द की कहानियों और मिसालों से ख़ासा समृद्ध रहा है। मिसाल के तौर पर हिन्दुओं द्वारा मुसलमानों के मस्जिद का पुनर्निर्माण, या मुसलमानों द्वारा हिन्दुओं के मन्दिर के जीर्णोद्धार की अनेक सच्ची कहानियाँ मिलती हैं। अनेक धर्मनिष्ठ हिन्दुओं के नाम प्रख्यात मुसलमान फ़क़ीरों और सूफ़ियों से प्रभावित होकर रखे गये थे और कई तो फ़ारसी भाषा के बड़े विद्वान भी थे। मराठा योद्धा राजा शिवाजी की सेना में अनेक मुसलमान सैनिक थे, जबकि अहंकारी और क्रोधी स्वभाव के मुसलमान बादशाह की फ़ौज में हिन्दू राजपूत भी नौकरी करते थे। विजयनगर की सेना में ख़ासतौर पर मुसलमान घुड़सवार सैनिकों की एक अलग टुकड़ी ही थी। अनेक इतिहासकारों ने गाँवों के स्तर पर बहुत–से रीतिरिवाज़ों में हिन्दू और मुसलमानों की साझीदारी का उल्लेख किया है। ऐसी भी मिसालें हैं कि दोनों सम्प्रदायों के लोग एक ही पीर–फ़क़ीर या तीर्थों की पूजा–आराधना करते थे। केरल के प्रसिद्ध तीर्थस्थल सबरीमाला तक

पहुँचने के लिए, जहाँ पहाड़ी की कठिन चढ़ाई के बाद भगवान अय्यप्पा के दर्शन होते हैं, श्रद्धालुओं को रास्ते में अय्यप्पा के मुसलमान सखा और सहायक सहयोगी वरवर स्वामी के समाधि–स्थल से होकर गुज़रना पड़ता है। तमिलनाडु के दक्षिणी अरकोट के इलाके में एक और अद्‌भुत उदाहरण देखने को मिलता है जहाँ दाढ़ी, कुमकुम और एक ताड़ी के घड़े के साथ एक मुसलमान भगवान मुत्ताल्ल रावुत्तन की मूर्ति खड़ी दिखती है। अद्‌भुत उदाहरण इस अर्थ में क्योंकि यह मूर्ति काल–भ्रामक और काल–समन्वयक–एक साथ दोनों है। रावुत्तन के बारे में यह मान्यता प्रचलित है कि महाभारत के युद्ध में उन्होंने द्रौपदी की रक्षा की थी। यहाँ यह ग़ौरतलब है कि महाभारत की रचना जब की गयी थी तब इस्लाम धर्म का कोई अस्तित्व नहीं था, लेकिन इस्लाम की उत्तरकथाओं में उस मुसलमान सरदार की कथा जोड़ दी गयी थी।

जैसा कि रोमिला थापर ने लिखा है :

> 'उन कवियों द्वारा भक्ति के अद्‌भुत गीत लिखे गये जो जन्मजात मुसलमान होने के बावजूद हिन्दू देवी–देवताओं के आराधक थे। उन प्रसिद्ध कवियों में सैयद इब्राहीम भी गिने जाते थे जो रसखान के नाम से अधिक विख्यात हैं। भगवान कृष्ण की स्तुति में सोलहवीं सदी में लिखे गये उनके दोहे और भजन आज भी कृष्ण–भक्तों और दूसरे श्रद्धालुओं द्वारा गहरे समर्पण–भाव के साथ गाये जाते हैं। उस अवधि में दरबारों में संगीतबद्ध किये गये और गाये जाने वाले नये शास्त्रीय संगीतों में इस्लाम और हिन्दू संस्कृतियों के सम्मिश्रण की झलक सहज देखी जा सकती है। ऐसी विरल संगीत रचनाओं में ध्रुपद का नाम बड़े सम्मान से लिया जाता है और उत्कृष्ट हिन्दुस्तानी शास्त्रीय संगीत में एक माना जाता है। मुग़ल दरबारों के संरक्षण में संस्कृत में लिखे गये अनेक धार्मिक ग्रन्थों का फ़ारसी में अनुवाद करने का महत्त्वपूर्ण काम हुआ। इनमें महाभारत ('रज्मनामा' नाम से अनूदित) और भगवद्‌गीता सर्वाधिक प्रसिद्ध हैं। हिन्दू और मुसलमान मनसबदारों और दरबारियों की देखरेख में ये अनुवाद फ़ारसी विद्वानों द्वारा किये गये, जिसमें ब्राह्मण पुरोहितों ने उनका सहयोग किया।'[221]

---

221. वही, पृ. 14–15।

ये उदाहरण भारतीय समाज में सभी धार्मिक सम्प्रदायों के अनुयायियों की सहजीविता और सांस्कृतिक समरसता की अनुशंसा करने के लिए पर्याप्त हैं। उनके धार्मिक रीतिरिवाज़ों की समरसता सचमुच सराहनीय थी : मुसलमान संगीतज्ञ हिन्दू भजन गाते थे और वाद्ययन्त्र बजाने की कला में निपुण थे, भारी तादाद में हिन्दू श्रद्धालु दरगाहों पर जाते थे और सूफ़ी सन्तों की मज़ारों पर जियारत करते थे, और रामलीला की प्रस्तुतियों के लिए बनारस में असंख्य मुसलमान शिल्पकार पारम्परिक मुखौटे बनाने के अध्यवसाय में लगे हुए थे। पूरे उत्तरी भारत का सामाजिक परिवेश समावेशी था जो दोनों आस्थाओं के सांस्कृतिक रीतिरिवाज़ के मेल से बना था। इसे हम 'गंगा–जमुनी तहज़ीब' के नाम से भी जानते हैं।

स्थितियाँ पूरी तरह स्पष्ट हैं : हिन्दू और मुसलमानों के बीच बड़े पैमाने पर अन्तर्विरोध औपनिवेशिक शासन के ही अधीन आरम्भ हुआ क्योंकि ब्रिटिशों ने ही उन मामूली विरोधों को भी धार्मिक दृष्टि से बढ़ा–चढ़ा कर परिभाषित किया था। उपनिवेशवादी प्राच्यविदों ने सोची–समझी नीति के अधीन सामान्य सामाजिक असहमतियों के मूल में भी धर्म को कारण बताया और इस बात पर विशेष बल दिया कि धर्म भारतीय समाज को बाँटने वाला बुनियादी तत्त्व है। आज हिन्दू और मुसलमान दोनों समुदाय के लोग अपनी–अपनी पहचान के प्रति इतने कट्टरवादी हो चुके हैं कि छोटी–छोटी बातों से उनकी धार्मिक भावनाएँ आहत हो जाती हैं। उन्नीसवीं सदी से पहले का भारतीय समाज ऐसा नहीं था। जैसा कि अम्बेडकर ने उल्लेख किया था : 'यदि राष्ट्रवाद का अर्थ अपने प्राचीन अतीत का गौरव–गान है तो हम राष्ट्रवाद को अपने विचार के रूप में स्वीकार नहीं कर पायेंगे, क्योंकि इस स्थिति में हमें उन सभी चीज़ों का परित्याग करना होगा जो उत्पत्ति और वर्ण–दोनों ही दृष्टि से स्थानीय है। हम जीवित लोगों की मृत आस्थाओं के स्थान पर मृत लोगों की जीवित आस्थाओं को कदापि प्रतिष्ठापित नहीं कर सकते हैं।'[222]

हिन्दू राष्ट्रवाद की अवधारणा में धर्म और संस्कृति–सम्बन्धी विचार भी राष्ट्र और देश–सम्बन्धी विचार की तरह ही समाहित हैं। परिभाषा

---

222. अम्बेडकर्स 1942 बॉम्बे रेडियो एड्रेस, कोटेड इन लुईस कैबेरा, *दी हंबल कॉस्मोपोलिटन : राइट्स, डाइवर्सिटी, एंड ट्रांस–स्टेट डेमोक्रेसी*, न्यू यॉर्क : ऑक्सफोर्ड यूनिवर्सिटी प्रेस, 2019, पृ. 277।

की दृष्टि से राष्ट्रीयता की भावना को विभाजित नहीं किया जा सकता, जबकि समाज में धर्म और संस्कृति अपनी विविधता के साथ उपस्थित होते हैं। एक भारतीय नागरिक केरल का एक ईसाई या अरुणाचल प्रदेश का एक बौद्ध–दोनों हो सकते हैं, जिनके धार्मिक और सांस्कृतिक रीतिरिवाज़ मध्य प्रदेश के किसी हिन्दू या पंजाब के किसी सिख से बिल्कुल भिन्न हों। ये सभी संस्कृतियाँ हमारी राष्ट्रीय पहचान को सुनिश्चित करने में अपना–अपना योगदान करती हैं। भारत जैसे बहुलतावादी देश के राष्ट्रवाद को किसी भी एक संस्कृति वाले व्यक्तिगत नज़रिये से समझा भी नहीं जा सकता है। औपनिवेशिक काल में 'भारतीय संस्कृति' की अभिव्यक्ति एक राष्ट्रवादी अभियान के रूप में हुई, जिसके परिणाम से भरतनाट्यम जैसी नृत्य–विधाओं और पारम्परिक शास्त्रीय संगीत का पुनरुत्थान हुआ। साथ ही साथ भारतीय भाषाओं में लिखे जाने वाले आधुनिक साहित्य और बॉलीवुड में बनने वाली भव्य (कई बार निराशाजनक भी) फ़िल्मों का जनक भी इसी पुनरुत्थान को माना जाता है।

अपनी सांस्कृतिक विविधताओं के प्रति आश्वस्त एक भारतीय अपने देश की संस्कृति की बहुलतावादी अभिव्यक्तियों पर गर्व कर सकता है, लेकिन दूसरी तरफ़ हिन्दुत्व भारत की संस्कृति को सर्वथा भिन्न दृष्टि से देखता है। गोलवलकर ने लिखा भी था, 'संस्कृति और कुछ नहीं, अपितु हमारे व्यापक धर्म का गुणनफल मात्र है, एक शरीर का अंग मात्र है और शरीर से अलग इसकी कोई स्वतन्त्र पहचान नहीं है।' हिन्दुत्ववादियों की दृष्टि में हिन्दू धर्म की संस्कृति ही भारत की राष्ट्रीय संस्कृति है, और सांस्कृतिक राष्ट्रवाद ने बहुलतावादी भारत का एक ऐसा लबादा ओढ़ रखा है जिसकी मुखाकृति इसे एक हिन्दू पहचान देने में समर्थ है। जैसा कि इतिहासकार के. एन. पणिक्कर ने कहा है कि चूँकि 'राष्ट्रवाद की हिन्दुत्व संकल्पना में राजनीति की तुलना में संस्कृति को महत्त्व दिया गया है, ऐसी स्थिति में हिन्दुत्ववादियों का प्रयास एक ऐसे भारत राष्ट्र का निर्माण करना है जिसमें हिन्दू धर्म की पहचान उसकी सांस्कृतिक पहचान के अनुकूल हो।' बात तब और बिगड़ गयी जब अमर्त्य सेन ने यह कहा कि 'हिन्दुत्व राष्ट्रवाद भारत की तार्किक परम्पराओं की उपेक्षा करता है। भारत ही वह भूमि है जिसे बीजगणित, ज्यामिती और खगोलशास्त्र के क्षेत्र में आरम्भिक क़दम बढ़ाने का श्रेय जाता है। दशमलव की खोज यहीं हुई थी।

धार्मिक हों अथवा ग़ैर–धार्मिक प्राचीन दर्शन ने भारत में ही जन्म लिया। यहीं लोगों ने शतरंज जैसे खेल का आविष्कार किया। यौनशिक्षा की विधिवत शुरुआत भी यहीं हुई। राजनीतिक अर्थशास्त्र का प्रथम व्यवस्थित अध्ययन इसी धरती पर आरम्भ हुआ। लक्ष्यपूर्ण अथवा अन्तर्निहित कारणों से हिन्दू अतिवादियों ने भारत को मूर्ति–उपासकों, भ्रान्तियों में आकण्ठ डूबे उन्मादियों, भक्त योद्धाओं और धार्मिक हत्यारों के देश के रूप में चयनित किया, और इस उपक्रम में भारत की सामाजिक उदारता और सौहार्द की उपेक्षा की।'[223] इस प्रक्रिया में उत्तर भारत में मुसलमानों के सफल विजय–अभियानों के बाद भारत के इतिहास को नये सिरे से लिखने की आवश्यकता हुई। नतीजा यह हुआ कि हिन्दूवादियों और बहुलतावादियों के बीच दोष–प्रत्यादोष का एक सतत वैचारिक युद्ध छिड़ गया।

अपनी पुस्तक *एन एरा ऑफ़ डार्कनेस : दी ब्रिटिश एम्पायर इन इंडिया* के प्रकाशन से साथ मैंने विदेशी शासन के 200 सालों और प्रधानमन्त्री मोदी के नेतृत्व में हिन्दुत्व ब्रिगेड सहित 1,200 साल पुराने बाहरी शासन की तीव्र भर्त्सना की थी।'[224] उनकी दृष्टि में भारत के सभी मुसलमान शासक–चाहे वे दिल्ली के सुल्तान हों, दक्कन के सुल्तान हों, मुग़ल हों या सौ से ज़्यादा अन्य शासक हों जिन्होंने सैकड़ों सालों तक देश पर हुकूमत की हो, और जिनकी शासन अवधि और उपलब्धि की दृष्टि महत्त्वपूर्ण अथवा महत्त्वहीन रही हो–सभी विदेशी थे। उनके तर्क के जवाब में मेरा मानना था कि भले ही मुस्लिम वंश के संस्थापक भारत में बाहर से आये विदेशी थे लेकिन वे और उनके वंशज इस देश में आकर यहीं बस गये और यहाँ की संस्कृति में रच–बस गये। उन्होंने हिन्दू औरतों से विवाह किया और यहाँ की समृद्धि और संसाधनों में ख़ुद को पूरी तरह से डुबो लिया। बाबर के बाद के सभी वंशजों का अपने मूल देश से रक्त सम्बन्ध और उसके प्रति भावनात्मक जुड़ाव क्रमशः कम होता गया। उन्होंने भारत को लूटकर और इसकी समृद्धि का दोहन कर जो धन–दौलत कमाई, उसे भारत और भारतीयों के कल्याणार्थ ख़र्च कर दिया, न कि उस सम्पत्ति

223. सेन, *दी आर्ग्युमेंटिव इंडियन*, पृ. 273।

224. सी, फॉर इन्सटांस, मोदीज रिमार्क्स इन दी लोकसभा ऑन 9 जून 2014 : देबोब्रत घोष, '1,200 ईयर्स ऑफ़ सर्विट्यूड : पीएम मोदी ऑफ़र्स फूड फॉर थॉट', *फर्स्टपोस्ट*, 13 जून 2014।

को विदेश भेजने का काम किया जैसा कि ब्रिटिशों ने किया। अलबत्ता मुग़लों ने फ़रगना घाटी से आये अतिथियों की विनम्रतापूर्वक आवभगत की, उनसे वहाँ के लोगों की खैरियत के बारे में जानकारी ली और उन्हें भरसक आर्थिक मदद भी दी ताकि उनके चिन्ज़ीदी पुरखों की क़ब्रों का जीर्णोद्धार किया जा सके, लेकिन उन्होंने अपनी मातृभूमि को कभी अपने असली घर के रूप में नहीं देखा। पाँचवीं और छठी पीढ़ियों को जाने दें, दूसरी पीढ़ी से ही वे इतने पर्याप्त 'भारतीय' हो चुके थे जितना कि भारत में स्थायी रूप से बसे हुए दूसरे हिन्दू थे।

बहरहाल इस सच की प्रामाणिकता को एक बड़ी बौद्धिक चुनौती से होकर भी गुज़रना पड़ा है। इस विचार के प्रणेता वे हिन्दू हैं जो वी. एस. नायपॉल की इस बात से सहमति रखते हैं जो भारत को 'आहत सभ्यता' वाली एक मौलिक और प्राचीन हिन्दू भूमि मानती है जिसे विगत सदियों में अनगिनत बार क्रूर मुसलमान हमलावरों के हाथों हार का सामना करना पड़ा और इस प्रक्रिया में दासों जैसा अभावग्रस्त और जर्जर जीवन जीने के लिए बाध्य होना पड़ा। ऐसे शोषित लोगों के लिए स्वतन्त्रता का अर्थ केवल ब्रिटिश सत्ता से आज़ादी मिलना नहीं है। यह उनके लिए अपने धार्मिक और सांस्कृतिक गौरव को दोबारा हासिल करने का अवसर है जिसे मुसलमान आक्रमणकारियों ने क्षत–विक्षत कर दिया था।

औरंगज़ेब की एक संवेदनापूर्ण जीवनी लिखने वाले ऑड्रे त्रुश्के जैसे इतिहासकारों का तर्क है कि मुसलमानों द्वारा हिन्दुओं की मातृभूमि में लूटपाट का वृत्तान्त स्मृति की निरन्तरता के सम्पुष्ट रूप में उपस्थित नहीं है, और न उन विवरणों का कोई ठोस और प्रामाणिक आधार ही है। लेकिन हिन्दुत्व की इस अतीत–दृष्टि के भावनात्मक पहलू को यथास्थिति के साथ स्वीकार कर लेने का कोई तथ्यात्मक कारण नहीं मिलता है। यह निष्कर्ष केवल उनकी आस्था पर आधारित है कि भारत एक हिन्दू राष्ट्र है जिस पर मुसलमान शासकों ने हमले किये, जिसको बुरी तरह से लूटा और बर्बाद करना चाहा। उनके अनुसार इन सत्यों को झुठलाने वाले ऐतिहासिक तथ्य पक्षपातपूर्ण दृष्टि से लिखे गये हैं, और इसीलिए अप्रासंगिक हैं।

हिन्दुत्व–केन्द्रित दृष्टि में इतिहास–लेखन का काम पक्षपातपूर्ण तरीक़े से किया गया है, जिसमें सभी मुसलमान शासकों को आततायी और क्रूर

और सभी हिन्दुओं को साहस के साथ उनका मुक़ाबला करने वाला बताया गया। दरअसल यही सिद्धान्त हिन्दू राष्ट्रवाद का मूल सूत्रधार रहा है। त्रुश्के के शब्दों में, हिन्दुत्ववादी यह मानते हैं कि 'विगत सदियों में भारत को अनेक पराजयों का सामना करने को विवश होना पड़ा है जिनमें से कई पराजय मुसलमान आक्रान्ताओं के हाथों भी हुई। उन्होंने भारत संस्कृति, धर्म और आर्थिक समृद्धि को तहसनहस कर डाला। उनकी क्रूरता और लूट का कोई क्रमवार ब्यौरा इतिहास में दर्ज नहीं है। लेकिन भारत में ऐसे लोगों की तादाद में कमी नहीं है जो इन स्थापनाओं से स्वयं को आहत अनुभव करते हैं। उनकी भावनाएँ आधुनिक मुसलमान–विरोधी विचारों के सामने प्रायः नगण्य मानी जाती हैं।

के. एन. पनिक्कर ने कहा है कि अशोक, अकबर, जयसिंह, साहू महाराज और वाजिद अली शाह जैसे उदार और सहिष्णु शासकों के नाम हिन्दुत्व के राष्ट्रीय नायकों की सूची में दर्ज नहीं हैं। (सच तो यह है कि जब अनेक राष्ट्रवादी इतिहासकारों ने इस्लाम के कट्टर पक्षधर और अनुयायी औरंगज़ेब के बरअक्स उसके उदार और सहिष्णु पुरखे अकबर की प्रशंसा करनी चाही तो हिन्दुत्ववादियों ने उन पर सिर्फ़ इसलिए हमला करना शुरू कर दिया क्योंकि वह एक मुसलमान था, और मध्य युग के दोनों सम्प्रदायों के सम्राटों की तरह अपनी महत्त्वाकांक्षा की राह में आने वाले सभी राजाओं और शासकों की हत्या कर दी। मारे गये लोगों में कई हिन्दू राजा भी शामिल थे।)

साम्प्रदायिक इतिहास का सिलसिला मुसलमान–युगीन भारत के बाद भी जारी रहा। जिन्होंने ब्रिटिशों के ख़िलाफ़ बग़ावत की आवाज़ उठाई उनमें बहादुर शाह, ज़ीनत महल, मौलवी अहमदुल्लाह और जनरल बख्त ख़ान जैसे मुसलमानों का भी कोई उल्लेख हिन्दुत्ववादियों के इतिहास में नहीं मिलता। और तो और, समन्वयवादी भक्ति आन्दोलन और राममोहन राय और केशव चन्द्र सेन जैसे समाज और धर्म सुधारकों को भी इतिहास की वर्तमान पाठ्यपुस्तकों में यथेष्ट महत्त्व नहीं दिया गया है। अलबत्ता मौजूदा इतिहास में महाराणा प्रताप और निर्भीक और बहादुर मराठा योद्धा छत्रपति शिवाजी का नाम 'हिन्दू नायकों' के तौर पर अत्यन्त सम्मान के साथ उल्लिखित है। महाराणा प्रताप का नाम राजस्थान के पाठ्यक्रम में आज हल्दीघाटी के युद्ध में विजेता के रूप में अंकित है, जबकि यह सवाल

सहज ही उठता है कि अगर वे इतने योग्य थे तो अगले तीन दशकों तक अकबर की जगह उन्होंने इस देश पर शासन क्यों नहीं किया? ठीक उसी तरह महाराष्ट्र के पाठ्यक्रम में मुग़लों के विरुद्ध शिवाजी के युद्ध में आज मुग़लों के पक्ष को गौण कर दिया गया है। ज़ाहिर है, हिन्दुत्व के योद्धाओं ने शिक्षा व्यवस्था को अपनी मौजूदा युद्धभूमि में बदल डाला है और इस युद्ध में पाठ्यक्रम उनके पसन्दीदा हथियार हैं। भारतीय राष्ट्रवाद की समावेशी प्रवृत्तियों के सामने एक बड़ी चुनौती वह स्कूली व्यवस्था है जिसे अलग–अलग राज्य की सरकारें अलग–अलग तरीक़े से संचालित और नियन्त्रित करती हैं। वे राज्य सरकारें अपना–अपना पाठ्यक्रम स्वयं निर्धारित करती हैं और राज्य के स्तर पर ही अपनी पाठ्य–पुस्तकें प्रकाशित करती हैं। केन्द्रीय विद्यालय इस व्यवस्था के सीमित अपवाद कहे जा सकते हैं जिनका संचालन केन्द्र सरकार का मानव संसाधन मन्त्रालय करता है। बहरहाल, राज्य सरकारों के सन्दर्भ में बात करते हुए यहाँ यह संकेत करना आवश्यक है कि उनकी स्वतन्त्र शिक्षा व्यवस्थाएँ उनको भारत के इतिहास के प्रति निरपेक्ष होते हुए स्थानीय नायकों की सराहना करने का पर्याप्त अवसर देती हैं। ऐसे स्थानीय नायकों में राजस्थान के महाराणा प्रताप, महाराष्ट्र के छत्रपति शिवाजी और केरल के वेलु थम्पी दलवा या पजहस्सी राजा का नाम उदाहरण के तौर पर लिया जा सकता है। उत्तर भारत के स्कूली छात्रों में दक्षिण के विजयनगर साम्राज्य या उसके पूर्ववर्ती पल्लवों और चोलों के बारे में बहुत कम छात्र जानते हैं। इतिहास पर बहस केवल प्राचीन काल तक ही सीमित नहीं थी। जहाँ एक प्रचलित मुहावरे के अनुसार रूढ़िवादी इतिहास को ठिठककर रुक जाने को कह रहे थे, वहीं हिन्दू राष्ट्रवादी इतिहास को विपरीत दिशा में घुमाने के दुराग्रह से ग्रस्त थे। इतिहास का पुनर्विश्लेषण केवल अतीत के प्रति उनके सम्मान–बोध में प्रत्यारोपित नहीं था, बल्कि वे वर्तमान के ज़रिये अतीत का पुनर्विश्लेषण करना चाहते थे।

2017 में प्रधानमन्त्री नरेन्द्र मोदी ने 1942 के 'भारत छोड़ो आन्दोलन' की पचासवीं वर्षगाँठ के अवसर पर '70 साल आज़ादी : ज़रा याद करो कुर्बानी' अभियान का शुभारम्भ किया। प्रधानमन्त्री मोदी के नेतृत्व वाली भाजपा जो ख़ुद को एक राष्ट्रवादी आवरण प्रस्तुत करना चाहती है, को स्वतन्त्रता संग्राम अपनी हितरक्षा के लिए एक उपयुक्त अवसर के रूप में

दिखता है। विडम्बना है कि 'भारत छोड़ो आन्दोलन' की सालगिरह को अतीत में समारोहपूर्वक मनाने के बजाय भाजपा ने उसकी कड़ी निन्दा अवश्य की, क्योंकि उनकी नज़रों में इसने ब्रिटिशों को राष्ट्रवादी आन्दोलन के नेताओं और हज़ारों कार्यकर्ताओं को ज़बरन जेल में ठूँस देने का मौक़ा ज़रूर दिया। साथ ही इसने मुस्लिम लीग को अपना वह राजनीतिक जनाधार तैयार करने का अवसर भी दिया जिसका 1937 के चुनावों में उनके पास ज़बर्दस्त अभाव था। और, इस प्रकार 'भारत छोड़ो आन्दोलन' ने दूसरे तरीक़ों से उन ताक़तों का मनोबल बढ़ाने का काम किया जो बँटवारे के लिए ज़िम्मेदार थे।

लेकिन मोदी सरकार आज़ादी की लड़ाई में 'भारत छोड़ो आन्दोलन' का श्रेय कांग्रेस को देने की इच्छुक कतई नहीं दिखती है। इतिहास के अपने वर्तमान पुनःकथन के माध्यम से वह स्वतन्त्रता के योद्धाओं और राष्ट्र–नायकों का महिमामण्डन अपने हितों में करने की आग्रही है। उसके इस प्रयास का हास्यास्पद पक्ष यह है कि जनसंघ, आरएसएस और हिन्दुत्व आन्दोलन की जिस परम्परा की वारिस भाजपा है, आज़ादी की लड़ाई का कोई महत्त्वपूर्ण नेता इन संगठनों से सम्बन्धित नहीं रहा। भाजपा की उत्पत्ति के पीछे स्वतन्त्रता आन्दोलन में सक्रिय कोई नेता नहीं था, बल्कि कुछ नेताओं ने तो ब्रिटिशों की मदद भी की जबकि 'भारत छोड़ो आन्दोलन' के असली नायक जेल की सज़ा काट रहे थे।[225] भाजपा के जनक संगठनों में ऐसी प्रेरणा के अभाव का सीधा अर्थ यह था कि उसे अपने आदर्श नायकों की तलाश मोदी जैसे लोगों के बीच से करनी थी।

बहरहाल हमें यह याद रखना होगा कि गुजरात में अपने मुख्यमन्त्रित्व काल में मोदी बड़ी आक्रामकता के साथ आधुनिक भारत के सम्मानित निर्माताओं में एक अपने ही प्रान्त के सरदार वल्लभभाई पटेल के उत्तराधिकार पर अपना दावा पेश करने के साथ ही यह प्रकिया आरम्भ कर चुके थे। यह 2014 के आम चुनावों से ठीक पहले की बात है। उनकी पार्टी को जिस क़द्दावर छवि की तलाश थी, मोदी ने उसे बहुत महत्त्वपूर्ण और कहीं विशिष्ट अन्दाज़ में प्रस्तुत किया। उन्होंने लौह पुरुष की विश्व में सर्वाधिक

---

225. मंजरी काट्ज़ू, 'रिक्लेमिंग दी फ्रीडम फाइटर्स' पास्ट वुड नॉट टेक दी बीजेपी वैरी फार, *दी क्विंट,* 11 अगस्त 2017।

ऊँची मूर्ति उनके ही राज्य में निर्मित कराने की घोषणा की। यह मूर्ति ज़मीन से 597 फ़ीट (182 मीटर) ऊँची होने वाली थी जो स्टेचू ऑफ़ लिबर्टी से भी विशाल होती। लेकिन गाँधी की विनम्रता और सादगी के समक्ष इस मूर्ति–निर्माता की राजनीतिक महत्त्वाकांक्षा अत्यधिक क्षुद्र और छोटी थी।

मोदी के निहित उद्देश्य को समझना बहुत सरल है। जब वे गुजरात के मुख्यमन्त्री थे तब 2002 में जो साम्प्रदायिक नरसंहार हुआ, उससे उनकी छवि तार–तार हो चुकी थी। मोदी स्वयं को पटेल (जो एक ऐसे नेता थे जिन्होंने देश के हिन्दुओं के पक्ष में तब आवाज़ उठाई थी जब वे बँटवारे की विभीषिका से जूझ रहे थे, और कश्मीर की समस्या के प्रति भी उनका रवैया पूरी तरह स्पष्ट था) के पर्याय के रूप में प्रस्तुत करते हुए न केवल अपनी छवि का पुनर्निर्माण करना चाहते थे, बल्कि आम जनता को यह सन्देश भी देना चाहते थे कि उनके विरोधियों द्वारा भले ही उन पर विध्वंसकारी कट्टरवादी होने का दोषारोपण किया जाये, लेकिन वे अन्ततः कठोर निर्णय लेने वाले एक ऐसे नेता हैं जो सिर्फ़ काम में विश्वास रखता है।

लेकिन विभाजन के समय की हिंसा में पटेल का राजनीतिक आचरण और 2002 में मोदी की कार्य–पद्धति पूरी तरह से एक–दूसरे के विपरीत थे। अपने–अपने अधिकार–क्षेत्र में दोनों को क़ानून और व्यवस्था की भयानक विफलता का सामना करना पड़ा था जिनके परिणामस्वरूप मुसलमानों के साथ बड़े पैमाने पर साम्प्रदायिक दंगे और हिंसा हुई। दिल्ली में 1947 में पटेल ने प्रभावशाली ढंग से त्वरित कार्रवाई की और कोई 10,000 मुसलमानों को सुरक्षा की दृष्टि से दिल्ली के लाल क़िला में इकट्ठा करके उनके लिए ज़रूरी बन्दोबस्त किये। चूँकि वे इस बात से सशंकित थे कि स्थानीय सुरक्षा बल साम्प्रदायिकता के ज़हर से प्रभावित हो सकते हैं, लिहाज़ा सुरक्षा–व्यवस्था को चाक–चौबन्द करने के इरादे से उन्होंने मद्रास और पुणे से सेना की टुकड़ियों को दिल्ली पहुँचने का फौरी आदेश दिया। क़ानून और व्यवस्था के प्रति मुसलमानों को निश्चिन्त करने और उनका हौसला बढ़ाने के उद्देश्य से पटेल ने मशहूर निज़ामुद्दीन दरगाह पर जाकर उनके लिए दुआएँ भी माँगीं। वे मुसलमान समुदाय को बेफ़िक्र करना चाहते थे कि उनको और उनकी धार्मिक आस्था को भारत की ज़मीन पर किसी भी ख़तरे से घबराने की ज़रूरत नहीं है। पटेल सीमा पर बसे

शहर अमृतसर भी पहुँचे जहाँ नये इस्लामिक देश पाकिस्तान भागने वाले मुसलमानों पर लगातार हमले की घटनाएँ घट रही थीं। उन्होंने हिन्दू और सिख दंगाइयों से मुसलमानों को अपना शिकार बनाने से रोकने की गुज़ारिश की। इनमें से दोनों ही मामलों में पटेल को सफलता भी मिली, और आमतौर पर ऐसा कहा जाता है कि उनके दोनों हस्तक्षेपों के कारण ही तक़रीबन दसियों हज़ार लोग आज के दिन भी ज़िन्दा हैं।

लेकिन इसके विपरीत 2002 में जो कुछ भी गुजरात में हुआ वह शर्मनाक था। दंगे के बाद मोदी ने एक साक्षात्कार में कहा था कि मुसलमानों के इस संहार से उन्हें भी बहुत दुख पहुँचा है। उन्हें लग रहा है जैसे उनकी ही गाड़ी के पहिये के तले कुत्ते का कोई निरीह पिल्ला कुचल दिया गया हो।[226] पटेल किसी पत्रकार से ऐसा कहते, इस बात की कल्पना भी नहीं की जा सकती थी। यह विडम्बना ही है कि मोदी जैसा स्वयंभू 'हिन्दू राष्ट्रवादी' जो अपने भाषणों के ज़रिये मुसलमानों के ख़िलाफ़ ज़हर उगलता रहा हो, वह ख़ुद को गाँधी की विरासत का दावेदार कहता हो। कोई भी गाँधीवादी नेता एक ख़ास धार्मिक पहचान के साथ भारतीय राष्ट्रवाद का योग्य उत्तराधिकारी कभी नहीं हो सकता है।

सरदार पटेल किसी भी व्यक्ति के धर्म और जाति से मुक्त होकर सबके लिए बराबर अधिकारों में विश्वास रखते थे। यह सच है कि नेहरू के उलट बँटवारे के समय पटेल ऐसा मानते थे कि एक पूरे समुदाय की अनदेखी की जा रही थी। मेरी लिखी हुई जीवनी *नेहरू : दी इन्वेंशन ऑफ़ इंडिया* में मैंने नेहरू और पटेल के बीच इस मुद्दे पर मतभेद की कुछ मिसालों का ज़िक्र भी किया है। लेकिन इस बात के उदाहरण भी कम नहीं हैं जब पटेल ने हिन्दुओं के अधिकारों के लिए अपनी पक्षधरता और किसी अन्य उत्तरदायित्व की नैतिकता के बीच किसी एक को चुनते हुए नैतिकतापूर्ण गाँधीवादी दृष्टिकोण को ज़्यादा तरज़ीह दी हो।

मिसाल के तौर पर पाकिस्तान के तत्कालीन प्रधानमन्त्री लियाकत अली के साथ नेहरू के समझौते का उल्लेख करना सही होगा। पटेल ने पूर्वी पाकिस्तान में हिन्दू अल्पसंख्यकों के साथ होने वाली हिंसा के कारण इस समझौते का कड़ा विरोध किया था और इस विषय पर नेहरू के साथ

---

226. *रियुटर्स*, 'इंटरव्यू विद बीजेपी लीडर नरेन्द्र मोदी', 12 जुलाई 2013।

उनके गहरे मतभेद थे। लेकिन नेहरू जब अपने फ़ैसले पर अड़े रहे तब पटेल को झुकना पड़ा था। उन्होंने सम्भवतः गाँधी के नैतिक दृष्टिकोण से पूरे घटनाक्रम पर विचार किया था। पश्चिम बंगाल में मुसलमानों के ख़िलाफ़ हिंसा भारतीयों से पूर्वी पाकिस्तान में हिन्दुओं के विरुद्ध होने वाली हिंसा की भर्त्सना करने का नैतिक अधिकार छीन लेगी।[227] उनका यह पक्ष किसी राष्ट्रवादी का नहीं, बल्कि एक भारतीय *राष्ट्रवादी* का शुद्ध गाँधीवादी पक्ष था।

भारत में इतिहास हमेशा से एक निर्धारक स्थिति में रहा है, लेकिन इक्कीसवीं सदी की राजनीति के सन्दर्भ में यह एक चिन्तनीय प्रश्न है कि मौजूदा हिन्दुत्व आन्दोलन के रूप में अतीत ने वर्तमान पर अपनी पकड़ बनाये रखी है। यदि मुग़लों की निन्दा इस तरह से की जाने लगे कि भारतीय मुसलमानों (जिन पर भारत का सपूत होने की बजाय 'बाबर की औलाद' होने का कलंक लगा हो) की वैधता संशय के दायरे में आ जाये, ऐसे में पटेल पर बहस करना हमें आश्वस्त करता है कि पटेल और स्वतन्त्रता संग्राम के दूसरे नायकों को वर्तमान सत्ताधारी पार्टी द्वारा उधार लिए जाने की प्रवृत्ति राष्ट्रवाद के उस प्रभामण्डल के औचित्य को सिद्ध करने का प्रयास है जिसे अर्जित करने के लिए उसके अग्रगामी नेताओं ने कुछ भी नहीं किया।

हिन्दू राष्ट्रवादियों के लिए दूसरा सबसे बड़ा हौआ भारतीय उदारवादी हैं क्योंकि राष्ट्रवाद के बारे में सोचते हुए वे निजी नहीं बल्कि संघर्ष की उस सामूहिक परम्परा की बात करते हैं जिसका नेतृत्व भारतीय राष्ट्रीय कांग्रेस ने किया था। दुर्भाग्यवश अब हम गम्भीर और उपचारविहीन राजनीतिक विवादों के आदी हो चुके हैं क्योंकि हमें लगता है कि भाजपा अपनी ख़ुर्दबीन से इतिहास को देखती है मानो वह हमें सोलहवीं सदी में घसीट कर ले जाने को कृतसंकल्प हो। मुझे लगता है कि फ़िलहाल हम मुड़कर बीसवीं सदी तक ही जा पाये हैं, और इसके लिए हमें उसका आभारी होना चाहिए। कोविड–19 आपदा के बहुत पहले ही उन्होंने भारतीय अर्थव्यवस्था को उसके सर्वाधिक दुर्दिनों में धकेल दिया था, अलबत्ता महामारी ने उनकी आर्थिक

---

227. फॉर अ डिटेल्ड अकाउंट ऑफ़ दिस एपिसोड, सी शशि थरूर, *नेहरू : दी इन्वेंशन ऑफ़ इंडिया,* नयी दिल्ली : पेंगुइन बुक्स 2003।

नाकामियों से उन्हें बच निकलने का एक बहाना ज़रूर दे दिया। वर्तमान सत्ता–व्यवस्था अपने ख़ुद के गढ़े जुमले के मुताबिक़ 'एक टुकड़े–टुकड़े गैंग' में बदलकर रह गयी है जो इस देश को खण्ड–खण्ड में विभाजित कर देने को आतुर है : हिन्दू बनाम मुसलमान; देशद्रोही बनाम देशभक्त; रामजादे बनाम एक ऐसा शब्द जिसे यहाँ प्रिंट में नहीं कहा जा सकता है; हिन्दीभाषी बनाम ग़ैर–हिन्दीभाषी; हमारा बनाम उनका।

यदि प्रधानमन्त्री मोदी हमारा इतिहास भूल जाते हैं तो इससे भयावह कोई दूसरी स्थिति नहीं हो सकती है। लेकिन इससे भी बुरी स्थिति वह होगी जब वे इस देश को पुनः उस दिशा में ले जायेंगे जहाँ से इतिहास की पुनरावृत्ति होती है।

20

भारत माता की जय

2014 में भाजपा के सत्ता में आने के बाद ही राष्ट्रवाद ने 'भारत माता की जय' के सार्वजनिक हिन्दी उद्घोष के ज़रिये अपने आप को अभिव्यक्त करने का एक नया मार्ग खोज लिया, इस नारे के माध्यम से देश को देवी माता के रूप में अधिष्ठापित करने का उपक्रम आरम्भ हो गया। भारतीय राष्ट्रवाद के लिए यह एक बिल्कुल नयी अग्निपरीक्षा थी।

चित्र और मूर्तिकला में भारत माता को एक ऐसे रूप में प्रदर्शित किया गया जैसे वह कोई हिन्दू देवी हो। केसरिया रंग की साड़ी भारत माता का सामान्य परिधान है और वह भारत के राष्ट्रीय ध्वज को एक हाथ में उठाये दिखती है। पृष्ठभूमि में भारत का मानचित्र बना होता है और बहुधा देवी दुर्गा की तरह वाहन के रूप में उसके साथ एक सिंह भी होता है। अमूमन माना जाता है कि भारत माता के पहले ज्ञात चित्रांकन के रूप में उसे अबनीन्द्रनाथ टैगोर की 1905 की बनायी गयी पेंटिंग में दर्शाया गया था। लेकिन उस पेंटिंग में उसके हाथ में कोई ध्वजा नहीं थी, और न पृष्ठभूमि में भारत का मानचित्र ही था। वह बंगाल शैली की एक 'वाश' अथवा वाटरपेंटिंग थी जिसमें उसकी मुखाकृति पर एक दिव्य–आभा दिखती थी। उसकी मुस्कान भारत के सुख और समृद्धि का आशीर्वचन देती प्रतीत होती थी।

सत्ताधारी ब्रिटिश एक लम्बे अरसे से अपने देश को मिथकीय 'ब्रिटेनिका' की छवि के माध्यम से प्रस्तुत करते रहे थे, लिहाज़ा राष्ट्रवादियों को 'राज' के विरुद्ध भारत की अभिव्यक्ति के लिए उक्त छवि पूरी तरह उपयुक्त लगी। यह शब्दावली सम्भवतः पहली बार किरण चन्द्र बनर्जी लिखित बांग्ला नाटक *भारत माता* में प्रयुक्त हुई थी जिसका मंचन 1873 में किया गया था।

भारत माता की अवधारणा का उल्लेख किसी भी प्राचीन हिन्दू ग्रन्थ में नहीं किया गया है। पहली बार इस देश को भारत माता के रूप में उन्नीसवीं सदी के अन्त में निरूपित किया गया था। इसका कारण राष्ट्रीय चेतना का जागरण था जिसका श्रेय बांग्ला लेखक बंकिमचन्द्र चटर्जी को जाता है जिनकी प्रेरक पुस्तक *आनन्द मठ* ने 1882 में देशप्रेम के अभ्युदय में महती भूमिका निभाई, और परिणामतः ब्रिटिशों ने इस पर प्रतिबन्ध लगा दिया।

विद्वान बी. आर. पुरोहित ने बंकिम के उपन्यास में भारत माता के विचार के महत्त्व पर विस्तार से लिखा है :

> 'दुर्गा जो कि देवी और माता दोनों ही हैं—वे इस देश से आत्मसात होकर एक हो गयीं, और इस प्रकार वे महानतम देवी और महानतम माता में बदल गयीं। अपने सुविख्यात उपन्यास *आनन्द मठ* में उन्होंने देश को देवी काली के रूप में दिखलाया है : अपने अभावों और पीड़ाओं के कारण काले वर्ण की, अपनी निर्धनता के कारण नग्न, और उसके गले में लटकी कपाल मालाओं के माध्यम से यह दिखलाने की चेष्टा करती हुई कि यह देश अन्ततः एक विराट श्मशान—भूमि से अधिक कुछ नहीं। लेकिन इस निराशा के बावजूद भविष्य का भारत असुरों का संहार करने वाली और अपार समृद्धि लाने वाली दुर्गा की मुखमण्डल की तरह देदीप्यमान होगा।'[228]

बंकिम के उपन्यास में 'वन्दे मातरम्' गीत भी सम्मिलित था, जिसका पहला अन्तरा अभी भी भारत के 'राष्ट्रगीत' के रूप में गाया जाता है, लेकिन हिन्दू—प्रतीकों और मुसलमान—विरोधी संकेतों के कारण इसके बाद के छन्दों को गीत में शामिल नहीं किया गया है।

भारत माता की वैचारिक उत्पत्ति बंगाल में होना कोई आश्चर्यजनक बात नहीं है। एक ऐसा प्रदेश जहाँ पवित्र आदिशक्ति के विविध रूपों—चंडी, दुर्गा, काली, और मनसा—के सम्मान और उपासना की दीर्घ परम्परा रही है, वहाँ राष्ट्र को भी एक देवी की कोटि में रखकर उसको पूजना सहज

---

228. बी. आर. पुरोहित, *हिन्दू रिवाइवलिज़्म एंड इंडियन नेशनलिज़्म*, सागर : साथी प्रकाशन, 1965, पृ. 79।

और स्वाभाविक था। बंकिम की पुस्तक के प्रकाशित होने के लगभग दो दशक से कुछ समय बाद ही 1905 में बंगाल के विभाजन को निरस्त करने के लिए स्वदेशी आन्दोलन आरम्भ हुआ जिसने राष्ट्रवादियों को 'वन्दे मातरम्' गीत को गाकर भारत माता की स्तुति करने का अनुकूल और पर्याप्त अवसर दिया। उसके बाद एक परिपाटी के रूप में यह सिलसिला क्रमशः मज़बूत होता गया।

सावरकर हिन्दुत्व के पक्षधर और श्री अरबिन्दो जैसे सन्तों ने भारत माता की अवधारणा का हार्दिक समर्थन किया, जबकि टैगोर जैसे उदारमना कवि–चिन्तक और अम्बेडकर जैसे विद्वत्जन के लिए यह एक व्यग्रता का कारण था। सावरकर ने सभी भारतीय राष्ट्रवादियों को 'हम सबकी' माँ के लिए अपना सर्वस्व न्योछावर कर देने का आह्वान किया[229] और उसे न सिर्फ़ अपने '*पितरभू* बल्कि अपना *पुण्यभू*' (मातृभूमि और पुण्यभूमि) के रूप में भी स्वीकार किया। 1905 की एक प्रसिद्ध घटना यहाँ उल्लेखनीय है। राष्ट्रवादी और हिन्दू सुधारक के. एम. मुंशी के एक प्रश्न के उत्तर में श्री अरबिन्दो ने एक मानचित्र की ओर संकेत करते हुए कहा था, 'आप इस नक़्शे को देख रहे हैं? यह कोई मानचित्र नहीं है, यह भारत माता का चित्र है। इसके शहर, पर्वत, नदियाँ और वनप्रदेश इसके शरीर के अलग–अलग अंग हैं। उसकी सभी सन्तानें उसकी छोटी–बड़ी रक्तवाहिनियाँ हैं। भारत पर ध्यान एकाग्र कीजिए, समस्त नैवेद्यों के साथ उसकी भक्ति कीजिए।'[230]

जैसे–जैसे हिन्दुत्व आन्दोलन के सदस्य भारत माता सम्बन्धित विचार का प्रचार–प्रसार करने लगे, वैसे–वैसे भारत माता अपनी राष्ट्रभूमि से अगाध प्रेम करने वाली नारी–स्वरूपा प्रतिनिधि के रूप में स्थापित होती गयीं। भारत का हिन्दू मातृदेवी के रूप में चित्रण ने सभी हिन्दुओं को धार्मिक रूप से इसके लिए अभिप्रेरित किया कि वे अपने राष्ट्र की आराधना और सुरक्षा करें।

---

229. कोटेड इन चेतन भट्ट, *हिन्दू नेशनलिज़्म : ओरिजिन्स, आइडियोलॉजिज एंड मॉडर्न मिथ्स*, न्यू यॉर्क : रॉउटलेज, 2020, पृ. 98।

230. सुमाथि रामास्वामी, 'मैप्स एंड मदर गॉडेस इन मॉडर्न इंडिया', *इमेज़ो मंडी 53*, जनवरी 2001, पृ. 97–114, https://doi.org/10.1080/03085690108592940 पर भी उपलब्ध।

श्री अरबिन्दो ने बॉम्बे में 1907 में दिये गये एक आक्रामक भाषण में यह घोषणा की थी :

> 'राष्ट्रवाद किसे कहते हैं? राष्ट्रवाद केवल एक राजनीतिक गतिविधि नहीं है; राष्ट्रवाद एक धर्म है जिसका अनुपालन करने का आदेश हमें ईश्वर ने दिया है; राष्ट्रवाद एक पन्थ है जो हमें जीवन जीने की एक पद्धति देता है। केवल बौद्धिकता के गर्व से वशीभूत किसी भी आदमी को स्वयं को राष्ट्रवादी कहने का अधिकार नहीं मिलना चाहिए क्योंकि वह दूसरों से अधिक राष्ट्रभक्त नहीं है, और क्योंकि वह दूसरों की तुलना में मात्र विचारों के कारण श्रेष्ठ नहीं हो जाता है। यदि आपको राष्ट्रवादी बनना है, यदि आपको राष्ट्रवाद के इस धर्म की स्वीकृति प्राप्त करनी होगी, तब आपको यह काम एक धार्मिक ऊर्जा के साथ करना होगा। आपको याद रखना होगा कि अपने राष्ट्र की मुक्ति के लिए आप मात्र ईश्वर के एक उपकरण हैं।'[231]

आरएसएस ने भी यही मार्ग चुना। अपनी विवादास्पद पुस्तक *वी ऑर आवर नेशनहुड डिफाइंड* के समर्पण में आरएसएस प्रमुख एम. एस. गोलवलकर ने लिखा है : 'मैं इस पुस्तक को अपनी पुण्यभूमि मातृभूमि–जो कि एक हिन्दू राष्ट्र है–के चरणों में विनीत भाव से अर्पित करता हूँ, और यह आशा करता हूँ कि वह अपने इस अयोग्य सन्तान की यह प्रार्थना अवश्य स्वीकार करेगी।'[232] 'हिन्दू राष्ट्र' को 'सबकी माँ' के रूप में ऐसे व्याख्यायित किया गया कि 'भारत माता' स्वतः उपासना की अधिकारिणी हो गयीं। आज के दिन भी आरएसएस के कोई भी आयोजन भारत माता के तस्वीरों वाले बैनरों से सुसज्जित होते हैं। उन तस्वीरों में भारत माता के हाथों में भारतीय तिरंगे की जगह अब एक केसरिया ध्वजा दिखाई देती है।

यहाँ तक कि ब्रिटिश भारत के एक विशाल मानचित्र का विरोध करने के लिए 1936 में बनारस के एक हिन्दू मन्दिर में भारत माता की मूर्ति

231. श्री अरबिन्दो, *वन्दे मातरम् : दी कम्पलीट वर्क्स ऑफ़ श्री अरबिन्दो*, वॉल्यूम 6 एंड 7, पांडिचेरी : श्री अरबिन्दो आश्रम ट्रस्ट, पृ. 818–19।

232. शम्सुल इस्लाम, *गोलवलकर्स वी ऑर आवर नेशनहुड डिफाइंड : अ क्रिटिक बाई शम्सुल इस्लाम विद दी फुल टेक्स्ट ऑफ़ दी बुक*, दिल्ली : फरोस मीडिया, 2006।

एक देवी के रूप में प्रतिष्ठापित की गयी थी। एक अन्य भारत माता के मन्दिर का शिलान्यास 1983 में प्रधानमन्त्री इन्दिरा गाँधी के हाथों किया गया था। लेकिन महात्मा गाँधी ने अपने राष्ट्रवादी सन्देशों में भारत माता की अवधारणा का उपयोग कभी नहीं किया, और रवीन्द्रनाथ टैगोर तो इस अवधारणा से यथासम्भव बचते रहे। 1937 में उन्होंने 'वन्दे मातरम्' को भारत का राष्ट्रगान घोषित करने सम्बन्धी प्रस्ताव का विरोध करते हुए कांग्रेस अध्यक्ष सुभाष चन्द्र बोस, जो उनकी तरह ही बंगाल प्रान्त के थे, को एक पत्र लिखा, 'वन्दे मातरम् का मूल देवी दुर्गा का स्तोत्र है। यह समझना इतना आसान है कि इस बारे में कोई द्वन्द्व नहीं होना चाहिए ...कोई भी मुसलमान उस 'स्वदेश' के प्रति अगाध समर्पण नहीं कर सकता है जहाँ दस मस्तकों वाली किसी देवी की उपासना की जाती है। उपन्यास *आनन्द मठ* एक साहित्यिक कृति है, इसलिए उसमें इस गीत को सम्मिलित किया जाना अनुचित नहीं है। लेकिन संसद प्रत्येक समुदाय से आये लोगों का मिलन–स्थल है, वहाँ इस गीत का प्रयोग सर्वथा अनुपयुक्त है।'[233] यही कारण था कि कांग्रेस ने गीत के आरम्भिक दो विवादरहित अन्तरे को 'राष्ट्रीय गीत' के रूप में स्वीकार कर लिया और शेष छन्दों को सुविचारित रूप से ख़ारिज कर दिया।

पण्डित नेहरू जो हिन्दू राष्ट्रवाद के प्रबल विरोधी थे, ने भारत माता की संकल्पना को भिन्न तरीक़े से व्याख्यायित किया। अपनी ऐतिहासिक कृति *दी डिस्कवरी ऑफ़ इंडिया* में उन्होंने लिखा है :

> 'ऐसा कई बार हुआ है कि मैं किसी जनसभा में पहुँचा तो मेरे स्वागत में एक ज़ोरदार नारे की आवाज़ सुनायी पड़ी हो : भारत माता की जय। मैंने उम्मीद के विपरीत उनसे पलटकर पूछा कि इस नारे का क्या मतलब है। यह भारत माता 'मदर इंडिया' कौन थी जिसके विजय की बात वे कर रहे थे? मेरे सवाल से वे चौंक जाते थे और मुश्किल में पड़ जाते थे। फिर जब उनको उसका जवाब नहीं सूझता था तो वे एक–दूसरे को देखने लगते थे, और फिर मुझे दोबारा देखने लगते। लेकिन मैं अपने सवाल

233. एक्सप्रेस न्यूज़ सर्विस, 'दी सांग एंड डांस ओवर वन्देमातरम्', *इंडियन एक्सप्रेस*, 12 नवम्बर 2009।

पर अड़ा रहता। आख़िरकार एक हट्टा–कट्टा जाट जो पीढ़ियों से अपनी मिट्टी से जुड़ा था, कहता कि भारत माता यह धरती है। कौन–सी धरती? उनके गाँव की धरती, या उनके ज़िले और सूबे की धरती, या पूरे भारत की धरती? सवाल–जवाब का यह सिलसिला तब तक चलता रहता जब तक वे अधीरता के साथ मुझसे ही इस सवाल का जवाब नहीं पूछने लगते। मैं उन्हें आश्वस्त करने की कोशिशें करता कि जैसा कि वे भारत के बारे में सोचते हैं भारत वैसा भी है। लेकिन भारत उससे कहीं कुछ ज़्यादा है। भारत के पहाड़ और उसकी नदियाँ, भारत के जंगल और खेत–खलिहान जो हमें खाना देते हैं, हमें उन सबसे प्रेम है। लेकिन भारत की अवाम–मेरे और आपके जैसे लोग जो इस विशाल धरती पर बसे हुए हैं–वह हमारे लिए सबसे प्यारी है। भारत माता 'मदर इंडिया' बुनियादी तौर पर वही लाखों लोग हैं, और भारत माता की जय उस पूरी जनता की जय और जीत है। मैंने उन्हें कहा कि वे उसी भारत माता के अंग हैं। जैसे–जैसे मेरी बात उनके ज़ेहन में उतरती जाती थी, वैसे–वैसे उनकी आँखों में कोई नयी चमक पैदा होती जाती थी गोया उन्होंने कोई नयी चीज़ खोज ली हो।'[234]

इस दृष्टि से इक्कीसवीं सदी के उदार देशभक्त भारतीयों के लिए 'भारत माता की जय' एक सम्मानित लेकिन पूर्ववर्ती नारा माना जाना चाहिए। यह आज़ादी की लड़ाई में एक विरोध की आवाज़ था, और आज़ादी के बाद भी युद्धभूमि में फ़ौज के जयघोष तक इसका उपयोग उचित है। धार्मिक उत्पत्ति के स्रोत की अपर्याप्तता के कारण उदारवादी हिन्दू यह मानने लगे कि भारत माता एक विशुद्ध राष्ट्रीय मंगलाचरण है जो किसी देवी की नहीं बल्कि अपनी धरती की स्तुति में किया गया है।

लेकिन हिन्दू राष्ट्रवादियों ने कुछ अलग ही सोच रखा था। 2016 में आरएसएस और भाजपा ने अलग–अलग लेकिन एक–दूसरे के साथ समन्वय बिठाते हुए 'भारत माता की जय' अभियान का आरम्भ किया तो स्थितियाँ पूरी तरह बदल गयीं। 17 मार्च 2016 को आरएसएस के

234. जवाहरलाल नेहरू, *दी डिस्कवरी ऑफ़ इंडिया*, नयी दिल्ली : पेंगुइन बुक्स, 2008।

संयुक्त महासचिव दत्तात्रेय होसबले ने ऐलान किया कि 'वह सभी आदमी जिसने "भारत माता की जय" बोलने से इनकार किया है, हमारी नज़रों में देश–विरोधी हैं।'[235] उसके दो दिनों के बाद अमित शाह ने भी बयान दिया : 'अभिव्यक्ति की स्वतन्त्रता के नाम पर राष्ट्र–विरोधी गतिविधियों को बर्दाश्त नहीं किया जायेगा।'[236] मार्च 2016 में ही भाजपा की राष्ट्रीय कार्यकारिणी ने एक राजनीतिक प्रस्ताव पारित किया जिसमें यह घोषणा की गयी थी कि 'भारत माता की जय' बोलने से इनकार करने को संविधान का अपमान माना जायेगा। निर्वाचित प्रतिनिधियों के लिए यह बोलना अनिवार्य घोषित कर दिया गया। भाजपा अध्यक्ष ने सम्मेलन में आये सभी प्रतिभागियों से अपने साथ यह नारा देने का आह्वान किया। यहाँ तक कि स्कूली छात्रों को भी यह निर्देश दिया गया कि वे अपने दाख़िले के आवेदनों पर भी 'भारत माता की जय' लिखें। आरएसएस के सरसंघचालक मोहन भागवत ने घोषणा की कि युवा उम्र के भारतीयों को 'भारत माता की जय' कहना सिखाना ज़रूरी है। महाराष्ट्र के एक मुसलमान विधायक को यह उद्घोष करने से मना कर देने के तत्काल बाद उसे सदन से निलम्बित कर दिया गया। इस प्रकार एक निष्कलुष कथन देखते–देखते अचानक उन राष्ट्रवादियों की विश्वसनीयता का परखने वाला उपकरण बन गया, जो इसके उच्चारण के अनिच्छुक थे।

चूँकि भारत माता का सम्बन्ध राष्ट्र की देवी–रूप में उपासना से था, लिहाज़ा रूढ़िवादी मुसलमान इस विचार के साथ असहज थे। सिख और ईसाइयों के लिए भी यह विचार यदि उग्र नहीं भी, तो स्वागत योग्य कदापि नहीं था क्योंकि यह उनके एकेश्वरवाद में आस्था से मेल नहीं खाता था। भारतीय राष्ट्रीयता के इस विचार को जिसमें सिर्फ़ एक धर्म की सुविधाओं की बात की गयी है, प्रसारित करने के उपक्रम में भाजपा ने भारतीय लोकतन्त्र के बुनियादी सिद्धान्तों पर एक और प्रहार किया और विविधताओं को स्वीकार करने के उसके स्वभाव का हरण करने का प्रयास किया। प्रमुख क़ानूनविद् और टिप्पणीकार ए. जी. नूरानी ने लिखा है :

---

235. 'इफ एनीवन रिफ्यूजेज़ टू से भारत माता की जय, देन इट इज़ एंटी–नेशनल : होसबले', इंडिया टुडे, 17 मार्च 2016।

236. पीटीआई, 'एंटी–नेशनल एक्टिविटीज़ कैन नॉट बी जस्टिफाइड ऑन दी प्ली ऑफ़ फ्रीडम ऑफ़ एक्सप्रेशन : अमित शाह', 19 मार्च 2016।

'जब भाजपा के नवागन्तुक हमें 'भारत माता की जय' नहीं बोलने पर 'राष्ट्रविरोधी' कहते हैं, तो इसका एक ही कारण है कि वे भारतीय राष्ट्रवाद के प्रति नहीं बल्कि हिन्दू राष्ट्रवाद या हिन्दुत्व के प्रति निष्ठावान हैं।'[237]

देश को एक देवी के रूप में कल्पना करते हुए उसको महिमामण्डित करने और उसकी सुरक्षा का आह्वान करने की पृष्ठभूमि में एक भाजपा के राजनीतिक चरित्र की एक अजीब विडम्बना स्पष्ट परिलक्षित होती है। भाजपा के प्रभाव वाले हिन्दू समाज के आरएसएस का पितृसत्तात्मक झुकाव एक खुला रहस्य है। भारत माता के पक्ष में दलील देने वाले अधिसंख्य लोग पुरुष हैं। उन्होंने इरादतन अपने आन्दोलन और समाज दोनों से स्त्रियों को दूर रखने का प्रयास किया। उनके 'देश के हिन्दुत्व विचार' और 'राष्ट्रवाद के आदर्श' में पुरुषत्व–बोध और वर्चस्व गहरे रूप से प्रत्यारोपित किया गया है। आरएसएस के संस्थापक–अध्यक्ष हेडगेवार ने अपने आन्दोलन के अग्रिम नेतृत्व में महिलाओं की भागीदारी का कड़ा विरोध किया और प्रचारकों को ब्रह्मचर्य का पालन करने की शपथ लेने की अनिवार्यता पर बल दिया ताकि वे सम्पूर्ण निष्ठा के साथ संघ के सिद्धान्तों और उद्देश्यों का प्रचार कर सकें। उन्होंने महिलाओं के लिए समानान्तर आरएसएस की स्थापना का विचार अस्वीकृत कर दिया, जिसका प्रस्ताव लक्ष्मी बाई केलकर ने दिया था। लक्ष्मी बाई स्वयंसेवकों के लिए उनकी माता समान थीं, और उन्होंने 1936 में हेडगेवार से अनुरोध किया था कि वे उनको राष्ट्रीय सेविका समिति स्थापित करने की अनुमति दें। लेकिन हेडगेवार 'महिला आरएसएस' नाम से एक अलग संगठन की स्थापना के पक्षधर थे, जो स्वतन्त्र रूप से संघ के सिद्धान्तों के अनुसार लेकिन उसके अधीन रहते हुए काम करे। एक अलग संगठन 'दुर्गा वाहिनी' की स्थापना 1991 में तब अवश्य की गयी जब राम जन्मभूमि आन्दोलन अपनी पराकाष्ठा पर था (जो अयोध्या में बाबरी मस्जिद को ध्वस्त कर उसी स्थान पर भगवान राम का मन्दिर खड़ा करने के उन्माद से प्रेरित था क्योंकि आन्दोलन के समर्थकों के अनुसार वह मूलतः भगवान राम की जन्मस्थली था)। बहरहाल दुर्गा वाहिनी की स्थापना के पीछे आन्दोलन में महिलाओं

---

237. ए. जी. नूरानी, 'नेशनलिज़्म एंड इट्स कंटेम्पररी डिस्कंटेंट्स इन इंडिया', *ऑन नेशनलिज़्म*, पृ. 102।

की सहभागिता को सुनिश्चित करना था। गहन पड़ताल के बाद हम देखते हैं आरएसएस की अगुवाई में आन्दोलन में अपनी पूरी आक्रामकता के साथ सक्रिय भागीदारी करने वाली विश्व हिन्दू परिषद् में अधिकतर महिला युवा कार्यकर्ता निम्न आय परिवारों से आती हैं और आन्दोलन की उग्र गतिविधियों से उन्हें स्वभावतः कोई परहेज़ नहीं है। ख़ासतौर पर मुसलमानों के ख़िलाफ़ वे अधिक प्रतिक्रियावादी और आक्रामक हैं। हिन्दुत्व आन्दोलन ने आत्मनिर्भर स्त्री अर्थात 'स्वाधीन वल्लभा' के अस्तित्व को अतीत में भी कभी गम्भीरतापूर्वक नहीं स्वीकार किया। बल्कि इसके वर्तमान प्रमुख मोहन भागवत और उनसे पहले के सभी नेताओं ने इस विचार को स्पष्ट रूप से और बार–बार प्रकट किया कि औरत का स्थान घर में है और अपने पति का ध्यान रखना और बच्चों का संस्कारपूर्वक पालन करना उसका मुख्य उत्तरदायित्व है। आरएसएस ने स्पष्टतः अपनी अग्रिम पंक्ति के नेताओं में महिलाओं को कभी स्थान नहीं दिया। मोदी की भाजपा सरकार ने तीन महिला मन्त्रियों को अवश्य महत्त्वपूर्ण स्थान दिया जिनमें से एक को उनके देहान्त से पहले ही पदमुक्त कर दिया गया था। इक्का–दुक्का अपवादों को छोड़कर हिन्दुत्व आन्दोलन ने महिलाओं को अपने अधीन सक्रिय भागीदारी के बजाय देवी मानते हुए उनका महिमामण्डन अधिक उपयुक्त समझा।

संक्षेप में कहें तो एक हिन्दू देवी के रूप में भारत माता की आराधना का नारा उदार भारतीय राष्ट्रवादियों को अपनी ओर आसक्त करने में हमेशा असफल रहा है। ग़ैर–हिन्दू सम्प्रदायों से सम्बन्ध रखने वाले भारतीयों के लिए भारत माता की वन्दना की बाध्यता तो ख़ासतौर पर नागवार गुज़रती है। एक विचार के रूप में राष्ट्र जाति अथवा पन्थ से निरपेक्ष होकर उन सभी लोगों को स्वीकार करता है जो इससे सम्बन्ध रखते हैं। लेकिन भारत माता का विचार केवल एक समुदाय विशेष–जो उसकी उपासना करता है, को समस्त नागरिक सुविधाएँ देने का पक्षधर प्रतीत होता है। यह स्वतन्त्रता आन्दोलन के एक प्रतीक को धार्मिक आस्था में बदलने का एक प्रयास है। जिस नारे से राष्ट्रीय एकता की आवाज़ को बुलन्द करने की अपेक्षा रही थी, वह धार्मिक ध्रुवीकरण के राजनीतिक खेल में साम्प्रदायिक तौर पर लोगों को बाँटने के हथियार के रूप में इस्तेमाल किया जाने लगा।

मुझ जैसे, और नेहरू सरीखे 'सांस्कृतिक हिन्दुओं' को 'भारत माता' शब्द से कोई अन्तर्भूत आपत्ति नहीं है, और जब केवल भूमि (बकौल नेहरू)

की बात होती है, किसी विशेष धार्मिक देवी–देवता की नहीं तो दूसरे धर्मों में विश्वास करने वाले कुछ भारतीयों को भी इस शब्द पर एतराज़ नहीं है। लेकिन धार्मिक मुसलमान इस कथन से इसलिए असहज अनुभव करते हैं क्योंकि उनको लगता है कि यह उनको हाशिए पर धकेलने के इरादे से कहा गया है। वे कहते हैं, 'हमें *जय हिन्द, हिन्दुस्तान ज़िन्दाबाद, जय भारत* बोलने के लिए कहिए। हम बेशक यह बोलेंगे लेकिन हमें *'भारत माता की जय'* बोलने के लिए मत कहिए।' महाराष्ट्र के निलम्बित विधायक वारिस पठान ने भी यही आपत्ति प्रकट की थी : 'मैं *जय हिन्द* बोलने के लिए हर वक़्त तैयार हूँ। मैं अपने देश से प्रेम करता हूँ। मेरा एतराज़ इस बात से था कि वे मुझ पर ज़बरन *'भारत माता की जय'* बोलने के लिए ज़ोर डाल रहे थे।'[238]

इस बारे में मेरा नज़रिया बिल्कुल साफ़ है–हमारे नागरिक राष्ट्रवाद में जो संविधान हमें अभिव्यक्ति की आज़ादी देता है, वही संविधान हमें चुप रहने का अधिकार भी देता है। हम ज़बरन किसी को कुछ कहने के लिए मजबूर नहीं कर सकते हैं। हमारा लोकतन्त्र और हमारा संविधान दोनों–सभी भारतवासियों की धार्मिक स्वतन्त्रता का सम्मान करते हैं और भारतीय नागरिकों को कुछ कहने, या कुछ नहीं कहने का अधिकार भी देते हैं। 1986 के जेहोवा गवाही मामले *(बिजोए इम्मानुएल और अन्य बनाम केरल प्रान्त और अन्य)* में माननीय सर्वोच्च न्यायालय ने फ़ैसला दिया था कि राष्ट्रगान गाने से इनकार करना क्षम्य है बशर्ते यथोचित सम्मान प्रकट करते हुए यह किया जाये। मसलन, लोग धार्मिक आधार पर इसमें भागीदारी से मना कर सकते हैं लेकिन राष्ट्रगान के गायन के समय उनका उठकर खड़ा हो जाना अनिवार्य है। यदि राष्ट्रगान के पुनीत होने की अवधारणा सच है तो क्या इसका उच्चारण भी धीमे स्वर में होना आवश्यक नहीं होना चाहिए? भारतीय राष्ट्रवाद का इतिहास बेशक 'जय हिन्द' जैसे यादगार नारे से पूरा होता है, लेकिन 'सारे जहाँ से अच्छा' और यहाँ तक कि वामपन्थियों का पसन्दीदा 'इन्क़िलाब ज़िन्दाबाद'–सबने आज़ादी की लड़ाई के दौरान ही नहीं बल्कि आज भी लाखों लोगों में जोश भरने का काम किया है। लोगों को स्वीकारना होगा कि इतिहास ऐसी अनेक

238. एक्सप्रेस न्यूज़ सर्विस, 'भारत माता की जय रो : आई कैन से "जय हिन्द", आई लव इंडिया, सेज वारिस पठान', *इंडियन एक्सप्रेस*, 17 मार्च 2016।

अभिव्यक्तियों को ख़ारिज कर चुका है और 'भारत माता की जय' का नारा भी इसका अपवाद नहीं है। इसका औचित्य केवल अब हिन्दुत्व आन्दोलन तक सीमित हो चुका है। किसी भी भारतीय के मुँह से वे शब्द ज़बरन नहीं कहलवाये जा सकते जो दूसरों की दृष्टि में राष्ट्रवादी हों लेकिन खुद उसकी नज़र में नहीं हों। बद्री रैना इस सन्दर्भ में यह कहानी कहते हैं :

> 'एक राजनीतिक प्रचारक (हिन्दुत्व प्रचारक) झोपड़पट्टी में एक ग़रीब बच्चे को 'भारत माता की जय' बोलने के लिए प्रोत्साहित कर रहा था। पास में उलझे हुए बालों और मैले–कुचैले कपड़े पहनी एक लड़की हैरत से उसे देख रही थी। 'वह कहाँ है? हम उनसे कहाँ मिल सकते हैं?' उस भोली लड़की ने पूछ लिया। प्रचारक ने आँखें तरेरते हुए जवाब दिया, 'वह सभी जगह मौजूद हैं।' कचरा बीनने वाली उस छोटी लड़की ने आश्चर्य से पूछा कि तब वह क्यों नहीं उनसे मिलने आती हैं, और अगर वह सचमुच इतनी ममतामयी हैं तब हम हमेशा भूखे और ग़रीब क्यों रहते हैं।'[239]

राष्ट्रगान के ज़रिये राष्ट्रवाद के हिन्दुत्व संस्करण को ज़बरन सभी भारतीयों पर थोपने की सबसे कुत्सित कोशिश दोबारा 30 नवम्बर 2016 को तब हुई जब भाजपा के अभियान को हवा देते हुए माननीय सर्वोच्च न्यायालय ने सभी सिनेमाघरों को फ़िल्मों का शो शुरू करने से पहले राष्ट्रगान बजाना अनिवार्य कर दिया ताकि दर्शकों में 'मातृभूमि के प्रति प्रेम' की भावना उत्पन्न हो सके। इस आदेश के दुष्परिणाम सिनेमाघरों में अनेक हिंसक वारदातों के रूप में सामने आये। 'सतर्क और जागरूक' सिने–प्रेमियों ने उन दर्शकों के साथ मार–पीट और हिंसक झड़पें कीं जो राष्ट्रगान बजने के समय अपनी कुर्सियों से उठकर नहीं खड़े हुए। इन वारदातों में हिंसा के शिकार वे भी हुए जो व्हील चेयर पर बैठे थे और शारीरिक रूप से विकलांग थे। जब लोगों का आक्रोश बढ़ा तो यह स्पष्ट हो गया कि आदेश का नतीजा उलटा निकला था। 7 जनवरी 2018 को माननीय प्रधान न्यायाधीश के नेतृत्व में एक खण्ड पीठ ने चुपके से अपने ही दिये आदेश में रद्दोबदल करते हुए सिनेमाघरों में हर शो के पहले

---

239. रैना, 'व्हाई दी रेन इज़ अ पेट्रियट एंड नॉट अ नेशनलिस्ट'।

राष्ट्रगान बजाने की अनिवार्यता को शिथिल करते हुए उसे वैकल्पिक बना दिया। अब चूँकि इस आदेश को मानना अथवा नहीं मानना सिनेमाघरों के मालिकों के विवेक पर निर्भर था, अतः उनमें अधिकतर ने इसका लाभ उठाते हुए इस आदेश को नज़रअन्दाज़ करना ही मुनासिब समझा।

भारत की विविधताओं की बुनियाद पर टिके 'नागरिक' राष्ट्रवाद– जिसकी ख़ूबियों के कारण ही सलमान रुश्दी ने इसे 'मोंग्रेलाइज़ेशन' का नाम दिया है[240]–और 'विशुद्ध' भारतीय संस्कृति पर आधारित राष्ट्रवाद का अनुपालन करने के हिन्दुत्ववादियों के हठ के बीच एक बड़ी फाँक है। तथाकथित भारतीय संस्कृति औपनिवेशिक प्रभावों और गंगा–जमुनी तहज़ीब के सिद्धान्तों से सर्वथा निरपेक्ष रहते हुए संस्कृति की रूढ़ व्याख्या करती है। हमारे राष्ट्रवादी जननायकों और महापुरुषों ने स्वतन्त्रता के सिद्धान्त पर एक बहुलतावादी राष्ट्र का निर्माण किया था और हम उनके उन्हीं सपनों के संवाहक बनाये गये हैं। 'भारत माता की जय' का उच्चारण करने के भाजपा के राजनीतिक हठ के कारण निश्चित रूप से उन सभी उदार राष्ट्र–निर्माताओं के सपनों को गहरा आघात पहुँचेगा, और दुर्भाग्य से इस बाध्यता के कारण देश के कट्टरवाद और बहुसंख्यक अन्धराष्ट्रवाद के रास्ते पर प्रस्थान करने की भी आशंका है।

---

240. रिचर्ड जेन्किन्स, *रिथिंकिंग एथनिसिटी : आर्ग्युमेंट्स एंड एक्सप्लोरेशन्स*, लन्दन : सेज पब्लिकेशन, 2008 (सेकंड एडिशन), पृ. 32।

चौथा खण्ड

अस्मिता का वर्तमान संघर्ष

बाबरी मस्जिद के गुम्बद पर कार सेवक, विध्वंसित होने से ठीक पहले की तस्वीर

मैं पहले ही उद्धृत कर चुका हूँ कि दिवंगत भाजपा नेता अटल बिहारी वाजपेयी ने स्पष्ट रूप से यह कहा था : 'मेरी दृष्टि में हिन्दू राष्ट्र और भारत राष्ट्र दो समानार्थक शब्द हैं।'[241] हालाँकि गठबन्धन की सरकार के अपने कार्यकाल में वाजपेयी अपने इस सपने को पूरा नहीं कर पाये क्योंकि वे छब्बीस राजनीतिक दलों वाली एक गठबन्धन–सरकार के मुखिया थे। हिन्दुत्व के मुद्दे पर केवल शिवसेना के साथ ही उनकी सैद्धान्तिक सहमति थी। बहरहाल स्थितियाँ तब बदल गयीं जब नरेन्द्र मोदी के नेतृत्व में भाजपा ने अपने दम पर पूर्ण बहुमत की सरकार बनाने में सफलता हासिल कर ली–पहली बार 2014 में और उसके बाद 2019 में। इस पुस्तक में मैंने यह दिखाना चाहा है कि उपनिवेश–विरोधी वैचारिक राष्ट्रवाद से समावेशी संविधान में प्रतिष्ठापित एक चेतनासम्पन्न नागरिक राष्ट्रवाद की दूरी भारत ने किस प्रकार तय की। साथ ही मैंने उस वैकल्पिक दृष्टिकोण का पुनरीक्षण करने की भी कोशिश की है जिसकी हिमायत हिन्दुत्व के वे समर्थक करते आये हैं जो भारत को एक जातीय–धार्मिक राष्ट्र–राज्य बनाने के लिए प्रतिबद्ध हैं। इस खण्ड में मैं समकालीन भारतीय राजनीति के महत्त्वपूर्ण चरणों की पड़ताल करूँगा, और मेरी पड़ताल भारत में ख़ासतौर पर मोदी की अगुआई वाली भाजपा सरकार के चुने जाने पर एकाग्र होगी। भारत के समावेशी संविधान द्वारा संवर्द्धित नागरिक राष्ट्रवाद की आकांक्षाओं को क्षीण करने का प्रयास इस सरकार के सत्ता सँभालने के बाद से ही हो रहा है, क्योंकि राष्ट्रवाद के विकल्पों को आरोपित नहीं भी तो प्रोत्साहित अवश्य करने की कोशिशें इसी सरकार के शासनकाल से आरम्भ हुई हैं।

---

241. जोशी, 'वाजपेयी एट होम इन पुणे; डोंट वांट टू बी कॉल्ड "गेस्ट" इन सिटी'।

21

भारत-भूमि का विभाजन

स्वतन्त्रता प्राप्ति के बाद के कई दशकों तक हिन्दुत्व आन्दोलन के जातीय राष्ट्रवाद ने भारतीय राष्ट्रवाद के 'प्राप्त ज्ञान' को बुनियादी चुनौतियाँ देने का जो काम किया है, वह अब एक चिन्ताजनक और नकारामक पराकाष्ठा पर पहुँच चुका है। 2014 के बाद के सालों में क़ानून और व्यवस्था को विविध राष्ट्रीय मोर्चों पर अलग–अलग जूझना पड़ा है। हमारे राष्ट्र–निर्माताओं ने उत्तराधिकार में हमें जो नागरिक राष्ट्रवाद सौंपा उसका भीड़–तन्त्र, सामाजिक जीवन की अनधिकृत निगरानी और भीड़–प्रायोजित हिंसा द्वारा बार–बार आखेट किया जा रहा है। क़ानून के विध्वंस की इन हिंस्र घटनाओं ने न्याय के सर्वोच्च पंच के रूप में क़ानून की वैधता के साथ–साथ क़ानून में जनसाधारण की आस्था जिसने पूरे देश को अब तक एक ही सूत्र में बाँधे रखने का काम किया था–दोनों को दुर्बल करने का काम किया। हम जैसे नागरिक जो नागरिक राष्ट्रवाद में विश्वास करते हैं, वे सब न केवल सभी उपलब्ध क्षेत्रों और अवसरों पर क़ानून की सर्वोच्चता की अपेक्षा रखते हैं, बल्कि इन्साफ़ के स्वयंभू पहरुओं के अहंकार और सत्तासम्पन्न होने के पाखण्ड को विधिसम्मत शासन की विराटता के अधीन होने के महत्त्व को समझाना चाहते हैं।

लेकिन जैसा कि हमने देखा है, भारतीय राष्ट्रीयता द्वारा सम्पोषित नागरिक राष्ट्रवादी विचारों से सबकी सहमति नहीं है। भारत के संविधान में धर्मनिरपेक्षता एक बुनियादी तत्त्व के रूप में अन्तर्निहित है, लेकिन अनेक लोगों को इस धर्मनिरपेक्षता के मूल औचित्य पर ही आपत्ति है। विश्व के अनेक विकासशील देशों की तरह वे भी भारत की अपनी एक स्वतन्त्र

धार्मिक पहचान के दृढ़ पक्षधर हैं। लेकिन इस दुराग्रह की क़ीमत हम 2002 में गुजरात और उसके बाद होने वाले साम्प्रदायिक दंगों और फ़सादों में तक़रीबन 2000 लोगों की जान गँवा कर चुका चुके हैं।

1984 में इन्दिरा गाँधी की हत्या की प्रतिक्रिया में सिखों के नरसंहार की तरह ही ये दंगे भी भारत के आधारभूत सामाजिक–राजनीतिक लोकाचारों का असंवैधानिक हनन थे। भारत ने आर्यों, मुग़लों और ब्रिटिशों के आगमन और हमलों को न सिर्फ़ झेल लिया बल्कि उनसे भाषा, कला, खानपान और ज्ञान जैसी विविधताएँ भी सीखीं। एक भारतीय होने का अर्थ उस मायालोक का हिस्सा होना है जिसके हम सभी साझीदार हैं। हम एक स्वप्न के भी संवाहक हैं जो हमारे मस्तिष्कों को उन ध्वनियों, शब्दों, और स्वादों से समृद्ध करता है जिन्हें हम आसानी से पहचान पाने में असमर्थ हैं।

एक अन्तर्विरोधी लोकतन्त्र में अन्धराष्ट्रवाद और अल्पसंख्यक–विरोधी हिंसा के उद्‌भव के मुख्य कारण अपर्याप्त संसाधनों की प्रतिस्पर्द्धाएँ हैं। पूरे भारत में सभी सम्प्रदायों के राजनेतागण संकीर्ण पहचानों के ज़रिये मतदाताओं को अपने–अपने पक्ष में संगठित करते रहे हैं और उनसे धर्म, जाति और प्रदेश के आधार पर लामबन्द होकर वोट देने की अपील करते हैं। वे मतदाताओं को इन्हीं पहचानों के मुताबिक़ ख़ुद को परिभाषित करने के लिए लुभाते हैं। चूँकि धर्म, जाति और प्रदेश हमारे सामाजिक जीवन में संवाद के मुख्य विषय हैं, लिहाज़ा कइयों के लिए एक भारतीय होने के बनिस्बत एक मुसलमान, एक बोड़ो, या एक यादव होना अधिक महत्त्वपूर्ण है।

हममें से अधिकतर लोग यह सोच कर सन्तुष्ट रहते हैं कि भारतीय राष्ट्रवाद का केन्द्रीय सिद्धान्त अविचल है और इसे वैश्विक स्वीकृति प्राप्त है। लेकिन हम ग़लत थे। मोहम्मद अली जिन्ना की मुस्लिम लीग द्वारा 1940 में देश के बँटवारे की माँग करते हुए कुख्यात पाकिस्तान प्रस्ताव पारित होने से पहले हिन्दू महासभा 1937 में ही इस दिशा में ज़रूरी पहल कर चुकी थी और सैद्धान्तिक रूप से यह प्रकट कर चुकी थी कि हिन्दू और मुसलमान उनकी दृष्टि में, दो अलग–अलग राष्ट्र हैं। 1937 में हिन्दू महासभा के अहमदाबाद सत्र को बतौर अध्यक्ष सम्बोधित करते हुए सावरकर ने साफ़–साफ़ कहा था : 'आज भारत को एकल और समजातीय देश नहीं माना जा सकता, बल्कि व्यवहार में यह एक देश के भीतर ही दो भिन्न

देश हैं–हिन्दू भारत और मुसलमान भारत।'[242] चूँकि आज की सत्तारूढ़ भाजपा आरएसएस का ही एक राजनीतिक अंग है, इसलिए ज़ाहिर है कि वह भी हिन्दुत्व के सिद्धान्तों के प्रति कृतसंकल्प है और भारत में एक हिन्दू राष्ट्र की स्थापना की पक्षधर है।

4 नवम्बर 1948 के अपने प्रसिद्ध भाषण में अम्बेडकर ने बहुसंख्यकवाद के इस मसले की तरफ़ संकेत किया था :

> 'अल्पसंख्यकों की रक्षा के विरोध में मतान्धतापूर्ण ढंग से सोचने वाले कट्टरवादियों से मैं दो बातें कहना चाहता हूँ। पहली बात यह कि अल्पसंख्यक एक विस्फोटक ताक़त हैं जो फटने की स्थिति में किसी देश के परखच्चे उड़ाने का माद्दा रखते हैं। यूरोप का इतिहास ऐसे अनेक भयावह उदाहरणों से भरा हुआ है। दूसरी बात यह है कि भारत में अल्पसंख्यक अपना अस्तित्व पहले ही बहुसंख्यकों के हाथ में सौंप चुके हैं। ...उन्होंने बहुसंख्यकों के शासन को निष्ठा के साथ स्वीकार कर लिया है। वह बहुसंख्यक जो अपने स्वभाव से मूलतः साम्प्रदायिक बहुसंख्यक हैं, न कि एक राजनीतिक बहुसंख्यक। यह बहुसंख्यकों पर निर्भर है कि वे अल्संख्यकों के विरुद्ध किसी तरह का भेदभाव नहीं करें, और उनके प्रति अपने उत्तदायित्वों को अनुभव करें।'[243]

आज भारत उसी बहुसंख्यकवाद के चंगुल में फँसा हुआ है जिसके विरुद्ध अम्बेडकर बहुत पहले आगाह कर चुके थे। प्रधानमन्त्री मोदी के आदर्श पुरुष सरदार पटेल ने भी 25 मई 1949 को संविधान सभा में दृढ़तापूर्वक यह कहा था : 'यह बहुसंख्यक होने के नाते हमको सोचना है कि हम इस बात का ख़याल रखें कि अल्पसंख्यक क्या महसूस करते हैं, और जिस तरह से उनके साथ बर्ताव किया जाता है, वैसा ही बर्ताव अपने

---

242. शरीक लालिवाला, 'ड्यूरिंग दी क्विट इंडिया मूवमेंट, दी हिन्दू महासभा प्लेड दी ब्रिटिश गेम', *दी वायर,* 8 अगस्त 2018। सी आल्सो, वी. डी. सावरकर, *समग्र सावरकर वांग्मय : हिन्दू राष्ट्र दर्शन,* वॉल्यूम 6, पूना : महाराष्ट्र प्रान्तिक हिन्दूसभा, 1963, पृ. 296।

243. डॉ. बी. आर. अम्बेडकर, *कांस्टीट्युएंट असेम्बली डिबेट्स,* वॉल्यूम 7, 4 नवम्बर 1948, https://www. constitutionofindia.net/constitution_assmbly_debates/ volume/7/%C2%AD1948-11-04: पर उपलब्ध।

साथ होता देखकर हम क्या महसूस करते।'[244] सरकार द्वारा अम्बेडकर और सरदार पटेल जैसे राष्ट्र–निर्माताओं की यदाकदा प्रशंसाओं को देखते हुए हम सिर्फ़ उम्मीद ही कर सकते हैं कि हिन्दुत्व राष्ट्रवादी अपने वर्तमान दृष्टिकोण को त्याग देंगे जो व्यक्ति की पहचान को केवल उसकी धार्मिक सम्बद्धता तक ही सीमित करता हो, और एक लोकतान्त्रिक गणराज्य के स्वतन्त्र नागरिक के रूप में उसके अधिकारों को अस्वीकार करता हो। सिर्फ़ एक हिन्दू–और एक विशेष प्रकार का हिन्दू–ही वास्तविक और विश्वसनीय भारतीय हो सकता है, यह मान्यता ही भारतीय राष्ट्रवाद के अन्तर्निहित दर्शन का तिरस्कार है।

कुछ लोग अतीत का उपयोग वर्तमान की प्रेत–छाया के रूप में करते हैं ताकि इतिहास के नये बनाये बन्धकों के ज़रिये हिंसा और अतिवाद के इस खेल को जारी रखा जा सके, और अन्ततोगत्वा भावी पीढ़ियों को सब कुछ दुरुस्त करने के लिए बहुत कुछ ग़लत करने का सबक सिखाया जा सके। नोबेल पुरस्कार विजेता मैक्सिकी लेखक ओक्टावियो पाज़ ने कभी लिखा था कि हम विस्मरण और स्मृति के बीच में रहते हैं। स्मृति और विस्मृति किस तरह एक–दूसरे से आगे निकलने के लिए आपस में ही होड़ लेती हैं–मेरे अधिकतर कथा–साहित्य की मुख्य चिन्ता यही रही है। कश्मीरी–भारतीय कवि आग़ा शाहिद अली ने अद्‌भुत बोधगम्यता के साथ लिखा था : 'मेरी स्मृति तुम्हारे इतिहास के रास्ते में बार–बार आती है।' जैसा मैंने अपने उपन्यास *रायट* के अन्तिम शब्दों में लिखा है, कि इतिहास मासूम हाथों से बुना हुआ मकड़ी का जाला नहीं है।

किसी भी समुदाय के भारतीय को उसकी जन्मभूमि में ही एक दोयम दर्जे का नागरिक बना देना अकल्पनीय है। यह विभाजन की दूसरी घटना होगी। और, भारत की आत्मा का बँटवारा भी भारत की भूमि के बँटवारे से क्रम त्रासदपूर्ण नहीं होगा। मोदी के शासनकाल में दूसरे विभाजन का ख़तरा हमें बार–बार आगाह कर रहा है, और उनके शासन के शेष बचे वर्षों में इस ख़तरे की रफ़्तार और तेज़ होने की आशंका है। इस खण्ड के आगे के अध्यायों में भारतीय राष्ट्रवाद के इसी वर्तमान संघर्ष के प्रति वचनबद्धता की पदव्याख्या करने के प्रयास किये गये हैं।

---

244. सरदार वल्लभभाई पटेल, *कांस्टीट्युएंट असेम्बली डिबेट्स*, वॉल्यूम 8, 26 मई 1949, https://www.constitutionofindia.net/constitution_assembly_debates/volume/8/1949-05-26 पर उपलब्ध।

22

अभी हम कहाँ हैं, और यहाँ हम कैसे पहुँच गये

पिछले छह सालों से भारतीय राष्ट्रीयता के मुद्दे पर जो नये सिरे से बहस छिड़ी हुई है वह बतलाती है कि यह इस बात पर पुनर्विचार का उपयुक्त समय है कि भारत में हमें किस प्रकार के राष्ट्रवाद को प्रोत्साहित करने की आवश्यकता है। दूसरे खण्ड में मैंने जिस भारत और हिन्दू राष्ट्र के समर्थकों द्वारा उसको मिलने वाली जिन चुनौतियों का उल्लेख किया है, वह राष्ट्रवाद पर कोई अकादमिक विमर्श मात्र के लिए केवल बौद्धिक विचारों का सार नहीं है। वह लाखोलाख भारतीयों के दैनिक जीवन की आधारभूत जटिलताओं को ध्यान में रखकर देश की वर्तमान राजनीति के ज्वलन्त बिन्दुओं को रेखांकित करता है।

भारत केवल अन्तर्विरोधों का समुच्चय नहीं है। मैंने यह बात बहुत पहले ही कही थी। नेहरू के शब्दों में यह एक ऐसा देश है जो 'अदृश्य सूत्रों के ज़रिये आपस में मज़बूती से गुँथा हुआ है। यह एक मिथक है, एक विचार है, ...यह एक स्वप्न है, और एक दृष्टि..., लेकिन, फिर भी यह एक सच है ...एक अवधारणा के रूप में भारत एक वर्तमान है। भारत एक अपरिभाषेय विराट है।' भारत के इस अमूर्त गुण का विश्लेषण उसके राष्ट्रवाद के सन्दर्भ में अभी भी किया जा रहा है। इस पूरी किताब में भी मैंने इसी विचार की बात कही है–भारत का विचार–जिसे नेहरू ने बहुलतावाद का नाम दिया, और भारत की 'प्राचीनतम पाण्डुलिपि' के रूप में इतिहास ने जिसे अनुमोदित किया है।[245] इस बहुलतावाद को कालान्तर के शासकों और उनकी प्रजा ने समय–समय पर अंकित करने का काम

245. नेहरू, *दी डिस्कवरी ऑफ़ इंडिया*।

किया लेकिन इस क्रम में पूर्व के विचारों को नष्ट नहीं किया। धर्मनिरपेक्ष राष्ट्रवादियों की एक पूरी जमात में नेहरू के व्याख्या की प्रतिध्वनि सुनी जा सकती है, और स्वतन्त्र भारत ने भी 'अनेकता में एकता' के सूत्रवाक्य में स्वयं को व्याख्यायित किया। लेकिन जैसा कि हम देख रहे हैं, आज इसी मान्यता के सामने सवाल खड़े किये जा रहे हैं। एक नयी सत्ताधारी पार्टी साम्प्रदायिक दृष्टि से राष्ट्रवाद को फिर से परिभाषित करने की आतुर शीघ्रता में दिखाई दे रही है।

1980 के दशक में हिन्दुत्व के धीमे किन्तु हस्तक्षेप–मुक्त उभार की परिणति मौजूदा उग्र 'हिन्दू राष्ट्रवाद' की जीत के रूप में हुई। चुनाव अभियान के लिए बने बड़े–बड़े होर्डिंगों और पोस्टरों में नरेन्द्र मोदी 'हिन्दू राष्ट्रवादी' की इसी गर्वोक्तिपूर्ण स्लोगन के साथ नज़र आने लगे। अपने पूर्ववर्ती प्रधानमन्त्रियों के विपरीत भारतीय राष्ट्रवाद के सन्दर्भ में बिल्कुल भिन्न दृष्टिकोण था। आरएसएस के हिन्दुत्ववादी सिद्धान्तों में दीक्षित मोदी सिर्फ़ आठ साल की उम्र में एक बाल स्वयंसेवक के रूप में आरएसएस में प्रविष्ट हुए और उन्होंने अपने जीवन का अधिकांश संघ के सदस्य के रूप में बिताया था। धर्मनिरपेक्षता के वैश्विक दृष्टिकोण–जो भारत के स्वतन्त्रता आन्दोलन की केन्द्रीय वैचारिकी था, और जो भारतीय गणराज्य के संविधान के राजनीतिक–सामाजिक उद्देश्यों को रेखांकित करता था–से मोदी को आरम्भ से ही असहमति थी। वे भारत के अतीत और उसके वर्तमान को बिल्कुल भिन्न दृष्टि से देखते थे। उस दृष्टि से उनके पूर्ववर्ती प्रधानमन्त्रियों में से किसी ने नहीं देखा था। वी. डी. सावरकर, एम. एस. गोलवलकर और दीनदयाल उपाध्याय जैसे अपने हिन्दुत्व आदर्शों के विचारों के प्रति अपनी निष्ठा को उन्होंने कभी नहीं छिपाया। भारतीय इतिहास में विदेशी शासन के बारह सौ साल (जिनमें उन्होंने मुसलमान शासकों से लेकर साम्राज्यवादी ब्रिटिशों को शामिल किया था) को उन्होंने भारत के पहले प्रधानमन्त्री जवाहरलाल नेहरू के इतिहास–सम्बन्धी वृत्तान्त से बिल्कुल अलग नज़रिये से देखा। उन्होंने इस्लाम के प्रति अपने तिरस्कार को सार्वजनिक रूप से कभी नहीं छिपाया और 'अल्पसंख्यकों की तुष्टीकरण' के प्रति खुलेआम एतराज़ भी जताया। उनका यह कट्टरवादी रुख़ संविधान में अन्तर्निहित उदार बहुलतावाद और विगत दशकों में भारत के राजनीतिक आचरण के प्रतिकूल था। भारतीय संवैधानिक संस्थाओं की आधारभूत बनावट में अपनी

कल्पनाओं के अनुरूप बदलाव लाने का उनका हठ दरअसल भारत को एक हिन्दू जातीय–राष्ट्रवादी राज्य के रूप में देखने की आरएसएस की दशकों पुरानी आकांक्षा की ही परिणति है।

नरेन्द्र मोदी और भाजपा द्वारा भारतीय राष्ट्रवाद को पुनःपरिभाषित करने के प्रयासों को 2019 के आम चुनावों में प्रचण्ड बहुमत के साथ पुनर्वापसी से एक नया जीवन मिल गया। भाजपा की इस जीत में आधुनिक भारत की राजनीति के इतिहास में उनके सर्वाधिक चमत्कारिक व्यक्तित्व की महती भूमिका थी जिसे यथार्थ की बनिस्बत छवियों के आधार पर निर्मित किया गया था। उनके इस छवि–निर्माण में हज़ारों की संख्या में सोशल मीडिया पर सक्रिय कार्यकर्ताओं और समर्थकों की फ़ौज, भयग्रस्त 'मुख्यधारा' मीडिया और कैमरामैनों और एक हफ़्ते में सातों दिन और चौबीसों घण्टे चाकचौबन्द विज्ञापन–अभियान की आक्रामक नीतियों की भी महत्त्वपूर्ण भूमिका थी। करदाताओं के ख़ून–पसीने की गाढ़ी कमाई के 5,200 करोड़ रुपये उनकी एक–एक गतिविधि को प्रचारित और विज्ञापित करने के लिए पानी की तरह बहाये गये।[246] मोदी सचमुच 'अ प्राइम मिनिस्टर विद डिफरेंस' साबित हुए थे, लेकिन जैसा कि वे चुनावी नारों में बताये गये थे वैसा 'अलग प्रधानमन्त्री' वे कतई नहीं थे। वे भारत के पहले प्रधानमन्त्री थे जिनकी परछाईं उनके वास्तविक क़द से कहीं लम्बी थी।

मैं पहले भी यह संकेत कर चुका हूँ, मोदी के उभार का एक कारण निरंकुश और क़द्दावर नेताओं के पक्ष में एक वैश्विक झुकाव भी था। इक्कीसवीं सदी के दूसरे दशक में ऐसे नेता धार्मिक राष्ट्रवाद की लहर पर सवार होकर अनेक देशों के राजनीतिक परिदृश्य पर अकस्मात प्रकट हुए थे। लेकिन इस स्थूल वैश्विक प्रवृत्ति के अतिरिक्त हर देश की कुछ स्थानीय परिस्थितियों ने भी ऐसे नेताओं के उद्‌भव में अपना योगदान दिया था। भारत के इस महत्त्वपूर्ण आम चुनावों में भाजपा ने मोदी को एक कट्टर और ताक़तवर राष्ट्रवादी नेता के तौर पर पेश किया–एकमात्र ऐसा राजनेता जो देश को आतंकवादियों, घुसपैठियों, 'राष्ट्र–विरोधियों' और बहुसंख्यक हिन्दू राष्ट्र के मज़बूत ढाँचे को खोखला करने वाले

---

246. पीटीआई ,'गवर्नमेंट हैज स्पेंट ओवर रुपीज 5,200 करोड़ इन एड्स सिंस 2014–15 : राठौर इन एल एस, *इकोनोमिक टाइम्स*, 13 दिसम्बर 2018।

'दीमकों' से हिफ़ाज़त कर सकता है। संघ और भाजपा की यह योजना कारगर साबित हुई।

बहरहाल यह एक असाधारण बात थी कि भाजपा लोगों को उनके आर्थिक हितों के बजाय राजनीतिक दुराग्रहों के पक्ष में अपना वोट देने के लिए लुभाने के प्रयास में कामयाब रही। आख़िरकार एक नौजवान मतदाता जिसने 2014 में मोदी को अपना वोट अपनी नौकरी की उम्मीद में दिया था, उसने 2019 में दोबारा मोदी के पक्ष में ही क्यों अपना वोट दिया जबकि उसे अभी भी वह नौकरी नहीं मिली थी जिसकी उसने उम्मीद की थी? ज़ाहिर–सी बात है कि वह प्रत्यक्षतः 'दूसरों' के प्रति भय और द्वेष से भरा हुआ था–और वह 'दूसरे' कोई और नहीं बल्कि मुसलमान थे। यदाकदा पाकिस्तान द्वारा भेजे गये किसी सिरफिरे फ़ौजी जनरल, या कोई धर्मान्ध आतंकी को उसके ही सीमाक्षेत्र में 'राष्ट्रवादियों' द्वारा तत्परतापूर्वक मार गिराये जाने की सच्ची–झूठी अफ़वाहों ने आग में घी डालने का काम किया। ज़ाहिरन उस नौजवान ने मोदी में अपना रक्षक देखा जो उसके वैमनस्य और बैर के तर्क को समझ सकता था और उनके 'दुष्परिणामों' के विरुद्ध एक कवच का काम कर सकता था। एक आदर्श के रूप में वह 'ताक़तवर राष्ट्रवादी नेता' एक छवि के रूप में आज भी जीवित है और नयी दिल्ली में सत्ता की बागडोर आज उसी के हाथों में है।

अधिकतर भारतीय उदारवादियों की चिन्ता का सबसे मुख्य कारण यह है कि एक विनयशील और समावेशी राष्ट्र होने की जो छवि हमने वर्षों में अर्जित की है, वह धीरे–धीरे अब ध्वस्त होती जा रही है। उसके स्थान पर जो नया भारत अवतरित हो रहा है वह पहले की तुलना में कम बहुलवादी है, वह असहमतियों को पहले से कम स्वीकार करता है, वह पहले की तुलना में कम समावेशी है और पहले के बनिस्बत कम सहिष्णु है। अब हमारे राष्ट्रीय नायकों की छवियों को पुनःपरिभाषित किया जा रहा है और उनके उद्देश्यों की भी भिन्न व्याख्याएँ की जा रही हैं। अब एकता को एकरूपता से स्थानापन्न किया जा रहा है, और देशप्रेम ने अन्ध राष्ट्रवाद के रूप में पुनर्जन्म ले लिया है। एक वर्चस्ववादी और व्यक्तिनिष्ठ सरकार स्वायत्तशासी संस्थाओं के अधिकार–क्षेत्रों में हस्तक्षेप की अधीरता में है और लोकतन्त्र का नया आकार एक 'व्यक्ति–विशेष के शासन' के अनुरूप गढ़ा जा रहा है।

इस स्थिति में हम आख़िर कैसे पहुँच गये? गुज़रे सालों में मेरे अनेक मित्रों ने यह चिन्ता मुझसे साझा की है। यह सवाल दुनिया भर में बसे भारत के असंख्य शुभैषियों और उसके हितों के प्रति फ़िक्रमन्द लोगों द्वारा पूछे गये थे। ज़ाहिर है कि यह सवाल एक ईमानदार जवाब की अपेक्षा करता है।

आज भारत में जो स्थितियाँ हैं वे विगत तीन दशकों के अन्तर्निहित राजनीतिक परिवर्तनों का परिणाम हैं। मैं इन परिवर्तनों को नौ भिन्न स्थितियों के आधार पर विभाजित करना चाहूँगा :

1. *लोकतन्त्र की गहराई और उसके सामाजिक परिणाम :* भारत का लोकतन्त्र जिसे अनेक जानकार 1947 में इसकी स्वतन्त्रता के समय मात्र एक कोमल प्रत्यारोपण मानते थे, वस्तुतः वह दृढ़ रूप से एक सुरक्षित लोकतन्त्र था जिसने उन समुदायों और जातियों के सशक्तीकरण का काम किया जो अब से पहले उपेक्षित थे। 1989 में मण्डल कमीशन द्वारा सरकारी नौकरियों, विश्वविद्यालयों, आदि में 'अन्य पिछड़े वर्गों' या 'ओबीसी' को आरक्षण देने के प्रस्तावों ने पिछड़ी जातियों के दबे–कुचलों के उत्कर्ष ने एक बड़ी भूमिका निभाई जिसके कारण वे पूरे देश में एक बड़ी राजनीतिक ताक़त बनकर उभरे। भारत में दलितों (जो कभी सामाजिक रूप से बहिष्कृत थे) और आदिवासियों (जो भारत के सच्चे मूल निवासी थे) के लिए पहले से ही आरक्षण के प्रावधान थे। बहरहाल तीन दशकों से जो लोग उपेक्षित रहे उन 'पिछड़ों' के राजनीतिक सशक्तीकरण ने सुविधासम्पन्न, शहरी और नयी दिल्ली में सत्ता के गलियारे में घूमने वाले अंग्रेज़ीदाँ अभिजात वर्ग जिसने उदारवादी धर्मनिरपेक्षता को भारत के राजनीतिक लोकाचार के रूप में स्थापित करने में बड़ी भूमिका निभाई थी–के वर्चस्व को नयी चुनौती दी। नये वर्ग के उत्थान से औसत रूप से शिक्षित और छोटे क़स्बों की पृष्ठभूमि से आया तबका मुख्य रूप से लाभान्वित हुआ। सत्ता की मानसिकता अब अलग तत्त्वों द्वारा निर्धारित होने लगी थी।

जैसा कि पत्रकार और राजनीतिक टिप्पणीकार (और लम्बे समय से कांग्रेस की कटु आलोचक) तवलीन सिंह ने लिखा है :

> 'पुराने अभिजात वर्ग में सामान्यतः उच्च वर्ग और ऊँची जाति के लोग थे जबकि इससे भिन्न इस नये अभिजात वर्ग में जाति और

आर्थिक हैसियत दोनों दृष्टि से समाज के निचले तबके के लोग हैं। नया अभिजात वर्ग मोदी के प्रति अपने सम्मान और निष्ठा के माध्यम से परिभाषित होता है। उसके राजनीतिक मूल्य बिल्कुल अलग हैं। नये अभिजातों में पुराने अभिजात लोगों के लिए एक गहरा विद्वेष है। उनके बारे में वे यही समझते हैं कि उनकी उपलब्धियों के पीछे उनको मिली सुविधाओं का हाथ है। वे अंग्रेज़ी बोलने वालों को अवमानना की दृष्टि से देखते हैं। उन लोगों के प्रति नये अभिजातों में गहरा गुस्सा है जो धर्मनिरपेक्षता का बचाव करने की कोशिशें करते हैं, जो यह विश्वास करते हैं कि किसी के कुछ खाने और पीने में किसी दूसरे का हस्तक्षेप नहीं होना चाहिए, जो समझते हैं कि सनातन धर्म के पक्ष में आवाज़ उठाना व्यर्थ है और जिनकी यह धारणा है कि अपनी धार्मिक आस्था की सुरक्षा के लिए प्रयासरत लोगों की हत्या ग़लत कार्रवाई है। उन लोगों के ख़िलाफ़ जो नये अभिजात वर्ग के प्रति ज़हर से भरे हुए हैं, यह मानते हैं कि इतिहास की ग़लतियों को सुधारने का विचार एक त्रुटिपूर्ण प्रयास है। अपने नये मूल्यों के साथ यह नया अभिजात वर्ग वर्तमान राजनीतिक परिदृश्य का सबसे मुखर चेहरा है। इस नये अभिजात वर्ग का यह विश्वास है कि उनका समय आ चुका है।'[247]

लेकिन यह कहानी दरअसल एक अधूरा सच है। इस बारे में पत्रकार स्निग्धा पूनम छोटे शहरों के भारतीय युवाओं की महत्त्वाकांक्षाओं के अन्य पहलुओं की तरफ़ इशारा करती हैं। उनकी यह पड़ताल मध्यम श्रेणी के शहरों में रहने वाले भारतीय युवाओं के एक बड़े तबके से बातचीत पर आधारित है जिसमें ऐसे अनेक नौजवान शामिल हैं जो अंग्रेज़ी सीखने के लिए व्यग्र हैं और अंग्रेज़ी के ज़रिये ही फलना–फूलना चाहते है।[248] भाजपा इस 'नये अभिजात वर्ग' का सम्पूर्णता के साथ प्रतिनिधित्व नहीं करती है। भारतीय समाज का यह नवोदित वर्ग सभी दलों में उपस्थित है और

247. तवलीन सिंह, 'एम मोदीज रियल "परिवर्तन" हैज गोन ऑलमोस्ट अनओब्जर्ड बिकॉज ऑफ़ इंडियाज न्यू इलीट', *इंडियन एक्सप्रेस*, 24 नवम्बर 2019।

248. स्निग्धा पूनम, ड्रीमर्स : *हाउ यंग इंडियंस आर चेंजिंग दी वर्ल्ड*, लन्दन : हर्स्ट पब्लिशर्स, 2018।

इनका प्रभाव पूरे राजनीतिक परिदृश्य पर दिखता है। लेकिन इसमें कोई दो मत नहीं कि यह भारतीय समाज में निरन्तर परिवर्तित होता रहा है, और सत्ता–समीकरण इस पूरे घटनाक्रम में एक महत्त्वपूर्ण और निर्णायक भूमिका निभाने में समर्थ है।

राजनीतिवैज्ञानिक मिलन वैष्णव के अध्ययन में भारत में राजनीति, धनबल और बाहुबल के गठबन्धन का जैसा प्रामाणिक खाका प्रस्तुत किया गया है वैसा हमें कहीं अन्यत्र नहीं मिलता है। यह अध्ययन बतलाता है कि उत्तर (मुख्यतः) भारत में किस प्रकार अपराधी और सरगना राजनीतिज्ञों की मदद करने और उनका प्रियपात्र बनने के बजाय अब ख़ुद अपने बलबूते पर चुनाव लड़ना बेहतर समझते हैं। वैष्णव खुलासा करते हैं, 'ख़ुद चुनाव लड़ कर अपराधी अपने राजनीतिक आकाओं के साथ होने वाले मोल–भाव की सम्भावित अनिश्चितताओं को बहुत हद तक कम कर सकने की स्थिति में रहते हैं।'[249] अपराधी अपनी अस्तित्व–रक्षा के लिए भी चुनाव लड़ना बेहतर समझते हैं क्योंकि जीत जाने की स्थिति में वे न सिर्फ़ क़ानून की गिरफ़्त से बहुत हद तक बाहर हो जाते हैं बल्कि सरकार में कोई पद हासिल करके वे उससे होने वाले आर्थिक फ़ायदे भी लेने की कोशिश करते हैं। राजनीतिक पार्टियाँ भी अपने सीमित संसाधनों और आर्थिक दबावों के कारण लगातार बढ़ते जा रहे चुनावी ख़र्चों का बोझ वहन करने में कई बार अधिक सक्षम नहीं होती हैं। ऐसी स्थिति में वे उन सरगनाओं का पार्टी के उम्मीदवार के रूप में स्वागत करती हैं जो ख़र्चीले चुनावी अभियानों का बोझ उठा सकते हों, पार्टी के प्रभावशाली नेताओं की मदद कर सकते हों और पार्टी के कोष में भी अपना आर्थिक (आवश्यकता पड़ने पर) योगदान कर सकें। मतदाताओं के लिए भी ऐसे प्रत्याशियों में पक्ष में अपना मत सुविधाजनक होता है। एक तरफ़ वे लचर क़ानून–व्यवस्था से निराश रहते हैं दूसरी तरफ़ उन पर स्थानीय बाहुबलियों को वोट देने का सामाजिक दबाव भी होता है। बाहुबली जन प्रतिनिधि 'मामले को फ़ौरन निबटाने' की अपनी साख की वजह से भी मतदाताओं के लिए अच्छे विकल्प साबित होते हैं। उनका 'अपराधी' होना उनकी अयोग्यता नहीं

---

249. मिलन वैष्णव, *व्हेन क्राइम पेज : मनी एंड मसल इन इंडियन पॉलिटिक्स*, न्यू हैवन : येल यूनिवर्सिटी प्रेस, 2017।

बल्कि सुपात्रता होती है, क्योंकि अपराधी राजनेता अपने मतदाताओं के हितों की रक्षा करने और 'उस तन्त्र में जहाँ एक आम आदमी की पहुँच बहुत मुश्किल है'–उनकी सहायता करने में कामयाब होते हैं।[250]

मानवशास्त्री अनास्तासिया पिलियावस्की और तोम्मासो स्ब्रिक्कोली[251] इस अध्ययन को और अधिक विस्तार देते हुए कहते हैं, 'ऐसे जनप्रतिनिधि 'अपराधी' की तरह नहीं देखे जाते हैं बल्कि उनको 'मुश्किल काम चुटकियों में कर देने वाला' जनसेवक कहना अधिक उपयुक्त होगा। जहाँ राज्य की मशीनरी चरमराने लगती है वहाँ नागरिकों के हित में यही खड़े मिलते हैं। दूसरे तरीक़े से कहें तो जनता को अपनी 'सेवा' सुनिश्चित रूप में देने के लिए उत्तर भारत की राजनीति ने 'राजनीति को नैतिक परिष्कार का काम मानने' के गाँधीवादी विचार से अपना रुख मोड़ लिया है। एक विश्लेषक के कथनानुसार, व्यावहारिक परिणाम हासिल करने के लिए अब मतदाता 'प्रभावोत्पादकता, उद्देश्य और निष्पादन' के घिसेपिटे सिद्धान्त में विश्वास करने के बजाय अपनी निजी ज़िन्दगी में 'कर्तव्य क्या है, सही क्या है, नैतिक क्या है' जैसे आजमाये गये सूत्र पर ज़्यादा भरोसा करते हैं।'[252] ऐसे अपराधी 'सेवकों' की चमत्कारिक सफलता लोकतन्त्र की गहरी होती जड़ों की बदौलत ही सम्भव है, लेकिन उन विद्वान संविधानविदों ने जिन्होंने हमारी स्वतन्त्रता का मार्ग प्रशस्त किया, जो मुख्यतः अंग्रेज़ीदाँ विधिवेत्ता थे और जो देश की पहली संसद के सदस्य भी थे, इस स्थिति के बारे में कभी सपने में भी नहीं सोचा था।

2. *सांस्कृतिक वैश्वीकरण के विरुद्ध प्रतिक्रिया :* तुर्की और अमेरिका की तरह भारत में भी वैश्विक धर्मनिरपेक्ष अभिजातों के ख़िलाफ़ एक असन्तोष का माहौल बनता जा रहा था। भारत का अंग्रेज़ीदाँ कुलीन तबका रहन–सहन में पश्चिम का अनुकरण करता था, वह दावोस जैसी जगहों पर मनमर्ज़ी से आता–जाता रहता था, ख़ुद को विश्व नागरिक

---

250. वही।

251. अनास्तासिया पिलियावस्की एंड तोम्मासो स्ब्रिक्कोली, 'दी एथिक्स ऑफ़ एफीकेसी इन नॉर्थ इंडियाज *गुंडा राज* (रूल ऑफ़ टफ्स)', *जर्नल ऑफ़ रॉयल एंथ्रोपोलॉजिकल इंस्टिट्यूट,* वॉल्यूम 22, नम्बर 2, जून 2016, पृ. 1–19।

252. कीर्थिक ससिधरण, 'दी क्लैश ऑफ़ कांसेप्चुअल एंड गोल्स', *दी हिन्दू,* 26 मार्च 2017।

मानता था लेकिन अन्ततः भारत में अपने ही लोगों के बीच बस कर एक ख़ुशहाल और पसन्द का जीवन जीता था। इन वैश्विक कुलीनों के लिए भारत की सामाजिक सीमाओं और रस्म–रिवाज़ का कोई विशेष महत्त्व नहीं था। यह शहरी लोग कमोबेश उसी यौन स्वच्छन्दता का जीवन जीते थे जैसा आमतौर पर टेलीविज़न या फ़िल्मों में दिखाया जाता। दूसरी ओर परम्परावादियों को महिलाओं का जींस या अन्य ग़ैर–भारतीय परिधान पहनना, कॉल सेंटरों से नाइट शिफ्ट करके देर रात गये घर लौटना और भारतीय समाज की परम्पराओं की बन्दिशों और हदों की अनदेखी करना नागवार गुज़रता था। पश्चिम की इस अन्धाधुन्ध नक़ल के दुष्परिणाम निश्चित रूप से राजनीति को प्रभावित करने वाले थे।

3. *राजनीतिक दरबारियों के ख़िलाफ़ बग़ावत :* एक लम्बी अवधि तक राजनीति को 'लुटियन' की दिल्ली में रहने वाले वर्ग–विशेष का एकाधिकार माना जाता रहा। इस वर्ग में राजधानी की हृदय–स्थली 'लुटियन' की दिल्ली में बसने वाले लोग थे जिन्हें सरकार के विस्तार के रूप में भी देखा जाता था। देश की राजनीति के रसूखदार और प्रभावशाली इसी वर्ग से आते थे। उनके प्रतिस्पर्द्धी उन्हें भ्रष्ट, अयोग्य, आत्मसन्तुष्ट और परिवर्तन–विरोधी मानते थे। मोदी बड़े फ़ख्र से बताते थे कि वे 'खान मार्केट गैंग' में शामिल नहीं थे। यह शब्दावली 'लुटियन' दिल्ली के उस महँगे मार्केटिंग कॉम्प्लेक्स के लिए गढ़ी गयी थी जहाँ यह वर्ग ख़रीदारी के लिए जाता है। बीसवीं सदी के पहले दशक में उन कुलीनों और दरबारियों तथा उदारवाद और धर्मनिरपेक्षता के प्रति उनकी आस्था के विरुद्ध एक अस्वीकार्यता पनपने लगी थी। सरकार द्वारा उनके रसूख और प्रभाव को संरक्षण देने का कारण भी इस कुलीन वर्ग के विरुद्ध एक सामाजिक असन्तोष था जिसकी अभिव्यक्ति गाँधीवादी नेता अन्ना हज़ारे के आन्दोलन के रूप में 2013 में ही हम देख चुके थे। उनके समर्थकों ने भ्रष्ट सत्ताधारी वर्ग से देश को मुक्त करने के लिए विरोध–रैलियाँ, धरना और जुलूसों के आयोजन किये। 2014 में भाजपा की शुरुआती जीतों में अन्ना आन्दोलन की महत्त्वपूर्ण भूमिका थी।

4. *उदारवाद की भूख :* 1991 के बाद से विश्वबाज़ार की चुनौतियों के मद्देनज़र भारत के व्यावसायिक घरानों की सम्पत्ति में तेज़ बढ़ोतरी हुई।

ये घराने अपने व्यापार के रास्ते में बिचौलियों को हटाने के पक्षधर थे और इसी उम्मीद में राजनीतिक परिवर्तनों को भरपूर आर्थिक मदद देते थे कि इससे उन्हें अधिक समृद्ध होने का अवसर मिलेगा। मोदी और उनकी भाजपा को इसका सीधा लाभ मिला क्योंकि नये पूँजीपतियों ने उनको चन्दा देने में थोड़ी भी कोताही नहीं दिखलाई। व्यापारिक घरानों ने उनके 2014 के चुनावी अभियान में खुले मन से आर्थिक योगदान किया क्योंकि उनकी गिद्ध–दृष्टि सीधे सार्वजनिक क्षेत्रों के उद्यमों पर थी। मोदी ने सार्वजनिक रूप से यह कहा भी था कि, 'व्यापार के क्षेत्र में सरकार का कोई काम नहीं है।'[253] लेकिन बाद में मोदी अपनी मित्रतापूर्ण व्यापारिक नीतियों से मुकर गये। उन्होंने 1930 के दशक में जर्मनी और इटली की सरकारों द्वारा प्रोत्साहित 'राष्ट्रीय पूँजीवाद' की नीति से पृथक् अर्थव्यवस्था के बृहत्तर हिस्से पर सरकार का नियन्त्रण बनाये रखा।[254] आवश्यक नहीं है कि जो लोकलुभावनवादी होते हैं वे संसाधनों का पुनर्वितरण भी करें। मोदीवादी दृष्टिकोण भी यही है। मोदी सामाजिक और आर्थिक सुधारों की बलि चढ़ाकर पहचान की राजनीति को बढ़ावा देना चाहते हैं। यह बात स्पष्ट हो चुकी है कि मोदी सरकार अर्थव्यवस्था पर अपनी पकड़ किसी क़ीमत पर शिथिल नहीं करना चाहती है क्योंकि ऐसा करने से उनकी ख़ुद की ताक़त कम होगी। छोटे और मध्यम श्रेणी के व्यापारियों को असंगत टैक्स भुगतान का भय दिखाकर उनसे चुनाव अभियानों के लिए ज़बरन धन उगाही की गयी, लेकिन इसके बावजूद अभी भी उनको विश्वास है कि प्रधानमन्त्री मोदी 'स्लोगन के रूप में नहीं बल्कि नीति के रूप में' उनके व्यापार के लिए 'अनुकूल माहौल' बनाने में मददगार होंगे। इसी भरोसे वे मोदी कार्यकाल में भाजपा को खुले दिल से आर्थिक चन्दा दे रहे हैं। एक विश्वसनीय आकलन के अनुसार 2019

253. 'गवर्नमेंट हैज नो बिज़नेस बीइंग इन बिज़नेस। पीएम मोदी टेल्स यूएस इन्वेस्टर्स', एनडीटीवी, 1 अक्टूबर 2014।

254. क्रिस्टोफ जफ्रेलॉट, 'बिज़नेस–फ्रेंडली गुजरात अंडर नरेन्द्र मोदी : दी इम्प्लीकेशंस ऑफ़ अ न्यू पोलिटिकल इकोनोमी', *बिज़नेस एंड पॉलिटिक्स इन इंडिया*, क्रिस्टोफ जफ्रेलॉट, अतुल कोहली, कान्ता मुरली (एडिटर्स), नयी दिल्ली : ऑक्सफोर्ड यूनिवर्सिटी प्रेस, 2019।

के आम चुनावों में अकेले भाजपा ने जितनी धनराशि ख़र्च की, वह अन्य सभी राजनीतिक दलों द्वारा किये गये संयुक्त व्यय से भी अधिक थी।[255]

5. *धार्मिक जागरूकता में विश्वव्यापी उभार :* पिछले पच्चीस वर्षों में धर्म के प्रति अतिसंवेदनशीलता के कारण एक विस्मित करने वाली जागरूकता देखने को मिली। इस्लाम इससे अछूता नहीं रहा जिसकी प्रतिक्रिया में भारत में हिन्दू पुनर्जागरण का दोबारा उग्र उत्थान हुआ। इसमें आंशिक योगदान वहाबी/सलाफ़ी विचारों का भी था जिसका प्रकटन उन ख़ूबसूरत मस्जिदों के ज़रिये हुआ जिन्हें खाड़ी से पैसा कमाकर लौटे मुसलमानों ने बड़ी संख्या में बनवाया। ज़ाहिरन भारतीय मुसलमानों ने वैश्विक मुस्लिम उम्माह से अपनी अस्मिता से जुड़कर और हिन्दुओं से सायास भिन्न दिखते हुए ख़ुद को पुनःपरिभाषित करने का प्रयास आरम्भ कर दिया था। वे अपने परिधानों में अलग दिखने लगे। उदाहरण के रूप में 1960 के दशक में केरल में बुर्का पहनी हुई औरतें नहीं के बराबर दिखाई देती थीं लेकिन 2000 के बाद के दशकों में बुर्के के बिना शायद ही कोई मुसलमान औरत नज़र आती है। इस्लाम में आस्था के बदले हुए तौर–तरीक़ों के परिणामस्वरूप भारत में हिन्दुओं में भी एक प्रतिक्रियात्मक चेतना विकसित हुई। हिन्दुओं के महान धार्मिक ग्रन्थों रामायण और महाभारत पर बने टेलीविज़न धारावाहिकों की अपार लोकप्रियता की इसमें महत्त्वपूर्ण भूमिका थी। शाहबानो के मामले में संसद ने सर्वोच्च न्यायालय के निर्णय के विरुद्ध प्रस्ताव पारित कर दिया और मुसलमान औरतों को तलाक़ के बाद गुज़ारा भत्ता देने के फ़ैसले को निरस्त कर दिया। हिन्दुओं में 'मुसलमानों के साथ तुष्टीकरण' की इस नीति से भी नाराज़गी थी। रही–सही कसर भाजपा की अगुआई में राम जन्मभूमि आन्दोलन ने पूरी कर दी। इन सभी स्थितियों ने सामूहिक रूप से हिन्दू राष्ट्रवाद के उभार में महत्त्वपूर्ण योगदान किया। आरएसएस का विस्तार और भाजपा की लोकप्रियता का आधार भी यही परिस्थितियाँ थीं।

6. *भारत के शहरीकरण में सामाजिक रूपान्तरण :* ऊपर के बिन्दु 1 और 2 में मैंने भारतीय समाज के उन परिवर्तनों के विश्लेषण का प्रयास किया है

---

255. बीजेपी स्पेंट नियरली 45% ऑर रुपीज 27,000 करोड़–ऑफ़ टोटल एक्सपेंडिचर फॉर 2019 लोकसभा पोल्स : रिपोर्ट, *स्क्रॉल इन,* 4 जून 2019।

जिनके राजनीतिक फलाफल ने हिन्दुत्ववादी आन्दोलन को समर्थन देने का काम किया। लेकिन इन बिन्दुओं के और विस्तृत विश्लेषण की आवश्यकता है। 1991 में प्रारम्भ किये गये और उसके बाद के तीन दशकों की सूचना–क्रान्ति के दौरान के आर्थिक सुधारों ने न केवल पूँजीवाद को बढ़ावा दिया बल्कि आधुनिकीकरण और शहरीकरण की प्रकिया को भी तेज़ किया जिसने पूरे भारत में एक असाधारण बदलाव लाने का काम किया। एकमात्र सरकारी टेलीविज़न चैनल, जातिव्यवस्था, पारम्परिक मूल्य और महिलाओं और युवाओं की सीमित आज़ादी वाले युग में सामाजिक सहमतियों को बनाये रखना अपेक्षाकृत आसान था। उदारीकरण जिसके कारण शहरों में रोज़गार की नयी सम्भावनाएँ बनीं, ने कॉल सेंटरों में नाइटशिफ्ट में औरतों की बहाली और उनकी आर्थिक आत्मनिर्भरता की नयी परिपाटी की शुरुआत की। इसी अवधि में मनोरंजन उद्योग और निजी न्यूज़ चैनलों का आगमन भी हुआ जिन्होंने रोज़गार के अनेक नये अवसर पैदा किये। परिणामतः पुराने सामाजिक मानदण्ड ध्वस्त हुए और एक 'नया' शहरी मध्यमवर्ग अस्तित्व में आया। छोटे शहर भी इस बदलाव से अछूते नहीं रहे। स्निग्धा पूनम के शब्दों में 'स्वप्नद्रष्टाओं' की इस युवा पीढ़ी का एक बड़ा हिस्सा उन भारतीयों का था जो छोटे शहरों की उन बन्दिशों को तोड़ कर आये थे जिनमें उसके माँ–बाप जकड़े हुए थे।[256]

1990 में मण्डल कमीशन की रिपोर्ट के लागू होने और 'पिछड़े वर्गों' के लिए शिक्षा और रोज़गार के नये अवसर पैदा होने से एक नये वर्ग ने जन्म लिया जिसमें अलग–अलग जातियों से आने वाले युवा थे। उनकी शिक्षा, उत्साह और पुरानी ज़ंजीरों से मुक्त होकर नये परिवर्तनों को आत्मसात करने की उनकी महत्त्वाकांक्षाएँ उनका इकलौता बीजमन्त्र था। वे उस संकीर्ण समाज को पीछे छोड़कर आये थे जहाँ उनकी जाति ही उनकी एकमात्र पहचान थी। अब वे न केवल एक अकल्पनीय जातिविहीन और वर्गविहीन दफ़्तरों और काम के अन्य क्षेत्रों को साझा कर रहे थे बल्कि अपनी उम्र के शेष युवाओं जैसा निजी और पेशागत अनुभव भी प्राप्त कर रहे थे।

---

256. पूनम, *ड्रीमर्स*।

दुनिया का कोई अन्य हिस्सा होता तो इन बदलावों के माध्यम से एक स्वतन्त्र और अपेक्षाकृत उदार समाज का निर्माण होता, किन्तु विडम्बनापूर्ण तरीक़े से भारत में भाजपा ने इसे उस हिन्दू पहचान को संगठित करने के लिए किया जो जाति, प्रदेश और यहाँ तक कि वर्गों में भी बँटा हुआ था। परम्परावादी समाज की लोगों पर पकड़ ढीली पड़ना, अन्तरजातीय विवाहों की संख्या में तेज़ी से बढ़ोतरी, अस्पृश्यता के प्रति तेज़ी से गहराती उदासीनता (और शहरी समाज में जहाँ बसों, सड़कों या दफ़्तर की सीढ़ियों पर आपके साथ कौन चल रहा है, वहाँ सामाजिक परम्पराओं का व्यावहारिक प्रयोग असम्भव था) और ख़ुद को किसी जाति, स्थान अथवा प्रदेश के बजाय एक बृहत्तर समाज–भारतीय 'हिन्दू' समुदाय का हिस्सा मानना नयी शहरी प्रवृत्तियाँ थीं। सामाजिक आधुनिकता का यह नवान्तरण भारत को नागरिक राष्ट्रवाद की दृष्टि से नयी दिशा की ओर ले जा सकता था, किन्तु हिन्दुत्व आन्दोलन के उभार के साथ यह अपनी हिन्दू पहचान को लेकर अधिक कट्टर रूप में अभिव्यक्त हुआ, यह अभिव्यक्ति पहले की बनिस्बत अधिक मुखर थी।

किन्तु यह गोलवलकर के हिन्दुत्व के उस पूर्व–आधुनिक संस्करण की तरह संकीर्ण और पदानुक्रम–आधारित नहीं था जिसमें जातिव्यवस्था के प्रति एक पूर्वाग्रह, सामाजिक–धार्मिक रूढ़िवादिता और स्त्रियों की सामाजिक उपेक्षा का एक विशेष महत्त्व था। हिन्दू राष्ट्रवाद को एक सामाजिक आन्दोलन का रूप देने का प्रयास ठीक उस समय किया गया जब भारत की अर्थव्यवस्था एक वैश्विक आकार ले रही थी। इसका अर्थ जैसा कि थॉमस ब्लोम हानसेन ने लिखा है कि हिन्दुत्व वैश्विक आधुनिकता के परिप्रेक्ष्य और समानता के सिद्धान्त पर एक तथाकथित कुचली हुई सांस्कृतिक प्रामाणिकता के जीर्णोद्धार के लिए प्रतिबद्ध था।[257] हिन्दुत्व को समय के अनुरूप ख़ुद को भी बदलने की आवश्यकता थी। इसे इक्कीसवीं सदी के उस भारत का प्रतिनिधित्व करना था जिसके एक हाथ में त्रिशूल और दूसरे हाथ में कम्प्यूटर का माउस था। नरेन्द्र मोदी के रूप में उसे

257. थॉमस ब्लोम हानसेन, 'ग्लोबलाइज़ेशन एंड नेशनलिस्ट इमेजिनेशन्स : हिन्दुत्वाज प्रॉमिस ऑफ़ इक्वलिटी थ्रू डिफरेंस', *इकोनोमिक एंड पोलिटिकल वीकली*, वॉल्यूम 31, नम्बर 10, 9 मार्च 1996, पृ., 603–16।

यह अवसर मिल गया, जिन्होंने हिन्दुत्व को 'मोदीत्व' के नये रूप में बदल दिया। इसका विस्तार से उल्लेख मैंने अपनी पुस्तक *दी पैराडॉक्सिकल प्राइम मिनिस्टर* में भी किया है।

निचली जाति और अल्पसंख्यकों पर साम्प्रदायिक और जाति आधारित हिंसा की अनदेखी करने की सायास प्रवृत्ति से आरएसएस/भाजपा के इस दृष्टिकोण का स्पष्ट पता चलता है कि वह सामाजिक पदानुक्रम को भारतीय संस्कृति का अन्तर्निहित और स्वाभाविक तत्त्व मानती है। लेकिन अपनी राजनीतिक स्वार्थसिद्धि के लिए उसे अन्य पिछड़ी जातियों और दलितों में अपनी व्यापक आधारभूमि तैयार करने की आवश्यकता थी। इस प्रयोजन से उन्हें अपनी–अपनी जाति से परे एक सामान्य हिन्दुत्व पर ध्यान देने के लिए प्रेरित किया गया। मोदीत्व ने अनेक पिछड़ी जातियों और दलितों में यह गौरव–बोध पैदा किया कि उनका अस्तित्व एक बृहत्तर उद्देश्य के लिए है। राजनीति विश्लेषक क्रिस्टोफ जफ्रेलॉट के मुताबिक़, अनेक हिन्दुओं ने अपने अस्तित्व को गोरक्षा के ही लिए समर्पित कर दिया।[258]

जफ्रेलॉट ने यह बहुत अच्छी तरह से विश्लेषित करने की कोशिश की है कि आरक्षण के कारण पिछड़ी जातियों को मिलने वाली 'अनुचित' सुविधाओं के कारण ऊँची जाति के हिन्दुओं, शहरी मध्यमवर्ग और व्यापारियों और व्यापारिक कुलीनों में एक असन्तोष था, इसलिए भाजपा ने उनके हितों को प्रोत्साहित किया। नयी राजनीतिक व्यवस्था में यह वर्ग फिर से शक्तिसम्पन्न हो गया है। हिन्दी पट्टी में ऊँची जातियों के राजनीतिक वर्चस्व में ग़ैर आनुपातिक कमी हुई है। मण्डल कमीशन की सिफ़ारिशें लागू होने के बाद सवर्ण विधायकों और सांसदों की संख्या में बेतहाशा कटौती हुई है, और पिछड़े तथा दलित जनप्रतिनिधियों की संख्या के बढ़ने के साथ–साथ उनकी ताक़त में वृद्धि हुई है। सामाजिक पदानुक्रम में नवधनाढ्यवर्ग के अस्तित्व में आने से कांग्रेस कार्यकाल में सम्पोषित 'हिन्दू एकता' को भारी चुनौतियों का सामना करना पड़ा क्योंकि इसके माध्यम से निचली जातियों के सशक्तीकरण के बजाय अन्तोगत्वा सवर्ण हितों को ही प्रोत्साहित करने का काम किया गया था।

258. अजॉय आशीर्वाद महाप्रशास्ता, ''नॉट हिन्दू नेशनलिज़्म, बट सोसाइटी हैज चेंज्ड" : क्रिस्टोफ जफ्रेलॉट', *दी वायर*, 25 जनवरी 2020।

1980 के दशक से ही सुविधाभोगी राजनीतिक वर्ग और वंशवाद के शासन के अन्तर्गत भी भारतीय राजनीति में सवर्ण हितों को ही प्रोत्साहित करने का काम हुआ था, लिहाज़ा अब राजनीति में वंश से बाहर के व्यक्तियों के शामिल होने के लोकलुभावन सपनों ने जनता को अपनी तरफ़ पर्याप्त आकृष्ट किया। जफ्रेलॉट ने स्पष्ट लिखा है, 'वैश्विक परिदृश्य पर राजनीतिक उदारता भले ही सराही जा रही थी किन्तु राष्ट्रीय स्तर पर इसका विरोध किया जाने लगा था, और यह कथित राजनीतिक उदारता अपनी जड़ों से विस्थापित भी हो रही थी। राजनीतिकरण के सामाजिक–आर्थिक तत्त्वों को असंगत ठहराने का उत्तरदायित्व सामाजिक ताक़तों के इसी उत्थान से सम्भव हुआ।'[259]

7. *भारत–पाकिस्तान गतिकी :* संयोगवश हिन्दू पुनर्चेतना के उभार का समय भी कमोबेश वही था जब पड़ोसी फ़ौजी–इस्लामिक देश पाकिस्तान भारत की आन्तरिक सुरक्षा में अनेक तरह से सेंधमारी करने की जुगत में लगा हुआ था। पाकिस्तान ने भारत में आतंकवाद को भड़काने के लिए न केवल आर्थिक मदद की बल्कि कश्मीर के उग्रवादियों को सैन्य प्रशिक्षण भी दिया। भारत के प्रति पाकिस्तान की सैन्य शत्रुता की पराकाष्ठा कारगिल में उसकी फ़ौजी टुकड़ी के ज़बरन घुसपैठ के रूप में प्रकट हुई, हालाँकि 1999 में इस घुसपैठ को भारतीय फ़ौज ने एक संक्षिप्त लेकिन रक्तपातपूर्ण युद्ध के बाद नाकाम कर दिया और पाकिस्तानी टुकड़ी को पीछे हटने के लिए बाध्य कर दिया। पाकिस्तान के ख़िलाफ़ बढ़ती कटुता, और शान्ति–स्थापना की भारत की कई असफल कोशिशों ने इस भ्रान्तिपूर्ण चेतना का विस्तार किया कि पाकिस्तान के निशाने पर अन्ततः हिन्दू ही हैं। भाजपा और मोदी को इस विश्वास के साथ देखा जाने लगा कि 'पाकिस्तान को सबक सिखाने की ताक़त' एकमात्र उन्हीं में है। भारतीय कश्मीर के पुलवामा में आतंकी हमले के जवाब में 26 फ़रवरी 2019 को पाकिस्तान के बालाकोट पर भारतीय सुरक्षा बलों द्वारा हवाई हमले को भारत की इसी दृढ़ इच्छाशक्ति के प्रमाण के तौर पर देखा गया। इस भावना ने मोदी के पक्ष में भावनात्मक वातावरण बनाने

---

259. महाप्रशास्ता, "हिस्ट्री वाज एक्सीलरेटेड इन दी वेक ऑफ़ बीजेपी'ज 2019 विक्ट्री" : *दी वायर इंटरव्यूज़* क्रिस्टोफ जफ्रेलॉट, *दी वायर*, 24 जनवरी 2020।

में अतिरिक्त सहायता की। बहरहाल जून 2020 में लद्दाख की गलवान घाटी में चीनी हस्तक्षेप के बाद मोदी की छवि को कितना नुक़सान पहुँचा, यह देखना अभी शेष है। ध्यातव्य है कि चीनी हस्तक्षेप के विरुद्ध जवाबी कार्रवाई में बीस भारतीय सैनिकों को अपनी जान गँवानी पड़ी थी। दोनों देशों के वास्तविक नियन्त्रण रेखा के पास मौजूदा तनाव ने फ़िलहाल तो भारतीय राष्ट्रवाद को सकारात्मक रूप में भड़काने का काम किया है। उदाहरण के रूप में चीनी सामानों के बहिष्कार, चीनी 'एप्प्स' को ब्लॉक और चीन के आर्थिक निवेश को प्रतिबन्धित करने का एक अभियान आरम्भ कर दिया गया। एक बार पुनः, ऑरवेल के कथनानुसार, राष्ट्रवाद ने लोगों को बाहरी दुश्मनों के विरुद्ध एकजुट करने का काम किया था। एक ऐसी सरकार जो आर्थिक–सामाजिक मोर्चों पर अनेक असफलताओं से जूझ रही है, के लिए ऐसी जनभावनाएँ किसी जीवनरक्षक औषधि से कम नहीं थीं।

मौजूदा भारतीय राजनीति की एक विडम्बना यह भी है कि देश की स्वतन्त्रता के लिए जिन लोगों ने यादगार कुर्बानियाँ दीं उन्हें आज असंगतपूर्ण और सुनियोजित तरीक़े से 'उदार' बतला कर उनसे 'राष्ट्रवादी' होने का तमग़ा छीना जा रहा है और उन हिन्दुत्ववादियों को सौंपा जा रहा है जो उनके वंशज हैं, जो या तो भारत की आज़ादी की लड़ाई से कोसों दूर रहे या उन्होंने ब्रिटिशों को उनके शासनकाल में सक्रिय सहयोग दिया, जबकि दूसरी तरफ़ हमारे सच्चे राष्ट्रवादी नायक उस वक़्त जेल की सज़ा काट रहे थे। मिसाल के तौर पर कांग्रेस पार्टी ने जब चुनाव जीत कर सरकार बनाने के बावजूद 1942 में भारत छोड़ो आन्दोलन को आरम्भ करने के लिए जब 1939 में त्यागपत्र दे दिया तब, इस अवसर का लाभ उठाते हुए हिन्दू महासभा ने प्रान्तीय सरकार बनाने में मुस्लिम लीग का सहयोग किया। प्रकारान्तर में यह ब्रिटिश शासन को मदद पहुँचाने सरीखा राजनीतिक क़दम था। भारत छोड़ो आन्दोलन के नेताओं को बाद में गिरफ़्तार कर जेल में बन्द कर दिया गया था।[260] आज भी हिन्दुत्व आन्दोलन ने राष्ट्रवाद को अपनी–अपनी शर्तों पर पुनःपरिभाषित करने का काम किया है। उसने नागरिक राष्ट्रवाद के स्थापित मानकों की उपेक्षा

260. मृदुला मुखर्जी, 'ब्लेमिंग दी कांग्रेस फॉर पार्टीशन इज़ अ ट्रावेस्टी', *हिन्दुस्तान टाइम्स*, 13 दिसम्बर 2019।

करते हुए राष्ट्रवाद की व्याख्या का उत्तरदायित्व उग्र और हिंसक भीड़ के हाथों सुपुर्द कर दिया है। उदारता, विविधता, सौहार्द और बहुलतावाद को देश की दुर्बलता के रूप में देखा जा रहा है। यह एक देश को पूर्णरूपेण विकसित होने के मार्ग का बाधक है। इसके परिणामस्वरूप भारत एक सशक्त और आधुनिक देश के रूप में विश्वपटल पर अपनी निर्विवाद उपस्थिति दर्ज नहीं करा पा रहा है। हानसेन लिखते हैं, 'सशक्त और सजातीय (हिन्दुत्व जिसका पक्षधर है) राष्ट्र आधुनिकता का लक्षण है। यह अपने नागरिकों को सुरक्षा, सम्प्रभुता, आत्मविश्वास और राजनीतिक एकता प्रदान करता है'[261] पाकिस्तान की उसकी औकात बताना भाजपा की इसी कोशिश की एक कड़ी है।

8. *जनसांख्यिकी :* भारत विश्व का सबसे युवा बड़ा देश है और इसकी आबादी का 6.5 प्रतिशत हिस्सा पैंतीस वर्ष की आयु से कम है। युवा भारत बदलाव का इच्छुक है जो पुरानी राजनीति, विशेषकर 1987 से लेकर 2014 तक के गठबन्धन की सरकार और राजनीतिक अस्थिरता से बुरी तरह ऊबा हुआ है। वह अधिक आत्मविश्वास से भरा, मुखर और दृढ़ एक ऐसा भारत चाहता है जो दुनिया की चुनौतियों का मुक़ाबला कर सके। मोदी का अकड़ से भरा आत्मविश्वास उनकी आशाओं और अपेक्षाओं के अनुरूप था। वे एक ऐसे नेता के रूप में राष्ट्रीय राजनीति में उभरे जो उनकी उम्मीदों पर खरा उतर सकता था। हालाँकि यह एक स्वयंसिद्ध सत्य है कि आर्थिक मोर्चे पर वे बुरी तरह से नाकाम रहे हैं लेकिन सामान्य जनता तक पहुँचने की मोदी की क्षमता का कोई काट नहीं है। जनमत सर्वेक्षण बताते हैं कि अनेक मोर्चों पर नाकामियों के बावजूद मोदी अपनी लोकप्रियता को बढ़ाने में सफल रहे हैं। सच्चाई यही है कि नस्लीय राष्ट्रवादी लोकप्रियता और पहचान की राजनीति ने आर्थिक नाकामियों से आम जनता का मन भटकाया है, और इसका कारण अन्तर्निहित विचारों को नहीं समझ पाने की योग्यता है।

9. *प्रौद्योगिकी :* तकनीकीकरण की अद्‌भुत तरक़्क़ी ने सोशल मीडिया को सर्वव्यापी बना दिया। ट्विटर, फ़ेसबुक और व्हाट्सएप जैसे साईट लोगों पर न केवल गहरा प्रभाव डालने लगे बल्कि अनेक पूर्वाग्रहों और

---

261. हानसेन, 'ग्लोबलाइज़ेशन एंड नेशनलिस्ट इमेजिनेशंस', पृ. 603।

भ्रान्तियों को प्रसारित करने का भी काम करने लगे। सोशल मीडिया की भूमिका पर हम इस खण्ड में बाद में विस्तार से चर्चा करेंगे किन्तु लोगों की रूढ़िवादी और नकारात्मक आस्थाओं को बहुप्रचारित करने में इसकी भूमिका का जो योगदान है उसकी मिसाल अतीत में कोई दूसरी नहीं दीखती। इसने जनता को यह विश्वास दिलाया कि निन्दनीय माने जाने के बावजूद उनके पूर्वाग्रह उतने तुच्छ नहीं हैं। कट्टरता को अकस्मात सम्मान की दृष्टि से देखा जाने लगा और मुसलमानों के प्रति वैमनस्य में वृद्धि हुई। अतीत में यह वैमनस्य कदाचित नम्र और शिष्ट था किन्तु अब न केवल राजनीतिक मंचों से इसको खुलेआम प्रकट किया जा रहा था बल्कि चुनावी राजनीति के लिए अब एक कारगर हथियार बन चुका था। पूर्वाग्रह लाभप्रद सिद्ध हो रहे थे।

एक–दूसरे से सम्बन्धित और एक–दूसरे को मज़बूती देते हुए इन सभी नौ तत्त्वों को समग्रता देने के लिए मोदी के रूप में एक आदर्श सन्देशवाहक मिल गया। वे न केवल एक आकर्षक वक्ता हैं बल्कि हिन्दुत्व के एक ऐसे प्रतिनिधि हैं जिनकी विश्वसनीयता को कोई चुनौती नहीं दी जा सकती। उन्होंने अपने आप को गुजरात के दृढ़ और सक्षम प्रशासक के रूप में प्रस्तुत किया जो न सिर्फ़ एक गम्भीर मुख्यमन्त्री था बल्कि आर्थिक विकास को गतिशील बनाने में भी समर्थ था। भाजपा अध्यक्ष से गृह मन्त्री बने शातिर और घुटे हुए राजनीतिक सहयोगी अमित शाह के रूप में उन्हें उनका चुनाव प्रबन्धक भी मिल गया था। जनता का आदमी, एक बाहरी आदमी और एक चाय वाले के रूप में मोदी की लोकप्रियता किसी भी विवाद से परे थी। दूसरी तरफ़ उन्हें एक ऐसे सुपरमैन के तौर पर देखा गया जो बचपन से अपनी स्तब्धकारी उपलब्धियों के कारण जाना जाता था। उन्हें एक ऐसे मसीहा के रूप में देखा गया जिसका अवतरण भारत को भ्रष्ट वंशवाद की बेड़ियों से मुक्त करने के लिए हुआ था।[262] भारत मोदी का स्वागत करने को तत्पर था और उसने 2014 और 2019 में उनके पक्ष में अपना मत दिया। आज हम उसके परिणामों के साथ ज़िन्दा हैं, लेकिन ऊपर जिन नौ तत्त्वों का विश्लेषण किया गया है, वे हमें विस्तार से यह बताते हैं कि यहाँ हम कैसे पहुँचे।

---

262. सी शशि थरूर, *दी पैराडॉक्सिकल प्राइम मिनिस्टर : नरेन्द्र मोदी एंड हिज इंडिया,* नयी दिल्ली : अलेफ बुक कम्पनी, 2018।

समय की यही सामाजिक और सांस्कृतिक अन्तर्निहितता राष्ट्रवाद के मोदी–संस्करण की बुनियाद हैं। हिन्दू विचारधारा आज रिसकर राज्य की कार्यपद्धति और संवैधानिक संस्थानों को भिगोने लगी है। आज हिन्दी पट्टी में हिन्दू कार्यकर्ता सिविल सोसाइटी पर अपना नियन्त्रण स्थापित करने के लिए व्यग्र दिख रहे हैं। उन्होंने इस काम के लिए 'गौ रक्षक समिति' और 'एंटी–रोमिओ स्क्वाड' जैसे निगरानी दस्तों का गठन किया और मोरल पोलिसिंग के लिए ज़रूरत पड़ने पर हिंसा का रास्ता भी चुनने से परहेज़ नहीं किया।[263] स्तम्भकार तवलीन सिंह कहती हैं कि 'यह राष्ट्रवाद के इस कृत्रिम संस्करण और उसके समर्थकों ने बहुप्रचारित किया कि मोदी और उनकी नीतियों (विशेष रूप से कश्मीर के मामले में) की आलोचना करना अक्षम्य है, और यह दूसरे अर्थ में कि भारत की आलोचना करना और पाकिस्तानी 'जिहादियों' का समर्थन करना समतुल्य अपराध है। नया सत्तासम्पन्न वर्ग 'पाश्चात्य' आचरणों–मसलन मांसाहार करने और शराब पीने को वर्जित मानता है। उसे विदेशी भाषा में लिखी किताबें पढ़ने से परहेज़ है। वह केवल उन्हीं किताबों, भाषाओं, इतिहास और धर्मों को स्वीकृति देने को तैयार है जिनका स्रोत वह 'इंडिक' सभ्यता को मानता है। नये कुलीन दृढ़तापूर्वक से यह मानते हैं कि भारत केवल तभी समृद्धि प्राप्त कर सकता है जब 'इंडिक' मूल्यों की सही व्याख्या भारतीय समझने लगेंगे। लेकिन विडम्बना यह है कि हिन्दूवाद की यह धुरी यहाँ आकर सनातन धर्म के बजाय इस्लाम से अधिक साम्यता रखती है।'[264]

जैसा कि मैंने भी यह ग़ौर किया है कि मोदी/भाजपा ने भारतीय राष्ट्रवाद केवल–'हिन्दी–हिन्दू–हिन्दुस्तान'–के नारे तक सीमित कर दिया है। इस खण्ड के शेष हिस्से में भारतीय राष्ट्रवाद के बारे में जारी वर्तमान बहस का गहन विश्लेषण करने में यह निष्कर्ष एक दिशानिर्देश का काम करेगा।

---

263. अंगना पी. चटर्जी, थॉमस ब्लोम हानसेन, एंड क्रिस्टोफ जफ्रेलॉट (एडिटर्स), *मेजोरिटेरियन स्टेट : हाउ हिन्दू नेशनलिज़्म इज़ चेंजिंग इंडिया*, लन्दन : हर्स्ट, 2019।

264. सिंह, 'पीएम मोदीज रियल "परिवर्तन" हैज गोन ऑलमोस्ट अनऑब्जर्व्ड बिकॉज ऑफ़ इंडियाज न्यू इलीट'।

23

भारत का नवीकृत मोदी-करण

मोदी का दूसरा शासनकाल एक बड़ी संख्या में अधिनियमों के पारित होने की प्रक्रिया के साथ आरम्भ हुआ। सबसे पहले मुसलमानों के 'तीन तलाक़' (तलाक़–ए–बिद्दत) की परम्परा को अपराध घोषित कर दिया गया। उसके बाद संविधान के अनुच्छेद 370 को निरस्त किया गया जिसके द्वारा भारतीय संविधान में जम्मू और कश्मीर को विशेष राज्य का दर्जा दिया गया था। हालाँकि इन प्रस्तावों को सरकार के निर्णायक क़दम के रूप में प्रचारित किया गया लेकिन ये प्रत्यक्ष अथवा परोक्ष रूप से मुसलमानों को लक्ष्य करके पारित किये गये थे। दूसरे शासनकाल में मोदी की भयावह आर्थिक नाकामियाँ किसी से छुपी नहीं थीं। कोविड–19 महामारी और उससे रक्षा की 'लॉकडाउन' तथा सरकार की दूसरी बचकानी कोशिशों के कारण आर्थिक मामलों में और तेज़ गिरावट आयी। धार्मिक समुदायों के बीच में ध्रुवीकरण हुआ वैसा अतीत में कभी नहीं देखा गया। लेकिन इन गम्भीर विषयों पर सरकार और उसके समर्थकों ने चुप्पी ओढ़े रखी।

निर्विवाद रूप से मोदी आज की तारीख़ में भी निजी तौर पर बेहद लोकप्रिय हैं। चूँकि सभी मोर्चों पर उनकी उपलब्धि शून्य रही है, लिहाज़ा उनके आलोचकों को उनकी लोकप्रियता पर आश्चर्य हो सकता है। लेकिन मैंने यह बात पहले भी कही है कि मोदी इसलिए लोकप्रिय हैं क्योंकि वे अपनी नाकामियों को भी भुनाने के हुनर में माहिर हैं। यही वजह है कि लोग उनको एक दृढ़, कर्तव्यनिष्ठ और कृतसंकल्प नेता मानते हैं जो देश की पुरानी समस्याओं के उपायों के लिए कठोर क़दम उठाने का साहस रखते हैं। हालाँकि उनके अव्यावहारिक उपायों से लाभ की बनिस्बत हानि

अधिक हुई है, लेकिन इस बात ने मतदाताओं पर कोई ख़ास असर नहीं डाला। मतदाता उनकी 'ईमानदार' कोशिशों के लिए उन्हें पूरा नम्बर देते हैं। 2020 की महामारी को छोड़ दें, 2016 में उनकी नोटबन्दी के फ़ैसले को आज़ादी के बाद भारतीय अर्थव्यवस्था पर सबसे बड़े आघात के रूप में देखा जा सकता है। ग़ौरतलब है कि इस फ़ैसले से भारतीय करेंसी को 86 प्रतिशत नोटबन्दी का सामना करना पड़ा था जिसका नतीजा लाखों लोगों की बेरोज़गारी और आर्थिक विकास दर में भारी नुक़सान के रूप में सामने आया।. इसके बावजूद कुछ महीने बाद ही उत्तर प्रदेश के विधानसभा चुनावों में भाजपा को 44 प्रतिशत वोट मिले और 2019 में हुए राष्ट्रीय चुनावों में पार्टी ने 37 प्रतिशत वोट हासिल किये। इन नतीजों ने इस बात पर मुहर लगा दी कि मतदाताओं ने मोदी सरकार के निर्णयों के नतीजे के बजाय निर्णयों के पीछे उसकी मंशा पर अधिक विश्वास किया। जम्मू और कश्मीर से विशेष राज्य का दर्जा छीन लिए जाने की कार्रवाई को भी इसी नज़रिये से देखा गया, और पूरे राज्य में लॉकडाउन लगाने, राजनीतिक नेताओं की गिरफ़्तारी और पूरी आबादी पर फ़ोन और इंटरनेट का इस्तेमाल करने पर बन्दिश लगाना जैसी बुनियादी बातों पर कोई ध्यान नहीं दिया गया। भविष्य में इन निर्णयों के जो भी राजनीतिक दुष्परिणाम निकलें किन्तु फ़िलहाल भारत के अधिकांश मतदाता मोदी के इस निर्णय के साथ हैं। जैसा कि स्तम्भकार कीर्थिक ससिधरण कहते हैं : 'मोदी अपनी पीढ़ी के दूसरे सभी राजनेताओं की तुलना में लोकतन्त्र की वास्तविकताओं को अधिक बेहतर समझते हैं। वे बख़ूबी जानते हैं यदि व्यक्तिगत समर्पण और कड़े श्रम का ढोल एक साथ लगातार पीटा जाये तो जनता वास्तविक नतीजों को बहुत हद तक नज़रअन्दाज़ कर देती है।'[265]

यह मगज़मारी आज भी भारत में अनेक लोग कर रहे हैं। अपने और अपनी सरकार के इतने निरंकुश, प्रतिशोधात्मक, हानिकर, साम्प्रदायिक, अनुदार और अनिवार्य रूप से अलोकतान्त्रिक होने के बाद भी आख़िरकार मोदी अपनी और अपनी सरकार की सफलताओं और उपलब्धियों का विज्ञापन करने के मामले में इतने निष्णात कैसे हैं?

---

265. कीर्थिक ससिधरण, 'मोदी एमंगस्ट अ मिलियन म्युटिनीज़,' *दी हिन्दू*, 20 अप्रैल 2019।

वे एक ऐसे प्रधानमन्त्री सिद्ध हुए हैं जिन्होंने भारतीय राजनीति की प्रामाणिक और शिष्ट परम्पराओं को ध्वस्त करने में कोई कसर नहीं उठा रखी। उन्होंने अपने विपक्षियों पर फर्ज़ी मामले चलाने के लिए क़ानून–प्रवर्तन अधिकारियों को छुट्टा छोड़ दिया। ऐसे ही एक फर्ज़ी अभियोग के अन्तर्गत पूर्व वित्त और गृह मन्त्री पी. चिदम्बरम को बिना मुक़दमा चलाये 101 दिनों तक जेल में बन्द रखा गया। और तो और, उन सभी मन्त्रियों को प्रोन्नति प्रदान की गयी जिनके उत्तेजक भाषणों ने अल्पसंख्यकों के बीच भय और असुरक्षा की मानसिकता पैदा करने में मदद पहुँचाई। मीडियाकर्मियों और मीडिया घरानों को सरकार और उसकी नीतियों के ख़िलाफ़ कवरेज करने के लिए उन्हें बुरी तरह धमकाया गया। भारत की स्वतन्त्र और निर्भीक पत्रकारिता के इतिहास में यह एक लज्जाजनक स्थिति थी। मन्त्री–पद जैसे गरिमामयी ओहदों की तब घनघोर अवमानना हुई जब एक मन्त्री ने अपने आवास के लॉन में सन्दिग्ध हत्यारों को माला पहनाकर उनका समारोहपूर्वक स्वागत किया। एक अन्य मन्त्री ने खुलेआम देशद्रोहियों को गोली मारने के लिए भीड़ को उकसाने का काम किया। ठेठ हिन्दी में उनका कहा जुमला कहीं अधिक अशिष्ट माना जाता है, लेकिन उन्होंने जो शब्द कहे वे कुछ ऐसे थे–'देश के गद्दारों को / गोली मारो सालों को'। लोकतान्त्रिक और संसदीय परम्पराओं की धज्जियाँ उड़ाने में भी सरकार ने कोई कोताही नहीं बरती। विपक्ष का मखौल उड़ाकर न केवल उसकी प्रासंगिकता को ग़लत घोषित करने का प्रयास किया गया बल्कि विपक्ष के प्रति औपचारिक सम्मान का भाव और उससे राय–मशविरा करने की सामान्य शिष्टता को भी जानबूझ कर विस्मृत कर दिया गया। चूँकि मैं व्यक्तिगत रूप से इन दुराग्रहों का शिकार रहा हूँ, इसलिए मुझे सरकार की कार्यपद्धति को सूक्ष्मता से देखने का अवसर मिला है। भारत की पार्लियामेंट्री स्टैंडिंग कमिटी के इतिहास में ऐसा पहली बार हुआ कि विदेश–नीति के मामले में द्विदलीय समिति के गठन की परम्परा का निर्वहन नहीं हुआ। इस परम्परा के तहत विदेशी मामलों की कमिटी का अध्यक्ष–पद अमूमन मुख्य विपक्षी दल के किसी सदस्य को दिया जाता है। लेकिन मोदी सरकार ने इस परम्परा को तोड़ते हुए यह पद भी भाजपा के ही अधीन कर दिया। सरकार का तर्क यह था कि विदेशी मामलों की सभी ज़िम्मेदारी सरकार की है।

मोदी के अनेक समर्थक कहते हैं कि अत्यधिक सुहृदय लोकतन्त्र और निष्प्रभावी गठबन्धन की सरकार के कारण केन्द्र में लम्बे अरसे से ऐसा कोई मज़बूत नेता नहीं प्रतिष्ठित हो सका था। लेकिन हमारे जैसे लोग जिनकी भारत की प्रजातान्त्रिक कार्यप्रणाली में निर्विवाद आस्था रही है, के लिए यह एक गम्भीर मामला है। शायद इस देश के लोकतन्त्र की जड़ें उतनी गहरी नहीं हैं जितनी कि हमने सोच रखी हैं। या, शायद हमारे अन्तर्मन की उत्कट राष्ट्रीयता भारत की सभी वास्तविक और काल्पनिक उपलब्धियों को प्रशंसा–भाव से देखने की अभ्यस्त हो चुकी है। इस उत्कटता में असन्तोष और असहमति की कोई जगह शेष नहीं है। मामूली–सी असहमति और विरोध को 'देश–विरोध' यहाँ तक कि 'राष्ट्रद्रोह' का नाम दिया जा सकता है। लगभग सभी स्वायत्तशासी संस्थानों को खोखला और अधिकारविहीन करके उन्हें सरकार की वर्चस्ववादी नीतियों का प्रचारक–माध्यम बना दिया गया है। ऐसी स्थिति में टैक्स अधिकारी, वित्तीय मामलों की निगरानी और पूछताछ करने वाली एजेंसियाँ, प्रवर्तन और अन्वेषण ब्यूरो–यहाँ तक कि अपनी स्वायत्तता के प्रसिद्ध चुनाव आयोग और न्यायपालिका जैसी संस्थाएँ भी सरकार के इस अतिक्रमण से ख़ुद को मुक्त नहीं रख पायीं। एक लोकतान्त्रिक गुण के रूप में राजनीतिक स्वतन्त्रता का अपहरण किया जा चुका है। अब नियन्त्रण (नेताओं/अधिकारियों द्वारा) और अनुपालन (शेष जनता द्वारा) के सिद्धान्त के प्रचलन का दौर है। विद्वान टिप्पणीकार प्रताप भानु मेहता कहते हैं, 'ऐसा कोई समय हमारी स्मृति में नहीं है जब सार्वजनिक और व्यावसायिक व्याख्यानों और क्रियाकलापों ने सरकारी नीतियों की धुन के साथ इतनी गहरी जुगलबन्दी और क़दमताल की हो।'[266]

पूरे भारत देश में मुसलमानों को अलग–थलग किये जाने की मौजूदा राजनीतिक कोशिशों ने भाजपा के शासनकाल में साम्प्रदायिक सद्भाव को गहरा आघात पहुँचाया है। सरकार का कट्टर पक्षधर समझे जाने वाले अनेक लोग भी इस बात को स्वीकार करते हैं।[267] मैंने पहले भी उल्लेख

266. प्रताप भानु मेहता, 'अ हंड्रेड डेज ऑन, मोदी 2.0 : इट्स पर्पज इज़ दी शो ऑफ़ पॉवर, नेशनलिस्ट फरवर, सोशल कंट्रोल', *इंडियन एक्सप्रेस*, 10 सितम्बर 2019।
267. स्वपन दासगुप्ता, 'हिन्दूज एंड मुस्लिम्स आर नो लॉन्गर टॉकिंग टू ईच अदर इन न्यू इंडिया', *दी टेलीग्राफ़*, 22 अगस्त 2019।

किया है कि भारत अतीत में भी एक समावेशी भूमि के रूप में विख्यात था। पिछले तीन हज़ार सालों से इसने भिन्न देशों और भिन्न आस्थाओं के लोगों का खुले मन से स्वागत किया। उनमें वे असंख्य लोग भी शामिल थे जिनको अपने ही देश से दण्डस्वरूप निष्कासित कर दिया गया था। आज वही देश रोहिंग्या शरणार्थियों को स्वीकार करने को सिर्फ़ इसलिए तैयार नहीं है क्योंकि वे मुसलमान हैं, और अब तक विलम्बित राष्ट्रीय नागरिक पंजीकरण (NRC) लाने के अपने उद्देश्य की घोषणा करता है ताकि 'विदेशियों' (जो 1971 के बाद भारत में जन्मे हों या यहाँ आकर बसे हों) को भारत की नागरिकता नहीं दी जा सके। सरकार की इस अड़ियल पहल से ऐसे लाखों लोग देशविहीन हो जायेंगे जिनका कोई दूसरा घर नहीं है। इस बात की भी चर्चा ज़ोरों पर है कि अल्पसंख्यकों के पारम्परिक रीति–रिवाज़ जिनके द्वारा नियन्त्रित और निर्देशित होते हैं, सरकार उन पर्सनल लॉ को निरस्त करने का फ़ैसला करने वाली है, और साथ ही धार्मिक मिशनरी की गतिविधियों पर नकेल कसने के लिए एक राष्ट्रीय 'धर्मान्तरण–विरोधी' अधिनियम लाने पर भी विचार कर रही है।

जिसके भीतर अपने पुरखे राजनीतिज्ञों द्वारा आज़ादी के बाद स्थापित परम्पराओं और संवैधानिक प्रचलनों के प्रति सम्मान की कोई भावना नहीं हो, ऐसी सरकार ने ऐन हमारी आँखों के सामने देश की आधारभूत संरचना को बदल दिया। मेरी समझ से यह एक प्रकार का 'दुस्साहस' ही कहा जायेगा। उदारवादी लोकतन्त्र में मेरी तरह आस्था रखने वालों की बढ़ती हुई चिन्ता का कारण यह है कि भारत के औसत पढ़े–लिखे लोग और सत्ताधारी दल के सुनियोजित दुष्प्रचार से बहकी हुई जनता क्या सच में यही चाहती है। जैसा कि प्रताप भानु मेहता कौतूहलवश पूछते हैं, 'क्या एक मतदाता की यही वास्तविक मनोकामना है?'[268] यदि मोदी सरकार के दूसरे कार्यकाल की यही असली मानसिक पृष्ठभूमि है तो इसकी अन्तर्निहित चेतावनी बिल्कुल स्पष्ट है–भारत निश्चित रूप से वैसा भारत नहीं रहेगा जिसके स्वतन्त्रता आन्दोलन का नेतृत्व महात्मा गाँधी ने किया था।

नागरिक राष्ट्रवाद को तोड़मरोड़ कर उस पर अपने निरंकुश और अधिनायकवादी एजेंडे को थोपना भाजपा की सरकार की अपनी विशिष्ट

---

268. प्रताप भानु मेहता, 'अ हंड्रेड डेज ऑन, मोदी 2.0'।

शैली है। अलग–अलग निरंकुश हथकण्डों के ज़रिये भारत के आनुवंशिक पुनर्निर्माण की परियोजना का आरम्भ हो चुका है। शत्रुओं को चिह्नित किया जा रहा है, और वास्तविक हो अथवा काल्पनिक, 'दूसरों' का हौआ दिखला कर लोगों के मन में डर और असुरक्षा की भावना उत्पन्न की जा रही है। मैंने पहले भी यह लिखा है, भारतीय नागरिकों के सामने सम्भावित शत्रुओं की झलकियाँ प्रस्तुत की जा चुकी हैं। ज़ाहिरन वह पड़ोस का दुष्ट देश पाकिस्तान है जो इस्लाम में अपनी आस्था से निर्देशित होकर भारत में आतंकवादी गतिविधियों को उकसा रहा है और सीमा पार नशीले पदार्थों की तस्करी को बढ़ावा दे रहा है। उनके निशाने पर इस्लामिक सुधारवादी और पाकिस्तान के हमदर्द जैसे आन्तरिक गद्दार भी हैं। इनमें वे भी शामिल माने जाते हैं जो किसी क्रिकेट मैच में पाकिस्तान के विजेता होने पर उसके पक्ष में जश्न मनाते हैं, जो 'बहुसंख्यक सम्प्रदाय' के रीतिरिवाज़ों की जगह अन्य धर्मों के प्रति समर्थन की भावना रखते हैं, और वे रीढ़हीन उदारवादी जिन्होंने दशकों तक उन दोनों वर्गों के लोगों की तुष्टीकरण का काम किया–ख़ासतौर पर उदार वामपन्थ से गहरे रूप से प्रभावित और साम्राज्यवादियों की घृणित भाषा अंग्रेज़ी बोलने वाले प्रबुद्ध लोग थे। ज़ाहिर बात थी कि इन दुश्मनों को उनकी औकात बताना ज़रूरी था, और इसके लिए दो तरीक़े अपनाये गये–जिनकी महत्त्वाकांक्षाएँ, लिप्साएँ और लोभ किसी भी सिद्धान्त का अतिक्रमण कर सकती हैं, ऐसे लोगों को प्रलोभन देना या उन लोगों को डराना और धमकाना जिनकी आर्थिक और सामाजिक स्थिति कर की छापामारी, फर्ज़ी मुक़दमों, गिरफ़्तारी की धमकियों, दिवालिएपन, या सार्वजनिक अपमान के दायरे में आती है; और यदि ज़रूरत पड़ी तो विरोध–प्रदर्शन करने वाले छात्रों के विरुद्ध पुलिसकर्मियों द्वारा बलप्रयोग करना, या उग्र अल्पसंख्यकों पर निगरानी करना और उनके विरुद्ध हिंसात्मक कार्रवाई करना।

आम लोगों द्वारा इस बलप्रयोग का प्रयोजन सिद्ध करने के लिए उसे शासन द्वारा की गयी कार्रवाई की वैधता प्रदान करना आवश्यक है। मोदी के शासनकाल में यह काम राष्ट्रवाद के नाम पर उग्रता के साथ किया गया जिसमें सरकार के वैचारिक एजेंडे को राष्ट्रीय हित के पर्याय के रूप में प्रस्तुत किया जा रहा है। ज़ाहिर बात है कि इस एजेंडे का कैसा भी विरोध यदि देशद्रोह नहीं भी तो राष्ट्रविरोधी अवश्य है। यह स्वयं में

भाजपा शासित राज्यों को अपने आलोचकों पर राज्य के विरुद्ध षड्यन्त्र का मुक़दमा दर्ज करने का पर्याप्त अवसर मुहैया करता है, क्योंकि राज्य की आलोचना करना स्वयं में देशद्रोह का एक प्रमाण है। आलोचकों को बार–बार सरकार के मन्त्रियों द्वारा 'पाकिस्तान चले जाने के लिए' आगाह किया जाता है, क्योंकि उनकी दृष्टि में सरकार की आलोचना करने वालों के लिए अन्तिम गन्तव्य पाकिस्तान ही माना गया है। नया राष्ट्रवाद निष्ठा को पुनःपरिभाषित करते हुए उसे राष्ट्र के बजाय अनिवार्य रूप से सत्ताधारी पार्टी के प्रति निष्ठा से जोड़ कर देखता है। देशप्रेम उनकी नज़र में उदारवादियों की एक भावुक परिभाषा है। राष्ट्र का सरकार के साथ, सरकार का सत्ताधारी पार्टी के साथ और इन दोनों का प्रधानमन्त्री के साथ विलय ने पहली बार भारत को एक ऐसा शासक दिया है जिसकी परछाईं उसके क़द से कहीं अधिक लम्बी है, एक ऐसा शासक जो राष्ट्र का पर्याय बनने की जुगत में लगा है और जो लोकतान्त्रिक संस्थाओं पर निरन्तर हावी होने को उद्यत है।

प्रधानमन्त्री लौकिक प्रतिस्पर्द्धाओं से स्वयं को ऊपर प्रतिष्ठित करने के मामले में अत्यधिक चतुर हैं। जब कभी वह अपना मौन तोड़ते हैं तो वे एक संवैधानिक सम्राट के लहजे में बात करते हैं। चुनाव अभियानों को छोड़ दें तो वे गिनेचुने मौक़ों पर ही बोलते हैं, और संसद में भी स्वयं से पूछे गये प्रश्नों का उत्तर देने का दायित्व उन्होंने अपने मन्त्रालय के राज्यमन्त्री को सौंप दिया है। वे चुपचाप बैठे रहते हैं, उनका सुनना भी एक तटस्थता के साथ होता है। वे अपनी बातें सिर्फ़ साप्ताहिक रेडियो प्रसारण के ज़रिये कहते हैं जो अमूमन घिसेपिटे विषयों पर केन्द्रित होती हैं। वे नाटकीय लहजे में स्कूली बच्चों के साथ संवाद करते हैं, मानो किसी पंचायत का अनुभवी मुखिया अपने ग्रामीणों के साथ बोल–बतिया रहा हो। संवैधानिक संस्थानों की कार्यपद्धति पर प्रतिक्रियात्मक हमले करने, उनकी सीमारेखा तय करने, प्रतिपक्ष को उकसाने और अल्पसंख्यकों के विरुद्ध जनता के मन में विष बोने का उत्तरदायित्व उनके अधीनस्थों का होता है। इसका सरल अर्थ है कि अपनी पदावधि को पूरी तरह से निष्कलंकित रखने में सदैव समर्थ हैं क्योंकि किसी भी बहकावे के लिए वे विधिसम्मत ज़िम्मेदार नहीं हैं। वे अपने समर्थक की उग्र कार्रवाई और हिंसा का अनुमोदन अपने मौन के साथ करते हैं। ऐसी किसी कार्रवाई की निन्दा करने से वे

इतनी सूक्ष्मता के साथ बचते हैं ताकि अत्यन्त अपरिहार्यता की स्थिति में विलम्बित प्रतिक्रिया की सम्भावना शेष बची रहे। जब कोविड–19 महामारी के शुरुआती हफ़्तों में भाजपा के प्रोत्साहन से ऐसे ही उग्र इस्लामोफोबिया ने मुसलमानों के ख़िलाफ़ एक उन्माद छेड़ने का कार्य किया और उनकी सरकार की अन्तरराष्ट्रीय स्तर पर फ़जीहत हुई तब मोदी ने इस आशय का एक ट्वीट[269] किया कि वायरस किसी धर्म को नहीं पहचानता। अपने इस वक्तव्य के माध्यम से सम्भवतः वे अपने विदेशी आलोचकों को सन्तुष्ट करना चाहते हैं। कहीं–न–कहीं वे इस बात से वाक़िफ़ हैं कि उन्हें उन विचारों पर भी कृत्रिम वक्तव्य देने की आवश्यकता है जिन पर वे स्वयं विश्वास नहीं करते हैं। लेकिन ऐसा वे अपने आधिकारिक अकाउंट '@PMOIndia' से करते हैं न कि '@NarendraModi' से, मानो वे यह सन्देश देना चाहते हैं कि वे बतौर प्रधानमन्त्री एक रस्म अदायगी कर रहे हों लेकिन उनका वास्तविक उद्देश्य अपनी कल्पना के भारतीय राष्ट्रवाद का पुनर्निर्माण करना है।

पूरे राष्ट्र पर अपनी विराटता के साथ नियन्त्रण स्थापित करने के क्रम में प्रधानमन्त्री नागरिकों पर सम्भवतः सैन्यकरण थोप कर राष्ट्रवाद को पुनःपरिभाषित करने और उस अपघाती प्रणाली के प्रति नागरिकों के सम्मान को उत्प्रेरित करने को उद्यत प्रतीत होते हैं। वर्दी में निहित सत्ता के प्रति सम्मान प्रदर्शित करने के लिए नयी भाषाएँ गढ़ी जा रही हैं। वर्दी में निहित सत्ता के दायरे में पुलिस, सैन्यबल, अर्द्ध सुरक्षा बल सभी शामिल हैं। बेशक इस दायरे में आम जनता पर खुफ़िया नज़र रखने और उनके जीवन में जब–तब हस्तक्षेप करने वाली सत्ताधारी व्यवस्था द्वारा प्रायोजित या प्रोत्साहित वे नागरिक–निगरानी दस्ते भी शामिल हैं जो 'अनियन्त्रित' और 'परम्पराविरुद्ध' लोगों को 'अनुशासन' सिखाने के उद्देश्य से गठित किये गये हैं। सुरक्षा बलों के प्रति सम्मान की भाषा के प्रदर्शन के लिए प्रत्येक अनुकूल अवसर का उपयोग किया जाता है। उदाहरण के रूप में, नोटबन्दी के बाद की आर्थिक अराजकता के समय एक फ़ेसबुक मेमे के ज़रिये पूछा गया, 'अगर हमारी फ़ौजें देश की हिफ़ाज़त के लिए हफ़्ते में

269. https://twitter.com/PMOIndia/status/1251839308085915649?s =20 पर उपलब्ध।

चौबीस घण्टे रोज़ सरहद पर खड़ी रह सकती हैं, तब हम बैंक की क़तार में सिर्फ़ 8 घण्टे क्यों नहीं खड़े रह सकते हैं?' कश्मीर पर संसद में होने वाली बहसों में, चुनावी सभाओं में आतंकी हमलों की आशंका से सम्बन्धित भाषणों में, टेलीविज़न के हास्य धारावाहिकों में, अथवा सम्भावित आन्तरिक विद्रोह और युद्ध के ख़िलाफ़ आगाह करते सेना के अवकाशप्राप्त दढ़ियल जनरलों के तर्कों में फ़ौज की भूमिका और ज़रूरतों को प्रदर्शित करने वाले व्यापक संकेत छिपे हैं। इस पूरी क़वायद के पीछे मात्र दो उद्देश्य हैं–पहला, इस विचार की स्थापना कि भारत के शक्तिशाली राष्ट्रवाद में फ़ौज एक दृढ़ स्तम्भ की भूमिका में है और दूसरा, देश की आबादी का ध्यान उन समस्याओं से विमुख करना जिन्हें सरकार ने या तो पैदा किया है या जिनका समाधान करने में असफल रही है।

ऐसी स्थिति में यह स्पष्ट करने का कोई अर्थ नहीं कि निःस्वार्थ भाव से देश की सेवा करने वाले वर्दीधारियों से किसी भी प्रकार का प्रश्न पूछना नयी परिभाषा के अनुसार एक राष्ट्र–विरोधी कृत्य है। इसीलिए सरकार सशस्त्र बल (विशेष शक्तियाँ) अधिनियम (AFSPA) को निरस्त करने की माँग को 'देश के विरुद्ध एक अपराध' मानती है। यह अधिनियम सुरक्षा बलों को गड़बड़ी वाले इलाक़े में किसी भी नागरिक को दण्डस्वरूप गोली मारने की इजाज़त देता है। आश्चर्य नहीं कि मोदी सरकार कश्मीर में मानवाधिकारों के हनन व अन्य ज़्यादतियों से सम्बन्धित रिपोर्टों को न केवल ग़लत मानती है, बल्कि इसे देश की एकता और अखण्डता के विरुद्ध भी मानती है। वह कांग्रेस पार्टी द्वारा छह दशक पुराने सर्वोच्च न्यायालय के फ़ैसले की प्रति पर स्याही पोतने का काम करती है क्योंकि उक्त फ़ैसले के मुताबिक़ केवल किसी को भड़काना और हिंसा फैलाना ही राजद्रोह है। जबकि दूसरी तरफ़ भाजपा इस फ़ैसले को शर्मनाक और देशद्रोहियों के पक्ष में मानती है। सरकार उन राजनीतिज्ञों को देश के दुश्मनों की मददगार मानती है जो सरकार द्वारा बालाकोट पर किये गये हवाई हमले पर उपलब्ध कराये गये विवरणों पर सन्देह करते हैं, या राफेल सौदे के औचित्य पर प्रश्न खड़े करते हैं। भाजपा सरकार उत्तर प्रदेश पुलिस द्वारा प्रदर्शनकारियों पर की गयी बर्बर कार्रवाई, और 2020 में दिल्ली पुलिस की दंगों में निष्क्रियता को सही ठहराती है क्योंकि यह देश की सम्प्रभुता और देश की सरकार की सत्ता की प्रतिरक्षा के लिए ऐसा करना आवश्यक है।

इस सैन्यकृत राष्ट्रवाद के ज़रिये भारत राष्ट्र के सभी अपघाती कृत्य वैध हो रहे हैं। सरकार द्वारा वास्तविकता के इस नये संस्करण को मुख्यधारा की मीडिया और उसकी सहायक सोशल मीडिया द्वारा निरन्तर बहुप्रचारित करने और एक व्यापकता देने का काम अपने पूरे ज़ोरशोर पर है। एक बात और विशेष ध्यान देने योग्य है, आम लोग भी सरकार के इस नये वैचारिक एजेंडे को अपनाते हुए यह मानने लगे हैं कि सरकार की मंशा से असहमत होना या उस पर किसी तरह का सन्देह करना देश के दुश्मनों को परोक्षतः राहत देने का ही काम करेगा।

लेकिन मोदी सरकार की सैन्य विश्वसनीयता को जून 2020 में तब गहरा आघात लगा जब चाइनीज पीपल्स लिबरेशन आर्मी ने चीन और भारत की वास्तविक नियन्त्रण रेखा (LAC) का अतिक्रमण किया। एक सहमतिपूर्ण और सीमांकित रेखा की अनुपस्थिति में यही नियन्त्रण रेखा दोनों देशों की विभाजन–रेखा मानी जाती रही है। बहरहाल अपने तमाम नाटकीय दावों के बावजूद प्रधानमन्त्री यहाँ असहाय सिद्ध हुए और चीन लद्दाख की गलवान घाटी और पांगोंग त्सो इलाक़े में बलपूर्वक घुसपैठ कर एकपक्षीय और नयी नियन्त्रण रेखा खींचने में सफल रहा। इस घटनाक्रम का सबसे बुरा पहलू यह है कि प्रधानमन्त्री ने सार्वजनिक मंच पर यह दावा किया कि चीनियों को भारतीय ज़मीन पर घुसपैठ करने में कोई कामयाबी नहीं हासिल हो सकी है। उनकी यह शेखी उनकी घरेलू राजनीति की बाध्यता हो सकती है लेकिन इसने चीन को यह सिद्ध करने का एक अवसर दे दिया कि उसने जिस इलाक़े पर अपनी दावेदारी की है, वह पहले से ही विवादग्रस्त क्षेत्र रहा है। सरकार के कामकाज का यह अनाड़ीपन, यह कूटनीतिक पंगुता, अथवा संवाद की यह ग़ैर–ज़िम्मेदार शैली–और इतना कुछ उन शहीद हो चुके बीस सैनिकों की लाशों की क़ीमत पर! सरकार की इस कारस्तानी ने उन्हीं सैनिकों के आत्मबल को ध्वस्त करने का काम किया जिन सैनिकों के कन्धे पर रखकर प्रधानमन्त्री मोदी और उनकी भाजपा अपने राष्ट्रवाद की ख़ाली बन्दूक़ चलाना चाहती है।

24

लोकतान्त्रिक संस्थाओं की निष्प्राणता

दूसरी गम्भीर चूकों और असफलताओं के अलावा मोदी सरकार ने देश की स्वायत्तशासी संस्थाओं को दुर्बल बनाने का अक्षम्य अपराध किया। भाजपा की भारतीय राष्ट्रवाद की अवधारणा के अनुसार राष्ट्रवाद के लक्ष्य को प्राप्त करने के लिए नागरिक राष्ट्रवाद में आवश्यक रूप से उपस्थित स्वायत्तशासी संस्थाओं की गरिमा की क़ीमत पर एकरूपता और अनुपालन के सिद्धान्तों को अनिवार्यतः लागू किया जाना चाहिए। लिहाज़ा राष्ट्रवाद की अपनी परियोजना को सफलीभूत करने के लिए उन्होंने इन संवैधानिक संस्थाओं की स्वतन्त्रता को अभूतपूर्व तरीक़े से क्षीण करने में कोई कोताही नहीं बरती।

भाजपा की इस नीति का पहला शिकार भारत का केन्द्रीय बैंक रिज़र्व बैंक ऑफ़ इंडिया बना। उर्जित पटेल के 'निजी कारणों' से अकस्मात दिये गये त्यागपत्र के बाद नॉन–बैंकर और पूर्व आईएएस अधिकारी शक्तिकान्त दास को आरबीआई के पच्चीसवें गवर्नर बनाये जाने की सरकार की घोषणा उसकी स्वायत्तता में प्रत्यक्ष हस्तक्षेप था। पूर्व गवर्नर पटेल और भाजपा के नेतृत्व वाली केन्द्र सरकार के बीच बहुचर्चित असहमति मीडिया की नज़रों से छुपी हुई नहीं थी।[270]

ऐसा प्रतीत होता है कि इतिहास रोचक तरीक़े से अपने आपको दोहरा रहा था। कुछ साल पहले ही पटेल मोदी सरकार के प्रिय पात्र थे और उन्हें अपने पूर्ववर्ती गवर्नर रघुराम राजन का सबसे योग्य उत्तराधिकारी

---

270. जोआना स्लेटर, 'व्हाट इज़ बिहाइंड दी "पोटेंशियली काट्रास्टोफिक" फाइट एट इंडियाज सेंट्रल बैंक'। *वाशिंगटन पोस्ट,* 12 दिसम्बर 2018।

माना गया था। अपने शानदार रिकॉर्ड के बावजूद राजन को सरकार ने सेवा विस्तार देने के क़ाबिल नहीं समझा था।[271] बहरहाल उर्जित पटेल के लिए सबसे दुर्भाग्य की बात यह थी कि जिस 'पटेल' के कार्यकाल में भारतीय मुद्रा अपने उच्चतम शिखर पर पहुँचने में कामयाब रही थी, उसी पटेल को पिछले तीन दशकों में भारत के सबसे सर्वोच्च बैंकर के तौर पर अपने सर्वाधिक छोटे कार्यकाल के लिए जाना जाता है।[272]

यह वह समय था जब बैंक की स्वायत्तता के साथ धीमी गति से ही लेकिन पक्के तौर पर समझौता किये जाने की शुरुआत हो चुकी थी। इसी क्रम में जिस दूसरे वरिष्ठ अधिकारी ने अपना त्यागपत्र दिया, वे आरबीआई के डिप्टी गवर्नर विरल आचार्य थे। सत्ताधारी पार्टी के संकेतों और नीतियों के अनुरूप चल सकने वाले अधिकारी के चयन के इस निर्णय की व्यापक आलोचना की गयी। नोटबन्दी प्रकरण के पश्चात आरबीआई की साख पर जो बट्टा लगा था और उस पर वित्तीय कर्तव्यनिष्ठा की उपेक्षा के जो आरोप लगे थे, उनको देखते हुए यह प्रतिरोध बहुत स्वाभाविक था। उत्तरदायित्वों के निर्वहन में आरबीआई की असफलता और उसके प्रतिगामी निर्णयों के कारण ही अपने मूल नाम के बजाय इसे 'दी रिवर्स बैंक ऑफ़ इंडिया' जैसी हास्यास्पद उपाधि से जाना जाने लगा।[273]

उसके बाद मोदी सरकार के कार्यकाल में बोर्ड से एक के बाद दूसरे बहुचर्चित इस्तीफ़ों ने खुल कर इस बात का संकेत दे दिया कि शीर्ष बैंक में सब कुछ ठीकठाक नहीं है। 2016 में राजन और 2018 में पटेल के पदत्याग के बीच की अवधि में देश के कई शीर्ष वित्तीय पदों से अनेक बड़े नामों को विदा होना पड़ा। जून 2018 को पूर्व मुख्य वित्त सलाहकार अरविन्द सुब्रमनियन ने अपना कार्यकाल पूरा होने से पहले त्यागपत्र दे दिया। पदत्याग के बाद सुब्रमनियन ने उसी सरकार की जम कर खिंचाई की जिसके सलाहकार वे कभी हुआ करते थे। नीति आयोग के उपाध्यक्ष अरविन्द पनगरिया को भी इस्तीफ़ा देने के लिए मजबूर होना पड़ा।

---

271. पूजा मेहरा, 'राजन्स टेन्योर एक्सटेंशन अपोज्ड', *दी हिन्दू*, 17 मई 2016।
272. इटी ऑनलाइन, 'हियर इज़ व्हाट कुड हैव लेड टू आरबीआई डिप्टी गवर्नर उर्जित पटेल्स एग्जिट', *इकोनॉमिक टाइम्स*, 11 दिसम्बर 2018।
273. इटी ऑनलाइन, 'हियर इज़ दी फुल टेक्स्ट आरबीआई डिप्टी गवर्नर विरल वी आचार्याज स्पीच इन मुम्बई', *इकोनॉमिक टाइम्स*, 27 अक्टूबर 2018।

उनके बारे में अफ़वाह है कि वे आरएसएस के प्रिय पात्रों में शामिल नहीं थे। कुछ ही समय के बाद इकोनोमिक एडवाइज़री काउंसिल के सदस्य और अर्थशास्त्री सुरजीत भल्ला ने भी अपनी कुर्सी छोड़ दी। सीएनबीसी के एक पत्रकार से बात करते हुए उन्होंने संकेतों में कहा, 'किसी भी सरकार के लिए राष्ट्रपति डोनाल्ड ट्रम्प के वाइट हाउस की तरह स्टाफ़ टर्नओवर के रिकॉर्ड की बराबरी करना एक मुश्किल काम है, लेकिन प्रधानमन्त्री नरेन्द्र मोदी की सरकार धीरे–धीरे इसी दिशा में बढ़ रही थी।'[274]

उल्लिखित त्यागपत्र मोदी के कार्यकाल में भारत सरकार की शीर्ष संस्थाओं की स्वायत्तता को क्षीण करने की मंशा और कार्ययोजना की झलक भर थे। इन संस्थाओं की सूची में आरबीआई जैसी वित्त–नियामक संस्थाएँ, केन्द्रीय अन्वेषण ब्यूरो (सीबीआई) जैसी जाँच एजेंसियाँ, केन्द्र और राज्यों के लिए आम चुनावों की घोषणा, संचालन और उन चुनावों के लिए नियम निर्धारण करने वाले भारतीय निर्वाचन आयोग, सशस्त्र सुरक्षा बलों के शीर्ष पदानुक्रम, केन्द्रीय सूचना आयोग, प्रति वर्ष लाखों स्कूली बच्चों के लिए प्रतियोगिता परीक्षाएँ आयोजित करने वाला राष्ट्रीय संगठन, मनोनीत विधानमण्डल, माननीय सर्वोच्च न्यायालय के अधीनस्थ न्यायपालिका और यहाँ तक कि स्वतन्त्र प्रेस भी शामिल थे। सभी नियामक संस्थाओं को एक जैसी समस्याओं से होकर गुज़रना पड़ा–अपर्याप्त प्राधिकार, खस्ताहाल मानव संसाधन, शासनादेश का पारस्परिक अतिक्रमण, औचित्य और वैधता का अभाव और राजनीतिक दख़लअन्दाज़ी। ये सभी अतिगौरवशाली और महत्त्वपूर्ण संगठन, जिनको सालोंसाल इतने श्रमपूर्वक संवर्द्धित किया गया था, मोदी के पदभार ग्रहण करने के बाद से ही अपने मौलिक अस्तित्व की रक्षा के लिए जूझ रहे हैं।

इन सुनियोजित हमलों का एक बड़ा कारण वस्तुतः मोदीत्व के सिद्धान्त से अंकुरित हुआ था और इस सिद्धान्त की विश्वसनीयता और उद्देश्यपरकता उसमें निहित सत्ता के स्वेच्छाचारी केन्द्रीकरण के ज़रिये ही सम्भव थी। इन हमलों का मूल लक्ष्य भी यही था। आख़िर इसका अर्थ और प्रयोजन क्या है? मोदीत्व न केवल उस सांस्कृतिक राष्ट्रवाद के पक्ष में बात करता है जो आरएसएस की बुनियादी और अनिवार्य रूप से हिन्दुत्व आधारित एक

---

274. निष्का चन्द्रन, 'इंडिया इज़ अबाउट टू गेट इट्स थर्ड सेंट्रल बैंक गवर्नर इन 3 ईयर्स, मार्केट्स आर कन्सर्न्ड', सीएनबीसी, 11 दिसम्बर 2018

राजनीतिक अवधारणा है, बल्कि उस राष्ट्रवाद के विस्तार को भी उद्यत दीखता है। हिन्दुत्व की स्थापना से भी ऊपर यह एक शक्तिशाली नेता के निर्माण को महत्त्व देता है—एक दृढ़ और कठोर निर्णय लेने वाला नेता, जो राष्ट्र का प्रतीक और पर्यायवाची हो और जो राष्ट्र को विजयी बनाने में सक्षम हो। जब एक ऐसी ही अन्य प्रभावशाली नेता इन्दिरा गाँधी ने अपना ऐसा ही राजनीतिक वर्चस्व स्थापित करने का प्रयास किया तो इसके लिए उन्हें आपात्काल की घोषणा करनी पड़ी और अनेक लोकतान्त्रिक क्रियाकलापों को स्थगित कर देना पड़ा। बाईस महीनों के बाद जब सारे क्रियाकलाप सामान्य रूप से दोबारा आरम्भ हुए और निष्पक्ष चुनाव हुए, तो उनको पराजय का सामना करने के बाद अपना पद छोड़ना पड़ा। लेकिन इसके विपरीत, भारत के लोकतन्त्र पर मोदी का हमला अपेक्षाकृत अधिक तेज़ और स्थायी है। वे भारत की लोकतान्त्रिक संस्थाओं में जैसे परिवर्तन कर रहे हैं वे आपात्काल की तरह स्पष्ट और स्थूल नहीं हैं। वे उन संस्थाओं के अधिकारों और कार्यों में विविध तरीक़ों से इस प्रकार की तब्दीलियाँ कर रहे हैं ताकि वे अनिवार्य रूप से पंगु होकर भारत की स्वतन्त्रता के संरक्षक मात्र बने रहें। ज़ाहिर है, एक उदार संविधान का संकट ही आज उसके सामने खड़ा है।

एक करिश्माई शासक, राजनीति और व्यापारिक घरानों की साँठगाँठ (कॉर्पोरेटिज़्म), अतीत गौरव का स्मृति–बोध, 'अच्छे दिन' का एक यूटोपिया, एक 'विकृत' राष्ट्रवाद और इस्लामोफोबिया का मोदीत्व–मिश्रण हमें उम्बेर्तो एको के मुख्य अवयवों की उस प्रसिद्ध सूची की याद दिलाता है जिसे उसने उर–फ़ासिज़्म[275] का नाम दिया था। इस सूची में एकमात्र इस्लामोफोबिया को ही यहूदी–विरोध से स्थानापन्न किया जा सकता है। इसके बावजूद मोदी के कार्यकाल को सौ फ़ीसदी नाकारा या 'F' शब्द का इस्तेमाल करने के लिए तैयार नहीं हूँ, और इस बारे में विस्तारपूर्वक मैं *दी पैराडॉक्सिकल प्राइम मिनिस्टर* में लिख चुका हूँ, 'F' शब्द यहाँ एक राजनीतिक गाली के रूप में प्रयुक्त है, न कि उस अर्थ में जैसा अमूमन इसे इस्तेमाल किया जाता है। निश्चित तौर पर दूसरे ड्यूस जिन हदों को पार किया था, भाजपा उसकी कल्पना तक नहीं कर सकती है। 'स्वतन्त्र

275. एको, 'उर–फ़ासिज़्म'।

प्रेस को ख़त्म कर दिया गया, मज़दूर यूनियनों को भंग कर दिया गया और राजनीतिक असन्तुष्टों को एक सुदूर द्वीप में क़ैद कर दिया गया।' एको ने ये बातें मुसोलिनी के बारे में कही हैं लेकिन जहाँ तक मोदीत्व की बात है, इसी वाक्य को फिर से लिखा जा सकता है क्योंकि उनके शासन में भी 'स्वतन्त्र प्रेस को नपुंसक बना दिया गया, मज़दूर यूनियनों की पूरी तरह उपेक्षा की गयी, और राजनीतिक असन्तुष्टों को मुख्यधारा की मीडिया में विशिष्ट स्थान देने से इनकार कर दिया गया।' वर्तमान राजनीति की अनेक घटनाएँ हमारी संवैधानिक संस्थाओं के सन्दर्भ में इन अपशकुनों का संशय प्रकट कर चुकी थीं। आज हम उन्हें ही फलीभूत होता देख रहे हैं, यद्यपि फ़ासिज़्म के अधीन स्थितियाँ अधिक बुरी थीं। 'विधायिका की शक्तियाँ सिर्फ़ कहानियों की बात बनकर रह गयी थीं और कार्यपालिका को सीधे नये क़ानून बनाने का अधिकार था। न्यायालयों के साथ–साथ मीडिया पर भी उसी का नियन्त्रण था,' एको ने मुसोलिनी के शासन के सम्बन्ध में लिखा है।

यहाँ यह दर्ज करना ज़रूरी होगा कि 'आन्तरिक फ़ासीवाद' के जिन चौदह सामान्य तत्त्वों का उल्लेख उम्बेर्तो एको ने किया है, भारत में उनमें से कितने तत्त्व मोदी के दूसरे कार्यकाल में उपस्थित हैं। *परम्परा की उपासना* के बहाने भाजपा के सम्भ्रान्त समूह द्वारा एक–दूसरे पर ज़बरन आरोपित प्राचीन भारत का गौरव–स्मरण; *आधुनिकता का अस्वीकार*, तकनीक के उपयोग के अर्थ में नहीं बल्कि वैज्ञानिक दृष्टिकोण के अर्थ में, आधुनिक दुनिया की अनैतिकता के अर्थ में, और आधुनिक जीवनपद्धति के अवमूल्यन के अर्थ में; अपने हित के लिए *कर्म की स्तुति* और बौद्धिकता के प्रति अविश्वास; यह दृष्टिकोण कि असहमति या विरोध *विश्वासघात* है; विविधता को सहर्ष स्वीकार करने के बजाय *भिन्नता का भय*; *जातीयता* (भारत के सन्दर्भ में इसका अभिप्राय इस्लामोफोबिया से है); *कुण्ठित माध्यम वर्ग से आह्वान* 'कि उसे आर्थिक संकट और राजनीतिक अपमान का सामना करना पड़ रहा है', और समाज के निचले तबके के दबावों से उसका डर; *देश के बाहरी* दुश्मन (पाकिस्तान) की पहचान और विदेशियों के प्रति मन ही मन घृणा का भाव; *शत्रुओं के एक ही साथ शक्तिशाली और दुर्बल समझने* की प्रवृत्ति; *शान्ति के मार्ग का तिरस्कार* (जो हिन्दुत्व के महात्मा गाँधी के साथ उभयपक्षी सम्बन्धों में परिलक्षित होता है);

कमज़ोर के प्रति एक अपरोक्ष तिरस्कार (विशेष रूप से आरएसएस की घृणा); नरेन्द्र मोदी की छवि को प्रतिबिम्बित करने के लिए *नायकवाद की स्तुति*; *अतुलनीय पौरुष* (मोदी के कल्पित 56 इंच के सीने की छवि के अनुरूप); अन्धराष्ट्रवादी परिभाषा पर आधारित *वर्णात्मक लोकवाद* की नीति जो इस बात पर बल देती है कि आन्दोलन 'जनता' की दावेदारी का *प्रतिनिधित्व* करता है (जैसा कि एको ने लिखा है, 'नागरिक किसी कार्य को निष्पादित नहीं करते हैं, वे केवल जनता होने की भूमिका का निर्वहन करते हैं); और अन्ततः, *भ्रामक और अपुष्ट समाचारों का अत्यधिक उपयोग* और वैज्ञानिक दृष्टिकोण तथा तथ्यपरक तर्क के स्थान पर बचकानी भाषा में होने वाले अर्थहीन विमर्शों का बढ़ता महत्त्व। उम्बेर्तो एको के कथनानुसार कम अथवा अधिक मात्रा में उल्लिखित सभी अवयव उर–फ़ासिज़्म में अनिवार्यतः उपस्थित रहते हैं। दुनिया को हमेशा उनके विकसित होने के ख़तरों के प्रति सचेत रहना चाहिए। दुर्भाग्य की बात है कि सूची में वर्णित सभी अवयवों की नन्ही–नन्ही कोपलें अब भारत में पनपने लगी हैं।

चूँकि स्वायत्तशासी सरकारी संस्थान अपनी बनावट में ही स्वतन्त्र संगठन हैं, इसलिए उनसे मोदीत्व की अवधारणा को चुनौती मिलने का सदैव ख़तरा है। मोदी के अतिरंजित व्यक्तित्व के सन्दर्भ में ये संस्थान ऐसा करते भी रहे हैं क्योंकि अपने स्वतन्त्र अधिकार–क्षेत्र और कार्यप्रणाली के कारण उनके पास विशेष शासनादेश, प्रतिबद्धताएँ और उत्तरदायित्व होते हैं। स्वाभाविक है कि जब कभी भी ये संस्थान स्वयं को मात्र एक रबर की मुहर बनाने और सत्ताधारी पार्टी का कहा मानने से इनकार करते हैं तो सरकार प्रतिक्रियास्वरूप उन संस्थानों की उस बुनियादी स्वतन्त्रताओं में हस्तक्षेप करने का प्रयास करती है, जो स्वतन्त्रताएँ उन संस्थानों की विशिष्टता को परिभाषित करती हैं। आरबीआई और केन्द्र के बीच का गतिरोध जिसके कारण उर्जित पटेल को अपना इस्तीफ़ा देना पड़ा, इस बात की जीती–जागती मिसाल है।

भाजपा के शासनकाल का दूसरा बहुचर्चित शक्ति–संघर्ष केन्द्रीय अनुसन्धान ब्यूरो (सीबीआई) जिसे उपहास में 'पिंजरे का तोता' भी कहा जाता है, के भीतर देखने को मिला।[276] किसी ज़माने में भारत में अपराध

276. रोस काल्विन, सतरूपा भट्टाचार्य, 'अ "केज्ड पैरोट"–सुप्रीम कोर्ट डिस्क्राइब्स सीबीआई', *रायटर्स*, 10 मई 2013।

के विरुद्ध लड़ाई में ब्यूरो के अनुसन्धान और अभियोग को प्रामाणिकता की कसौटी माना जाता था, लेकिन राजनीतिक दबावों के कारण अब इसकी खुद की कार्यप्रणाली सन्दिग्ध मानी जाने लगी है। बहरहाल बात हद से तब बढ़ गयी जब ब्यूरो के निदेशक और विशेष निदेशक एक–दूसरे से सार्वजिनक तौर पर ऐसे उलझ गये गोया भारत के लोग 'कीस्टोन–कॉप्स' जैसा कोई टीवी धारावाहिक देख रहे हों। देश के दो शीर्ष अनुसन्धानकर्ताओं ने न केवल एक–दूसरे के दफ़्तरों पर छापे डलवाये बल्कि एक–दूसरे के ख़िलाफ़ अदालत भी चले गये। आख़िरकार सरकार को दोनों के बीच की रंज़िश में दख़लअन्दाज़ी के लिए मजबूर होना पड़ा और उसके सोलिसिटर ने इस पूरे घटनाक्रम को 'किल्केनी बिल्लियों की लड़ाई' का नाम दिया।[277] मामला तब और गम्भीर हो गया जब इस हस्तक्षेप का कोई सन्तोषजनक समाधान नहीं निकला। सभी परम्पराओं और नियमों को दरकिनार कर मामले की स्वतन्त्र और निष्पक्ष जाँच के लिए अन्ततः इसे केन्द्रीय सतर्कता आयोग (सीवीसी) के सुपुर्द कर दिया गया जिसे अभी तक सीबीआई के विरुद्ध केवल भ्रष्टाचार–सम्बन्धी पर्यवेक्षी अधिकार ही प्राप्त थे। सीवीसी ने दोनों अधिकारियों को अविलम्ब अनिश्चितकाल के लिए अवकाश पर भेजे जाने की अनुशंसा की जिसे सरकार ने फ़ौरन मान लिया। ऐसा करते हुए सरकार ने जानबूझ कर दिल्ली पुलिस विशेष स्थापना अधिनियम, 1946 की अनदेखी की, जो स्वतन्त्रतापूर्वक काम करने के उद्देश्य से निदेशक के पद और कार्यकाल को किसी भी बाह्य हस्तक्षेप के विरुद्ध एक सुरक्षा प्रदान करता है।[278] सीवीसी ने भी इस गतिरोध में उसी अधिकारी का पक्ष लिया जो मोदी से अपनी निकटता के कारण जाना जाता था जबकि उस पर जो अभियोग लगाये गये थे वे प्रामाणिक रूप से अधिक पुष्ट थे। विशेष निदेशक पर कई दूसरे आरोप भी थे। सत्ताधारी पार्टी के नेताओं से निकटता के अतिरिक्त उस पर कई मौक़ों पर राजनीतिक पक्षपात के साथ मामलों की जाँच करने जैसे इलज़ाम भी लगाये जा चुके थे।

---

277. दीक्षा भारद्वाज, अ ब्रीफ हिस्ट्री ऑफ़ दी कैट्स ऑफ़ किल्केनी एंड व्हाई दे वेयर लिंक्ड टू सीबीआई'ज इंटरनल फ्यूड', *दी प्रिंट*, 6 दिसम्बर 2018। [किल्केनी कैट्स डिसट्रॉय ईच अदर इन दी कोर्स ऑफ़ देयर फाइटिंग]।

278. श्रुतिसागर यमुनान, 'बाई सेंडिंग दी सीबीआई डायरेक्टर ऑन लीव, दी सेंटर हैज स्ट्रेचड दी लॉ टू इट्स लिलिट्स', *स्क्रॉल. इन*, 24 अक्टूबर 2018।

किन्तु सबसे चिन्ताजनक बात यह थी कि दो शीर्षस्थ अधिकारियों की अनुपस्थिति में जिस अन्तरिम निदेशक को सीबीआई का कामकाज देखने का ज़िम्मा सौंपा गया था, उसकी पृष्ठभूमि विवादों से घिरी रही थी। इस बात ने ब्यूरो की साख पर ख़ासा बट्टा लगाया।[279]

उसी प्रकार न्यायिक व्यवस्था में भी जनवरी 2018 से सेंधमारी की प्रक्रिया आरम्भ हो गयी। पारम्परिक रूप से भारत की न्यायपालिका ने स्वयं को किसी भी राजनीतिक विवाद अथवा अन्तर्विरोध से मुक्त रखा था। लेकिन सर्वोच्च न्यायालय के चार वरिष्ठ न्यायाधीशों (उनमें रंजन गोगोई भी शामिल थे, जो बाद में भारत के मुख्य न्यायाधीश भी बने) ने परिपाटी भंग करते हुए एक प्रेस कॉन्फ्रेंस बुलायी और तत्कालीन मुख्य न्यायाधीश दीपक मिश्र से अपने पसन्दीदा न्यायाधीशों (जिन्हें 'मास्टर ऑफ़ रोस्टर' का नाम दिया गया था) को 'संवेदनशील' मुक़दमों की सुनवाई करने के पीछे की उनकी मंशा पर सवाल पूछे। उनकी दीर्घ टिप्पणियों का आशय सम्भवतः यह था कि मुख्य न्यायाधीश अपनी इस कार्रवाई के ज़रिये न्यायालय में सुनवाई को वास्तव में सरकार के पक्ष में प्रभावित करना चाहते थे। विवाद का एक दूसरा बिन्दु उत्तराखण्ड उच्च न्यायालय के तत्कालीन मुख्य न्यायाधीश की प्रोन्नति में होने वाला अकारण विलम्ब था जिनका चयन सर्वोच्च न्यायालय के न्यायाधीश–पद के लिए न्यायाधीशों के कॉलेजियम ने ही किया था। लेकिन उनकी प्रोन्नति में सरकार एक बड़ा अवरोध थी क्योंकि राज्य के अनेक मामलों में उन्होंने भाजपा के विरुद्ध निर्णय दिये थे।[280] आख़िरकार जब उनको प्रोन्नति दी गयी तो तब तक वरीयता के क्रम में वे अनेक महीने पीछे हो चुके थे, और सामान्य रूप से सर्वोच्च न्यायालय का मुख्य न्यायाधीश बन पाना उनके लिए असम्भव हो चुका था।

राजनीतिक लक्ष्यों को साधने के लिए टालमटोल और निष्क्रियता की यह तकनीक भाजपा सरकार की एक सोची–समझी चाल है और इसके

---

279. यमुनान, 'दी मोदी ईयर्स : डिड सीबीआई'ज क्राइसिस ऑफ़ क्रेडिबिलिटी गो अवे?' *स्क्रॉल.*इन, 5 मार्च 2019।

280. 'एस सी कॉलेजियम मीट्स बट डेफ़र्स डिसीजन ऑन एलेवेशन ऑफ़ जस्टिस के. एम. जोसफ़ टू एस सी', *सोलीगल,* 3 मई 2018 : पीटीआई, 'एस सी कॉलेजियम डेफ़र्स डिसीजन ऑन सेंटर आस्किंग इन टू रिकंसीडर जस्टिस के. एम. जोसफ़'स एलेवेशन', *आउटलुक,* 2 मई 2018।

लिए वह संस्थानों का दुरुपयोग करती है। ख़ाली पदों पर नयी नियुक्तियाँ नहीं की जा रही हैं जबकि इस किसी अधिकारी और कर्मचारी के अवकाश प्राप्त करने से पहले नयी नियुक्ति के लिए आवश्यक सूचनाएँ काफ़ी पहले सरकार को उपलब्ध करा दी जाती हैं। इस अकारण विलम्ब में अवरोधक बनने वाले अधिकारियों के अवकाश प्राप्त करने की स्वतः छँटाई का भी काम हो जाता है, ताकि उनकी जगह सरकार के प्रियपात्रों की नियुक्ति का मार्ग प्रशस्त हो सके।

भारत के मुख्य न्यायाधीश से यह अपेक्षा रहती है कि वे राजनीतिक हितों से मुक्त रहेंगे, लेकिन अप्रैल 2018 में कई राजनीतिक दलों ने मुख्य न्यायाधीश मिश्र के विरुद्ध ऊपरी सदन राज्यसभा में महाभियोग का प्रस्ताव पेश किया। भारतीय न्यायपालिका के इतिहास में यह एक असाधारण बात थी। हालाँकि राज्यसभा के सभापति और भारत के उपराष्ट्रपति ने प्रस्ताव को अस्वीकृत कर दिया, लेकिन उस अस्वीकृति को चुनौती देने के लिए दो सांसदों ने सर्वोच्च न्यायालय का दरवाज़ा खटखटाया। सर्वोच्च न्यायालय में मुख्य न्यायाधीश ने अपने ही विरुद्ध लगाये गये अभियोग की सुनवाई का ज़िम्मा अपनी पसन्द की खण्डपीठ को सौंप दिया।[281] अन्ततः सांसदों ने अपना मुक़दमा वापस ले लिया, लेकिन इस पूरे प्रकरण से न्यायपालिका की छवि पर जो धब्बा लगा, उसको मिटाना थोड़ा कठिन होगा। आरोपित मुख्य न्यायाधीश के उत्तराधिकारी रंजन गोगोई का कामकाज भी कम बुरा साबित नहीं हुआ, यह दीगर बात है कि उनके ख़िलाफ़ कभी महाभियोग नहीं लाया जा सकेगा। उन्होंने सरकार के एजेंडे को आगे बढ़ाने के लिए अनेक फ़ैसले दिये और स्वतन्त्र शीर्ष न्यायालय की गरिमा को गहरा आघात पहुँचाया। सर्वोच्च न्यायालय को एक 'कार्यकारी न्यायालय' में परिवर्तित कर देने के उनके कृत्य के एवज़ में प्रमुख विधिवेत्ताओं ने उनकी ख़ूब खिंचाई भी की।[282]

भारत के मुख्य न्यायाधीश के रूप में रंजन गोगोई का कार्यकाल तब और विवादों के घेरे में आ गया जब अप्रैल/मई 2019 में उन पर यौन

281. गौतम भाटिया, 'अ लुक बैक एट चीफ़ जस्टिस दीपक मिश्रा'ज एरर्स ऑफ़ कमीशन एंड ओमिशन', *दी वायर,* 3 अक्टूबर 2018।

282. फॉर दी मोस्ट स्कैथिंग (एंड कम्प्रीहेन्सिव) इनडिक्टमेंट, सी गौतम भाटिया, 'दी ट्राबुलिंग लिगेसी ऑफ़ चीफ़ जस्टिस रंजन गोगोई', *दी वायर,* 16 मार्च 2020।

शोषण के आरोप लगाये गये। बहरहाल अपने विरुद्ध लगाये गये आरोपों की सुनवाई करने के लिए उन्होंने ख़ुद को ही न्यायाधीश नियुक्त किया और अपने ख़िलाफ़ चलने वाले मुक़दमे को ख़ुद ही निरस्त भी कर दिया। अपनी अपारदर्शिता के लिए कुख्यात सर्वोच्च न्यायालय के कॉलेजियम की अध्यक्षता करते हुए उन्होंने उनमें से एक भी प्रावधान को नहीं बदला जिन पर अपने पूर्ववर्ती के कार्यकाल पर उनको आपत्ति थी। ग़ौरतलब है कि जिन चार असन्तुष्ट न्यायाधीशों ने प्रेस कॉन्फ्रेंस बुलाया था, उनमें एक रंजन गोगोई भी थे। उन्होंने फ़ैसला सुनाया कि एक सम्मानित और उदार समझे जाने वाले न्यायाधीश जस्टिस अकिल कुरैशी मध्य प्रदेश उच्च न्यायालय के मुख्य न्यायाधीश का पदभार सँभालने के लिए 'उपयुक्त' नहीं हैं। उन्हें त्रिपुरा उच्च न्यायालय भेज दिया गया लेकिन उनके निर्वासन का कारण नहीं बताया गया। इसका सीधा अर्थ था कि या तो न्यायाधीश की 'अनुपयुक्तता' को प्रमाणित करने के ठोस सबूत नहीं थे, या फिर त्रिपुरा उच्च न्यायालय में उनकी नियुक्ति उस न्यायालय का अपमान थी।[283] अपने खण्डपीठ से निर्णय देते हुए भारत के पूर्व मुख्य न्यायाधीश ने कई मौक़ों पर अजीबोग़रीब वक्तव्य भी दिये। मिसाल के तौर पर उपहासात्मक भाषण देने के अपराध में एक आदमी को जेल की सज़ा सुनाते हुए उन्होंने कहा कि 'जेल तुम्हारे लिए सबसे सुरक्षित जगह है', या जब एक महिला ने अनुच्छेद 19 (1) (क) के अन्तर्गत यह माँग की कि यह उसका संवैधानिक अधिकार है वह भारत के भू–भाग में कहीं भी आने–जाने के लिए स्वतन्त्र है। उसके इस प्रश्न पर मुख्य न्यायाधीश का उत्तर था कि 'श्रीनगर एक ठण्डी जगह है, आप आसपास कहीं क्यों जाना चाहती हैं?'[284] रोहिंग्या शरणार्थियों के सम्बन्ध में लम्बित याचिका के निष्पादन के क्रम में पूर्व मुख्य न्यायाधीश से यह अपेक्षा थी कि वे शरणार्थियों को बांग्लादेश फिर से वापस भेजने अथवा नहीं भेजने का निर्णय सुनाते हुए वे अन्तरराष्ट्रीय मानकों को ध्यान में रखेंगे। लेकिन जस्टिस गोगोई ने स्थापित अन्तरराष्ट्रीय नियमों के प्रति किसी प्रकार का सम्मान प्रकट नहीं किया, और न केवल मानवाधिकार सम्बन्धी दावों को ख़ारिज कर दिया बल्कि कश्मीर में लॉकडाउन और कश्मीरी राजनीतिक

283. वही।
284. वही।

नेताओं को बिना मुक़दमा चलाये उन्हें क़ैद में रखने से सम्बन्धित बन्दी प्रत्यक्षीकरण याचिका को भी यह कहकर निरस्त कर दिया कि न्यायालय के पास 'समय का अभाव है'। सर्वोच्च न्यायालय के काम करने की यह पद्धति नागरिक और संवैधानिक अधिकारों के प्रति उसके असंवेदनशील रवैये को प्रदर्शित करती है।[285]

रंजन गोगोई के भारत के मुख्य न्यायाधीश के पद पर नियुक्ति के तत्काल बाद सर्वोच्च न्यायालय ने अनेक लम्बित मुक़दमों की त्वरित सुनवाई आरम्भ कर दी और राजनीतिक रूप से संवेदनशील मुक़दमों में निर्णयों की झड़ी लगा दी। इनमें असम के राष्ट्रीय नागरिक पंजीकरण (एनआरसी) से लेकर बाबरी मस्जिद/राम जन्मभूमि जैसे विवादास्पद मामले शामिल थे। ग़ौरतलब है कि हिन्दुत्व आन्दोलन से सम्बन्धित होने के कारण इस 'भूमि विवाद' में केन्द्र की सत्ताधारी पार्टी के अपने राजनीतिक हित छिपे थे। दूसरी तरफ़ कश्मीर से जुड़े उन सभी मुक़दमों की नज़रअन्दाज़ी की गयी जिनका प्रत्यक्ष सम्बन्ध संवैधानिक सिद्धान्तों से था।[286] विधि–विश्लेषक गौतम भाटिया के कथनानुसार, 'न्यायपालिका के अधिकार न्यायालय से एक कार्यकारी न्यायालय में परिवर्तित होने की यह प्रक्रिया बजाप्ता पूर्व–मुख्य न्यायाधीश गोगोई की देखरेख में सम्पन्न हुई। उनके पदभार ग्रहण के पहले कुछेक मामलों में अपने दागदार इतिहास के बावजूद सर्वोच्च न्यायालय आम आदमी के अधिकारों को प्राथमिकता देने और उनकी रक्षा करने के लिए प्रतिबद्ध संस्था के रूप में काम कर रहा था। लेकिन गोगोई के कार्यकाल में सर्वोच्च न्यायालय एक ऐसी संस्था में तब्दील हो गया जो न केवल अब कार्यपालिका की भाषा बोलने लगा था बल्कि अपने आचरण में भी कार्यपालिका का पर्याय बन गया था।'[287] रंजन गोगोई की यही विरासत है कि उन्होंने मोदी के शासनकाल में सर्वोच्च न्यायालय की सांस्थानिक विश्वसनीयता को नुक़सान पहुँचाने में कोई कसर बाक़ी नहीं रखी। लेकिन सरकार के 'राष्ट्रवादी' एजेंडे की सिद्धि के लिए यह आवश्यक है कि किसी समय स्वतन्त्र रह चुकी न्यायपालिका मोदी सरकार के क़दम से क़दम मिलाकर चले। ज़ाहिर बात है कि मुख्यधारा

285. 'इंडिया : फ्री कश्मीरीज आर्बिट्रेरिली डिटेन्ड', *ह्यूमन राइट वाच,* 16 सितम्बर 2019।
286. भाटिया, 'दी ट्राबुलिंग लिगेसी ऑफ़ चीफ़ जस्टिस रंजन गोगोई'।
287. वही।

द्वारा की गयी आलोचना और प्रतिरोध के स्वर को या तो चुप हो जाने के लिए बाध्य कर दिया गया, या फिर उस पर ध्यान देने की ज़रूरत ही महसूस नहीं की गयी।[288]

अवकाश ग्रहण करने के कुछ हफ़्ते के भीतर ही गोगोई को आश्चर्यजनक ढंग से भारतीय संसद के ऊपरी सदन राज्यसभा में मनोनीत पद पर नियुक्त कर लिया गया। ऐसे किसी सम्मानित पद पर नियुक्ति का प्रस्ताव और उस प्रस्ताव को तत्काल स्वीकृत कर लेना हमें उस चेतावनी की याद दिलाता है जो भाजपा नेता अरुण जेटली ने उस समय दी थी जब वे प्रतिपक्ष में थे।

> अवकाश ग्रहण करने के पहले दिये गये फ़ैसले प्रायः अवकाशप्राप्ति के बाद की महत्त्वाकांक्षाओं से प्रभावित होते हैं...लेकिन अवकाश ग्रहण करने के बाद ऐसे प्रलोभन देश की न्यायपालिका की निष्पक्षता पर नकारात्मक असर डालते हैं...इसलिए इस आचरण को तत्काल समाप्त करने की आवश्यकता है।

मतदान पेटी का अनुसरण करने और समय के अनुसार 'चलने' की न्यायाधीशों की इस समझौतावादी प्रवृत्ति से बचा जाना चाहिए। न्यायपालिका किसी भी लोकतन्त्र की जीवनरेखा होती है, और यदि जनता इसमें अपना विश्वास खो देती है तो इसका सीधा अर्थ है कि वह लोकतन्त्र पर से भी अपना विश्वास खो चुकी है।[289] उक्त आपत्ति के बावजूद जब जेटली जीवित थे तो मोदी सरकार ने एक पूर्व–मुख्य न्यायाधीश पी. सथासिवम को केरल का राज्यपाल नियुक्त किया।[290] कहावत के मुताबिक़ 'सीजर की पत्नी' (Caesar's wife should be above suspicion) की तरह ही मुख्य

---

288. वृन्दा गोपीनाथ, '"हिज एमिनेन्स" रंजन गोगोई एंड अ लिगेसी ऑफ़ डेलीबेरेट ओमिसन एंड कमीशन', *न्यूज़लांड्री*, 20 मार्च 2020; 'हाउ विल सीजीआई रंजन गोगोई'ज लिगेसी इम्पैक्ट दी सुप्रीम कोर्ट?', *दी प्रिंट*, 14 नवम्बर 2019; गौतम भाटिया, 'दी ट्राबुलिंग लिगेसी ऑफ़ चीफ़ जस्टिस रंजन गोगोई'।
289. 'व्हाट अरुण जेटली सेड ऑन पोस्ट–रिटायरमेंट जॉब्स फॉर जजेज', *आउटलुक*, 3 सितम्बर 2014।
290. 'गवर्नमेंट अपॉएन्ट्स फॉर्मर सीजेआई पी. सथासिवम एज गवर्नर ऑफ़ केरला', *इकोनोमिक टाइम्स*, 4 सितम्बर 2014।

न्यायाधीशों को भी किसी संशय से ऊपर होना चाहिए। लेकिन मोदी के भारत में इस सिद्धान्त को मानो ताक पर रख दिया गया है।

ठीक इसी तरह भारत का निर्वाचन आयोग भी एक स्वतन्त्र और स्वायत्तशासी संवैधानिक इकाई रहा है। हालाँकि उसके सदस्यों की नियुक्ति एक निर्धारित कार्यकाल के लिए तत्कालीन सरकारें करती रही हैं और सदस्य भी अमूमन अवकाशप्राप्त नौकरशाह ही होते हैं, लेकिन देश में निष्पक्ष और स्वतन्त्र चुनाव संचालित करने का उसका दशकों पुराना गौरवशाली इतिहास रहा है। अतीत में निर्वाचन आयोग ने अपनी सत्यनिष्ठा के कारण पर्याप्त प्रतिष्ठा अर्जित की थी, लेकिन उसकी प्रतिष्ठा को गहरा आघात 2018 में तब लगा जब भाजपा द्वारा नियुक्त आयोग के मुखिया ने सभी पूर्व परम्पराओं को तोड़ते हुए उन सभी राज्यों में जिनमें चुनाव होने थे, एक ही साथ चुनाव कराने की घोषणा कर दी। लगभग पच्चीस साल पहले आयोग ने चुनाव घोषित हो जाने के बाद मतदाताओं को सरकारी ख़र्चे से प्रभावित करने से रोकने के उद्देश्य से आदर्श आचार संहिता लागू की थी। लेकिन 2018 में गुजरात विधानसभा के चुनावों की घोषणा के बाद भाजपा की केन्द्र सरकार और राज्य सरकार ने नयी योजनाओं और चुनाव–पूर्व मतदाताओं के लिए मुफ़्त उपहारों की बरसात कर दी। निर्वाचन आयोग पर यथासम्भव चुनाव की तिथि की घोषणा देर से करने का दबाव डाला गया था।[291] आश्चर्य की बात यह थी कि हिमाचल प्रदेश में भी गुजरात के साथ ही चुनाव होने थे, लेकिन आयोग ने अकारण तत्परता दिखाते हुए वहाँ तेरह दिन पहले ही चुनाव कराने की घोषणा कर दी। आयोग का तर्क था कि उसने बाढ़ से राहत सम्बन्धी सेवा के लिए गुजरात सरकार को अतिरिक्त छूट दी थी (यह तय था कि आदर्श आचार संहिता भी राज्य में राहत के कामों में सम्भवतः बाधक नहीं बनती)। अनेक पूर्व चुनाव आयुक्तों ने आयोग के इस निर्णय की

---

291. पीटीआई, 'पी एम पुट प्रेशर ऑन इलेक्शन कमीशन टू डिले प्रेस कॉन्फ्रेंस : रणदीप सिंह सुरजेवाला', *इकोनोमिक टाइम्स*, 6 अक्टूबर 2018; 'इलेक्शन कमीशन एक्टेड अंडर मोरल प्रेशर', *दी हिन्दू*, 26 अक्टूबर 2017; आईएएनएस, 'पीएम मोदी प्रेशर्ड ईसी टू डिले अनाउंसमेंट ऑफ़ इलेक्शन डेट्स : कांग्रेस', *बिज़नेस स्टैंडर्ड*, 6 अक्टूबर 2018।

आलोचना की।[292] यहाँ तक कि गुजरात सरकार और स्वयं प्रधानमन्त्री ने इस विलम्ब का भरपूर लाभ उठाया और चुनावों के ऐन पहले राज्य में अनेक विकास और कल्याणकारी योजनाओं की घोषणा की। भारत के लोकतन्त्र के लिए निश्चित रूप से यह एक हताशाजनक बात थी कि स्वतन्त्र और निष्पक्ष चुनाव को सुनिश्चित करने वाली सर्वोच्च संस्था ही किसी व्यक्ति अथवा विचार–विशेष से प्रभावित होकर काम करने लगे। ख़ासतौर पर फ़ेसबुक जैसे सोशल मीडिया और कैम्ब्रिज अनैलेटिका जैसी अन्तरराष्ट्रीय एजेंसी ने अपनी रिपोर्टों में जब इलेक्ट्रोनिक वोटिंग मशीन (ईवीएम) के ज़रिये डाले गये मतों से सम्बन्धित डाटा में छेड़छाड़ करने का आरोप लगाया तो आयोग के कामकाज के तरीक़ों की फ़जीहत होना बहुत स्वाभाविक था।[293] लेकिन मोदी तो आयोग के प्रति अपने तिरस्कारपूर्ण दृष्टिकोण को गुजरात में अपने मुख्यमन्त्रित्व के शुरुआती दिनों में ही प्रकट कर चुके थे। उन्होंने अगस्त 2002 में वड़ोदरा में एक जनसभा में तत्कालीन मुख्य चुनाव आयुक्त को अपना निशाना बनाते हुए कहा था, 'कुछ पत्रकारों ने पिछले दिनों मुझसे यह पूछा, "क्या जेम्स माइकल लिंगदोह इटली से आये हैं?",' मोदी ने मुख्य चुनाव आयुक्त का पूरा नाम शायद इसलिए लिया क्योंकि वे लिंगदोह की ईसाई उत्पत्ति को रेखांकित करना चाहते थे। 'मैंने कहा, मेरे पास उनकी जन्मपत्री नहीं है, मुझे राजीव गाँधी से पूछना होगा। तब पत्रकारों ने कहा, "क्या वे (लिंगदोह और सोनिया) चर्च में मिलते होंगे?" मैंने जवाब दिया, "हो सकता है वे मिलते हों"।'[294] हालाँकि लिंगदोह इस घटना से ज़रा भी विचलित नहीं हुए, लेकिन मोदी ने निर्वाचन आयोग के प्रति अपना दृष्टिकोण (और अपेक्षाओं को भी) स्पष्ट कर दिया था।

इस पूरे घटनाक्रम में सबसे चिन्ताजनक बात यह थी कि भाजपा शासन के अधीन निर्वाचन आयोग किसी सरकारी विभाग जैसा आचरण करने लगा था। मामले में गम्भीर मोड़ तब आ गया जब दिल्ली उच्च

---

292. सी, फॉर इंस्टैंस, विजेता सिंह, 'ईसीआई डिसीजन टू नॉट अनाउंस गुजरात पोल डेट्स सरप्राइजेज़ फॉर्मर सीआईसी एस. वाई. कुरैशी', *दी हिन्दू*, 12 अक्टूबर 2017।
293. अनुपम सराफ, 'इज़ दिस माय वोट?', *फ्रंटलाइन*, 24 मई 2019।
294. मोनोबिना गुप्ता, 'दी लिगेसी ऑफ़ डिफरेंट सीईसी : व्हेन जे. एम. लिंगदोह स्टूड अप टू मोदी', *दी वायर*, 6 मई 2019।

न्यायालय ने निर्वाचन आयोग के उस फ़ैसले को निरस्त कर दिया जिसमें आयोग ने आम आदमी पार्टी के बीस विधायकों को तकनीकी आधार पर अयोग्य घोषित कर दिया था। ज़ाहिर है, आयोग ने यह कार्रवाई भाजपा को लाभ पहुँचाने के उद्देश्य से की थी ताकि उपचुनावों में जीत हासिल करके वह अपनी सीटों में बढ़ोतरी कर सके। न्यायालय ने इस निर्णय को 'ग़ैरक़ानून सम्मत' और 'स्वाभाविक न्याय के सिद्धान्तों का उल्लंघन' बताया।[295] भारत की लोकतान्त्रिक प्रक्रिया के निष्पक्ष संचालन में महत्त्वपूर्ण भूमिका निभाने के लिए इतनी बहुप्रशंसित संस्था का इतना अधोपतन आख़िरकार कैसे हुआ? इसका सरल उत्तर है कि केन्द्र की सत्ताधारी पार्टी इसके लिए उत्तरदायी है जिसने इस संस्था पर सरकार की इच्छानुसार काम करने का दबाव डाला।

मोदी सरकार ने सशस्त्र सुरक्षा बलों का राजनीतिकरण करने में भी कोई संकोच नहीं दिखाया। उसने सेना प्रमुख की नियुक्ति में न केवल कालबद्ध वरीयता के सिद्धान्तों की अवहेलना की बल्कि एक भूतपूर्व जनरल को मन्त्रिमण्डल में पद भी दे दिया। साथ ही सरकार ने अपने राजनीतिक प्रचार के लिए सेना का बारम्बार दुरुपयोग किया। म्यांमार में विद्रोहियों का पीछा करने के लिए सुरक्षा बलों की छापेमारी और 2016 में वास्तविक नियन्त्रण रेखा के पार पाकिस्तान के ख़िलाफ़ 'सर्जिकल स्ट्राइक' जैसी कार्रवाइयों को पार्टी के चुनाव अभियान का मुद्दा बनाया गया। इस सैनिक कार्रवाई का समारोहपूर्वक जश्न मनाने के लिए बाद में 'सर्जिकल स्ट्राइक दिवस' मनाने की भी घोषणा की गयी। यह ऐसा अतिशयपूर्ण निर्णय था जो कांग्रेस की सरकार ने कई बड़ा सर्जिकल स्ट्राइक करने के बाद भी कभी नहीं लिया। इसी प्रकार बालाकोट पर की गयी छापेमारी को भी मतदाताओं को लुभाने के उद्देश्य से बहुविज्ञापित किया गया। हालाँकि मोदी सरकार इस उद्देश्य में कितना सफल हुई यह अभी भी विवाद का विषय है, किन्तु इस सियासत और फ़ौज के घालमेल से यह बुनियादी सिद्धान्त अवश्य कलंकित हुआ कि राष्ट्रीय सुरक्षा जैसा संवेदनशील मसला विवेक और पक्षपातहीनता के साथ निबटाया जाना चाहिए।

---

295. अभिनव गर्ग, 'एचसी सेट्स असाइड ईसी डिसक्वालीफिकेशन 20 एमएलए'ज, आस्क्स फॉर फ्रेश हियरिंग', *टाइम्स ऑफ़ इंडिया*, 24 मार्च 2018।

भारत में नागरिक और सैनिक क्षेत्रों के बीच विभाजन की दृढ़ और सुस्थापित परम्परा ऐसे निर्णयों से निश्चित रूप से क्षीण हो रही है। इसकी वजह बिल्कुल स्पष्ट है कि भाजपा सैन्यबलों का राजनीतिक हित के लिए उपयोग कर रही है और उसका परिणाम यह हुआ है कि सेना के उच्चाधिकारी मीडिया के ज़रिये उन मुद्दों पर अपना पक्ष रखने लगे हैं जिन पर वक्तव्य देने का विशेषाधिकार अब तक केवल राजनेताओं का ही था। सैन्यबलों का राजनीतिकरण करने के उपरान्त राजनीति का सैन्यकरण करना बहुत सरल काम हो जाता है, हालाँकि यह प्रक्रिया अभी बिल्कुल अपनी आरम्भिक अवस्था में है, बल्कि व्यवहार में लागू किये जाने की बजाय मोदी सरकार फ़ौज का इस्तेमाल जनभावनाओं के साथ खिलवाड़ करने की मंशा से अधिक कर रही है। सरकार सैनिक बलों को उसकी साधनहीनता के साथ ही काम करता देखकर ख़ुश है। भारतीय फ़ौज को लड़ाकू विमानों, असलाह–बारूद और अतिरिक्त सामानों और साधनों की तंगी से निरन्तर जूझना पड़ रहा है। यह सभी तथ्य संकेत करते हैं कि सरकार नागरिकों को सिर्फ़ शब्दाडम्बर में ही उलझाये रखना चाहती है, जब सेना की बेहतरी के लिए ठोस पहल करने का अवसर आता है तो उसका रवैया पक्षपातपूर्ण हो जाता है।

मोदी सरकार की इस नीयत का स्पष्ट संकेत 2018 के कर्नाटक विधानसभा के चुनावों में देखने को मिला जब ख़ुद प्रधानमन्त्री ने भारत के पहले प्रधानमन्त्री पर कथित रूप से कर्नाटक से आये दो सेना प्रमुखों का अपमान करने का झूठा आरोप लगाकर उन्हें बदनाम करने की कोशिश की। सेना को राजनीति से दूर रखना चाहिए, जिसका अनुरोध तत्कालीन सेना प्रमुख ने भी किया था[296], और फ़ौज किसी भी प्रादेशिक या धार्मिक निष्ठा से ऊपर होती है–लेकिन तात्कालिक स्वार्थों की पूर्ति के लिए भारतीय सेना के दुरुपयोग ने इन दोनों सिद्धान्तों की धज्जियाँ उड़ा दीं। बात यहीं पर ख़त्म नहीं हुई। 2019 में सरकार ने सैन्यबलों के प्रमुख के लिए एक नया पद सृजित किया और उस पर शीघ्र अवकाश ग्रहण कर जाने वाले

296. एक्सप्रेस न्यूज़डेस्क, 'डिफेन्स फोर्सेज वर्क बेस्ट इन अ सेक्युलर एनवायरमेंट, शुड बी केप्ट अवे फ्रॉम पॉलिटिक्स, सेज आर्मी चीफ़', *इंडियन एक्सप्रेस*, 6 दिसम्बर 2017।

थल सेना प्रमुख जनरल बिपिन रावत को नियुक्त किया। लेकिन 2020 में जनरल ने राजनीतिक दलों और विदेश नीति पर ऐसी अनेक टिप्पणियाँ कीं जिनके लिए उनकी तीखी आलोचना हुई क्योंकि एक सैनिक अधिकारी से ऐसी अमर्यादित टिप्पणियों की अपेक्षा नहीं थी।[297] अपने राजनीतिक आकाओं को ख़ुश करने के इरादे से फ़ौज के बड़े अधिकारियों के मीडिया में दिये गये बयान सैन्य परम्पराओं के न केवल विरुद्ध थे बल्कि इन बयानों से जनरल के साथ–साथ उसकी सरकार भी अनेक अवसरों पर एक असहजता महसूस करती थी।[298]

यह फ़ेहरिस्त अच्छी–ख़ासी लम्बी है। मिसाल के तौर पर केन्द्रीय माध्यमिक शिक्षा बोर्ड (सीबीएसई) का उल्लेख करना ज़रूरी होगा। 2019 में नेशनल स्कूल–लीविंग परीक्षाओं में प्रश्नपत्रों के विवादास्पद लीक–प्रकरण ने इस संगठन की छवि को अपूरणीय क्षति पहुँचाई। दूसरा मामला केन्द्रीय सूचना आयोग (सीआईसी) का है जिसके अधिकांश शीर्ष पद या तो रिक्त हैं[299], या फिर आयोग में आवश्यकता के अनुसार पर्याप्त संख्या में कर्मचारियों को जानबूझकर नियुक्त नहीं किया गया है। अब आयोग में कार्यरत अधिकारियों और कर्मचारियों के वेतन भी सरकार की इच्छानुसार

---

297. शोएब दानियाल, 'व्हाई आर्मी चीफ़ रावत'स कमेंट्स शुड वरी आल इंडियंस हु केयर अबाउट डेमोक्रेसी', *स्क्रॉल. इन,* 22 फ़रवरी 2018।

298. फॉर इंस्टैंस : 'लास्ट वीक, जेन. बिपिन रावत ड्रियू क्रिटिसिज़्म फ्रॉम दी ओपोजिशन पार्टीज आफ्टर ही पब्लिकली क्रिटीसाइज़्ड पीपल लीडिंग प्रोटेस्ट्स ओवर द न्यू सिटीज़नशिप लॉ, सेयिंग लीडरशिप इज़ नॉट अबाउट गाइडिंग मासेज टू कैरी आउट आर्सेन एंड वायलेंस अक्रॉस दी कंट्री। देयर वेयर आल्सो शार्प रिएक्शन फ्रॉम एक्टिविट्स एंड मिलिट्री वेटरन्स हू अक्यूज्ड हिम ऑफ़ मेकिंग पोलिटिकल रिमार्क्स, देयर बाय कोम्प्रोमा जिंग दी लॉन्ग–हेल्ड कन्वेंशन इन दी आर्मी ऑफ़ नॉट वेडिंग इनटू पोलिटिकल मैटर्स। इन हिज थ्री–ईयर्स टेन्योर एज आर्मी चीफ़, ही फेस्ड अलिगेशंस ऑफ़ नॉट रेमेनिंग पोलिटिकली न्यूट्रल।' मंजीत सिंह नेगी, 'अ डे बिफोर हिज रिटायरमेंट, जेन. बिपिन रावत अपोइंटेड इंडिया'ज फ़र्स्ट चीफ़ ऑफ़ डिफेंस स्टाफ', *इंडिया टुडे,* 30 दिसम्बर 2019।

299. टिल दी पैसेज ऑफ़ एन अमेंडमेंट इन 2019, सीआईसी सैलरीज वेयर फिक्स्ड बाय लॉ ऑन पर विथ दोज ऑफ़ सुप्रीम कोर्ट जजेज। दी रिवाइज़्ड लॉ परमिट्स दी गवर्नमेंट टू फिक्स ऑर अमेंड दी सैलरीज ऑफ़ इंडिविजुअल इन्फोर्मेशन कमिशनर्स एज इट विशेज, कंसीडरेबली डाइल्युटिंग दी इंडिपेंडेंस ऑफ़ इंडिविजुअल इन्फोर्मेशन कमीशन।

निर्धारित किये जा सकते हैं। किसी भी स्वायत्तशासी संस्था की स्वतन्त्रता पर इससे बड़ा हमला नहीं हो सकता है। यही स्थिति कमोबेश केन्द्रीय सांख्यिकी कार्यालय (सीएसओ) की भी है जिस पर सरकार के आर्थिक प्रबन्धन का छद्म कौशल प्रदर्शित करने के लिए आँकड़ों में छेड़छाड़ करने के गम्भीर आरोप लगाये गये हैं। यह छेड़छाड़ सकल घरेलू उत्पादन (जीडीपी) की गणना में आधार–वर्ष को कथित रूप से बदलकर की गयी है। जब सरकार ने आधिकारिक आँकड़े को दबाने की कोशिश की तो अनेक शीर्ष अधिकारियों ने असहजता अनुभव करते हुए सरकार को अपना इस्तीफ़ा सौंप दिया।[300] इस सांस्थानिक क्षरण से राज्यों में राज्यपाल का पद भी नहीं बच पाया और कई राज्यपाल अपने पद की संवैधानिक गरिमा को भूल कर सत्ताधारी पार्टी के सुर में सुर मिलाने लगे। नियन्त्रक और महालेखाकार परीक्षक (सीएजी) को सरकार के वित्तीय लेखाजोखा का स्वतन्त्र अंकेक्षक माना जाता है। उसी की रिपोर्टों को संसद की लोक लेखा समिति अपने आकलन का वित्तीय आधार मानती रही है। इस पद को सरकार के हस्तक्षेप से पूरी तरह स्वतन्त्र मानने की परम्परा रही है। बल्कि, एक महालेखाकार परीक्षक विनोद राय ने अपनी रिपोर्ट में 2G टेलिकॉम स्पेक्ट्रम के आबंटन में वित्तीय अनियमितता का आरोप भी लगाया था। लेकिन मोदी–काल में इस पद की प्रतिष्ठा को धूमिल करने में सरकार ने कोई कोताही नहीं दिखाई और उस पर एक वैसे पूर्व नौकरशाह को नियुक्त कर दिया जिस पर सरकार को अपने प्रति वफ़ादार बने रहने का पक्का भरोसा था। एक पूर्व गृह सचिव जो मोदी सरकार के प्रति अपनी व्यक्तिगत निष्ठा के कारण नये केन्द्र शासित प्रदेश जम्मू और कश्मीर के पहले उपराज्यपाल बनाये गये थे, उनको अपने ओहदे से इस्तीफ़ा दिलवाकर महालेखाकार परीक्षक का पद सौंपा गया।[301]

---

300. सी असित रंजन मिश्र, 'एनएससी मेम्बर्स रिजाइन आफ्टर रो ओवर एनएसएसओ एम्प्लॉयमेंट रिपोर्ट', *लाइवमिंट*, 30 जनवरी 2019; मिलन शर्मा, 'वाज साइडलाइन्ड, गवर्नमेंट नॉट रिलीजिंग जॉब फिगर्स, सेज नेशनल स्टेटिस्टिक्स कमीशन चीफ़ पी. सी. मोहनन ऑन व्हाई ही क्विट', *इंडिया टुडे*, 30 जनवरी 2019; प्रसन्ना मोहन्ती, 'जीडीपी बेस इयर रो : व्हाट्स दी प्रॉब्लम विथ रि–बेसिंग इंडिया'ज ग्रोथ कैलकुलेशंस', *बिज़नेस टुडे*, 13 नवम्बर 2019।

301. गिरीश चन्द्र मुर्मू, 'एक्स जे एंड के गवर्नर गिरीश चन्द्र मुर्मू स्वोर्न इन एज इंडिया'ज न्यू सीएजी', *बिज़नेस स्टैंडर्ड*, 8 अगस्त 2020।

जहाँ तक 'लोकतन्त्र का मन्दिर' कहा जाने वाले भारतीय संसद का प्रश्न है, तो उसकी कार्यवाही अब केवल एक प्रहसन बनकर रह गयी है। सरकार के संकेत पर गठबन्धन के सांसदों और अन्य समर्थकों ने संसद के सत्रों को बार–बार बाधित किया और संवेदनशील और महत्त्वपूर्ण विषयों पर बहस में गतिरोध उत्पन्न करने का काम किया। परिणामतः संसद में सांसदों की उपस्थिति में भारी गिरावट आयी। चर्चा में व्यवधान और गतिरोध और सत्रों में उपस्थिति के मामले में सांसदों की अरुचि–इन दोनों ही नकारात्मक प्रवृत्तियों ने लोकतन्त्र में संसद की रचनात्मक और गम्भीर भूमिका पर प्रश्नचिह्न खड़ा कर दिया और सरकार के लिए इसका महत्त्व अपनी नीतियों और निर्णयों से अवगत कराने वाले सूचनापट से अधिक नहीं रह गया। ऐसा प्रतीत होता था कि सरकार इस 'मन्दिर' को नष्ट कर देने के लिए कृतसंकल्प थी, और सदन में अपने कुशासन के विरुद्ध किसी प्रकार की गुहार अथवा प्रार्थना सुनने को कतई तैयार नहीं थी। संसदीय उत्तरदायित्व में सरकार की इस अरुचि को ठोस आधार तब मिल गया जब मार्च 2020 में कोरोना वायरस के देशव्यापी संक्रमण के बाद यह अनेक महीनों तक स्थगित रही और संसद की किसी भी समिति की बैठक नहीं बुलाई जा सकी। जब महीनों के स्थगन के बाद सदेह उपस्थिति के साथ समितियों की बैठकों की इजाज़त मिली तो लॉकडाउन के प्रतिबन्धों ने सदस्यों की सहभागिता को बहुत कम कर दिया। समितियों के अध्यक्षों ने जब आंशिक उपस्थिति के साथ ऑनलाइन बैठक बुलाने की माँग की तो गोपनीयता का हवाला देते हुए इस माँग को भी अस्वीकृत कर दिया गया। लेकिन महामारी के पूर्व भी ऐसे मौक़े दुर्लभ दिखे जब देश से सम्बन्धित किसी महत्त्वपूर्ण विषय पर तर्कसम्मत बहस हुई हो। संसद में मोदी काल में काम करने का एक ही सिद्धान्त है–सरकार प्रस्ताव लायेगी और प्रतिपक्ष इसका विरोध करेगा। जब मुद्दे पर सहमति नहीं बन पायेगी तो सदन में मतदान कराया जायेगा। ऐसी स्थिति में अपने ध्वंसकारी बहुमत के कारण सरकार की जीत निश्चित है।

सरकार अपनी इस कार्यपद्धति को अपने राष्ट्रवादी एजेंडे की दृष्टि से न्यायसम्मत मानती है। उसकी परिभाषा के अनुसार सरकार की नीतियों और निर्णयों का विरोध करने वाले असन्तुष्ट दरअसल राष्ट्रविरोधी हैं। चूँकि भारतीय लोकतन्त्र और भारतीय राष्ट्रवाद इतनी बारीक़ी से आपस

में गुँथे हुए हैं कि भाजपा पूरे ज़ोरशोर से जिस 'राष्ट्र–विरोध' के भय की बात करती है, वह अपने आप में ही एक राष्ट्रविरोध है। पहले पर कोई हमला दूसरे पर स्वतः हमला है। भय इस बात का है कि नस्लीय राष्ट्रवाद भारत को व्यवहार में एक राजनीतिक वर्ण–संकर की दिशा में लिए जा रहा है जहाँ शासन का आवरण तो लोकतन्त्र सरीखा दीखता है लेकिन आन्तरिक चरित्र में वह अधिनायकवादी है जो अपने शासनादेश के विरुद्ध किसी असन्तोष की इजाज़त नहीं देता है। आप चाहें तो इस स्थिति को अंग्रेज़ी में dictatocracy का नाम दे सकते हैं।

भारत के उदार विश्वविद्यालयों और शिक्षा के केन्द्रों में यह प्रवृत्ति जितनी स्पष्ट रूप में दिखती है, वैसी कहीं अन्यत्र नहीं नज़र आती है। ऐसा लगता है मानो सरकार को इस बात की कोई परवाह नहीं है कि भारत गणराज्य में इन विश्वविद्यालयों का प्रमुख उद्देश्य एक ऐसे परिपक्व मानस का निर्माण करना है जो उस लोकतन्त्र में अपनी सम्यक् सहभागिता दे सके जिसका भविष्य उसके नागरिकों की ढंग से पड़ताल करके अपना योग्य प्रतिनिधि चुनने की क्षमता पर निर्भर है। विश्वविद्यालयों का एक उद्देश्य हमारी समझ को विस्तार देने में हमारी मदद करना भी है ताकि हम लोकतन्त्र के प्रति अपने कर्तव्यों का निर्वहन कर सकें। एक गतिशील लोकतन्त्र में विश्वविद्यालय तर्कों, विमर्शों और असहमत होने के लिए उपयुक्त जगह माने जाते हैं, वे केवल सहमति और स्वीकृति के लिए नहीं निर्मित हैं। विश्वविद्यालय वे स्थान हैं जहाँ युवाओं को अपने शैक्षणिक करियर के अलावा भी अन्य बृहत्तर उद्देश्यों को समझने का अवसर मिलता है। इसके पीछे उनकी विविध गतिविधियों, राजनीतिक उत्साह, वैचारिक पक्षधरता और निजी अभिरुचियों की महत्त्वपूर्ण भूमिका होती है। ज़्यादातर युवा इसी प्रक्रिया में ही सम्पूर्णता के साथ विकसित हो पाते हैं क्योंकि इस प्रक्रिया में वे उन अतिवादी और अव्यावहारिक दृष्टिकोणों से मुक्त हो सकते हैं जिन्हें उन्होंने युवावस्था के अतिउत्साह से वशीभूत होकर अपना लिया था। मिसाल के तौर पर सेंट स्टीफेन के मेरे सहपाठी रह चुके दो कट्टर वामपन्थी आज की तारीख़ में दक़ियानूसी पण्डित हैं और फ़िलहाल भाजपा में हैं। यदि उन्हें आज याद दिलाया जाये कि जिन सैद्धान्तिक मूल्यों से उन्हें घृणा थी, आज उनको अपनाकर ही उन्होंने राजनीति में अपने लिए महत्त्वपूर्ण स्थान बनाया है, तो निश्चित रूप से वे संकोच में पड़ जायेंगे।

इससे कहीं बड़ी बात यह है कि एक राष्ट्र के रूप में भारत इतना कमज़ोर नहीं है कि कुछ भटके हुए छात्रों की ग़ैर–ज़िम्मेदार नारेबाज़ियों से इसके टुकड़े हो जायेंगे। लेकिन भारत गणराज्य के लोकतान्त्रिक चरित्र को क्षीण करने की कोशिशों से इस देश का मूलतत्त्व अवश्य नष्ट हो जायेगा, और निश्चित रूप से उस महान राष्ट्रीय अभियान को भी आघात पहुँचेगा जिसका आरम्भ 1947 में भारत की स्वतन्त्रता के बाद हमारे राष्ट्रवादी नेताओं ने किया था। असहमति को 'राष्ट्र–विरोध' का नाम देकर और इस तरह से असहमति को अवैध घोषित कर भाजपा के शासक भारत के उस बुनियादी आदर्श के साथ विश्वासघात कर रहे हैं, टैगोर के अमर कथन के अनुसार, 'जहाँ (जिस भारत में) हृदय पूरी तरह भयमुक्त हो (where the mind is without fear)।'[302]

विश्वविद्यालयों पर भाजपा के हमले वास्तव में सुनियोजित और सुविचारित हैं, और भारतीय लोकतन्त्र के लिए ये हमले ख़तरनाक हैं। जेएनयू की घटनाएँ और जनवरी 2016 में प्रताड़ना के कारण हैदराबाद में दलित छात्र रोहित वेमुला की आत्महत्या इस बात के मिसाल हैं कि हम अपने छात्रों और विद्वानों को उन व्यक्ति या संगठनों के राजनीतिक हस्तक्षेप से सुरक्षित रखने में नाकाम रहे हैं जो शैक्षणिक स्वतन्त्रता को नष्ट करने के लिए मनमाने तरीक़े अपनाने पर आमादा हैं। हरियाणा और गुजरात के पाठ्यक्रम में दीनानाथ बत्रा द्वारा लिखित और आरएसएस–समर्थित 'समाज विज्ञान' जिसमें न तो 'समाज' की चिन्ता है और न 'विज्ञान' ही दीखता है का उदाहरण ले लें, या राजनीति से प्रेरित वेमुला का मामला हो, या फिर मैगसेसे पुरस्कार से सम्मानित सामाजिक कार्यकर्ता प्रोफ़ेसर संदीप पाण्डेय को उनके पद से हटाये जाने का मामला हो, यह बात साफ़–साफ़ परिलक्षित होती है कि बौद्धिक वर्ग को आतंकित करने और उनकी चुनौतियों को अस्वीकृत करने के इरादे से एक देशव्यापी राजनीतिक मुहिम चलाये जाने की शुरुआत हो चुकी है, और विश्वविद्यालयों पर हमला इसका सबसे आसान ज़रिया है। प्रोफ़ेसर पाण्डेय का भी 'अपराध' यही था उन्होंने बनारस हिन्दू विश्वविद्यालय की कार्यपद्धति से असहमत होने का दुस्साहस दिखाया।

---

302. टैगोर, *गीतांजलि*।

कॉलेज छात्रों से भाजपा का यह भय भारतीय लोकतन्त्र के स्वरूप के प्रति उसके असम्मानजनक विचारों की एक मिसाल है। ये विचार स्वतन्त्रता के बाद से ही निरन्तर अभिव्यक्त होते रहे हैं। उनको सम्भवतः यही प्रतीत होता है कि भारत की स्वतन्त्रता एक इतनी सुकोमल उपलब्धि है कि यह उन्हीं असहमतियों से नष्ट हो सकती है जिन्हें देश की मूल आत्मा के रूप में स्थापित किया गया है। जेएनयू में गतिरोध जारी रहने और छात्रों के प्रति अधिकारियों के असहिष्णुपूर्ण रवैये के बावजूद तिरंगा हमेशा से हमारी आज़ादी का एक बड़ा प्रतीक रहा है जिसकी हिफ़ाज़त के लिए हमारे हज़ारों सिपाहियों ने जान की कुर्बानियाँ दी हैं। सरकार के लिए यह अनुकूल समय है कि वह इस तिरंगे में लिपटे आदर्शों की रक्षा करे।

हालाँकि ऐसा कहने की कोई आवश्यकता नहीं है लेकिन आज के भारत में यह कहना ज़रूरी है–सरकार किसी भी राजनीतिक दल की हो, उसकी आलोचना की जानी चाहिए क्योंकि सरकार से असहमत होकर भी देश के प्रति निष्ठावान हुआ जा सकता है। असहमति को राष्ट्र–विरोध की तरह परिभाषित करना उस आज़ादी की लड़ाई में अन्तर्निहित देशप्रेम के प्रति ग़ैर–ज़िम्मेदार होना है जो अपने आप में असहमति की बुनियाद पर ही बनी थी। हमें अपने विराट और बहुलतावादी भारतीय लोकतन्त्र पर गर्व करना चाहिए। अकारण संशयों से घिरी सरकार पर हम कैसे गर्व कर सकते हैं जो हर ट्वीट में कोई साज़िश और हर मेज़ के नीचे दुबके बैठे किसी षड्यन्त्रकारी को देखने की व्याकुलता से ग्रस्त है!

देशद्रोह के क़ानून के बहाने विश्वविद्यालयों की स्वतन्त्रता को सीमित कर देना 'हिन्दू राष्ट्रवाद' का एक कारगर हथियार है। मोदीत्व के इस राजनीतिक अन्धड़–तूफ़ान का पहला अराजक झोंका जेएनयू ने झेला। इस अतिप्रतिष्ठित विश्वविद्यालय की स्थापना जवाहरलाल नेहरू के नाम पर की गयी थी। परिसर के भीतर छात्रों के प्रदर्शन को देशद्रोह के प्रावधानों के अन्तर्गत 'अप्रिय और आपत्तिजनक'[303] घटना का नाम दिया गया। नेहरू और उनके साथ ब्रिटिश युग के कई राष्ट्रवादी नेता जिनमें बाल गंगाधर तिलक,

303. सत्य प्रकाश, 'टू रिपील ऑर नॉट : नेहरूवियन डिलेमा ओं सेडीशन लॉ'। *दी ट्रिब्यून,* 10 सितम्बर 2018।

एनी बेसेंट, भगत सिंह, और ख़ुद महात्मा गाँधी शामिल थे, पर भी देशद्रोह नियम की धारा 124ए के अधीन मुक़दमा चलाया गया था। नेहरू ने 1951 में संसद में यह कहा भी था कि 'किसी भी ऐतिहासिक और व्यावहारिक कारण से...किसी भी क़ानून में ऐसे अलोकतान्त्रिक प्रावधानों का कोई औचित्य नहीं है। इसलिए जितनी जल्दी हम इससे मुक्त हो जायें उतना ही बेहतर होगा।'[304] लेकिन सत्तर साल बाद आज भी इस पुराने क़ानून को असहमति और आलोचना की आवाज़ों को मौन करने के घातक हथियार के रूप में इस्तेमाल किया जा रहा है। फ़रवरी 2016 में छात्र नेता कन्हैया कुमार और यूनियन के उसके दूसरे साथियों की धारा 124ए के अन्तर्गत गिरफ़्तारी और चार साल बाद उस पर मुक़दमा चलाने का निर्णय, और मोब–लिंचिंग की आलोचना करते हुए प्रधानमन्त्री को विरोध–पत्र लिखने के एवज़ में अक्टूबर 2019 में उसी अनुच्छेद के अधीन देश के उनचास प्रबुद्ध नागरिकों पर प्राथमिकी दर्ज करने का आदेश देना देशद्रोह क़ानून के दुरुपयोग के दो प्रमुख उदाहरण हैं। दुनिया में किसी भी परिपक्व लोकतन्त्र में ऐसे दुरुपयोग की इजाज़त नहीं है। वे बिन्दु स्पष्ट चिह्नित होने चाहिए कि हिंसा करने के लिए प्रत्यक्ष और फ़ौरन प्रेरित करने वाली गतिविधियाँ किन्हें कहेंगे ताकि इन प्रावधानों के दुरुपयोग को नियन्त्रित किया जा सके। समस्त लोकतान्त्रिक दुनिया की न्यायपालिका की तरह भारतीय सर्वोच्च न्यायपालिका को इसकी संवैधानिक व्याख्या करने का अधिकार मिला हुआ है।

भारत का स्वतन्त्र प्रेस जिसे उसके इन क़दमों की तीव्र भर्त्सना करनी चाहिए थी, वह भी सरकार की इन दमनकारी ताक़तों के दहशत में आ गयी। निरंकुश और अलोकतान्त्रिक नीतियों की न्यूनतम आलोचना करने के मामले में तथाकथित 'मुख्यधारा' की मीडिया को सरकार द्वारा प्रतिपादित 'धमकी और सहयोग' के नये सूत्र को मानने के लिए बाध्य कर दिया गया। अगर भारत सरकार ग़ैर–संस्थागतकरण की इस प्रक्रिया को इसी प्रकार जारी रखती है, तो सबसे बड़ा ख़तरा यह है कि व्यवस्था के प्रति भारत के लोगों की आस्था पूरी तरह समाप्त न हो जाये। देश की सबसे बड़ी धरोहर लोकतन्त्र को इससे अपूरणीय क्षति उठानी पड़ेगी।

---

304. वही।

दुनिया के अनेक देशों में ऐसे प्रतिगामी परिवर्तन होते दिख रहे हैं। हार्वर्ड के विद्वानद्वय यस्चा मौंक और रोबेर्टो स्टेफन फोया ने अपने संयुक्त शोधपत्र में विस्तार से इन गिरावटों की चर्चा की है। वे लिखते हैं कि विगत वर्षों में उदार लोकतन्त्र की स्थिति पूरी दुनिया में बदतर हुई है। इस गिरावट को उन्होंने 'लोकतान्त्रिक विघटन' का वैज्ञानिक नाम दिया है। उनके कथनानुसार दुनिया के अधिकांश भूतपूर्व 'सुगठित लोकतन्त्र' इस अपरिहार्य क्षरण से जूझ रहे हैं।[305] वर्ल्ड वैल्यू सर्वे (1995–2015) के डाटा को उद्धृत करते हुए उन्होंने लोकतन्त्र के प्रति लोगों के विश्वास में, विशेष रूप से 1980 के दशक के बाद आयी गिरावट लोकतान्त्रिक प्रक्रियाओं के प्रति बढ़ती अधीरता की ओर व्यापक संकेत करती है। सर्वे में यह उल्लेख भी किया गया है कि हम प्रायः यही सोचते हैं कि एक लम्बे समय से लोकतान्त्रिक संस्थाओं का समर्थन करने वाला वह देश जिसमें नागरिक समाज की एक दृढ़ परम्परा रही हो और जो संवैधानिक नैतिकताओं और संसाधनों से परिपूर्ण हो, उसमें लोकतन्त्र के सुरक्षित बचे रहने की पर्याप्त सम्भावनाएँ उपस्थित रहती हैं क्योंकि उनकी हिफ़ाज़त करने के लिए नागरिक उत्तरदायी हैं। विडम्बना है कि उक्त सम्भावनाओं और उत्तरदायित्वों पर आज संकट के बादल घिरे हुए हैं। उल्लिखित डाटा इस बिन्दु की ओर भी संकेत करते हैं कि बहुत–से लोकतन्त्रों में ग़ैर–लोकतान्त्रिक या अधिनायकवादी चरित्र के प्रशासन के प्रति सामान्य लोगों के समर्थन में वृद्धि हो रही है। भारत उन शीर्ष देशों में एक है जहाँ स्थिति सबसे ज़्यादा बदतर है। भारत में 70 प्रतिशत से अधिक लोग यह मानते हैं कि 'संसद और चुनाव' के बजाय एक 'मज़बूत शासक' देश को अधिक सुचारु रूप से चला सकता है। इस मामले में भारत सिर्फ़ रूस और रोमानिया के ही पीछे है। यहाँ तक कि पाकिस्तान का स्थान इस सूची में सातवाँ है, जहाँ 62 प्रतिशत जनता की यही भावना है।[306]

अधिकतर लोगों की धारणा है कि पर्याप्त रूप से स्वतन्त्र और निष्पक्ष चुनाव का संचालन लोकतन्त्र का सबसे बड़ा प्रमाण है। लेकिन नागरिक

305. रोबेर्टो स्टेफन फोया एंड यस्चा मौंक, 'दी साइन्स ऑफ़ डिकंसोलिडेशन', *जर्नल ऑफ़ डेमोक्रेसी*, वॉल्यूम 28, न. 1, जनवरी 2017, पृ. 5–16।

306. वही, पृ. 7।

राष्ट्रवाद केवल उस व्यवस्था में ही समृद्ध हो सकता है जो नियन्त्रण और सन्तुलन के सिद्धान्त पर आधारित है, जहाँ आम सहमति को प्रोत्साहित किया जाता है और जहाँ संस्थागत स्वायत्तता का सम्मान किया जाता है। अन्यथा देश धीरे–धीरे ही सही लेकिन निश्चित रूप से लड़खड़ाने लगता है और अन्ततः एक संकीर्ण लोकतन्त्र में बदल जाता है। मौंक–फोया डाटा स्पष्ट रूप से संकेत करता है कि प्रधानमन्त्री मोदी के अधीन भारत में भी इस नकारात्मक परिवर्तन का आरम्भ हो चुका है। सीएसडीएस–अज़ीम प्रेमजी यूनिवर्सिटी का हालिया सर्वे भी इसकी पुष्टि करता है। सर्वे में चार बड़े राज्यों से लिए गये सैंपल में तक़रीबन 50 प्रतिशत लोगों ने देश के वर्तमान लोकतन्त्र की तुलना में एक अधिनायकवादी विकल्प को अपनी पसन्द बताया है।[307]

भारत के लोकतन्त्र के लिए यह कहीं से भी शुभ संकेत नहीं है। हमारी संस्थाओं पर यदि इसी तरह हमले किये जाते रहे तो इन संस्थाओं में लोगों का विश्वास दिन–प्रतिदिन कम होता जायेगा और जिस लोकतन्त्र को आज हम बड़ी सहजता से ले रहे हैं, उसके बुनियादी स्तम्भ धीरे–धीरे कमज़ोर पड़ते जायेंगे। राजनीतिक दल और सत्ताधारी ताक़तें आती जाती रहेंगी, लेकिन ये संस्थाएँ लोकतन्त्र की श्वासवाहिनी हैं। उनकी स्वतन्त्रता, अखण्डता और कार्यकारी उत्तरदायित्वों की रक्षा के लिए यह आवश्यक है कि वे सरकारी हस्तक्षेपों से यथासम्भव मुक्त रहें। संवैधानिक व्यवस्था के एक सजग प्रहरी के रूप में सरकार का यह अतिरिक्त उत्तरदायित्व है कि वह तदनुरूप अधिक परिपक्व और निरपेक्ष आचरण करे। तत्काल कोई उपलब्धि हासिल करने की कोई राजनीतिक अधीरता उन परम्पराओं को प्रारम्भ कर सकती है जिनका दुरुपयोग कल कहीं अधिक लज्जाहीन और घातक रूप में किया जा सकता है। दुर्भाग्य से मोदी के भारत में इन राष्ट्रीय संस्थाओं के बारे में दूरअन्देशी के साथ सोचने की प्रवृत्ति धीरे–धीरे लुप्त होती दिख रही है।

---

307. नीरजा गोपाल जयल, 'व्हाट हैप्पेंस टू डेमोक्रेसी व्हेन इट एबेनडन्स लिबरलिज़्म', *दी वायर*, 7 जून 2018

25

हिन्दी की दावेदारी

भारत के नागरिक राष्ट्रवाद का जो विकल्प हिन्दुत्व राष्ट्रवाद के पास उपलब्ध है वह देश की ऐतिहासिक बहुभाषिकता के प्रति अत्यधिक अधीरता और संकीर्ण रहा है। जिस भाषिक विविधता पर भारत के नागरिक राष्ट्रवाद को हमेशा से गर्व रहा है, बहुभाषिकता की उसी परम्परा को हिन्दुत्व राष्ट्रवाद देश की एकता के मार्ग में एक अड़चन मानता है। लम्बे समय से हिन्दुत्व राष्ट्रवाद का यह हठ रहा है कि हिन्दी को भारत की 'राष्ट्रीय भाषा' की मान्यता मिलनी चाहिए। भाजपा के सांसद इसकी पक्षधरता में राष्ट्रीय संसद में हमेशा आवाज़ उठाते रहे हैं और आवश्यकता पड़ने पर इस आशय का क़ानून बनाने की भी माँग करते रहे हैं। वे इस वास्तविकता की उपेक्षा करते हैं कि पूरे हिन्दी देश में नहीं बोली जाती है। यह मुख्यतः मध्य और उत्तर भारतीय राज्यों की भाषा है जहाँ पार्टी की जड़ें सर्वाधिक गहरी हैं।

भारत की कोई 'राष्ट्रीय भाषा' नहीं है, बल्कि पूरे देश की दो आधिकारिक भाषाएँ हैं—हिन्दी और अंग्रेज़ी। दोनों भाषाओं को केन्द्र सरकार, न्यायालयों और अन्य राष्ट्रीय संस्थानों में समान स्थिति प्राप्त है। देश में हिन्दी को राष्ट्रीय भाषा के रूप में प्रतिष्ठापित करने के प्रयासों का अहिन्दी–भाषी राज्यों द्वारा 1960 के शुरुआत में देशव्यापी कड़ा विरोध हुआ, और भाषा–विरोधी हिंसाओं में दक्षिण भारतीय राज्य तमिलनाडु में अनेक लोगों को अपनी जान गँवानी पड़ी। आख़िरकार समझौते के रूप में भाषा के स्तर पर एक 'त्रिस्तरीय फ़ॉर्मूले' पर सहमति बनी। इस फ़ॉर्मूले के मुताबिक़ यह तय हुआ कि प्रत्येक भारतीय के लिए हिन्दी, अंग्रेज़ी और उस राज्य की भाषा सीखने और उनका उपयोग करने की आवश्यकता होगी,

जिस राज्य का वह निवासी है। इस क्रम में उत्तर भारतीय राज्यों के निवासियों को दक्षिणी भारतीय भाषाओं में कोई एक भाषा सीखनी होगी, यद्यपि सच यही है कि पिछले पाँच दशकों में इस समझौते का निरन्तर उल्लंघन होता रहा है।

उस समय भारत के गणतन्त्र बनने के पहले राजाजी के नाम से प्रसिद्ध–चक्रवर्ती राजगोपालाचारी देश के अन्तिम और एकमात्र भारतीय गवर्नर जनरल थे। उन्होंने स्पष्ट रूप से आगाह किया था कि अंग्रेज़ी के विरोध के अच्छे परिणाम नहीं होंगे, 'उग्र राष्ट्रवाद ही विभाजन के अन्तर्भूत स्वरूप है। इसका यह आकलन उसकी इस अपरिपक्वता को प्रदर्शित करता है कि देश के उच्चस्तरीय संचालन हेतु किसी विश्वभाषा पर निर्भर होना एक लज्जा की बात है। अंग्रेज़ी के विदेशी चरित्र के विरोध में हिन्दी को बार–बार थोपे जाने का प्रयास एक असंगत और तर्कहीन दोषारोपण है। यदि हम अपनी क़ानूनी, संसदीय और प्रशासनिक कार्य–परम्पराओं को देखें तो अंग्रेज़ी कहीं से भी एक विदेशी भाषा नहीं है। इस भाषा को जिस रूप में उपर्युक्त पद्धतियों में अपनाया गया है कि वह अंग्रेज़ी स्वतः हमारे भविष्य की भाषा का भी स्थान ले चुकी है'।[308] अम्बेडकर ने भी व्यावहारिक सुविधाओं की दृष्टि से देश की न्यायिक और प्रशासनिक व्यवस्था के लिए अंग्रेज़ी को एक राष्ट्रव्यापी भाषा के रूप में लागू करने की वकालत की थी।

राजाजी हिन्दी और राष्ट्रवाद के इस बेमेल मिश्रण के कटु आलोचक थे :

> 'हिन्दी का अभियान अपने मूल चरित्र में घातक है। इस ख़तरे के ख़िलाफ़ आगाह करने वाले किसी आदमी को दुश्मन मानना उचित नहीं है। यदि इस दृष्टि से हिन्दी की आलोचना की जाती है, जैसा कि मैं भी करता रहा हूँ, तो ऐसे लोगों को विभाजन का आरोपी मानना दुःखद है...इस महान देश के अलग–अलग भौगोलिक प्रदेशों से सम्बन्ध रखने वाले आम लोगों को क्या इतना अधिकार नहीं मिलना चाहिए कि उनकी विभिन्न भाषाओं

308. स्वराज्य आर्काइव्स, 'राजाजी इन 1968 : "हिन्दी इज़, एट बेस्ट, दी लैंग्वेज़ ऑफ़ अ लार्ज माइनोरिटी।"' *स्वराज्य,* 14 सितम्बर 2016।

> को हम अपने राष्ट्रीय गौरव के रूप में अंगीकार कर सकें? यदि किसी भी लोकतन्त्र को सफल बनाना है तो उसकी बुनियाद के प्रति न्यायसंगत होना ज़रूरी है। बुनियाद की उपेक्षा लोकतन्त्र को सदा–सर्वदा के लिए बीमार कर देगी। केन्द्र की भाषा और एक अखिल भारतीय अन्तर–राज्य भाषा–दोनों ही रूप में हिन्दी की स्थापना के दूरगामी नकारात्मक परिणाम सामने आ सकते हैं। डेढ़ सौ साल पुराने इतिहास के कारण अंग्रेज़ी इस देश की सर्व स्वीकार्य और व्यावहारिक भाषा है, ऐसे में एक आरोपित राष्ट्रीय भाषा के रूप में हिन्दी को मान्यता देना निश्चित रूप से असमानता और न्यायहीनता को प्रोत्साहित करेगा...'[309]

वे इस धारणा को भी हास्यास्पद मानते थे कि हिन्दी भारतीय जनसाधारण की भाषा है और अंग्रेज़ी केवल उन कुलीनों के द्वारा बोली जाने वाली भाषा है जो अब अपनी जड़ों से उखड़ चुके हैं, 'जब हिन्दी का कोई कट्टर पक्षधर कहता है कि हिन्दी जनसामान्य की भाषा है तो वह केवल हिन्दी भाषी क्षेत्रों की बात करता है, वह ग़ैर–हिन्दी भाषी क्षेत्रों में रहने वाली जनता की अनदेखी करता है जिनकी संख्या हिन्दी भाषियों से कहीं ज़्यादा है।'[310] उनको इस बात का भय था कि उत्तर भारत में रहने वाले हिन्दीभाषी अपने निहित स्वार्थों को छुपाने के लिए राष्ट्रवाद के छद्म आवरण का दुरुपयोग कर रहे हैं, 'अपने हितों का बचाव, भाषा के प्रति अपने अनुराग के माध्यम से करना सबसे सरल था। और, भाषा से प्रेम के बहाने वे राष्ट्र से प्रेम का अभिनय कर रहे थे। इसलिए हमें स्वयं को और दूसरों को अन्ध राष्ट्रप्रेम के नारों से धोखा नहीं खाना चाहिए।'[311]

किन्तु हम सब ख़ुद को ही धोखा देते रहें, यह नयी दिल्ली में सत्ता के शीर्ष पर बैठे लोगों का सबसे प्रिय शगल है। भाषा के प्रति इस चरम उत्तेजना की एक झलक हमें पुनः 2019 में देखने को मिली जब राष्ट्रीय शिक्षा नीति का एक मसौदा राज्यों को भेजा गया। मसौदे में यह उल्लेख था कि अहिन्दी–भाषी राज्यों को अपने स्कूल के पाठ्यक्रम में हिन्दी पढ़ाना अनिवार्य होगा।

---

309. वही।

310. वही।

311. सी. राजगोपालाचारी, 'क्लेम्स ऑफ़ हिन्दी एक्जामिंड', *स्वराज्य*, 1 फ़रवरी 1958।

ज़ाहिर था, अहिन्दी–भाषी राज्यों ने सरकार के इस मसौदे का कड़ा विरोध किया, लिहाज़ा नये मानव संसाधन विकास मन्त्री ने मसौदे को तत्काल वापिस ले लिया। मन्त्री महोदय हिन्दी के लेखक हैं और उनकी कुछ पुस्तकें प्रकाशित भी हो चुकी हैं, लेकिन इस मसौदे के पीछे की बदनीयती ने दक्षिण के राज्यों को अवश्य सशंकित कर दिया।

मानव संसाधन विकास मन्त्रालय (एमएचआरडी) द्वारा नियुक्त कस्तूरीरंगन समिति के इस मसौदे का उग्र विरोध दक्षिण भारतीय राज्यों ने इसलिए भी किया क्योंकि इसने भाषा सम्बन्धी 'त्रिस्तरीय फ़ॉर्मूले' के अन्तर्गत हिन्दी–भाषी राज्यों को हिन्दी और अंग्रेज़ी के अतिरिक्त किसी अन्य क्षेत्रीय भाषा को तीसरी भाषा के रूप में चुनने की सुविधा दी, वहीं दक्षिण भारत के राज्यों पर अपनी भाषा के अतिरिक्त हिन्दी को अनिवार्य रूप से सीखने की बाध्यता थोप दी।[312] दक्षिण भारतीय राज्य भाजपा के नेतृत्व वाली केन्द्र सरकार की इस दुर्भावना को भलीभाँति समझते हैं कि अहिन्दी–भाषी राज्यों पर पाठ्यक्रमों के ज़रिये हिन्दी थोपने के बहाने वह दरअसल अपने वर्चस्व का विस्तार करना चाहती है। परिणाम यह हुआ कि तमिलनाडु और केरल जैसे भाजपा की पहुँच से मुक्त राज्यों ने विगत आम चुनावों में उसे पूरी तरह नकार दिया। भाजपा को न केवल बाध्य होकर अपना प्रस्ताव वापस लेना पड़ा बल्कि सार्वजनिक तौर पर (तमिल में) मामले को स्पष्ट करने के लिए दो नये तमिल भाषी मन्त्रियों को भी अपने मन्त्रिमण्डल में नियुक्त करना पड़ा। हालाँकि दोनों में से कोई भी तमिलनाडु से चुनाव जीत कर नहीं आये थे, बल्कि वे दूसरे राज्यों द्वारा राज्यसभा में मनोनीत कर भेजे गये थे।

लेकिन इस बात की प्रबल सम्भावना है भविष्य में भी इन घटनाओं को दुहराया जायेगा। शिक्षा नीति के मसौदे को तैयार करने में ख़ासा विलम्ब हुआ था और इसे एक के बाद एक, तीन मन्त्रियों (स्मृति ईरानी, प्रकाश जावडेकर और रमेश पोखरियाल) की निगरानी में अन्तिम रूप दिया गया था। जब अगस्त 2020 में इसे अन्ततः पेश किया गया तो सबसे पहले तमिलनाडु के मुख्यमन्त्री एडाप्पडी पलानिस्वामी ने इस मसौदे का विरोध किया, जबकि उनकी पार्टी केन्द्र सरकार की सहयोगियों में एक थी।

312. के. वेंकटरमण, 'व्हाट इज़ दी थ्री–लैंग्वेज फ़ॉर्मूला?', *दी हिन्दू*, 8 अगस्त 2020।

उन्होंने स्पष्ट रूप से कहा कि उनका राज्य 'दो भाषा की अपनी भाषा' को किसी स्थिति में नहीं त्यागेगा। 'तमिलनाडु कभी भी केन्द्र सरकार के 'त्रिस्तरीय भाषा के फ़ॉर्मूले' को नहीं अपना सकता है,' यही उनका वक्तव्य था। 'हमारा राज्य दो भाषाओं (तमिल और अंग्रेज़ी) के प्रयोग की अपनी पूर्व–नीति पर ही चलेगा।'[313]

2014 में मोदी की जीत के बाद तमिलनाडु सरकार आधिकारिक और सार्वजनिक रूप से अनेक अवसरों पर तमिल लोगों पर हिन्दी और संस्कृत थोपने के प्रयासों के विरुद्ध अपनी आपत्ति प्रकट कर चुकी है। हालाँकि सत्ताधारी एआईडीएमके पार्टी अपनी अस्तित्व–रक्षा के लिए केन्द्र सरकार की नीतियों की प्रशंसा करती रही है लेकिन वह यह भी जानती है कि राज्य के लोगों के लिए भाषा एक संवेदनशील मुद्दा है और इस मुद्दे पर किसी समझौते का राजनीतिक लाभ प्रतिद्वन्द्वी डीएमके पार्टी उठायेगी जिसके नेता एम. के. स्टालिन ने प्रधानमन्त्री मोदी पर हिन्दी नहीं बोलने वाले लोगों पर अपने ही देश में दोयम दर्जे का नागरिक बनाने की कोशिशों का आरोप लगाया था। इसलिए हिन्दी को अनिवार्य भाषा बनाने की नीति से न केवल भाजपा सहयोगी पार्टी सशंकित थी, बल्कि उसकी प्रतिद्वन्द्वी राजनीतिक पार्टी भी सरकार की इस घोषणा का राजनीतिक लाभ उठाने को उद्यत थी।

लेकिन यहाँ सिर्फ़ नयी शिक्षा नीति की ही बात नहीं है, समस्या उससे कहीं अधिक गम्भीर है। सतही तौर पर यही प्रतीत होता है कि सरकार 1968 के दिशानिर्देश के अनुसार कम–से–कम किसी एक भाषा को अखिल भारतीय भाषा के रूप में लागू करने के लिए बनाये गये 'त्रिस्तरीय फ़ॉर्मूले' के क्रियान्वयन के प्रयास में है–और, इसीलिए राष्ट्रीय एकता और अखण्डता के मूल्यों को प्रोत्साहित करने के साथ–साथ अंग्रेज़ी अथवा हिन्दी दोनों में से किसी एक भाषा के व्यावहारिक ज्ञान के विस्तार के लिए कृतसंकल्प है ताकि नागरिकों का अपनी सरकार से सहज संवाद हो सके।

लेकिन इस दिशानिर्देश के जारी होने के पचास साल बाद भी राष्ट्रीय स्तर पर इसका क्रियान्वयन नहीं हो पाया है। सैद्धान्तिक स्तर पर तमिलनाडु

313. अरुण जनार्दनन '"तमिलनाडु विल नेवर अलाऊ थ्री–लैंग्वेज पालिसी" : सीएम पलानिस्वामी रिजेक्ट्स एन.ई.पी. प्रपोजल', *इंडियन एक्सप्रेस,* 4 अगस्त 2020।

जैसे राज्य जिनकी द्रविड़ संस्कृति का एक गौरवशाली इतिहास रहा है, उन्हें हिन्दी जैसी भारतीय भाषा सीखने का कोई औचित्य नहीं समझ में आता है। विवाद का मूल कारण यही है, और इसके विरोध में 1937 के बाद ही राज्य में अनेक बार हिन्दी के विरोध में उग्र आन्दोलन हुए। दूसरी ओर उत्तर भारतीय राज्यों में दक्षिणी भाषा को सीखने को लेकर किसी प्रकार की कोई माँग नहीं उठाई गयी, लिहाज़ा किसी भी उत्तर भारतीय राज्य ने 'त्रिस्तरीय भाषा के फ़ॉर्मूले' को अपनाने में कोई गम्भीरता नहीं दिखाई।

अभी वास्तविक सच्चाई यही है कि तमिलनाडु को छोड़कर दक्षिणी राज्यों के अधिकांश छात्र अपनी दूसरी या तीसरी भाषा के रूप में हिन्दी सीख रहे हैं। लेकिन इस तथ्य पर भी ध्यान देने की आवश्यकता है कि ऐसे उदाहरण दुर्लभ हैं जब किसी छात्र ने अपने स्कूल के पाठ्यक्रम के अनुरूप मलयाली अथवा तमिल भाषा का चुनाव किया हो। ऐसी स्थिति के कारण अनेक समस्याएँ उत्पन्न हुई हैं। मसलन प्रादेशिक भाषा का विकल्प नहीं होने के कारण राष्ट्रीय स्तर की प्रतियोगिता में शामिल होने वाले असंख्य छात्रों को परेशानियों का सामना करना पड़ता है। इसीलिए 2018 में रेलवे भर्ती परीक्षाओं के लिए मलयालम को दोबारा एक माध्यम बनाने के लिए मुझे हस्तक्षेप करना पड़ा।

एक समाधान तो यह है कि 'त्रिस्तरीय भाषा फ़ॉर्मूले' का सही ढंग से क्रियान्वयन सुनिश्चित किया जाये और उसे एक वैकल्पिक व्यवस्था द्वारा इस प्रकार लचीला बनाया जाये ताकि उत्तर भारत में पढ़ने वाले दक्षिण भारतीय छात्रों को उनकी ही भाषा में पढ़ाई करने की सुविधा मिल सके जैसे उत्तर भारतीय छात्रों को दक्षिण भारत में हिन्दी अथवा अंग्रेज़ी में पढ़ाई करने के नाम पर प्राप्त है।

कुछ अन्य व्यावहारिक दिक़्क़तें भी हैं। एक मलयाली या तमिल अपनी तरक़्क़ी और ताक़त के लिए अंग्रेज़ी को अधिक बेहतर ज़रिया समझता है लेकिन हिन्दी के प्रति उसकी ऐसी राय नहीं है। मूल रूप से हिन्दी भाषी लोगों के लिए उसकी भाषा उसकी पहचान का एक अवयव है लिहाज़ा हिन्दी का सम्बन्ध उनकी संस्कृति और भावनाओं से है। एक दक्षिण भारतीय जो हिन्दी को अपनी पहचान से जोड़ कर नहीं देखता है, किसी अपरिचित विषय को सीखने के लिए उसके पास ठोस कारण होने चाहिए। ऐसी स्थिति में अगर भाजपा उन पर कोई अन्य भाषा सीखने का ज़बरन दबाव डालती है तो निश्चित रूप से यह एक ग़लत पहल है।

लोकतन्त्र में बाध्यता के लिए कोई स्थान नहीं है। लेकिन यहाँ वास्तविक भय कहीं अधिक गम्भीर है। हिन्दी की पक्षधरता किसी घातक राजनीतिक भविष्य की नोक भर मात्र है क्योंकि इसके तार सत्ताधारी दल के उन अतिवादी वैचारिक सिद्धान्तों से जुड़े हैं जो 'एक भाषा, एक धर्म, एक राष्ट्र' के राष्ट्रवाद में विश्वास करते हैं–'हिन्दी–हिन्दू (हिन्दुत्व)–हिन्दुस्तान।' उन भारतीयों के लिए जो बहुलतावादी और समावेशी भारत में पले–बढ़े और उनके बुनियादी लोकतान्त्रिक विचारों में आस्था रखते हैं, के लिए यह एक सन्ताप है। उनकी दृष्टि में सभी भारतीय भाषाएँ एक जैसी बराबरी और सम्मान की हक़दार हैं। भारत में सांस्कृतिक एकरूपता थोपने के हिन्दुत्व ब्रिगेड के प्रयासों को हम सब के द्वारा कड़ा विरोध किया जाना मुनासिब है। हमारे हिन्दी–विरोध का कारण उस सांस्कृतिक एकरूपता के प्रति हमारा भय है जो भाषा की पक्षधरता के छद्म आवरण में छुपा हुआ है।

मोदी सरकार के छह वर्षों के कार्यकाल में केन्द्र सरकार ने तमिलनाडु और अन्य राज्यों पर हिन्दी को ज़बरन थोपने के अनेक प्रयास किये हैं। उनमें से कुछ प्रयासों को यहाँ रेखांकित किया जा रहा है–केन्द्र सरकार की योजनाओं और अभियानों के नाम हिन्दी में रखे गये, जैसे स्वच्छ भारत अभियान और प्रधानमन्त्री फ़सल बीमा योजना आदि, जबकि इन योजनाओं का नामकरण स्थानीय भाषाओं या 'तटस्थ' अंग्रेज़ी में रखा जा सकता था। सांसदों और केन्द्रीय मन्त्रियों के लिए हिन्दी की अनिवार्यता को लागू करने के लिए संसदीय समिति द्वारा एक प्रस्ताव लाया गया। देश भर के सीबीएसई स्कूलों के पाठ्यक्रमों में हिन्दी को एक अनिवार्य विषय के रूप में लागू कर दिया गया। राष्ट्रीय उच्चपथों के पुराने अंग्रेज़ी नाम बदल दिये गये और उसकी जगह उनके हिन्दी नाम रखे गये। हवाईअड्डों पर उद्घोषणा करने के लिए हिन्दी भाषा का प्रयोग किया जाने लगा। केन्द्र सरकार ने मीडिया को हिन्दी में विज्ञापन देना आरम्भ कर दिया और प्रचार अभियानों के लिए (दूसरी भारतीय भाषा के शब्दों के लिए भी) हिन्दी लिपि प्रयुक्त होने लगी। अनेक प्रसिद्ध राष्ट्रीय समारोहों और उत्सवों के नाम भी बदल दिये गये और उन्हें अब हिन्दी अथवा संस्कृत नाम दे दिया गया–मसलन 'टीचर्स डे' (शिक्षक दिवस) का नाम बदलकर गुरु पूर्णिमा कर दिया गया।

एकरूपता का दुराग्रह हमेशा असुरक्षा की भावना की ओर संकेत करता है, और भाजपा इसका अपवाद नहीं है। यदि आप उनकी बात से असहमत हैं तो उनकी भंगिमा जैसे स्पष्टतः यह व्यक्त करती प्रतीत होती है कि आपकी असहमति से उसे असुरक्षा महसूस हो रही है। बहुलतावादी होने का उनका प्रदर्शन अब उस सीमा तक पहुँच चुका है जहाँ से वह उस सामाजिक बुनावट को खुलेआम चुनौती दे रहा है जिस बुनावट ने स्वतन्त्रता के बाद भारत को एकजुट बनाये रखा है।

भारत तभी एकजुट रह सकेगा, और आगे बढ़ सकेगा जब इस देश में हम सबको किसी भी क्षेत्रीय भेदभाव के बिना एक समान विकसित होने के लिए पर्याप्त अवसर मिल सकेगा। यदि राष्ट्रीय राजनीति की तरह ही हिन्दी को प्रशासन और न्यायालय के व्यवहार की भाषा बनाने का प्रयास कारगर हुआ तो सिंह, शर्मा और शुक्लों को अपनी ही मातृभाषा के उपयोग के कारण विकसित होने के यथेष्ट अवसर मिलेंगे, और तन्त्र में फिट नहीं बैठने के कारण सुब्रमनियम, रेड्डी और मेननों को उपेक्षा झेलने के लिए बाध्य होना पड़ेगा। यह सिद्धान्त अन्ततः देश को नष्ट कर देगा।

दक्षिण भारतीय राज्यों को उत्तर भारत के सांस्कृतिक वर्चस्व से भयग्रस्त होने के पर्याप्त कारण हैं। यह सांस्कृतिक वर्चस्व अनेक रूपों में परिलक्षित हुआ है। उदाहरण के रूप में गोमांस पर प्रतिबन्ध लगाने के प्रयास को लिया जा सकता है क्योंकि गोमांस दक्षिणी राज्यों में प्रोटीन के एक सामान्य स्रोत के रूप में प्रयुक्त होता रहा है। इसके अतिरिक्त भाजपा सरकार ने राजस्व–विभाजन का निर्धारण मई 2018 में पाँचवें वित्त आयोग के सन्दर्भ–शब्द को परिवर्तित कर 2011 की जनगणना के आँकड़ों के आधार पर कर दिया है। इस निर्णय के परिणामस्वरूप दक्षिणी राज्यों के राजस्व में साझेदारी पहले से कम न्यून हो जाना तय है। दक्षिणी राज्यों का 'अपराध' मात्र यही है कि उन्होंने जनसंख्या–दर को सफलतापूर्वक नियन्त्रित करने के लिए ठोस नीतियाँ अपनायीं।

इस दूरगामी राजनीतिक आशंका से इनकार नहीं किया जा सकता कि 2026 में संविधान के इक्यानवेंवे संशोधन की समाप्ति के बाद भाजपा सरकार इसका विस्तार करने में सम्भवतः रुचि नहीं ले। इस संशोधन के अनुसार लोकसभा की सीटों के बँटवारे में एक सन्तुलित और तर्कपूर्ण

नीति अपनायी गयी है, लेकिन संशोधन की अवधि पूरी होने के बाद, जनसंख्या–वृद्धि को नियन्त्रित करने में तुलनात्मक रूप से सफल होने के दण्डस्वरूप दक्षिणी राज्यों को अपनी अनेक लोकसभा सीटों से हाथ धोना पड़ सकता है।

अन्तिम दो बिन्दुओं पर भारतीय राष्ट्रवाद के भविष्य पर निर्णायक रूप से विवेचना करने के क्रम में हम पुस्तक में दोबारा विस्तार से बात करेंगे। लेकिन हिन्दी की दावेदारी की यह ताज़ा परिघटना पूरे देश और विशेष रूप से दक्षिणी राज्यों के लिए निश्चित रूप से एक अमंगलकारी संकेत है कि भाजपा के शासनकाल में भारत कैसे भविष्य की ओर उन्मुख है।

26

नागरिक (संशोधन) अधिनियम और राष्ट्रीय नागरिक रजिस्टर

विगत 2019 के आख़िरी कुछ महीनों से भारतीय राष्ट्रवाद पर बहस करना पहले से कहीं अधिक चुनौतियों से भरी राजनीतिक ज़िम्मेदारी बन गयी है–विशेष रूप से नागरिक (संशोधन) अधिनियम (सीएए) जैसे क़ानून के नज़रिये से भारतीयता के आधारभूत चरित्र के सन्दर्भ में यह वर्तमान राजनीति का एक पेचीदा मसला बन गया। निर्विवाद रूप से यह पहला क़ानून था जो हमारे राष्ट्र की बुनियादी संरचना पर प्रश्न खड़े करता था। चूँकि धर्म हमारी राष्ट्रीयता का निर्धारण नहीं करता, लिहाज़ा हमारी नागरिकता का निर्णय भी धर्म नहीं कर सकता है। लेकिन इस क़ानून के निहितार्थों ने पूरे देश का राजनीतिक तापमान अचानक बढ़ा दिया और इसके विरोध में देशव्यापी प्रदर्शन और आन्दोलन हुए। इस विरोध–प्रदर्शन की पराकाष्ठा देश की राजधानी में दंगे और हिंसा के रूप में हुई जिनमें छप्पन लोग मारे गये अन्य सैकड़ों लोग ज़ख़्मी हुए। एक समावेशी देश के रूप में जो सभी नागरिकों की समानता का सम्मान करता है और धार्मिक आधार पर उनके साथ किसी प्रकार का भेदभाव नहीं करता है, इस क़ानून ने भारत की छवि को गहरी क्षति पहुँचाई।

एक ऐसे समय में जब भारत की सबसे बड़ी प्राथमिकता उसकी दयनीय अर्थव्यवस्था होनी चाहिए थी जिसका तेज़ी से गिरता विकास दर कोरोना वायरस के हमले से पहले ही चिन्ताजनक स्थिति में पहुँच चुका था, मोदी सरकार ने सीएए को लागू करने के उन्माद में पूरे देश को एक अवांछित राजनीतिक संकट में झोंक दिया था। अपने भयाक्रान्त करने वाले अन्दाज़ में सरकार ने संसद में प्रस्ताव लाकर नागरिकता सीएए अधिनियम को तत्काल पारित करवाया ताकि पाकिस्तान, बांग्लादेश और अफ़ग़ानिस्तान

से प्रताड़ित होकर भारत भागे उन लोगों को जल्दी से जल्दी नागरिकता प्रदान की जा सके जो ग़ैर–मुसलमान हैं।

एक समुदाय–विशेष को नये अधिनियम के प्रावधानों से वंचित करना भारत की धर्मनिरपेक्षता और बहुलतावादी परम्पराओं के विरुद्ध है। मैंने संसद में इस अधिनियम का विरोध करते हुए कहा भी था कि यह केवल संविधान में निहित धर्म के आधार पर कोई भेदभाव नहीं करने और सभी नागरिकों को बराबरी का अधिकार देने के आधारभूत सिद्धान्त के विरुद्ध है, बल्कि स्वतन्त्रता के जिनके लिए हमारे नेताओं ने राष्ट्रीय आन्दोलन में अपने जीवन का सर्वस्व न्योछावर कर दिया, उन आदर्शों पर यह एक समग्र प्रहार है।

इस पुस्तक में मैं यह पहले भी लिख चुका हूँ कि राष्ट्रीय आन्दोलन की अन्तिम अवस्था में भारतीय राष्ट्रवादियों के बीच इस बात को लेकर असहमति पैदा हो गयी थी कि क्या धर्म को नागरिकता का सर्वाधिक महत्त्वपूर्ण और निर्णायक तत्त्व माना जाना चाहिए। जो यह मानते थे कि धर्म और नागरिकता में गहरा अन्तःसम्बन्ध है, उन्होंने मोहम्मद अली जिन्ना और उनके साथियों के साथ मुसलमानों के लिए पाकिस्तान नाम से एक अलग देश बनाने की माँग रखी। बाक़ियों ने महात्मा गाँधी और जवाहरलाल नेहरू के नेतृत्व में यह विश्वास जतलाया कि धर्म का हमारी राष्ट्रीयता से कोई सरोकार नहीं है। उनके मन में एक ऐसे स्वतन्त्र देश की कल्पना थी जिसमें सभी धर्मों, क्षेत्रों, जातियों और भाषाओं के लोग समान अधिकार के साथ रह सकें। मोदी सरकार ने भारत की इसी आधारभूत अन्तर्दृष्टि को धोखा देने का काम किया है।

बहरहाल सरकार द्वारा लागू किये गये इस नये क़ानून के संवैधानिक, राजनीतिक और सैद्धान्तिक निहितार्थ कहीं अधिक गम्भीर हैं। एक तरफ़ जहाँ राष्ट्रीय नागरिक पंजीकरण (एनआरसी) मुसलमान होने की स्थिति में किसी आप्रवासी को घुसपैठिया सिद्ध कर सकता है, वहीं दूसरी तरफ़ अपनी पेचीदगियों के कारण सरकार इस अधिनियम का दुरुपयोग उन भारतीय मुसलमानों को नागरिक अधिकारों से वंचित करने में कर सकती है जो अपने जन्म के मूल को प्रमाणित करने में असफल होंगे। यद्यपि अब यह अधिनियम कुछेक संशोधनों के साथ लागू किया गया है। अधिकांश भारतीय, विशेषकर जो ग़रीब हैं के पास वे कागज़ात नहीं हैं कि वे कब

और कहाँ पैदा हुए हैं। जन्म–प्रमाणपत्रों का प्रचलन तो विगत कुछ दशकों में क़ानूनी कारणों से बढ़ा है। इस नये क़ानून में ग़ैर–मुसलमानों को सभी बन्दिशों से स्वतन्त्र रखा गया है, लेकिन काग़ज़ातविहीन मुसलमानों के सामने यह चुनौती अकस्मात खड़ी कर दी गयी है कि वे अपने भारतीय होने को प्रमाणित करें।

अपनी बहुस्तरीय विविधताओं के सफल निर्वहन का इस देश का एक प्रभावशाली इतिहास रहा है। इस क़ानून को कई अर्थों में भारत के लोकतान्त्रिक व्यवहारों से एक निर्णायक प्रस्थान–बिन्दु के रूप में देखने की आवश्यकता है। जैसा कि गौतम भाटिया ने संकेत भी किया है, संविधान 'एक ऐसी नागरिकता के दर्शन की बात करता है जो भारत की उस संवैधानिक पहचान के साथ अनिवार्यतः गुँथा हुआ है जो धर्मनिरपेक्ष, पक्षपातहीन और भेदभाव से मुक्त है। संविधान सभा ने इस संविधान का प्रारूप पाकिस्तान के प्रतिगामी राजनीतिक दर्शन से विशेष रूप से सचेत होकर, और वैश्विक मानवीय मूल्यों को ध्यान में रखकर तैयार किया था। यह एक ऐसा संविधान है जो नागरिकता के किसी भी स्तर पर जातीय और धार्मिक अस्मिता को अस्वीकार करता है।'[314] चूँकि सीमा से विभाजन के शरणार्थी प्रताड़ना और मज़हबी ख़ून–ख़राबे के कारण बड़ी तादाद में पलायन कर रहे थे, लिहाज़ा वरिष्ठ क़ानूनविद् अल्लादी कृष्णास्वामी ने संविधान सभा को परामर्श दिया था, 'यह आप पर निर्भर है कि यह निर्धारित करें कि हमारी नागरिकता की अवधारणा वैश्विक होनी चाहिए, या उस अवधारणा का आधार धर्म अथवा नस्ल होनी चाहिए।'[315] संविधान सभा में इस दृष्टि पर विशेष परिचर्चा हुई कि संविधान को राष्ट्रीयता (एक जातीय दृष्टि से) को चिह्नित करना चाहिए, अथवा नागरिकता (ग़ैर–जातीय 'वैश्विक' दृष्टि से) को महत्त्व देना चाहिए। अन्ततः इसने दूसरे अर्थात 'नागरिकता' का चयन उपयुक्त समझा। जैसा कि के.एम. मुंशी का भी अवलोकन था :

---

314. गौतम भाटिया, 'सिटीज़न एंड कांस्टीट्यूशन', येल यूनिवर्सिटी लॉ स्कूल पेपर, 31 मार्च 2020, https://papers.ssrn.com/sol3/papers.cfm?abstract_id=3565551 पर उपलब्ध।

315. कोटेड इन भाटिया, वही।

'आख़िरकार हम कोई नागरिकता का क़ानून नहीं बना रहे हैं। हम केवल दो अपरित्याज्य स्थितियों को क्रियान्वित कर रहे हैं–पहली, भारत में जन्मे लोग, और दूसरी, संघ के क़ानून के अनुकूल सहज स्वीकृत नागरिकता की स्थितियों को। आज पूरी दुनिया जातीय अथवा नस्लीय नागरिकता और लोकतान्त्रिक नागरिकता के बीच बँटी हुई है। ऐसे में 'भारत में जन्मे' जैसे शब्द इस बात का संकेत करने के लिए आवश्यक हो जाते हैं कि हमारी आस्था लोकतान्त्रिक अवधारणा के पक्ष में है।'[316]

इसके विपरीत पी.एस. देशमुख ने उन लोगों का पक्ष लिया जो धर्म के आधार पर नागरिकता की अवधारणा के समर्थक थे। उनका प्रस्ताव था कि 'प्रत्येक व्यक्ति चाहे वह धर्म से हिन्दू हो अथवा सिख हो, और किसी अन्य देश का नागरिक नहीं हो भले ही वह कहीं भी रहता हो' वह भारतीय कहलाने का अधिकारी है। बहरहाल इस प्रस्ताव को एक लम्बी बहस के बाद ख़ारिज कर दिया गया जिसमें अय्यर ने संविधान सभा को स्मरण दिलाते हुए कहा था कि 'हम एक धर्मनिरपेक्ष राज्य के सिद्धान्तों से विचलित हो रहे हैं।'[317] दूसरी तरह से कहें तो संविधान ने नागरिकता को धर्म, जाति, या वर्ग से मुक्त रखते हुए ग़ैर–साम्प्रदायिक और ग़ैर–वर्चस्ववादी राजनीति के आदर्शों को अत्यन्त सूक्ष्मता से आबद्ध कर रखा है। भारत राष्ट्र के निर्माण के नेपथ्य में भी यही आदर्श हैं। भाटिया के कथनानुसार, नागरिकता के सम्बन्ध में संवैधानिक प्रावधानों की यह 'सख्त वैश्विक और भेदभाव रहित भाषा' को अगम्भीर अर्थ में समझना उपयुक्त नहीं था। भारत के राजनीतिक–सामाजिक सौहार्द और पारस्परिकता में यह एक आवश्यक धागा था जिसने संविधान की बुनावट में महत्त्वपूर्ण ज़िम्मेदारी निभाई। नागरिकता का सम्बन्ध एक 'भारत की नागरिकता के सन्दर्भ में सुसंगत और नैतिक रूप से एक सतत राजनीतिक दृष्टि से है।'[318]

316. स्पीच ऑफ़ के.एम. मुंशी, पार्लियामेंट ऑफ़ इंडिया, *कांस्टीट्युएंट असेम्बली डिबेट्स*, वॉल्यूम 3, 29 अप्रैल 1947।

317. कांस्टीट्युएंट असेम्बली डिबेट्स, वॉल्यूम 9, 11 अगस्त 1949, फॉर अ फैसिनेटिंग समरी ऑफ़ डिबेट, सी आदित्य चटर्जी, 'हाउ दी कांस्टीट्युएंट असेम्बली डिबेटेड (एंड रिजेक्टेड) सिटीज़नशिप बाई रिलीजन', *दी वायर*, 10 फ़रवरी 2020।

318. भाटिया, सिटीज़नशिप एंड दी कांस्टीट्युशन'।

भारत में धर्मनिरपेक्षता के व्यवहार की यही संवैधानिक पृष्ठभूमि है, जिसे इसका गौरव है कि इसकी नागरिकता की परिधि में किसी भी धर्म और नस्ल से सम्बन्ध रखने वाले सभी लोग आते हैं। विदेशियों–यहाँ तक कि पूर्व अमेरिकी राष्ट्रपति जॉर्ज डब्ल्यू. बुश ने भी इस बात की सराहना की थी कि 18 करोड़ मुसलमानों को नागरिकता देने के बावजूद भारत ने आईएसआईएस और अल–काएदा का एक भी सदस्य पैदा नहीं किया। भारतीयों को इस बात का गुमान था कि भारतीय लोकतन्त्र ने देश की तरक़्क़ी का बराबर का श्रेय मुसलमानों को दिया। अब हम इस बात पर गर्व नहीं कर सकते हैं।

जिस धार्मिक कट्टरता के कारण देश का विभाजन और पाकिस्तान का जन्म हुआ, भारत के बहुसंख्यकवाद में अब वही प्रतिबिम्बित हो रही है। मैंने अपने साथी सांसदों को इस बारे में आगाह भी किया था कि वह भारत–भूमि का विभाजन था, लेकिन यह एक ऐसा विभाजन है जो भारत की भूमि के अन्दर परिघटित हो रहा है।

ज़ाहिर बात थी कि सीएए के संसद में पारित होने के साथ ही जनता का आक्रोश भड़क उठा। यह आक्रोश उत्तर–पूर्व के राज्यों में अधिक उग्र था क्योंकि बांग्लादेश की सीमा से लगे होने के कारण उनके भीतर एक स्वाभाविक आशंका थी कि नये नागरिकों को क़ानूनी पहचान मिलने के बाद उनकी स्थानीय अस्मिता में क्षरण होगा। मुसलमानों में तो यह असन्तोष देशव्यापी था। हालाँकि अधिकतर जनविरोध शान्तिपूर्ण तरीक़ों से हुए लेकिन अधिकारियों ने उनके विरुद्ध बल का दुरुपयोग किया। नतीजा यह हुआ कि असम में तीन किशोर वय के प्रदर्शनकारियों को गोली मार दी गयी, कुछ इलाक़ों में कर्फ़्यू लगा दिया गया और टेलिफ़ोन और इंटरनेट सेवाओं को निलम्बित कर दिया गया। देश की राजधानी में हिंसात्मक उपद्रव हुए और दर्जनों लोगों को अपनी जान गँवानी पड़ी। ख़ुद को ही दिये गये इन ज़ख़्मों को भरने में ख़ासा वक़्त लगेगा।

इस देशव्यापी संकट की शुरुआत असम के स्थानीय संकट से हुई। भारत के विभाजन के इकहत्तर सालों बाद, और तत्पश्चात पूर्वी पाकिस्तान से स्वतन्त्र होकर बांग्लादेश की स्थापना के सैंतालिस सालों के बाद भारत की ऐतिहासिक विरासत का एक प्रेत देश को भयाक्रान्त करने 2018 में दोबारा सामने आ खड़ा हुआ। असम में राष्ट्रीय नागरिक पंजीकरण

(एनसीआर) प्रकाशित करने के केन्द्र सरकार के निर्णय के कारण राज्य के लगभग चालीस लाख लोगों की नागरिकता और भविष्य पर सन्दिग्धता के बादल मँडराने लगे, और इस निर्णय से क्षेत्र की शान्ति–व्यवस्था पर स्थायी दुष्प्रभाव पड़ा।

हम यह जानते हैं कि भारत से जाने के पहले ब्रिटिशों ने 1947 में धर्म के आधार पर देश का बँटवारा कर दिया था और परिणामस्वरूप पाकिस्तान नाम से एक स्वतन्त्र मुस्लिम राष्ट्र का निर्माण हुआ। इस राष्ट्र का निर्माण पश्चिमी और पूर्वी भारत के मुसलमान–बहुल प्रान्तों को भारत से काट कर किया गया था। 1971 में पूर्वी पाकिस्तानी फ़ौज के दमनकारी नरसंहार से लम्बा संघर्ष करने के बाद स्वतन्त्र बांग्लादेश राष्ट्र की स्थापना हुई। इस दमन में पाकिस्तानी फ़ौज ने लगभग एक करोड़ शरणार्थियों को भारत भागने के लिए मजबूर कर दिया। भारत ने जब जंग में पाकिस्तान को हरा दिया और पूर्व में नियुक्त पाकिस्तानी सेना ने जब अपने हथियार डाल दिये तब बांग्लादेशी शरणार्थी अपने देश फिर से लौटने लगे। निस्सन्देह असंख्य ऐसे भी शरणार्थी थे जो भारत में ही रह गये और यहाँ की आबादी में रच–बस गये।

अगले कुछेक सालों में भारत में लाखों बांग्लादेशी आप्रवासी या घुसपैठिए और दाख़िल हो गये। अपने देश की जर्जर अर्थव्यवस्था और जनसंख्या के अत्यधिक बोझ के कारण भूमि के अभाव ने उन्हें घुसपैठ के लिए बाध्य किया था। पश्चिम बंगाल में जा बसे शरणार्थी तो स्थानीय बंगालियों के साथ सहजता से घुलमिल गये लेकिन उत्तरपूर्वी राज्य असम में जा बसने वाले बांग्लादेशी अपनी संस्कृति, भाषा, धर्म और नस्ल की दृष्टि से अपने असमिया पड़ोसियों से पूरी तरह भिन्न थे। स्थानीय लोगों के भीतर उन शरणार्थियों के प्रति यह स्वाभाविक भय था कि वे उन्हें उनके ही देश की भूमि और रोज़गार के अवसरों से बेदखल कर देंगे। इस असन्तोष के कारण असमिया छात्रों ने 1980 के दशक में बड़े पैमाने पर जन प्रदर्शन और विरोध किये। इन विरोध प्रदर्शनों ने कई बार हिंसात्मक रूप ले लिया और असम की विधि–व्यवस्था अराजक स्थिति में पहुँच गयी। 1983 में असम के सुदूर गाँव नीली में भड़के दंगे में तक़रीबन 3000 बंगाली मुसलमानों की हत्या ने इस संकट की गम्भीरता को देशव्यापी स्तर पर प्रकट कर दिया। इस जनान्दोलन का समाधान निकालने में तत्कालीन

प्रधानमन्त्री राजीव गाँधी ने निर्णायक भूमिका निभाते हुए 1985 में 'असम एकॉर्ड' के माध्यम से इस समस्या पर त्रि–पक्षीय सहमति बनायी। समझौते में बांग्लादेश से 1971 के बाद अवैध रूप से असम में घुसपैठ करने वाले सभी लोगों को चिह्नित करने के निर्णय पर सहमति बनी।

लेकिन यह काम उतना आसान नहीं था। अनेक ट्रिब्यूनलों द्वारा दो करोड़ से अधिक अवैध बांग्लादेशी घुसपैठियों के पृथक्करण के अर्द्ध–आधिकारिक आकलन के बाद भी पिछले कई सालों में इनकी संख्या में हज़ारों की वृद्धि हुई है। इस समस्या के स्थायी समाधान का कोई रास्ता नहीं निकाला गया और बाद की सरकारों ने दशकों तक इस मसले पर कोई ध्यान नहीं दिया। लेकिन 2014 में नरेन्द्र मोदी की कट्टर हिन्दू राष्ट्रवादी भाजपा सरकार के सत्ता में आने के बाद सर्वोच्च न्यायालय की देखरेख में इस समस्या की पुनः समीक्षा की। जुलाई 2018 में पहले चरण के आकलन के बाद जब एनआरसी की पहली सूची प्रकाशित हुई तो लगभग चालीस लाख ऐसे लोगों को चिह्नित किया गया जो एकॉर्ड द्वारा निर्धारित वर्ष 1971 से पहले असम में अपनी वंशावली से सम्बन्धित प्रमाण को प्रस्तुत करने की स्थिति में नहीं थे। परिणामतः वे अब प्रान्तविहीन भारतीय थे और इधर–उधर भटकने को बाध्य थे। पुनः संशोधन की अनेक दरख़्वास्तों और अपीलों के बाद 'अन्ततः' इन 'अ–नागरिकों' की संख्या घट कर एक करोड़ नब्बे लाख पर आकर रुक गयी।

इस पंजीकरण में अनेक गड़बड़ियाँ थीं। मसलन जुड़वाँ भाई–बहनों में से एक को ही शामिल किया गया था जबकि दूसरे को छोड़ दिया गया था; या भारत के लिए पिछली लड़ाई में वीरतापूर्ण लड़े और शौर्यपदक पा चुके एक फ़ौजी को इस पंजीकरण में नहीं जोड़ा गया था, और परिणाम स्वरूप उसे 'अ–नागरिक' मान लिया गया था। अपने जन्म से सम्बन्धित आवश्यक प्रमाण देने में असफल रहे कोई 1.6 करोड़ भारतीय हिन्दू निकले। सत्ताधारी भाजपा को उम्मीद थी कि सर्वोच्च न्यायालय की 'देखरेख' की कवच में वह 'विदेशियों' (ज़्यादातर बांग्लादेशियों) की पहचान करने का श्रेय ले जायेगी, लेकिन जब इसके विरोध में 'अ–नागरिक' हिन्दुओं ने उत्पात मचाना शुरू कर दिया तो भाजपा को अपनी ही क़वायद से पीछा छुड़ाना ज़रूरी हो गया, लिहाज़ा उसने इस प्रस्ताव को स्थगित कर दिया। सीएए के पीछे पार्टी की असली मंशा ग़ैर–मुसलमानों को नागरिकता

प्रदान करने का रास्ता मुहैया कराना था, और यह तभी सम्भव था जब बंगाली मुसलमानों को सीएए के हथियार का शिकार बना कर निर्वासित किया जा सकता।

असम में एनआरसी की पूरी तैयारी के दौरान भाजपा ने यही दिखावा किया कि यह एक तटस्थ प्रक्रिया है जिसका राजनीति से कोई लेनादेना नहीं है। लेकिन इस क़ानून का निहितार्थ अवश्यंभावी रूप से राजनीति से प्रेरित है, क्योंकि इसका प्रत्यक्ष सम्बन्ध इन बातों से है कि कौन भूमि का स्वामी बन सकता है, नौकरी पर दावेदारी कर सकता है, और असम में सरकार बनाने के लिए अपना वोट दे सकता है। उसे जैसे ही यह प्रतीत हुआ कि इस क़ानून को लागू करने के वैसे नतीजे नहीं निकल पाये जैसी कि उसे उम्मीद थी, तो सीएए के रूप में नया समाधान निकालने की कोशिश की गयी। लेकिन इसने मोदी सरकार के लिए नयी मुसीबत पैदा कर दी। असम के मूल निवासी किसी भी सम्प्रदाय में आस्था रखने वाले उन सभी लोगों से मुक्ति चाहते थे जो प्रान्त में किसी अन्य स्थान से आकर बसे थे। पूरे देश के मुसलमानों और उदारवादी बौद्धिकों में सीएए के ख़िलाफ़ असन्तोष तो पहले से था, क्योंकि वे मुसलमानों के समाज की मुख्यधारा से पृथक्करण से असहमत थे।

भारतीय नागरिक होने के लिए अयोग्य ठहराये गये विदेशियों की फ़ेहरिस्त जितनी भी लम्बी या छोटी रही हो, लेकिन तादाद की दृष्टि से उनमें, अगर सब के सब नहीं भी तो, ज़्यादातर लोग बंगाली मुसलमान थे। सवाल यह है कि असम उन विदेशियों के साथ क्या बर्ताव करेगा? कुछ लोगों का स्पष्ट कहना है कि उनको वापस बांग्लादेश भेज दिया जायेगा लेकिन इसमें सबसे बड़ा व्यवधान यह कि नयी दिल्ली और ढाका के बीच कोई प्रत्यावर्तन–सन्धि नहीं है, और बांग्लादेश ने यह बात स्पष्ट रूप से कह दी है कि अपनी भूमि से बाहर के किसी भी व्यक्ति की उस पर कोई ज़िम्मेदारी नहीं है। क्या असम में उनके घर से उनका बोरिया–बिस्तर समेट दिया जायेगा और उनके लिए कहीं भी जा बसने का कोई ठिकाना नहीं रहेगा?

कुछ लोगों का अनुमान यह है कि उनके लिए नये शरणार्थी शिविर बनाये जायेंगे और उन्हें तब तक वहीं रखा जायेगा जब तक बांग्लादेश उन्हें वापस नहीं ले लेता। बहरहाल मानवाधिकारों के लिए संघर्ष करने

वाले संगठनों ने सरकार की इस साज़िश के ख़िलाफ़ आवाज़ बुलन्द उठानी शुरू कर दी है। वास्तविकता यह है कि उन गिनेचुने पड़ोसी देशों में बांग्लादेश एक है जिसके साथ मोदी सरकार के दोस्ताना रिश्ते हैं। शरणार्थी संकट को जन्म देकर और उन्हें ज़बरन बांग्लादेश भेजने का इकतरफ़ा फ़ैसला लेकर वह दोनों देशों के बीच के सम्बन्धों को नहीं बिगाड़ना चाहती है। गृह मन्त्री के पूर्व बयान जिसमें उन्होंने बांग्लादेशी घुसपैठियों को 'दीमक' कहा था, ने दोनों देशों के कूटनीतिक सम्बन्धों में खटास उत्पन्न कर दी थी। मामले का स्पष्टीकरण देने के उद्देश्य से जब बांग्लादेश में भारत के उच्चायुक्त ने राष्ट्रपति से मिलने का प्रयास किया तो ढाका ने उनके कई अनुरोधों को अनसुना कर दिया। अन्ततः भारत सरकार को उन्हें बांग्लादेश से बुला लेने के लिए बाध्य होना पड़ा।

एनआरसी सूची के मानवीय निहितार्थ भी कम जटिल नहीं हैं। ऐसे लोगों की संख्या भी कम नहीं होगी जो भारत में 1971 के बाद आये होंगे, और इसीलिए एकॉर्ड की शर्तों के अनुसार भारतीय नागरिक होने के लिए अयोग्य माने गये हों। वे असम में चार दशकों से भी अधिक समय से रह रहे होंगे और अब उनका कोई दूसरा घर नहीं है। क्या उन्हें अब उन अधिकारों से वंचित किया जाना न्यायसंगत होगा जिनका उपयोग वे अपने जीवन के अधिकांश वर्षों में लोकतान्त्रिक भारत में रहते हुए कर रहे थे?

कुछ लोगों की यह राय भी हास्यास्पद है कि इस क़ानून को लागू करने का मुख्य उद्देश्य बंगाली मुसलमानों को मताधिकार के प्रयोग से वंचित करना है। 2.6 की आबादी वाले एक राज्य में चालीस लाख लोगों को मत देने के अधिकार से वंचित करने के फ़ैसले का सत्ताधारी दल के राजनीतिक भविष्य पर ख़ासा असर पड़ सकता है–ख़ास कर तब जब उस पार्टी को भारतीय मुसलमान मतदाताओं का पर्याप्त समर्थन प्राप्त नहीं हो। ऐसे निर्णयों का क़ानून भी व्याख्या की परिधि से मुक्त नहीं है, और इन्हें न्यायालयों में चुनौती दी जा सकती है। निहितार्थ निजी तौर पर मेरे मन में अन्तरराष्ट्रीय क़ानून में उल्लिखित प्रताड़ना के सभी प्रावधानों के प्रति एक अवमाननापूर्ण भाव है।

कांग्रेस ने शुरू में एनसीआर का प्रस्ताव इसलिए बनाया था ताकि असम में एकॉर्ड में तय शर्तों को पूरा किया जा सके, लेकिन अब कांग्रेस और भाजपा दोनों की दृष्टि में यह एक दोषपूर्ण प्रक्रिया है। ऐसे में इस

प्रक्रिया को पूरे देश के स्तर पर लागू करने से पहले कोई भी हज़ार बार विचार करेगा लेकिन गृह मन्त्री अमित शाह ने संसद के अतिरिक्त भी अनेक जगहों पर इसकी घोषणा बार–बार की कि वे एनआरसी को एक राष्ट्रव्यापी अधिनियम बनाने के लिए कृतसंकल्प हैं।[319] अगर सरकार भारत के सभी नागरिकों का लेखा–जोखा रखने का काम आरम्भ कर दे तो लाखोंलाख लोगों को इस सूची में जगह नहीं मिल सकेगी क्योंकि उनके पास अपनी नागरिकता सिद्ध करने का कोई पुष्ट 'प्रमाण' नहीं है। ऐसे लोगों की तादाद ख़ासी बड़ी है जो भारत में जन्मे और पले–बढ़े हैं और उनका अन्यत्र कहीं घर नहीं है। फिर इस अन्देशे से भी इनकार नहीं किया जा सकता है कि मुसलमानों को उनके अधिकारों से वंचित रखने का लाभ उठाते हुए सरकार अपनी पसन्द के सम्प्रदाय–विशेष के हितों की रक्षा करेगी। यह सहज प्रश्न उठता है कि निर्वासित लोगों के साथ क्या बर्ताव किया जायेगा? उन सबके घर यहीं हैं और उन्होंने यहीं अपनी ज़िन्दगियाँ गुज़ारी हैं, लिहाज़ा हम उन्हें देशनिकाला नहीं दे सकते। उन्हें आख़िर स्वीकार कौन करेगा? क्या हम उन 'प्रान्तविहीन' लोगों के लिए नये शरणार्थी शिविर बनायेंगे जैसा कि असम में हमारी सम्भावित योजना है? यह सिलसिला कितनी पीढ़ियों तक चलेगा? क्या अन्तरराष्ट्रीय स्तर पर होने वाली आलोचनाओं का सामना हम कर पायेंगे? सीएए और एनसीआर जैसे दो–दो प्रतिगामी क़ानूनों का समानान्तर क्रियान्वयन निश्चित रूप से पूरे भारत के लिए घातक सिद्ध होगा और इनके सर्वव्यापी निहितार्थ उन आदर्शों के विरुद्ध होंगे जो भारत की राजनीति के केन्द्र में रहे हैं।

फ़िलहाल तो असम में एनआरसी का मुद्दा तक़रीबन दबा दिया गया है लेकिन इसकी वजह से दोनों समुदायों के बीच जो तनाव बढ़ा है वह अभी भी विस्फोटक स्थिति में है। साल 1985 में जिस एकॉर्ड पर सहमति बनी थी, और उस सहमति के आधार पर जिस 1971 के वर्ष को नियत–समय माना गया था, घुसपैठ की समस्या के समाधान के लिए क्या वही फ़ॉर्मूला वर्ष 2020 और उसके बाद की अवधि के लिए उतना ही कारगर सिद्ध हो पायेगा? क्या एक लोकतान्त्रिक भारत उन लाखों लोगों के मानवीय

---

319. ही डिड सो फाइव टाइम्स। सी, रोहन वेंकटरामाकृष्णन, 'हू इज़ लिंकिंग सिटीज़नशिप एक्ट इन एनआरसी? हियर आर फाइव टाइम्स अमित शाह डिड सो', *स्क्रॉल. इन*, 20 दिसम्बर 2019।

अधिकारों की उपेक्षा करने की स्थिति में है जो इसकी मिट्टी पर दशकों से रह रहे हैं? चूँकि देश की सार्वभौमिकता और नागरिक अधिकारों की सुरक्षा भारत के वे दुर्लभ आधारभूत सिद्धान्त रहे हैं जिनकी विश्वव्यापी प्रशंसा की जाती है, ऐसे में क्या उन व्यवहारों को लागू किया जा सकता है जिनके कारण लाखों लोग 'प्रान्तविहीन' हो जायें और उनकी ज़िन्दगियाँ अचानक अनेक असुरक्षाओं और अनिश्चितताओं से घिर जायें? इन सवालों का कोई स्पष्ट जवाब नहीं है। दोनों पक्षों के दुराग्रहों के पास भी इन प्रश्नों के यथेष्ट उत्तर नहीं हैं।

* * * * *

असम में उठाये गये सीएए के मुख्य मुद्दे से परे इस अधिनियम पर यदि व्यापक दृष्टि डालें तो हम देखते हैं कि इसके विरोध में देशव्यापी विरोध–प्रदर्शन हुए। यह अधिनियम वस्तुतः उन आदर्शों के विरुद्ध विश्वासघात है जो भारतीय राष्ट्रवाद की बुनियादी पहचान हैं।

यहाँ उन बिन्दुओं का पुनरुल्लेख आवश्यक है जिनकी चर्चा मैं यह बतलाने के क्रम में पहले भी कर चुका हूँ कि भारत की मूल अवधारणा के लिए सीएए कितना ध्वंसकारी प्रमाणित होगा। दरअसल, सीएए का प्रस्ताव नागरिक अधिनियम 1955 को रूपान्तरित करके बनाया गया है और यह पड़ोसी देशों अफ़ग़ानिस्तान, बांग्लादेश और पाकिस्तान से भाग कर आये हिन्दुओं, सिखों, बौद्धों, जैनियों, पारसियों और ईसाइयों को नागरिकता का अधिकार प्रदान करता है। ऐसा पहली बार हुआ है कि कुछ विशेष धर्मों को नागरिकता प्रदान करने के उपयुक्त पात्र के रूप में सूचीबद्ध किया गया हो, और किसी एक सम्प्रदाय को चिह्नित कर उसे सूची से बाहर रखा गया हो। विडम्बना यह है कि यह दुर्भावनापूर्ण नीति हमारी उस ऐतिहासिक विरासत के सर्वथा प्रतिकूल है जिसका उत्तराधिकारी हिन्दू स्वयं को बताते हैं। 1893 में शिकागो में आयोजित विश्व धर्म–संसद को सम्बोधित करते हुए अपने प्रसिद्ध व्याख्यान में स्वामी विवेकानन्द ने कहा था कि उन्हें अपनी उस धरती पर गर्व है जिसने हमेशा से अन्य देशों और सम्प्रदायों द्वारा उत्पीड़ित जनता को शरण देने का काम किया। तिब्बत से आये शरणार्थी, बहाई समुदाय, श्रीलंकाई तमिलों और तक़रीबन एक करोड़ बांग्लादेशियों को शरण देने के क्रम में भारत

ने विवेकानन्द के इसी आदर्श का निर्वहन किया। भारत मानव सभ्यता के कुछ गिनेचुने विराटतम और ऐतिहासिक पलायनों की शरण–स्थली रहा है। विगत 3,000 वर्षों से भारत दुनिया भर से आये उत्पीड़ित लोगों की पनाहगाह रहा है–और केवल मुसलमान ही नहीं बल्कि अन्य पन्थों में आस्था रखने वाले लोगों को भी इसने आवश्यकतानुरूप सुरक्षा दी। उसी भारत में एक प्रस्तावित अधिनियम में मुसलमानों को सुनियोजित तरीक़े से बाहर रखना और उसे शरण देने से इनकार कर देना निश्चित रूप से देश के लोकतन्त्र की अन्तर्निहित भावनाओं का अतिक्रमण है।

यह किसी भी सरकार के लिए एक लज्जाजनक बात है कि वह एक राष्ट्रीय शरणार्थी नीति को विकसित करने के उद्देश्य से किसी रचनात्मक विमर्श में रुचि नहीं ले। 2017 में मैंने ख़ुद इस सम्बन्ध में गृह मन्त्री, उनके राज्यमन्त्रियों और उनके गृह सचिव से मिलकर प्राइवेट मेम्बर्स बिल के ज़रिये इस आशय का प्रस्ताव दिया था। यदि कोई भी सरकार सचमुच शरणार्थियों के बारे में गम्भीरतापूर्वक सोचती होती तो वह अन्तरराष्ट्रीय मानकों के अनुरूप एक सम्यक् शरणार्थी नीति अपनाने से कैसे अस्वीकार कर सकती थी? या फिर अपने प्रारूप के साथ वह कोई ख़ुद की नीति क्यों नहीं प्रस्तावित कर सकती थी? हम उन गिनेचुने बड़े लोकतन्त्रों में एक हैं जिसके पास अपना कोई शरणार्थी क़ानून नहीं है। लेकिन 2019 में जब मैंने इस मुद्दे को लोकसभा में दोबारा उठाया तो गृह मन्त्री अमित शाह ने साफ़–साफ़ लफ़्ज़ों में कहा कि ऐसे किसी मुद्दे को वे दोबारा उठाने की इजाज़त नहीं देंगे।

यह अधिनियम न सिर्फ़ एक धर्म में आस्था रखने वाले विशेष समुदाय को समाज की मुख्यधारा से विलगाव को प्रोत्साहित करेगा, अपितु यह अन्तरराष्ट्रीय क़ानूनों द्वारा निर्धारित उत्पीड़न के अन्य सभी तरीक़ों–यथा नस्ल, लिंग, यौन–केन्द्रित, राजनीतिक वैचारिकी पर आधारित उत्पीड़न–विरोधी नियमों की भी अवमानना करेगा। यह अधिनियम किसी ख़ास समुदाय के ख़िलाफ़ नफ़रत और भेदभाव का माहौल बनाने का काम करेगा। एक लोकतान्त्रिक भारत पड़ोसी देशों से आये उत्पीड़ित अल्पसंख्यक नागरिकों को शरण, और आवश्यकता पड़ने पर नागरिकता देने को दृढ़–संकल्पित है। इसमें किसी भी धर्म को अवरोध नहीं बनना चाहिए। लेकिन सरकार अपने इन अपेक्षित उत्तरदायित्वों से कदाचित

विचलित हो गयी प्रतीत होती है। वह अन्तरराष्ट्रीय मानदण्डों के शुरुआती क़दमों से भी डिगती हुई दिखती है और शरणार्थियों के साथ विधिसम्मत बर्ताव के प्रति सम्भवतः एक शत्रुतापूर्ण दृष्टिकोण रखती है।

भाजपा में अधिनियम के समर्थक अपनी कट्टरतापूर्ण नीति के साथ एक हठधर्मिता प्रदर्शित कर रहे हैं। उनका बेतुका तर्क है, 'अगर हिन्दुओं को भारत में ठिकाना नहीं मिलेगा तो और कहाँ मिलेगा?' उनके तर्क का निहितार्थ यही है कि भारत हिन्दुओं का स्वाभाविक घर है; मुसलमान के लिए कई देश हैं जहाँ वे जा सकते हैं। लेकिन भारत को एक दिन यह दिखेगा, क्या हमने कभी ऐसा सोचा था। इस तर्क का सबसे आघात पहुँचाने वाला पहलू यह है कि कट्टरवाद की तलवार के एक ही वार से भारतीय राष्ट्रवाद के बुनियादी आदर्शों की हत्या हो जायेगी। सीएए केवल भारत के संविधान के अनुच्छेद 14 और 15 में वर्णित समानता और भेदभावहीनता के बुनियादी सिद्धान्तों की ही अवहेलना नहीं करता है, बल्कि भारत–संघ की आधारभूत संकल्पना पर भी समग्र प्रहार करता है।

यह निर्विवाद सत्य है कि पाश्चात्य शब्दकोश में 'धर्मनिरपेक्षता' की व्याख्या 'धर्म की अनुपस्थिति' के अर्थ में की गयी है। लेकिन भारतीय दृष्टिकोण से यह तर्कसम्मत व्याख्या नहीं है। धर्म की जड़ें हमारे सभी समुदायों में इतनी गहरे रूप में पैठी हुई हैं कि भारतीय सन्दर्भ में उसकी पूर्ण अनुपस्थिति की कल्पना भी नहीं की जा सकती है। एक पिछले अध्याय में मैं इसकी व्याख्या कर चुका हूँ, कि धर्मविहीनता हमारे देश में कभी लोकप्रिय नहीं हो सकती है। भारत वह भूमि है जहाँ सभी धर्म समृद्ध हुए। भारतीय राजनीति में धर्मनिरपेक्षता एक ऐसा विचार है जिसका पाश्चात्य व्याख्या से कोई प्रत्यक्ष अथवा परोक्ष सम्बन्ध नहीं है। भारतीय राजनीति में जिस धर्म का उल्लेख है वह लौकिक है जबकि पाश्चात्य अर्थ में इसका सम्बन्ध आध्यात्मिकता से है। 1920 के दशक में सम्प्रदायवादी विकल्प की प्रतिक्रिया में इस अवधारणा की उत्पत्ति हुई मानी जाती है। राष्ट्रवादी आन्दोलन के अन्तर्गत धर्मनिरपेक्ष राजनीति ने इस विचार को ख़ारिज करने का काम किया कि राजनीति पहचान को सुस्पष्ट आकार देने में धर्म की सबसे महत्त्वपूर्ण भूमिका थी। लाला लाजपत राय जो कांग्रेस के साथ–साथ हिन्दू महासभा की गतिविधियों में भी यदाकदा सक्रिय रहते थे, ने इसकी अच्छी व्याख्या की थी, 'मैं एक हिन्दू हूँ और मैं अपने धर्म

के पूर्वाग्रहों से पूरी तरह मुक्त होने का दावा भी नहीं करता। लेकिन मैं इस स्थिति के लिए हमेशा तैयार रहता हूँ कि ख़ुद को एक मुसलमान की जगह रखकर चीज़ों को उसके नज़रिये से देखूँ। दोनों की स्थितियों की भिन्नता को देखते हुए मैं यही कहूँगा कि हमें विशुद्ध राष्ट्रवादी दृष्टिकोण कभी नहीं छोड़ना चाहिए। इस नतीजे पर पहुँचने के लिए हिन्दू समुदाय के प्रति अपनी पक्षपात दृष्टि त्यागनी पड़ी। इसके लिए मुझे ख़ासी मेहनत करनी पड़ी।'[320] स्वतन्त्रता आन्दोलन और उसके बाद भी धर्मनिरपेक्षता का यही अभिप्राय था कि भारत में अनेक धर्मों की प्रचुरता रही लेकिन उनमें से किसी भी ख़ास धर्म को राज्य द्वारा सुविधा और संरक्षण नहीं मिलना चाहिए।

'प्रामाणिक' धर्मनिरपेक्षता और 'आभासीय' धर्मनिरपेक्षता के सम्बन्ध में सभी सम्भावनाओं का निराकरण उसके सरलीकरण से हासिल किया जा सकता है। अमर्त्य सेन ने सही कहा है कि 'राजनीतिक धर्मनिरपेक्षता केवल विभिन्न धार्मिक समुदायों के बुनियादी सन्तुलन का कौशल है।'[321] यह धर्मनिरपेक्षता वास्तव में पश्चिम की शास्त्रीय धर्मनिरपेक्षता के एकदम उलट है, क्योंकि यह धर्मों को समान मानते हुए उनको समृद्ध और विकसित करने में सक्रिय भूमिका निभाती है। प्रकारान्तर में यह स्वामी विवेकानन्द के दर्शन का अनुकरण है–'एकम सत; विप्रः बहुधा वदन्ति (सत्य एक है; ऋषि–मुनि इसे विविध नामों से बुलाते हैं)।'

हमारी धर्मनिरपेक्षता लोगों की विविधता का सम्मान करती है और अपने नागरिकों के प्रति यह प्रतिबद्धता दर्शाती है कि धार्मिक सम्बद्धता न तो व्यवधान है और न ही यह कोई लाभ है। लिहाज़ा किसी भी भारतीय को सशंकित होने की आवश्यकता नहीं है क्योंकि किसी ख़ास धर्म में उसका विश्वास उसे किसी पद या व्यवसाय के लिए अयोग्य घोषित कर सकता है। हमारी राजनीतिक संस्कृति में धर्मनिरपेक्षता इसी रूप में सन्दर्भित और प्रचलित है। हमने यह देखा है कि भारतीय जनसंख्या में 80 प्रतिशत हिन्दू हैं, यह देश मुसलमानों के लिए एक पृथक् देश की माँग के आधार

---

320. लाला लाजपत राय, 'कम्युनलिज़्म एंड नैशनलिज़्म'। *दी पीपल,* 12 सितम्बर 1926

321. सेन, *दी आर्ग्युमेंटेटिव इंडियन*।

पर एक बार बँट भी चुका है, इसके बावजूद भारत के तीन राष्ट्रपति मुसलमान थे। मुसलमानों ने अपनी योग्यता की बदौलत देश के शीर्ष पद हासिल किये। उनमें मुख्य न्यायाधीश से लेकर क्रिकेट की राष्ट्रीय टीम के कप्तान तक शामिल हैं।

भाजपा में धर्मनिरपेक्षता के आलोचक उस भारत को ख़त्म कर देना चाहते हैं जहाँ व्यवहार में इस प्रकार की 'धर्मनिरपेक्षता' का प्रचलन है। यद्यपि हिन्दू अन्धराष्ट्रीयता गुणात्मक दृष्टि से मुस्लिम सम्प्रदायवाद से भिन्न दिखने के लिए चेष्टारत है, इसके बावजूद 1958 में ही जवाहरलाल नेहरू ने हिन्दू साम्प्रदायिकता के ख़तरों के ख़िलाफ़ लोगों को आगाह कर दिया था। उन्होंने स्पष्ट रूप से कहा था कि बहुसंख्यकों की साम्प्रदायिकता विशेष रूप से घातक है क्योंकि यह ख़ुद को राष्ट्रवाद के तौर पर प्रस्तुत कर सकती है। चूँकि अधिकतर भारतीय धर्म से हिन्दू हैं इसलिए हिन्दी राष्ट्रवाद और भारतीय राष्ट्रवाद के बीच का अन्तर बहुत धुँधला और अस्पष्ट है। ज़ाहिर–सी बात है कि बहुसंख्यकों को सामान्यतः 'अलगाववादी' के रूप में नहीं देखा जाता है। प्रचलित परिभाषा के अनुसार अलगाववाद मूल रूप से अल्पसंख्यकों की प्रवृत्ति मानी जाती है। लेकिन बहुसंख्यक अलगाववाद दरअसल अलगाववाद की चरमतम अवस्था है क्योंकि इसका उद्देश्य न केवल दूसरे भारतीयों को, बल्कि अविभाजित भारत को भी ख़ुद भारत से अलग करना है। मुस्लिम नाम वाले जगहों का दोबारा नामकरण करने के पीछे सरकार की कुत्सित मंशा यही है। वास्तव में हिन्दुत्व आन्दोलन 1947 की मुस्लिम साम्प्रदायिकता की ही प्रतिछाया है। इसमें कट्टरवाद की वही गूँज सुनी जा सकती है जिसे ख़ारिज करने के उद्देश्य से भारत राष्ट्र का निर्माण हुआ था। अगर इसकी जीत होती है तो भारत राष्ट्र की मूल अवधारणा हार जायेगी।

अपने ताज़ातरीन दलबदल से उत्साहित पूर्व कांग्रेसी और फ़िलहाल उत्तरपूर्व में भाजपा के मुख्य रणनीतिकार हेमन्त बिस्व सरमा ने बयान दिया कि इस अधिनियम को लाना इसलिए ज़रूरी था ताकि असम को 'जिन्ना के हाथों में जाने देने' से रोका जा सके। विरोधाभासपूर्ण सत्य यह है कि अधिनियम लाने का अर्थ ही प्रदेश को जिन्ना के कट्टरवाद के सामने समर्पित कर देना था। भारत को एक ग़ैर–मुसलमान देश बनाने का अभिप्राय एक प्रकार से उन्हीं विचारों को अपनाना था जिनकी बुनियाद पर मुसलमानों के लिए एक पृथक् देश के रूप में पाकिस्तान का निर्माण हुआ था।

जिन्ना भारत को हिन्दुओं का 'स्वाभाविक घर' मानते थे और उन्होंने दशकों तक यही दुष्प्रचारित किया कि भारतीय धर्मनिरपेक्षता एक ढोंग से अधिक कुछ भी नहीं।

भाजपा को इस बात से कोई फ़र्क़ पड़ता प्रतीत नहीं होता कि हिन्दू–राष्ट्रवादी एजेंडा संशय, भय और असहिष्णुता का एक ऐसा माहौल निर्मित कर देगा जिसका शिकार अन्ततः पूरे देश का नागरिक बनेगा और जो राष्ट्रवाद के नाम पर एक देशव्यापी अराजकता को उत्पन्न करेगा। विचारक प्रदीप छिब्बर जैसा लिखते हैं, 'वर्तमान भारत में 'हिन्दू' शब्द अपनी नैतिक प्रामाणिकता को खो चुका है...ऐसा लगता है कि मौजूदा भाजपाई अवधारणा के आधार पर हिन्दू शब्द का सम्बन्ध किसी न्यायिक सिद्धान्त, किसी दार्शनिक विचार, किसी करुणा और सहिष्णुता की भावना से नहीं रह गया है। हिन्दू होने का केवल एक अर्थ रह गया है–"हम" बनाम "तुम" और, इस स्थिति की पूरी ज़िम्मेदारी नरेन्द्र मोदी और अमित शाह की भाजपा की है।'[322]

समस्या का मूल कारण अधिनियम और प्रस्तावित देशव्यापी राष्ट्रीय नागरिक पंजीकरण (एनआरसी) दोनों के बीच का विरोधाभास है जिसके अनुसार लोगों के पास अपनी भारतीय नागरिकता प्रमाणित करने के लिए काग़ज़ी सबूत होना ज़रूरी है। असम में एनआरसी को बड़ी सख़्ती के साथ लागू किया गया है। दावे को ख़ारिज करने के लिए काग़ज़ात में हिज्जे की मामूली–सी गड़बड़ी भी पर्याप्त वजह है। ऐसी सरकारी नुक्ताचीनी का सबसे अधिक खमियाज़ा ग़रीब, ग्रामीण, दबे–कुचले और आदिवासी लोगों को भुगतना पड़ रहा है। ऐसे लोगों की तादाद भी कम नहीं है जिनके पास आवश्यक दस्तावेज़ नहीं हैं। यहाँ तक कि प्रधानमन्त्री मोदी के मन्त्रिमण्डल में ऐसे कई मन्त्री हैं जिनके पास अपने जन्मदिन और जन्मस्थान के प्रामाणिक दस्तावेज़ नहीं हैं। इसकी सबसे बड़ी मिसाल पूर्व सेना प्रमुख वी.के. सिंह हैं।[323] अजीब बात है कि अगर ग़रीबों के पास काग़ज़ात नहीं हैं तो उनको अवैध घुसपैठिया घोषित कर जेल में ठूँसा जा सकता है।

322. प्रदीप छिब्बर, 'फॉर मोदी एंड अमित शाह, दी वर्ड "हिन्दू" इज़ डिवाइड ऑफ़ अ मोरल कम्पास। इट इज़ जस्ट अस वर्सेज देम', *दी प्रिंट*, 17 दिसम्बर 2019।

323. धनंजय महापात्रा, 'जनरल वीके सिंह लूजेज बैटल फॉर एज, ट्राएज टू सेव सम ऑनर', *टाइम्स ऑफ़ इंडिया*, 11 फ़रवरी 2012।

अमित शाह ने अनेक साक्षात्कारों में यह साफ़–साफ़ बयान दिया कि कोई भी आदमी जो काग़ज़ी सबूतों के अभाव में एनआरसी में शामिल होने से रह गया हो, वह अधिनियम के प्रावधानों के अन्तर्गत अपना पक्ष रखने का अधिकारी है लेकिन किसी भी मुसलमान को यह सुविधा नहीं मिलेगी। इसका सीधा अर्थ है कि काग़ज़ात के अभाव में सिर्फ़ मुसलमानों के ख़िलाफ़ दण्डात्मक कार्रवाई की जायेगी। लिहाज़ा एनआरसी के परिप्रेक्ष्य में यह बोझ सिर्फ़ भारत में रहने वाले मुसलमानों पर रहेगा कि वे अपनी भारतीयता को प्रमाणित करें। वे लोग जो काग़ज़ात नहीं दिखा पायेंगे उनको अपनी नागरिकता गँवानी पड़ेगी, जबकि किसी बाहरी देश से आये ग़ैर–मुसलमान को नागरिकता की दावेदारी करने के लिए किसी भी काग़ज़ की ज़रूरत नहीं होगी।

शाह यह तर्क देते हैं कि अधिनियम में जिन तीन देशों का उल्लेख किया गया है उन तीनों देशों का आधिकारिक राष्ट्रीय धर्म इस्लाम है और इन देशों में ग़ैर–मुसलमानों को उत्पीड़न का सामना करना पड़ता है। यह मानना व्यर्थ है कि मुस्लिम देशों में मुसलमानों का उत्पीड़न नहीं होता है। पाकिस्तान में अनेक शिया मुसलमानों और अहमदियाओं की मिसाल हमारे सामने है। और भी कई उदाहरण हैं जैसे बांग्लादेश के अनीश्वरवादी ब्लॉगर्स या इस्लामिक साम्प्रदायिकता के प्रति असहमति प्रकट करने वाले तसलीमा नसरीन और दाऊद हैदर जैसे बौद्धिक लोग जिन्हें अपने उदार दिनों में भारत ने शरण दी थी। लेकिन उन देशों में सामान्यतः ग़ैर–मुसलमान वर्ग ही हैं जिस पर उत्पीड़न का सर्वाधिक ख़तरा है, और इस ख़तरे के बावजूद उन्हें क़ानून द्वारा पर्याप्त सुरक्षा प्राप्त नहीं है। अनीश्वरवादियों–इस्लामिक देशों में जिनकी निन्दा आस्थाहीनता के कारण की जाती है–को भी बहाइयों और यहूदियों की तरह ही क़ानून की सुरक्षा प्राप्त नहीं है।

दरअसल उत्पीड़न के परिमाण का कोई प्रत्यक्ष सरोकार देश के आधिकारिक धर्म से अथवा उसकी अनुपस्थिति से नहीं है। रोहिंग्याओं का उदाहरण हमारे सामने है जिन्हें म्याँमार में नरसंहारों से गुज़रना पड़ा। हालाँकि म्याँमार आधिकारिक रूप से एक बौद्ध देश नहीं किन्तु वहाँ बौद्ध धर्मावलम्बियों की बहुलता है। सीएए के साथ अन्य गड़बड़ियाँ और समस्याएँ भी हैं। श्रीलंका को अधिनियम के दायरे से बाहर रखा गया है जबकि उसका

आधिकारिक धर्म बौद्ध है। हिन्दू धर्मावलम्बी श्रीलंकाई तमिलों को लम्बे समय से नस्लीय उत्पीड़न से गुज़रने के कारण लगभग एक लाख लोगों को तमिलनाडु में शरण लेनी पड़ी है, लेकिन ऐसा प्रतीत होता है भाजपा की दिलचस्पी सिर्फ़ उन हिन्दुओं में है जो हिन्दी बोल सकते हैं! चूँकि इस मुद्दे पर कोई निर्धारित सिद्धान्त नहीं है, और न सरकार के पास कोई शरणार्थी क़ानून ही है जिससे यह स्थापित हो पाये कि कोई व्यक्ति धार्मिक उत्पीड़न का शिकार हुआ है अथवा नहीं। ऐसी स्थिति में सरकार ने वास्तव में अपनी मनमर्ज़ी का वर्गीकरण बनाने की निरंकुश और ग़ैर–ज़िम्मेदार पहल की है। अमित शाह के दावों के विपरीत यह अधिनियम उपयुक्तता की कसौटी पर कहीं से खरा नहीं उतरता है।

अन्तरराष्ट्रीय क़ानून पाँच प्रकार के उत्पीड़नों को मान्यता देता है : जातीयता के आधार पर उत्पीड़न, धार्मिक आधार पर उत्पीड़न, राष्ट्रीयता के आधार पर उत्पीड़न, किसी ख़ास सामाजिक संगठन का सदस्य होने के नाते होने वाले उत्पीड़न, या किसी राजनीतिक विचारधारा के आधार पर होने वाला उत्पीड़न। 2011 में भारत ने उपर्युक्त कारणों के अतिरिक्त दो अन्य आधारों पर उत्पीड़न झेलने वाले लोगों को दीर्घकालिक वीसा देने का निर्णय लिया–यौन उत्पीड़न और नस्लीय पहचान के आधार पर होने वाला उत्पीड़न। सरकार ने इसकी व्याख्या नहीं की कि धर्म के आधार पर उत्पीड़न छह अन्य उत्पीड़नों की तुलना में अचानक अधिक महत्त्वपूर्ण कैसे हो गया।

धार्मिक उत्पीड़न का सामना कर रहे एक मुसलमान और एक ग़ैर–मुसलमान के बीच भेद करने में सरकार मनमाने अधिकार का प्रयोग कर सकती है। यदि सरकार यह समझती है कि इन देशों में मुसलमान धार्मिक उत्पीड़न का शिकार नहीं होते हैं तो तर्क की दृष्टि से नागरिकता का आधार यह होना चाहिए कि इस परिधि में केवल वे आते हैं जो धार्मिक उत्पीड़न का शिकार हैं। यदि सामान्य आधार यह है कि ऐसा कोई भी व्यक्ति जो धार्मिक उत्पीड़न की शिकायत करता है, तो ऐसी स्थिति में उस व्यक्ति विशेष के उत्पीड़न का आकलन होना चाहिए। लेकिन सीएए केवल धार्मिक सम्बद्धता को उत्पीड़न का आधार मानता है।

सामान्य सत्य यह है कि सरकार ने इस अधिनियम के निहितार्थों पर गम्भीरतापूर्वक विचार ही नहीं किया है। यह हलतलबी में लिया

गया फ़ैसला है जो सरकार की मनमर्ज़ी और लापरवाही को दर्शाता है। मोदी पहले से ऐसे फ़ैसले लेने के लिए बदनाम रहे हैं—मसलन 2016 में नोटबन्दी का फ़ैसला जिसके बारे में प्रधानमन्त्री ने दावा किया था कि इससे काला धन इकट्ठा करने वाले कारोबारियों पर नकेल कसी जायेगी, लेकिन जिसकी असल मार मध्यम वर्गीय आम नागरिकों को झेलनी पड़ी थी; आधी रात की हड़बड़ी में लागू किया गया देशव्यापी वस्तु और सेवा कर (जीएसटी) जिसने लाखों छोटे उद्यमों के लिए व्यवधान का काम किया, और 2020 में बिना सोचे–समझे लिया गया कोरोना वायरस लॉकडाउन का फ़ैसला जिसकी वजह से करोड़ों लोगों को उड़ान और रेलगाड़ी पकड़ने के लिए सिर्फ़ चार घण्टे की मोहलत दी गयी, और चार घण्टे के बाद ही यातायात को अनिश्चित समय के लिए स्थगित कर दिया गया। नतीजा यह हुआ कि लाखों आप्रवासी मज़दूरों को पैदल अपने–अपने घरों तक का वापसी का सफ़र तय करने को मजबूर होना पड़ा। इस त्रासदपूर्ण पलायन में 200 लोगों को अपनी जान से हाथ धोना पड़ा। दरअसल सीएए का एक ही घोषित उद्देश्य प्रतीत होता है : इसके कारण निर्दोष किन्तु प्रमाणहीन भारतीय दोषी माने जायेंगे। ऐसी स्थिति में हमारे विचारशील और गम्भीर युवा यदि यह नारा लगाते हुए सड़कों पर निकल आयें कि–'हम काग़ज़ नहीं दिखाएँगे', तो आश्चर्य की कोई बात नहीं। परिणामस्वरूप अधिनियम के विरोध में देशव्यापी धरना और प्रदर्शन हुए और ये तब तक चलते रहे जब कोरोना वायरस की महामारी से निबटने के लिए देश भर में लॉकडाउन नहीं लगा दिया गया। इस आन्दोलन ने देश के हर लोकतान्त्रिक व्यक्ति के विचारों को उद्वेलित किया। वे चाहे छात्र रहे हों, दफ़्तरों में काम करने वाला मध्यवर्ग हो, कलाकार हों अथवा एक आम भारतीय हो–इस अधिनियम के ख़िलाफ़ अपना आक्रोश प्रकट करने के लिए समाज का हर एक तबका एकजुट होकर खड़ा हो गया।

विरोधस्वरूप यूनिवर्सिटी के एक गोल्ड मेडलिस्ट ने अपने राज्य के राज्यपाल के हाथों अपना मेडल लेने से इनकार कर दिया; आम लोगों ने प्रदर्शन–स्थल पर मानव–श्रृंखलाएँ बनायीं ताकि मुसलमान प्रदर्शनकारी दोपहर की अपनी नमाज़ अदा कर सकें; कई जगहों पर छात्र अपने विरोध के पक्ष में पुलिस वालों और मीडियाकर्मियों से उलझने से भी बाज नहीं आये;

दिल्ली के शाहीन बाग में घरेलू औरतें कड़ाके की ठण्ड में रात–रात भर जागी रहीं; और इन सभी छोटे–बड़े वाक़यों से ऊपर सभी सामान्य भारतीयों ने अधिनियम का प्रतिरोध करते हुए दृढ़ एकजुटता का प्रदर्शन किया। प्रशासन और व्यवस्था के तमाम बलप्रयोग और धमकियों के बावजूद वे क्षणभर के लिए भी नहीं डिगे। इस विरोध प्रदर्शन में भाजपा ने अपने मिथ्यारोपों के ज़रिये मुसलमानों की सत्यनिष्ठा और राष्ट्रप्रेम को कलंकित करने में कोई कसर नहीं छोड़ी। 'आप विरोध करने वालों को उनके कपड़ों से पहचान सकते हैं,' ऐसा बयान देते हुए प्रधानमन्त्री ने अपने पद की गरिमा का भी ध्यान नहीं रखा।[324] वे साफ़ तौर पर मुसलमानों के पारम्परिक पहनावे और वेशभूषा की तरफ़ इशारा कर रहे थे। 'विरोध करने वालों की दाढ़ियों को, उनके माथे की टोपियों और औरतों के हिजाब को देखिए,' सत्ताधारी दल के एक समर्थक ने मुझसे एक निष्ठुर धर्मान्धता से ओतप्रोत लहजे में कहा, 'इस विरोध के कारण हमें हिन्दुओं के ज़्यादा से ज़्यादा वोट मिलेंगे।'

इसमें दो मत नहीं कि इन विरोध–प्रदर्शनों में अगुआ मुसलमान ही थे। आख़िर हिन्दुस्तान उनका भी मुल्क है और भारतीय नागरिक होने के नाते विरोधों की अगुआई करना उनका हक़ है। इस विभाजनकारी सरकार के निशाने पर भी तो वही हैं। लेकिन इस लड़ाई में वे अकेले नहीं हैं। उन्हें असंख्य ग़ैर–मुसलमानों का समर्थन हासिल है, क्योंकि उनका साथ देने वाले सीएए/एनआरसी को उस भारत पर एक हमला मानते हैं जिस भारत से उनको प्यार है।

वे भारतीय डॉ. अम्बेडकर की उस गम्भीर चेतावनी के महत्त्व को समझते हैं जो उन्होंने 4 नवम्बर 1948 को संविधान सभा को सम्बोधित करते हुए दी थी। अल्पसंख्यकों के सन्दर्भ में उनकी इस चेतावनी का उल्लेख मैं पहले भी कर चुका हूँ कि 'अल्पसंख्यकों ने निष्ठापूर्वक बहुसंख्यकों के शासन को स्वीकार किया है, जो कि वस्तुतः एक साम्प्रदायिक बहुसंख्यक हैं। यह बहुसंख्यकों का कर्तव्य है कि वे अल्पसंख्यकों के प्रति अपने उत्तरदायित्वों को समझें और उनके साथ

---

324. पीटीआई, 'दोज इंडलजिंग इन आर्सन "कैन बी आइडेंटिफाएड बाई देयर क्लोथ्स" : नरेन्द्र मोदी ऑन एंटी–सीएए प्रोटेस्ट', *इकोनोमिक टाइम्स,* 15 दिसम्बर 2019।

किसी तरह का भेदभाव नहीं बरतें।'[325] 'साम्प्रदायिक बहुसंख्यक' शब्द से अम्बेडकर का अभिप्राय उस पूरे समुदाय से था जिसमें सभी हिन्दू शामिल थे। वे केवल वह राजनीतिक बहुसंख्यक नहीं हैं जिन्होंने भाजपा के पक्ष में अपना मत दिया। इस साम्प्रदायिक बहुसंख्यक को हर स्थिति में भाजपा और उसके समर्थकों का इसलिए विरोध करना चाहिए क्योंकि सीएए/एनआरसी का विरोध केवल मुसलमानों का, मुसलमानों द्वारा और मुसलमानों के लिए किया जाने वाला विरोध नहीं है। यह सिर्फ़ संयोग नहीं है कि कई सम्प्रदायों से सम्बन्ध रखने वाले असंख्य प्रदर्शनकारियों ने अपने धरना–प्रदर्शनों में धर्मनिरपेक्ष राष्ट्रवादी कविताओं का पाठ किया। और, एक ही भावना से प्रेरित होकर ऐसा बारम्बार किया। उन्होंने राष्ट्रीय गीत गये। जब मैंने थिरुवनन्तपुरम में राजभवन के बाहर मुस्लिम कोआर्डिनेशन कौंसिल की एक जनसभा का उद्घाटन किया, तो पूर्वनिर्धारित कार्यक्रम के अनुसार वहाँ जाने से पहले मैं एक मन्दिर गया था और मेरे माथे पर प्रसादस्वरूप पुरोहित का लगाया हुआ चन्दन–लेप का तिलक था। मेरा सन्देश बिल्कुल स्पष्ट था : *आप सब अकेले नहीं हैं; पारम्परिक हिन्दू भी आपके साथ हैं।*

सभी भारतीयों के लिए यह समझना बेहद ज़रूरी है कि इस अधिनियम के कारण मुसलमान समुदाय का क्या दाँव पर लगा है, और उस भारत का क्या दाँव पर लगा है जिसका एक अविभाज्य हिस्सा मुसलमान भी हैं। इस हमले का सबसे बेहतर तरीक़ा उसके विरुद्ध प्रतिरोध की बुनियाद को दृढ़ता प्रदान करना और इस उत्तरदायित्व में सभी समुदायों के भारतीयों को अपना योगदान देने की अपील करना है। सभी प्रदर्शनकारियों ने वास्तव में अभी तक यही किया है। वे यह समझते हैं कि हिन्दू साम्प्रदायिकता के ख़िलाफ़ मुस्लिम साम्प्रदायिकता को बढ़ावा देकर नहीं लड़ा जा सकता है। उन्हें पता है कि पहचान की राजनीति उस भारत को नष्ट कर देगी जिसने उन्हें उनकी पहचान के साथ सुरक्षित बचाये रखा है।

भाजपा जो हर एक चुनाव से पहले मतदाताओं को गोलबन्द करने की राजनीति में विश्वास करती है, इस जनाक्रोश को साम्प्रदायिक रंग देने के अवसर की तलाश में है ताकि 'हिन्दी बनाम मुसलमान' का खेल खेला जा सके। मैंने मुसलमान प्रदर्शनकारियों से अपील की कि उनको

325. डॉ. बी. आर. अम्बेडकर, *कांस्टीट्युएंट असेम्बली डिबेट्स*, वॉल्यूम 7, 4 नवम्बर 1948।

यह मौक़ा मत लपकने दो। ऐसा कुछ भी मत करो ताकि दूसरा पक्ष साम्प्रदायिक आधार पर विचारों को बाँटने का लाभ उठा सके। उनसे साफ़–साफ़ कहो कि तुम एक भारतीय होने के नाते अपने अधिकारों के लिए लड़ रहे हो। इस मुहिम में सही और सन्तुलित सोचने वाला वह हर एक भारतीय तुम्हारा साथ देगा जो किसी भी भारतीय के साथ होने वाले अन्याय का विरोधी है। किसी मुसलमान के साथ होने वाले भेदभाव का विरोध करने के लिए मेरा मुसलमान होना कतई आवश्यक नहीं है। भारतीय गणराज्य को इसीलिए बनाया गया है कि ताकि हमारा संविधान मुसलमानों की ही नहीं बल्कि सभी सम्प्रदायों के सदस्यों की हिफ़ाज़त कर सके। इस गणराज्य में हम सभी एक–दूसरे के साथ हैं।

लेकिन दिसम्बर 2019 में गृह मन्त्री अमित शाह ने मेरे एक प्रश्न का उत्तर देते हुए कहा कि 'सीएए केवल इसलिए आवश्यक था क्योंकि 1947 में कांग्रेस ने भारत को धर्म के आधार पर बाँटने का काम किया।' यह धृष्टता से भरा वक्तव्य था जिसका समुचित उत्तर दिया जाना आवश्यक था। मेरी आरम्भिक प्रतिक्रिया यही थी कि अमित शाह इतिहास की कक्षाओं में अधिक रुचि नहीं लेते होंगे : क्या उन्होंने कभी मोहम्मद जिन्ना के 'दो राष्ट्रों के सिद्धान्त' के बारे में नहीं सुना है? 1940 में मुस्लिम लीग के 'पाकिस्तान प्रस्ताव' के बारे में क्या उन्होंने नहीं सुना था? क्या वे सचमुच यही मानते हैं कि विभाजन लीग की माँग के आधार पर नहीं हुआ था जिसकी माँग 1946 में भारतीय मुसलमानों ने बहुमत के आधार पर की थी? क्या वे सचमुच मानते हैं कि महात्मा गाँधी की भारतीय राष्ट्रीय कांग्रेस जिसने भारत के राष्ट्रीय आन्दोलन की छह दशकों तक अगुआई की थी, एक ऐसी पार्टी जिसका नेतृत्व कई अवसरों पर मुसलमानों ने किया और जो 1940 से 1945 जैसी संवेदनशील अवधि में एक मुसलमान अध्यक्ष (मौलाना आज़ाद) के अधीन सक्रिय रही–उस पार्टी ने भारत को धार्मिक आधार पर विभाजित करने की कामना की होगी?

हमारे राष्ट्रीय आन्दोलन के इतिहास का मामूली अध्ययन भी आपको मोहम्मद अली जिन्ना, 'दो राष्ट्रों के सिद्धान्त', और 1940 में मुस्लिम लीग द्वारा पारित 'पाकिस्तान प्रस्ताव' के बारे में बताने– और मैंने जो कुछ अभी लिखा उसकी पुष्टि करने के लिए पर्याप्त है। विभाजन की माँग लीग ने की थी। उनका तर्क था कि उनकी राजनीतिक पहचान उनके धर्म के कारण है।

उनके इस प्रस्ताव के पक्ष में 1946 में भारतीय मुसलमानों की बहुसंख्य आबादी ने अपना मत दिया था।

लेकिन महात्मा गाँधी की भारतीय राष्ट्रीय कांग्रेस ने लीग के इस तर्क को ख़ारिज कर दिया था। उनकी स्पष्ट मान्यता थी कि धर्म भारतीयता को निर्धारित नहीं करता है। देश की स्वतन्त्रता के लिए आन्दोलन करना प्रत्येक भारतीय का अधिकार था, और जिस संविधान को उन्होंने बनाया वह सभी धर्मों के भारतीयों की समानता के सिद्धान्त को सम्पोषित करता है। अतीत की बुनियादी जानकारी रखने वाला कोई भी व्यक्ति किस आधार पर यह कह सकता है कि कांग्रेस ने धर्म की दृष्टि से भारत का विभाजन किया?

जैसा कि हमने देखा है, भाजपा ने देश के इतिहास को तोड़मरोड़ कर भारतीय राष्ट्रवाद का पुनराविष्कार किया है ताकि वह अपने हितों को पूरा कर सके। यह वास्तव में इतिहास का मामला नहीं है, यह राजनीति का मामला है। भाजपा के गृह मन्त्री का यह बयान विशुद्ध कपट था कि चूँकि कांग्रेस ने धर्म के आधार पर देश का बँटवारा किया, इसलिए उनकी पार्टी के पास सीएए को लागू करने के सिवा कोई चारा नहीं बचा था। यह इतिहास की दृष्टि से एक हास्यास्पद कुतर्क है। लेकिन इस कुतर्क की स्थापना का आधार भाजपा के आदर्श–पुरुष रहे वी.डी. सावरकर की दो भिन्न राष्ट्रों की माँग थी। सावरकर ने हिन्दू महासभा के अध्यक्ष की हैसियत से यह माँग रखी थी। जिन्ना ने तो बहुत सालों के बाद इस माँग को दोहराया भर था। हर राजनीतिक चूक, त्रासदी और संकट के लिए कांग्रेस को ज़िम्मेदार ठहराने का भाजपा का लम्बा और घिसापिटा इतिहास रहा है। देश को भाजपा की इस प्रवृत्ति से ख़ासा नुक़सान उठाना पड़ा है। बँटवारा इतिहास की एक दुखान्तकारी घटना थी, और कांग्रेस को इसके लिए उत्तरदायी ठहराना भी समान रूप से नुक़सानदेह था।

13 फ़रवरी 2020 को नयी दिल्ली में इस सम्बन्ध में अपना दूसरा बयान दिया। उनके अनुसार–वर्ष 1947 में महात्मा गाँधी ने दो बार और उसी साल नवम्बर में कांग्रेस कार्य समिति ने अपने प्रस्ताव के ज़रिये तीसरी बार यह दोहराया कि भारत उन हिन्दुओं और सिखों को अपने यहाँ शरण के लिए प्रतिबद्ध है जो पाकिस्तान के उत्पीड़न से भाग कर यहाँ आयेंगे।

आज कांग्रेस पार्टी अपने ही सम्माननीय नेता की वचनबद्धता से मुकर रही है। निस्सन्देह कांग्रेस ने ऐसा कहा था, लेकिन उसने किसी अन्य धर्म के शरणार्थी को पनाह देने से कभी इनकार नहीं किया।

कांग्रेस को गुनहगार साबित करने के लिए इतिहास से छेड़छाड़ करने वाले अमित शाह अकेले व्यक्ति नहीं हैं। इस तरकीब को आज़माने का अलग नुस्खा भी भाजपा के पास मौजूद है। पार्टी का कहना है कि कांग्रेस वे सारे काम पहले ही कर चुकी है जिनके लिए वह आज भाजपा पर हमले बोल रही है। भाजपा पदाधिकारी राम माधव ने नवम्बर 2019 में कहा कि नागरिक संशोधन क़ानून (सीएबी) जिसे सीएए का पूर्वगामी माना जाता है, से मिलताजुलता एक क़ानून जवाहरलाल नेहरू की सरकार द्वारा लाया गया था जिसे आप्रवासी (असम से निर्वासन) अधिनियम, 1950 के नाम से जाना जाता है। माधव के कथनानुसार, यह अधिनियम संकेत करता है कि जवाहरलाल नेहरू ने विशेष रूप से अल्पसंख्यकों को असम से निर्वासित किये जाने सम्बन्धी प्रावधानों से मुक्त रखा था। पीटीआई के मुताबिक़, माधव ने कहा : 'नेहरू की सरकार ने पूर्व पाकिस्तान के अवैध आप्रवासियों के निर्वासन से सम्बन्धित 1950 में एक मिलता–जुलता अधिनियम बनाया था और स्पष्ट रूप से कहा था कि पूर्वी पाकिस्तान के अल्पसंख्यक इस अधिनियम के अन्तर्गत निर्वासित नहीं किये जायेंगे।'[326]

यह बताने की कतई आवश्यकता नहीं है कि यह भी एक ग़लत और भ्रामक तथ्य है। 1950 के अधिनियम की तुलना सीएबी से करना औचित्यहीन है। 1950 के अधिनियम की उपधारा : दो 'कुछ आप्रवासियों के निर्वासन के आदेश की शक्ति' में यह उल्लिखित है : 'बशर्ते *कोई व्यक्ति* (बलाघात के साथ लिखा हुआ) जो नागरिक सुरक्षा के लिए संकट, अथवा सम्भावित संकट नहीं हो और पूर्व पाकिस्तान के अपने मूल निवास से पलायन कर अब असम में नहीं रहने लगा हो।'

यह अधिनियम स्पष्ट संकेत करता है कि विशेष रूप से उल्लिखित *कोई व्यक्ति* को ही निर्वासन से मुक्त रखा गया था जिसे इस बात का भय था कि उसे दोबारा पाकिस्तान लौटने के लिए बाध्य किया जा सकता है। उस वर्ग में केवल ग़ैर–मुसलमान ही नहीं बल्कि सभी धर्मों के दूसरे

---

326. पीटीआई, 'इंडिया ड्यूटी–बाउंड टू गिव सिटीज़नशिप टू प्रोसक्यूटेड माइनॉरिटीज : माधव'। 8 दिसम्बर 2019।

लोग भी सम्मिलित थे। जैसा कि पहले भी बताया जा चुका है, वास्तव में अगस्त 1947 से जुलाई 1948 के बीच बहुत संख्या में मुसलमान–प्रत्येक महीने 20,000 भी अधिक–पाकिस्तान से भारत लौटे। इसीलिए राम माधव और भाजपा का दावा कि नेहरू अधिनियम ने केवल पूर्वी पाकिस्तान के अल्पसंख्यकों के हितों का ध्यान रखा, पूरी तरह से ग़लत है। जब मैंने 1950 के अधिनियम के बारे में स्पष्टीकरण देने के उद्देश्य से लोकसभा में एक़ संशोधन लाने का प्रस्ताव रखा, वैसे ही भाजपा के सांसदों ने पुरज़ोर विरोध करते हुए प्रस्ताव पर चर्चा को बाधित कर दिया। मैं केवल यह कहना चाहता था कि उत्पीड़न के सन्दर्भ में कुछ ख़ास धर्मों का उल्लेख करने और शेष को उससे बाहर रखने की सरकार की राजनीतिक मंशा दुर्भावनाओं से पूरी तरह प्रेरित है। भाजपा द्वारा कांग्रेस के 1947 या 1950 के रवैये का विकृतिकरण सनक से भरी एक ग़ैर–ईमानदार कोशिश है जिसका वर्तमान उद्देश्य राजनीतिक हिसाब–किताब को बराबर करना है।

बहरहाल महात्मा गाँधी की शरणार्थियों के लिए प्रतिबद्धता के बारे में अमित शाह के वक्तव्य की ओर फिर से लौटते हैं। इस सन्दर्भ में एक ही निष्कर्ष पर पहुँचा जा सकता है कि महात्मा गाँधी की जिन उक्तियों का उल्लेख किया गया है वे अपने मूल सन्दर्भों से कदाचित भटकी हुई हैं। कांग्रेस ने बँटवारे के समय पाकिस्तान से भागे शरणार्थियों के प्रति इसलिए हमदर्दी नहीं दिखाई क्योंकि उन्होंने एक सीमा का उल्लंघन किया था बल्कि इस सहानुभूति का कारण यह था कि एक सीमा ने उन शरणार्थियों का उल्लंघन किया था जो भावनात्मक रूप से भारतीय नागरिकता के अधिकारी थे।

इस पक्ष से कोई भी असहमत नहीं हो सकता कि कांग्रेस पार्टी उस समय महात्मा का समर्थन करती थी, और आज भी करती है। यह देखना सचमुच अफ़सोसनाक और दुखद है कि मोदी सरकार के गृह मन्त्री अपनी पार्टी की सुविधा के अनुसार राष्ट्रपिता के वक्तव्यों को मनमाने तरीक़े से उद्धृत करते हैं। भाजपा जानबूझ कर उनके आदर्शों का तिरस्कार करती है ताकि पार्टी राष्ट्रीय एकता के अपने अतिवादी संस्करण को वैधता दिला सके। गृह मन्त्री के सन्दर्भविहीन बयान उस महापुरुष के महत्त्वपूर्ण योगदानों को ग़लत साबित करने की बेतुकी कोशिश भर हैं जिन्होंने आजीवन

हिन्दू–मुसलमान एकता के प्रति अपनी कर्तव्यनिष्ठा दिखलाई। गाँधी जीवन भर इस विचार के ख़िलाफ़ लड़ते रहे कि धर्म हमारी राष्ट्रीयता को निर्धारित करने वाला सबसे महत्त्वपूर्ण और एकमात्र आधार है। दुर्भाग्यवश भाजपा ने उन्हीं आदर्शों को आज आत्मसात कर लिया है जिनका विरोध गाँधी ने जीवनपर्यन्त किया। यदि अमित शाह महात्मा गाँधी की उक्तियों को पूरे सन्दर्भ के साथ उद्धृत करते तो आज उनका वक्तव्य कुछ इस प्रकार का होता : 'एक–एक मुसलमान को भारत से खदेड़ बाहर करने का अर्थ होगा भारत को युद्ध और बर्बादी में झोंक देना। यदि इस आत्मघाती नीति का अनुसरण किया गया तब भारतीय संघ हिन्दुत्व के मलबे में परिवर्तित हो जायेगा। अच्छी करनी से ही अच्छा परिणाम अपेक्षित है। प्रेम का विस्तार प्रेम से ही सम्भव है। प्रतिशोध का प्राप्य कुछ भी नहीं है। यह मान्यता ही ग़लत है कि भारत केवल हिन्दुओं का है। इस पथ पर बढ़ना विध्वंस की तरफ़ बढ़ना है।'[327]

यह सचमुच विध्वंस ही है जिसकी ओर अमित शाह और वह सरकार जिसके वे मन्त्री हैं, हमें ले जा रहे हैं। हैरतअंगेज़ बात यह है कि उन्हें अपना अविश्वसनीय साथी सबसे अजीब देश–अर्थात सीमा के उस पार मिला है। वहाँ सत्ताधारी दल को पाकिस्तान का हिन्दुत्व संस्करण बताने के लिए पाकिस्तानी उदारवादियों द्वारा मेरी तीव्र भर्त्सना की गयी। *डौन* में असद रहमान और *दी प्रिंट* में यासिर लतीफ़ हमदानी दोनों ने मेरी तीखी आलोचना इस आधार पर की क्योंकि मैंने नाम का उल्लेख करते हुए जिन्ना को विभाजन के लिए दोषी माना था। अपने–अपने आलेख में उन्होंने लिखा कि जिसकी प्रशंसा सरोजिनी नायडू ने हिन्दू–मुसलमान एकता के प्रबल पक्षधर के रूप में की थी, उस व्यक्ति पर कोई भी दोषारोपण निराधार है। यह हिन्दुओं का कट्टरवाद था, और गाँधी द्वारा हिन्दू–जनसाधारण की धार्मिक अवधारणा का भावनात्मक दुरुपयोग था जिसने जिन्ना को एक अलग राज्य की माँग करने के लिए मजबूर कर दिया।

उन पाकिस्तानी उदारवादियों के लिए उनके क़ायद–ए–आज़म शालीनता, धर्मनिरपेक्षता और उदारता के शिखर–पुरुष थे जो पाकिस्तान

327. उर्वीश कोठारी, 'मोदी रोंगली कोटेड महात्मा गाँधी ऑन पकिस्तान्स हिन्दू एंड सिख रिफ्युजीज़ टू डिफेंड सीएए', *दी प्रिंट*, 25 दिसम्बर 2019।

पर एक ऐसे मुल्क के तौर पर हुकूमत करना चाहते थे जहाँ अल्पसंख्यक पूरी आज़ादी और हक़ के साथ रह सकें। वे यह नहीं बताते कि तब उन्होंने धर्म के आधार पर भारत के मुसलमानों के लिए एक अलग देश की माँग क्यों की। 'दो राष्ट्रों का सिद्धान्त' और जिन्ना के वक्तव्यों और भाषणों में लगातार इस बात का ज़िक्र कि मुसलमान एक अलग देश हैं, का उल्लेख वे कभी नहीं करते। वे आज भी इसकी साफ़ वजह नहीं बताते कि पाकिस्तान में रहने वाले अल्पसंख्यक समुदाय के किसी व्यक्ति के पासपोर्ट पर 'ग़ैर–मुसलमान' होने की मुहर ठीक वैसे ही क्यों लगाई जाती है जैसे नाज़ी–अधिकृत डेनमार्क में रहने वाले यहूदियों के पीले पासपोर्ट पर 'स्टार ऑफ़ डेविड' का निशान बना होता था।

विकासोन्मुख उदारवाद से प्रेरित होकर पाकिस्तान के पुनःअन्वेषण के प्रयास आज तक नहीं किये गये। कुत्सित धार्मिक मान्यताएँ और साम्प्रदायिक भेदभाव, रूढ़िवादी धार्मिक क़ानून और अल्पसंख्यकों ख़ास कर पाकिस्तानी समाज के ग़रीब तबकों से आने वाले लोगों के साथ अन्याय और उत्पीड़न से भरा बर्ताव, हिन्दुओं और ईसाइयों का बलपूर्वक धर्मान्तरण और कुकुरमुत्तों की तरह उग आये अनगिनत इस्लामिक आतंकवादी संगठन इसके जीवन्त प्रमाण हैं। सम्भव है कि पाकिस्तानी उदारवादी इन स्थितियों में बदलाव चाहते हों लेकिन वहाँ वैसी सहिष्णुता नहीं है जिस पर भारत के उदारवादियों को गर्व का अनुभव होता है। सहिष्णुता हमारी धरोहर है जिससे वंचित होकर हमें अपनी भारतीयता से वंचित हो जाने का भय है।

इसीलिए पाकिस्तान के उदारवादी विवशतावश जिन्ना का पक्ष लेते हैं और अवचेतन में अमित शाह के उन्मादी राजनीतिक दर्शन को सम्पोषित करते हुए एक सहजता का अनुभव करते हैं। हम भूले नहीं हैं कि जसवन्त सिंह जैसे वरिष्ठ और निष्ठावान नेता को भाजपा से अमित शाह के इशारे पर सिर्फ़ इसलिए निष्कासित कर दिया गया क्योंकि सिंह ने एक उदारवादी नेता के रूप में जिन्ना की प्रशंसा की थी। जिन्ना में ढेर सारे अच्छे गुण थे लेकिन वे धार्मिक कट्टरवाद से मुक्त नहीं थे। सच यह था कि जिन्ना विह्स्की के शौक़ीन थे, उन्हें बेकन और सॉसेज खाना पसन्द था और उन्होंने एक पारसी से शादी की थी। लेकिन ये बातें उन्हें उदार नहीं बनाती हैं–एक दिखावापसन्द ढोंगी ज़रूर बनाती हैं।

बेशक सीमा के इस पार अर्थात भारतीय इलाक़े में भी राजनीतिक और ढोंग की मानसिकता परिलक्षित होती है लेकिन भारत के हिन्दू उदारवादियों ने सीएए के ख़िलाफ़ अपने मुसलमान देशवासियों के साथ कन्धे से कन्धा मिलाते हुए जिस तरह एनआरसी का विरोध किया और देशव्यापी प्रदर्शन किये वह निश्चित रूप से सराहनीय कहा जायेगा। हमारी आस्था एक बहुवादी और विविधतापूर्ण भारत में है, उस भारत में बिल्कुल नहीं जो धार्मिक दृष्टि से कट्टरवादी है और पहचान की राजनीति में विश्वास करता है। हम उस भारत में विश्वास करते हैं जो धर्मनिरपेक्ष और दुनिया में अपने स्थान के प्रति आश्वस्त है, एक ऐसा भारत जिसे अपनी सहिष्णुता और आज़ादी पर गर्व है, जहाँ दबे–कुचले और ग़रीब लोगों को उम्मीद की एक रौशनी दिखती है। यह वह 'नया भारत' नहीं है जिसे भाजपा बनाना चाहती है। बल्कि भाजपा जिस भारत को बनाना चाहती है वह उसके उदार संविधान के प्रति एक विश्वासघात है, भाजपा के आदर्शों का भारत इस देश के नागरिक राष्ट्रवाद की चिता पर लकड़ी का एक लट्ठा है।

27

कश्मीर और स्वायत्तता की समाप्ति

मैंने ग़ौर किया है कि प्रधानमन्त्री मोदी उस नीति पर चलना पसन्द करते हैं जिनको अमेरिकी फ़ौजी जनरल 'दहशत और ख़ौफ़' की नीति कहते हैं। उनके कुछ सबसे अव्यावहारिक निर्णयों का ज़िक्र पिछले अध्याय में किया जा चुका है—मसलन किसी भी राय—परामर्श और पूर्व सूचना के बिना नोटबन्दी का किया गया दुखान्तकारी फ़ैसला जिसका नतीजा यह हुआ कि भारत की 86 प्रतिशत (मूल्य में) मुद्रा अकस्मात निष्क्रिय हो गयी। कोविड—19 से लड़ने के लिए मार्च 2020 में पूरे देश में लागू किया गया लॉकडाउन भी एक ऐसा ही फ़ैसला था। इन बेतुके फ़ैसलों के गम्भीर परिणामों से देश आज भी जूझ रहा है। अगस्त 2019 में उन्होंने ऐसा ही एक और नाटकीय फ़ैसला लिया जिसके दुष्परिणामों का आकलन अभी भी ठीक से किया जाना है।

5 अगस्त 2019 को मोदी ने कश्मीर के बारे में अपनी घोषणा से पूरे देश को स्तब्ध कर दिया। राजनीतिक दृष्टि से उनकी इस घोषणा की तुलना नोटबन्दी के उनके पूर्ववर्ती आर्थिक फ़ैसले से की जा सकती है। सात दशकों तक जम्मू और कश्मीर के लोगों और अन्तरराष्ट्रीय समुदाय के इस भरोसे को ज़िन्दा रखने के बावजूद कि किसी भी स्थिति में भारतीय संविधान के अधीन राज्य की स्वायत्तता को सुरक्षित रखा जायेगा, मोदी सरकार ने राज्य के विशेष दर्जे को अपने इकतरफ़ा फ़ैसले से समाप्त कर दिया। राज्य के पूर्वी हिस्से लद्दाख की पहाड़ियों और पठारी क्षेत्रों को जम्मू और कश्मीर से पृथक् कर केन्द्रशासित क्षेत्र बना दिया गया और शेष हिस्से को जम्मू और कश्मीर के नाम पर ही आकार में छोटा कर दिया गया। राज्य का विशेष दर्जा वापस लेकर उसे भी

केन्द्रशासित क्षेत्र में परिवर्तित कर दिया गया। इस फ़ैसले के परिणामस्वरूप जो हंगामा हुआ उसने कश्मीर को अन्तरराष्ट्रीय एजेंडे पर दोबारा विवाद का शीर्ष मुद्दा बना दिया।

1947 में जब ब्रिटिश भारत से गये तब भारत में कुल 544 राजे–रजवाड़े थे। हालाँकि उन सूबों और रियासतों पर कहने को राजाओं और नवाबों की हुकूमतें थीं लेकिन व्यवहार में सभी रजवाड़े और प्रान्त ब्रिटिश राज की प्रभुसत्ता के अधीन थे। आज़ादी के वक़्त उन सबके सामने भारत अथवा पाकिस्तान में विलय होने के दो विकल्प उपस्थित थे। जम्मू और कश्मीर के महाराजा–जो कि एक मुसलमान बहुल सूबे के हिन्दू शासक थे– को भी दोनों में से किसी एक देश को चुनना था लेकिन वे स्वतन्त्र रहना चाहते थे। पाकिस्तान जम्मू और कश्मीर पर आधिपत्य के लिए अधीर था लिहाज़ा उसने सूबे में कुछ स्वतन्त्र योद्धाओं को भेजा। उन योद्धाओं को सूबे में घुसपैठ करने में ख़ासी कामयाबी भी मिली लेकिन अन्ततः लूट की दौलत ने उन्हें उनके उद्देश्यों से विचलित कर दिया। लुटेरों और लड़ाकुओं के हाथों होने वाली सम्भावित बर्बादी से घबराये महाराजा ने भारत से मदद की गुहार लगाई। भारत ने भी तत्परता दिखाते हुए घाटी में फ़ौरन अपनी फ़ौज उतार दी और पाकिस्तानी आक्रान्ताओं को आगे बढ़ने से तुरन्त रोक दिया। तत्पश्चात भारत इस मामले को राष्ट्रसंघ के पास ले गया। अन्तरराष्ट्रीय घुसपैठ की इस घटना में उसने राष्ट्रसंघ के त्वरित हस्तक्षेप की माँग की। दोनों देशों के बीच जब युद्धविराम हुआ तो जम्मू और कश्मीर के तक़रीबन दो–तिहाई भूभाग पर भारत का क़ब्ज़ा घोषित कर दिया गया।

कश्मीर के लोगों की इच्छाओं को भाँपते हुए राष्ट्रसंघ ने पाकिस्तानी लड़ाकुओं के घाटी छोड़कर जाने के बाद वहाँ जनमत–संग्रह कराने का सुझाव दिया जबकि भारत सूबे के आम चुनाव कराने के पक्ष में था। उस समय कश्मीर के सबसे लोकप्रिय नेता शेख अब्दुल्लाह हुआ करते थे जिन्होंने राज्य के लोकतान्त्रिक आन्दोलन में एक महत्त्वपूर्ण भूमिका निभाई थी। पाकिस्तान की स्थापना की माँग करने वाले मुस्लिम लीग की बनिस्बत भारत की कांग्रेस पार्टी के साथ उनके सम्बन्ध भी बेहतर थे। नयी दिल्ली को इस बात में कोई संशय नहीं था कि कश्मीर में जनमत–संग्रह कराने की स्थिति में भारत की जीत होगी। दूसरी तरफ़ इसी कारण से

पाकिस्तान ने अपने अधिकार वाले कश्मीर से अपनी फ़ौज हटाने से इनकार कर दिया और नतीजा यह हुआ कि घाटियों में कभी जनमत–संग्रह नहीं कराया जा सका। दोनों देशों का एक–दूसरे से विवाद तभी से जारी है।

युद्धविराम सीमा पर दोनों देशों के बीच चार युद्ध (1948, 1965, 1971 और 1999 में) लड़े जा चुके हैं और इसे अब वास्तविक नियन्त्रण रेखा (LoC) के नाम से जाना जाता है। नियन्त्रण रेखा के पार दोनों देशों के भूभागीय अधिकारों में सत्तर सालों से कोई तब्दीली नहीं हुई है। 1987 में राज्य में हुई चुनावी धाँधलियों के बावजूद घाटी में अस्सी के दशक में कुछ कश्मीरी मुसलमानों ने उग्रवाद का दामन थाम लिया। उन्हें पाकिस्तान के प्रोत्साहन और संरक्षण के साथ–साथ असलाह–बारूद और आर्थिक मदद भी हासिल था। उग्रवाद और उसको कुचलने के लिए सरकार द्वारा किये गये बलप्रयोग से जान और माल का भारी नुक़सान हुआ। कश्मीर की अर्थव्यवस्था बुरी तरह चरमरा गयी क्योंकि पर्यटन, हस्तकला और कालीन–उद्योग सूबे की आमदनी के सबसे बड़े या शायद इकलौता ज़रिया थे। इस प्रक्रिया में दोनों देशों को भी अनेक मुश्किलों से गुज़रना पड़ा। भारत में बड़ी संख्या में लोगों को अपनी जान गँवानी पड़ी। घाटी में शान्ति–व्यवस्था बनाये रखने के लिए भारत द्वारा लगभग पाँच लाख सुरक्षा बलों की तैनाती की गयी। दूसरी तरफ़ भारत को आतंकवाद और घुसपैठ के ज़रिये तबाह करने के पाकिस्तान के इरादे को भी ज़्यादा कामयाबी नहीं मिली। बल्कि इस कोशिश में उसकी फ़ौज पाकिस्तान के भीतर ही इतनी ताक़तवर बन गयी कि उसका खमियाज़ा उसके लोकतन्त्र को उठाना पड़ा। आज पाकिस्तान अपने राष्ट्रीय बजट का जितना बड़ा हिस्सा अपनी फ़ौज पर ख़र्च करता है, उतना दुनिया का कोई भी दूसरा देश नहीं करता है। इस फ़िज़ूलख़र्ची ने पाकिस्तान के आय के संसाधनों को एक तरह से सोख लिया है।

इस गतिरोध के बीच भारत के संविधान की धारा 370 का निरस्तीकरण (और अनुच्छेद 35ए का उन्मूलन जिसके कारण सूबे का यह अधिकार 'राज्य–सूची' में स्थानान्तरित कर दिया गया था कि वह दूसरे राज्यों के निवासियों को कश्मीर में अचल सम्पति ख़रीदने से प्रतिबन्धित करता है) ने देश के राजनीतिक परिदृश्य को पूरी तरह से बदल दिया है। सरकार के समर्थकों का यह तर्क है कि स्वायत्तता ने कश्मीर घाटी में अलगाव की

प्रवृत्ति को बढ़ाने का काम किया और क्षेत्र में अलगाववादी हिंसा को रोक पाने में असफल रहा। उनका मानना है कि स्वायत्तता के कारण ही राज्य में इस्लामीकरण की भावना में बढ़ोतरी हुई और नस्लीय भेदभाव से तंग आकर कश्मीरी पण्डितों को घाटी में अपने पुरखों के घरों को छोड़ पलायन के लिए मजबूर होना पड़ा। स्वायत्तता का विरोध करने वाले यह भी कहते हैं कि विशेष दर्जा मिला होने के कारण राज्य प्रगतिशील भारतीय क़ानूनों और न्यायालयों के निर्णयों से मुक्त रहा। ख़ासतौर पर 'अनुसूचित जाति' और दलित समुदाय के लोग अदालती फ़ैसलों से मिलने वाली सुविधाओं से वंचित रहे। उनकी बातें अगर सही भी हैं तो भी इसकी वजह सिर्फ़ धारा 370 को नहीं माना जा सकता है।

लोगों का तो यह भी कहना है कि विशेष दर्जा समाप्त करने से राज्य का आर्थिक विकास होगा क्योंकि ग़ैर–कश्मीरी लोगों को राज्य में ज़मीन ख़रीदने की छूट मिल जायेगी और घाटी में आर्थिक निवेश के रास्ते खुल सकेंगे। सच यही है कि धारा 370 को निरस्त किये जाने के बाद पहले दो हफ़्ते में राज्यपाल ने सार्वजनिक तौर पर राज्य से बाहर के निवेशकों और बड़े कॉर्पोरेट घरानों, जिसमें भारत का दिग्गज रिलायंस भी शामिल था, के साथ बैठकें कीं और उन्हें राज्य में बड़ी परियोजनाएँ शुरू करने के अपने इरादे के बारे में सूचित किया। बॉलीवुड के बड़े निर्माताओं को भी प्रस्ताव दिया गया कि वे अपने भावी ब्लॉकबस्टर्स की कश्मीर में शूटिंग करने की तैयारियाँ शुरू कर दें। इस प्रकरण ने सबसे घृणित मोड़ तब ले लिया जब दूसरे राज्यों के राजनेताओं ने इसे लिंग–सन्तुलन की समस्या का सबसे आसान समाधान बताया, अर्थात जिन राज्यों में कुँवारों के लिए लड़कियों की किल्लत है वहाँ के लड़के अब चाहें तो कश्मीर की गोरी लड़कियों से शादी रचा सकते हैं।[328] संयोगवश ये सभी योजनाएँ जैसी की तैसी धरी रह गयीं क्योंकि धारा 370 की समाप्ति के बाद पूरी घाटी में लॉकडाउन लागू कर दिया गया जो उसके बाद भी आने वाले कई महीनों तक जारी रहा।

---

328. स्टेटेड बाई दी चीफ़ मिनिस्टर ऑफ़ हरियाणा, नो लैस! ' "नाउ वी कैन ब्रिंग कश्मीरी गर्ल्स फॉर मैरेज" : हरियाणा सीएम खट्टर'स कमेंट एट बेटी बचाओ इवेंट लीड्स टू कंट्रोवर्सी', *न्यूज़ 18*, 10 अगस्त 2019।

बहरहाल ऐसे लोगों की संख्या भी कम नहीं है जिनको इस बात की चिन्ता है कि नोटबन्दी और मोदी की कोविड–19 की रणनीति के विपरीत धारा 370 को निरस्त करने की घोषणा के दीर्घकालिक दुष्परिणाम अधिक गम्भीर होंगे। उनमें सबसे घातक परिणाम यह होगा कि भारतीय लोकतन्त्र में हिंसा की संस्कृति के एक नये युग का सूत्रपात हो जायेगा। सरकार ने जम्मू और कश्मीर के लोगों और भारतीय गणराज्य के बीच के बुनियादी संवैधानिक सम्बन्धों को हमेशा के लिए बदल दिया है और ऐसा करने से पहले उनके निर्वाचित जनप्रतिनिधियों के साथ किसी प्रकार का परामर्श करना आवश्यक नहीं समझा। वास्तव में उनको या तो क़ैद में डाल दिया गया या फिर नज़रबन्द कर दिया गया जिसका नतीजा यह हुआ कि कश्मीरियों से वह लोकतान्त्रिक आवाज़ छीन ली गयी जो भारतीय संविधान की परिधियों का सम्मान करते हुए अपनी राजनीतिक असहमति व्यक्त करती थी। राज्य के पूर्व मुख्यमन्त्री उमर अब्दुल्लाह को 232 दिनों के लिए जेल में डाल दिया गया। एक और पूर्व मुख्यमन्त्री महबूबा मुफ्ती इस किताब को लिखे जाने तक अपने घर में क़ैद हैं। उनकी नज़रबन्दी का एक साल से ज़्यादा वक़्त गुज़र चुका है। बुज़ुर्ग कांग्रेसी नेता और पूर्व केन्द्रीय मन्त्री सैफ़ुद्दीन सोज़ की भी यही स्थिति है। यह हमारे लोकतन्त्र के साथ अवाक् कर देने वाला विश्वासघात है, और यह सब विधायिका की सहमति के बिना किया गया संवैधानिक अपराध है।

भविष्य में ये घटनाएँ दूसरे राज्यों के साथ भी दोहराई जा सकती हैं। कश्मीर प्रकरण हम सबके लिए एक सबक है जो हमें यह बताता है कि सरकार द्वारा प्रकट की गयी संवैधानिक वचनबद्धताओं को तोड़ने का प्रयास कभी नहीं किया जाना चाहिए–ख़ासतौर पर अनेक सवालों को जन्म देने वाली बदनीयत के साथ तो हरगिज़ नहीं, क्योंकि वह ऐसे सिद्धान्तों को स्थापित करता है कि अगर इसे देश में कहीं अन्यत्र आज़माया गया तो यह पूरे संघ के ढाँचे को अस्थिर कर देगा।

जम्मू और कश्मीर के दर्जे को बदलने के लिए प्रयुक्त किया गया क़ानून संवैधानिक छलकपट की एक ज़बरदस्त मिसाल था[329] क्योंकि राष्ट्रपति शासन के दौरान इसमें धूर्ततापूर्वक राज्य की सहमति भी ले ली गयी थी।

---

329. मुकुल केसवान, 'दी केस मेड बाई लिबरल्स फॉर अबोलिशिंग दी स्टेट ऑफ़ जम्मू एंड कश्मीर–एंड व्हाई इट्स फ्लाउड', *स्क्रॉल.इन,* 14 अगस्त 2019।

इस दृष्टिकोण से देखें तो धारा 370 के उन्मूलन में भारतीय संविधान की मूर्त अवमानना दिखाई नहीं देती है। राष्ट्रपति शासन के प्रतिनिधि के रूप में राज्यपाल ने उसी नयी दिल्ली को सन्तुष्ट किया जिस नयी दिल्ली ने उसे श्रीनगर में नियुक्त किया था। इस प्रकार सरकार ने संविधान में संशोधन करने के लिए स्वयं से ही सहमति प्राप्त की! विडम्बना यह है कि इस संशोधन को उस संसद में लाया गया जहाँ सरकार के प्रचण्ड बहुमत के कारण उसके पारित होने में कोई समस्या उत्पन्न होने वाली नहीं थी। सम्भवतः इसीलिए किसी स्थानीय राजनीतिक दल से परामर्श करने की कोई आवश्यकता नहीं समझी गयी। ऐसे भी जम्मू और कश्मीर के विधानमण्डल को छह महीने से अधिक समय के लिए स्थगित कर दिया गया था,[330] और लोकतान्त्रिक तरीक़े से चुने गये राजनीतिक नेताओं को नज़रबन्द कर दिया गया था।[331]

इसमें सन्देह नहीं कि इस निर्णय की क़ानूनी जटिलताओं को अधिक विस्तार से समझने की आवश्यकता थी और जिस सामान्य जनता ने सरकार के इस निर्णय की प्रशंसा की, उसको भी इस क़ानूनी छलकपट के नेपथ्य की राजनीति के बारे में बताया जाना चाहिए था। भारतीयों को अन्ततः यह जानने का अधिकार है कि संवैधानिक प्रावधानों का सम्मान हुआ है अथवा उनकी अवमानना हुई है।

यहाँ कुछ बुनियादी तथ्यों का उल्लेख करना ज़रूरी है। धारा 370 को अस्थायी तौर पर जम्मू और कश्मीर की संविधान सभा के बनाये जाने तक अपनाया गया, और राज्य और शेष भारत के बीच संवैधानिक सम्बन्ध क्या होंगे इसका निर्णय जम्मू और कश्मीर की संविधान सभा पर छोड़ दिया गया था। ऐसी स्थिति में धारा 370 की समाप्ति का सर्वाधिकार जम्मू और कश्मीर के लोगों के पास सुरक्षित था, और केवल राज्य की संविधान सभा की अनुशंसा के बाद ही राष्ट्रपति के आदेश के माध्यम से ही इसे निरस्त किया जा सकता था।

---

330. रिफ़त फ़रीद, 'कश्मीर पोलिटिकल लीडर्स अरेस्टेड बाई इंडिया सिंस अगस्त 5', *अल जज़ीरा*, 18 अगस्त 2019।

331. एफपी स्टाफ, 'कश्मीर्स पोलिटिकल लीडर्स, इन हाउस अरेस्ट सिंस सेंटर्स आर्टिकल 370 मूव, विल बी रिलीज्ड "वन–बाई–वन", बट आफ्टर अनालिसिस, सेज गवर्नर्स एडवाइजर', *फर्स्टपोस्ट*, 3 अक्टूबर 2019।

जम्मू और कश्मीर की संविधान सभा ने जम्मू और कश्मीर के लिए पृथक् संविधान बनाने का काम किया जिसकी धारा 147 (सी) राज्य की विधान सभा को कोई भी ऐसा काम करने से रोकती है जिससे भारत के साथ उसके संवैधानिक रिश्तों पर कोई प्रभाव पड़ने की आशंका हो। इसलिए धारा 370 राज्य और केन्द्र के बीच स्थायी संवैधानिक सम्बन्धों की सबसे महत्त्वपूर्ण कड़ी है। इन सम्बन्धों की व्याख्या समय–समय पर सर्वोच्च न्यायालय ने अपने निर्णयों के द्वारा की है।[332]

धारा 370 के अन्तर्गत राज्य को जो विशेष दर्जा प्राप्त है उसमें कोई भी तब्दीली तभी सम्भव है जब जम्मू और कश्मीर की जनता अपनी निर्वाचित विधान सभा के ज़रिये इसके लिए अपनी सहमति प्रदान करे। धारा 370 का अनुच्छेद 3 यह स्पष्ट रूप से कहता है कि संविधान सभा की अनुशंसा के बिना इस धारा में कोई भी किसी प्रकार का संशोधन नहीं ला सकता है।

बहरहाल सरकार ने यहाँ अपनी चालाकी दिखलाने का प्रयास किया। धारा 370 में संशोधन लाने की जगह उसने धारा 367 को संशोधित कर यही काम परोक्षतः किया। उसका तर्क था कि संविधान सभा विधान सभा के अर्थ को संकुचित कर देगी। फिर इस संशोधन का क्या उद्देश्य था? सरकार का यह तर्क था कि चूँकि राज्य में राष्ट्रपति शासन लागू था, लिहाज़ा विधान सभा की भूमिका निभाने का दारोमदार भी नयी दिल्ली स्थित भारतीय संसद पर था, और इस स्थिति में विधान सभा द्वारा अनुशंसा भेजने का काम भी नयी दिल्ली से ही सम्भव था क्योंकि राज्य में विधान सभा को पहले ही भंग किया जा चुका था।

दुर्भाग्यवश सरकार ने क़ानून के इस स्थापित सत्य की उपेक्षा करने में कोई कसर नहीं छोड़ी कि जो आप प्रत्यक्ष रूप से नहीं कर सकते हैं, उसे आप अप्रत्यक्ष रूप से भी हासिल नहीं कर सकते हैं। सरकार को कश्मीरी लोगों की सहमति प्राप्त किये बिना धारा 370 को संशोधित करने का कोई अधिकार नहीं था, इसलिए नैतिक रूप से उसे जनता की सहमति

---

332. गौतम भाटिया, 'दी आर्टिकल 370 अमेंडमेंट्स : की लीगल इश्यूज़', इंडिया कांस्टीट्युशन लॉ एंड फिलोसफ़ी, 5 अगस्त 2019, https://indconlawphi.wordpress.com/2019/08/the-artcle-370-amendments-legal-issues पर भी उपलब्ध।

के बिना संशोधन के प्रयास का भी अधिकार नहीं था। सर्वोच्च न्यायालय इस नतीजे पर पहले ही पहुँच चुका है कि औपचारिक रूप से किसी स्थिति के वैध होने का अर्थ यह कदापि नहीं है कि उसके अन्तर्निहित गुण भी संवैधानिक होंगे। जम्मू और कश्मीर के सन्दर्भ में न्यायालय की उपर्युक्त व्याख्या की प्रासंगिकता समझी जा सकती है।

अन्त में यही कहा जा सकता है कि जब जम्मू और कश्मीर राष्ट्रपति शासन के अधीन था और मोदी की सरकार द्वारा नियुक्त राज्यपाल केन्द्र सरकार के प्रतिनिधि के रूप में काम कर रहे थे, और जब राज्यपाल जम्मू और कश्मीर के लोगों के बजाय नयी दिल्ली स्थित संसद के सामने राज्य की 'विधायी' निर्णयों की व्याख्या कर रहे थे, तो ऐसी स्थिति में कश्मीरी जनता की सहमति की दावेदारी करना पूरे सूबे की जनता के संवैधानिक अधिकारों का उपहास उड़ाने जैसा अपराध था। यह उस राष्ट्रवाद के प्रति भी विश्वासघात है जिस राष्ट्रवाद का अनिवार्य हिस्सा भारतीय संघ में होने के कारण कश्मीरी लोग भी हैं। और, भारत की सामान्य जनता जो इन संवैधानिक पेचीदगियों के बारे में औसत जानकारी रखती है, इस 'साहसी' और 'ऐतिहासिक' फ़ैसले और प्रधानमन्त्री मोदी के प्रति प्रशंसा और सम्मान–भाव से ओतप्रोत है।

अफ़सोस की बात यह है कि लोकतान्त्रिक दलों के कार्यकर्ताओं और नेताओं को क़ैद में डाल कर सरकार ने अलोकतान्त्रिक ताक़तों के सक्रिय होने के रास्ते दोबारा खोल दिये हैं। विशेष दर्जा मिला होने के कारण कश्मीरी नेताओं को भारत के अधीन स्वायत्तता का लाभ उठाते हुए राज्य की मुख्यधारा की राजनीति में एक रचनात्मक भूमिका निभाने का अवसर मिला हुआ था। अब उनसे यह अवसर छीन लिया गया था और राज्य के महत्त्वपूर्ण राजनेता उग्रवाद का मुक़ाबला करने के सन्दर्भ में अप्रासंगिक और शक्तिहीन बना दिये गये थे। नयी दिल्ली का दावा था कि सरकार आतंकवाद के ख़िलाफ़ जीत हासिल कर रही थी–लेकिन दूसरी तरफ़ सरकार आतंकवाद को एक नया जीवन दे रही थी। ऐसे प्रमाण मिले हैं कि बड़ी तादाद में राह से भटके हुए कश्मीरी युवा उग्रवाद की तरफ़ आकर्षित हो रहे हैं और आने वाले दिनों में सुरक्षा बलों के लिए वे अधिक कड़ी चुनौतियाँ पेश कर सकते हैं। सरकारी आँकड़े भी यही बताते हैं कि विशेष दर्जा छिनने के बाद राज्य में सुरक्षाकर्मी और

राजनेताओं की हत्याओं में इजाफ़ा हुआ है। ऐसे में सरकार का यह दावा कि वह आतंकवादी गतिविधियों की समाप्ति के लिए प्रतिबद्ध है, अभी तक खोखला साबित हुआ है।[333]

जैसा कि पूर्वानुमान लगाया गया था, सरकार के इस फ़ैसले को सर्वोच्च न्यायालय में चुनौती दी गयी। यदि न्यायालय को सरकार के वकील आश्वस्त करने में सफल भी रहे कि राज्य में क़ानून के प्रावधानों का सही परिपालन हुआ है, तब भी सरकार के इस फ़ैसले को भारतीय लोकतन्त्र की बुनियादी भावनाओं के प्रतिकूल माना जायेगा और इसे एक 'स्वार्थी और ग़ैर–ज़िम्मेदार सरकार' ही कहा जायेगा। कोविड–19 महामारी के बावजूद घाटी में संक्रमण के विस्तार को रोकने के नाम पर यातायात व्यवस्था को ठप्प रखा गया है। चूँकि वहाँ 4–जी इंटरनेट सेवा भी नहीं है, इसलिए ऑनलाइन कारोबार की स्थिति भी अत्यन्त दयनीय है। परीक्षाओं के लिए पंजीकरण कराना बेहद मुश्किल काम है और जनता को सामान्य चिकित्सीय सेवाएँ भी उपलब्ध नहीं हो पा रही हैं। नेटवर्क सेवा बाधित होने के कारण सामान्य जनजीवन में भी अनेक दिक़्क़तों का सामना करना पड़ रहा है। जब सर्वोच्च न्यायालय ने इन समस्यायों का संज्ञान लिया और सरकार को इन समस्यायों का समाधान करने सम्बन्धी निर्देश दिया तो मामले को निबटाने के लिए नौकरशाहों की एक कमिटी गठित की गयी जिसका मुखिया गृह सचिव को बनाया गया जिसने इंटरनेट सेवा को रोकने का आदेश दिया था। 'लॉकडाउन के भीतर एक और लॉकडाउन' और आतंकी हिंसा की अनवरतता इस सरकारी दावे की कलई खोलते हैं कि संवैधानिक बदलाव घाटी में समृद्धि और आर्थिक विकास लाने में मददगार सिद्ध होंगे। बल्कि इन बदलावों के कारण कश्मीरी लोगों में इस भावना का विस्तार अवश्य हुआ है कि केन्द्र की सरकार के लिए वे दोयम दर्जे के नागरिक से ज़्यादा कुछ नहीं हैं। हममें से वे लोग जिनकी नज़र में भारत की लोकतान्त्रिक विविधताएँ इस देश की सबसे बड़ी ताक़त रही हैं, वे अब एक ऐसी सरकार से मुख़ातिब हैं जो संविधान के प्रति

333. विग्नेश राधाकृष्णन, सुमन्त सेन, नरेश सिंगारवेलु, 'वन ईयर सिंस आर्टिकल 370 रेवोकेशन : इकोनोमी क्रिप्ल्ड, मोर लोकल्स टेक अप मिलिटेंसी, एंड मोर', *दी हिन्दू*, 5 अगस्त 2020; 'दी इंडियन स्टेट हैज नो प्लान फॉर जम्मू एंड कश्मीर ऑर इट्स पीपल', *दी वायर*, 31 जुलाई 2020।

सम्मान की भावना से तक़रीबन मुक्त है। यह भारत के बहुलवादियों और लोकतान्त्रिकों के लिए एक दुर्निवार समय है, जिसमें यहाँ के अल्पसंख्यक और वैचारिक असहमति रखने वाले लोग सीधे निशाने पर हैं।

सरकार के उपर्युक्त फ़ैसलों ने लोकतन्त्र की दृष्टि से ऐसी परम्पराओं की शुरुआत की है जो बेहद हानिकर और चिन्ताजनक हैं। इन आसन्न ख़तरों के प्रति सचेत रहना बहुत ज़रूरी है, वर्ना हाथ मलने के अलावा हम कुछ और कर पाने की स्थिति में नहीं होंगे।

* * * * *

इन दिनों हमारे देश में यह ख़ूब चल रहा है कि वर्तमान समय की राजनीतिक युद्धभूमि में जीत दर्ज करने के लिए अतीत के गौरव–गान की सहायता ली जाती है। कश्मीर में धारा 370 के उन्मूलन के बाद संसद में जो बहस हुई, वह भी इसका अपवाद नहीं थी। सत्ताधारी दल ने अपनी भड़ास हमेशा की तरह हमारे पहले प्रधानमन्त्री जवाहरलाल पर निकाली और उन पर दोष मढ़ते हुए उनकी भर्त्सना की कि कश्मीर की समस्या उनकी ख़ुद की बनाई हुई थी। सत्ताधारी दल के सांसदों ने कहा कि अगर कश्मीर का मसला सरदार पटेल को सौंपा गया होता तो पूरा कश्मीर आज हमारा होता और देश पर धारा 370 की तलवार नहीं टँगी होती।

हालाँकि यह दावा करने का कोई ठोस आधार नहीं है, क्योंकि ऐतिहासिक दस्तावेज़ों से यह प्रमाणित होता है कि उस समय भारत के अधीन ऐसी तीन रियासतें थीं जो भारत में अपने विलय को लेकर थोड़ा सशंकित थीं। कश्मीर और हैदराबाद की रियासतें पूरी तरह स्वतन्त्र रहने के पक्ष में थीं जबकि जनसंख्या और भूगोल की दृष्टि से असंगत होने के बावजूद जूनागढ़ की रियासत पाकिस्तान में शामिल होना चाहती थी। इन तीनों रियासतों की आशंकाओं और असहमति की ज़िम्मेदारी पटेल और नेहरू–दोनों को सौंपी गयी थी। सच तो यह है कि पटेल जूनागढ़ और हैदराबाद के बदले कश्मीर को पाकिस्तान के हवाले कर देने के पक्ष में थे लेकिन नेहरू इसके लिए तैयार नहीं थे।[334] पहले भाड़े के लड़ाकुओं

---

334. सी सैफुद्दीन सोज़, *कश्मीर : ग्लिम्प्सेज ऑफ़ हिस्ट्री एंड दी स्टोरी ऑफ़ स्ट्रगल*, दिल्ली : रूपा पब्लिकेशन्स, 2018; राजमोहन गाँधी, *पटेल : अ लाइफ*, अहमदाबाद : नवजीवन ट्रस्ट, 1991।

और उसके बाद अपने नियमित सैनिकों से जम्मू और कश्मीर पर आक्रमण करा कर पाकिस्तान घाटी पर अपना क़ब्ज़ा जमाने को लालायित था। उस समय पटेल ने सूबे की सौदेबाजी के अपने निश्चय से निर्देशित होकर चारों तरफ़ से घिर चुके महाराजा से बातचीत करने के लिए अपने सहयोगी वी.पी. मेनन को भेजा था।[335]

जैसा कि भाजपा बार–बार यही दावा करती रही है कि धारा 370 की समस्या के असली जनक नेहरू थे, और उनकी जगह अगर पटेल होते तो इस स्थिति की नौबत ही नहीं आती। लेकिन सच यही है कि नेहरू ने अपनी मर्ज़ी से कुछ नहीं किया। महाराजा हरि सिंह की रियासत का भारत में विलय केवल सुरक्षा, विदेश–नीति और संचार–माध्यमों के आधार पर होना निश्चित हुआ था। केन्द्र के साथ उनकी सहमति धारा 7 में स्पष्ट रूप से व्यक्त हुई है, जिसमें उन्होंने अन्य संवैधानिक शर्तों की व्याख्या का अधिकार स्वयं अपने पास सुरक्षित रखा था। हालाँकि घाटी के उस समय लोकप्रिय नेता रहे शेख अब्दुल्लाह महाराजा की राजशाही निरंकुशता से निरन्तर असहमत रहे किन्तु इस विशेष बिन्दु पर वह भी महाराजा से असहमत नहीं हो पाये।

15 और 16 अगस्त को सरदार पटेल के दिल्ली स्थित निवास पर वल्लभभाई पटेल, जवाहरलाल नेहरू और शेख अब्दुल्लाह के बीच बैठकें हुईं। एक विशेष केन्द्रीय मन्त्री जिन्हें कोई विभाग नहीं दिया गया था और जिनका काम केवल कश्मीर मामलों को देखना था–की हैसियत से जम्मू और कश्मीर के पूर्व दीवान एन. गोपालस्वामी अय्यंगार भी बातचीत के ब्यौरों को विस्तार से दर्ज करने के उद्देश्य से बैठकों में उपस्थित थे। उन्होंने अपने ब्यौरों का एक सारांश सरदार पटेल को 16 अगस्त को इस टिप्पणी के साथ भेजा–'क्या आप इस सन्दर्भ में अपनी सहमति से ज्वाहरलाल जी को अवगत कराने की कृपा करेंगे? आपकी सहमति प्राप्त होने के बाद ही वे शेख अब्दुल्लाह को पत्र लिखकर इसकी जानकारी देंगे।'[336]

---

335. सी दी डिटेल्ड अकाउंट ऑफ़ दी हिस्टोरियन श्रीनाथ राघवन, 'श्रीनाथ राघवन बुस्ट्स "मिथ्स" अराउंड नेहरूज पोलिसीज', *नेशनल हेराल्ड*, 14 नवम्बर 2019।
336. दी टेक्स्ट ऑफ़ दी लेटर इज़ रिप्रोड्यूज़्ड इन फुल इन ए.जी. नूरानी, *आर्टिकल 370 : अ कांस्टीट्युशनल हिस्ट्री ऑफ़ जम्मू एंड कश्मीर*, दिल्ली : ऑक्सफोर्ड यूनिवर्सिटी प्रेस, 2014।

सरदार पटेल की सहमति अगले दिन प्राप्त हुई, और उसके बाद ही धारा 370 को भारतीय संविधान में 17 अगस्त 1949 को शामिल किया गया। दूसरे शब्दों में कहें तो सरदार पटेल को धारा 370 के सूक्ष्मतम विवरणों की जानकारी थी।

विडम्बना यह है कि आधुनिक भारतीय इतिहास का जो पुनर्लेख भाजपा ने अपनी राजनीतिक महत्त्वाकांक्षाओं से वशीभूत होकर किया है, वह स्वयं में एक बहस का विषय है। अब इन सभी अभिलेखों को अवर्गीकृत घोषित कर दिया गया है और इन्हें जनसाधारण के लिए उपलब्ध करा दिया गया है। अनेक इतिहासकारों ने अपने सन्दर्भों में इन अभिलेखों से प्राप्त जानकारियों का उपयोग भी किया है। उस कालखण्ड की फ़ाइलों, टिप्पणियों, बैठकों के ब्योरों और आधिकारिक दस्तावेज़ों को इतिहासकारों की पड़ताल के लिए भारत के राष्ट्रीय अभिलेखागार में सार्वजनिक कर दिया गया है। लिखित प्रमाणों के बावजूद विश्व में केवल भारतीय राजनीति में ही ऐसी विवादास्पद स्थितियाँ परिलक्षित होती हैं, और यह कोई कम विस्मयकारी स्थिति नहीं है।

अस्तु, अब जबकि धारा 370 को निरस्त किया जा चुका है, तो इससे सभी विवाद भी इतिहास की गर्त में स्वतः दफ़न हो चुके हैं। लेकिन इस पूरे प्रकरण में भाजपा ने जिस जवाहरलाल नेहरू को अकेला खलपुरुष के रूप में चित्रित करने की कोशिश की उनके बारे में यह निर्विवाद सत्य है कि वह भारत के महानतम राष्ट्रवादियों में एक थे और उन्होंने भारत को स्वतन्त्रता दिलाने और एक देश के रूप में उसे पुनर्गठित करने में अन्यतम भूमिका निभाई। इस विषय पर उनका स्वयं का क्या अभिमत था, यह जानना आवश्यक और समीचीन है : 'मैं मन में संविधान के प्रति पूरा सम्मान रखते हुए यह कहना चाहूँगा कि हमारे लिए केवल यह महत्त्व नहीं रखता कि हमारा संविधान क्या कहता है। यदि कश्मीर की जनता धारा 370 नहीं चाहती है, वह वहाँ कतई नहीं पहुँच सकती है। तो ऐसी स्थिति में विकल्प क्या होगा? मेरे विचार से तब एकमात्र विकल्प दबाव और टकराव होगा...।'[337]

---

337. कोटेड इन बी.एस, येदुरप्पा, 'जवाहरलाल नेहरू वाज ऐडामेंट ऑन स्पेशल स्टेट्स फॉर जम्मू एंड कश्मीर', *इकोनोमिक टाइम्स*, 25 सितम्बर 2019; आल्सो सी जवाहरलाल नेहरू, *सिलेक्टेड वर्क्स ऑफ़ जवाहरलाल नेहरू*, नयी दिल्ली : जवाहरलाल नेहरू मेमोरियल फंड, 1984, वॉल्यूम 18, पृ. 418 एंड वॉल्यूम 19, पृ. 295–96।

और फिर उन्होंने अगस्त 1952 में लोकसभा में पुनः कहा :

> 'कश्मीर के लिए हमने डटकर युद्धभूमि में अपनी लड़ाई लड़ी है... (और) राष्ट्रसंघ के माध्यम से अन्तरराष्ट्रीय मंचों पर भी सफलतापूर्वक आपका पक्ष रखा है, लेकिन इन सबसे कहीं अधिक हमने जम्मू और कश्मीर में रहने वाली जनता के दिलों में यह जंग लड़ी है। क्योंकि आख़िरकार हमें अपनी जगह कश्मीर में रहने वाले मर्दों और औरतों के दिलोदिमाग़ में बनाने की ज़रूरत है, न कि इस संसद में और न ही राष्ट्रसंघ या कहीं और। अनेक असहमतियों के बाद भी यह बात संसद के भीतर मैंने बार–बार दोहराई है।'[338]

इस वक्तव्य के ठीक सड़सठ सालों के बाद भाजपा की सरकार ने उस सुविचारित और सुव्यवस्थित धारा को निरस्त कर दिया जिसके कारण जम्मू और कश्मीर भारतीय संघ का एक अंग था। बहरहाल नेहरू ने अपने वक्तव्य में जो कहा वह एक सुचिन्तित सत्य था और हम सबको वह सत्य आज याद करना चाहिए।

एक अन्य भारतीय राजनीतिज्ञ, समाजवादी नेता जयप्रकाश नारायण (जेपी) जो नेहरू के मुखर विरोधी भी थे, का भी यही निष्कर्ष था। यद्यपि उनका दृष्टिकोण कदाचित भिन्न था। जेपी कश्मीरियों के आत्मनिर्णय के अधिकार के पक्षधर थे और उनके ऐसा मानने का आधार उपनिवेशवाद से वैश्विक मुक्ति का व्यापक दर्शन था। श्रीनगर में अक्टूबर 1968 को दिये गये अपने भाषण में उन्होंने कहा कि 'आत्मनिर्णय का अधिकार' जिसे 1947 के बाद हुए बदलावों के कारण नकारात्मक नज़रिये से देखा जाता, को 'कश्मीरी लोगों की आकांक्षाओं के अनुसार दोबारा व्याख्यायित करने की आवश्यकता है।' आत्मनिर्णय की जेपी की व्याख्या के अनुसार 'हरेक व्यक्ति को अपने जीवन को जीने का माध्यम और अपने जीवन और प्रवृत्ति के अनुसार संगठनों की रचना करने का अधिकार है।'[339] लेकिन उपनिवेशोत्तर राष्ट्रों में, जिनकी स्वयं की उत्पत्ति का आधार एक राष्ट्रीय

---

338. वही।

339. लीडिया वॉकर, 'फिफ्टी ईयर्स ऑन, जयप्रकाश नारायणा'ज व्यूज ऑन कश्मीर होल्ड पॉइंटर्स फॉर दी प्रेजेंट्स क्राइसिस', *स्क्रॉल.इन*, 28 सितम्बर 2019।

आत्मनिर्णय और उपनिवेश–विरोधी राष्ट्रवाद हो, वहाँ 'आत्मनिर्णय का मसला बेहद जटिल हो जाता है। दुनिया भर के मौजूदा राष्ट्र–राज्य, चाहे उनकी स्थापना कितनी भी जद्दोजहद के बाद हुई हो, वे अपने ही "देशवासियों" के साथ आवारा–मवालियों की तरह लड़ते–झगड़ते हैं, और इस उपक्रम में आत्मनिर्णय के अपने ही अधिकारों की धज्जियाँ उड़ाते रहते हैं।'

हम इन दो विपरीत स्थितियों के बीच कैसे सामंजस्य बैठा सकते हैं? जेपी को यह अवसर तब मिला जब उन्हें भारत का एक अल्पसंख्यक धर्म कश्मीर में एक बहुसंख्यक धर्म के रूप में नज़र आया। इसलिए उनके मन में कश्मीर की 'बहुसंख्यक–अल्पसंख्यक स्थिति' को शेष भारत के लिए एक मॉडल के तौर पर प्रस्तुत करने का विचार आया। लेकिन दूसरे लोग उनके सुझाव से असहमत थे। 1963 में असम के एक राजनीतिक दल ने यह चेतावनी दी कि 'पूर्वी बंगाल से आकर बसे लोग असम को एक मुसलमान बहुल राज्य में बदलकर उसे एक "दूसरा" कश्मीर बना डालेंगे...' लेकिन जेपी सर्वोदय के विचारों से प्रभावित थे। वे बहुसंख्यक/अल्पसंख्यक दर्जे को एक ताक़त बनाना चाहते थे, उसे कोई अवरोध नहीं बनने देना चाहते थे। जैसा कि इतिहासकार लीडिया वॉकर ने इसके बारे में लिखा है, 'जेपी को लगता था कि भारत में कश्मीर के प्रारूप के बारे में बात करते हुए वे खुद भारत के प्रारूप की बात करते थे।'[340] बेशक नेहरू की तरह जेपी भी भारत के अधीन एक मुस्लिम–बहुल कश्मीर की संकल्पना को राष्ट्रवाद के संकीर्ण हिन्दुत्व संस्करण के मार्ग का एक बड़ा अवरोध मानते थे। अलबत्ता आज के दिन मुस्लिम अतिवादी क्षेत्रों अथवा राज्यों की सम्भावित आशंकाओं ने राष्ट्रीय–निर्माण की दीर्घकालिक महती योजनाओं को नुक़सान अवश्य पहुँचाया है।

340. वही।

28

सांकेतिक (सॉफ्ट-सिग्नलिंग) कट्टरवाद

2019 के आम चुनावों से पहले की बात है। नरेन्द्र मोदी केन्द्रीय भारत में स्थित वर्धा में एक चुनावी सभा को सम्बोधित कर रहे थे। उन्होंने कांग्रेस अध्यक्ष राहुल गाँधी के केरल के वायनाड से चुनाव लड़ने के फ़ैसले पर छींटाकशी करते हुए कहा कि 'वे बहुसंख्यक बहुल संसदीय क्षेत्रों से भाग खड़े होकर उस जगह से चुनाव लड़ने पर मजबूर हो गये हैं जहाँ बहुसंख्यक अल्पसंख्यक की तरह उपस्थित हैं।'[341] उनका अनुसरण करते हुए भाजपा के कनीय नेतागणों ने राहुल गाँधी के ख़िलाफ़ बयानों की झड़ी लगा दी। केन्द्रीय मन्त्री रविशंकर सिंह ने कहा कि राहुल गाँधी को वायनाड में एक 'सुरक्षित क्षेत्र' मिल गया है क्योंकि 'वहाँ की जनसंख्या के सिर्फ़ 49 प्रतिशत लोग ही हिन्दू हैं।' लगे हाथ पार्टी अध्यक्ष अमित शाह ने वायनाड को एक ऐसी जगह बताई जहाँ 'कोई धार्मिक जुलूस निकलने पर यह अनुमान लगा पाना कठिन है कि वह शहर हिन्दुस्तान में या पाकिस्तान में है।'[342] और उत्तर प्रदेश के मुख्यमन्त्री योगी आदित्यनाथ ने टिप्पणी करते हुए कहा कि कांग्रेस समझती है कि 'अली (पैग़म्बर मोहम्मद

---

341. एक्सप्रेस न्यूज़ डेस्क, 'साउथ इंडिया फील्स हॉस्टिलिटी फ्रॉम नरेन्द्र मोदी' : राहुल गाँधी ऑन चूजिंग वायनाड कांस्टीट्युएंसी', *इंडियन एक्सप्रेस*, 2 अप्रैल 2019। दी कांग्रेस अपील्ड दिस टू दी इलेक्शन कमीशन ऐज हेट स्पीच, बट वेयर डिनाएड बाई दी ई.सी. रितिका चोपड़ा, मनोज सी.जी., 'मोदी'ज मेज़ोरिटी-माइनोरिटी स्पीच : ई.सी. सेज डज नॉट वायोलेट पोल कोड', *इंडियन एक्सप्रेस*, 1 मई 2019।
342. इंडिया टुडे वेब डेस्क, 'हिन्दूज माइनोरिटी इन वायनाड, सो राहुल गाँधी पिक्ड इट, सेज पीएम मोदी', *इंडिया टुडे*, 6 अप्रैल 2019।

के दामाद) चुनाव में उनकी मदद करेंगे...लेकिन हमारा मानना है कि बजरंग बली हमारी मदद करेंगे।'[343]

ऐसा पहली बार नहीं हुआ था कि मोदी ने कांग्रेस नेता या पार्टी पर इस तरह अगरिमापूर्ण तरह से निशाना साधा था। इससे बहुत पहले भी उन्होंने राहुल गाँधी के पार्टी का उपाध्यक्ष चुने जाने पर उन्हें 'शहज़ादा' कहकर उनका सार्वजनिक तौर पर मखौल उड़ाया था। उन्होंने बहुत सोच–समझ कर हिन्दी शब्द 'राजकुमार' के बजाय एक उर्दू–फ़ारसी के शब्द का उपयोग किया था ताकि मुसलमानों के प्रति कांग्रेस की नरमी की तरफ़ संकेत किया जा सके। 2017 की दिसम्बर में जब राहुल को पार्टी का अध्यक्ष चुना गया तब मोदी ने इसे पार्टी में 'औरंगज़ेब राज की शुरुआत' बताया था।[344] मोदी ने ऐसा कोई भी मौक़ा हाथ से नहीं जाने दिया जब वे कांग्रेस को 'मुसलमानों' की पार्टी के तौर पर दुष्प्रचारित कर सकें। इस बहाने वे सांकेतिक रूप से यह भी कहना चाहते थे कि कांग्रेस एक 'हिन्दू–विरोधी' पार्टी है। उन्होंने बार–बार कांग्रेस पर 'मुसलमानों की तुष्टीकरण' का निराधार आरोप भी लगाया। पिछले दशक में इस बात के अनेक उदाहरण देखने में मिलते हैं जब मोदी के साम्प्रदायिक सन्देशों ने मतदाताओं को मदान्ध कर देने वाले विभाजनकारी कॉकटेल को परोसने का काम किया हो। ख़ासतौर पर चुनाव के वक़्त उनकी यह साम्प्रदायिक कट्टरता तो अपने चरम पर दिखती है।

2002 में गोधरा के दंगों के तुरन्त बाद जब गुजरात में विधानसभा के चुनाव होने वाले थे, तब भाजपा के मुख्यमन्त्री पद के प्रत्याशी के रूप में मोदी ने खुलेआम पाकिस्तान के मुखिया 'मियाँ' मुशर्रफ़ और मुसलमानों के बीच साँठगाँठ के आरोप लगाये। सितम्बर 2002 में अपनी गुजरात गौरव यात्रा के क्रम में चुनाव–प्रचार करते हुए उन्होंने परिवार नियोजन पर मुसलमानों के रवैये पर फ़ब्ती कसते हुए 'हम पाँच, हमारे पच्चीस' जैसे जुमले का इस्तेमाल किया। उनका तात्पर्य मतदाताओं को इस बात

---

343. संजय पाण्डेय, 'इफ कांग्रेस, एसपी हैव फेथ इन अली, वी हैव बजरंग बली', *डेक्कन हेराल्ड*, 10 अप्रैल 2019।

344. सुनील प्रभु, 'पीएम नरेन्द्र मोदी'ज "औरंगज़ेब राज" दिग ऐज राहुल गाँधी सेट टू बिकम कांग्रेस चीफ़', *एनडीटीवी*, 4 दिसम्बर 2017।

से आगाह करना था कि मुसलमान जल्दी से जल्दी अपनी आबादी को बढ़ा कर राज्य में अपनी अल्पसंख्यक–स्थिति को उलट देने को बेचैन हैं। 2009 और 2017 के चुनाव–प्रचारों में 'मियाँ' शब्द दोबारा बार–बार प्रयोग किया गया, लेकिन इस बार यह 'अहमद मियाँ' के रूप में प्रयुक्त हुआ ताकि कांग्रेस नेता अहमद पटेल की पार्टी के प्रति निष्ठा को निशाना बनाया जा सके।

संवैधानिक पदों पर बैठे लोगों को भी मोदी ने अपनी छींटाकशी से नहीं बख्शा। मोदी ने पहले भी चुनाव आयोग को अपना निशाना बनाया था। मैं पहले भी उल्लेख कर चुका हूँ, मोदी अनेक अवसरों पर पूर्व मुख्य चुनाव आयुक्त जे.एम. लिंगदोह के ईसाई होने के कारण उनका उपहास उड़ा चुके थे। 2002 में जब चुनाव आयोग ने साम्प्रदायिक तनाव की आशंका के मद्देनज़र मोदी के शीघ्रातिशीघ्र चुनाव करने के आग्रह को अस्वीकार कर दिया तो मोदी ने उनके ईसाई मूल को रेखांकित करते हुए सार्वजनिक वक्तव्यों के माध्यम से उन पर प्रहारों की झड़ी लगा दी और राज्य में तत्काल चुनाव कराने की अनुमति नहीं देने के कारण उन्हें देश का सबसे प्रिय पात्र अल्पसंख्यक तक घोषित कर दिया। अन्ततः उनकी ही पार्टी के वरीय सहयोगी और तत्कालीन प्रधानमन्त्री अटल बिहारी वाजपेयी को इस तल्ख माहौल में हस्तक्षेप करना पड़ा।[345]

यह आक्षेप सिर्फ़ इस कारण से नहीं है कि मोदी और उनकी भाजपा ने भारत में राजनीतिक विमर्श का स्तर कितना नीचे गिरा दिया है, बल्कि इस कारण से है कि कितने कौशल के साथ वे यह सब करने में निष्णात हैं। इन दिनों क्रिकेट के खेल में एम्पायर एक 'सॉफ्ट सिग्नल' का प्रयोग करते हैं। जब वे किसी अपील पर अपने फ़ैसले को लेकर पूरी तरह आश्वस्त नहीं होते हैं तब वे टीवी अम्पायर से राय जानने के लिए संकेत करते हैं कि उनका फ़ैसले के बारे में क्या विचार है। मोदी भी बिल्कुल यही कर रहे हैं। वे सरेआम अपने कट्टरवादी विचारों का संकेत करते हुए अपरोक्ष रूप से अल्पसंख्यकों से अपनी बढ़ती हुई दूरी की परवाह भी नहीं करते दिखते हैं।

---

345. 'पीएम रैप्स मोदी रिमार्क्स ऑन लिंगदोह', *टाइम्स ऑफ़ इंडिया*, 24 अगस्त 2002।

2015 में बिहार में विधानसभा चुनावों में उन्होंने लोगों से 'गोमांस खाने वाले' आर.जे.डी. को वोट नहीं देने की अपील की।[346] दो साल बाद उन्होंने उत्तर प्रदेश में 'क़ब्रिस्तान–श्मशान' वाली टिप्पणी की और इसकी माँग भी की कि अगर रमज़ान के दौरान बिजली रह सकती है तो दीवाली में भी बिजली रहनी चाहिए। ज़ाहिर बात थी कि उनकी इस माँग के साम्प्रदायिक निहितार्थ भी थे।[347] उसी साल 2017 में गुजरात विधानसभा के चुनावों में मोदी ने बार–बार अपने पूर्ववर्ती मनमोहन सिंह और पूर्व उपराष्ट्रपति हामिद अंसारी पर भाजपा को हराने के लिए पाकिस्तान के साथ गुपचुप समझौता करने का आरोप लगाया।[348] दोनों के विरुद्ध उन्होंने जो वक्तव्य दिये थे उसके पीछे चुनावों में साम्प्रदायिक ध्रुवीकरण करने की सोची–समझी हुई रणनीति थी। 2018 में कर्नाटक में चुनावों के दौरान उन्होंने कांग्रेस द्वारा टीपू सुल्तान की जयन्ती[349] मनाने पर जम कर छींटाकशी की। उनका आशय राज्य में टीपू सुल्तान की जयन्ती मनाने से था।[350] और यह बात हर एक को विदित है कि टीपू सुल्तान एक मुसलमान शासक थे।

नरेन्द्र मोदी का ये बयान हमें उनके व्यक्तित्व के उस मौलिक अन्तर्विरोधों से परिचित कराता है जिसका विस्तारपूर्वक उल्लेख मैंने अपनी किताब *दी पैराडॉक्सिकल प्राइम मिनिस्टर* में किया है। यह ग़ौरतलब है कि 2015 में मुसलमान नेताओं की एक बड़ी भीड़ को आश्वस्त करते हुए उन्होंने कहा था कि यदि आधी रात के समय भी उनमें से कोई मदद के लिए उनका दरवाज़ा खटखटायेगा तो वे हाज़िर मिलेंगे। लेकिन यह वही मोदी थे जिन्होंने एक समारोह में भेंटस्वरूप दी गयी मुसलमान–टोपी को पहनने से साफ़ इनकार कर दिया (जबकि मोदी

---

346. पीटीआई, 'पीएम मोदी वेड्स इनटू बीफ कंट्रोवर्सी विथ अटैक ऑन लालू प्रसाद,' *इकोनोमिक टाइम्स*, 8 अक्टूबर 2015।
347. इयान्स, '"इफ देयर इज़ इलेक्ट्रिसिटी इन रमज़ान, इट शुड आल्सो बी देयर ऑन दीवाली". सेज मोदी इन यूपी', *हफपोस्ट*, 19 फ़रवरी 2017।
348. 'पाकिस्तान वर्किंग विथ कांग्रेस टू बीट बीजेपी इन गुजरात पोल : पीएम', *टाइम्स ऑफ़ इंडिया*, 11 दिसम्बर 2017।
349. पीटीआई, 'कर्नाटक इलेक्शंस 2018 : कांग्रेस सेलिब्रेटिंग जयन्तीज ऑफ़ सुल्तान्स फॉर वोट बैंक पॉलिटिक्स, सेज पीएम मोदी', *लाइवमिंट*, 6 मई 2018।
350. वही।

ख़ुशी–ख़ुशी उन टोपियों अथवा पगड़ियों को पहनने के लिए विख्यात हैं जो उनको उपहार में दी जाती हैं)। ख़ामोशी भी सॉफ्ट–सिग्नलिंग का एक सशक्त हथियार है; मोदी जब साम्प्रदायिक हिंसा की घटनाओं की निन्दा नहीं करते हैं तो परोक्षतः इसका बचाव करते हैं।[351] यह तथ्य एक सच्चे राष्ट्रवादी के चरित्र के अनुकूल नहीं है–विशेष रूप से तब जब वह स्वयं को देश के विभाजन के लिए सक्रिय सभी ताक़तों के विरुद्ध प्रतिबद्ध बताता हो। बल्कि, देश को कमज़ोर करने में उसकी यह प्रवृत्ति अवश्य उत्तरदायी मानी जायेगी।

जो अरब जगत में मुसलमान राष्ट्राध्यक्षों के साथ जोश भर अन्दाज़ में गले मिलते नज़र आते हैं, वही मोदी भारतीय मुसलमानों के साथ से एक निश्चित दूरी बनाये रखते हैं। यह हैरतअंगेज़ बात है। भाजपा जैसा कि पहले भी कहा जा चुका है, भारतीय लोकतन्त्र के इतिहास में पहली ऐसी सत्ताधारी पार्टी है जिसका लोकसभा में एक भी निर्वाचित सदस्य नहीं है। ख़ासतौर पर उत्तर प्रदेश के सन्दर्भ में यह बात आश्चर्यचकित करती है क्योंकि लोकसभा में राज्य के अस्सी सदस्य चुन कर जाते हैं और जिस राज्य की कुल आबादी का पाँचवाँ हिस्सा मुसलमानों का है। भाजपा द्वारा किसी भी मुसलमान को लोकसभा में निर्वाचित सदस्य के रूप में लाने में नाकामी मुसलमानों के प्रति पार्टी के रवैये को साफ़–साफ़ खुलासा करने के लिए काफ़ी है। साथ ही यह पार्टी के उन पारम्परिक मतदाताओं की कट्टरवादी सोच की ओर भी संकेत करती है जो पार्टी के प्रत्याशी के तौर पर भी मुसलमानों को अपना वोट देने पर विचार तक नहीं कर सकती है।

उचित तो यही होगा कि मोदी को अपने इन विभाजनकारी और साम्प्रदायिक आचरणों को राजनीति में व्यवहार में लाने से ख़ुद को फ़ौरन रोक देना चाहिए। देश के शीर्ष पद पर बैठे व्यक्ति के लिए यह कट्टरवादी आचरण कहीं से उपयुक्त नहीं है। उनकी भाषा ऐसी होनी चाहिए जिसे सुनकर ऐसा प्रतीत हो कि भारत का प्रधानमन्त्री भारत में रहने वाले सभी नागरिकों का निर्विवाद नेता है और किसी धर्म–विशेष के प्रति उसके मन में कोई विद्वेष और असहमति नहीं है। अन्यथा हमारे देश को भाजपा

---

351. रेज़ाउल एच. लस्कर, 'इफ यू नॉक एट मिडनाइट, आय विल रेस्पोंड : पीएम मोदी टू मुस्लिम लीडर्स', *हिन्दुस्तान टाइम्स*, 3 जून 2015।

के कट्टरवादी ध्वजवाहक–पुरोधा से कहीं अधिक उपयुक्त प्रधानमन्त्री की दरकार है। मोदी ने इस हैसियत से देश का नेतृत्व करने की अपनी नैतिक जवाबदेही गँवा दी है। अगर हिन्दू राष्ट्रवाद के बारे में वही सच है जो मोदी सोचते हैं तब उनके संकेत उतने नरम नहीं जितने हमें वे दिखते हैं। जो सरकार भारतीय संघ की बुनियादी अवधारणा से सीधे–सीधे टकराने का हठ पाले हुए हो, ऐसी सरकार से देश के लोकतन्त्र और लोकतान्त्रिक नागरिकों को कितना ख़तरा पहुँच सकता है। अगर हम सचेत नहीं हो सके तो, यह आने वाले समय में भीषण रूप में प्रकट होगा।

29

अयोध्या : हिन्दू राष्ट्रवाद की प्रतिष्ठापना

हिन्दू राष्ट्र के निर्माण के लिए मोदी युग की अतीत पर निर्भरता अपने उत्कर्ष पर तब दिखी जब प्रधानमन्त्री ने अयोध्या में राम मन्दिर के निर्माण के लिए भूमि–पूजन किया। यह 5 अगस्त 2020 की बात है। नरेन्द्र मोदी ने अपनी सफ़ेद दाढ़ी बढ़ा रखी थी और उनके शरीर पर केसरिया रंग का अंगवस्त्र सुशोभित हो रहा था, गोया वे कोई राजर्षि हों। भाजपा के समर्थकों में सर्वत्र एक हर्ष की लहर व्याप्त थी।

भारत में अब यह मानने वालों की कमी नहीं है कि भारत की बुनियाद को सुरक्षित बचाये रखने का युद्ध अब हारा जा चुका है। बहुत–से टिप्पणीकारों ने तो यह भी स्वीकार कर लिया है कि मोदी सरकार ने पहले गणतन्त्र की अवधारणा को ध्वस्त कर 'दूसरे गणतन्त्र' की नींव का पत्थर रखने का काम कर दिया है।[352] यह नींव उनके कथनानुसार 5 अगस्त 2019 को रखी गयी जब संविधान से धारा 370 को समाप्त कर दिया गया और जम्मू और कश्मीर से उसकी स्वायत्तता छीन ली गयी, और एक साल बाद ठीक उसी तारीख़ को जब टेलीविज़न के सीधे प्रसारण के ज़रिये लाखों भारतवासी राम मन्दिर के आन्दोलन की कथित सफलता के रूप में भारत के प्रधानमन्त्री को भूमि–पूजन में 40 किलोग्राम की सोने की ईंट को आधारशिला के रूप में रखते हुए देखने के साक्षी बने। भाजपा के कार्यकर्ताओं और नेताओं के द्वारा इस समारोह की तुलना हास्यास्पद

352. सी, फॉर इन्सटांस, योगेन्द्र यादव, *मेकिंग सेन्स ऑफ़ इंडियन डेमोक्रेसी*, इंट्रोडक्शन, 2020; सुहास पल्शिकर, 'एट अयोध्या, वी विल सी डिसमेंटलिंग ऑफ़ दी ओल्ड, एंड दी भूमि पूजन ऑफ़ दी न्यू रिपब्लिक', *इंडियन एक्सप्रेस*, 4 अगस्त 2020, वेरियस कॉलम्स बाई प्रताप भानु मेहता, इटीसी।

रूप में भारत के स्वतन्त्रता आन्दोलन से भी की गयी क्योंकि भूमि–पूजन का स्थल वही था जहाँ ध्वस्त बाबरी मस्जिद हुआ करती थी। राम मन्दिर के निर्माण के आरम्भ से पहले ही भाजपा के समर्थक यह मान चुके कि प्रधानमन्त्री द्वारा शिलान्यास के साथ ही भारत को हिन्दूराष्ट्र बनाने की प्रकिया का श्रीगणेश हो चुका है।

2014 की चुनावी जीत के बाद ही राजनीतिक विशेषज्ञों को यह स्पष्ट लगने लगा[353] कि आने वाले दिनों में भाजपा राजनीति के चरित्र में बदलाव लाने की शुरुआत करेगी और अपने पहले कार्यकाल में पार्टी राज्य की मशीनरी को अपनी सुविधानुसार पुनर्गठित करेगी। उसके समर्थ गोरक्षक, अल्पसंख्यकों के तुष्टीकरण और हमारी मूल संस्कृति को संरक्षित करने के नाम पर निजी जीवनों में ग़ैर–ज़रूरी दख़लअन्दाज़ी और उत्पात या हिंसा के माध्यम से पार्टी का सहयोग और प्रचार–दोनों करेंगे। साथ ही वे छात्रों, असन्तुष्टों, धर्मनिरपेक्ष बौद्धिकों से लेकर कश्मीरियों तक पर राष्ट्रविरोधी होने और पाकिस्तान आतंकवादियों के साथ उनकी मिलीभगत होने की तोहमतें भी लगाते रहेंगे। 2019 में मिली भारी चुनावी जीत के बाद भाजपा ने अपने एजेंडे के मुताबिक़ राष्ट्र–निर्माण के लिए आवश्यक क़दम उठाने शुरू कर दिये। सबसे पहले तीन तलाक़ की घोषणा को एक अपराधी कृत्य घोषित कर दिया गया। यह मुसलमानों के सामाजिक–धार्मिक जीवन में एक खुला हस्तक्षेप था। उसके बाद कश्मीर की स्वायत्तता को समाप्त कर यह स्पष्ट संकेत दिया गया कि आवश्यकता पड़ने पर संविधान और संघीय ढाँचे की अवमानना भी की जा सकती है। और, उसके बाद नागरिकता अधिनियम में संशोधन पारित कर संविधान की धर्मनिरपेक्ष और ग़ैर–साम्प्रदयिक अवधारणा को प्रत्यक्ष चुनौती दी गयी।

उसके बाद अयोध्या में राम मन्दिर की बारी आयी जिसके निर्माण का रास्ता आठ साल तक चले मुक़दमे के बाद सर्वोच्च न्यायालय के फ़ैसले ने साफ़ कर दिया। अयोध्या का मसला भारत के इतिहास का सबसे बड़ा धार्मिक विवाद था और इसका फ़ैसला अन्ततः हिन्दुओं के पक्ष में आया।

---

353. प्रताप भानु मेहता, 'रिगार्डिंग फ़ासिज़्म', *इंडियन एक्सप्रेस,* 11 अप्रैल 2014; सलिल त्रिपाठी, 'नरेन्द्र मोदी'ज एम्प्टी रेटरिक', *लाइवमिंट,* 11 अगस्त 2016; प्रशान्त झा, 'दी बीजेपी इफेक्ट एंड दी रीमेकिंग इंडिया', *हिन्दुस्तान टाइम्स,* 28 दिसम्बर 2019।

अयोध्या भारत के सबसे बड़े राज्य उत्तर प्रदेश का एक छोटा–सा शहर है जो पहली बार 1992 में अन्तरराष्ट्रीय सुर्खियों में तब आया जब हिन्दू अतिवादियों की एक उन्मादी भीड़ ने मुसलमानों की बाबरी मस्जिद को ढहा कर ज़मींदोज़ कर दिया। यह जगह अयोध्या के मुख्य इलाक़े में है। चारों ओर अनेक मन्दिरों से घिरी हुई है। यह मस्जिद 1520 के दशक में एक मुसलमान सूबेदार मीर बाक़ी ने भारत के पहले मुग़ल बादशाह बाबर के नाम पर बनवाई थी, और ऐसा माना जाता है कि यही स्थान हिन्दू देवता और अयोध्या के राजा भगवान राम की जन्मभूमि भी है–वही राम जो 3,000 साल पुराने पौराणिक ग्रन्थ रामायण के नायक हैं। हिन्दू धर्म के उत्साही और धर्मभीरु समर्थकों ने यह प्रतिज्ञा की थी कि वे ध्वस्त मन्दिर की जगह राम के एक नये मन्दिर का निर्माण करेंगे। दूसरे शब्दों में कहें तो वे पाँच सौ साल पहले के इस शर्मनाक कृत्य को सुधारने की दृष्टि से इतिहास को दोबारा उलट देने को व्यग्र थे।

भारत एक ऐसा देश है जहाँ इतिहास, मिथक और लोकगाथाएँ प्रायः एक–दूसरे का उल्लंघन करती रही हैं। कई बार हम जैसे सामान्य जन उन तीनों के बीच के अन्तरों के बारे में स्पष्ट रूप से कुछ नहीं कह पाते। बहुतों का यह दावा है कि बाबरी मस्जिद ठीक वहीं खड़ी थी जहाँ राम का जन्म हुआ था। बाबर ने उसे एक स्मारक के रूप में बनवाया था ताकि पराजित लोगों को उनकी दासता का आभास कराया जाता रहे। लेकिन, बहुत–से इतिहासकार यह मानते हैं कि इसका कोई स्पष्ट प्रमाण नहीं है कि मस्जिद के निर्माण से पहले बाबर ने वहाँ राम मन्दिर को ध्वस्त कर दिया था। यथास्थिति को हटाने की माँग करते हुए हिन्दू एकजुट हो गये और 1980 के दशक में भाजपा को अपना राजनीतिक भाग्य सँवारने का अच्छा अवसर हाथ लग गया। पार्टी अध्यक्ष एल.के. आडवाणी के नेतृत्व में मस्जिद के स्थान पर मन्दिर बनाने की माँग करते हुए एक देशव्यापी 'रथ यात्रा' निकाली गयी जिसके उन्माद में पूरा उत्तर भारत ग्रस्त हो गया। एक 'राम शिला पूजा' आहुत की गयी जिसमें हिन्दी प्रदेश के हरेक गाँव–क़स्बे से अभिषिक्त की हुई ईंटें मन्दिर के निर्माण–स्थल पर पहुँचाई जाने लगीं। परिणाम यह हुआ कि देश भर में कई जगहों पर साम्प्रदायिक दंगे आरम्भ हो गये। उनमें से एक दंगे के कुछ विवरण का उल्लेख मैंने अपने उपन्यास *रायट* में भी किया है। प्रदर्शनकारियों द्वारा पुराने ज़ख़्मों को

नहीं कुरेदने की तार्किक बुद्धिजीवियों और धर्मनिरपेक्ष लोकतान्त्रिक नेताओं की सभी अपीलें व्यर्थ गयीं। धर्मान्धों से आग्रह किया गया मस्जिद ढहा कर उसके स्थान पर मन्दिर के निर्माण से कुछ भी हासिल नहीं होगा। लेकिन उन्मादी श्रद्धालु अपने हठ पर अड़े रहे। वे एक पुरानी ग़लती को सुधारने के नाम पर एक नयी ग़लती करने पर आमादा थे।

बहरहाल भारतीय पुरातत्व सर्वेक्षण (एएसआई) ने इसकी पुष्टि की कि गिराई गयी मस्जिद के नीचे किसी प्राचीन मन्दिर के अवशेष पाये गये थे–हालाँकि इस बारे में कोई भी यह दावे के साथ नहीं कह सकता था कि वह राम का मन्दिर था (उस समूह में एक पुरातत्ववेत्ता डॉ. के.के. मोहम्मद एक मुसलमान थे, जिन्होंने मन्दिर की पुष्टि करते हुए साक्ष्यों के बारे में विस्तारपूर्वक लिखा और बोला है)। इस बात ने हिन्दुत्व के अभियान को प्रोत्साहित करने में आग में घी का काम किया। हिन्दू मस्जिद के विवादित स्थल के चारों ओर के वृत्त में पहले से राम की पूजा–अर्चना कर रहे थे। दिसम्बर 1992 में प्रधानमन्त्री पी.वी. नरसिंह राव ने भारत के राष्ट्रपति से सर्वोच्च न्यायालय से इस विषय पर राय पूछने का आग्रह किया कि 'क्या रामजन्मभूमि–बाबरी मस्जिद के नीचे कोई हिन्दू मन्दिर या कोई अन्य धार्मिक निर्माण मौजूद था'। न्यायालय को इस विषय पर विचार करने में दो साल लग गये और अन्ततः वह इस निष्कर्ष पर पहुँचा कि 'ऐसे सतही और अनावश्यक प्रश्न का उत्तर देने की कोई आवश्यकता अदालत नहीं समझती।'[354] इस अवधि में, जैसा कि लिखा जा चुका है, हज़ारों की संख्या के उन्मादी श्रद्धालुओं ने मन्त्रोच्चार के बीच मस्जिद पर आक्रमण कर दिया और उसे गिरा कर एक मलबे के ढेर में बदल दिया। नतीजतन पूरा देश अनेक दंगों की चपेट में फिर से आ गया और सैकड़ों लोगों की जानें चली गयीं। इन दंगों का सबसे बीभत्स और रक्तरंजित रूप हज़ारों मील दूर बॉम्बे में देखने को मिला जहाँ हुए सीरिज़ बम ब्लास्ट में सैकड़ों लोग मारे गये।

ऐसे में अब सवाल यह खड़ा होता था कि उन मलबों का क्या किया जाना चाहिए था : क्या एक ऐसी मस्जिद का पुनर्निर्माण किया जाना चाहिए था जिसका अब कोई इस्तेमाल नहीं करता था, या उस स्थल पर

---

354. *'डॉ. एम. इस्माइल फारुकी, इटीसी, मोहम्मद वर्सेज यूनियन ऑफ़ इंडिया एंड अदर्स ऑन 24 अक्टूबर,* 1994', https://indiankanoon.org/coc/37494799/ पर उपलब्ध।

एक मन्दिर बनाया जाना चाहिए था, या फिर उस अहाते का पूरी तरह से एक भिन्न उपयोग करना उपयुक्त होता। राजनीतिज्ञों के पास इसका कोई सन्तोषप्रद उत्तर नहीं था, या वे इसका कोई उत्तर देना नहीं चाहते थे। विवाद अपनी जगह कायम रहा और मामला न्यायालयों में विभिन्न स्तरों पर लम्बित पड़ा रहा। 2010 में जिस राज्य में अयोध्या स्थित है, उसी उत्तर प्रदेश के उच्च न्यायालय ने सुझाव दिया कि विवादग्रस्त सम्पत्ति को आपसी सहमति के साथ तीन हिस्सों में बाँट दिया जाना चाहिए। लेकिन किसी भी प्रतिवादी को यह सुझाव मान्य नहीं था। तीनों पक्षों ने सर्वोच्च न्यायालय में अपील दायर की, जहाँ मामला अन्ततः 2019 के आख़िर में निष्पादित हुआ। इस बीच मस्जिद गिराने की घटना के सत्ताईस साल गुज़र चुके थे।

न्यायालय के फ़ैसले के आधार पर विवादग्रस्त स्थल को केन्द्र सरकार द्वारा बनाये गये एक ट्रस्ट को सौंपा गया है। ट्रस्ट उस स्थान पर हिन्दुओं के लिए एक मन्दिर के निर्माण की देखरेख करेगा। मुसलमानों के साथ हुए ग़लत को सुधारने के लिए विवादित भूमि से अलग हट कर उन्हें नयी मस्जिद के निर्माण के लिए पाँच एकड़ भूमि देने का भी आदेश न्यायालय ने राज्य को दिया। परिणाम के तौर पर यह कहना ठीक होगा कि सम्पत्ति को नष्ट करने के लिए जिन पर आपराधिक मुक़दमे चलाये जाने चाहिए, उनके ही पक्ष में मुक़दमे का निर्णय हुआ। लेकिन इस मुक़दमे में जिस पक्ष को पराजित होना पड़ा उनसे यह अपेक्षा की गयी कि द्विपक्षीय शान्ति बहाल करने में अपना योगदान कर सकें।

सर्वोच्च न्यायालय के इस निर्णय का सभी राजनीतिक दलों ने सम्मानपूर्वक और खुले मन से स्वागत किया क्योंकि उन्हें आशा थी अन्ततः इस विवादग्रस्त मुद्दे का कोई स्थायी हल निकल सकेगा। हालाँकि अनेक लोगों को यह भी आपत्ति थी 'भूमि विवाद' जैसे सामान्य मुद्दे को न्यायालय ने इतनी अधिक प्रमुखता दी, और यह बात स्वीकार करने के बावजूद कि मस्जिद विध्वंस एक आपराधिक कृत्य था, न्यायालय ने विध्वंसकारियों को विवादास्पद भूमि को सौंप कर पुरस्कृत करने का काम किया। बहरहाल अन्ततः सभी पक्षों ने यह बात कुबूल की कि एक ऐसे समय में जबकि भारत की सामाजिक संरचना पर गहरा साम्प्रदायिक दबाव है, हर पक्ष को न्यायालय के इस अन्तिम निर्देश को सहर्ष स्वीकार करना चाहिए।

सर्वोच्च न्यायालय के फ़ैसले से भारत के नागरिक राष्ट्रवाद की नींव एक साथ कमज़ोर और दृढ़ दोनों हुई। न्यायालय ने अपने फ़ैसले में साफ़ कहा कि विवादग्रस्त स्थल पर राम मन्दिर बनाया जाना चाहिए। इस प्रकार हिन्दुओं की धार्मिक भावनाओं का सम्मान किया गया। यह इस बात का प्रमाण है कि न्यायालय की दृष्टि में क़ानून के प्रावधानों से अधिक महत्त्वपूर्ण हिन्दुओं की धार्मिक भावनाएँ हैं। निर्देश में यह सत्य भी प्रतिपादित हुआ कि न्यायालय की नज़र में बहुसंख्यकों की धार्मिक भावनाओं की तुलना में अल्पसंख्यकों की धार्मिक भावनाएँ कम महत्त्व रखती हैं जबकि बाबरी मस्जिद को गिराये जाने की करतूत पूरी तरह से ग़ैर–क़ानूनी थी। न्यायालय के इस निर्णय को अनेक टिप्पणीकारों ने 'न्यायिक बहुसंख्यकवाद' का नाम दिया। कइयों ने तो इसे 'न्यायिक लोकलुभावनवाद' तक कहा।[355] दूसरी तरफ़ न्यायालय ने समस्या को सुलझाने में जितनी व्यापकता और विस्तार दिखाया है, वह संवैधानिक प्रक्रिया की दृढ़ता की ओर संकेत करता है। न्यायालय ने हिंसा और अराजकता के बाद देश के सामाजिक–राजनीतिक परिवेश में एक सन्तुलन स्थापित करने का प्रयास किया है जिसने पूरी एक पीढ़ी तक इस देश को इसकी गिरफ़्त में किये रखा।

अधिकतर भारतीय मुसलमानों की दृष्टि में यह विवाद सिर्फ़ एक मस्जिद से सम्बन्धित नहीं है। अपने विध्वंस से पहले बाबरी मस्जिद में आधी सदी से नमाज़ अदा नहीं की जा रही थी। अयोध्या के ज़्यादातर मुसलमान 1947 में पाकिस्तान जाकर बस गये थे। बल्कि, यह मुद्दा भारतीय समाज में मुसलमानों की स्थिति से ज़्यादा जुड़ा हुआ था। मस्जिद का विध्वंस उन आदर्शों पर एक गहरा आघात था जिनके कारण मुस्लिम समुदाय भारत के बहुलतावादी लोकतन्त्र का महत्त्वपूर्ण हिस्सा थे। मस्जिद की जगह पर मन्दिर के निर्माण का निर्णय मुसलमानों की भावनाओं की अपमानजनक उपेक्षा थी। ऐसे मुसलमानों की भी कमी नहीं थी जो यह मानते थे कि अदालती फ़ैसले से उनके जीवन में अपेक्षित शान्ति और सुरक्षा लौट आयेगी जो उत्तर भारत में दोनों सम्प्रदायों के बीच लम्बी वैमनष्यता के कारण लम्बे समय से अनुपस्थित थी। उन्हें विश्वास था कि अयोध्या विवाद के

---

355. महाप्रशास्ता, '"हिस्ट्री वाज एक्सिलेरेटेड इन दी वेक ऑफ़ बीजेपी'ज 2019 विक्टरी", *दी वायर,* इंटरव्यूज़ क्रिस्टोफ जेफ्रेलॉट'।

निबटारे के साथ ही हिन्दुओं के मन में मुसलमानों के लिए प्रतिशोध की भावना का बड़ा कारण समाप्त हो जायेगा। दशकों पुराने इस दुर्गम्य पथ का कोई अन्तिम लक्ष्य नहीं दिख रहा था। न्यायालय ने वह समाधान ढूँढ़ निकाला जो राजनीतिक प्रकिया से अभी तक सम्भव नहीं हो पाया था। उसने सिर्फ़ विद्वेष को सड़कों पर प्रकट होने की सम्भावनाएँ समाप्त कर दीं और यह सुनिश्चित करने का भी प्रयास किया कि आने वाली पीढ़ियाँ स्थितियों को दुरुस्त करने के नाम पर ग़लत विकल्पों को नहीं चुनें।

न्यायालय के निर्णय को इस आलोक में भी देखे जाने की आवश्यकता है कि यह देश के घावों को भर सकने में सफल हो सकेगा ताकि यह फिर से सबको साथ लेकर आगे बढ़ सके। यह सत्य है कि यह लम्बा विवाद एक साम्प्रदायिक दंगे से नहीं बल्कि एक न्यायिक निर्णय से हल हुआ। यह इस बात का परिचायक है कि लोकतान्त्रिक भारत अपनी कठिनतम स्थितियों से क़ानून के शासन के मार्ग के ज़रिये बाहर निकलने में सक्षम है। यह उस एकजुटता का सूत्र है जो विषम परिस्थितियों में भी साथ नहीं छोड़ेगी क्योंकि इसी एकजुटता ने उसे आज़ादी की लड़ाई में भी सफलता दिलाई है। लेकिन यह सम्भावना भी हमें बार–बार सशंकित करती है कि इस निर्णय से भारत के हिन्दुत्ववादी संस्करण की पुनर्व्याख्या के मार्ग भी खुलते हैं। और, यह बात गम्भीर रूप से चिन्ताजनक है।

प्रधानमन्त्री मोदी ने जिस समारोहपूर्ण तरीक़े से अयोध्या में भूमि पूजन किया, वह भाजपा के इस दावे को पुख्ता करता है कि पार्टी पुरानी लोकतान्त्रिक व्यवस्था को पलटने के लिए अधीर है। अयोध्या में दिये गये अपने भाषण में मोदी ने राम मन्दिर आन्दोलन की तुलना स्वतन्त्रता आन्दोलन से की है, यह वक्रोक्ति अलंकार भारत के एक भयावह भविष्य की ओर संकेत करता है। स्वतन्त्रता आन्दोलन को उन लोगों के पक्ष में अगवा करना जो इसमें कहीं से शामिल नहीं हैं, सचमुच एक हास्यास्पद प्रयास है। उनके नेताओं ने तो बल्कि हिन्दू–मुसलमान–एकता की वेदी पर महात्मा गाँधी की हत्या का जश्न मनाया था! यह मोदी के धार्मिक–नस्लीय राष्ट्रवादी दृष्टिकोण की तस्दीक करता है। मोदी के राष्ट्रवाद में भारतीय संविधान की उदारता पूरी तरह से अनुपस्थित है।[356] जैसा कि राजनीति

356. पंकज शाह एंड अरशद अफ़ज़ल, "एट भूमि पूजन, पीएम मोदी लाइकेन्स मन्दिर कैम्पेन टू फ्रीडम मूवमेंट", *टाइम्स ऑफ़ इंडिया,* 6 अगस्त 2020।

वैज्ञानिक सुहास पल्शिकर ने लिखा है, मोदी सरकार 'पहले गणतन्त्र के शेष बचे अवशेष को भी तहस–नहस कर रही थी–वह अवशेष आपसी धार्मिक साहचर्य था। सर्वोच्च न्यायालय ने अयोध्या मामले में जब मुसलमानों को "वैकल्पिक" जगह देने का निर्णय दिया तो उसने मुसलमानों को राजनीतिक और स्थानिक दोनों तौर पर हाशिये पर कर दिये जाने को औपचारिक मुहर लगा दी। भूमि पूजन समारोह में राज्य की प्रशासनिक मशीनरी की संलिप्तता ने इस सत्य को स्पष्ट रूप से रेखांकित कर दिया है कि नये गणतन्त्र में हिन्दू धर्म मुख्य आधारशिला होगा...और, पारस्परिक सौहार्द के मलबे पर हिन्दुत्व की अभूतपूर्व एकरूपता स्थापित की जायेगी।'[357] यदि पहला गणतन्त्र धर्मनिरपेक्षता, बहुलतावाद और विविधताओं का विमर्श–स्थल था तो दूसरा गणतन्त्र भाजपा की राजनीतिक आस्था के रूप में हिन्दुत्व की पवित्र अर्चना–स्थली बनने की छटपटाहट में है।

भाजपा की सरकार यह सब करने में इसलिए भी सक्षम है क्योंकि वह विधायिका में बहुमत में है, लेकिन जैसा कि पल्शिकर निर्दिष्ट करते हैं, कि स्थिति इन औपचारिकताओं से बहुत परे जा चुकी है क्योंकि एक राजनीतिकृत और अस्वस्थकर प्रशासन के माध्यम से भारत को दमन के एक भण्डार–गृह में तब्दील किया जा चुका है। इसके लिए प्रवर्तन और जाँच एजेंसियों का खुल कर दुरुपयोग किया गया है।[358] हम सभी इसके गवाह रहे हैं कि किस प्रकार असन्तोषों, असहमतियों और आलोचनाओं को सरकार द्वारा अवैध बताकर उसे राष्ट्रीय हितों के ख़िलाफ़ घोषित किया जा चुका है। आज के राजनीतिक परिदृश्य में हरेक उदारवादी विचार राष्ट्रीय गौरव के विरुद्ध है। राष्ट्रीय सहमति को दूषित करने के लिए रोज़ तरह–तरह के राजनीतिक हथकण्डे अपनाये जा रहे हैं। प्रतिपक्ष जो एक उदारवादी लोकतन्त्र के क्रियाकलाप का एक आवश्यक हिस्सा है, की बातों का उपहास उड़ाया जा रहा है और उसे राष्ट्रविरोधी गतिविधियों में संलिप्त बताया जा रहा है।

स्वतन्त्र भारत की महत्त्वपूर्ण स्वायत्तशासी और स्वतन्त्र संस्थाओं की असफलता को भी नज़रअन्दाज़ नहीं किया जाना चाहिए–चाहे वह

357. पल्शिकर, 'एट अयोध्या, वी विल सी डिसमेंटलिंग ऑफ़ दी ओल्ड, एंड दी भूमि पूजन ऑफ़ दी न्यू रिपब्लिक'।

358. वही।

न्यायपालिका हो, प्रतिपक्षी राजनीति दल हों, मीडिया हो, चुनाव आयोग हो अथवा विश्वविद्यालय हों–वे सब के सब उग्र बहुसंख्यकवाद का मुक़ाबला करने में नाकाम रहे हैं। अयोध्या पर आया फ़ैसला अनेक अर्थों में उस न्यायिक जटिलता की ओर संकेत करता है जिसके कारण हिन्दू–वर्चस्व का उत्थान हुआ है। ऐसा अनेक मौक़ों पर हुआ है जब न्यायालय ने सरकारी फ़ैसलों को चुनौती देते मुक़दमों की सुनवाई को जान–समझ कर स्थगित रखा (मसलन बन्दी प्रत्यक्षीकरण से सम्बन्धित याचिकाएँ, धारा 370 की समाप्ति से जुड़ी संवैधानिकता, और राजनीतिक नेताओं की गिरफ़्तारी जैसे मामले), या कुछ भी कहे बिना सरकारी क्रियाकलापों से सन्तुष्ट रहना (जैसे कश्मीर में 4–जी सेवा आरम्भ करने के निर्णय को लम्बे समय तक विलम्बित रखना)। अलबत्ता विपक्ष की वाचालता, ख़ासतौर पर सोशल मीडिया के ज़रिये उसने अगर कुछ सही अथवा ग़लत कहने की कोशिश की, को ग़ैर–ज़िम्मेदारी का नाम देकर जम कर ज़रूर लताड़ा गया। कई अवसरों पर विविध मुद्दों पर मतान्तर हुए भी हैं–कई बार यह मतान्तर पार्टी के भीतर भी हुए हैं, और कश्मीर तथा अयोध्या जैसे मसलों पर भी हुए हैं।

फ़िलहाल यही सच है कि अयोध्या का मसला किसी ताज़ा हिंसा के ज़रिये नहीं बल्कि क़ानून के राज के अन्तर्गत हल कर लिया गया है, इस निर्णय को एक सकारात्मक दृष्टि से देखने की ज़रूरत है। भारत की आत्मा का युद्ध अभी समाप्त नहीं हुआ है। एक विभाजित भारत–5 अगस्त का भारत–कभी भी एकजुट भारत की प्रतिबद्धताओं पर खरा नहीं उतर सकता है–एकजुट भारत वह है जिसका जन्म 15 अगस्त के दिन हुआ था। इसीलिए, भारत के लिए सबसे अधिक आवश्यक यह है कि अपनी उत्तरजीविता को वह पुनः नागरिक राष्ट्रवाद को समर्पित कर दे। अयोध्या के विवाद ने भारत को भटका अवश्य दिया था लेकिन भारत अभी बिखरा नहीं है। हिन्दुत्व के पक्षधर विचारकों की यह मान्यता हो सकती है कि अपनी प्राचीनता से एक अन्तर्लयता स्थापित करके भारत उदार संवैधानिकता की अपनी कथित परिधि से मुक्त हो चुका है, और अब वह पौराणिक अतीत और पारम्परिक संस्कृति से एकबद्ध हो चुका है। ऐसे ही एक विचारक ने अपने स्तम्भ में लिखा है, 'भारत अब इस विश्वास का प्रचारक है कि यह देश अपने अतीत के सूत्र से सम्पूर्ण रूप से आबद्ध है–जैसा कि एडमंड बुर्के ने लिखा है–जीवित, मृत और अजन्मे के बीच का समवेत अस्तित्व।

"आधुनिक" राम मन्दिर एक ऐसे राष्ट्रवाद की स्थापना का विकल्प प्रस्तुत करता है जिसे हम सभ्यता–केन्द्रित राष्ट्रवाद का नाम दे सकते हैं।'[359]

लेकिन यह अभी भी सम्भव है कि हम उन महान आदर्शों को दृढ़तापूरक थामे रहें जिनके प्रति हमारा देश हमेशा से तत्पर रहा–जैसे कि लोकतन्त्र, एकता और भारत के बहुलतावादी लोकाचारों के प्रति हमारी अटूट निष्ठा। और ऐसा करते हुए अयोध्या हमें इसकी इजाज़त दे सकता है कि हम इक्कीसवीं सदी के अपने सफ़र को जारी रखते हुए सोलहवीं सदी की समस्या को अपने बहुत पीछे छोड़ सकते हैं।

359. स्वपन दासगुप्ता, 'राम मन्दिर डज नॉट निगेट कांस्टीट्युशन, इट लिंक्स एंटीक्विटी टू प्रेजेंट', *टाइम्स ऑफ़ इंडिया*, 9 अगस्त 2020

पाँचवाँ खण्ड

राष्ट्रवाद की पुनर्रचना

नागरिकता संशोधन अधिनियम विरोधी नारे, शाहीन बाग, नयी दिल्ली, 2020

पूर्व के खण्डों से ही यह बात परिलक्षित हुई है कि भारतीय राष्ट्रवाद अवधारणा और व्यवहार दोनों ही रूपों में कुछ विशिष्ट गुणों से आभूषित है जिन्हें इसने स्वतन्त्रता प्राप्त करने के बाद के दशकों में अर्जित किया है, लेकिन आज इन विशिष्ट गुणों पर कुछ बुनियादी परिवर्तनों से होकर गुज़रने का भारी दबाव है। ब्रिटिशों के विरुद्ध संघर्ष के दौरान भारतीय स्वतन्त्रता आन्दोलन में आदर्श जातीय–सांस्कृतिक राष्ट्रवाद के अनेक लक्षण विद्यमान थे। भारतीय अपनी प्राचीन सभ्यता पर गौरव अनुभव करते थे और विदेशी दमनकारियों के ख़िलाफ़ आत्म–निर्णय की लड़ाई लड़ रहे थे। स्वतन्त्रता प्राप्ति के बाद, और एक धर्मनिरपेक्ष और उदार लोकतान्त्रिक संविधान के निर्माण के साथ भारतीय राष्ट्रवाद ने एक नागरिक राष्ट्रवाद का आकार ले लिया। यह दीग़र बात है कि आज तक किसी भी राजनीतिक नेता ने इस विशिष्ट शब्दावली का प्रयोग नहीं किया। आज सत्ताधारी शक्ति के साथ 'हिन्दी–हिन्दू(त्व)–हिन्दुस्तान' के क्रमशः उत्थान के दबाव में भारत का राष्ट्रवाद एक धार्मिक, भाषाई और सांस्कृतिक राष्ट्रवाद के सम्मिश्रण में परिवर्तित होने के लिए बाध्य किया जा रहा है। इसकी उदार–लोकतान्त्रिक बुनावट को भुलाने के अनवरत प्रयास किये जा रहे हैं और इसे एक विशिष्ट धार्मिक–सामाजिक उद्देश्य को समर्पित एक निष्ठावान विचार में बदला जा रहा है। आज की वर्चस्ववादी व्यवस्था में यही विचार एक सच्चे राष्ट्रवाद के रूप में स्वीकार्य हैं।

मोदी सरकार द्वारा निर्मित, प्रोत्साहित और प्रचारित राष्ट्रवाद का यह नया संस्करण स्वतन्त्रता के बाद के पिछले सात दशकों में संवर्द्धित राष्ट्रवाद से कितना भिन्न और कितना समान है? प्रधानमन्त्री मोदी द्वारा महात्मा गाँधी को अंगीकार करने का निर्णय एक सम्भावित दृष्टिकोण की ओर संकेत करता है—भारतीय राष्ट्रवाद के आदर्श नायकों और उनकी सर्वकालिक अवधारणा का हिन्दुत्व के नये संस्करण में सूक्ष्म विलय।

इस स्थिति को मैंने आलोचकीय दृष्टि से अपनी पुस्तक *दी पैराडॉक्सिकल प्राइम मिनिस्टर* में भी विश्लेषित करने का प्रयास किया है। गाँधीजी निर्विवाद रूप से एक विशुद्ध हिन्दू थे जिन्हें अपनी आस्था के अनुरूप प्रतीकों और कल्पनाओं को अपनाने में कभी कोई संकोच नहीं हुआ। वे इन बातों को अपनी समावेशी भारतीयता के लिए आवश्यक समझते थे। लेकिन क्या उनका यही आचरण उनके भीतर के 'हिन्दू राष्ट्रवादी' को एक प्रवेश–बिन्दु उपलब्ध कराता था, या क्या यह गुण उनकी एकमात्र विरासत था?

30

गाँधी का हिन्दूवाद बनाम हिन्दुत्व

इस समय महात्मा की भारत सम्बन्धी अवधारणा–जिसे हम गाँधी की मौलिक अवधारणा भी कह सकते हैं–मौजूदा वैचारिक लहर की प्रचण्डता में बह जाने के ख़तरे से जूझ रही है। आज गाँधी के ऐतिहासिक विरोधी अपने सबसे प्रबलतम रूप में हमारे सामने खड़े हैं, और गाँधी अपनी कथित कमज़ोरियों के लिए निन्दित हो रहे हैं। उन पर मुसलमानों के प्रति नरम रुख अपनाने और उनके लिए तमाम समझौते करने के आरोप लगाये जा रहे हैं, शान्ति और अहिंसा के उपासक के रूप में उनकी आलोचना की जा रही है और हिन्दुत्व आन्दोलन के अन्धराष्ट्रवादियों की दृष्टि में उन्हें कायर और डरपोक घोषित किया जा रहा है।

जिस समय महात्मा की गोली मार कर हत्या कर दी गयी उस समय उनके होठों पर राम का नाम था, हालाँकि वे हमेशा मुसलमानों के हितों के बारे में सोचते थे। उस समय भी उन्होंने तुरन्त–तुरन्त अपना उपवास तोड़ा। वे नये भारत की सरकार के मन्त्रियों से इसलिए नाराज़ चल रहे थे क्योंकि उन्होंने नये पाकिस्तान को अविभाजित भारत से मिलने वाला उचित मुआवज़ा देना अस्वीकार कर दिया था। गाँधी जी को इसका पश्चात्ताप भी था कि उन्हें उस देश में रहने का कोई नैतिक अधिकार नहीं है जिसकी अखण्डता बचा पाने में वे असफल रहे थे, इसलिए उन्होंने अपने इस निश्चय की भी घोषणा कर दी थी कि अपने जीवन के बचे हुए वर्ष वे पाकिस्तान में व्यतीत करेंगे। इनके इस निर्णय की जानकारी ने पाकिस्तान की खस्ताहाल सरकार को एक अजीब अन्तर्द्वन्द्व की स्थिति में डाल दिया था।

गाँधी के व्यक्तित्व का यह पहेलीनुमा पहलू सचमुच विलक्षण था। वे आदर्शवादी, रहस्यपूर्ण, दिव्य और दृढ़निश्चयी थे–एक ऐसा मनुष्य जो किसी अन्य का अनुसरण नहीं करता था, बल्कि उनके एक संकेत पर उनके लाखों अनुयायी उनके पीछे चलने के लिए हर क्षण तत्पर थे। किसी ने उनके बारे में सटीक बात कही थी कि वे एक साथ एक सन्त और टैमनी हॉलनुमा कुशल राजनीतिज्ञ दोनों ही थे। वे अपने व्यक्तित्व के बाह्य अन्तर्विरोधों के स्वयं में पर्याप्त और समुचित उत्तर थे।

15 अगस्त 1947 को दिये गये और अब कालजयी बन चुके अपने सम्बोधन 'ट्रिस्ट विद डेस्टिनी' में जवाहरलाल नेहरू ने महात्मा गाँधी को 'भारत की प्राचीन ऊर्जा का प्रतिनिधि' बताया था जिनका सन्देश 'आने वाली नस्लें' हमेशा याद रखेंगी।

वह सन्देश क्या था? महात्मा गाँधी औपनिवेशिक राज के विरुद्ध विश्व के प्रथम अहिंसापूर्ण स्वतन्त्रता आन्दोलन का सफल नेतृत्व करने वाले असाधारण नेता थे। साथ ही वे एक महान दार्शनिक भी थे जिन्होंने अपने निर्धारित आदर्शों के आधार पर अपना जीवन जिया–चाहे वे दर्शन व्यक्ति के आत्म–विकास से सम्बन्धित रहे हों अथवा सामाजिक बदलावों से। इस दृष्टि से उनकी आत्मकथा का शीर्षक भी उन्होंने सर्वथा अनुकूल रखा था–*दी स्टोरी ऑफ़ माय एक्सपेरिमेंट्स विद ट्रुथ*।

गाँधी ने 'सत्य' शब्द का जिस गहन अर्थ में प्रयोग किया है वह दुनिया के किसी भी शब्दकोश में ढूँढ़ सकना असम्भव है। उनका सत्य उनके निजी अन्वेषण से उत्पन्न अनुभव था। इस सत्य का अर्थ यह नहीं था कि क्या शुद्ध अथवा खरा था, बल्कि क्या न्यायोचित था और, इसलिए, उचित था। सत्य कभी भी 'झूठ' अथवा अनुचित माध्यमों से प्राप्त नहीं किया जा सकता था और, इन माध्यमों में अपने विरोधियों के विरुद्ध किया जाने वाला हिंसाचार भी सम्मिलित था। अपने सत्य को प्रतिष्ठापित करने के लिए गाँधी ने सत्याग्रह शब्द का अनुसन्धान किया था–जिसका शाब्दिक अर्थ 'सत्य के मार्ग पर चलना' या जैसा कि उन्होंने स्वयं व्याख्या–सत्य की शक्ति, प्रेम की शक्ति, या आत्मा की शक्ति जैसे शब्दों के माध्यम से की थी। सत्याग्रह का अंग्रेज़ी अर्थ 'निष्क्रिय प्रतिरोध' (passive resistance) उनके मनोनुकूल नहीं था, क्योंकि सत्याग्रह के लिए सक्रियता आवश्यक थी, निष्क्रियता नहीं। गाँधी यह समझते थे कि यदि आपका विश्वास सत्य में था और आप सत्य को प्राप्त करना चाहते थे तो आप निष्क्रिय होने का

मूल्य नहीं चुका सकते थे। आपको सत्य के लिए पीड़ा उठाने के लिए तैयार होना ही होगा। इसलिए निषेध के समानान्तर अन्य संकल्पनाओं यथा असहयोग से लेकर गुटनिरपेक्षता जैसे शब्दों की तरह ही सत्याग्रह भी अपने विरोधियों की अस्वीकृति से सन्दर्भित था। सत्याग्रह मात्र हिंसा की अनुपस्थिति की ओर संकेत नहीं करता था। अहिंसा सत्य के अन्वेषण का वह मार्ग था जिसे अपने शत्रुओं की पीड़ा के माध्यम से नहीं अपितु अपनी स्वयं की पीड़ा से प्राप्त किया जा सकता। यह आवश्यक था कि अपनी मान्यता की दृढ़ता को परखने के लिए सहर्ष दण्ड को स्वीकार किया जाये।

भारत के स्वतन्त्रता आन्दोलन में गाँधी ने अपने इसी दृष्टिकोण को आज़माया–और यह सफल भी सिद्ध हुआ। जहाँ छिटपुट आतंकवाद और मामूली रूप से उदार संविधानवाद दोनों प्रभावहीन सिद्ध हो चुके थे, गाँधी स्वतन्त्रता के मुद्दे को एक सामान्य अधिकार के रूप में लेकर जनसामान्य के पास गये और उन्हें एक ऐसी तरकीब सुझाई जिसका ब्रिटिशों के पास कोई उपयुक्त उत्तर नहीं था। हिंसा का परित्याग कर गाँधी ने वस्तुतः एक नैतिक लाभ अर्जित कर लिया था। अहिंसक तरीक़ों से क़ानून को तोड़ कर उन्होंने क़ानून के अन्याय को उद्घाटित किया। स्वयं को मिले दण्ड को स्वीकार करके उन्होंने अपने ही बन्दीकर्ताओं की बर्बरता से टक्कर लेने का निर्णय किया। उन्होंने उपवास रखकर स्वयं को ही कष्ट दिया और आत्मनिरिक्षण से होकर गुज़रे कि सच की प्राप्ति के लिए वे कितना कष्ट उठा पाने में सक्षम हैं। अन्त में उन्होंने ब्रिटिशों को इस निष्कर्ष पर पहुँचने के लिए बाध्य कर दिया कि भारत को छोड़कर जाने के सिवा उनके पास कोई अन्य विकल्प नहीं रह गया था।

अपने ऐतिहासिक योगदान की दृष्टि से गाँधी आज हमें कौन–कौन से सबक दे पाने में समर्थ हैं? यहाँ एक बात पूरी स्पष्टता से उभरकर सामने आती है : गाँधी के बताये मार्ग सिर्फ़ उन शक्तिशाली शत्रुओं के विरुद्ध कारगर सिद्ध हो सकते हैं जिन्हें अपनी नैतिकता, शक्ति और सम्प्रभुता में कुछ भी गँवाने का भय हो। घरेलू और अन्तरराष्ट्रीय स्तर पर सफल कोई सरकार किसी भी पराजय को स्वीकार करने में संकोच कर सकती है। ठीक उसी प्रकार स्वतन्त्रता सेनानियों के लिए नैतिकता की पराजय भी एक स्वीकार्य स्थिति नहीं है। गाँधी की अहिंसात्मक सविनय

अवज्ञा आन्दोलन की शक्ति भी यह व्यक्त कर पाने में निहित थी कि 'आप यह दिखाएँ कि आप ग़लत हैं, मैं ख़ुद को दण्डित करूँगा'। गाँधी अपनी इस उभयपक्षीय नैतिक शक्ति के अभाव में बिल्कुल ऐसे ही थे जैसे सर्वहारा के अभाव में मार्क्सवाद था। आज मोदी के युग में हम सब इन्हीं विद्रूपताओं से टकरा रहे हैं–अपनी लज्जा को स्वीकारता एक ऐसा शासक जो अपने आपको उस आवरण में ढँकने को आतुर है जिसकी स्तुति वह कभी किया करता था।

लेकिन इनमें से कोई भी प्रवृत्ति गाँधी की महानता, अथवा उनके जीवन और दर्शन के विलक्षण प्रभाव को कम नहीं कर सकती है। जब पूरा विश्व फ़ासीवाद, हिंसा और युद्ध जैसे कारणों से विखण्डित हो रहा था, महात्मा ने लोगों को सत्य, अहिंसा और शान्ति जैसे सद्विचारों और व्यवहारों से परिचित कराया। शक्ति–प्रयोग के सिद्धान्त का विरोध करके उन्होंने उपनिवेशवाद की विश्वसनीयता को ध्वस्त कर डाला, और अपनी निजी धारणा और साहस को एक मानक के रूप में न केवल दृढ़तापूर्वक स्थापित किया बल्कि उसे प्राप्त करने में सफलता भी हासिल की। आज भी उनके सिद्धान्तों का कोई मुक़ाबला नहीं कर पाया। वे उन दुर्लभ नेताओं में एक थे जिनका प्रभाव केवल उनके अनुयायियों तक ही सीमित नहीं था।

लेकिन गाँधी का सत्य अनिवार्य रूप से उनका व्यक्तिगत सत्य था। उस सत्य का निर्माण उन्होंने अपने अनोखे अनुभवों से किया था और उनका व्यवहार भी उन्होंने विशेष ऐतिहासिक सन्दर्भ में किया। यह एक निर्विवाद निष्कर्ष है कि आज की दुनिया में बहुत कम लोग हैं जो उनकी महानता का ठीक–ठीक आकलन कर उनकी मान्यताओं को चुनौती दे सकें। उनके विचारों की मौलिकता, और उनके जीवन के आदर्श आज भी पूरी दुनिया के लोगों को प्रभावित करते हैं। लेकिन आज भी हम गाँधीजी से बहुत कुछ सीख सकते हैं। हमें आश्चर्य होता है कि क्या सचमुच ऐसा सम्भव है, क्योंकि दर्शन और जीवनदृष्टि के नाम पर हम अब केवल कोरी बकवास के अभ्यस्त हो चुके हैं।

कोरी बकवास में नरेन्द्र मोदी की हिन्दुत्व से कथित रूप से प्रेरित सरकार जितनी निपुण है उसका दूसरा उदाहरण मिलना कठिन है। आरएसएस के अन्य प्रचारकों की तरह मोदी को भी दीक्षा में महात्मा

गाँधी से घृणा करना सिखाया गया है। संघ परिवार गाँधी की सहिष्णुता और बहुलतावाद से सम्बन्धित सन्देशों का धुर विरोधी इसलिए था क्योंकि उसकी दृष्टि में गाँधी अल्पसंख्यकों की तुष्टीकरण के सम्पोषक थे, और जिनकी अहिंसा जैसी धारणा वस्तुतः उनके व्यवहार की दुर्बलता और मन की कायरता थी। 'पौरुष' से सम्पन्न एक हिन्दू के लिए यह एक अशोभनीय आचरण था। हिन्दुत्व के सिद्धान्तकार सावरकर जो मोदी के वैचारिक आदर्शों में एक थे, ने 'अहिंसा और सत्य के सिद्धान्तों को विकृत करने' के लिए गाँधीजी के प्रति खुल कर अपना असम्मान प्रकट किया था, और दावे के साथ यह कहा कि यह 'निश्चित रूप से देश की शक्ति को नष्ट कर देगा।'[360] गोलवलकर ने गाँधी के अहिंसा सम्बन्धी भाषणों पर व्यंग्य करते हुए कहा था कि सभी हिन्दू देवी और देवता के हाथों में अस्त्र था।[361] लेकिन प्रधानमन्त्री मोदी ने अपनी घनघोर हिन्दू मानसिकता, सावरकर के प्रति व्यक्तिगत सराहना–भाव और संघ परिवार से अपनी आजीवन सम्बद्धता के बावजूद महात्मा की सार्वजनिक प्रशंसा की। यहाँ तक कि उन्होंने गाँधी की ऐनक को स्वच्छ भारत अभियान का प्रतीक बनाया और गाँधी के सेवाभाव को सरकार की 'स्वच्छता ही सेवा है' अभियान से जोड़ने का काम किया।

उल्लिखित सभी बिन्दु गाँधीवाद पर गम्भीर बातचीत का हिस्सा बन सकते हैं, या नहीं भी बन सकते हैं। मोदी विश्व में गाँधी की असाधारण ख्याति से निश्चित तौर पर परिचित हैं, और फिर वे इतने घुटे हुए विज्ञापन गुरु हैं कि गाँधी के वैश्विक जादुई आकर्षण को एक अवसर के रूप में उपयोग करने से कतई नहीं चूक सकते हैं। जिस व्यक्तित्व के सम्मोहन में पूरी दुनिया पड़ी हो उसकी उपेक्षा से मोदी की अन्तरराष्ट्रीय छवि को निश्चय ही क्षति पहुँचेगी। जिस तरह पुराने युग के भारतीय राजा–महाराजा बड़े शाही वंशावलियों को इसलिए याद करते थे ताकि प्राचीन वंशों, नगरों और परम्पराओं से स्वयं को जोड़ कर वे अपने राजघराने की वैधता और

---

360. कोटेड इन जेम्स डब्ल्यू. डगलस, *गाँधी एंड दी अनस्पिकेबल : हिज फाइनल एक्सपेरिमेंट विद ट्रुथ,* मैरीकनॉल : ओर्बिस बुक्स, 2012, पृ. 96।

361. 'सावरकर वाज फर्स्ट टू एडवोकेट टू–नेशन थ्योरी : शशि थरूर', *इकोनोमिक टाइम्स,* 24 जनवरी 2020; गुरदर्शन सिंह ढिल्लों, 'हिन्दुत्व एजेंडा ऑफ़ दी बीजेपी', https://rb.gy/xcjqvm पर उपलब्ध।

विश्वसनीयता को स्थापित कर सकें। ठीक उसी प्रकार मोदी ने भी अपनी छवि की स्थापना के लिए उधार लिए गये पंखों का सहारा लिया। उन्होंने स्वयं को 'प्रधान सेवक' कहना आरम्भ किया।[362] यहाँ यह ध्यातव्य है कि यह शब्द नेहरू ने अपने लिए 1947 में ही गढ़ा था। उन्होंने ख़ुद को 'प्रधानमन्त्री' के बजाय 'प्रधान सेवक' कहा था। मोदी ने भी ख़ुद को यही कहना पसन्द किया लेकिन उन्होंने इस शब्द में कोई संशोधन तो नहीं ही किया बल्कि हास्यास्पद तरीक़े से इस शब्द के लिए नेहरू का आभार तक प्रकट नहीं किया। इसी प्रकार उन्होंने सरदार पटेल की भंगिमा और परिधानों की भी नक़ल करनी शुरू कर दी और एक गुजराती के रूप में ख़ुद को उनकी विरासत का उत्तराधिकारी भी बताने की चेष्टा की। गाँधी भी उनकी वैचारिकता के खाँचे में इन्हीं कारणों से समाहित थे, यद्यपि गाँधी की अवहेलना कर पाना उनके लिए दुस्साध्य था। गाँधी के प्रति इनके नवजात प्रेम का आधार उनकी घरेलू राजनीति का गणित था।

लेकिन उनकी दुविधाओं के पास भी कहने को बहुत कुछ था। जब मोदी की भाजपा के अनेक सदस्यों ने यह माँग की कि देश भर में गाँधीजी की सभी मूर्तियों को हटा दिया जाये और उनके स्थान पर गाँधीजी के हत्यारे नाथूराम गोडसे की मूर्तियाँ स्थापित कर दी जायें, तब प्रधानमन्त्री मोदी ने परोक्षतः गुजराती होने का हवाला देते हुए महात्मा का पक्ष लिया। इसमें कोई सन्देह नहीं था कि इस तरफ़दारी में उनके निहित राजनीतिक लाभ थे। लेकिन आधिकारिक रूप से कामकाज की शैली और आदर्शों की सार्वजनिक प्रदर्शनप्रियता के दो विपरीत ध्रुवों पर गाँधीजी की उपस्थिति, मोदी के राजनीतिक अन्तर्विरोधों की कलई खोलती है। आज भी भाजपा के सदस्यों और समर्थकों ने गाँधीजी के ख़िलाफ़ व्यक्तिगत विषवमन की एक मुहिम चला रखी है। ज़ाहिर है कि उसे सत्तासीन नेताओं और अपने शीर्ष नेतृत्व का वरदहस्त प्राप्त है। पार्टी के कुछ सदस्य तो अपना यह विचार भी छिपाना आवश्यक नहीं समझते कि महात्मा की हत्या वस्तुतः देशप्रेम में किया गया एक कृत्य था। आज भी मोदी जब अपने आलोचकों

---

362. एम्बोस्सड प्लाक एट नेहरू मेमोरियल म्यूज़ियम, तीन मूर्ति भवन, नयी दिल्ली, बियरिंग नेहरू'ज कोट 'इस देश की जनता हमें प्रधानमन्त्री न कहे, प्रथम सेवक कहे', विजिटेड 27 मई 2009। आल्सो साइटेड इन मृत्युंजय बोस, 'वर्ड "प्रधान सेवक" वाज फर्स्ट यूज्ड बाई नेहरू राज', *डेक्कन हेराल्ड*, 12 अप्रैल 2019।

से 'पाकिस्तान जाने को' कहते हैं तो उनके इस दुराग्रह को गाँधीजी के पाकिस्तान जाकर बसने के उस वक्तव्य से सहज जोड़कर देखा जा सकता है जो उन्होंने अपनी हत्या के कुछ ही पहले दिया था।

यद्यपि गाँधीजी अपने आचार–विचार में स्पष्ट हिन्दू थे, लेकिन हिन्दू महासभा और स्वतन्त्रोपरान्त उसके परिष्कृत और आदर्श सशस्त्र संगठन आरएसएस के प्रमुख हिन्दू सिद्धान्तकारों सावरकर और गोलवलकर के साथ उनकी विचार–भिन्नता थी। यह सर्वविदित है कि भाजपा ही आज आरएसएस के राजनीतिक संगठन के रूप में सक्रिय है, बल्कि यह कहना अधिक उचित है कि उसका पर्याय संगठन है। गाँधीजी का हिन्दूवाद खुला, लचीला और असहमतियों को स्वीकार करने वाला था। वह 'हिन्दू राष्ट्रवाद' के अन्य प्रारूपों का स्वागत करने हेतु तत्पर था, और इसलिए उनका हिन्दूवाद ऐसे नागरिक राष्ट्रवाद के सर्वथा उपयुक्त था जिसमें हिन्दू मूल्यों के अतिरिक्त अन्य धार्मिक विविधताएँ भी समादृत हो सकती थीं। लेकिन कथित हिन्दुत्ववादियों की दृष्टि में गाँधीजी साम्प्रदायिक होने की हद तक समावेशी थे। सावरकर, जो अपनी हिन्दुत्व सम्बन्धी आस्था और अपनी स्पष्ट धारणाओं के कारण कम और अपनी राजनीतिक पहचान के कारण अधिक जाने जाते थे, ने तो गाँधी की आस्था या अहिंसा के उनके सिद्धान्त के बारे में गहनता से कभी विचार भी नहीं किया था। हिन्दूवादियों के लिए राष्ट्रवाद अहिंसक नहीं हो सकता है क्योंकि इसे सफल होने के लिए टकरावों से गुज़रने और शत्रुओं का विध्वंस करने की ज़रूरत होगी, और जब यह सफल हो जायेगा तो राज्य के उपकरणों पर इसका वर्चस्व हो जायेगा, और प्रकारान्तर में यह वर्चस्व हिंसा की नींव पर आधारित होगा। सावरकर की तुलना में हिन्दू धर्म के प्रति अधिक आस्थावान होने के बावजूद महात्मा गाँधी हिन्दू मान्यताओं में अधिक विश्वास नहीं करते थे। उनकी केन्द्रीय आस्था अद्वैत वेदान्त के दर्शन में थी, जो हमें एक वैश्विक धर्म का मूल सन्देश देता है। काले अफ़्रीकी लोगों के प्रति अपने आरम्भिक दृष्टिकोण से जुड़े हाल–फ़िलहाल के विवादों के बाद भी गाँधीजी कभी नस्लवादी और साम्प्रदायिक नहीं रहे। अफ़्रीकी लोगों के बारे में एक युवा भारतीय के रूप में उनके विचारों को इस आलोक में देखे जाने की आवश्यकता है कि वे दक्षिण अफ़्रीका में भारतीय समुदाय के अधिकारों की लड़ाई लड़ रहे थे। उनकी दृष्टि में हिन्दूवाद

एक ऐसी आस्था था जो अन्य सभी आस्थाओं और जातियों का सम्मान करती थी। सत्य और अहिंसा के सिद्धान्तों में उनका गहन विश्वास था और उन सिद्धान्तों का राष्ट्रीय हित में उपयोग कर उन्होंने उन्हें गहन अर्थ दिया। वे संस्कृतियों की पारस्परिकता के प्रति हृदय से समर्पित थे। उनका सर्वकालिक पसन्दीदा भजन 'रघुपति राघव राजा राम' की दूसरी पंक्ति 'ईश्वर अल्लाह तेरो नाम' इसी सांस्कृतिक पारस्परिकता की ओर संकेत करती थी। यह विचार सभी मनुष्यों के एक होने के वेदान्तिक आग्रह से उत्पन्न हुआ था। वे मानते थे कि सभी मनुष्य एक ही आत्मा के साझीदार हैं इसलिए सबके साथ समान व्यवहार किया जाना चाहिए।

उनका यह आचरण उन्हें सभी हिन्दुओं के लिए एक आदर्श नहीं बनाता था। 'गाँधी'ज हिन्दुइज़्म एंड सावरकर्स हिन्दुत्व' के लेखक समाजविज्ञानी रुडोल्फ सी. हेरेडिया ने इन दोनों नायकों को हिन्दू आस्था में विविधता बनाम एकरूपता के वर्तमान विमर्श की दृष्टि से विश्लेषित करते हुए स्पष्ट किया है कि गाँधी के विचार समावेशी और नैतिक हैं जबकि सावरकर ने हिन्दुत्व का एक बहुसंख्यक विचार के रूप में राजनीतिक उपयोग किया है।[363]

किन्तु हेरेडिया के शब्दों में, 'गाँधीजी की धर्म–सम्बन्धी अपनी समझ, हिन्दू अथवा अन्य परम्पराओं के सन्दर्भ में, कहीं अधिक तरल, पारदर्शी, व्यापक और गहरी थी। यह अनिवार्यतः मोक्ष की एक आध्यात्मिक खोज है किन्तु इसकी जड़ें गहरे रूप में दुनिया के सबसे दुर्बल और निरीह की सेवा में निहित हैं।' सावरकर के विपरीत जो केवल निष्ठाभाव में विश्वास करते थे, गाँधीजी विश्व के उन विरल समन्वयवादियों में थे जो अन्य आस्थाओं में विश्वास करने वाले सभी भारतीयों को अंगीकार करने और साथ लेकर चलने को अपने राष्ट्रीय और निजी धर्म का अविभाज्य सुख समझते थे। उनकी प्रेरणा का स्रोत केवल अद्वैत वेदान्त ही नहीं था, 'अनेकान्तवाद' की जैन अवधारणा से भी वे गहरे तौर पर प्रभावित थे। उनकी मान्यता भी यही थी कि वास्तविकता और सत्य का बोध भिन्न–भिन्न लोगों को भिन्न–भिन्न स्तरों पर होता है, इसलिए किसी एक बोध को सम्पूर्ण सत्य के रूप में स्वीकार नहीं किया जा सकता है। इसी बोध के आधार पर

---

363. रुडोल्फ सी. हेरेडिया, 'गाँधी'ज हिन्दुइज़्म एंड सावरकर'स हिन्दुत्व', *इकोनोमिक एंड पोलिटिकल वीकली*, वॉल्यूम 44, न. 29, 18–24 जुलाई 2009, पृ. 62–67।

उन्होंने एक बार यह घोषणा की थी, 'मैं एक हिन्दू हूँ, एक मुसलमान, एक ईसाई, एक पारसी, एक यहूदी हूँ।' दूसरी गोलमेज़ कॉन्फ्रेंस की असफलता के बाद 1931 में लन्दन से भारत लौटने के क्रम में जब वे रोम में रुके थे तो वहाँ के सिस्टिन गिरजाघर में सूली पर टँगे यीशु का चित्र देखकर महात्मा गहरे रूप से उद्वेलित हो उठे थे। वे बहुत देर तक उस चित्र को निर्विकार भाव से देखते रहे थे और बाद में उन्होंने अपने एक सहयोगी को बताया था : 'मैं उस सूलीबद्ध चित्र के इतने गहरे प्रभाव में रहा कि बहुत देर तक मेरे मन में वह छवि अंकित रही। सच यही है कि अपनी वैटिकन–यात्रा तक मुझे कोई दूसरी बात याद नहीं रही।'[364]

हिन्दूवाद और हिन्दुत्व, जैसा कि मैंने अपनी पुस्तक *व्हाई आय एम अ हिन्दू* में लिखा है, दो भिन्न और विरोधाभासी विचार हैं, और राष्ट्रवाद और हिन्दू आस्था के सन्दर्भों में दोनों विचारों के अन्तर्निहित अर्थ भी बिल्कुल भिन्न हैं। जिन सिद्धान्तों के पक्ष में गाँधीजी खड़े थे और उनके माध्यमों का जैसा उपयोग उन्होंने किया उनका अनुकरण कठिन अवश्य हो सकता है किन्तु वे निर्विवाद रूप से सराहनीय हैं। यह सच में दुर्भाग्यपूर्ण है कि आज उनके आदर्शों के साथ प्रतिदिन विश्वासघात किया जा रहा है, और यह जघन्य कृत्य उनके हाथों हो रहा है जो हिन्दूवाद की अवधारणा को संकीर्णता, अलगाववाद और कट्टरवाद को प्रोत्साहित करने के लिए तोड़–मरोड़ रहे हैं।

---

364. सुधीन्द्र कुलकर्णी, 'व्हाई गाँधी रिजोनेट्स इन रोम', *इंडियन एक्सप्रेस*, 2 अक्टूबर 2013।

31

भारत बनाम इंडिया

गाँधीजी के हिन्दूवाद और उनकी कल्पना का भारत का अन्वेषण करने के बाद हम एक बार हिन्दुत्व के कथित संस्थापक सिद्धान्तकार सावरकर के सुझाये गये अरुचिकर विकल्प पर पुनर्विचार करते हैं। ग़ौरतलब है कि सावरकर सभी आस्थाओं और सम्प्रदायों को हिन्दुत्व की परिधि में समर्पित–समाहित करने के पक्षधर थे। उन्होंने अपनी पुस्तकों और अपने भाषणों–स्तम्भों में हिन्दुत्व के बारे में यही कहा कि 'हिन्दू वह है जो पूरे हृदय से हमसब की अकेली माँ [भारत से प्रेम करता है।]' 1923 में प्रकाशित अपनी पुस्तक, *हिन्दुत्व : हू इज़ अ हिन्दू?* में उन्होंने लिखा था, 'एक हिन्दू वह व्यक्ति है जो अपनी भूमि 'भारतवर्ष' जो सिन्धु नदी से सागरतट तक विस्तृत है, का अपनी पैतृकभूमि के साथ–साथ अपनी पवित्र जननीभूमि के रूप में आदर करता है, क्योंकि यही भूमि उसके धर्म की पालन–भूमि भी है।' जैसा कि मैंने पहले भी उल्लेख किया है, अपनी पुस्तक *दी एसेंशियल्स ऑफ़ हिन्दुत्व* में सावरकर उन सभी मुसलमानों और ईसाइयों को जो उनके विचारों को अंगीकार करने को तैयार थे, को भी 'हिन्दू' की परिभाषा के अधीन मानते थे। वे लिखते हैं, यह सम्भव है कि मुसलमान और ईसाई अपने लिए चयन का मार्ग अपना सकते हैं–'प्रेम का चयन'। ऐसे सहज रूप से प्रतीत हो सकता है कि *दी एसेंशियल्स ऑफ़ हिन्दुत्व* देश के नाम लिखा हुआ एक भावुक प्रेमपत्र है। इस प्रेमपत्र में देश को धार्मिक रीतिरिवाज़ों और मिथकों की दृष्टि से देखने का प्रयास किया गया है जिन पर ब्रिटिश राज के दिनों में ग्रहण लग गया था, और अब वह दोबारा हिन्दू ग्रन्थों में उल्लिखित अपनी पवित्रता की पुनर्स्थापना के लिए अधीर है। सावरकर ने अपनी गृहभूमि से सम्बन्धित अपनी इस

रूमानी धारणा को यूरोप के आधुनिक राष्ट्र और राष्ट्रवाद की आधुनिक धारणा से सम्मिश्रित करते हुए हिन्दुत्व के सिद्धान्त का प्रतिपादन किया था।

भाजपा के दूसरे कार्यकाल में सावरकर और हिन्दुत्व के अन्य सिद्धान्तकारों की कल्पना के भारत और धार्मिक राष्ट्रवाद को मूर्त रूप देने के प्रयास की मोदी सरकार की अकुलाहट स्पष्ट परिलक्षित होती है। तीन तलाक़ का अपराधीकरण, धारा 370 का उन्मूलन, कश्मीरी राजनीतिक नेताओं की गिरफ़्तारी के बीच जम्मू और कश्मीर में इंटरनेट सेवा का स्थगन, विजेता–भाव से अयोध्या में राम मन्दिर का भूमि पूजन, नागरिकता (संशोधन) अधिनियम और प्रस्तावित राष्ट्रव्यापी राष्ट्रीय नागरिक पंजीकरण–सरकार के ये सभी निर्णय मुसलमानों (और फिर धीरे–धीरे अन्य अल्पसंख्यकों) को एक हिन्दू राष्ट्र में उनकी बताने की योजना का हिस्सा हैं। ये सभी क़दम दोहरे दर्जे की नागरिकता के निर्माण की पूर्वतैयारियाँ हैं। भाजपा के कुछ नेताओं के वक्तव्य सरकार की इस मंशा की पुष्टि भी करते हैं। आये दिन गोरक्षा के नाम पर अपमान और हिंसा की छोटी–बड़ी घटनाएँ भी देखने–सुनने को मिलती ही रहती हैं। मुसलमानों के ख़िलाफ़ बयानबाज़ियाँ और मुसलमानों के अधिकारों के उल्लंघन पर सोची–समझी चुप्पियाँ भी सरकार की अल्पसंख्यकों के प्रति नीति और धारणा को रेखांकित करती हैं। मुसलमानों के ख़िलाफ़ होने वाले दंगा–फ़साद में भीड़ द्वारा उन्मादपूर्ण धार्मिक नारे लगाये जाते हैं–उदाहरणस्वरूप 'मुसलमान का एक ही स्थान–क़ब्रिस्तान या पाकिस्तान'। जैसा कि टिप्पणीकार समर हलार्नकर ने हताशापूर्ण लहजे में लिखा है : 'भारतीय मुसलमानों को जिन मौखिक और शारीरिक हमलों का सामना करना पड़ रहा है और जिस बहिष्कार तथा सामाजिक पूर्वाग्रहों से होकर गुज़रना पड़ रहा है, उस पीड़ा और अपमान को देखना और अनुभव करना दिन–प्रतिदिन बहुत कठिन होता जा रहा है। यह स्थिति अत्यन्त त्रासदपूर्ण, निराशाजनक और बेचैन कर देने वाली है।'[365]

पहले के भारतीय राष्ट्रवादी नेताओं को इस बात का गौरव था कि देश की आन्तरिक विविधताओं को उन्होंने बहुत कुशलतापूर्वक व्यवस्थित कर रखा था।

---

365. समर हलार्नकर, 'व्हाई दी स्लो ड्रिप ऑफ़ एंटी–मुस्लिम पाइजन इन इंडिया इज़ नाउ ए फ्लड'। *स्क्रॉल. इन*, 10 अप्रैल 2020।

देश की विशाल मुस्लिम आबादी के अधिकारों और अवसरों को संवैधानिक सुरक्षा प्रदान करने के लिए वैश्विक स्तर पर उनकी सराहना की जाती थी, किन्तु नया हिन्दुत्ववादी सत्तावर्ग जो मुख्यतः (बल्कि केवल) हिन्दी बोलता है, समयबद्ध धार्मिक गौरवगाथा और पारम्परिकता के पोषण के नाम पर भारत के ऐतिहासिक गौरव की यथासम्भव उपेक्षा कर रहा दीखता है। वह अपने राजनीतिक हितों के लिए बहुलतावादी विकल्पों का चयन कर रहे हैं, और इस बात से बिल्कुल बेसरोकार हैं कि इस कृत्य से दुनिया के समक्ष भारत की छवि पर क्या प्रभाव पड़ेगा।

सबसे पुरानी और उबाऊ रूढ़ोक्ति के अनुसार समकालीन राजनीतिक विमर्श का केन्द्र 'भारत' और 'इंडिया' के बीच का अन्तर्द्वन्द्व है। 'भारत' देहाती, ग़रीब और निरक्षर होकर भी कालातीत और प्रामाणिक है। उसके ख़िलाफ़ खड़ा 'इंडिया' आधुनिक, शहरी, तरक़्क़ीपसन्द लेकिन कथित रूप से जातिच्युत और सतही है। अनेक हिन्दुत्ववादी नेताओं ने इस अन्तर पर विशेष बल दिया है, बल्कि इस अन्तर में वे नैतिक मूल्य भी तलाश लेते हैं। जब दिसम्बर, 2012 में दिल्ली में एक मेडिकल छात्रा की बलात्कार के बाद हत्या कर दी गयी तो आरएसएस प्रमुख मोहन भागवत ने कहा : 'भारत में ऐसे अपराध नहीं के बराबर होते हैं, लेकिन इंडिया में ऐसे अपराध होते रहते हैं...जब "भारत" पाश्चात्य संस्कृति के प्रभाव में परिवर्तित होकर "इंडिया" बन जाता है, तब ऐसी घटनाएँ घटती हैं।'[366] निराशाजनक रूप से इस जघन्य अपराध में जिसका बलात्कार हुआ और जो मार डाली गयी, वह भारत की एक युवा लड़की थी जो अपने जीवन की सीमाओं के पार जाकर इंडिया की दुनिया में प्रवेश करने के अवसर खोज रही थी।

बहरहाल इन दोनों के बीच क्या वास्तव में अन्तर है? क्या दोनों भारत एक–दूसरे के साथ नहीं चलते हैं–उदाहरण के तौर पर, राजनीति में, मीडिया में, सिनेमा हॉल में और क्रिकेट के मैदान में? भारतीय मूल के लेखक आतिश तासीर भी ऐसा नहीं मानते हैं। या, अन्ततः आख़िरी छोर पर दोनों भारत एक–दूसरे में मिल जाते हैं। वे लिखते हैं,

---

366. 'रेप्स हैपन इन इंडिया, नॉट भारत : आरएसएस चीफ़ मोहन भागवत ब्लेम्स वेस्टर्न कल्चर फॉर गैंगरेप्स', *इंडिया टुडे*, 28 जनवरी 2013।

'भारतीय कुलीन उन विचारों की दुनिया में रहते हैं जहाँ "भारत एक अवधारणा" के रूप में सर्वकालिक है—लेकिन अचानक इस अवधारणा में धीरे—धीरे क्षरण आरम्भ हो गया। भारत ने देखते—देखते ही अपनी बढ़त बना ली है। भारत के मौजूदा नेता उन सिद्धान्तों पर कटाक्ष करते हैं जिनकी बुनियाद पर इस युवा देश की स्थापना हुई थी। बल्कि अब वे हिन्दू इतिहास के कालातीत गौरव पर अधिक निर्भर हैं। वे दिल्ली के फ़ैशनेबल बाज़ार से ख़रीदारी करने वालों का 'खान मार्केट गैंग' कहकर मज़ाक़ उड़ाते हैं क्योंकि उनकी दृष्टि में ख़ान मार्केट पश्चिमी रंग संस्कृति में रंगे भारतीय कुलीनों का अड्डा है। हिन्दू राष्ट्रवादी उन विदेशी आक्रान्ताओं को स्पष्ट चिह्नित करते दिखते हैं जिन्होंने हिन्दुओं के अतीत गौरव को नष्ट कर दिया—पहले मुसलमान, और उनके बाद ब्रिटिश। उनकी दृष्टि में पश्चिमी संस्कृति से गहरे रूप से प्रभावित कुलीन और भारतीय मुसलमान भी इसी श्रेणी में आते हैं क्योंकि इन दोनों को वे विदेशी शासकों का ही उत्तराधिकारी मानते हैं जो भारतीयों को उनकी ही तरह लूटने का काम कर रहे हैं।'[367] उपर्युक्त शब्द 'भारत' को हिन्दुत्व के खाँचे में डाल देते हैं, और 'इंडिया' को नागरिक—राष्ट्रवाद के खाँचे में। उक्त कथित संरचनात्मक अन्तर को जून 2020 में सरकार के वकील ने सर्वोच्च न्यायालय में भी प्रस्तुत किया और न्यायालय से आग्रह किया कि संविधान में अंकित नाम 'इंडिया' को परिवर्तित कर 'भारत' कर दिया जाये। इसके बावजूद इंडिया पर भारत की जीत जिसे तासीर भारत की उदार कल्पना के विपरीत हिन्दुत्व की एक बड़ी सफलता के रूप में देखते हैं। यह सांस्कृतिक रूपक निश्चित रूप से हिन्दू राष्ट्रवाद की दिशा में एक प्रस्थान—बिन्दु है।

महानगरीय 'इंडिया' और हिन्दुत्व से प्रेरित 'भारत' के इस अन्तःसंघर्ष की एक मिसाल गाय के प्रति दोनों के सामाजिक दृष्टिकोणों में भी परिलक्षित होती है। भारत में अनेक कारणों से गाय को पूज्य माना गया है। यह पोषण, आय और यहाँ तक कि जीवन का भी स्रोत मानी जाती है। हमें दूध, घी, दही और पारम्परिक पंचगव्य (पाँच गौ उत्पादों का मिश्रण—यथा

---

367. आतिश तासीर, 'इंडिया इज़ नो लॉन्गर इंडिया : एक्ज़ाइल इन दी टाइम ऑफ़ मोदी', *दी अटलांटिक*, मई 2020।

दूध, दही, मक्खन, गौमूत्र और गोबर) सात्विक और शुद्ध खाद्य सामग्री देने के लिए भी गाय को श्रद्धा–भाव से देखा जाता है। पंचगव्य की उपयोगिता धार्मिक पवित्रीकरण के साथ–साथ अन्य उद्देश्यों के लिए की जाती है। अंग्रेज़ी माध्यम से शिक्षित आधुनिक भारतीय के पास पारम्परिक भारतवासी की तरह पवित्र गाय का सम्मान करने का समय प्रायः नहीं होता है, लेकिन गाय की सामाजिक उपयोगिता के बारे में वह अधिक बेहतर तरीक़े से अपनी बात रख सकता है। लेकिन विगत कुछ वर्षों में गोरक्षा को जिस प्रकार की सामाजिक प्रमुखता दी जा रही है, उसने शहरी भारतीयों को सकते में डाल रखा है। गोरक्षा के लिए कई क़ानून पारित किये गये हैं, पुराने क़ानूनों में संशोधन लाये गये हैं और उन क़ानूनों को ज़बरन लागू किया गया है। उनके परिवहन, उनकी ख़रीद–बिक्री और उनकी हत्या पर प्रतिबन्ध लगाये गये हैं, और गोमांस खाने या रखने के अपराध में सख़्त सज़ा देने के प्रावधान किये गये हैं। अफ़सोसनाक बात यह है कि इन क़ानूनों को लागू करने की ज़िम्मेदारी ताकाझाँकी करने वाली बर्बर और धर्मोन्माद से ग्रस्त भीड़ की है जो स्वयं को गौ रक्षक समिति कहती है। उन्मादग्रस्त भीड़ गाय के विरुद्ध होने वाली हिंसा की स्थिति में त्वरित न्याय का निष्पादन करती है। यह त्रासदपूर्ण स्थिति है क्योंकि न्याय या तो शक के आधार पर किया जाता है या सिर्फ़ इरादतन। एक ऐसे देश में जिसमें एक औरत को इन्साफ़ के लिए सालोंसाल तक प्रतीक्षा करनी पड़ती है, वहाँ गाय की रक्षा के लिए मुस्तैद हिंसक भीड़ अनेक सवालों को जन्म देती है। शहरी वर्ग की स्पष्ट मान्यता है कि नागरिकों के रसोईघरों में सरकार का कोई हस्तक्षेप नहीं होना चाहिए। लेकिन लोकप्रिय जनभावनाओं, ख़ास कर मोटे वोट बैंक से समृद्ध 'गाय को श्रद्धा–भाव से देखने' और हिन्दी बोलने वाले उत्तरी भारत में मौन रह जाने के अतिरिक्त उसके पास कोई अन्य विकल्प नहीं है।

वर्तमान राजनीतिक परिदृश्य में भारत की पवित्र गौ का प्रत्यक्ष तिरस्कार किसी भी स्थिति में स्वीकार्य नहीं है। इसके बाद भी एक तर्कशील सुधारक के रूप में सावरकर ने हिन्दुओं से यह आग्रह किया था कि वे गायों की उपासना करने के बजाय उनके रखरखाव का ध्यान रखें क्योंकि वे हमारे लिए बहुपयोगी हैं। 'गाय का मूत्र और गोबर शुद्धिकरण के काम कैसे आ सकते है जबकि अम्बेडकर जैसे व्यक्ति की परछाईं भी

अपवित्र है?'[368] सावरकर ने स्पष्ट कहा था। भाजपा में उनके जो प्रशंसक हैं क्या वे आज इस कथन को याद करने का कष्ट उठायेंगे? ज़ाहिर बात है कि गाय के प्रति सावरकर के इस दृष्टिकोण का स्वागत आज के भारत में ख़ुद उनके ही अनुयायी नहीं करेंगे। गाय के प्रति कोई भी तिरस्कारपूर्ण भावना का आज के भारत में कोई स्वागत नहीं है, और ऐसे लोगों के ख़िलाफ़ फ़ौरन सख़्त कार्रवाई की जाती है। केरल में जब कांग्रेस के एक अतिउत्साही युवा कार्यकर्ता ने गोमांस प्रतिबन्ध के ख़िलाफ़ विरोध प्रदर्शन करते हुए सार्वजनिक तौर पर एक बछड़े को हलाल किया तो उसकी उदार पार्टी के क्रोधित राष्ट्रीय नेताओं ने उसे तत्काल पार्टी से निष्कासित कर दिया। उनका मानना था कि किसी निरीह पशु का वध विरोध प्रदर्शित करने का उचित तरीक़ा नहीं हो सकता है। लेकिन इस कार्रवाई से वे कार्यकर्ता भी भयभीत हो गये जो गोमांस–प्रतिबन्ध का विरोध करने की तैयारी कर रहे थे।

इस सन्दर्भ में उचित और उदार समझ यह होनी चाहिए कि एक धर्मनिरपेक्ष राष्ट्र को यह तय नहीं करना चाहिए कि लोगों को क्या खाना चाहिए, और यह भी कि गोमांस पर प्रतिबन्ध लगाना प्रकारान्तर में नागरिकों की निजी आज़ादी पर हमला करना है। लेकिन भारतीय धर्मनिरपेक्षता की आन्तरिक और मुख्य प्रवक्ता कांग्रेस पार्टी की चुप्पी ने यह बार–बार सिद्ध करने का काम किया है कि वह लोकप्रिय हिन्दू भावनाओं का विरोध करने की स्थिति में नहीं है। बल्कि, पार्टी ने गोरक्षा, और राम मन्दिर के मुद्दे पर अपने अपेक्षित मूल्यों में एक नर्म बदलाव दिखलाया है। पार्टी के कुछ दिग्गजों ने 5 अगस्त 2020 को अयोध्या में भूमि पूजन का स्वागत किया और यहाँ तक कि अपनी सहभागिता दिखाते हुए मोदी को चाँदी की ग्यारह ईंटें भी भेजीं। और तो और, इन दिनों मैं जब देश में कहीं भी जनसभाओं को सम्बोधित करता हूँ तो मुझसे एक प्रश्न बार–बार किया जाता है; 'क्या कांग्रेस भी अब "नरम हिन्दुत्व" के रास्ते पर चल पड़ी है? क्या आप भी "भाजपा का कोमल संस्करण" बन गये हैं?'

इस प्रश्न का सहज संक्षिप्त उत्तर है–'नहीं'। मैं बहुत पहले ही यह कह चुका हूँ कि भाजपा के रास्ते पर चलने का सीधा अर्थ है कि इससे

368. मुकुल दुबे, 'रीड व्हाट वीडी सावरकर रोट : केयर फॉर काउ, डू नॉट वरशिप देम', *स्क्रॉल.इन*, 20 अक्टूबर 2015।

मतदाताओं को 'असली वस्तु और उसकी भोंडी नकल' के बीच चुनाव करने का मौक़ा मिल जायेगा, और ज़ाहिर बात है कि मतदाता 'असली' को चुनना पसन्द करेगा। कांग्रेस आकार और प्रकार में भाजपा से बिल्कुल भिन्न पार्टी है, और हमें ऐसा कुछ भी करने के प्रयास से बचना चाहिए कि हम मतदाताओं को भाजपा का 'कोमल संस्करण' सा दिखें, जो कि हम वस्तुतः नहीं हैं। लेकिन यह सवाल लगातार किया जा रहा है, और इसका सन्तोषप्रद उत्तर अवश्य दिया जाना चाहिए। प्रश्नकर्ता सम्भवतः राहुल गाँधी के मन्दिर दौरे की तरफ़ संकेत करना चाहते हैं, वे दिग्विजय सिंह के द्वारा उनके राज्य में गोमांस प्रतिबन्ध का श्रेय लेने के बारे में जानना चाहते हैं, उनको कमलनाथ द्वारा मध्य प्रदेश के हर ज़िले में गोशाला खोलने की घोषणा, कांग्रेस पार्टी द्वारा केरल के सबरीमाला मन्दिर में प्रजनन में समर्थ सभी महिला श्रद्धालुओं को दर्शन की अनुमति देने सम्बन्धी सर्वोच्च न्यायालय के निर्णय का समर्थन, या मेरी खुद की निजी आस्था पर लिखी गयी पुस्तक *व्हाई आय एम अ हिन्दू?* जैसी जिज्ञासाओं का भी समाधान चाहिए। मेरी स्वयं की भी यही स्थापना है कि भाजपा का अनुकरण करने के प्रयास में कांग्रेस हिन्दू भावनाओं को कुछ हद तक आकृष्ट कर पाने में समर्थ हो सकती है, किन्तु इस क्रम में वह निश्चित रूप से अपनी स्वयं की धर्मनिरपेक्ष परम्पराओं से भटक सकती है।

सुप्रसिद्ध स्तम्भकार जी. सम्पत ने व्यंग्यात्मक भाषा में *दी हिन्दू* के लिए लिखे गये अपने स्तम्भ में यह सवाल किया है कि 'क्या कांग्रेस भारतीय जनता पार्टी (भाजपा) और उसकी बहुसंख्यक राजनीति के लिए एक अर्थपूर्ण विकल्प के रूप में उभर सकती है।'[369] 'नरम हिन्दुत्व' का अभियोग दोहराते हुए सम्पत कहते हैं 'कि कांग्रेस के नेतृत्व गठबन्धन को यदि 2019 में स्पष्ट बहुमत मिल भी जाये, जो कि फ़िलहाल असम्भव दीखता है, तब भी ऐसा नहीं लगता कि साम्प्रदायिक ताक़तों को हराया जा सकता है।' बेशक कांग्रेस को ऐसी जीत नहीं हासिल हो सकी लेकिन दूसरी बात ज़रूर सच साबित हुई। निष्कर्ष के तौर पर उन्होंने लिखा है कि 'उदारवादी और अन्य भले लोग यह भले सोच लें कि राहुल गाँधी उन्हें हिन्दुत्व से उबार लेंगे लेकिन उनका यह सपना बचकाना है।'

369. जी. सम्पत, 'दी पार्टी ऑफ़ हिन्दुइज़्म?', *दी हिन्दू*, 9 नवम्बर 2018।

बहरहाल इस तरह की आलोचनाओं का कांग्रेस के लिए विशेष महत्त्व नहीं है। यह अभी भी एक ऐसी पार्टी है जो सबके लिए है, जो अल्पसंख्यकों के लिए सबसे सुरक्षित पनाहगाह है, जो ग़रीबों और हाशिये पर धकेले जा चुके लोगों की सबसे अधिक चिन्ता करती है, और जो बुनियादी तौर पर धर्मनिरपेक्षता के प्रति प्रतिबद्ध है। किन्तु इसका यह अर्थ कदापि नहीं है कि ऐसी आलोचनाएँ तर्कसम्मत और उचित हैं–सच यही है कि कांग्रेस ऐसी अकेली बड़ी पार्टी है जो आगे कुछ भी घटने वाला है उसके बारे में कह सकती है और अपने कहे से नहीं मुकरती है। भाजपा तो यह दिखाने का प्रयास तक नहीं करती है कि उसे उपर्युक्त किसी भी वर्ग के लोगों की कोई चिन्ता भी है। हमारे आलोचक यह समझते हैं कि कांग्रेस पार्टी हिन्दूवाद और हिन्दुत्व के बीच के पर्याप्त अन्तर को बख़ूबी जानती है।

हमारे आलोचकों को लगता है कि कांग्रेस पार्टी हिन्दूवाद और हिन्दुत्व के बीच जिस अन्तर की बात कर रही है वह केवल एक दिखावा है। वे इस तर्क को ख़ारिज करते हैं कि कांग्रेस के नेतागण जिस हिन्दूवाद का सम्मान करते हैं वह उसका स्वरूप समावेशी और ग़ैर–आलोचनात्मक है, जबकि हिन्दुत्व एक राजनीतिक सिद्धान्त है जो मुख्यतः अलगाव पर आधारित है। वे इस निष्कर्ष तक पहुँचने में थोड़ी शीघ्रता दिखाते हैं कांग्रेस जो प्रस्तुत कर रही है वह भाजपा के राजनीतिक सन्देश का ही एक भ्रामक संस्करण है।

लेकिन सत्य से परे कुछ भी नहीं है। राहुल गाँधी ने अपनी दृढ़ इच्छाशक्ति के साथ यह स्पष्ट कहा है कि व्यक्तिगत जीवन में वे बेशक एक हिन्दू हैं लेकिन वे हिन्दुत्व के किसी अन्य सिद्धान्त का समर्थन नहीं करते हैं–न ही सख़्त और न ही नरम। कांग्रेस यह जानती है कि हिन्दूवाद एक धर्म है जबकि हिन्दुत्व एक राजनीतिक विचार है जिसका हिन्दू आस्था के मूल सिद्धान्तों से दूर–दूर तक कोई लेनादेना नहीं है। हिन्दूवाद सभी प्रकार के पूजा–पाठ और कर्मकाण्डों के प्रति उदार है, जबकि हिन्दुत्व का भक्ति से कोई सम्बन्ध नहीं है और यह केवल पहचान स्थापित करने का एक माध्यम भर है। हिन्दूवाद लचीला है और प्रगति तथा सुधारों को पर्याप्त महत्त्व देता है। इन्हीं कारणों से 4,000 सालों से यह निरन्तर विकसित और समृद्ध होता रहा है। हिन्दुत्व प्रतिक्रियावादी और प्रतिगामी है, और इसकी जड़ें 'जातीय अहंकार' में गहरी जमी हुई हैं। यह वैचारिक दृष्टि

से 1920 के दशक में अस्तित्व में आये फ़ासीवाद से प्रभावित हैं। शायद इसीलिए यह अपने उत्कर्ष के शीर्ष पर लम्बी अवधि तक नहीं टिक पाये।

दोनों क़द के बीच में और भी कई बुनियादी अन्तर हैं। कांग्रेस के नेतागण जिस हिन्दूवाद के पक्षधर हैं वह सांस्कृतिक–धार्मिक विविधताओं को प्रश्रय देता है और एक व्यक्ति और उसके आराध्य के साथ उसके सम्बन्धों का सम्मान करता है, जबकि भाजपा के हिन्दुत्व का विश्वास साम्प्रदायिक पहचान की राजनीति में है और यह आस्था को उस रूप में सिमेटिक करना चाहता है जैसा कि मूलतः वह नहीं है। यह धर्म को एकरूप और अरुचिकर बनाने को उद्यत है। हिन्दूवाद एक ऐसी आस्था है जो अनेक पवित्र ग्रन्थों से जन्मा है, यह किसी 'पुस्तक विशेष का धर्म' नहीं है जैसा कि सिमेटिक आस्था से जुड़े धर्म हैं। लेकिन इसके बावजूद भाजपा की दिवंगत नेता सुषमा स्वराज ने भगवद्गीता को भारत की 'राष्ट्रीय पुस्तक' घोषित किये जाने की माँग की। भारतीय राष्ट्रवाद का हिन्दू धर्म के साथ यह मिश्रण अजीबोग़रीब है क्योंकि भारत राष्ट्र के कैनवास पर अन्य धर्मों की भी रंग–बिरंगी छटाएँ हैं। हिन्दूवाद के बारे में कांग्रेस के विचार भाजपा से बिल्कुल अलग हैं। कांग्रेस के नेता हिन्दूवाद के बारे में स्वामी विवेकानन्द के विचारों पर निर्भर हैं जो असहमतियों को स्वीकार करते हैं, और दूसरे धर्म को मानने वाले लोगों को गले से लगाते हैं। भाजपा का हिन्दुत्व उन दूसरों की असहमतियों को हमलों, धमकियों और ज़ोर–ज़बर्दस्ती से समर्पण कराके मिटा डालना चाहता है।

ऐसे में किसी भी उदार भारतीय को उस हिन्दू कांग्रेसी से भला कैसी आपत्ति होनी चाहिए जो अपनी व्यक्तिगत आस्था की सार्वजनिक घोषणा करने में नहीं झिझकते हैं? अपनी युवावस्था के दिनों से ही मैंने गणेश की मूर्तियाँ इकट्ठी करना शुरू कर दी थीं और आज के दिन मेरे पास गणेश की कोई एक सौ छोटी–बड़ी मूर्तियों का संग्रह है। उन मूर्तियों में से कुछ पूजा–पाठ के काम आ जा सकती हैं और कुछ मूर्तियाँ सिर्फ़ सजावट (जैसे किसी वकील की पोशाक में, या कोई वाद्ययन्त्र बजाते हुए) के उद्देश्य के लिए हैं। वे काँसे से लेकर चीनी मिट्टी जैसे अलग–अलग पदार्थों से बनी हुई हैं। मेरे घर में वे मूर्तियाँ सर्वत्र उपस्थित हैं, किन्तु अपनी इस उपस्थिति के बावजूद वे धर्म के मामले में मेरी दृढ़ता का प्रतिनिधित्व नहीं करती हैं। मैंने यह बात कभी छुपाई भी नहीं है कि मैं एक आस्तिक हिन्दू हूँ

लेकिन अपनी धार्मिक आस्था की परिधि में अपनी जातिविहीन महानगरीय जीवनपद्धति, अपनी धर्मनिरपेक्ष राजनीतिक विचारधारा, अपनी आधुनिक बौद्धिकता और एक समतामूलक भारत के निर्माण में योगदान करने की इच्छाशक्ति को अक्षुण्ण रखने में मुझे किसी प्रकार की समस्या नहीं है। मेरी समझ के अनुसार हिन्दूवाद कोई गणितीय आस्था नहीं है, यह हमें दुनिया की जटिलताओं को सुलझाने के तरीक़े उपलब्ध कराता है। इसका दृढ़ मानना है कि सत्य एक से अधिक है और जीवन के अर्थ को समझने या सृष्टि के महाप्रश्न का कोई एक सही उत्तर नहीं है। एक हिन्दू के लिए अन्य सभी सत्यों के अस्तित्व को स्वीकार करना ही महानतम सत्य है।

एक कांग्रेसी और एक उदार मनुष्य के रूप में मेरे लिए हिन्दूवाद के प्रति अपनी निष्ठा प्रकट करना बहुत आसान है। हिन्दूवाद एक ऐसा धर्म है जो निजी है; एक धर्म जो दूसरों की धार्मिक निजता का सम्मान करता है; और जो रूढ़ समष्टिवाद के सामने समर्पण नहीं करता; एक धर्म जो हर एक व्यक्ति को उसके अनुसार जीवन का सच्चा अर्थ तलाशने की पूरी स्वतन्त्रता देता है; एक धर्म जो लोगों को धार्मिक व्यवहार के व्यापक विकल्प देता है; एक धर्म जिसमें प्रकृति के सम्मान का भी महत्त्व है और जिसमें निराकार ईश्वर की भी उपासना सम्भव है; एक धर्म जो तर्कशक्ति और ज्ञान का मूल्य समझता है और जो बौद्धिक अन्वेषण और आत्मचिन्तन पर आधारित है; एक धर्म जिसने ख़ुद को कट्टरता और फ़तवों से बहुत दूर रखा है; एक धर्म जो न्यूनतम निर्देशों पर आधारित है लेकिन जिसके पास विकल्पों की प्रचुरता है; एक धर्म जिसके पास आध्यात्मिक और दार्शनिक ग्रन्थों का विपुल कोष है और जो विविध सामाजिक और सांस्कृतिक आचार–व्यवहारों से आभूषित है। एक ऐसी दुनिया जिसमें वर्चस्ववाद के विरुद्ध प्रतिरोध निरन्तर बढ़ रहा है, हिन्दूवाद किसी भी प्रकार को स्थापित करने का अनिच्छुक है; ऐसी दुनिया जो व्यक्तिपरक आस्थाओं पर निर्मित है, हिन्दूवाद किसी सांस्थानिक पदक्रम को प्रोत्साहित नहीं करता है; ऐसी दुनिया जिसमें सूचनाओं के आदान–प्रदान की खुली स्वतन्त्रता है, हिन्दूवाद सूचना के सभी मार्गों को स्वीकार करता और उन्हें समान रूप से वैध मानता है। लेकिन इन सभी बिन्दुओं पर हिन्दुत्व के विचार बिल्कुल विपरीत हैं।

हिन्दू धर्म के उल्लिखित गुणों के कारण मैं और, मेरी तरह इस धर्म में आस्था रखने वाले दूसरे लोग दुश्चिन्ता में घिरे उदारवादियों से यही कहना चाहेंगे : अपने विश्वास को खोने मत दीजिए। हिन्दू कांग्रेसियों का उस हिन्दुत्व से जिससे आप उचित घृणा करते हैं, कोई लेनादेना नहीं है। हमारी आस्था का आधार हमारी सहिष्णुता है–यह वह धर्म है जिसके विशाल हृदय ने भारत को हाल–फ़िलहाल के दिनों तक ग़ैर–हिन्दुओं के लिए सबसे सुरक्षित जगह बनाया है। लेकिन इसके बावजूद जो वास्तविक भय है वह समाप्त नहीं हो जाता है : क्या हम भाजपा को इसे बदलने से रोक पाने में समर्थ होंगे?

32

संविधान का वंकन

भारत में पहचान–आधारित राष्ट्रवाद के उत्थान और बहुसंख्यकवादी भावना के अपरोक्ष प्रख्यापन, जैसा कि मैंने इस पुस्तक में विस्तारपूर्वक लिखा है, स्पष्ट रूप से उस सार्थक और प्रभावपूर्ण नागरिक राष्ट्रवाद की क़ीमत पर हो रहा है जिसको पिछले सत्तर वर्षों के अथक प्रयासों से बनाया गया है। चूँकि अभिव्यक्ति और सभा करने की स्वतन्त्रता और लोकतान्त्रिक प्रतिनिधित्व की बहुसंख्यकवादी संवेग के साथ सहज युक्ति नहीं है, इसलिए नागरिक राष्ट्रवाद को अनिवार्यतः उदार संविधान और सक्रिय रूप से उत्तरदायी स्वायत्तशासी लोकतान्त्रिक संस्थाओं पर निर्भर करना होता है। ऐसा नहीं होगा तो देश एक जातीय राष्ट्रवादी 'संकीर्ण लोकतन्त्र' का शिकार हो जायेगा

इसलिए हमारे समक्ष आज सबसे बड़ा प्रश्न यह है कि क्या संविधानवाद हिन्दुत्व को नियन्त्रित करने में सफल हो सकेगा, या फिर हिन्दुत्व संविधान की कार्यपद्धति को बदल देगा? क्या हिन्दुत्व समय के साथ बदलेगा, ख़ासतौर पर तब जब इसके ध्वजवाहक अभी सत्ता के शीर्ष पर हैं, और भारत के इतिहास में पहली बार देश के शीर्ष तीन संवैधानिक पदों–राष्ट्रपति, उपराष्ट्रपति और प्रधानमन्त्री–पर आरएसएस के लोग आसीन हों?

2018 में दिल्ली के विज्ञान भवन में 'फ्यूचर ऑफ़ भारत : एन आरएसएस पर्सपेक्टिव' विषय पर आयोजित आरएसएस के एक कॉन्क्लेव में संघ–प्रमुख मोहन भागवत ने एक–एक घण्टे के तीन व्याख्यान दिये थे। उन व्याख्यानों के बाद अनेक लोग यह सोचने को बाध्य हो गये थे कि क्या आरएसएस ने कुछ उन केन्द्रीय विषयों पर अपने दृष्टिकोण में बदलाव लाया है, जिनसे लम्बे समय से संगठन की पहचान रही है।

अपने तीनों व्याख्यानों में आरएसएस के सरसंघचालक ने कुछ पुराने मुद्दों पर संघ की स्थिति स्पष्ट करते हुए अपने पूर्ववर्तियों से निर्धारित दूरी रखने का स्पष्ट सन्देश दिया। उन पूर्ववर्तियों में सबसे महत्त्वपूर्ण आरएसएस के सबसे लम्बे समय तक प्रमुख रहे एम.एस. गोलवलकर थे जो मरणोपरान्त आज भी संगठन के प्रमुख सिद्धान्तकार माने जाते हैं।

उदाहरण के रूप में, संघ–प्रमुख लम्बे समय से यह मानते रहे थे कि भारत का संविधान अपने मूल रूप में त्रुटिपूर्ण है–पहला कारण यह है कि यह आयातित पश्चिमी विचारों से भरा हुआ है और इसे आंग्लभाषी क़ानूनविदों ने दोषपूर्ण भाषा में लिखा है; और दूसरा कारण यह है कि यह घातक रूप से दोषपूर्ण सिद्धान्तों पर आधारित है और यह संविधान वस्तुतः भौगोलिक राष्ट्रवाद का प्रतिनिधित्व करता है। जैसा कि हम सबने देखा है, गोलवलकर से लेकर दीनदयाल उपाध्याय तक संघ के जितने भी विचारक रहे हैं, उन सबने निरन्तर ज़ोर देते हुए कहा है कि संविधान भारत–क्षेत्र और उसमें रहने वाले लोगों के रूप में देश की ग़लत व्याख्या करता है, जबकि राष्ट्र एक क्षेत्र नहीं है बल्कि उसके निवासी राष्ट्र हैं– और, भारत के सन्दर्भ में वे निवासी हिन्दू लोग हैं। इसलिए आरएसएस की यह दृढ़ मान्यता है कि संविधान को इस दृष्टिकोण के साथ दोबारा लिखने की आवश्यकता है ताकि हिन्दू राष्ट्र के प्रति दूषित धारणा को बदला जा सके। इसी मंशा के बारे में सामाजिक कार्यकर्ता और उपन्यास लेखिका अरुन्धति राय ने लिखा है : 'भारत के बारे में जो कुछ भी सुन्दर है, उन्हें यह विचार पूरी तरह नष्ट कर देता है।'[370] लेकिन ऐसा प्रतीत होता था कि भागवत ने अपनी इस पुरानी धारणा का परित्याग कर दिया था। भारत का संविधान, दिल्ली में अपने व्याख्यान में उन्होंने कहा, उतना भी दोषपूर्ण दस्तावेज़ नहीं है। 'आरएसएस संविधान को मानता है। एक भी ऐसा उदाहरण नहीं है कि आरएसएस ने संविधान के विरुद्ध कोई काम किया है', भागवत ने कहा। 'संविधान हमारे देश की आम सहमति है। संविधान का पालन करना हम सबका कर्तव्य है।'[371] उन्होंने आगे कहा।'

---

370. अरुन्धति राय, 'भारत : इंटीमेशन्स ऑफ़ एन एंडिंग', *दी नेशन,* 22 नवम्बर 2019।

371. '"मुस्लिम कांस्टीट्युशन, हिन्दुत्व" : हाउ मोहन भागवत इज़ अलायिंग फीयर्स एट आरएसएस मीट', *न्यूज़ 18,* 19 सितम्बर 2018।

किसी और ने यह बात कही होती तो इसे एक सामान्य वक्तव्य माना जाता लेकिन मोहन भागवत के मुँह से यह बात सुनकर लोगों का अचम्भित हो जाना स्वाभाविक था। हिन्दू राष्ट्र का भी क्या होगा? लेकिन भागवत इस प्रतिबद्धता से मुकरे नहीं थे, उन्होंने केवल इस शब्द को पुनःपरिभाषित किया था। उन्होंने खुलासा किया, 'हिन्दू राष्ट्र का मतलब यह नहीं है कि इसमें मुसलमानों की कोई जगह नहीं है। जिस दिन भी ऐसा हो जायेगा कि मुसलमान यहाँ अवांछित हैं, उस दिन हिन्दुत्व की अवधारणा ही नष्ट हो जायेगी।' भागवत के भाषण में गोलवलकर के 'एक हज़ार साल की गुलामी' बल्कि मोदी के शब्दों 'बारह सौ साल की गुलामी' जैसे वक्तव्यों की कोई प्रतिध्वनि नहीं थी, जिनके अनुसार मुसलमान वे विदेशी हमलावर थे जिन्होंने भारतीयों को गुलाम बनाने का काम किया था। मेरे मन का संशय बना हुआ है जिसे मैं आगे स्पष्ट करूँगा, किन्तु आरएसएस प्रमुख के भाषण में छुपी हुई मंशा को लेकर सचेत हूँ।

आरएसएस में यह मानने वाले लोग कम नहीं थे कि भारतीय राष्ट्रवाद का आधार हिन्दूवाद था। कुछ लोग यह भी मानते थे कि इसका अर्थ यह हरगिज़ नहीं है कि इसमें वे लोग शामिल नहीं हैं जो दूसरे धर्मों में आस्था रखते हैं। लेकिन उनको यह स्वीकार करना ही होगा कि देश में उनका स्थान हिन्दुओं के बाद ही है। 'अनेक ऐसे लोग हैं जो जानते हैं कि वे हिन्दू हैं लेकिन वे यह बात राजनीतिक वजहों से खुल कर स्वीकार नहीं करते हैं,' भागवत ने घोषणा करते हुए कहा। 'हमारे अनुसार यह पूरा समाज ही एक हिन्दू समाज है'।[372]

अल्पसंख्यकों का यह अनोखा विलोपन करते हुए भागवत ने पुनः दोहराया कि किसी भी अल्पसंख्यक समुदाय को अलग करने का कोई इरादा नहीं था। 'हम लोग तो सर्व लोग–युक्त भारत वाले लोग हैं, मुक्त वाले नहीं',[373] भारत की समग्रता का अस्वाभाविक गुणगान करते हुए उन्होंने कहा। भागवत ने यह भी स्पष्ट किया कि भारत की

---

372. 'बीईंग हिन्दू डज नॉट मीन वी डों'ट वांट मुस्लिम्स : आरएसएस चीफ़', *रीडिफ. कॉम*, 19 सितम्बर 2018।

373. संजय सिंह, '"आरएसएस एडवोकेट्स इनक्लूजन" : मोहन भागवत सिस्टमेटिकली रिफ्युट्स राहुल गाँधी, संघ क्रिटिक्स इन डे वन स्पीच', *फर्स्टपोस्ट*, 18 सितम्बर 2018।

विविधता–भाषिक, सामाजिक, सांस्कृतिक और धार्मिक सभी सन्दर्भ में–अपरिहार्य थी। विचार इसी विविधता का उत्सव मनाना था, और आरएसएस वह सूत्र बनने को व्यग्र था जिसमें भारत की विविधता के अलग–अलग मोती गुँथे हुए थे।

भागवत आरएसएस की इस पारम्परिक मान्यता को भी बदलना चाहते थे कि वह हिन्दी को भारत की एकमात्र भाषा के रूप में स्वीकृति देता है। उन्होंने प्रसन्नतापूर्वक यह उद्‌गार प्रकट किया था कि भारत के सभी बच्चों को उनकी मातृभाषा में शिक्षा देने की आवश्यकता है। उन्होंने कहा कि क्षेत्रीय भाषाओं का भी विकास होना चाहिए और अंग्रेज़ी को भी उसके 'यथास्थान' रहने दिया जाना चाहिए (अंग्रेज़ी हटाओ नहीं, अंग्रेज़ी रखो पर 'यथास्थान' रखो)। सम्भव है कि आरएसएस ने अपने आधारभूत समर्थक अर्थात् शहरी मध्यम वित्त वर्ग के अंग्रेज़ी प्रेम के दबाव में अपने दृष्टिकोण में यह बदलाव लाया हो। विश्व में भारत को एक ताक़त के रूप में स्थापित करने की कामना से आरएसएस का यह नया दृष्टिकोण असंगत नहीं लगता है।

पिछले नब्बे सालों में आरएसएस जिन विचारों की वकालत करता रहा, उसका परित्याग करते हुए भागवत ने गोलवलकर और अन्य नेताओं का उल्लेख भी अपने तीन घण्टे के भाषण में करना आवश्यक नहीं समझा। गोलवलकर का नाम अलबत्ता उस स्वीकारोक्ति के सन्दर्भ में अवश्य लिया गया जब आरएसएस को अपने पूर्व नेता के भड़काऊ विचारों को सेंसर करने की ज़रूरत आ पड़ी : 'जहाँ तक *बंच ऑफ़ थॉट्स* को', भागवत ने गोलवलकर की प्रसिद्ध पुस्तक का उल्लेख करते हुए कहा, 'आरएसएस के *मीन केन्फ* मानने का प्रश्न है, तो हरेक वक्तव्य एक विशेष समय और स्थिति के परिप्रेक्ष्य में होता है...उनकी इस विख्यात पुस्तक से हमने वे सभी टिप्पणियाँ हटा ली हैं जो अस्थायी सन्दर्भ की थीं और उन अंशों को रहने दिया है जिनका आने वाले युगों में भी महत्त्व बना रहेगा।'[374] आरएसएस ने इन संशोधनों के पीछे के विचारों का कभी भी बचाव नहीं किया और इसके पीछे संघ का क्या दृष्टिकोण था, इसे भी स्पष्ट किया जा चुका है। जब यह पूछा गया कि गोलवलकर की दृष्टि में तो मुसलमान शत्रु थे,

374. 'संघ इज़ दी सोल', *दी ट्रिब्यून*, 23 सितम्बर 2018।

भागवत ने फ़ौरन सफ़ाई दी कि नये संशोधित–प्रकाशित *बंच ऑफ़ थॉट्स* के संस्करण में, 'आपको यह टिप्पणी (मुसलमान–एक–शत्रु–है) नहीं मिलेगी।'[375]

आरएसएस–प्रमुख के भाषणों से गोलवलकर के विचारों की अनुपस्थिति, और गोलवलकर की पुस्तक के संशोधित संस्करण की घोषणा निश्चित रूप से इस बात की ओर संकेत करती है। आरएसएस अपने उन कुछ कट्टर विचारों पर पुनर्मन्थन कर रहा है जिनके कारण वह धर्मनिरपेक्ष उदारवादियों की आलोचना के निशाने पर रहा है। मैंने इस किताब में यह पहले भी लिखा है और अपने भाषणों और स्तम्भों में इसे दुहरा भी चुका हूँ, आरएसएस का हिन्दुत्व के बारे में दृष्टिकोण हमेशा उस विचार पर आधारित रहा है जिसमें हिन्दू धर्म की पहचान राष्ट्र से चिह्नित होती है। भागवत के–'आरएसएस बहुलतावाद में विश्वास करता है', 'बहुजातीयता को स्वीकार करता है' और 'विविधताओं के मोतियों को एकता के सूत्र में एकबद्ध करना चाहता है'–जैसे बयानों से किसी के भी मन में सहज यह जिज्ञासा हो सकती है कि क्या उनका अगला वक्तव्य यह होगा कि धर्मनिरपेक्षता उनके संगठन का मूल विचार है।

वास्तव में कुछ विचारकों ने उनके बयानों का स्वागत किया है। उन्हें लगता है कि अपनी इस कट्टर मानसिकता से बाहर निकलकर जिससे उसका पुराना जुड़ाव रहा है, आरएसएस संगठन के एक नये और स्वीकार्य अवतार के रूप में ख़ुद को प्रस्तुत करेगा। कुछ सुलझे हुए मित्रों ने मुझसे पूछा, 'क्या आपको मोहन भागवत के बयानों की प्रशंसा नहीं करनी चाहिए? आपको ख़ुश करने के लिए वे इससे अधिक क्या कर सकते है?' मैं इससे इनकार नहीं करता कि ये बयान संकेत करते हैं कि आरएसएस ने ख़ुद को उस कट्टरवादी स्थान से थोड़ा दूर करने का प्रयास किया है जिसके कारण हम जैसे धर्मनिरपेक्ष भारतीय स्वयं को सहज अनुभव नहीं कर पा रहे थे। इसके बाद भी मैं पूर्ण रूपेण आश्वस्त नहीं हूँ कि इन बयानों से वस्तुस्थिति में सचमुच बदलाव आ पायेगा।

पहली बात तो यह है कि आरएसएस की केन्द्रीय अवधारणा की मोहन भागवत द्वारा पुनर्व्याख्या सम्भवतः उनके कार्यकाल से अधिक समय के

375. वही।

लिए लागू नहीं रहेगी, वे अभी भी भारत को एक हिन्दू राष्ट्र के नज़रिये से देखते हैं। वे बस अल्पसंख्यकों को दण्डित करने अथवा निर्वासित करने के बजाय धार्मिक सहिष्णुता की बात करते हैं। गोलवलकर के विचारों की तुलना में यह एक महत्त्वपूर्ण बदलाव हो सकता है किन्तु दीनदयाल उपाध्याय के विचारों का अतिक्रमण इन बयानों में नहीं दिखाई पड़ता है। और, उस भारत से तो अभी भी यह कोसों दूर है जो भारत एक धर्मनिरपेक्ष देश है जिसमें रहने वाले हरेक नागरिक को समान अधिकार प्राप्त हैं, भले ही वे किसी भी धार्मिक आस्था से सम्बन्ध रखता हो। आरएसएस का भारत अभी भी हिन्दू राष्ट्र है, बस उनसे अल्पसंख्यकों को बहुसंख्यकों की सरपरस्ती में रहने–जीने की छूट मिली हुई है। आरएसएस के भारत में अल्पसंख्यक हिन्दुओं की उदारता और कृपा की बदौलत ज़िन्दा रहेंगे। यह वह आज़ाद भारत नहीं है जिसकी नींव महात्मा गाँधी, जवाहरलाल नेहरू और बी.आर, अम्बेडकर ने रखी थी, और जिसमें हिन्दू दूसरे धर्म के नागरिकों के बराबर माने गये थे, उनसे बेहतर नहीं।

भागवत की टिप्पणियों से यह स्पष्ट है कि वे अभी भी भारतीय लोकाचारों की दृष्टि से अपने धर्म की तुलना में दूसरी आस्थाओं को कमतर मानते हैं। हिन्दूवाद में निश्चित रूप से अनेक ऐसी ख़ूबियाँ हैं जो इस धर्म को अनेक मामलों में अनोखा बनाती हैं। विशेषकर यह उपासनाओं की विभिन्न पद्धतियों को स्वीकार करता है, लेकिन इसकी कुछ अपनी चुनौतियाँ भी हैं जिनके साथ सन्तुष्ट रहने के अलावा इसके पास कोई अन्य उपाय नहीं है। भागवत कहते हैं कि समग्र हिन्दू समाज में सभी अन्य धर्म सहज रूप से समाहित हो सकते हैं क्योंकि बहुसंख्यक धर्म होने के कारण इस समाज की पहचान हिन्दुत्व से ही है, और इस सत्य को अंगीकार कर लेने में ही अन्य आस्थाओं की भलाई है। यह दृष्टिकोण कपट से भरा हुआ है।

राम जन्मभूमि मन्दिर के विवादास्पद मुद्दे पर दिये गये बयान से उनके दृष्टिकोण की कलई खुलती नज़र आती है। आरएसएस ने बयान में इस मुद्दे पर अपने रुख़ को ज़रा भी संशोधित नहीं किया, सिर्फ़ उसे अभिव्यक्त करने के लहजे में थोड़ी नरमी दिखलाई : भागवत ने कहा कि एक भव्य राम जन्म मन्दिर के निर्माण से हिन्दू और मुसलमानों के बीच के तनाव को ख़त्म करने में मदद मिलेगी। 'यदि सौहार्दपूर्ण माहौल में मन्दिर बना',

आरएसएस प्रमुख ने कहा, 'तो मुसलमानों की तरफ़ कोई भी उँगली नहीं उठा पायेगा।'[376] त्रिदिवसीय व्याख्यान–माला के अन्तिम दिन उनका सन्देश यही था। ऐसा प्रतीत होता है कि भागवत मुसलमानों को आगाह कर रहे थे, हमारी शर्तों में विवादास्पद मामलों को निबटाइए। तब आपको भविष्य में किसी तरह की परेशानी नहीं होगी–कोरलियोन की शैली में 'जो दे रहा हूँ, उसे चुपचाप कुबूल कर लो'। भारत के अल्पसंख्यकों को आरएसएस प्रमुख के द्वारा दी गयी आश्वस्ति ऐसी ही आधी–अधूरी है।

जैसा कि राजनीतिविज्ञानी आशुतोष वार्ष्णेय ने लिखा है :

> 'उनका मन्तव्य मुसलमानों को पूर्ण और समान नागरिकता के बारे में कतई नहीं है। भावनगर के मुसलमानों को भुला पाना लगभग असम्भव है। वे मुसलमान भी भारतीय ही हैं लेकिन वे दोयम दर्जे के भारतीय हैं। उन्होंने किसी भारतीय नायक को जन्म नहीं दिया है; उनके धर्म के लोगों ने भारत पर 'हमला' किया; उनको गोमांस खाना छोड़ देना चाहिए क्योंकि इससे हिन्दुओं की धार्निक भावनाओं को ठेस पहुँचती है; वे राम को 'इमाम–ए–हिन्द' मानते हैं, उनको अयोध्या में राम मन्दिर बनाने के लिए राज़ीख़ुशी अपनी रज़ामन्दी दे देनी चाहिए, अन्यथा उनकी तरफ़ संशय भरी उँगलियाँ उठती रहेंगी। दूसरे शब्दों में कहें तो मुसलमान समुदाय की भलाई, संविधान के सिद्धान्तों पर नहीं बल्कि हिन्दुओं की ख़ुशी पर निर्भर है। अधिकारों की अवधारणा से जुड़ा प्रश्न ही निरर्थक है।'[377]

बहरहाल भागवत ने अपने व्याख्यान में आरएसएस के मूल दर्शन से अलग कोई नयी बात नहीं कही थी। आरएसएस की अवधारणा के अनुसार समाज और देश की सेवा के सामने व्यक्ति के स्वयं के हितों का कोई महत्त्व नहीं है, और निजी हितों के परित्याग का यह दबाव संविधान–प्रदत्त नागरिक स्वतन्त्रताओं और मौलिक अधिकारों के पूरी तरह विपरीत है। आरएसएस अनिवार्यतः समाज के हितों को सर्वोपरि मानता है।

---

376. लालमणि वर्मा, 'यूनिफ़ार्म सिविल कोड इज़ नॉट जस्ट अबाउट हिन्दू, मुस्लिम, सेज आरएसएस चीफ़ मोहन भागवत', *इंडियन एक्सप्रेस*, 20 सितम्बर 2018।

377. आशुतोष वार्ष्णेय, 'अ न्यू आरएसएस?', *इंडियन एक्सप्रेस*, 5 अक्टूबर 2018।

उनकी तुलना में व्यक्ति का हित गौण है–ठीक उसी प्रकार जैसे हिटलर जर्मन राष्ट्रीयता के लिए व्यक्ति के समर्पण की अपेक्षा करता था। या, चीन में सांस्कृतिक आन्दोलन के बाद 'नये चीनियों' पर माओ अपने स्वार्थों से उठ कर सिर्फ़ देश के बारे में सोचने पर ज़ोर देते थे। व्यक्ति के शोषण को तर्कसम्मत ठहराने के लिए प्रायः सामूहिक हित के विचार की मदद ली जाती है। इस तरह से असहमति के स्वर को कुचलना और मानवाधिकारों का उल्लंघन करना राज्य के लिए आसान हो जाता है। चूँकि भारत जैसे विविधताओं से भरे देश में इन तरीक़ों को प्रत्यक्ष रूप से लागू करना कदाचित जटिल है, इसलिए सत्ता तक अपनी पहुँच बनाने और उस पहुँच को बचाये रखने के लिए आरएसएस के लिए इस हृदय–परिवर्तन का दिखावा करना ज़रूरी है। किसी विशेष वैचारिक आकार में नागरिकों को ज़बरन नहीं ढाला जा सकता है; यह काम प्रोत्साहन और प्रलोभन से ही सम्भव है। बलप्रयोग केवल ग़रीबों और निरीहों के विरुद्ध ही किया जा सकता है। अलबत्ता वैचारिक समूहों के स्तर पर समय–समय पर आवश्यक संकेत अवश्य दिये जा सकते हैं। निष्कर्ष रूप में, संघ का यह हृदय परिवर्तन बुनियादी चिन्ताओं से कम, और राजनीतिक मंशा से अधिक प्रेरित है।

ज़ाहिर बात है कि भाजपा के वैचारिक खेमे में मेरे आलोचक मुझ पर प्रायः आरोप लगाते हैं कि मोहन भागवत की बातों को गम्भीरता से नहीं लेकर मैं उनके प्रति अन्याय कर रहा हूँ। आख़िरकार, उन्होंने भारत की विविधताओं को स्वीकार किया, अल्पसंख्यकों को अंगीकार किया और समावेशीकरण की बात कही। मैं अब कैसे आरएसएस के हिन्दुत्व की अवधारणा पर प्रश्न खड़े कर सकता हूँ? मैं मोहन भागवत से अपनी असहमति को उसी घिसेपिटे मुहावरे में दोहराना चाहूँगा जिसका उल्लेख मैं पहले भी कई बार कर चुका हूँ क्योंकि भारत के सन्दर्भ में वह आज भी प्रासंगिक है : अनेकता में एकता। मैं आज भी इस बात में गहरा विश्वास करता हूँ, और भारत के संविधान की आस्था भी इसी बात में है, जिसे आज़ादी के लिए लड़ने वाले हमारे राष्ट्रवादी नेताओं ने लिखा है। भागवत 'अनेकता में एकता' की धारणा में विश्वास नहीं करते हैं; उनका विश्वास 'एकता में अनेकता' की धारणा में है। मुझे अपनी इस राय को स्पष्ट करने का अवसर दें।

पहली धारणा के अनुसार भारत में विविध प्रकार के भारतीय हैं उनकी विविध पहचान है और उनकी धार्मिक आस्थाएँ भी विविध हैं।

इन्हीं से उन सबकी अपनी–अपनी अलग पहचान है। इसके बावजूद हम सभी एक साथ हैं और भारत के प्रति अपनी निष्ठा में साझीदार हैं। मैंने कई साल पहले भारतीय के बारे में एक 'थाली'–सिद्धान्त की व्याख्या की थी। पाठकों की स्मृतियों को फिर से ताज़ा करते हुए मैं कहना चाहूँगा कि हम भारत के नागरिक थाली में रखी हुई अलग–अलग कटोरियों की तरह हैं। चूँकि हम अलग–अलग कटोरियों में रखी हुई खाद्य–सामग्रियाँ हैं ताकि हमारा स्वाद एक–दूसरे से मिलकर गड्ड–मड्ड न हो, लेकिन अन्ततः हम सभी के साथ ही वह थाली पूरी होती है और एक सम्पूर्ण भोजन का स्वाद और सन्तोष देती है।

मोहन भागवत राष्ट्रीयता के सन्दर्भ में उस थाली की परिकल्पना से बिल्कुल भिन्न सोचते हैं। उनकी राष्ट्रीयता की दृष्टि खिचड़ी के सिद्धान्त से मिलती–जुलती है : हम एक ही व्यंजन हैं जो बहुत सारी सामग्रियाँ एक साथ मिलाकर पका दी गयी हैं। बेशक गाजर और आलू के कुछ टुकड़े उनमें दिख जाते हैं लेकिन अन्ततः वे एक ही व्यंजन के हिस्से हैं। इस दृष्टि से सभी सच्चे भारतीय हिन्दू हैं; वे 'मुसलमान हिन्दू' और 'ईसाई हिन्दू' हो सकते हैं लेकिन उन्हें आख़िरकार यह मानना होगा कि वे एक अनिवार्यतः एक साथ मिलाकर पकाये गये केसरिया रंग की खिचड़ी हैं और उस खिचड़ी से भिन्न उनका कोई स्वतन्त्र अस्तित्व नहीं है। दूसरे शब्दों में कहें एक बृहत्तर इकाई के प्रति समर्पित होकर उन सबकी विविधताएँ गौण हो जाती हैं।

भारतीय राष्ट्रवाद के बुनियादी विचार से यह बिल्कुल भिन्न विचार है। मेरी दृष्टि में हर व्यक्ति और समुदाय अपने आप में विशिष्ट और स्वतन्त्र है, और भारतीयता की बड़ी पहचान में सभी बराबर के साझीदार हैं। भागवत के सिद्धान्त के अनुसार भारतीय की बड़ी पहचान के सामने अन्य सभी पहचान तुच्छ हैं, बल्कि यह कहना अधिक उपयुक्त होगा कि बड़ी पहचान के एक अंश के रूप में वे स्वीकार्य हैं। हिन्दुत्ववादियों के लिए हिन्दुओं की धार्मिक संस्कृति ही भारत की राष्ट्रीय संस्कृति है, और इस दृष्टि से बहुलतावादी भारत की पहचान ही हिन्दू धर्म से होगी। भागवत, इस प्रकार, मुसलमान के लिए एक मुसलमान और ईसाई के लिए एक ईसाई होने की कोई गुंजाइश नहीं छोड़ते हैं लेकिन उनसे यह अपेक्षा अवश्य रखते हैं कि वे अपने आप को एक भारतीय मानें और उसी रूप में स्वयं को प्रस्तुत भी करें।

निश्चित रूप से भारत एक हिन्दू–बहुल राष्ट्र है लेकिन जैसा कि हमने देखा है, हमारे गणराज्य के निर्माताओं ने इसे सोच–समझ कर एक हिन्दू राष्ट्र घोषित नहीं किया। यहाँ की राजनीति और यहाँ की सरकार भी धार्मिक सिद्धान्तों से संचालित नहीं है, और न ही इस देश में जीवन के किसी क्षेत्र में सफल होने के लिए धर्म या आस्था की अग्निपरीक्षा से गुज़रने की आवश्यकता है। लेकिन हिन्दुत्व की योजना के अन्तर्गत जो धार्मिक भिन्नताएँ हैं वे राष्ट्रवादी आकांक्षाओं के कारण स्वतः उपेक्षित हो जायेंगी। और, आरएसएस के हिन्दू राष्ट्रवादी विचार में धर्म और संस्कृति मुख्यतः राष्ट्र और सरकार के निर्माण और क्रियाकलापों के संचालक बन जायेंगे।

लेकिन भारत में विमर्श का मुख्य मुद्दा हिन्दुत्व नहीं है, और न 'भारत' और 'इंडिया' ही है। बहस का असल मुद्दा यह है कि देश को एक रखने और बाँटने वाला कौन है। बहस उनके बीच है जो मानते हैं कि सभी भारतीय 'हम' हैं चाहे हम किसी भी देवी–देवता की पूजा करते हैं, और दूसरी तरफ़ वे हैं जो यह मानते हैं कि भारतीयों को 'हमारे' और 'उनके' बीच बाँटा जा सकता है। भारत के वर्तमान सत्तावर्ग के लिए नागरिकों में एकता की भावना को प्रोत्साहित करने की तुलना में उनके धार्मिक–सामाजिक दुराग्रहों को पोषित करना राजनीतिक दृष्टि से अधिक लाभप्रद है। मोहन भागवत और आरएसएस के लिए केवल हिन्दू ही 'हम'; शेष दूसरे 'वे' हैं। यह उस एकता का आधार नहीं हो सकता जिस एकता को प्रोत्साहित करने का वे दावा कर रहे हैं।

वस्तुतः 2019 के आम चुनावों को इस संकीर्ण हिन्दू राष्ट्रवाद की जीत के तौर पर देखा जा सकता है। विभाजन के कुछेक विशिष्ट लक्षण इन्हीं चुनावों में उपस्थित हुए। मसलन हिन्दी–प्रदेश के किसी भी राज्य में लोकसभा के लिए भाजपा को एक भी योग्य मुसलमान उम्मीदवार नहीं मिल पाना उसकी सुनियोजित नाकामी थी। दूसरी तरफ़ महात्मा गाँधी की हत्या करने के लिए नाथूराम गोडसे को 'देशभक्त'[378] बताने वाली प्रज्ञा ठाकुर को पार्टी का उम्मीदवार बनाया गया जिसपर मुसलमानों को

378. निहा मसीह, 'मीट वन ऑफ़ इंडियाज मोस्ट डिवाइसिव न्यू लेजिलेटर्स : अ हिन्दू नन चार्ज्ड विद टेररिज़्म', *वाशिंगटन पोस्ट*, 13 जून 2019; शाजहाँ मदम्पत, 'साध्वी प्रज्ञा सिंह ठाकुर'स कैंडीडेटेचर एन एफ्रोंट टू दी हिन्दूज', *आउटलुक*, 20 अप्रैल 2019।

लक्षित कर आतंकवादी हमला करने का अभियोग था।[379] चुनाव के मुख्य नीतिकार अमित शाह ने बांग्लादेश और म्याँमार के मुसलमान शरणार्थियों को 'दीमक'[380] कहा और उन घुसपैठियों को खदेड़कर निकाल भगाने का आह्वान किया जो हिन्दू, बौद्ध, सिख या जैन नहीं थे। बाद में ईसाई और पारसियों को भी इस सूची में सम्मिलित कर लिया गया। प्रधानमन्त्री मोदी ने निजी तौर पर राहुल गाँधी द्वारा वायनाड को अपना दूसरा संसदीय क्षेत्र चुनने पर तिक्त व्यंग्य किया, और यह भी कहा कि वायनाड में अल्पसंख्यक ही बहुसंख्यक हैं। यह वक्तव्य संकेत करता है कि उनकी दृष्टि में मुसलमान और ईसाई निचली श्रेणी के नागरिक हैं। और, सबसे अन्त में चुनाव में जीत के बाद मोदी का 23 मई 2019 को दिया गया भाषण भी कम ग़ौरतलब नहीं है। उन्होंने कहा–'इस चुनाव ने सेक्युलरिस्टों को बेनकाब कर दिया है–अब वो देश को गुमराह नहीं कर सकेंगे।'[381]

यह सवाल मुनासिब है कि क्या हमें हिन्दुत्ववादियों द्वारा भारत के मौजूदा धर्मनिरपेक्ष, उदार और पश्चिम से प्रभावित संविधान की प्रशंसा को पूरी गम्भीरता से लेना चाहिए? क्या मोदी और उनके समर्थक लोकसभा और राज्यसभा दोनों पर अपना दृढ़ नियन्त्रण स्थापित करने के बाद उसी संविधान की चिन्दियाँ तो नहीं उड़ा देंगे जिसके प्रति वे अभी तक अपनी निष्ठा प्रदर्शित करते रहे हैं? उपाध्याय सरीखे संघ के प्रमुख विचारकों के चिन्तन का सूक्ष्म विश्लेषण हमें स्पष्ट संकेत देता है कि संविधान का संशोधन सत्ताधारी पार्टी की प्राथमिकताओं में सर्वोपरि है।[382] या फिर जैसा कि मोहन भागवत के शब्दों से स्पष्ट होता है कि उन्हें ऐसा करने की

---

379. शी सेड दिस ऑन दी कैम्पेन ट्रेल : सी, '"नाथूराम गोडसे वाज अ पैट्रियॉट," सेज बीजेपी'ज प्रज्ञा ठाकुर; स्पार्क्स आउटरेज', *हिन्दुस्तान टाइम्स*, 13 मई 2019। शी देन रिपीटेड इट इन पार्लियामेंट : सी, 'प्रज्ञा ठाकुर अगेन रेफर्स टू नाथूराम गोडसे ऐज अ "देशभक्त"–दिस टाइम इन दी लोकसभा', *स्क्रॉल.इन*, 27 नवम्बर 2019।

380. पीटीआई, 'इल्लीगल इमिग्रेंट्स आर लाइक टर्माइट्स, विल थ्रो देम आउट इफ बीजेपी कम्स बैक टू पॉवर : अमित शाह', *इंडिया टुडे*, 11 अप्रैल 2019।

381. आशुतोष वार्ष्णेय, 'ट्रांसफिगरिंग इंडिया', *इंडियन एक्सप्रेस*, 27 मई 2019।

382. सी, शशि थरूर, 'दी कैट इज़ फाइनली आउट ऑफ़ दी बैग : हिन्दुत्व लीडर्स' अटर डिसडेन फॉर दी इंडियन कांस्टीट्यूशन', *दी प्रिंट*, 26 दिसम्बर 2017।

कोई आवश्यकता नहीं है, क्योंकि अम्बेडकर पहले ही आगाह कर चुके थे कि संविधान का मूल चरित्र बहुसंख्यकवादी है।

फ़िलहाल तो यह अस्पष्ट है किन्तु यदि भाजपा अपने सपनों का हिन्दू राष्ट्र बनाने के उद्देश्य से संविधान को दोबारा लिखने का प्रयास करती है, तो इस दिशा में वह अपना पहला क़दम सम्भवतः उठाती हुई दिख रही है। ऐसे में सत्ताधारी पार्टी द्वारा सबसे आसान और पहला लक्ष्य संविधान के बयालीसवें संशोधन को निरस्त करना होगा, जिसके द्वारा 1976 में संविधान की प्रस्तावना में वे दो शब्द जिनसे भाजपा को गहरी आपत्ति है–'धर्मनिरपेक्ष' और 'समाजवादी' जोड़े गये थे।

संविधान सभा में बहस के दौरान 15 नवम्बर 1948 को प्रोफ़ेसर के.टी. शाह ने प्रस्तावना में 'धर्मनिरपेक्ष, संघीय और समाजवादी' शब्दों को शामिल कराने का प्रयास किया था लेकिन वे असफल रहे थे।[383] अन्ततः सभा में यह आम सहमति बनी कि भारत राष्ट्र को वस्तुतः एक धर्मनिरपेक्ष राष्ट्र होने की आवश्यकता है किन्तु इस शब्द को प्रस्तावना में शामिल किया जाना ज़रूरी नहीं है। 'धर्मनिरपेक्षता' उत्पत्ति की दृष्टि से मूलतः पश्चिम की देन है जो यूरोप में प्रोटेस्टेंट सुधारों के साथ होने वाले राजनीतिक परिवर्तनों के परिणामस्वरूप प्रचलन में आया। बाद में इसे धर्मसुधार युग के नाम से भी जाना गया। लेकिन पश्चिमी यूरोप के बाहर के अनेक नेता इस विचारधारा के प्रति बीसवीं सदी से आकृष्ट थे। उनमें मुसलमान–बहुल तुर्की के कमाल अतातुर्क और हिन्दू–बहुल भारत के जवाहरलाल नेहरू प्रमुख थे। इन नेताओं को धार्मिक और साम्प्रदायिक वैमनस्य, जिसका बीजारोपण ब्रिटिश अपने जाने से पहले कर गये थे, से अपने–अपने देश को बचाने का यही उपयुक्त तरीक़ा प्रतीत हुआ था।

संविधान सभा की बहस इस बात का प्रमाण है कि हमारे देश–निर्माताओं के लिए यह विषय कितना प्रासंगिक और तर्कसम्मत था। 'मैं धर्मनिरपेक्षता को इस अर्थ में स्वीकार करता हूँ कि हमारा देश धर्म के सम्बन्ध में पूरी तरह निर्विवादित और चिन्तामुक्त रह सके, और विभाजित भारत का धर्मनिरपेक्ष हिस्सा जो कि हिन्दू बहुल क्षेत्रों के वर्चस्व से बना है,

383. अदरिजा रॉयचौधुरी, 'सेकुलरिज़्म : व्हाई नेहरू ड्रॉप्ड एंड इन्दिरा इन्सर्टेड दी एस–वर्ड इन दी कांस्टीट्युशन', *इंडियन एक्सप्रेस*, 4 जून 2020।

अपनी ग़ैर–हिन्दू आबादी के प्रति अधिकतम उदारता की भावना रखता था। यह बात बहस के दौरान लोकनाथ मिश्रा ने 6 दिसम्बर 1948 को कही थी।'[384]

लेकिन क्या इस शब्द को संविधान में शामिल किया जाना ज़रूरी था? संविधान निर्माण समिति के अध्यक्ष डॉ. बी.आर. अम्बेडकर इसे ज़रूरी नहीं समझते थे। उन्होंने कहा था : राज्य की क्या नीति होनी चाहिए, समाज को अपने सामाजिक और आर्थिक पक्षों को कैसे संचालित करना चाहिए–ये सभी समय और परिस्थिति के अनुसार नागरिकों को तय करने के विषय हैं। इनका उल्लेख संविधान में अलग से किया जाना उचित नहीं है क्योंकि यह लोकतन्त्र को पूरी तरह से नष्ट कर देंगी।[385]

इसके बावजूद संविधान में धारा 25, 26, 27, और 28 का उल्लेख किया गया है जो अन्तःकरण की स्वतन्त्रता और नागरिक को अपना धर्म चुनने, उसकी पद्धति का पालन करने और उस धर्म का प्रचार करने के अधिकार की गारंटी देती थीं, और यह स्वयं में इस धारणा को पुष्ट करती थीं कि ये विशेषताएँ निर्विवाद रूप से भारतीय संविधान के दर्शन में अन्तर्निहित थीं। किन्तु यह पाश्चात्य शैली की धर्मनिरपेक्षता नहीं थी, जिसका अभिप्राय धर्म की अनुपस्थिति से था और जिसका उल्लेख मैं कर चुका हूँ। कम्युनिस्ट पार्टियाँ और दक्षिण के डीएमके जैसे घोषित रूप से नास्तिक राजनीतिक दल भी धर्म की अनुपस्थिति की वकालत कर मतदाताओं की नाराज़गी मोल लेने की स्थिति में नहीं थे। बल्कि भारतीय परम्परा में धर्मनिरपेक्षता का अभिप्राय विविध धर्मों के सम्मिश्रण से था, जिसमें किसी भी ख़ास धर्म को राज्य द्वारा विशेष सुविधा और संरक्षण प्राप्त नहीं था। अमर्त्य सेन ने अपने शब्दों में इस स्थिति को सभी धर्मों से 'समान दूरी' कहा था।[386] आप मान सकते हैं कि बयालीसवें संशोधन के द्वारा इन शब्दों को संविधान की प्रस्तावना में उल्लिखित किये जाने का अर्थ उस भावना को वस्तुतः स्थूल रूप देना मात्र था जो संविधान में पहले से ही बहुत गहरे रूप में विद्यमान थी,

---

384. 'कांस्टीचुएंट असेम्बली ऑफ़ इंडिया डिबेट्स (प्रोसीडिंग्स), वॉल्यूम VII, मंडे, दी 6 दिसम्बर 1948', http://164.100.47.194/loksabha/writereaddata/cadebatefiles/CO121948.html पर भी उपलब्ध।

385. जयिता मुखोपाध्याय, 'अम्बेडकर्स विजन ऑफ़ ए सेक्युलर कांस्टीट्यूशन', *दी स्टेट्समैन*, 6 अप्रैल 2018।

386. सेन, *दी आर्ग्युमेंटेटिव इंडियन*।

और जिसे शासन के कार्यसिद्धान्तों के द्वारा विगत वर्षों में सुदृढ़ता दी गयी। ऐसा नहीं था संविधान में 'धर्मनिरपेक्ष' शब्द जब नहीं था तब देश कम धर्मनिरपेक्ष था, क्योंकि बयालीसवें संशोधन के पहले भी भारत की सरकारों ने अन्यान्य विधियों से संविधान की धर्मनिरपेक्ष आत्मा की अक्षुण्णता को बचाये रखा था। बहरहाल हममें से कोई भी उस संविधान में किसी संशोधन का विरोध नहीं कर सकते हैं जिसे सैकड़ों बार पहले भी संशोधित किया जा चुका है।

धर्मनिरपेक्षता का सिद्धान्त, जैसा कि बनारस हिन्दू विश्वविद्यालय के प्रोफ़ेसर आर.एस. मिश्रा ने लिखा है और मैंने अपनी पुस्तक *व्हाई आय एम अ हिन्दू?* में विस्तारपूर्वक लिखा है, धर्म–निरपेक्षता (धर्म से मुक्त होकर) पर आधारित है, जिस पर चलना किसी भी अच्छे हिन्दू के लिए असम्भव है। राजनाथ सिंह और आदित्यनाथ जैसे भाजपा के नेता का कहना है कि भारतीय सरकार धर्मनिरपेक्षता के रास्ते पर चलने की स्थिति में नहीं है, अलबत्ता पन्थ–निरपेक्षता का अनुपालन उसे अवश्य करना चाहिए। इस दृष्टि से उनकी मान्यता और मेरे विचार में अधिक अन्तर नहीं है–मैंने भारतीय राजनीति में प्रवेश करने से बहुत पहले यह बात कही थी–कि भारत की धार्मिक अतिसंवेदनशीलता के सन्दर्भ में 'धर्मनिरपेक्षता' एक अनुपयुक्त शब्द है, और इसीलिए हम 'बहुलतावाद' के विषय में बात करने के आग्रही रहे हैं। मेरा विश्वास है कि भारतीय बहुलतावाद की जड़ें हिन्दू दर्शन की असहमतियों की स्वीकार्यता के सिद्धान्त में तलाशी जा सकती हैं : एकम् सत् विप्रः बहुधा वदन्ति। सत्य एक है; ऋषि–मुनि इसे भिन्न–भिन्न नामों से बुलाते हैं।

बहुलतावाद का उद्देश्य देश में सभी धर्मों को सक्रिय प्रोत्साहन देना है। इस अर्थ में यह धर्मनिरपेक्षता के आदर्श पश्चिमी सिद्धान्त का प्रतिकार है। भारतीय धर्मनिरपेक्षता धार्मिक स्कूलों को वित्तीय सहायता देने और विविध धार्मिक समुदायों के लिए 'पर्सनल लॉ' के अनुसरण करने की सहर्ष अनुमति देता है। हिन्दुत्व ब्रिगेड को यह बात पसन्द नहीं है, और इस स्थिति में बाधा उत्पन्न करने को वह अपनी हिन्दुत्व योजना के लिए अत्यावश्यक समझता है। हिन्दूवादियों का दावा है कि भारत की संवैधानिक संस्थाएँ मुसलमानों में व्याप्त प्रतिगामी रीतिरिवाज़ों के प्रति अनावश्यक रूप से उदार हैं जबकि हिन्दुओं से उसे प्रगतिशील आचरण की अपेक्षा है।

उनके पास अल्पसंख्यकों की शिक्षा के लिए वित्तीय अनुदान के प्रावधान हैं किन्तु हिन्दुओं की शिक्षा के लिए वे किसी भी प्रकार की सहायता करने से इनकार करती हैं। सरकार हिन्दुओं को 'परिवार नियोजन' के लिए प्रोत्साहित करती है लेकिन मुसलमानों के ऊपर जनसंख्या–नियन्त्रण की कोई बाध्यता लागू नहीं होती है। कट्टरपन्थी मुसलमानों को 'अल्पसंख्यक वोट बैक' तक पहुँचने का ज़रिया बनाया जाता है किन्तु उनके समतुल्य हिन्दुओं की राजनीति में कोई पूछ नहीं है। हिन्दुत्ववादियों की आपत्ति के ऐसे और भी कई कारण हैं।

मुसलमानों की कथित 'तुष्टीकरण' के नाम पर यह वितंडा विचित्र तब लगता है जब मुसलमानों के सामाजिक–आर्थिक पिछड़ेपन के प्रामाणिक आँकड़ों पर ध्यान दिया जाये और रोज़गार और आवास सम्बन्धी मामलों में उनके साथ बरते जाने वाले भेदभाव पर ग़ौर किया जाये। देश के पुलिस बल में मुसलमानों का प्रतिनिधित्व औसत से कम है और जेल में सज़ा काट रहे क़ैदियों में उनका प्रतिनिधित्व औसत से अधिक है। इन सच्चाइयों के बावजूद हिन्दुत्ववादी नेताओं ने यह भ्रम सफलतापूर्वक फैला रखा है कि सरकार अपने सभी संसाधन और सुविधाएँ अल्पसंख्यकों के हितों में झोंक रही हैं, और इस दुष्प्रचार की आड़ में वे हिन्दू–पुनरुत्थान के अपने अभियान को तर्कसम्मत ठहराते हैं। बहुसंख्यक मुसलमानों द्वारा पर्सनल लॉ की सुविधा के उपयोग से बेतहाशा रुष्ट हैं जबकि यह केवल विवाह, तलाक़ और उत्तराधिकार जैसे सामाजिक–पारिवारिक रीतिरिवाज़ों से सम्बन्धित है। यह किसी भी रूप में हिन्दू समुदाय के विरुद्ध नहीं है। लेकिन एक सामान्य नागरिक संहिता की ड्राफ्टिंग भी भाजपा के एजेंडे में है। यह भी भारतीय मुसलमानों को समाज में उनकी हैसियत बताने की एक कारगर राजनीतिक तरकीब है।

इन्हीं कारणों से दीनदयाल उपाध्याय ने तर्क दिया था कि धर्मनिरपेक्षता को जाना होगा। उनके ही शब्दों में, 'यह हिन्दुओं के विरोध में और मुसलमानों तथा अन्य अल्पसंख्यकों को तुष्ट करने के लिए अपनाया गया सिद्धान्त है। हम इस शब्द से जितनी जल्दी छुटकारा पा लें उतना ही अच्छा है। भारतीय सन्दर्भ में यह पूरी तरह व्यर्थ और अप्रासंगिक है'।[387]

387. कोटेड इन शशि थरूर, *व्हाई आय एम अ हिन्दू?* नयी दिल्ली : अलेफ बुक कम्पनी, 2018, पृ. 191।

लेकिन संविधान से 'धर्मनिरपेक्ष' शब्द को हटाना कोई सहज संशोधन नहीं होगा। ऐसे भी अकेला यह संशोधन संविधान के धर्मनिरपेक्ष स्वरूप को नहीं बदल सकता है क्योंकि इस शब्द के शामिल किये जाने के पहले भी संविधान अपने चरित्र में उदार ही था। लेकिन इस संशोधन के भयावह संकेत होंगे। यह संविधान की उस मूल भावना पर आघात होगा जिस भावना के साथ संविधान निर्माताओं ने इसकी रचना की थी।

प्रतिपक्ष को हर स्थिति में भाजपा के इस प्रयास का विरोध करना चाहिए और वह करेगा–केवल इसलिए नहीं क्योंकि यह एक अत्यावश्यक शब्द है बल्कि इसलिए भी कि इसे हटाने का प्रयास भारतीय बहुलतावाद और धार्मिक स्वतन्त्रता पर आक्रमण का प्रतीक सिद्ध हो सकता है। हमें याद रखना होगा कि धर्मनिरपेक्षता की इस भावना का निर्माण संविधान ने नहीं किया था, बल्कि संविधान इस भावना को प्रतिबिम्बित अवश्य करता है। इसमें पुनःसंशोधन को सबसे पहले सर्वोच्च न्यायालय के 1973 के ऐतिहासिक मामले केशवानन्द बनाम भारतीय संघ में सुनाये गये फ़ैसले के प्रतिमान पर एक न्यायिक पुनरीक्षण की प्रक्रिया से होकर गुज़रना था। यह फ़ैसला संविधान की 'आधारभूत संरचना' को रेखांकित करने की दिशा में मील का पत्थर माना जाता है। यदि संशोधन की प्रक्रिया इस न्यायिक कसौटी पर खरी उतरती है, और भारतीय उदारवादी 'धर्मनिरपेक्ष' शब्द को हटाने में असफल रहते हैं, तब भी हमें इस भावना को सुरक्षित बचाये रखने के लिए अपने देश के राजनीतिक व्यवहारों के माध्यम से बिना रुके निरन्तर लड़ते रहना होगा।

1917 में लिखे गये अपने लेख 'नेशनलिज़्म इन इंडिया' में टैगोर ने 'भारत की आत्मचेतना के साथ–साथ भारतीय सांस्कृतिक संवेदना में एक जागरूकता की आवश्यकता' को भारत की भावी चुनौतियों के रूप में रेखांकित किया था। टैगोर भारत को एक ऐसी भूमि के रूप में देखते थे जो अपने पाँच हज़ार सालों के इतिहास में विविधताओं और असहमतियों को यथोचित प्रश्रय देने के लिए सुविख्यात था और इस प्रक्रिया में उसने अपने धर्म–विशेष रूप से हिन्दू धर्म को भी सम्पूर्णता प्रदान की। 'इस सम्पूर्णता को प्राप्त करने की प्रक्रिया में उपनिषद् काल से लेकर वर्तमान समय तक अनेक आध्यात्मिक गुरुओं ने हमारे मन की शंकाओं और दुविधाओं का समाधान कर ईश्वर के प्रति हमारी धारणा और आत्मचेतना को अपने

ज्ञान से समृद्ध किया। सच यही है कि हमारा इतिहास राजवंशों का उत्थान और पतन मात्र नहीं है, और न ही यह कि राजनीतिक वर्चस्व के लिए युद्ध तक सीमित है। हमारा मूल इतिहास हमारे सामाजिक जीवन और हमारी आध्यात्मिक–वैचारिक उपलब्धियों से सम्बद्ध है। राजवंशों के उत्थान और पतन और युद्धों में विजय और पराजय हमारे इतिहास की तात्कालिक उपलब्धियाँ हैं।'[388] उपर्युक्त कथन भारतीय राष्ट्रवाद को व्यापक मानवीय परिप्रेक्ष्य से जोड़ने के लिए पर्याप्त है। टैगोर ने कहा था, 'हमारे देशवासी उस शिक्षा के विरुद्ध लड़ कर ही अपना वास्तविक भारत प्राप्त कर सकेंगे जो शिक्षा हमें यह सिखाती है कि एक देश मनुष्यता के आदर्शों से अधिक महान होता है।'

इस अध्याय को समाप्त करने से पहले, हमें यह याद रखना चाहिए कि कुछ हिन्दुत्ववादी 'वसुधैव कुटुम्बकम्' के महान आध्यात्मिक सिद्धान्त की बात करते हैं–अर्थात पूरा विश्व एक परिवार है। मैंने भी शुरुआत में ही इसका उल्लेख किया है। मोहन भागवत इस कथन पर ज़ोर देते हैं कि भारत को एक 'विश्वगुरु' बनने की आवश्यकता है। इस महत्त्वाकांक्षा का कारण भी सम्भवतः संघ परिवार के 'हिन्दू राष्ट्रवाद' के सपनों में निहित है। इस महत्त्वाकांक्षा को देश के भीतर भले ही अन्धराष्ट्रवाद कहकर बुलाया जाये लेकिन वैश्विक मंच पर इसी महत्त्वाकांक्षा के कारण ही उसे सम्मान की दृष्टि से देखा जायेगा, क्योंकि तब भारत अपनी सीमा के बाहर के दूसरे धर्मों, परम्पराओं और संस्कृतियों को सहर्ष अंगीकार करने की स्थिति में रहेगा। संघ की कम–से–कम यही मान्यता है।

2020 में अनेक मुस्लिम देशों में दिखाई देने वाली प्रतिक्रिया और भारत के भीतर बढ़ती हुई इस्लामोफोबिया और असहिष्णुता इस बात का स्पष्ट संकेत हैं कि इस जटिल मसले का समाधान बहुत सहज नहीं है। यह भी स्पष्ट है कि सत्ताधारी दल अपने कार्यकाल में मुसलमानों को सामाजिक–राजनीतिक हाशिए पर जिस तरह से धकेलने का काम कर रहे हैं, ऐसी स्थिति में भारत को अन्तरराष्ट्रीय परिदृश्य पर अपनी साख बचाये रखने में आने वाले समय में ख़ासी मुश्किलों का सामना करना पड़ सकता है।

---

388. रवीन्द्रनाथ टैगोर, *नेशनलिज़्म*, सैन फ्रांसिस्को : बुक क्लब ऑफ़ कैलिफोर्निया, 1917, पृ. 15–16।

जब संयुक्त अरब अमीरात के शासक परिवार की एक सदस्य और ख़ुद को भारत का मित्र बताने वाली शहज़ादी हिन्द अल–कासिमी ने भारत में बढ़ती हुई असहिष्णुता के ख़िलाफ़ बयान दिया तो स्पष्ट हो गया कि कूटनीतिक संयम की मर्यादा का उल्लंघन हुआ है। परिणाम यह हुआ है कि भाजपा को अपनी अल्पसंख्यक नीतियों और प्राथमिकताओं को हास्यास्पद रूप में श्रेणीबद्ध करने की आवश्यकता पड़ गयी–'भारत में हम मुसलमानों के साथ जो सुलूक करते हैं उसका इस बात से कोई सरोकार नहीं है कि दूसरे देशों के मुसलमानों का कैसा सम्मान करते हैं'; या यह बयान कि 'हम बाहर के मुसलमानों की इज़्ज़त तब तक करते रहेंगे जब तक वे भारत में हमारे हिन्दुत्व के दायरे में किसी तरह का अनावश्यक हस्तक्षेप नहीं करते हैं'–भारत की खिजलाहट को ही अभिव्यक्त करते हैं। यहाँ यह बात भी ग़ौरतलब है कि वैश्विक पत्रकारिता के इस दौर में भारतीय मुसलमानों तथा अन्य अल्पसंख्यकों के विरुद्ध भेदभाव और प्रताड़ना की सुर्ख़ियों के मद्देनज़र सरकार के इन वक्तव्यों का कोई अर्थ नहीं रह जाता। बल्कि उसे दूसरे देशों की सरकारों और सत्तासीन संस्थाओं की आलोचना का केन्द्र अवश्य बनना पड़ता है।

अब मूल प्रश्न यह है कि क्या एक हिन्दुत्व–परिवर्तित संविधान (यदि यह पारित हो जाये) अपने भीतर स्वतन्त्र भारत के निहित सिद्धान्तों को सुरक्षित रखने में सक्षम होगा? क्या उस संविधान के अधीन सभी वयस्क भारतीय अपने धर्म के आग्रहों से मुक्त होकर एक समान माने जायेंगे? या फिर धीरे–धीरे यह हिन्दुत्व की केन्द्रीय विषयवस्तु के अनुरूप ही ख़ुद को ढाल लेगा और ग़ैर–हिन्दुओं के विरुद्ध भेदभाव के मार्ग को चुन लेगा? यदि ऐसा हुआ तो यह सावरकर, गोलवलकर और उपाध्याय के हिन्दुत्व के अनुकूल होगा, किन्तु स्वामी विवेकानन्द और महात्मा गाँधी के हिन्दूवाद के प्रतिकूल होगा जिन्होंने कभी भी भारतीयता को किसी भी नागरिक द्वारा पूजे जाने वाले देवी–देवता, उसके खानपान, उसके द्वारा पहने जाने वाले परिधानों, या वह किस तीर्थस्थल पर गया था, जैसे तथ्यों के आधार पर परिभाषित नहीं किया। और यदि यह नहीं हुआ तो यह हिन्दुत्व के नाम पर एक छद्म राजनीतिक दर्शन पर गहरा कुठाराघात अवश्य करेगा। ऐसा नहीं होने की सूरत में उस मिथ्यालोचना की पोल भी खुल जायेगी जिसका परिहास 'छद्म–धर्मनिरपेक्षता' के नाम पर लम्बे समय से किया जा रहा है।

हिन्दुत्व के विचारकों के लिए यह एक विचित्र द्वन्द्व की स्थिति होगी। क्या अपने प्रचण्ड बहुमत के सहारे वे ऐसा कुछ कर गुज़रने का जोख़िम उठाएँगे, क्योंकि समय उनके पक्ष में सदैव नहीं रहेगा? क्या वे अपने मुख्य विचारकों द्वारा सुझाये गये संविधान की पुनर्रचना करेंगे? यह कल्पना करना मुश्किल है कि जिन लोगों ने संविधान की खुलेआम आलोचना की और उसके प्रति अपनी निष्ठा कभी प्रकट नहीं की, वे हिन्दुत्व से अनुप्राणित एक ऐसे संविधान की आशा को तिलांजली दे देंगे जो बहुभाषिक, बहुजातीय और बहुधार्मिक होकर भी हिन्दू बहुसंख्यक के वर्चस्व वाले भारत की प्रमुखता पर आधारित हो।

33

अस्मिता का परम सुख

पिछले पन्नों में मैंने भारतीय समाज और राजनीति के कुछ स्पष्ट रुझानों का सार प्रस्तुत करने का प्रयास किया है। इस अध्याय में मैं मोदी और उनके सिपहसालारों द्वारा प्रोत्साहित किये गये अरुचिकर और ख़तरनाक जातीय राष्ट्रवाद को थोड़ी गहराई में जाकर विश्लेषित करूँगा।

2014 में ही भाजपा की कामयाबी ने पहले से इस बहस की शुरुआत कर दी थी कि क्या भारत एक बहुध्रुवीय संघवाद, राजनीतिक खण्डीकरण, गठबन्धन की सरकारों (जिनमें ताक़तवर प्रादेशिक राजनीतिक पार्टियों की सक्रिय भूमिका होती थी), बहुदलीय लोकतन्त्र और प्रतिस्पर्द्धात्मक निर्वाचन के युग से निकलकर भाजपा के नेतृत्व वाली एक वर्चस्ववादी राजनीति के युग में प्रवेश की तैयारी में जुट गयी है?[389] 2019 में भाजपा की प्रचण्ड जीत के बाद यह प्रतीत हुआ कि इस बहस का पटाक्षेप हो चुका है क्योंकि विद्वानों के अनुसार भाजपा एक ऐसी 'व्यवस्था–निर्धारक' पार्टी के तौर पर उभरकर सामने आयी जिसका मुख्य ज़ोर हिन्दू राष्ट्रवाद पर था। इस अवस्था को सुहास पलशीकर ने 'नव विकासवाद' का नाम दिया है[390] क्योंकि इसने भारत के राजनीतिक विस्तार को संतृप्त कर दिया है। हिन्दू राष्ट्रवाद ने कांग्रेस पार्टी की विरासत धर्मनिरपेक्ष राष्ट्रवाद पर ग्रहण लगाने में बहुत हद तक सफलता पा ली है, लेकिन आज का 'विकासवाद' केवल

389. मिलन वैष्णव एंड जैमी हिंटसन, 'दी डाउन ऑफ़ इंडिया'ज फोर्थ पार्टी सिस्टम', कारनेगी इंडोमेंट फॉर इंटरनेशनल पीस, 5 सितम्बर 2019, https://carnegieendowment.org/files/201909-VaishnavHintson.pdf पर उपलब्ध।

390. सुहास पलशीकर, 'टूवार्ड्स हेजेमनी : बीजेपी बियोंड इलेक्टोरल डोमिनेंस', *इकोनोमिक एंड पोलिटिकल वीकली*, वॉल्यूम 53, 18 अगस्त 2018, पृ. 36–42।

कांग्रेस पार्टी की कल्याणकारी नीतियों के कारण है जिसे 2014 में भाजपा ने 'देशव्यापी दरिद्रता का कारण' कहकर दुष्प्रचारित किया। अलबत्ता मोदी की सरकार ने इसका श्रेय स्वयं लेते हुए इस हिन्दुत्व–प्रेरित योजना को अन्त्योदय का नाम अवश्य दिया। बहरहाल यह एक निर्विवाद सच है कि इन वर्षों में हिन्दू राष्ट्रवाद के प्रचार–प्रसार में निरन्तर बढ़ोतरी होती रही। फ्रांसीसी राजनीतिक विचारकों क्रिस्टोफ जेफ्रेलॉट और गिल्स वेर्निएर्स ने न केवल इस बात को स्वीकार किया है कि भाजपा ने भारतीय राजनीतिक व्यवस्था को 'पहले से अधिक केन्द्रीकृत और पहले से कम उदार' बना दिया है, बल्कि उन दोनों ने अपने तर्कों से यह सिद्ध करने की कोशिश की है कि भाजपा ने भारत को एक 'संयोगवश हिन्दू बहुल राष्ट्र से एक व्यावहारिक और वास्तविक हिन्दू बहुल राष्ट्र' में परिवर्तित कर दिया है।[391]

साथ–साथ, इसमें भी कोई सन्देह नहीं है कि संविधान द्वारा स्थापित नागरिक राष्ट्रवाद के स्तम्भों को निरन्तर ढहाने के प्रयास किये जा रहे हैं। वरिष्ठ सम्पादक हरीश खरे के अनुसार, एक ऐसी 'मानसिकता' का जन्म हुआ है जो एक निर्वाचित लोकतन्त्र के ज़रिये अपनी वैधता को स्थापित करने के प्रयास में है, लेकिन लोकतान्त्रिक जनादेश के औज़ारों का दुरुपयोग कर लोकतन्त्र की मूलभूत व्यवस्थाओं को ही क्षीण करने पर आमादा है।[392]

इस पूरी पुस्तक में मैंने यह दिखाने का प्रयास किया है कि अब शासकीय लोकाचारों और सिद्धान्तों की प्रमुख विशेषताएँ जिस रूप से उभर कर सामने प्रकट हो रही हैं वे कामकाज के स्तर पर जातीय राष्ट्रवाद की गम्भीर प्रवृत्तियों की ओर संकेत कर रही हैं। उदाहरणार्थ, टेक के सहारे एक आदर्श नेता को खड़ा किये जाने का अभियान चलाया जा रहा है और उसके बारे में यह बहुप्रचारित किया जा रहा है कि वह देश के कालातीत गौरव का प्रतिनिधित्व करता है; स्वतन्त्र संस्थानों की शक्तियों को क्षीण कर उन्हें सुनियोजित ढंग से निष्क्रिय किया जा रहा है ताकि प्रशासनिक

---

391. क्रिस्टोफ जेफ्रेलॉट गिल्स वर्नियर्स, 'अ न्यू परी सिस्टम ऑर अ न्यू पोलिटिकल सिस्टम?', *कंटेपररी साउथ एशिया,* वॉल्यूम 28, 19 जून 2020,पृ. 141–54, <https:/www.tandfonline.com/doi/abs/10.1080/09584935.2020.1765990?jouralCode=ccsa20> पर भी उपलब्ध।

392. हरीश खरे, 'बियोंड दी लीगल काउंसल'स प्रीडिकमेंट', *दी हिन्दू,* 6 जून 2020।

निरंकुशता में किसी प्रकार का अवरोध उत्पन्न नहीं हो; मुसलमानों को एकमात्र अल्पसंख्यक समुदाय के रूप में सामाजिक–राजनीतिक अवमानना और प्रताड़ना का प्रत्यक्ष निशाना बनाया जा रहा है और उन्हें 'सच्चे' भारतीयों के बीच ज़बरन घुसपैठ करने वाले अवांछित बाहरी तत्त्व घोषित किया जा रहा है; उनके विरुद्ध जनमानस में दुर्भावना और वैमनस्यता फैलाई जा रही है; दूसरे समुदाय के सदस्यों को मुख्यधारा से विलग करने के लिए सार्वजनिक जनजीवन में हिन्दुओं के धार्मिक प्रतीकों और शब्दावलियों को प्रचलित किया जा रहा है; नागरिकों को 'हम' बनाम 'वे' के बीच बाँटने की मुहिम चलाई जा रही है; ज़ाहिरन जो 'वे' हैं उन पर 'देश–विरोधी' होने का इलज़ाम भी चस्पां है। जातीय राष्ट्रवाद की आचार संहिता में ये नियम भारत के वर्तमान सामाजिक–राजनीतिक जीवन में मीठे ज़हर की तरह घोले जा रहे हैं। निरंकुश सत्ता की प्राप्ति की लालसा, पर्याप्त धन की अकूत ताक़त, मतदाताओं का प्रचण्ड समर्थन, कुशल संगठनात्मक क्षमता, भयादोहन के लिए आवश्यक सभी तकनीकों और तरीक़ों के उपयोग की कला, क़ानून–निर्माण की सर्वोच्च संस्था लोकसभा पर जनादेश के ज़रिये नियन्त्रण और संविधान, नागरिकों के प्रति किंचित् ग़ैर–ज़िम्मेदारी की भावना, क़ानून को लागू कराने वाली एजेंसी अर्थात पुलिस और क़ानून की अन्तिम व्याख्या करने वाली सर्वोच्च संस्था अर्थात न्यायपालिका को निर्देशित कर पाने की शक्ति, अपनी संवैधानिक परिधि का ध्यान रखने वाले नागरिकों से असहमत होने की और अभिव्यक्ति की स्वतन्त्रता का हनन, शैक्षणिक संस्थानों विशेष रूप से विश्वविद्यालय और मीडिया की गतिविधियों और उत्तरदायित्वों में अनुपयुक्त हस्तक्षेप, मात्र एक राष्ट्रीय अभिकथन, एक भाषा, एक धर्म, नारों–प्रतीकों–गीतों–आदर्शों और पहचान का एक अनुमोदित समुच्चय–यह सभी तत्त्व संकेत करते हैं कि राष्ट्र को उन आदर्शों से प्रस्थान किये जाने की पुरज़ोर तैयारियाँ हो चुकी हैं जिनका स्वप्न टैगोर ने देखा था, जिन आदर्शों को गाँधी ने प्राप्त और नेहरू और उनके साथियों ने लागू किया था।

हिन्दू राष्ट्रवाद की एक अनिवार्य शर्त यह थी कि इसका प्रतिनिधित्व किसी एक व्यक्ति में हो। मतदाताओं से बार–बार यह कहा गया कि वे नरेन्द्र मोदी के नेतृत्व के पक्ष में मत दें जो एक मज़बूत, ईमानदार, निःस्वार्थ और बड़े फ़ैसले लेने वाले नेता हैं, और जो केवल राष्ट्रीय हितों की बात सोचते हैं।

2014 से पहले के चुनावों में मतदाताओं का रुझान राष्ट्रीय चुनाव की तुलना में राज्य के विधानसभा चुनावों की तरफ़ अधिक देखा गया क्योंकि मतदाताओं के लिए स्थानीय नेता अधिक महत्त्वपूर्ण थे। मोदी के आगमन के साथ ही यह प्रवृत्ति पूरी तरह उलट गयी और राज्य के चुनावों में भी लोग मोदी के आह्वान के आधार पर अपना वोट देने लगे। मोदी को इस बात का श्रेय जाता है कि उन्होंने अकेले अपने दम पर एक नये राष्ट्रवादी अभिकथन को गढ़ा और विकसित किया बल्कि मतदाताओं के बीच उसे स्थापित कर लोकप्रिय भी बनाया।

इस नये राष्ट्रवाद के चार विशिष्ट गुण थे। यह तात्विक विश्लेषण 2019 के चुनावों के बाद मिलन वैष्णव और जैमी हिंटसन जैसे विचारकों ने किया है[393] :

(1) उन क्षेत्रों में जहाँ पार्टी को वोट मिलने की पूरी उम्मीद थी, हिन्दुत्व राष्ट्रवादी सन्देशों का भरपूर प्रचार–प्रसार किया गया। हिन्दू मतदाताओं की धार्मिक संवेदनाओं को राम मन्दिर, गोरक्षा, और मुसलमानों के अवैध घुसपैठ जैसे मुद्दों से उद्वेलित किया गया ताकि उनके विचारों का ध्रुवीकरण किया जा सके और साथ ही जातिगत आधार पर मतों के विभाजन को रोका जा सके;

(2) हिन्दू राष्ट्रवादियों की देश की सम्प्रभुता के लिए प्रतिबद्धता और देश के प्रति उनकी शर्तहीन निष्ठा और उसके विपरीत उदारवादियों की ढुलमुल नीतियों, विभाजित निष्ठाओं, जनाधारहीनता और अस्पष्ट चरित्रों को राष्ट्रव्यापी बहस का विषय बनाया गया;[394]

(3) विदेशों में भारतीय पुरुषार्थ का दिखावा और जिसे दुनिया में 'भारत' के वास्तविक स्थान की कथित दावेदारी कहा गया; और

(4) विकासवाद : शौचालयों के निर्माण और रसोई गैस–सिलेंडरों की आपूर्ति जैसी कल्याणकारी योजनाओं का प्रावधान ताकि लाखोंलाख मतदाताओं को यह दिखाया जा सके कि सरकार उनके जीवन में सकारात्मक परिवर्तन का माध्यम बन सकती है।

---

393. वैष्णव एंड हिंटसन, 'दी डाउन ऑफ़ इंडिया'ज फोर्थ पार्टी सिस्टम'।

394. पलशीकर, 'टूवार्ड्स हेजेमनी : बीजेपी बियोंड इलेक्टोरल डोमिनेंस', सी आल्सो देवेश कपूर, 'मोदी'ज इंडिया इज़ एसपिरेशनल, एसरटिव–एंड एंटी–इलीट', *वाशिंगटन पोस्ट*, 29 मई 2019।

इन कारणों ने मोदी और भाजपा को सत्ता में आने में सहायता की, और इस प्रक्रिया में राष्ट्र के बारे में उनकी अवधारणा को पुनःपरिभाषित करने के बृहत्तर उद्देश्यों को प्राप्त करने की कोशिशों में भी भूमिका निभाई। बहरहाल भारी चुनावी जीत हासिल करने के बाद भी हिन्दूवादियों को इस बात से गहरी बेचैनी थी कि हिन्दू राष्ट्रवादी आकर्षण का आधार बहुत विस्तृत नहीं हो सका था। 2014 में लोकसभा के लिए भाजपा द्वारा जीती गयी कुल सीटों का 75 प्रतिशत देश के उत्तर, पश्चिम और मध्य स्थित मात्र आठ राज्यों की नुमाइन्दगी करता था। इन राज्यों में हिन्दुत्व सम्बन्धी सन्देश अधिक कारगर तरीक़े से प्रतिध्वनित हुआ।

भाजपा की जीत के परिणामस्वरूप जो प्रवृत्तियाँ प्रकट हुईं उनके विश्लेषण से एक बात महत्त्वपूर्ण तरीक़े से उभरकर सामने आती है कि मतदाताओं को मुख्य रूप से आकर्षित करने वाले नरेन्द्र मोदी के आभामण्डल ने भारतीय राजनीति में उनके लाक्षणिक दुराग्रहों के विस्तार में महती योगदान किया। इतिहासकार और प्रसिद्ध टिप्पणीकार रामचन्द्र गुहा ने उन तीन लक्षणों की पहचान की है जो उनकी दृष्टि में बतौर प्रधानमन्त्री नरेन्द्र मोदी की नाकामी को अभिव्यक्त करते हैं : विशेषज्ञों और विशेषज्ञता दोनों के प्रति मन में गहरा संशय–बोध, अपनी दुर्बलता और असुरक्षा को छिपाने के उद्देश्य से अपने व्यक्तित्व के चारों ओर एक आभामण्डल का निर्माण और उनका 'संघी' और साम्प्रदायिक कट्टरवादी चरित्र। गुहा ने मोदी की अनेक ग़लतियों के उदाहरण के रूप में उल्लेख किये जिनमें कुछ की ओर मैंने भी संकेत किया है, और निष्कर्ष के तौर पर उनकी स्वयं की आत्ममुग्धता, उनकी स्वयं की संशयवृत्ति, श्रेय में किसी भी साझेदारी की उनकी स्वयं की अनिच्छा और साम्प्रदायिक आदर्शों से बाहर निकल पाने की उनकी स्वयं की योग्यता को इस सबका दोषी बताया है। वास्तव में उन दुर्बलताओं को मोदी ने संघ के दिनों में व्यतीत अपने युवावस्था–काल में अंगीकार कर लिया था।[395]

विवेचना, विमर्श और असहमतियों के स्तर को योजनाबद्ध ढंग से अवनत करने के लिए मोदी मुख्य रूप से ज़िम्मेदार हैं। अपने शासनकाल

---

395. रामचन्द्र गुहा, '3 ट्रेट्स ऑफ़ मोदी दैट हैव कोस्ट इंडिया डियरली', *एनडीटीवी*, 9 जून 2020।

में उन्होंने ऐसे अनेक फ़ैसले किये और बयान दिये जिन्होंने उनके इस रवैये को पुष्ट करने का काम किया। वे एक ऐसे प्रधानमन्त्री के तौर पर याद किये जायेंगे जो प्रतिकूल निर्णय लेने के मामले में अपनी अधीरता, और देश को भड़काऊ भाषणों, छवि–निर्माण के उद्देश्य से किये गये ट्विटों, और अरुचिकर और अनुपयोगी रेडियो सम्बोधनों के माध्यम से सम्बोधित करने के लिए विख्यात हों। अपने लम्बे कार्यकाल में मोदी ने आज तक अकेले एक भी प्रेस कॉन्फ्रेंस आयोजित नहीं किया ताकि मीडिया को उनसे आमने–सामने और अकस्मात कोई सवाल करने का अवसर मिल सके। यहाँ तक कि उनका टीवी साक्षात्कार भी एक तरह की चापलूसी ही होती है, क्योंकि उसकी पटकथा पहले से तय होती है और साक्षात्कारकर्ता या तो उनका कोई प्रियपात्र पत्रकार होता है या कोई अन्य लोकप्रिय शख़्सियत (मसलन कोई सिने–अभिनेता, या बॉलीवुड का कोई गीतकार) होता है जिससे यह पूरी आशा की जा सकती है कि वे प्रधानमन्त्री से ऐसा कोई गम्भीर और चुनौतीपूर्ण प्रश्न नहीं करेंगे जो उन्हें असहज स्थिति में डाल दे। सत्ताधारी पार्टी की पूरी कार्ययोजना पूरी तरह से नियन्त्रित होती है, उनकी रूपरेखा पर श्रमपूर्वक काम किया जाता है और वह पूरी तरह से उद्देश्यहीन और मौलिक विषयों से मुक्त होता है। सत्ताधारी पार्टी के दृष्टिकोण से मतान्तर का अर्थ है कि आप 'देश–विरोधी' कहकर ख़ारिज कर दिये जायेंगे। असहमत होने वालों को समर्थकों के भयावह कहर का सामना करना पड़ता है और प्रतिरोध करने वालों पर 'नकारात्मक राजनीति' करने का दोष मढ़ दिया जाता है। पलशीकर लिखते हैं, 'असहमतिपूर्ण दृष्टिकोण के लिए "राजनीतिकरण" जैसा अपमानजनक शब्द सुरक्षित कर दिया गया है।'[396]

प्रधानमन्त्री जो फ़ैसले लेते हैं उनके लिए किसी से राय–मशविरा करना वे कतई ज़रूरी नहीं समझते हैं। उनका मन्त्रिमण्डल भी प्रायः उनके सम्भावित निर्णयों से अवगत नहीं होता है। ऐसा माना जाता है कि नोटबन्दी, कश्मीर और हाल–फ़िलहाल कोरोना वायरस लॉकडाउन जैसे मामलों में लिए गये फ़ैसलों में उन्होंने सम्भवतः अपने किसी भी सहयोगी से विचार–विमर्श नहीं किया था। पार्टी और मन्त्रिमण्डल पर

---

396. सुहास पलशीकर, 'एन एरी क्वाईट', *इंडियन एक्सप्रेस*, 1 अप्रैल 2020।

उनके पूर्ण नियन्त्रण का संकेत इस बात से मिलता है कि अपने पार्टी और मन्त्रिमण्डल के सदस्यों का या तो अनादर करते हैं अथवा उन पर सख़्त निगरानी रखते हैं। जब मोदी स्वयं को एक चौकीदार घोषित करते हैं, तो उनके सभी पार्टी सदस्य अपने सोशल मीडिया हैंडल के ज़रिये ख़ुद को चौकीदार कहने लगते हैं। जब मोदी वरिष्ठ नौकरशाहों को महत्त्वपूर्ण पदों पर नियुक्त करते हैं तो उससे पहले इसकी जाँच ज़रूर करते हैं कि वह अधिकारी उनके प्रति निजी तौर पर कितना निष्ठावान और विश्वास करने योग्य है।[397] इससे पहले भारत सरकार के महत्त्वपूर्ण पदों पर इतनी बड़ी तादाद में गुजरात कैडर के अधिकारियों की नियुक्ति कभी नहीं हुई थी। और, यह कोई संयोग की बात नहीं है। चूँकि प्रधानमन्त्री अधिकतर निर्णय ख़ुद लेते हैं या अपने निहायत अन्तरंग गुट के सदस्यों से परामर्श करके लेते हैं, लिहाज़ा उन निर्णयों का परिणाम बहुधा विध्वंसक और निराशाजनक होता है। फ़ैसले लेने में उनकी अधीरता भी किसी से छिपी हुई नहीं है। यदि उक्त निर्णय जानकारों और विशेषज्ञों के समूह के साथ यथोचित विचार–विमर्श के बाद लिए जाते तो उनके परिणामों का पूर्वानुमान लगाया जा सकता था। अक्सर उनके निर्णयों की इस आतुरता का कोई प्रत्यक्ष सरोकार उनके प्रभावों से नहीं होता है। एक प्रधानमन्त्री के लिए इससे बड़ी नाकामी और क्या हो सकती है। एक टिप्पणीकार ने ठीक लिखा है, 'एक प्रधानमन्त्री के तौर पर उनकी मुख्य भूमिका हमारा हौसला बढ़ाना और हमें निश्चिन्त करना है। अपने सन्देशों और घोषणाओं के ज़रिये इस फ़र्ज़ को बख़ूबी निभाते हैं।'[398] वास्तविक परिणाम अप्रासंगिक हैं।

397. डी.पी. भट्टाचार्य 'की मेम्बर्स फ्रॉम नरेन्द्र मोदी'ज गवर्नमेंट इन गुजरात टेक क्रुसियल पोजिशन्स एट सेंटर', *इकोनोमिक टाइम्स*, 5 नवम्बर 2014; स्वाति चतुर्वेदी, 'आल दी प्राइम मिनिस्ट'र्स मेन', *दी वायर*, 9 मई 2018; सान्या ढींगरा, 'इन आईएएस मोदी गवर्नमेंट, जस्ट 4% ऑफ़ आईएएस ऑफ़िसर्स आर फ्रॉम गुजरात कैडर, बट दे होल्ड दी की पोस्ट्स', *दी प्रिंट*, 4 अक्टूबर 2018; आर. राजगोपालन, 'एलिवेशन ऑफ़ गुजरात कैडर आईएएस ऑफ़िसर्स टू टॉप पोस्ट्स स्टर्स अ होरनेट्स नेस्ट', *दी फेडेरल*, 17 अप्रैल 2020।

398. सिद्धार्थ भाटिया, 'दी सिम्पल एंड सिम्पलिस्टिक, मैसेजिंग ऑफ़ मोदी'ज लेक्चर्स इज़ अ बिग हिट विथ हिज ऑडिएंस', *दी वायर*, 30 मई 2020।

दुर्भाग्य की बात है कि कई बार वे हमारा हौसला बुलन्द रखने में नाकाम रहे हैं। जून 2020 में लद्दाख के गलवान घाटी में चीन के साथ भारत की झड़प में मोदी की कारगुज़ारियों और फ़ैसलों ने देशवासियों को हक्का–बक्का कर दिया। वे अपने दावों में बेतरह नाकाम साबित हुए। वास्तविक नियन्त्रण रेखा पर हुई हिंसक झड़प ने मोदीवादी राष्ट्रवाद की पोल खोल कर रख दी। विरोधाभासपूर्ण वक्तव्यों, मीडिया से आने वाली ख़बरों और मोदी की चिरपरिचित चुप्पी ने संकट को धीरे–धीरे उजागर करना आरम्भ कर दिया और भारत की जनता सकते में पड़ गयी। वह पूरी तरह अँधेरे में थी और संशयग्रस्त थी। और, जैसा कि मैंने पहले ही उल्लेख किया था, जब प्रधानमन्त्री ने इस विषय पर अपना मुँह खोला तो उन्होंने दावे के साथ यही कहा कि चीन ने कोई घुसपैठ की ही नहीं थी। चीन को मानो मौक़े की तलाश थी और उसने फ़ौरन इस बयान को लपकते हुए विश्व समुदाय के सामने यह ज़ाहिर करने की कोशिश की कि दोनों देशों की सेनाओं में झड़प की घटना वास्तव में चीन की धरती पर हुई थी। मोदी के छल और संकल्प के अभाव की इससे जीती–जागती मिसाल क्या हो सकती थी, और इसको तूल देने में विपक्षी कांग्रेस पार्टी ने भी कोई कसर बाक़ी नहीं छोड़ी। कुछ टिप्पणीकारों ने भी इस बड़े मुद्दे को उठाया। भाजपा के प्रवक्ताओं ने उनके सवालों को तत्काल ख़ारिज करते हुए जवाब दिया कि ऐसे संकट की घड़ी में प्रधानमन्त्री से ऐसे सवाल पूछना उचित नहीं है–और इस सवाल को सिरे से एक 'देश–विरोधी' कृत्य ठहरा दिया।

जैसा कि रामचन्द्र गुहा ने लिखा है : 'इन समस्याओं को सुलझाने की हमारी क्षमता, या यों कहें कि इन समस्याओं को ठीक–ठीक समझ पाने की हमारी योग्यता दरअसल हमारी वर्तमान राजनीतिक संस्कृति से गहरे रूप से सम्बन्धित है–एक ऐसी राजनीतिक संस्कृति जिसमें सत्ताधारी पार्टी इस मान्यता की स्थापना के लिए व्यग्र है कि वर्तमान प्रधानमन्त्री अपराजेय हैं, और उसकी नीतियाँ किसी भी संशय और आलोचना से परे हैं।'[399] रणनीतिकार और युद्ध–सम्बन्धी विषयों के विश्लेषक ब्रह्मा चेल्लानी

399. रामचन्द्र गुहा, 'ऑन चाइना, मोदी एक्टेड वैरी मच लाइक नेहरू', *एनडीटीवी*, 22 जून 2020।

अन्तरराष्ट्रीय पाठकों के लिए अपना स्तम्भ लिखते हुए भी अपनी कड़वाहट नियन्त्रित नहीं कर पाते हैं : 'सीमा पर मुँह की खाने के लिए मोदी ख़ुद ही ज़िम्मेदार हैं... नीतियों के बेहिसाब वैयक्तिकीकरण और युद्ध सम्बन्धी मामलों में अपने अड़ियल अनाड़ीपन के कारण उन्होंने यह सिद्ध कर दिया कि कूटनीतिक मामलों में वे कतई उतने चतुर नहीं हैं जितना कि वे ख़ुद को समझते हैं। इस मामले में उनको भारत का नेविल चेम्बरलेन कहना अधिक उपयुक्त होगा।'[400]

चूँकि इस अपात्रता को गुण के आधार पर सिद्ध नहीं किया जा सकता है, इसलिए असहमति को ही अवैध बताकर राजनीतिक कुण्ठाएँ निकाली जाती हैं। खरे ने भी लिखा है, 'मोदी के अन्धभक्त यह विश्वास करते हैं, और पूरी गम्भीरता और निष्ठा के साथ करते हैं, कि उन्होंने जो रास्ता चुना है वह तर्क और ईमानदारी का रास्ता है। वे निजी तौर पर अपने नेता की अस्मिता और प्रतिबद्धता के सम्मोहन में हैं और उनके विवेक और ज्ञान पर स्वयं से भी अधिक विश्वास करते हैं। लोकतान्त्रिक असहमति उन्हें रुष्टकर लगती है... लाखों लोग मोदी राज की इस अकर्मण्यता और अहंकार का भारी मूल्य अदा कर चुके हैं। इसके बावजूद सरकार अपनी ग़लतियों और ग़लत फ़ैसलों पर कोई बहस करने को राज़ी नहीं है। विगत वर्षों में इस शासन ने अपने आलोचकों के साथ सख़्ती से निबटने में कोई कसर नहीं उठा रखी और उन्हें दण्डित करने के लिए सरकार ने अपने संसाधनों, प्रतिष्ठा, चातुर्य और ताक़त का अधिकतम दुरुपयोग किया जबकि वे मुट्ठीभर हैं और संगठित हैं।'[401]

मोदी के भारत में क़ानून, अदालतों के निर्णय और जनमत सभी भिन्न–मतावलम्बियों के ख़िलाफ़ एकजुट हैं। सरकार और उसके फ़ैसलों का विरोध करने वाले लोग समाज के दुश्मन माने जाते हैं जिनका राजनीतिक उद्देश्य 'सब कुछ जानने वाली और हमेशा सही रहने वाली' सरकार के कामकाज में अड़ंगे डालना है। जब यह पुस्तक लिखी जा रही है, उस वक़्त एक गर्भवती औरत तीन महीने जेल में गुज़ारने के बाद जमानत पर रिहा हुई थी। उसका कुसूर बस इतना था कि उसने नागरिक संशोधन अधिनियम के विरोध में एक शान्तिपूर्ण प्रदर्शन का आयोजन किया था।

400. ब्रह्मा चेल्लानी, 'इंडिया'ज एपीजमेंट पालिसी टुवार्ड्स चाइना अनरैवेल्स', *जापान टाइम्स*, 22 जून 2020।

401. 'खरे, बियॉन्ड दी लीगल काउंसल'स प्रीडिकमेंट'।

अनेक प्रमुख कश्मीरी कोई साल भर पहले गिरफ़्तार किये जाने के बाद आज भी नज़रबन्द हैं। अदालतों को उनके पक्ष में बन्दी प्रत्यक्षीकरण याचिका की सुनवाई, या जम्मू और कश्मीर की संवैधानिक स्थिति को दोबारा बहाल करने में कोई दिलचस्पी नहीं है।

इस प्रक्रिया में संविधान में निहित नियन्त्रण और सन्तुलन व्यवस्थामूलक भावना की घोर उपेक्षा हुई है। पिछले अध्याय में मैंने संस्थानों को शक्तिविहीन किये जाने की मोदी सरकार की सुनियोजित चाल के बारे में विस्तार से चर्चा की थी। 2019 में पुनर्निर्वाचित होने के बाद मोदी ने इसकी रफ़्तार और तेज़ कर दी। हालाँकि चुनावों में उन्हें लोकसभा में प्रचण्ड बहुमत हासिल हुआ था लेकिन स्वायत्तशासी संस्थानों के प्रति उनका नज़रिया पहले की तरह ही अवमाननापूर्ण बना रहा। वे बमुश्किल लोकसभा जिसके वे ख़ुद भी एक सदस्य हैं, में किसी सवाल का जवाब देने के लिए मौजूद रहते हैं। उनकी नज़र में लोकसभा का महत्त्व उस मंच से अधिक कुछ भी नहीं है जिसका उपयोग वे सरकार की नीति और निर्णयों की घोषणा करने के लिए करते हैं। और, जब कभी संयोगवश वे लोकसभा में कुछ बोलने की जहमत उठाते भी हैं तो वे अधिकतर प्रतिपक्ष, विशेष रूप से कांग्रेस पार्टी का मज़ाक़ उड़ाते हैं। जातीय राष्ट्रवाद के उभार और एक करिश्माई व्यक्तिवादी नेतृत्व के बीच नाभिनाल–सम्बन्ध के दुष्परिणाम ठीक इसी रूप में आना तय था। सबसे दुखद बात यह है कि सांस्थानिक दुर्बलताओं के परिणामस्वरूप व्यक्ति–विशेष पर निर्भरता बर्दाश्त की सीमाओं को पार करने लगती है।

जातीय राष्ट्रवाद के बड़े दुर्गुणों में एक यह है कि यह अवधारणा मूल रूप से एक शक्तिशाली नेता के व्यक्तित्व पर निर्भर है। इसलिए इन उद्देश्यों की सफलता भी उस व्यक्ति–विशेष पर निर्भर करती है। बीसवीं सदी के दौरान हमने इटली, जर्मनी, पुर्तगाल, स्पेन और अर्जेंटीना में इसकी मिसालें देखी हैं कि एक लोकप्रिय जातीय राष्ट्रवादी व्यवस्था का नेतृत्व अरसे तक एक करिश्माई अधिनायकवादी व्यक्ति के हाथों में रहने के बाद जब कभी नेतृत्व–परिवर्तन हुआ है तो अज्ञात कारणों से आन्दोलनों का अन्तःस्फुटन भी हुआ है। इन आन्दोलनों का एक बड़ा कारण यह रहा कि जिस नेतृत्व ने जनता को एकजुट रखा, उस नेतृत्व के प्रस्थान के बाद जनता को एकताबद्ध करने की अन्तःप्रेरणा भी अनुपस्थित हो गयी।

ठीक ऐसे ही आज भारत में हिन्दू राष्ट्रवाद को अपनी सफलता के लिए नरेन्द्र मोदी पर तब तक निर्भर रहने की आवश्यकता होगी जब तक एक पूर्ण हिन्दू राष्ट्र के निर्माण का स्वप्न पूरा नहीं हो जाता है। अन्यथा नेतृत्व के लिए टकराव और छोटे–छोटे असन्तोष बहुत–से स्थानीय टकरावों को जन्म देंगे, जिसे भारत जैसे विविधताओं से भरे लोकतान्त्रिक देश के लिए नियन्त्रित करना मुश्किल होगा। इसके अलावा भी एक भ्रामक छवि वाले क़द्दावर नेतृत्व की ख़ुद की क्षमता हमेशा से सवालों के दायरे में रहती है। प्रताप भानु मेहता ने ठीक लिखा है :

> 'प्रधानमन्त्री ने नेतृत्व की गरिमा को किस हद तक कमतर कर दिया है? वास्तविकता से टकराने की जगह वे वास्तविकता को अस्वीकार करते हैं; आलोचना को प्रोत्साहन देने की जगह वे आलोचनाओं को दबाते हैं; सामाजिक वैमनस्य में मध्यस्थता करने की जगह वे उसे उकसाते हैं; उत्तरदायित्वों के निर्वहन की जगह वे श्रेय लेने की फिराक में रहते हैं और असफलता के लिए दूसरों पर दोषारोपण करते; यथोचित करुणा दिखाने की जगह पर प्रतिशोध की भावनाओं का सार्वजनिक प्रदर्शन करते हैं; और देश को चुनौतियों के लिए तैयार करने की जगह पर उसे निरन्तर मुश्किलों के जाल में उलझाने में व्यस्त हैं...किसी भी क्षेत्र में उनका नेतृत्व नहीं दिखाई देता है। जहाँ वास्तविक नीति और निर्णय होने चाहिए वहाँ केवल भ्रम की राजनीति हो रही है, और हम सब इसे सहजता से अपनी आन्तरिकता में प्रवेश करने दे रहे हैं। भारत एक ऐसी भटकाव भरी यात्रा पर है जिसका नेतृत्व वस्तुतः कोई नहीं कर रहा है। एक भ्रामक यात्रा के सिवा और कुछ नहीं।'[402]

अपने शासनकाल में इस अधम प्रदर्शन के बावजूद मोदी के चारों तरफ़ सत्ता का एक असाधारण वैयक्तिकीकरण हो रहा है। नयी दिल्ली की केन्द्रीय सरकार समस्त अधिकारों और शक्तियों का अजस्र स्रोत बन गयी है, और उस स्रोत का केन्द्र प्रधानमन्त्री का कार्यालय (पीएमओ) है जो

402. प्रताप भानु मेहता, 'इंडिया इज़ हेडिंग इनटू अनचार्टेड वाटर्स विथ नो लीडरशिप एट दी हेम, जस्ट दी सिमुलाक्रा ऑफ़ वन', *इंडियन एक्सप्रेस*, 16 जून 2020।

स्वयं में एक व्यक्ति को केन्द्र में रखकर बनाई गयी संस्था है। प्रधानमन्त्री के साथ उनके प्रमुख राजनीतिक सहयोगी उनकी पार्टी के पूर्व अध्यक्ष और वर्तमान में भारत के गृह मन्त्री हैं जो देश की आन्तरिक सुरक्षा के भी प्रभारी हैं। आज अगर क़ानून–निर्माण की प्रक्रिया का अवमूल्यन हुआ है और इस प्रक्रिया को हास्यास्पद बना दिया गया है, तो क़ानून को लागू करने का उपक्रम भी एक मज़ाक़ बन गया है। क़ानून के राज को सुरक्षा प्रदान करने वाले तन्त्र की आज बहुत दयनीय अवस्था है। 2020 की शुरुआत में दिल्ली में भड़की साम्प्रदायिक हिंसा में वर्दी में पुलिसवालों को पत्थर से हमला करने वाली एक भीड़ को मदद करते हुए देखा गया। मीडियाकर्मियों ने इस घटना को कैमरे में क़ैद कर लिया और बीबीसी ने इस वारदात को पूरी दुनिया के सामने प्रसारित किया। प्रताप भानु मेहता के शब्दों में : 'ऐसा प्रतीत होता है कि भारतीय गणतन्त्र को पूरी तरह से ध्वस्त किये जाने की साज़िश है, और उसके स्थान पर एक ऐसी शासन–व्यवस्था को लागू करने की योजना है जो क्रूरता, भय, विभाजन और हिंसा के सिद्धान्तों पर निर्मित हो'[403] दिल्ली के हालिया दंगों में एक नौजवान के कपड़े सिर्फ़ यह आश्वस्त करने के लिए उतार दिये गये कि कहीं उसका खतना तो नहीं हुआ था, और वह मुसलमान तो नहीं था। इस जघन्य घटना ने विभाजन के समय दिल्ली में भड़के दंगे की याद बरबस ताज़ा कर दी। मेहता ने आगे लिखा : 'हम उस बर्बर और असभ्य युग की तरफ़ वापस लौट रहे हैं जहाँ हमारी सामाजिक हैसियत को जाँचने के नाम पर कभी भी हमें नंगा कर सकती है। दरअसल कपड़ों के नाम पर हमसे हमारे सामान्य मनुष्य होने की गरिमा से भी वंचित किया जा रहा है। अब हम अपनी नैतिक और संवैधानिक अस्मिता से नहीं बल्कि अपने शरीर पर अंकित चिह्नों से पहचाने जायेंगे।'[404]

अगर क़ानून–निर्माण और क़ानून के क्रियान्वयन की प्रणाली ने ही अपनी स्वायत्तता और शक्ति गँवा दी हैं, तो इस स्थिति में हम ऐसी निर्भीक न्यायपालिका की कल्पना भी कर सकते हैं जो क़ानून और संविधान की यथोचित व्याख्या करके हमारे लोकतान्त्रिक अधिकारों की सुरक्षा सुनिश्चित

---

403. मेहता, 'दी डेल्ही डार्कनेस : आवर रूलर्स वांट एन इंडिया दैट थ्राइव्स ऑन क्रुएल्टी, फियर, डिविजन, वायलेंस', *इंडियन एक्सप्रेस*, 29 फ़रवरी 2020।

404. वही।

कर सके? जिन्हें भी ऐसा महसूस होता था उन्हें बड़ा झटका तब लगा जब सर्वोच्च न्यायालय के एक न्यायाधीश ने प्रधानमन्त्री को एक 'बहुमुखी प्रतिभा से सम्पन्न'[405] व्यक्ति बताते हुए उनकी खुलेआम प्रशंसा की। एक अन्य घटना में भारत के एक पूर्व मुख्य न्यायाधीश ग़ैर–विवेकाधीन नागरिकता, शरणार्थियों की पुनर्वापसी, प्रमाण अधिनियम, संघवाद, अभिव्यक्ति की स्वतन्त्रता, या यहाँ तक कि बन्दी प्रत्यक्षीकरण के अधिकारों को बनाये रखने में सफल नहीं हो पाये।[406] विडम्बना है कि उक्त मुख्य न्यायाधीश जस्टिस रंजन गोगोई–जिनकी आलोचना यह कहकर की जाती है कि उन्होंने न्यायालय को कार्यपालिका का अंग बनाने में कोई कसर नहीं छोड़ी–ने सरकार द्वारा नामित कोटे पर राज्यसभा की सदस्यता को स्वीकार करने में तनिक भी हिचक नहीं दिखाई।[407] प्रताप भानु मेहता के अनुसार, 'उनके आचरण ने न्यायपालिका की संवैधानिक मर्यादा के प्रति हमारे मन में जो सम्मान था उसकी हत्या कर दी। ...भारत के सर्वोच्च न्यायालय की समस्त शक्तियाँ प्रमुखतः दो बातों पर निर्भर हैं–इसकी विवेकपूर्ण तार्किकता और इसके न्यायाधीशों की ईमानदारी पर। एक न्यायाधीश के रूप में जस्टिस रंजन गोगोई की तुलना उस रेकिंग बॉल से की जा सकती है जिसके प्रहारों से संविधान के टुकड़े–टुकड़े कई बार हुए। अगर भविष्य में उनके निर्णयों ने संवैधानिक परम्परा का रूप ले लिया तो भारत की स्वतन्त्र न्यायपालिका के लिए यह एक घातक संकेत होगा। लेकिन इससे भी अधिक चिन्तित करने वाली जो बात है, वह मेहता के कथनानुसार यह है कि 'एक ऐसे समय में जब एक साधारण नागरिक अपनी नागरिकता और मौलिक संवैधानिक अधिकारों के लिए जूझ रहा है, जस्टिस गोगोई की कार्यपद्धति हमें बताती है : क़ानून हमें सुरक्षा नहीं देगा क्योंकि यह समझौतावादी हो चुका होगा। न्यायालय कार्यपालिका के अनावश्यक

405. पीटीआई, 'पीएम मोदी अ वर्सटाइल जीनियस हू थिंक्स ग्लोबली एंड एक्ट्स लोकली : जस्टिस अरुण मिश्र', *इकोनोमिक टाइम्स*, 22 फ़रवरी 2020।

406. प्रताप भानु मेहता, 'दी गोगोई बिट्रेयल : जजेज विल नॉट इम्पावर यू, दे आर डिमिनिस्ड मेन', *इंडियन एक्सप्रेस*, 20 मार्च 2020; भाटिया, 'दी ट्रबलिंग लिगेसी ऑफ़ चीफ़ जस्टिस रंजन गोगोई'; लोकेश मेवारा, 'डिपोर्टेशन ऑफ़ रोहिंग्याज वायलेटर्स इंटरनेशनल लॉ, लीगल प्रेसिडेंट्स इन इंडिया' *दी वायर*, 18 मार्च 2019।

407. भाटिया, 'दी ट्रबलिंग लिगेसी ऑफ़ चीफ़ जस्टिस रंजन गोगोई'।

हस्तक्षेपों से हमारा बचाव नहीं करेगा क्योंकि यह अपना सर्वाधिकार खो चुका होगा, और न्यायाधीश हमें शक्तिसम्पन्न नहीं बनायेंगे क्योंकि एक मनुष्य के रूप में वे संवेदनाहीन हो चुके होंगे।'[408]

भारत को अपनी गिरफ़्त में ले चुकी अधिनायकवादी प्रवृत्तियों पर अन्तिम अंकुश उसका संघीय ढाँचा ही लगा सकता है। और, ख़ासतौर पर उन राज्यों की इस काम में विशेष भूमिका होगी जहाँ अन्य राजनीतिक दल सत्ता में हैं। यद्यपि यह दुर्भाग्यपूर्ण स्थिति है कि भारत गणराज्य के संघीय तत्त्व की केन्द्र सरकार के वर्चस्ववादी फ़ैसलों के कारण निरन्तर घोर उपेक्षा हुई है, किन्तु संविधान ने हमारे अर्द्धसंघीय ढाँचे में राज्य के लिए अनेक शक्तियाँ सुरक्षित रखी हैं। राष्ट्रीय सरकार राज्यों को निर्देश दे सकती है कि वे क्या कर सकते हैं, और उनको विभिन्न विकास योजनाओं के लिए अनुदान दे सकती है अथवा उनके हिस्से का अनुदान रोक सकती है। इस हास्यास्पद फ़ैसले का दुनिया में अन्यत्र कोई उदाहरण नहीं मिलता जब कोरोना वायरस के संक्रमण के परिणामस्वरूप विश्वव्यापी महामारी के समय मोदी ने राष्ट्रीय आपदा प्रबन्धन अधिनियम 2005 के निर्धारित नियमों के अनुसार आपदा नियन्त्रण के प्रयास करने की बजाय सिर्फ़ तीन घण्टे की पूर्वसूचना पर राष्ट्रव्यापी लॉकडाउन लागू करने की अव्यावहारिक घोषणा कर दी। इस विषय पर उन्होंने किसी भी राज्य के मुख्यमन्त्री से परामर्श करना मुनासिब नहीं समझा। जब अमेरिका में सर्वशक्तिसम्पन्न और कुछ हद तक सनकी माने जाने वाले राष्ट्राध्यक्ष ने भी अपने देश में लॉकडाउन लगाने का फ़ैसला किया था तो उन्होंने अमेरिकी संघ में शामिल सभी राज्यों के गवर्नरों को यह संवैधानिक अधिकार दिया था कि वे अपने राज्य में लॉकडाउन लागू करेंगे अथवा नहीं। किन्तु प्रधानमन्त्री मोदी ने देशव्यापी लॉकडाउन लगाने से पहले न तो किसी राज्य सरकार से परामर्श किया और न ही उसके बाद की स्थितियों से निबटने के लिए कोई क़ानूनसम्मत राष्ट्रीय योजना ही बनाई। लिहाज़ा राज्य सरकारों ने भी केन्द्रीय गृह मन्त्रालय के निर्देशों का चुपचाप अनुपालन किया और अपने–अपने राज्य में किसी भी प्रकार के आवागमन और आर्थिक गतिविधियों को पूर्णतः प्रतिबन्धित कर दिया। सनद रहे कि ये दोनों ही

---

408. वही।

विषय संवैधानिक दृष्टि से राज्य सरकारों के अधिकार–क्षेत्र में आते हैं। मसला तब और अधिक उलझ गया जब कुछ महीनों के बाद लॉकडाउन को चरणबद्ध तरीक़े से उठाने की प्रक्रिया शुरू हुई तब प्रधानमन्त्री ने इस पूरे मामले से एक तरह से अपना पल्ला झाड़ लिया। केन्द्र सरकार की नुमाइन्दगी करते हुए गृह मन्त्रालय के एक अधिकारी ने राज्य सरकारों पर यह ज़िम्मेदारी थोप दी कि यह तय करना राज्य सरकारों का काम है कि वे लॉकडाउन को और लम्बे समय तक लागू रहने देना चाहते हैं अथवा इसे समाप्त कर देना चाहते हैं।

यह दुविधा अकेले प्रधानमन्त्री मोदी की नहीं है। बहुत–सी क्षेत्रीय पार्टियों के समक्ष भी यह राजनीतिक अन्तर्विरोध की स्थिति है। उन्होंने केन्द्र सरकार की इस कथित उदारता का लाभ उठाया है और ख़ुद को पूरी तरह नयी दिल्ली की सत्ता और निर्णयों के सुपुर्द कर दिया है। यदि अंग्रेज़ी मुहावरे की सहायता ली जाये तो भाजपा के साथ 'फॉस्टियन बार्गेन' करने की इससे अधिक अवसरवादी मिसाल मिलना वर्तमान राजनीतिक परिदृश्य में दुर्लभ है। राज्य सरकारों का संकेत पूरी तरह स्पष्ट है : जब तक हमें अपनी इच्छानुसार राज्यों में सरकार चलाने दिया जायेगा, तब तक आप भी केन्द्र में अपनी मर्ज़ी से सरकार चलाने के लिए स्वतन्त्र हैं। उन राज्यों में जहाँ भाजपा की नहीं बल्कि क्षेत्रीय पार्टियों का शासन है, वहाँ की सरकारें भी केन्द्र सरकार के निरंकुश निर्णयों का विरोध करने की बजाय उसके साथ सहमत होने के लिए उद्यत हैं। परिणाम के रूप में भारत की संघीय व्यवस्था में एक आन्तरिक तोड़फोड़ की प्रकिया आरम्भ हो चुकी है जो भाजपा के उग्र–राष्ट्रवाद के प्रारूप के सर्वथा अनुकूल है। संघवाद की अवधारणा को एक छद्म संघवाद से ही चुनौतियाँ मिल रही हैं।

जैसा कि विगत कई दशकों की सरकारों ने अपनी नीतियों और निर्णयों से दर्शाया भी है, भारत ने नीति–निर्माण के मामलों में हमेशा ही अधिक–से–अधिक विकेन्द्रीकरण पर विशेष बल दिया। इसी उद्देश्य से 1990 के आरम्भ में पंचायती राज अधिनियम भी पारित किया गया ताकि नागरिक राष्ट्रवाद को सुदृढ़ता दी जा सके। ऐसे भी भारत में स्थानीय स्वशासन की लम्बी परम्परा रही थी जिसे राजस्व–उगाही के उद्देश्य से ब्रिटिश उपनिवेशवादियों द्वारा स्थापित केन्द्रीय नियन्त्रण–तन्त्र ने पूरी तरह से बर्बाद कर दिया था। राजस्व वसूलने के लिए ही उन्होंने प्रत्येक

ज़िले में समाहर्ता या ज़िलेदार (अब ज़िलाधीश) को नियुक्त किया था जो स्थानीय लोगों के प्रति नहीं बल्कि शाही हुकूमत के प्रति उत्तरदायी था। इस प्रकार स्वशासन के लिए गठित स्थानीय निकायों का स्थान ब्रिटिश राज के बड़े अधिकारियों ने ले लिया।

इसीलिए स्वतन्त्र भारत ने स्वशासन के लिए स्थानीय निकायों को अधिक शक्तिसम्पन्न बनाना आवश्यक समझा, यद्यपि उसने समाहर्ता के पद और उससे सम्बन्धित प्रशासनिक व्यवस्था को भी बनाये रखा। किन्तु दुर्भाग्य से विकेन्द्रीकरण की इस प्रक्रिया को मोदी काल में भारी झटका लगा है। उससे भी अधिक गम्भीर बात यह हुई कि प्रशासन की जो बिचली तह, अर्थात राज्य सरकार है उसके संवैधानिक प्रारूप और अधिकारों को निरन्तर अतिक्रमित किया जा रहा है। अपनी लोकलुभावन और वाक्पटुपूर्ण घोषणाओं के बावजूद मोदी मूल विषयों से सदैव असम्पृक्त दिखे। उन्होंने ज़ोर–शोर से सहयोगपूर्ण संघ की वकालत की थी और अपने वक्तव्य में स्पष्टतः कहा था कि 'कारोबार से सरकार का कोई कारोबार नहीं है'। लेकिन उनका यह कपोलकल्पित संकल्प कभी भी वास्तविकता पर खरा नहीं उतर पाया। मोदी के कभी प्रशंसक रहे एक राजनेता का कहना था कि 'मोदी हमेशा यही जतलाते रहे कि भारत की राजनीतिक अर्थव्यवस्था और उससे जुड़ी हस्तियों से वे भलीभाँति अवगत थे। उन्होंने स्वयं को एक समाजवादी के रूप में प्रस्तुत किया जिसे यह विश्वास था कि वह आर्थिक जगत के सफ़ेद हाथियों को चिंकारा बनाने की कुव्वत रखता है।'[409] असफलताओं के लिए उन्होंने हमेशा देश की असामान्य परिस्थितियों को दोषी ठहराया। विकेन्द्रीकरण, विमर्श और मतान्तर हमेशा लोकतन्त्र के अनिवार्य तत्त्व माने जाते रहे हैं। लेकिन मोदी को संकट के समय इन सभी तत्त्वों को टालने का हुनर मालूम है। मोदी के लिए ये 'सामान्य' परिस्थितियों में आज़माई जाने वाली चीज़ें हैं।

कोरोना वायरस लॉकडाउन के वक़्त मोदी की नीतियों का विश्लेषण करते हुए सुहास पलशीकर ने लिखा है :

> 'जिस बात को हम नहीं समझ पाये वह यह है कि 2020 की मार्च 24 (जब कोरोना वायरस महामारी से सम्बन्धित पहले लॉकडाउन

---

409. ससिधरण, 'मोदी अमंगस्ट अ मिलियन म्युटिनीज़।

की घोषणा हुई), भारत की 'राजनीति' स्थगित हो गयी। इस स्थगन के दुष्प्रभाव आवश्यक नहीं कि सिर्फ़ वर्तमान संकट की अव्यवस्था तक ही सीमित रहें। वे हमारे साथ आने वाले दिनों में भी बने रह सकते हैं। आज के परिदृश्य में स्वीकार करने और अनुपालन करने की बढ़ती हुई हमारी प्रवृत्तियों ने आलोचनाओं और स्वस्थ राजनीति की सम्भावनाओं को न्यूनतम कर दिया है, और परिणामस्वरूप समस्यामूलक राजनीति से दिनोंदिन दूर होकर हम एक कल्पित उपलब्धियों की दुनिया के वासी बनते जा रहे हैं।'[410]

लॉकडाउन के बाद कई महीनों तक संसद में कोई कार्यवाही नहीं हुई और समितियों की बैठकें भी नहीं हुईं। लिहाज़ा किसी भी व्यावहारिक उद्देश्य के लिए सरकार का विधायिका के प्रति उत्तरदायित्व भी स्थगित रहा।

इस परिवर्तन के लिए भारतीय उद्योग भी सरकार के साथ सहअपराधी रहा। 1960 के दशक में लिबरल स्वतन्त्र पार्टी की स्थापना के एक संक्षिप्त अपवाद को छोड़ दिया जाये तो भारतीय उद्योग ने नागरिक स्वतन्त्रता के प्रति अपनी पक्षधरता कभी नहीं दिखाई। और, वर्तमान परिप्रेक्ष्य में तो मानो वह सत्ताधारी पार्टी की राष्ट्रवादी विचारधारा का कर्ताधर्ता ही बन गया था। भारतीय उद्योग का आकलन मेहता ने इन शब्दों में किया, औद्योगिक घरानों ने अपनी पूरी पूँजी राजनीति चन्दे, मानव–सेवा के लिए प्रतिबद्धता, मीडिया घरानों के स्वामित्व और भाजपा तथा आरएसएस की अन्य योजनाओं को पूरा करने के लिए समर्पित कर दी हैं... इस सहयोग के लिए राजनीतिक और सिविल सोसाइटी के किसी विरोध का उनके लिए कोई महत्त्व नहीं है।'[411] 2019 में भाजपा को कॉरपोरेट स्रोतों से जो आमदनी हुई वह *अन्य छह 'राष्ट्रीय' पार्टियों की संयुक्त आय के लगभग दोगुनी* थी। उस आमदनी से 90 प्रतिशत राशि उन बेनामी 'चुनावी प्रतिभूतियों' (Electoral Bonds) से आयी थी जो राजनीतिक दलों को चन्दे के रूप में मिले थे। सनद रहे कि चुनावी प्रतिभूतियाँ भी भाजपा सरकार के चुनावी गणित का प्रतिफल थीं।

---

410. वही।

411. प्रताप भानु मेहता, 'सीरियल ऑथोरिटेरियनिज़्म पिक्स आउट टारगेट्स वन बाय वन, एंड टायर्स आउट चैलेंजेज', *इंडियन एक्सप्रेस*, 10 अक्टूबर 2019।

औद्योगिक घरानों का यह क़र्ज़ सरकार अपनी उन राष्ट्रवादी परियोजनाओं के माध्यम से चुका रही है जिसे 'तकनीक–राष्ट्रवाद' का नया नाम भी दिया गया है। इन 'राष्ट्रवादी परियोजनाओं' के ज़रिये सरकार उन बड़ी निजी कम्पनियों के प्रति अपनी पक्षधरता प्रदर्शित कर रही है जो अपनी 'तकनीकी उपलब्धियों' के द्वारा राष्ट्र का गौरव बढ़ाने में अभूतपूर्ण सहयोग कर रही हैं। मोदी सरकार राष्ट्रीय क्षमता और उपलब्धियों में वृद्धि का पूरा श्रेय कुछ गिनेचुने बड़े निजी व्यापारिक घरानों को देने के लिए कृतसंकल्प दिखती है। ये घराने विश्व बाज़ार में भारतीय तकनीक को प्रतिष्ठापित करने के नाम पर प्रोत्साहित और संवर्द्धित किये जा रहे हैं। मोदी सरकार की दृष्टि में ये घराने भारत की राष्ट्रीय शक्ति के भावी संवाहक हैं। वालमार्ट और अमेज़न जैसी कम्पनियों के मामले में सरकार ने अपनी ई–कॉमर्स नीतियों में जैसे अद्‌भुत निर्णय लिए हैं वे इस नीति का ज्वलन्त प्रमाण हैं कि सरकार औद्योगिक घरानों को राष्ट्रीय शक्ति के छद्‌म–विकल्प के रूप में आगे बढ़ाने के लिए किस सीमा तक व्यग्र है। 'बड़ी कम्पनियों, राज्य और लोकलुभावनवादी उपभोक्तावाद के बीच की नयी साँठगाँठ, पुराने लोक उपक्रमों को स्थानापन्न कर तकनीकी–राष्ट्रवाद का नया ध्वजवाहक बनने को लालायित है,' मेहता लिखते हैं। 'इसीलिए तकनीकी–राष्ट्रवाद की आड़ में सरकार भी कुछेक बड़ी कम्पनियों को योजनाबद्ध तरीक़े से प्रोत्साहित करने को उद्यत दिखती है। बड़ी कम्पनियाँ राष्ट्रवाद के नये प्रतीक–चिह्नों के रूप में तेज़ी से उभर रही है।'[412] एक बड़ी सरकार और बड़ी कम्पनियों के ऐसे कॉरपोरेट गठबन्धन की मिसालें विश्व इतिहास में 1920 के बाद की जर्मनी और 1930 के बाद के चीन में पहले भी उपस्थित रही हैं।

रामचन्द्र गुहा ने लिखा है कि मोदी की नीतियों और निर्णयों की यह रूपरेखा वस्तुतः 'गुजरात मॉडल' पर आधारित है जहाँ उन्होंने मुख्यमन्त्री के रूप में तक़रीबन वर्षों तक शासन किया था। गुहा संकेत करते हैं कि 'प्रदेश में मुख्यमन्त्री के रूप में उनका प्रदर्शन मुख्य रूप से अल्पसंख्यकों, विशेषकर मुसलमानों के प्रति घृणा और उपेक्षा, मुख्यमन्त्री के पद में शासन

412. प्रताप भानु मेहता, 'वी माइट एंटर एन "आरएसएस मीट्स जिओ" आइडियोलॉजिकल वर्ल्ड', *इंडियन एक्सप्रेस*, 1 मई 2019।

के केन्द्रीयकरण, अपने व्यक्तित्व के चारों तरफ़ एक कृत्रिम आभामण्डल की सर्जना, विश्वविद्यालयों की स्वायत्तता पर हमला, प्रेस की आज़ादी का हनन और अन्ततः अपने आलोचकों और राजनीतिक प्रतिद्वन्द्वियों के भयादोहन जैसे अलोकतान्त्रिक बिन्दुओं पर केन्द्रित था'।[413]

केन्द्र में प्रधानमन्त्री मोदी के शासन के वर्षों में भी हम हू–ब–हू कामकाज की यही शैली देख सकते हैं :

> 'राजनीति और राजनीतिक बहसों का साम्प्रदायिककरण, सरकारी संस्थानों पर वर्चस्व की स्थापना, प्रेस का भयादोहन, अपने विरोधियों के विरुद्ध पुलिस और जाँच एजेंसियों का दुरुपयोग और इन सबसे पार्टी, मन्त्रिमण्डल, सरकार और मोदी मीडिया द्वारा अपने महान नेता की व्यक्ति–स्तुति–नरेन्द्र मोदी की प्रधानमन्त्रित्व अवधि इन्हीं हास्यास्पद विशिष्टताओं के कारण स्मरणीय है।'[414]

निश्चित रूप से विश्व में अन्य देशों की तरह भारत में भी लोकलुभावनवाद को एक करिश्माई नेता की आवश्यकता है जो जनसाधारण के साथ प्रत्यक्ष संवाद करने में सक्षम हो। मोदी भी भारतीय जनमानस तक अपनी सीधी पहुँच रखने में समर्थ हैं। सोशल मीडिया आज नेतओं की अपार लोकप्रियता का अमोघ अस्त्र है जिसके ज़रिये वे जनता के सभी वर्ग तक सहज रूप से पहुँच सकते हैं। नरेन्द्र मोदी भी इसके अपवाद नहीं हैं। गुजरात में उनके शासन के आरम्भिक सालों में ही सोशल मीडिया क्रान्ति की भी शुरुआत हो चुकी थी। उनकी पार्टी ने सुनियोजित रूप से भारतीय समाज में मोबाइल फ़ोनों की लोकप्रियता का विस्तार किया और ग्राहकों को कम–से–कम दरों पर सेवा मुहैया कराने हेतु नेटवर्क को बृहद् रूप से फैलाया गया। साथ ही ग्राहकों को ब्रॉडबैंड से सहज रूप से सम्पृक्त होने की सुविधा भी दी गयी। सूचनातन्त्र के इस व्यापक और सस्ते प्रसार का एकमात्र उद्देश्य बहुसंख्यकवादी राष्ट्रवाद का अधिकाधिक प्रचार–प्रसार करना है। आज भारतीय भाषाओं के तक़रीबन चार सौ समाचार

---

413. रामचन्द्र गुहा, 'गिव अस केरला मॉडल ओवर गुजरात मॉडल, एनी डे', *एनडीटीवी*, 22 अप्रैल 2020।

414. वही।

चैनल 27X7 ख़बरों के नाम पर सरकार की उपलब्धियों की सही–ग़लत कहानियाँ को प्रचारित करने में जुटे हुए हैं और सरकार के इस अभियान में शामिल हैं कि जनता का ध्यान किन तरकीबों से मौलिक समस्याओं और संकटों से भटकाया जा सकता है। सरकार के इन अनर्गल प्रयासों में हर आदमी के मोबाइल फ़ोन की उपलब्धि ने एक अभूतपूर्ण भूमिका निभाई है। इस डिजिटल उग्रवाद की शुरुआत तभी हो चुकी थी जब प्रतिपक्ष में रहते हुए भाजपा को ऐसा प्रतीत हुआ कि उसके वक्तव्यों और दृष्टिकोणों की मुख्यधारा की राष्ट्रीय मीडिया द्वारा जानबूझ कर उपेक्षा की जा रही है। लिहाज़ा उसने ट्विटर, फ़ेसबुक और व्हाट्सएप जैसे वैकल्पिक संचार माध्यमों पर अपनी उपस्थिति को सुदृढ़ रूप में संगठित किया और उसे अपने प्रचार–तन्त्र के सशक्त माध्यम के रूप में तब्दील कर दिया।

2014 के आम चुनावों के एक साल पहले आईआरआईएस नॉलेज फ़ाउंडेशन (आईकेएफ) और इंटरनेट एंड मोबाइल एसोसिएशन (आईएएमए आई) द्वारा किये गये एक अध्ययन के मुताबिक़ लोकसभा की 543 संसदीय सीटों में केवल 160 संसदीय क्षेत्र ऐसे थे जहाँ चुनाव के परिणामों को सोशल मीडिया के असर ने प्रभावित किया था।[415] उन संसदीय क्षेत्रों में चुनाव नाम मात्र के अन्तर से जीते गये थे और वहाँ की आबादी के 10 प्रतिशत से कुछ ही अधिक ऐसे लोग थे जो सोशल मीडिया का उपयोग करते थे। अध्ययन में यह अनुमान भी लगाया गया था कि 2014 के चुनावों तक आठ करोड़ भारतीय सोशल मीडिया का इस्तेमाल करने लगेंगे, और यह इतनी बड़ी जनसंख्या होगी जिसका पक्ष करना किसी भी राजनेता के लिए असम्भव होगा।

अगर उस समय यह एक सच था तो आज के दिन यह एक बहुत बड़ा सच है। सिर्फ़ दो आम चुनावों के पहले पहुँचे गये इस निष्कर्ष पर आज हँसी आती है। मैंने हाल–फ़िलहाल कोई अध्ययन नहीं देखा है जो आज के परिप्रेक्ष्य में कोई तुलनात्मक विश्लेषण प्रस्तुत करता हो, लेकिन यह निर्विवाद सच है कि वर्तमान समय में भारत में 56 करोड़

---

415. वेंकटेश उपाध्याय, 'दी बीजेपी'ज मोबाइल फ़ोन स्ट्रेटजी', *लाइवमिंट*, 16 सितम्बर 2013।

इंटरनेट कनेक्शन को देखते हुए 2014 के बाद इस जनसंख्या में अभूतपूर्ण बढ़ोतरी हुई है।[416] इन उपभोक्ताओं में 80 प्रतिशत से अधिक वे लोग हैं जो मोबाइल फ़ोनों पर इंटरनेट सुविधाओं का उपयोग करते हैं। वह कोई मूढ़ राजनेता ही होगा जो हमारे लोकतन्त्र के एक कारगर हथियार के तौर पर इन उपभोक्ताओं की अनदेखी करेगा।

लेकिन सोशल मीडिया के क्षेत्र में एक अतिसक्रिय राजनीतिज्ञ के तौर पर मेरा यह विचार है कि चुनावों में सोशल मीडिया की महत्त्वपूर्ण भूमिका हो सकती है लेकिन कोई भी चुनाव अकेले सोशल मीडिया पर नहीं जीता या हारा जा सकता है। सम्भव है कि भारत की आबादी का दो–तिहाई से कुछ बड़ा तबका, और कुल मतदाताओं का 50 प्रतिशत से अधिक हिस्सा सोशल मीडिया का इस्तेमाल करता हो, लेकिन इस विषय पर कोई विश्वसनीय अध्ययन उपलब्ध नहीं है कि राजनीतिक समाचारों और दृष्टिकोणों के लिए वह सोशल मीडिया पर कितना निर्भर है। अपने–अपने संसदीय क्षेत्र में चुनाव लड़ने वाली राजनीतिक पार्टियों के गुण–दोषों पर चर्चा करने के बजाय व्हाट्सएप उनके लिए केवल चुटकुले साझा करने और फ़ेसबुक सिर्फ़ छुट्टियों की तस्वीरें आदान–प्रदान करने का माध्यम भर भी हो सकते हैं। आज भी चुनावी रैलियों, नुक्कड़–सभाओं और घर पर जाकर, बाज़ारों में और रेलवे प्लेटफॉर्म पर, और ऊबड़–खाबड़ और कच्चे रास्तों पर जीप से घूमते हुए मतदाताओं के साथ निजी तौर पर जनसम्पर्क करने का कोई ठोस विकल्प नहीं है।

इन आँकड़ों पर ध्यान दें। ट्विटर, जो कि भारत का सबसे बड़ा 'राजनीतिक' सोशल मीडिया साइट है, के भारत में सिर्फ़ 1.7 करोड़ उपभोक्ता हैं,[417] और यह तादाद व्हाट्सएप और फ़ेसबुक के उपभोक्ताओं के सामने बहुत छोटी है। भारत में व्हाट्सएप और फ़ेसबुक दोनों का

416. पीटीआई, 'इंटरनेट यूज़र्स इन इंडिया टू राइज बाय 40%, स्मार्टफ़ोन्स टू डबल बाय 2023 : मैककिंसी', *इकॉनमी*, 25 अप्रैल 2019; 'इंडिया सेकंड लार्जेस्ट इंटरनेट कंज्यूमर विथ ओवर मिलियन यूजर्स', मनी कंट्रोल, 20 जनवरी 2020।

417. 'लीडिंग कंट्रीज बेस्ड ऑन नम्बर ऑफ़ ट्विटरयूजर्स ऐज ऑफ़ जुलाई 2020, *जनसत्ता*, जुलाई 2020, https://www.statista.com/statistics/242606/number-of-active-twitter-users-in-selected-counties/> पर भी उपलब्ध।

तक़रीबन 30 करोड़ लोग इस्तेमाल करते हैं।[418] लिहाज़ा इस नज़रिये से अगर 543 संसदीय क्षेत्रों में प्रत्येक की जनसंख्या 2 करोड़ मान ली जाये, तो राजनीतिक प्रभावोत्पादकता की दृष्टि से ट्विटर को ख़ास उपयोगी माना जायेगा। उदाहरण के रूप में, अमेरिका की तरह भारत में ट्विटर के ज़रिये कोई विराट जनसभा या कार्यकर्ताओं के स्तर पर एक मामूली बैठक भी नहीं आयोजित की जा सकती है। सोशल मीडिया का उपयोग उम्मीदवार द्वारा पारम्परिक चुनाव प्रचार के लिए किसी हाल में सम्भव नहीं है। लेकिन किसी विचारधारा के निर्माण और उस विचारधारा का अस्तित्व बचाने, और उस विचारधारा को राष्ट्रीय स्तर पर किसी विशेष उद्देश्य की ओर केन्द्रित करने में सोशल मीडिया की भूमिका बेमिसाल है। भारत में राजनीतिक सन्देशों के प्रचार में सोशल मीडिया, डिजिटल पोस्टरों और व्हाट्सएप सन्देशों के अग्रसारण में व्यापक भूमिका है। इस दृष्टि से सोशल मीडिया राजनेताओं द्वारा उपयोग किया जाने वाला संचार का एक वैकल्पिक और कारगर यन्त्र बन गया है जो मतदाताओं तक उन सच्ची–झूठी ख़बरों को पहुँचाता है जिसे मुख्यधारा की मीडिया पेश करने से बचती है।

व्हाट्सएप सबसे प्रचलित और पसन्दीदा माध्यम के रूप में सामने आया है क्योंकि भारत के 80 प्रतिशत से अधिक मोबाइल फ़ोन उपभोक्ताओं ने इस एप्प को डाउनलोड करा रखा है।[419] राजनीतिक दलों के लिए यह एप्प इसलिए भी उपयोगी है क्योंकि इसका उपयोग कुछ ख़ास लोगों को लक्षित करके किया जा सकता है। एक पार्टी अपने हितों के आधार पर एक समूह बना सकती है। उसके हितों में जाति और धर्म–आधारित पहचान भी शामिल है। किसी विशेष समस्या या उद्देश्य पर केन्द्रित समूह भी बनाये जा सकते हैं और उस समस्या अथवा उद्देश्यों से जुड़े संवादों

---

418. सन्ध्या कीलरे, 'नम्बर ऑफ़ फ़ेसबुक यूजर्स इंडिया 2015–2023', *स्टेटिस्टा*, 7 जुलाई 2020, <https://www.statista.com/stastistics/304827/number-of-facebook-users-in-india/#:~:=The%20number%20of%20social%%20network,popular%20%social%20network%20the%20country> पर भी उपलब्ध।

419. मंसूर इक़बाल, 'व्हाट्सएप रिवेन्यु एंड यूजेज स्टेटटिस्टिक (2020)', बिज़नेस ऑफ़ एप्स, 23 जून 2020, <htpps://www.businessofapps.com/data/whatsapp-statistics/> पर उपलब्ध।

के अविरल आदान–प्रदान के ज़रिये समूह की वैचारिक पक्षधरता की रक्षा भी की जा सकती है और अपने सदस्यों को उन विचारों के प्रति आश्वस्त भी किया जा सकता है। भाजपा को इस तकनीक में महारत हासिल है। पार्टी के तक़रीबन 5 लाख व्हाट्सएप समूह इस समय देश भर में सक्रिय हैं। इसके आईटी प्रकोष्ठ के प्रमुख अमित मालवीय ने अपने एक बयान में कहा था, 'आने वाले चुनाव मोबाइल फ़ोन पर लड़े जायेंगे...दूसरे शब्दों में आप कह सकते हैं कि भविष्य के चुनाव व्हाट्सएप चुनाव होंगे।'[420]

भाजपा के सन्दर्भ में यह बात सही भी साबित हो रही है। पश्चिम बंगाल का ही उदाहरण लें। वहाँ प्रतिद्वन्द्वी क्षेत्रीय राजनीतिक पार्टी तृणमूल कांग्रेस की सरकार के ख़िलाफ़ चुनाव लड़ते हुए भाजपा को सत्ता–विरोधी लहर की उम्मीद थी, लिहाज़ा पार्टी ने मतदाताओं को प्रभावित करने के उद्देश्य से राज्य में तक़रीबन 55,000 व्हाट्सएप समूह बनाये। पार्टी ने दावा किया कि बंगाल भाजपा के फ़ेसबुक और व्हाट्सएप अकाउंट्स में चुनाव के आख़िरी दो महीनों में क्रमशः 2.2 करोड़ इंगेजमेंट्स और 40 लाख इंप्रेशंस प्राप्त हुए। परिणाम यह हुआ कि राज्य में चुनावों में पार्टी ने आशा से कहीं अच्छा प्रदर्शन किया। उसे राज्य में 18 सीटें मिलीं जबकि पिछले चुनाव में उसे सिर्फ़ दो सीटें ही हासिल हो सकी थीं। एक आकलन के अनुसार भाजपा ने अपने सोशल मीडिया चुनाव–प्रचार में 20 करोड़ से भी अधिक रुपये ख़र्च किये थे।[421]

सोशल मीडिया का इस्तेमाल, ज़रूरी नहीं कि हमेशा शिष्ट और विनम्र ही हो। भाजपा के व्हाट्सएप समूहों में ग़लत सूचनाओं की भरमार होती थी। कांग्रेस के अग्रणी नेताओं[422] की मानें तो उनके नाम से फ़र्ज़ी अकाउंट भी बनाये गये। उनमें एक फ़र्ज़ी अकाउंट मेरे ख़ुद के नाम से था।[423] फोटोशॉप के ज़रिये देश विरोधी बयान देते या समाज विरोधी कृत्य

420. शिवम शंकर सिंह, 'इंडिया'ज व्हाट्सएप इलेक्शन', *नेशनल हेराल्ड*, 18 मार्च 2019।
421. सौम्या तिवारी, 'हाउ स्मार्ट, वायरल कंटेंट हेल्पड बीजेपी ट्रंप कांग्रेस ऑन सोशल मीडिया', *लाइवमिंट*, 4 जून 2019।
422. समर्थ बंसल एंड किरण गरिमेल्ला, 'फाइटिंग फ़ेक न्यूज़ : डिकोडिंग "फैक्ट–फ्री" वर्ल्ड ऑफ़ व्हाट्सएप', *हिन्दुस्तान टाइम्स*, 5 मार्च 2019।
423. राकेश वप्पू, 'शशि डिड नॉट से दैट ही विल इवन हिट दी शिवलिंग विथ अ चप्पल, इफ नीडेड, टू आउस्ट मोदी', *फ़ैक्टली*, 26 अप्रैल 2019।

करते प्रतिपक्षी नेताओं की तस्वीरें भी सोशल साइट पर उछाली गयीं।[424] यथार्थ के चयन का विकल्प हर एक के पास है। चूँकि राष्ट्रवादी उद्देश्य का 'बृहत्तर यथार्थ' ही सबसे महत्त्वपूर्ण यथार्थ है, इसलिए इस बात पर कोई आश्चर्य नहीं होना चाहिए कि सोशल मीडिया को 'उत्तर यथार्थवादी' युग का नाम भी दिया गया है। घृणित दोषारोपण इतने सहज और अघृणित तरीक़े से लगाया जाता है और इतनी व्यापकता के साथ प्रचारित किया जाता है कि सामान्य नागरिक भी उसे बिना दुविधा और तर्क के स्वीकार कर लेता है। यदि आज के भारत में आप सोशल मीडिया पर नहीं हैं तो आप ख़बरों से बेख़बर हैं और अगर आप सोशल मीडिया पर हैं तो आप ग़लत तरीक़े से बाख़बर हैं। आज दुनिया भर में मनगढ़ंत ख़बरों का मज़ाक़ उड़ाया जाता है, इसके बावजूद ये आज भी बड़े पैमाने पर विस्तारित की जा रही हैं क्योंकि इनकी उत्पत्ति ही अपने प्रसारकों के राजनीतिक हितों को साधने के उद्देश्य से की जाती है। लिहाज़ा भारत में बड़े पैमाने पर वे मत डाले जाते हैं जो ग़लत ख़बरों से प्रभावित होते हैं। सत्ताधारी पार्टी का यह मानना है कि प्रेम और युद्ध की तरह चुनाव में भी सब कुछ जायज़ है, लेकिन भारत के लोकतन्त्र पर इसका दूरगामी प्रभाव बहुत घातक होने की आशंका है।

इस बात से अवगत होने के बाद कि सूचनाओं के आदान–प्रदान के ज़रिये इस एप्प का राजनीतिक दुरुपयोग किया जा रहा है, व्हाट्सएप ने एहतियाती क़दम उठाते हुए लोगों को सूचनाएँ फारवर्ड करने की अधिकतम संख्या को सीमित कर दिया है। मसलन अब एक बार में अधिकतम पाँच प्राप्तकर्ताओं को ही सूचनाएँ अग्रसारित की जा सकती हैं ताकि उनको वायरल होने की सम्भावनाओं पर अंकुश लगाया जा सके।[425] साथ–साथ इसने भारत के चुनाव आयोग द्वारा ग़लत ख़बरों को फैलाने के दोषी चिह्नित नम्बरों को ब्लॉक करने का भी फ़ैसला किया है।[426] लेकिन ये

424. 'फ़ेक पिक्चर ऑफ़ राहुल गाँधी "मीटिंग" पुलवामा अटैकर गोज वायरल', *दी क्विंट*, 15 फ़रवरी 2019।

425. बिली पेरिगो, 'हाउ वोलंटियर्स फॉर इंडिया'ज रूलिंग पार्टी आर यूजिंग व्हाट्सएप टू फुएल फेक न्यूज़ अहेड ऑफ़ इलेक्शन्स', *टाइम्स*, 25 जनवरी 2019।

426. अंकुर भारद्वाज, 'व्हाट्सएप टू ब्लॉक नम्बर्स व्हिच स्प्रेड मिसइन्फोर्मेशन ड्यूरिंग इलेक्शंस : रिपोर्ट,' *इंक* 42, 13 अप्रैल 2019।

फ़ैसले ग़लत ख़बरों को फैलने की रफ़्तार को कम कर सकते हैं, लेकिन उन्हें पूरी तरह से रोकने के लिए पर्याप्त नहीं हैं। भाजपा के पास उसके समर्थकों की भारी–भरकम फ़ौज है जिनका काम ही इन व्हाट्सएप समूहों को भ्रमित करने वाले समाचारों की आपूर्ति करना है।[427] उनमें से कइयों को तो बाजाप्ता इस काम की क़ीमत भी चुकाई जाती है। आज सत्ताधारी पार्टी के संरक्षण के तले ऐसे लाखों व्हाट्सएप समूह सक्रिय हैं जिनकी सदस्यता प्रादेशिक मुद्दों और राजनीतिक–धार्मिक पूर्वाग्रहों पर निर्भर है। ये समूह प्रत्येक महीने सैकड़ों टिक टोक वीडियोज़ बनाते हैं और सांकेतिक सन्देशों के साथ उनका व्यापक प्रसार करते हैं। अरुन्धति रॉय के चर्चित मुहावरे में कहें तो, 'उन्माद में ग्रस्त कट्टरवादी आबादी को बूँद–बूँद कर उनकी ख़ुराक मुहैया कराते रहते हैं।'[428]

ज़ाहिर है लोकतन्त्र में विश्वास करने वाले लोगों का भय निराधार नहीं है। अभी तक व्हाट्सएप के ज़रिये फैलाई गयी अफ़वाहों की वजह से अनगिनत लोग मारे जा चुके हैं।[429] मुझे याद है कि अप्रैल 2019 में जब श्रीलंका में इस्टर के मौक़े पर एक गिरजाघर में बमबारी की घटना हुई थी तब सुरक्षा के आरम्भिक क़दम उठाने के क्रम में वहाँ की सरकार ने देश भर में सोशल मीडिया पर प्रतिबन्ध लगा दिया था। लेकिन जब बात राजनीतिक स्वार्थों की हो तब सरकार का रवैया पूरी तरह से बदल जाता है। भारत में मौजूदा सरकार के सन्दर्भ में भी यही बात कही जा सकती है। भाजपा ऐसी घटनाओं को अपने राजनीतिक दृष्टिकोण से तूल देने में माहिर है। भारत में ग़लत ख़बरों को फैलने से रोकने के लिए कोई ठोस क़दम नहीं उठाया गया है। अलबत्ता ग़लत ख़बरों और अफ़वाहों को प्रोत्साहित करने के लिए सरकार की आलोचना करने वाले पत्रकारों को चिह्नित कर उन्हें निशाना अवश्य बनाया गया है।

निश्चित रूप से सोशल मीडिया संवाद का एक ऐसा शानदार मंच है जहाँ सामान्य लोग अपने विचार लोकतान्त्रिक तरीक़े से व्यक्त कर सकते हैं।

---

427. पेरिगो, 'हाउ वोलंटियर्स फॉर इंडिया'ज रूलिंग पार्टी आर यूजिंग व्हाट्सएप टू फुएल फ़ेक न्यूज़ अहेड ऑफ़ इलेक्शन्स'।
428. रॉय, 'इमिटेशन्स ऑफ़ एन एंडिंग।'
429. पेरिगो, 'हाउ वोलंटियर्स फॉर इंडिया'ज रूलिंग पार्टी आर यूजिंग व्हाट्सएप टू फुएल फ़ेक न्यूज़ अहेड ऑफ़ इलेक्शन्स'।

लेकिन इसे दुष्प्रचार और भ्रम का माध्यम समझने वाले स्वार्थी और ग़ैर–ज़िम्मेदार राजनेताओं के हाथों में यह खुद में एक लोकतन्त्र–विरोधी उपकरण के तौर पर इस्तेमाल किया जा सकता है। यदि आपने एक बार ग़लत सूचनाओं पर विश्वास करके किसी ग़लत आदमी को अपना मत दे दिया, तो अपनी इस भूल को सुधारने का मौक़ा आपको अगले चुनाव तक नहीं मिल सकता है। भारतीय लोकतन्त्र के लिए व्हाट्सएप के ख़तरों को इसी गम्भीर परिप्रेक्ष्य में देखना होगा।

सूचना–तन्त्र का यह उन्मादपूर्ण ज्वर अपनी व्यापकता और प्रभाव में इतना सर्वसत्तावादी और असहिष्णु है कि इससे असहमत होने की अनुमति किसी को नहीं है–स्वयं अपने पक्ष के किसी व्यक्ति को भी नहीं। सुषमा स्वराज को 2018 में उनकी अपनी ही पार्टी के सदस्यों और समर्थकों ने निशाना बनाया था और उनके ख़िलाफ़ ज़हर उगला था, और भारत की सोशल मीडिया पर यह मुद्दा ख़ासा छाया रहा था।

स्वराज के बारे में लोग जानते थे कि वे अपने मन्त्रालय की सेवाओं के ख़िलाफ़ नागरिकों की अपील का ट्विटर पर फ़ौरन जवाब देती थीं। ऐसी ही एक अपील पर तुरन्त कार्रवाई करते हुए उन्होंने एक ऐसे पासपोर्ट अधिकारी का दण्डस्वरूप स्थानान्तरण कर दिया था, जिसने पासपोर्ट के लिए आवेदन करने पर किसी दूसरे धर्म के दम्पति के ऊपर साम्प्रदायिक छींटाकशी की थी। मुसलमानों के प्रति एक सामान्य विद्वेष रखने वाले उनके पार्टी के सदस्य ने उक्त तबादले के लिए सीधे रूप से सुषमा स्वराज को दोषी ठहराया, जबकि उनके मन्त्रालय ने उस अधिकारी के स्थानान्तरण का आदेश उस समय निर्गत किया जब वे स्वयं विदेश–यात्रा पर थीं। उनके ख़िलाफ़ आक्रोशपूर्ण और आक्रामक ट्विटों की बौछार कर दी गयी, यहाँ तक उनके नाम के साथ 'बेगम' शब्द जोड़ कर भी उनका उपहास उड़ाया गया। उनके राजनीतिक प्रतिद्वन्द्वियों ने उन पर खोजी रॉटविलरों की तरह हमला बोल दिया और उनके पति से यह माँग की कि पार्टी की विचारधारा से मुकरने की सज़ा के तौर पर वे स्वराज की पिटाई करें।

पिछले दशक में भाजपा ने एक साइबर योद्धाओं का एक शक्तिशाली समूह संगठित किया है जिसका मुख्य काम हिन्दू अन्ध राष्ट्रवाद के विचारों का प्रचार करना, अल्पसंख्यकों का सामाजिक–राजनीतिक अपमान करना

और उग्रराष्ट्रीयता को प्रोत्साहित करना है। इस अभियान के रास्ते में उसे अपने किसी राजनीतिक प्रतिद्वन्द्वी का कोई हस्तक्षेप स्वीकार नहीं है। भाजपा के इस राजनीतिक प्रचार में सोशल मीडिया 'ट्रोल' असरदार फ़ौजियों की भूमिका में हैं। भाजपा की ओर से 'sickluars' [सेक्युलरिस्ट], 'libtards' [लिबरल 'बास्टर्ड'], khangressis [कांग्रेस पर कथित रूप से मुस्लिमवादी होने का दोष लगाते हुए गढ़ा गया एक शब्द] और पार्टी के हितों से जुड़े अन्य मुद्दे शत्रुओं पर हमला बोलने के लिए देश–विदेश में हज़ारों की संख्या में साइबर सेल सक्रिय हैं जिसमें वेतनभोगी 'ट्रोल' रात–दिन इसी काम में जुटे रहते हैं। स्वाति चौधरी ने 2016 में इस पूरी क्रियाप्रणाली को बेनकाब करते हुए अपनी किताब *आय एम अ ट्रोल : इनसाइड दी सीक्रेट वर्ल्ड ऑफ़ दी बीजेपी'ज डिजिटल आर्मी* में पार्टी के इस सुसंचालित किन्तु छद्म तन्त्र के बारे में विस्तार से लिखा है। पुस्तक में उन वेतनजीवी राजनीतिक प्यादों के क्रियाकलापों का लेखा–जोखा है जो विभिन्न अकाउंटों के नाम से संगठित हैं। उन प्यादों का एकमात्र काम सोशल मीडिया के ज़रिये उन लोगों पर संगठित हमला बोलना है जो पार्टी के राजनीतिक हितों के विरुद्ध हैं अथवा हिन्दू–अन्धराष्ट्रवाद और मुसलमान–विरोधी विचारधारा के शत्रु हैं। भाजपा का साइबर हिट–स्कवायड अपने रवैये में इतना आक्रामक और अश्लील हो चुका है कि आज के दिन भारतीय सोशल मीडिया पर कोई भी उदारवादी विचार प्रकट करना लगभग असम्भव हो गया है। ऐसा करने से पहले व्यक्ति को अपमानजनक टिप्पणियाँ और गालियाँ सुनने के लिए मानसिक रूप से तैयार होना आवश्यक है।

मैं लम्बे समय से स्वयं इस ट्रोल का एक स्थायी शिकार रहा हूँ। अपने टाइमलाइन पर रोज़ाना मुझे इन अपमानजनक टिप्पणियों और विषाक्त नकारात्मकता का सामना करना पड़ता है। किन्तु इस नकारात्मकता से खुद पार्टी की सम्मानित और वरिष्ठ नेत्री होने के बावजूद सुषमा स्वराज को भी तब गुज़रना पड़ा था जब उन्होंने सोनिया गाँधी के प्रधानमन्त्री होने की स्थिति में अपना मुण्डन कराने की सार्वजनिक घोषणा की थी। समर्थकों की दृष्टि में यह एक मर्यादा–विरुद्ध घोषणा थी और इस कारण उन्हें अपने ही पक्ष के लोगों द्वारा ट्रोल होना पड़ रहा था। यह स्वराज के लिए एक कड़वा अनुभव था लिहाज़ा उन्होंने अतिशीघ्रता में अपने बचाव में एक ट्विटर पोल कराया और अपने समर्थकों से अपने विरुद्ध

इस शाब्दिक मोर्चेबन्दी के ख़िलाफ़ उनका बचाव करने का आग्रह किया। हैरत की बात यह थी कि उनके समर्थकों में से 47 प्रतिशत लोगों ने ट्रोल को सही माना। स्वराज बस उस अनुभव से होकर अभी–अभी गुज़री थीं जिसे हम लम्बे समय से झेलते रहे हैं–कि उनकी पार्टी ने सोशल मीडिया को अपने वक्तव्यों और ग़लत ख़बरों से इतना दुर्गन्धपूर्ण बना दिया था कि इस क्षेत्र में स्वस्थ विचारों का प्रवेश एक तरह से निषिद्ध हो चुका था। डॉ. फ्रैंकेनस्टीन ने बिल्कुल दुरुस्त लिखा है, कि आप एक दैत्य को जन्म दे सकते हैं, लेकिन उसे हर समय नियन्त्रित नहीं कर सकते कि वह क्या करेगा।

जिस तजुर्बे से सुषमा स्वराज को 2018 में गुज़रना पड़ा था, मुस्लिम–विद्वेष की पार्टी की मानसिकता के कारण 2020 में प्रधानमन्त्री मोदी ख़ुद भी इस ट्रोल का कड़वा स्वाद चखने से नहीं बच पाये। सोशल मीडिया पर भारतीयों के मुसलमान–विरोधी पोस्ट्स से आक्रोशित अरब देशों को आश्वस्त करने के लिए उन्होंने ट्विट किया था, 'कोविड–19 को नस्ल, धर्म, रंग, जाति, भाषा या सरहदों से कोई लेनादेना नहीं है। यह किसी को भी अपना शिकार बना सकता है....इस लड़ाई को हमें एक–दूसरे से मिलकर लड़ना होगा।' प्रधानमन्त्री की इस अप्रत्याशित संवेदना ने उनके समर्थकों के भीतर के आक्रोश को विस्फोटक तरीक़े से अभिव्यक्त होने का मौक़ा दे दिया। उनमें तो कुछ वे लोग भी थे जिन्हें प्रधानमन्त्री मोदी ख़ुद ट्विटर पर फॉलो करते थे। एक ट्विट के ज़रिये उनसे कहा गया : 'हम लोग एक साथ 'नहीं' हैं@नरेन्द्र मोदी सर। हम वे 'नहीं' हैं जो पुलिस वालों पर थूकते हैं, हम वे 'नहीं' हैं जो मस्जिदों में विदेशी नागरिकों को छुपा कर रखते हैं। हम वे 'नहीं' हैं जो डॉक्टरों पर पत्थरबाज़ी करते हैं। हम वे 'नहीं' हैं जो अपनी यात्राओं का विवरण छुपाते हैं। यह 'वे' हैं। और, 'उन सबके' अपने–अपने नाम हैं।' इस प्रकरण को याद करते हुए पत्रकार वर्गीज जे. जॉर्ज कहते हैं : 'एक अन्य ट्विटर यूजर जो राष्ट्रवादियों का वास्तविक सत्य जानने का दावा करता है, ने घोषणा की कि वे लोग जो "मोदी–मोदी" नाम का मन्त्रोच्चार करते रहते हैं, ने उनका ट्विट पढ़ने के बाद उसे ऐसी गालियाँ दीं जिनका सम्बन्ध औरत के गुप्तांगों से होता है। 24 अप्रैल 2020 को भी मोदी को अपने मुसलमान–विरोधी समर्थकों का आक्रोश झेलना पड़ा जब उन्होंने तुलनात्मक रूप से थोड़ी नरमी दिखाते हुए

लोगों को रमज़ान के मौक़े पर 'सबको सुरक्षित, स्वस्थ और खुशहाल रहने की' शुभकामनाएँ दीं। लेकिन प्रधानमन्त्री को अपनी इस राजनीतिक दृष्टि से उचित पोस्ट के लिए लोगों के कोपभाजन का निशाना बनना पड़ा।'[430]

वर्तमान राजनीतिक परिदृश्य में महिला पत्रकारों और सामाजिक कार्यकर्ताओं के शोषण और प्रताड़ना की घटनाओं में भारी वृद्धि हुई है। उनके चरित्रों पर भाँति–भाँति के प्रश्न खड़े किये जा रहे हैं, और उनकी शक्लसूरत और चालचलन पर भी फ़ब्तियाँ की जा रही हैं। उदाहरण के रूप में एक भाजपा कार्यकर्ता ने कांग्रेस पार्टी की एक महिला प्रवक्ता को ट्विटर पर उनकी दस वर्षीय बेटी का बलात्कार करने की धमकी दी। यद्यपि बाद में उक्त कार्यकर्ता को गिरफ्तार कर लिया गया किन्तु इसके बाद भी सोशल मीडिया पर भाजपा की ट्रोल आर्मी द्वारा नारी–विरोधी धमकियों और वक्तव्यों में कोई ख़ास कमी नहीं आयी है। ऐसे भी इंटरनेट इस तरह के स्त्री–विरोधी और अश्लील आचरण की दृष्टि से एक निरापद क्षेत्र माना जाता है क्योंकि छद्म पहचान के ज़रिये और लक्ष्य से एक विशेष दूरी को बनाये रखकर इसका सहजता से दुरुपयोग किया जा सकता है। और, यदि इसे राजनीतिक संरक्षण का वरदहस्त प्राप्त हो तब तो सोने पर सुहागा की स्थिति हो जाती है। भाजपा के शासनकाल में पार्टी के लिए सोशल मीडिया एक कारगर हथियार है जिसका वह मनमर्ज़ी से इस्तेमाल कर रही है।

ऐसा नहीं कि सत्ताधारी पार्टी इस संवेदनशीलता का असम्मान कर रही है, बल्कि वास्तविक वस्तुस्थिति भी यही है। सामान्य रूप से प्रत्येक नागरिक यह जानता है कि सोशल मीडिया पर आज 'फ़ेक न्यूज़' का वर्चस्व स्थापित हो चुका है और किसी प्राथमिक पुष्टि बिना झूठी ख़बरें धड़ल्ले से फैलाई जा रही हैं। दुखद बात यह है कि सोशल मीडिया, ख़ास कर 'व्हाट्सएप' पर इन झूठी ख़बरों और अफ़वाहों के निर्बाध प्रसारण से अनेक लोगों को अपनी जान गँवानी पड़ी है। बच्चों को अगवा करने और गायों का वध करने की ग़लत शंकाओं के आधार पर उन्मादी भीड़ के हाथों कई

---

430. <htpps://twitter.com/narendramodi/status/1253695904764309504?s=20> पर उपलब्ध। सी आल्सो वर्गीज के. जॉर्ज, 'हिन्दुत्वा'ज एक्सट्रीमिस्ट ट्विटरेट्टी नाउ टारगेट मोदी फॉर मुस्लिम एपीजमेंट', *दी हिन्दू*, 9 मई 2020।

निर्दोष लोग मारे जा चुके हैं। 2012 में भारतीय शहरों में बसे उन हज़ारों नार्थ ईस्ट के निवासियों को अपनी नौकरी और अपना घर छोड़कर भागने को मजबूर होना पड़ा क्योंकि सोशल मीडिया के फ़र्ज़ी पोस्टों के हवाले से उनके ख़िलाफ़ बर्मियों का क़त्ल कर म्याँमार से भागे हुए मुसलमान होने की अफ़वाह उड़ा दी गयी थी। इस अफ़वाह के बाद ही पूर्वोत्तर के अनेक लोगों पर उत्तर भारत में हिंसक हमले होने की अनेक घटनाएँ घटीं।

सोशल मीडिया की यही प्रकृति है कि वह झूठ को इतनी तेज़ी से फैलाने में समर्थ है कि सच को हज़ार कोशिशों के बाद भी पहले की तरह स्थापित करना लगभग असम्भव हो जाता है। सोशल मीडिया अपुष्ट ख़बरों के ज़रिये सनसनी फैलाने का एक मारक अस्त्र है। लेकिन इसके बाद भी इस माध्यम को नियन्त्रित करने के सभी प्रयासों का विरोध किये जाने की आवश्यकता है क्योंकि इंटरनेट पर उपलब्ध सामग्रियों का नियन्त्रण मीडिया के दूसरे माध्यमों पर अभिव्यक्ति की स्वतन्त्रता पर प्रतिबन्ध लगाने के रास्ते खोल देगा। इस गुत्थी का कोई आसान हल नहीं दीखता है। अलबत्ता जब भाजपा के एक नेता को ट्रोल किया गया तब सत्ताधारी पार्टी को शायद उस सन्त्रास की अनुभूति हुई हो जिसे हम सबको झेलना पड़ रहा है। बहरहाल इसमें कोई सन्देह नहीं है कि भारत के जातीय राष्ट्रवाद की इस निर्णायक–भूमि में सोशल मीडिया पर सक्रिय साइबर लड़ाकुओं की इस शस्त्रशाला के महत्त्व को अस्वीकार नहीं किया जा सकता है।

वर्तमान भारत में सोशल मीडिया की इस नकारात्मक भूमिका में बहुत बड़ा योगदान भारतीय जनसंख्या के उस बड़े वर्ग का है जिसकी आस्था हिन्दुत्ववादी जातीय राष्ट्रवाद की अवधारणा में है। सोशल मीडिया ने राष्ट्रीय राजनीति को न केवल ग़लत सूचनाओं और 'छद्म नामकरणों' का पर्याय बना दिया है बल्कि राजनीतिक वास्तविकताओं को न्यून कर उसे 'साउंड बाइट्स' और प्रतीक–चिह्नों तक सीमित कर दिया है। यह ध्यान रखने की बात है कि कोरोना वायरस पर विजय प्राप्त करने के प्रतीक–रूप में लोगों से थाली बजाने और बाद में पुनः दिया अथवा मोमबत्ती प्रज्वलित करने की अपील करने के लिए प्रधानमन्त्री ने सोशल मीडिया को अपना पसन्दीदा माध्यम चुना। महामारी के विरुद्ध इस प्रतिरोध की तर्कहीनता के बावजूद मोदी के करोड़ों अन्ध अनुयायियों ने इस काम में उनका निष्ठापूर्वक अनुसरण किया। मोदी की इस कार्यवाही का विश्लेषण करते हुए एक

टिप्पणीकार ने कहा था, 'करिश्माई सर्वसत्तावाद की एक बड़ी ताक़त यह है कि यह प्रतीकों के ज़रिये तार्किक आलोचनाओं को मौन कर देने में सक्षम है। थाली बजाकर कोविड का मुक़ाबला करने और टिक टोक को प्रतिबन्धित करके चीन को उसकी हैसियत बताने के मुग़ालते को वस्तुतः सच को प्रतीकों से स्थानापन्न करने के नये टूलकिट के रूप में देखे जाने की ज़रूरत है। अब नायकों और शत्रुओं, विचारों और आदर्शों, और सच और गप्पबाज़ियों का नया पैन्थिओन (प्राचीन रोम का एक मन्दिर जिसमें सभी देवताओं की आराधना होती थी) बना दिया गया है।[431] हमारे सिद्धान्तों और क्रियाकलापों की एकमात्र प्रामाणिकता भी वही है। संस्थान अब शक्तिविहीन हो चुके हैं और मीडिया असंगत तरीक़े से आक्रामक हो चुकी है, और दोनों का एकमात्र काम सरकार की नीतियों का मुखर गौरवगान करना भर रह गया है।'[432]

इस अध्याय में उस भारत की तस्वीर प्रस्तुत की गयी है वह प्रधानमन्त्री के दावे के मुताबिक़ 'हिन्दू राष्ट्रवाद' के मार्ग पर बढ़ता हुआ देश है। दुर्भाग्यपूर्ण बात यह है कि यह 'हिन्दू राष्ट्रवाद' उन संस्थानों, व्यवहारों और पद्धतियों की क़ीमत पर पल्लवित–पुष्पित हो रहा है जिसने भारत के नागरिक राष्ट्रवाद को पिछले सात दशकों तक निरन्तर सिंचित किया है। जिस 'नये भारत' की शेखी प्रधानमन्त्री मोदी बघारते रहे हैं उसकी इमारत वे विविधतापूर्ण, बहुलवादी और मतभेदों से भरे भारतीय समाज की बुनियाद पर बनाने पर आमादा हैं, और कम–से–कम फ़िलहाल तो अपने प्रयासों में सफल होते दिख रहे हैं।

किन्तु नागरिक संशोधन अधिनियम के विरुद्ध देश भर में चल रहे व्यापक जन आन्दोलनों ने यह सिद्ध करने का सफल प्रयास किया है कि भारतीय लोकतन्त्र अपने जीवन के पक्ष में अभी भी संघर्षरत है। मोदी के अकस्मात और किसी पूर्व घोषणा के बिना 2020 में लॉकडाउन लागू करने के तुग़लकी निर्णय के बाद लाखों की संख्या में प्रवासी मज़दूरों के घर वापसी की अमानवीय घटना से देशव्यापी स्तर पर जो आक्रोश उत्पन्न हुआ उसने भी मोदी के वैभवशाली सपनों पर आघात किया है।

---

431. सन्तोष देसाई, 'दैट फीलिंग ऑफ़ नम्बनेस?', *टाइम्स ऑफ़ इंडिया*, 3 अगस्त 2020।

432. वही।

बहरहाल सरकार अपने लिए कौन–सा मार्ग चुनेगी, इसकी संशयपूर्ण प्रतीक्षा हरेक भारतवासी को है। क्या यह हंगरी के रास्ते पर जायेगी जहाँ कोरोना वायरस के बहाने की आड़ में विक्टर ओर्बन ने संसद को निलम्बित कर दिया है और राज्यादेशों के माध्यम से पिछले कई महीनों से शासन को संचालित कर रहे हैं, या फिर वह तुर्की के रेसेप तय्यिब एरडोगन की तरह स्वयं ही प्रधानमन्त्री और राष्ट्रपति बनकर और संविधान को अपनी रुचियों के अनुसार दोबारा लिखकर अपनी शक्तियों को व्यक्तिकेन्द्रित और पुनर्संगठित करेगी–या फिर, जैसा कि 1977 में हुआ था, भारतीय जनता एक बार फिर से जाग उठेगी और स्वाभाविक रूप में अपने आप का पुनरानुसन्धान करने की चेष्टा करेगी।

नागरिक राष्ट्रवाद का एक सबल पक्ष यह है कि यह जनता को वहीं बने रहने देने की इजाज़त देता है जो वह स्वाभाविक रूप से है। नागरिकों को अपना पक्ष अभिव्यक्त करने की पूर्ण स्वतन्त्रता होती है, और उसे अपनी इच्छानुसार वह जीवन जीने की आज़ादी भी मिली होती है जो बृहत् राष्ट्रीयता की परिधि और प्रावधानों द्वारा अनुसशंसित और स्वीकृत हो। इसके विपरीत, हिन्दू राष्ट्रवाद हरेक भारतीय को भारतीयता के एक नये खाँचे के मुताबिक़ फिर निर्मित करना चाहता है–एक ऐसा भारतीय जो एक अकेली साम्प्रदायिक आस्था, एक अकेली भाषा, एक वैचारिक समग्रता और एक ही नेता के प्रति निष्ठा में विश्वास करता हो। यह प्रक्रिया बाजाप्ता आरम्भ हो चुकी है। यह प्रक्रिया संघ की आधारभूत बनावट में सफल परिवर्तन, जो अनिवार्यतः बहुसंख्यकवादी होगा, के रूप में फलीभूत हो सकेगी या नहीं, इसका निर्णय भारत के लोग करेंगे।

34

उत्तर और दक्षिण का विभाजन

अति राष्ट्रवाद की एकरूपता का हठ प्रायः संघवाद की उस भावना के प्रति असभ्य रूप से प्रतिकूल होता है जो विविधताओं के बावजूद किसी देश को एकताबद्ध रखने में सफल होती है। ऐसा अनेक बार होता है जब किसी सामान्य मुद्दे का समाधान तलाशने के क्रम में देश की अधिक गम्भीर चुनौतियों की अनदेखी हो जाती है क्योंकि एक जैसी प्रतीत होती संवैधानिक व्याधियों के राजनीतिक उपचार भिन्न होते हैं। 2017 में ऐसा ही हुआ था जब केन्द्र सरकार के एक सामान्य से निर्णय ने उत्तर और दक्षिण के बीच एक विभाजन की रेखा खींच दी थी। हालाँकि मैंने भाषा–विवाद पर विमर्श के क्रम में इस मसले का हल्का सा उल्लेख किया था, लेकिन यहाँ हम विस्तार से इस विषय पर चर्चा करेंगे।

द्रविड़ मुन्नेत्र कझगम (ड़ीएमके) के नेता एम.के. स्टालिन ने दस मुख्यमन्त्रियों और प्रधानमन्त्री को पन्द्रहवें वित्त आयोग के 'सन्दर्भित विषयों' (term of reference) पर प्रश्न पूछते हुए एक पत्र लिखा। इस पत्र ने यह स्पष्ट कर दिया कि मोदी सरकार के विचारहीन और अटकलों पर आधारित एक निर्णय ने देश के सामने कैसे एक गम्भीर संकट पैदा कर दिया।

वित्त आयोग हमारे शासन–तन्त्र की एक ऐसी संस्था है जो अपेक्षाकृत कम प्रसिद्ध है। इसका गठन प्रत्येक पाँच वर्ष पर करों के ज़रिये देश की राजस्व उगाही को राज्यों के बीच सम्यक् बँटवारे के उद्देश्य से किया जाता है। वित्त आयोग के द्वारा यह बँटवारा विभिन्न मानदण्डों के आधार पर किया जाता है। इन मानदण्डों में एक यह भी है कि उस राज्य की जनसंख्या देश की कुल आबादी की कितनी प्रतिशत है।

लेकिन विगत चार दशकों से भी अधिक समय से राजस्व विभाजन का मानदण्ड 1971 की जनसंख्या का आँकड़ा ही बना हुआ है।

यह निश्चित रूप से एक असंगतपूर्ण स्थिति है क्योंकि 1971 के बाद देश में चार जनगणनाएँ हो चुकी हैं और उसके बाद के सभी वित्त आयोगों के पास जनसंख्या सम्बन्धी बिल्कुल ताज़ा आँकड़े उपलब्ध रहे हैं। लेकिन पचास साल पहले के आँकड़े को आधार बनाने का कारण बहुत सरल है, क्योंकि इसका असल सम्बन्ध वस्तुतः संसद में हमारे राजनीतिक प्रतिनिधित्व से जुड़ा है। 1976 में संविधान में जो बहुउद्देशीय बयालीसवाँ संशोधन किया गया उसके अनुसार जनसंख्या–नियन्त्रण को प्रोत्साहित करने के लिए अगले पच्चीस सालों के लिए राज्यों की लोकसभा सीटों में कोई वृद्धि नहीं करने का भी निर्णय लिया गया था। राज्यों को इस बात के प्रति अवश्य आश्वस्त किया गया था कि जनसंख्या–नियन्त्रण में सफलता प्राप्त होने के बाद भी राज्यों को अपनी लोकसभा सीटें नहीं गँवानी होंगी। 2001 में प्रधानमन्त्री वाजपेयी की एनडीए सरकार ने इस व्यवस्था को अगले पच्चीस वर्षों के लिए फिर से बढ़ा दिया, और संविधान के इक्यानवेवें संशोधन के रूप में इस प्रस्ताव को संसद के दोनों सदनों के सभी दल के सदस्यों ने अंगीकार किया।

इस निर्णय के पीछे की संकल्पना पूरी तरह स्पष्ट थी। यह इस मज़बूत सिद्धान्त पर आधारित थी कि राज्य द्वारा जनसंख्या और मानव संसाधन के सन्तुलित प्रबन्धन का उत्तरदायित्व का पुरस्कार राजनीतिक मताधिकार से वंचित करके कदापि नहीं दिया जा सकता है। इस तर्क में दम हो सकता है कि लोकतन्त्र अपने सभी नागरिकों को बराबर का अधिकार देता है–चाहे वे किसी विकसित राज्य के निवासी हों, अथवा महिलाओं के पर्याप्त सशक्तीकरण और आत्मनिर्णय के अभाव के कारण किसी ऐसे राज्य के निवासी हों जहाँ जनसंख्या नियन्त्रण की योजना बहुत सफल नहीं रही हो। लिहाज़ा कोई भी लोकतान्त्रिक गणराज्य अपनी अस्तित्व–रक्षा राज्यों के विकास के एवज़ में राजनीतिक रूप से उन्हें दुर्बल बनाकर नहीं कर सकता, और न ही उन राज्यों की संसदीय सीटों में बढ़ोतरी करके उन्हें पुरस्कृत करके कर सकता है जो इस उद्देश्य में पूरी तरह असफल रहे हों।

यह अत्यधिक सतर्कता के साथ सन्तुलित की गयी व्यवस्था है जिसे मोदी सरकार ने वित्त आयोग को 1971 के आँकड़ों के स्थान पर 2011 की जनसंख्या के आँकड़ों को व्यवहार में लाने का लापरवाहीपूर्ण निर्देश देकर नष्ट करने का प्रयास किया गया। स्टालिन के आक्रोश का मुख्य कारण यही था। जब पूर्ववर्ती चौदहवें वित्त आयोग को पहले ही 2021 की जनगणना को आधार (हालाँकि वह अभी भी मुख्य रूप से 1971 के आँकड़ों पर ही निर्भर है) मानने का निर्देश पहले ही दे दिया गया था, तब ऐसे में दक्षिण भारत के आर्थिक विश्लेषक निलाकन्तन आर.एस. के अनुसार, 'उत्तर भारत की जनसंख्या में बेतहाशा वृद्धि को भारत सरकार द्वारा किसी भी रूप में पुरस्कृत किया जाना एक बेतुका और हास्यास्पद निर्णय है। क्या यह उचित होगा कि इस असफलता के लिए मुख्य रूप से दोषी स्त्री–निरक्षरता को राजनीतिक–आर्थिक उपहार से कृतार्थ किया जाये?'[433]

ऐसी आशंकाएँ उभरकर सामने आयी हैं, और एम.के. स्टालिन अपनी असहजता व्यक्त करने वाले अकेले व्यक्ति नहीं थे। कर्नाटक के मुख्यमन्त्री सिद्दरमैया ने भी ट्विट और फ़ेसबुक के ज़रिये अपनी आपत्ति दर्ज की। एक राजनीतिक पार्टी का गठन करने वाले आन्ध्र प्रदेश के फ़िल्मी सितारे पवन कल्याण भी पीछे नहीं रहे। 'क्या भारतीय संघ दक्षिण भारतीय राज्यों की सफलता को उन्हीं के विरुद्ध उपयोग करेगा?' उन्होंने ट्वीट किया।[434] उन्होंने कहा, 'करों के रूप में उगाहे गये राजस्व का, राज्यों और केन्द्र के बीच बँटवारे में जनसंख्या–आधारित फ़ॉर्मूला अपनाये जाने से दक्षिण भारतीय राज्यों को दुख होगा।' निलाकन्तन ने लिखा कि पन्द्रहवाँ वित्त आयोग चौदहवें वित्त आयोग से भी गया–गुज़रा था, और शायद भारतीय संघ का भविष्य इसकी निर्णयों की गुत्थियों को सुलझाने में सक्षम हो पाये :

> संसाधनों के आबंटन में 2011 के आँकड़ों के इस्तेमाल से सफलता की सम्भावनाओं को निश्चय ही आघात पहुँचा है। किसी देश

---

433. निलाकन्तन आर.एस., 'हाउ दी फोरटींथ फाइनेंस कमीशन पनिशेज तमिलनाडु', *दी वायर*, 21 अप्रैल 2017।

434. https://twitter.com/pawankalyan/status/964064871426445313?lang=en पर उपलब्ध।

द्वारा उस राज्य को दण्डित करने का अर्थ समझ से परे है, जिसने अपनी लड़कियों को स्कूलों में भेज कर अपने प्रजनन–दर को इतनी सफलतापूर्वक नियन्त्रित किया हो? ऐसा करके भारत तमिलनाडु या केरल को क्या सन्देश देना चाहता है?

ऐसी स्थिति में दक्षिण भारतीय राज्य, विशेषकर तमिलनाडु और केरल इस बात पर एकमत हैं कि भारत की केन्द्र सरकार उनकी सफलता को उनके ही विरुद्ध उपयोग कर रही है, और दूसरी तरफ़ संसाधनों को जनसंख्या के पराक्रम के आधार पर अतार्किक तरीक़े से बाँट रही है। इन राज्यों ने जनस्वास्थ्य के क्षेत्र में पर्याप्त सफलता प्राप्त की है और उन्हें स्वास्थ्य–सेवाओं में होने वाले अपव्यय में कटौती का श्रेय देते हुए उन्हें पुरस्कृत किया जाना चाहिए। शिक्षा में भी अपेक्षित सुधार लाकर उन्होंने यह सिद्ध किया है कि शिक्षा के क्षेत्र में भी ख़र्च के दुरुपयोग से बचा जा सकता है।[435]

सिद्दरमैया ने अपनी पोस्ट में अधिक व्यापक तरह से मुद्दे को उठाया। उन्होंने भारतीय संघ के विस्तृत विषयों का हवाला देते हुए कहा कि कर्नाटक के प्राचीन इतिहास के अनुसार राज्य अपने लिए एक अलग झण्डे का अधिकारी था। भाषा के प्रति व्यवहार और वर्तमान कर–विभाजन की व्यवस्था को देखते हुए प्रतीत होता है कि दक्षिण भारतीय राज्य, उत्तर भारत पर ऐतिहासिक रूप से आर्थिक अनुग्रह कर रहे हैं...उदाहरणार्थ, उत्तर प्रदेश द्वारा कर के रूप में वसूले गये प्रत्येक एक रुपये के एवज़ में राज्य को 1.79 रुपये दिये जा रहे हैं। कर्नाटक के द्वारा दिये गये प्रत्येक एक रुपये के बदले उसे सिर्फ़ 0.47 रुपया ही वापिस मिल रहा है। जब मैं इस क्षेत्रीय असन्तुलन को दूर करने की अपेक्षा कर रहा हूँ, तब मुझे साथ–साथ केन्द्र सरकार के अनुग्रह से वंचित होने की घोर निराशा भी हो रही है।'[436] उन्होंने आगे कहा कि जनसंख्या बेशक केन्द्रीय करों के अनुपात–निर्धारण की एक महत्त्वपूर्ण शर्त थी। 'लेकिन कितने दिनों तक

---

435. निलाकन्तन आर.एस., 'दी फिफ्टींथ फाइनेंस कमीशन मे स्प्लिट ओपन डेमोग्राफिक फाल्ट लाइन्स बिटवीन साउथ एंड नॉर्थ इंडिया', *दी वायर,* 15 फ़रवरी 2018।
436. सौम्या आजी, 'साउथ सब्सिडीज नॉर्थ : कर्नाटक सीएम सिद्दरमैया', *इकोनोमिक टाइम्स,* 17 मार्च 2018।

हम जनसंख्या–वृद्धि का आर्थिक संपोषण करते रहेंगे?' यह उनकी मूल चिन्ता थी।

वास्तविकता यही है कि तमिलनाडु का सकल राज्य घरेलू उत्पादन 15.9 लाख करोड़ रुपये और उत्तर प्रदेश का 14.8 लाख करोड़ रुपये है लेकिन 2018–19 का तमिलनाडु का वित्तीय व्यय 1.1 लाख करोड़ रुपया था, जबकि उत्तर प्रदेश का 1.5 लाख करोड़ रुपये था। यह तमिलनाडु के सालाना वित्तीय से 36 प्रतिशत अधिक था जबकि तमिलनाडु की अर्थव्यवस्था उत्तर प्रदेश की तुलना में 7 प्रतिशत कम है।[437] दूसरी असमानताएँ भी स्पष्टतः दिखती हैं : कर्नाटक अपने ख़र्च का 72 प्रतिशत अपने घरेलू करों से पूरा करता है; बिहार के वित्तीय व्यय का 77 प्रतिशत केन्द्रीय करों द्वारा पूरा होता है। दूसरे शब्दों में कहें तो गणराज्यों की मौलिक अवधारणा के विपरीत भारत में राजस्व का बँटवारा ग़ैर–आनुपातिक रूप में होता है और उसका मोटा हिस्सा उन राज्यों के बीच वितरित होता है जिन्होंने विकास के क्षेत्र में सबसे बुरा प्रदर्शन किया है। ये वे राज्य हैं जो शिक्षा के मामले में बहुत पिछड़े हुए हैं और जो प्रजनन–दर और जनसंख्या–वृद्धि की दृष्टि से बहुत आगे हैं। इन तीनों मामलों में दक्षिणी राज्यों ने तुलनात्मक रूप में बेहतर प्रदर्शन किया है। ये कुछ ऐसे सवाल हैं जिनकी उपेक्षा शेष भारत नहीं कर सकता है। 'काऊ–बेल्ट' के रूप में प्रसिद्ध भारत का यह हिन्दीभाषी क्षेत्र कभी 'बीमारू' राज्यों के नाम से जाना जाता था। ये राज्य कभी भी अपने विकास–संकेतकों को सुधारने में सफल नहीं हो सके–विशेष रूप से महिला साक्षरता और नारी सशक्तीकरण के क्षेत्र में इनकी उपलब्धियाँ नगण्य रहीं। परिणामस्वरूप जनसंख्या–वृद्धि के मामले में उन्होंने दक्षिणी राज्यों को पीछे छोड़ दिया। और, रही–सही कसर वित्त आयोग के नये फ़ॉर्मूले ने पूरी कर दी है जिसके मुताबिक़ पिछड़े हुए राज्यों को कर–राजस्व का बृहत्तर हिस्सा निर्धारित किया गया है।

चूँकि पन्द्रहवाँ वित्त आयोग इस विषय को और अधिक टाल पाने की स्थिति में नहीं है, इसलिए 2011 की जनसंख्या को आधार–रूप में स्वीकार कर लेने के अतिरिक्त उसके पास कोई अन्य विकल्प नहीं है।

---

437. निलाकन्तन आर.एस., 'दी इकोनॉमिक्स एंड पॉलिटिक्स बिहाइंड द्रविडा नाडु ऑर साउथ इंडियन सब–नेशनलिज़्म', *दी वायर*, 20 मार्च 2018।

यह सच है कि जनसंख्या सम्बन्धित आँकड़े आयोग की गणना में प्रयुक्त मानदण्डों में केवल एक मानदण्ड है, और आयोग यदि चाहे तो राज्यों के बीच राजस्व विभाजन को अन्तिम रूप देने से पहले, इस तथ्य को कम महत्त्व दे सकता है, लेकिन आयोग इस विषय पर किस हद तक विचार करेगा यह देखना अभी शेष है। फ़िलहाल जबकि यह पुस्तक प्रकाशित होने के लिए प्रेस में जाने को तैयार है, पन्द्रहवें वित्त आयोग के अन्तिम प्रतिवेदन को सार्वजनिक करने के निर्णय को स्थगित कर दिया गया है। लेकिन यह बात भी तय है कि जब कभी इस प्रतिवेदन को सार्वजनिक किया जायेगा तो उन मुद्दों के इर्दगिर्द, जिनका उल्लेख मैं यहाँ कर चुका हूँ, एक नये सिरे से बहस अवश्य छिड़ेगी।

बहरहाल देश को आसन्न संकटों की ओर ध्यान देने की अत्यधिक आवश्यकता है। एक तरफ़ बिहार, झारखण्ड, राजस्थान और उत्तर प्रदेश जैसे उत्तर भारत के राज्यों में पिछले दस सालों में, अर्थात 2001 और 2011 के बीच जनसंख्या में वृद्धि 20 प्रतिशत की दर से दर्ज की गयी, वहीं दूसरी तरफ़ अविभाजित आन्ध्र प्रदेश और तेलंगाना, केरल, कर्नाटक, और तमिलनाडु में 2001 और 2011 के बीच जनसंख्या–वृद्धि 16 प्रतिशत से भी कम दर्ज हुई। मेरे अपने राज्य में जनसंख्या–वृद्धि का औसत केवल 4.9 प्रतिशत रहा जो देश भर में न्यूनतम था, और इस औसत में लगातार गिरावट को देखते हुए यह अनुमान लगाया जा रहा है कि 2021 तक जनसंख्या के मामले में राज्य नकारात्मक वृद्धि दर प्राप्त करने में सफल हो जायेगा। अगर मौजूदा औसत को ही देखा जाये तो केरल में जनसंख्या वृद्धि बिहार की तुलना में पाँच गुना कम औसत से हो रही है। इतने प्रभावशाली प्रदर्शन के बाद भी केरल को राजस्व के एक बड़े हिस्से से वंचित किये जाने का निर्णय बेतुका प्रतीत होता है। कल के दिन यह भी सम्भव है कि उसे संसद में अपनी कुछ सीटों से हाथ धोना पड़े। ऐसी स्थिति में राष्ट्र के सामान्य मामलों में वह भारत के स्वर से समवेत हो सकेगा, यह अपेक्षा किस सीमा तक की जा सकती है?

इस मामले में सरकार के पास वही घिसापिटा बहाना है कि यह लोकतन्त्र के बनाये हुए नियम हैं। एक–व्यक्ति–एक–मत का अर्थ है कि आपके पक्ष में जितने लोग होंगे आपकी राजनीतिक शक्ति भी उतनी ही दृढ़ होगी, और आपको करों से वसूल किये गये रुपयों से उतना ही अधिक

हिस्सा भी मिलेगा। लेकिन भारत जैसे किसी देश, जिसकी विविधता एक साझा अस्मिता से अनिवार्य रूप से जुड़ी हो लेकिन जिसका नागरिक राष्ट्रवाद अपने सभी विकसित अथवा पिछड़े राज्यों को समान रूप से अंगीकार करने के लिए प्रतिबद्ध हो, के लिए उसके सभी नागरिकों की एक साझा राष्ट्रीयता की आश्वस्तिकारी अनुभूति सबसे बड़ी ज़रूरत है। एक ऐसा देश जहाँ क्षेत्रीय, धार्मिक और भाषायी तनाव की सम्भावना हर समय उपस्थित रहती हो वहाँ इस प्रकार का उत्तर कि–'हम संख्या में अधिक लोग हैं, इसलिए हम अधिक धन और अधिक ताक़त के दावेदार हैं'–निश्चित रूप से हमारे आन्तरिक बन्धन की गठजोड़ को कमज़ोर करेगा। मूल चिन्ता की बात यह है कि पन्द्रहवें वित्त आयोग की सम्भावित अनुशंसाएँ संकेत कर रही हैं कि जब लोकसभा की सीटों में वृद्धि पर लगा अंकुश समाप्त हो जायेगा तब प्रजनन–दर में गिरावट के मामले में दक्षिण भारतीय राज्यों की सफलताएँ उनके राजनीतिक प्रतिनिधत्व को कहीं न्यून न कर दें। निलाकन्तन ने इस आशंका को अभिव्यक्त करते हुए स्पष्टतः लिखा है : 'राजनीतिक शक्ति का पहिया विपरीत दिशा में घूमते हुए उत्तर भारत की जनसंख्या पर आधारित पराक्रम की तरफ़ बढ़ रहा है। दक्षिण के राज्य सम्भावित आर्थिक और सांस्कृतिक वर्चस्व के भय से आशंकित हैं। यह भय असंगत है भी नहीं। ...यह उस लोकतान्त्रिक विकास के मुँह पर एक तमाचे की तरह है जिसे दक्षिण के राज्यों ने पिछले सत्तर सालों में अर्जित किया है'।[438]

तो यही आज की भाजपा का हिन्दी–हिंन्दु(त्व)–हिन्दुस्तान की राजनीति है जो उसकी पिछली सरकार के उस वाजपेयी युग से सर्वथा भिन्न है जो आम सहमति के जनतान्त्रिक मूल्यों में विश्वास करता था। आज पार्टी के मुखर बहुसंख्यकवादी विजयघोष और निर्लज्ज हिन्दी वर्चस्व से ओतप्रोत उसकी वर्तमान बहस जो आर्यावर्त के उसके मिथ्याभिमान से बुरी तरह संक्रमित है, ने दक्षिण भारत के अनेक नेताओं के सामने एक असहज स्थिति उत्पन्न कर दी है। उस पर कोढ़ पर खाज की तरह जनसामान्य के बीच पार्टी द्वारा प्रचारित–प्रसारित वैमनस्यता और सार्वजनिक आचरणों में भ्रष्टता और अपारदर्शिता ने सरकार द्वारा ठोस नीति–निर्माण और उन

438. वही।

नीतियों के क्रियान्वयन में अक्षमता को पूरी तरह से बेनकाब कर दिया है। हम सभी उस खुले राजनीतिक–आर्थिक प्रलोभनों के साक्षी रहे हैं जो भाजपा ने मध्य प्रदेश, गुजरात, कर्नाटक तथा दूसरे स्थानों पर विपक्षी विधायकों को ख़रीदने के एवज़ में दिया था। आदर्श संघीय परम्पराओं का उल्लंघन करते हुए सरकार ने कोविड–19 लॉकडाउन के दौरान असंवेदनशील और अव्यवस्थित तरीक़ा अपनाते हुए राज्य आपदा संकट प्रबन्धन कोष (एसडीआरएमएफ) से राज्यों के बीच ग़ैर–बराबर राहत और मदद देने की घोषणा की। लेकिन सरकार ने इस तथ्य की उपेक्षा की कि किसी भी राज्य के लिए भारी तादाद में श्रमिकों का पलायन समान तरह से त्रासदपूर्ण घटना थी।[439]

हरीश खरे लिखते हैं, 'महामारीविदों, सामान्य चिकित्सकों और सामाजिक आयुर्विज्ञान विशेषज्ञों–तीनो के पेशेवर गठजोड़ ने बहुत हद तक इस व्यक्तिवादी राजनीतिक व्यवस्था को एक सम्भ्रमित और नौसिखुआ निर्णय के लिए प्रेरित किया।'[440] अक्षमता और कट्टरवाद के संग–साथ ने देश को एक असम्मानजनक स्थिति में ला दिया है। यदि मोदी सरकार की झूठी आर्थिक उपलब्धियाँ और राजनीतिक लापरवाही एक–दूसरे का साथ यूँही देती रहीं तो भारत को उथल–पुथल की अवस्था में जाने से रोक पाना कठिन होगा।

हम यह देख चुके हैं कि सत्ताधारी पार्टी द्वारा भाषायी राष्ट्रवाद को बढ़ावा देने की प्रवृत्ति ने दक्षिणी राज्यों में भारी असन्तोष और आक्रोश को जन्म दिया है। हिन्दी भाषी राज्यों ने त्रि–भाषिक फ़ॉर्मूले के मानदण्डों को ध्वस्त करने में कोई कसर नहीं रखी है। उनकी समस्त विनम्रता और शालीनता अपनी मातृभाषा के प्रति समर्पित है और दक्षिण भारत की भाषा सीखने अथवा सिखाने के मामले में अनादर दिखाने का वह कोई अवसर नहीं चूकते हैं। दक्षिण भारत से आये नौकरशाहों पर हिन्दी सीखने की बाध्यता थोप कर सरकार उन्हें उत्तर भारतीय वर्चस्व के अधीन करना चाहती है जबकि अंग्रेज़ी नौकरशाही की विश्वभाषा के रूप में व्यवहार में लायी

---

439. निलाकन्तन आर.एस. 'फिफ्टींथ फाइनेंस कमीशन एंड दी मडीड फाइनेंशियल रिस्पोंस टू कोविड–19', *दी वायर*, 6 अप्रैल 2020।

440. खरे, 'बियॉन्ड दी लीगल काउंसेल'स प्रीडिकमेंट'।

जाने के बावजूद तुच्छ मानी जाती है। चूँकि दक्षिण के राज्य राजनीतिक अधिकारों से वंचित होने और आर्थिक असमानता का शिकार होने की स्थितियों से गुज़र रहे हैं, इसलिए स्वाभाविक है कि ये राजनीतिक और आर्थिक परिणाम भारत की मौलिक एकता के सामने गम्भीर ख़तरा पैदा कर रहे हैं। दोनों लापरवाहियों के समवेत दुष्परिणाम अन्ततः एक गहरे असन्तोष को जन्म देंगे जो सामान्य लोकतान्त्रिक राजनीतिक पर्यावरण के बिल्कुल विपरीत होगा।

प्रतिक्रिया के रूप में कुछ आक्रोशित नेताओं ने पृथक्ता जैसे गम्भीर परिणामों की आशंका भी प्रकट की है। चेन्नई के सुदूर क्षेत्रों में से कहीं कुछ लोगों ने 'द्रविडा नाडु' के पुनर्गठन की सुगबुगाहट दिखलाई है। हालाँकि इस विचार को तमिलनाडु में व्यापक समर्थन प्राप्त नहीं हो पाया है, किन्तु इसका अर्थ यह कदापि नहीं है कि इस माँग की गम्भीरता को नज़रअन्दाज़ किया जाये। जातीय राष्ट्रवाद के लिए भाषाई, सांस्कृतिक और क्षेत्रीय विविधताओं के बीच अपना रास्ता बना पाना बेशक बहुत मुश्किल है किन्तु यह धर्म की विभाजन–रेखा के समानान्तर अपना मार्ग आसानी से बना सकता है, और धर्म ही हिन्दू राष्ट्रवादी संकल्पना का केंद्रीय तत्त्व है। एक गम्भीर टिप्पणीकार ने बहुत स्थिरता के साथ स्थिति का अवलोकन करते हुए लिखा है, 'भारतीय संघ ने तमिल और मलयाली समाज के लिए संघ में एक अन्तर्भूत उप–इकाई के तौर पर ख़ुद को बनाये रखने की सम्भावनाओं को बहुत संकुचित कर दिया है।'[441]

ऐसी दुश्चिन्ताएँ भारतीय लोकतन्त्र के शुभैषियों और समावेशी विचार रखने वाले सभी सच्चे भारतीय राष्ट्रवादियों को बेचैनी से भर देने के लिए काफ़ी हैं। इस आशंका का एक ही उपचार है कि हम लोकतान्त्रिक विकेन्द्रीकरण के महत्त्व को स्वीकार करें–एक ऐसा विकेन्द्रीकरण जिसमें केन्द्र द्वारा राज्यों के बीच राजस्व का विभाजन कोई बड़ी अड़चन नहीं हो, और जिसमें नयी दिल्ली की सत्ता इतनी नियन्त्रणमुक्त नहीं हो। इन सकारात्मक पहलों के माध्यम से नयी जनगणना के कारण जो जटिलताएँ उत्पन्न हुई हैं, उनको बहुत हद तक अप्रासंगिक बनाया जा सकता है। लेकिन जब तक हमारी राजनीतिक व्यवस्था में यह यथास्थिति बनी रहती है

---

441. निलाकन्तन, 'दी फिफ्टींथ फाइनेंस कमीशन मे स्प्लिट ओपन डेमोग्राफिक फाल्ट लाइन्स बिटवीन साउथ एंड नॉर्थ इंडिया।'

तब तक हमें इसे बहुत सतर्कता और समझदारी से संचालित करना होगा। यही वह काम है जिसे करने में मोदी सरकार बुरी तरह से नाकाम रही है।

आख़िर हम उन बिन्दुओं को कैसे चिह्नित करेंगे जो हमें लोकतान्त्रिक विकेन्द्रीकरण के लक्षणों की ओर संकेत करते हैं? सिद्दरमैया का कहना है कि भारत अब एक 'राज्यों के संघ' (Union of India) से एक 'संघीय राज्य' (Federation of States) के रूप में परिवर्तित हो रहा है। सम्भव है कि इस बदलाव के प्रति वे इसलिए भी आशान्वित हैं कि उनको अति–केन्द्रीकरण का विकल्प इस 'सहकारी संघवाद' (Co-operative Federalism) में दीखता है। हालाँकि अभी हम इस लक्ष्य तक नहीं पहुँचे हैं लेकिन हमारे पास इस निराशा का कोई कारण नहीं है कि हम यह मान लें कि हम भारत को इस दिशा में नहीं ले जा सकते हैं। हमारी अर्द्धसंघीय व्यवस्था में निस्सन्देह केन्द्र के पास अधिक शक्तियाँ हैं, क्योंकि भारत के सन्दर्भ में विचार करें तो केन्द्र अथवा संघ ने राज्यों को बनाया है, न कि राज्यों ने केन्द्र अथवा संघ को बनाने में किसी तरह की भूमिका निभाई है। हाल–फ़िलहाल के वर्षों में नये राज्यों का निर्माण भी संसद के अधिनियमों के द्वारा हुआ है। लेकिन इसका यह अर्थ नहीं है कि केन्द्र को अपनी सीमाओं का अतिक्रमण करना चाहिए और राज्य अधिकारों और अपनी स्वायत्तता के सन्दर्भ में महत्त्वहीन हैं और नयी दिल्ली के हाथों की कठपुतलियाँ हैं। इसी तकनीकी सुधार के परिप्रेक्ष्य में वित्त आयोग का 'सन्दर्भित विषय' (ToR अथवा Term of Reference) एक बड़े राजनीतिक मुद्दे के तौर पर उभरकर सामने आया, जिसने राष्ट्रीय एकता के सामने अनेक गम्भीर प्रश्न खड़े कर दिये।

लेकिन अपने स्वरूप में एक अधिक संघीय भारत कैसा दिखेगा? एक बड़ी आशंका इस बात की है एक सुदृढ़ संघीय ढाँचा राज्यों के परस्पर बन्धन को शिथिल कर देगा और जिस भावना के अन्तर्गत हम अपनी भारतीय राष्ट्रीयता साझा करते हैं वह भावना कदाचित क्षीण पड़ जायेगी। जब मार्च 2018 में कर्नाटक ने अपने आधिकारिक झण्डे को सहमति दे दी तब पूरे देश के लिए एक गम्भीर दुविधा की स्थिति उत्पन्न हो गयी क्योंकि ऐसा कोई भी क्षेत्रीय झण्डा भारतीय झण्डे की सर्वोच्चता के लिए व्यावहारिक चुनौती खड़ी कर सकता था। लेकिन ऐसे अनेक संघीय राष्ट्र हैं जहाँ राज्यों के अलग झण्डे हैं और देश को इससे किसी गम्भीर ख़तरे और चुनौती का अनुभव नहीं होता है। सच यही है कि एक स्पष्ट

क्षेत्रीय पहचान को स्वीकृति देने से उस राज्य का आत्मविश्वास और उसकी ताक़त–दोनों को एक मज़बूती मिलती है। जो अपने अधीनस्थों को शक्तिसम्पन्न बनाने से हिचकते हैं, दरअसल वे दुर्बल और आत्मविश्वास के मामले में निर्धन होते हैं।

भारत का नागरिक राष्ट्रवाद इस अर्थ में भी विलक्षण है क्योंकि वह पहचान के सन्दर्भ में विविधताओं और बहुरूपकों का पक्षधर रहा है। भारतीयता की बहुलता ही दरअसल उसकी मौलिक एकलता है। महान मलयाली कवि वल्लत्तोल ने लिखा था : 'भारताम एन्नु केत्ताल, अभिमाना पूरिथम आवनुम अन्थरंगमय केरलम एन्नु केत्तालो, थिलाकन चोआरा नामुक्के न्जेराम्बग्लिल।' (जो भारत का नाम एक बार सुनता है, उसकी छाती गर्व से फूल जाती है; जो केरल का नाम एक बार सुनता है, उसकी नसों में रक्त का प्रवाह तेज़ हो जाता है)। कन्नड़ कवि कुवेम्पु ने एक गीत लिखा था, 'जय भारता जननीय तनुजाथे'। इस गीत में उन्होंने कर्नाटक को भारत देश की पुत्री के रूप में आराध्य माना है।

संक्षेप में कहा जा सकता है दक्षिणी राज्यों की कोई रुचि भारत से पृथक् होने में कभी नहीं रही। बस वे एक अधिक उत्तरदायित्वपूर्ण संघ चाहते हैं। सिद्दरमैया का यह तर्क है कि अधिक राजस्व देने वाले राज्यों को केन्द्र द्वारा अधिक केन्द्रीय अनुदान दिया जाना चाहिए, और इस कसौटी पर अपने योगदान के अनुपात में दक्षिणी राज्य केन्द्र से राजस्व विभाजन में बड़ा अंश प्राप्त करने की पात्रता रखते हैं। इस सुझाव के साथ बेशक यह परेशानी जुड़ी हुई है कि इस कारण अपेक्षाकृत निर्धन राज्यों को केन्द्रीय अनुदान के रूप में मिलने वाली राशि में भारी कटौती करनी होगी। सिद्दरमैया इस बात पर ज़ोर देते हैं कि, 'केन्द्रीय योजनाओं में इन राज्यों की भागीदारी को कम किये जाने की आवश्यकता है।'[442] इस प्रश्न का यह उत्तर हो सकता है : अधिक सम्पन्न राज्यों से कुछ राजस्व वसूल कर उनसे निर्धन राज्यों में केन्द्रीय योजनाओं पर व्यय किया जा सकता है, लेकिन उन योजनाओं को इतना लचीला अवश्य बनाया जाना चाहिए कि प्रत्येक राज्य यह निर्णय ले सकें कि उन योजनाओं की आवश्यकता

---

442. सिद्दरमैया, 'कर्नाटक इज़ अलाउड टू डिमांड ग्रेटर फेडेरल ऑटोनोमी', *दी क्विंट*, 16 मार्च 2018।

उनको है अथवा नहीं है। साथ ही उन राज्यों की क्षमताओं को इस हद तक विकसित किया जाना चाहिए कि वे योजनाओं में अपनी आवश्यकता के अनुरूप रद्दोबदल कर सकें। अपनी प्राथमिकतानुसार योजनाओं में परिवर्तन करने की स्थिति में केन्द्र अथवा भारतीय संघ राज्यों के प्रति आर्थिक रूप में किसी तरह से भी उत्तरदायी नहीं होगा।

सिद्दरमैया की नाराज़गी का एक कारण यह भी था कि 'देश की आर्थिक नीति के निर्धारण में राज्यों से किसी तरह का परामर्श नहीं किया जाता है।' उदाहरण के रूप में उन्होंने मुक्त व्यापार सन्धि के अन्तर्गत श्रीलंका के माध्यम से वियतनाम से सस्ते गोलमिर्च के आयात का हवाला देते हुए इस बात पर अपना असन्तोष प्रकट किया कि इस सौदे में कर्नाटक और केरल जैसे राज्यों के साथ किसी तरह के विमर्श की आवश्यकता नहीं समझी गयी क्योंकि उक्त सौदे से सबसे अधिक इन्हीं राज्यों के गोलमिर्च उत्पादकों की आजीविका पर असर पड़ेगा। उन्होंने जीएसटी (GST) काउंसिल की तर्ज़ पर एक संस्था बनाने का प्रस्ताव भी दिया 'जो किसानों को प्रभावित करने वाली व्यापार नीति और कृषि मामलों से सम्बन्धित नीति–निर्माण में सुझाव देगी। ...हमें शीघ्रातिशीघ्र एक ऐसा तन्त्र विकसित करने की आवश्यकता है जिसमें राष्ट्र के नीति–निर्माण में राज्यों को हस्तक्षेप करने का पर्याप्त अवसर मिले।'[443]

यह प्रस्ताव निश्चित रूप से विचारणीय है। यह समय दूसरे उदारीकरण के प्रारम्भ के लिए बिल्कुल उपयुक्त समय है। यह दूसरा उदारीकरण ठीक 1991 के उदारीकरण जैसा ही मौलिक हो जिसने भारतीयों को व्यापारिक प्रतिबन्धों और लाइसेंस–कोटा राज से मुक्त कर दिया था। हमें पुनः एक ऐसे उदारीकरण की ज़रूरत है जो राज्यों को इतनी स्वतन्त्रता प्रदान कर सके कि वे अपनी क्षमता और अपने अच्छे प्रशासन के बूते पर अपना विकास कर सकें। 'राज्यों को अपनी आर्थिक नीतियाँ बनाने के लिए अधिक स्वायत्तता की ज़रूरत है,' सिद्दरमैया ने पत्र में लिखा, 'उन्हें इस बात की पर्याप्त स्वतन्त्रता मिलनी चाहिए कि क़र्ज़अदायगी की अपनी क्षमता के प्रति

---

443. https://hi-in-facebook.com/Siddaramaiyah.Official/post/regional-identity-federalismsome-time-in-july-last-year-tv-studios-in-delhi-were/602181456793987/ पर उपलब्ध।

अन्य देशों को आश्वस्त कर पाने के आधार पर वे स्वयं भी अन्तरराष्ट्रीय ऋण प्राप्त करने का प्रयास कर सकें, केन्द्र की अनुमति अथवा सहमति के बिना भी वे अपनी पसन्द का आधारभूत ढाँचा बना सकें, और अपनी पसन्द के अनुसार योजनाओं का प्रारूप बना सकें।'[444]

जो लोग हाल–फ़िलहाल के सालों में भारत के राष्ट्रीय चरित्र के विकल्प स्वरूप हिन्दू राष्ट्रवाद का पक्ष लेते रहे हैं, उनको यह अवधारणा हास्यास्पद प्रतीत हो सकती है। किन्तु हमारे जैसे लोगों के लिए यह बिल्कुल समयानुकूल अवधारणा है। इसी अवधारणा की बात मनमोहन सिंह ने अपनी प्रसिद्ध उक्ति में कही थी जब उन्होंने तत्कालीन वित्त मन्त्री के रूप में 1991–92 का बजट पेश करते हुए फ्रांसीसी कवि विक्टर ह्यूगो को उद्धृत किया था। लेकिन नागरिक राष्ट्रवाद द्वारा सुझाया गया यह समाधान बेशक वह नहीं होगा जिसकी वकालत जातीय राष्ट्रवाद के समर्थक करते रहे हैं। सभी तनावों और अन्तर्विरोधों का मुख्य कारण यही है।

444. वही।

35

नागरिक राष्ट्रवाद और देशप्रेम का पुनरुद्घोष

इस सबकी परिणति आख़िर कहाँ होगी? यह पूरी तरह से स्पष्ट है कि जब से केन्द्र में नरेन्द्र मोदी की सरकार सत्ता में आयी है, भारत नागरिक राष्ट्रवाद के स्थापित व्यवहारों से दूर हो गया है। 2019 के चुनावों के बाद से यह दूरी अधिक स्पष्टता के साथ परिलक्षित होने लगी है। क्या भारत अपनी स्वतन्त्रता के आधारभूत आदर्शों से प्रस्थान कर उस शासक–समूह के नियन्त्रण में जाने को है जो इसकी भूमि पर सात दशकों के पश्चात एक दूसरा गणतन्त्र स्थापित करने के लिए व्यग्र हैं? हमें भाजपा के हिन्दू राष्ट्रवाद के परिणामस्वरूप उत्पन्न होने वाले ख़तरों की तरफ़ संकेत कर दिया गया है। इनमें सर्वाधिक गम्भीर ख़तरा अल्पसंख्यकों, विशेषकर मुसलमानों का पृथक्करण है। इस सुमदाय की और दूसरी उपेक्षाएँ भी इसी पृथक्करण से ही जुड़ी हैं। दूसरा ख़तरा भारत के ग़ैर–हिन्दीभाषी क्षेत्रों को देश की मुख्यधारा से सम्पृक्त होने का है, जिसकी आशंका से दक्षिणी राज्यों का असन्तोष दिन–प्रतिदिन मुखर होता जा रहा है। ये दोनों ही परिघटनाएँ उस राष्ट्रवाद के लिए बुनियादी चेतावनी हैं जो ब्रिटिशों के विरुद्ध राष्ट्रीय आन्दोलन की अवधि में प्रेरक–भावना के रूप में विकसित हुआ और भारतीय लोकतन्त्र को विगत सत्तर वर्षों से सींचता रहा।

प्रताप भानु मेहता ने ज़ोर डालते हुए कहा है कि हिन्दूवाद बनाम हिन्दुत्व, या धर्मनिरपेक्षता बनाम बहुलवाद की बहस का वस्तुतः मूल विषय से बहुत अधिक लेनादेना नहीं है क्योंकि हमारी परम्परा में इसके अन्वेषण का कोई यत्न नहीं दीखता है, हालाँकि मैंने अपनी पुस्तक *व्हाई आय एम अ हिन्दू?* में इस विषय का अनुसन्धान करने का प्रयास अवश्य किया है।

'इस समस्या का यदि हम कोई नामकरण करना चाहें तो इसे मुसलमानों के लिए मन के अन्तरतम में गहरे बैठा पूर्वाग्रह कहना समीचीन होगा,' उन्होंने मुझे एक निजी मेल में यह लिखा था।[445] इसका उपचार उन पर वैदिक विचारों को थोपने से नहीं हो सकता। उन्होंने स्पष्ट तौर पर कहा कि भारत जिसके प्रतिपक्ष में आज खड़ा था, वह मूल प्रश्न यह था कि इस लोकतान्त्रिक समाज में यह द्वन्द्व एक व्यक्ति का था अथवा पूरे समुदाय का था। देश और समाज का सदस्य होने की पात्रता आख़िरकार किसमें है? तक़रीबन डेढ़ सौ साल पहले ही रेनन ने यह विचार प्रकट किया था कि अधिकांश आधुनिक राष्ट्रों का इतिहास यदि नरसंहार नहीं भी तो अलगाव और एकरूपता की नींव पर निर्मित है। भाजपा भी भले मुसलमानों के पृथक्करण में पूरी तरह से सफल नहीं हो पायी किन्तु वह मुसलमानों के अधिकारों का भारत की राजनीति में विलय अवश्य करने को आतुर है। लेकिन, जैसा कि मेहता कहते हैं कि उसकी इस अभिलाषा के पूरी होने में सबसे बड़ी बाधा भारत की प्राचीन परम्पराएँ और आदर्श हैं। यह बात अपने लेखन के ज़रिये मैंने भी बार–बार कही है कि आज 'हिन्दुत्ववादी' हिन्दूवाद में निहित अनिवार्य समावेशी गुणों के साथ छल कर रहे हैं। यह एक बड़ी चिन्ता की बात थी कि भाजपा में यह प्रवृत्ति लोकतन्त्र के भीतर से छद्मनाम से जन्मी है जिसने बहुसंख्यकों और अल्पसंख्यकों की श्रेणियों को राजनीतिक रूप से निष्क्रिय करने के बहाने भारत में राष्ट्रवाद की अवधारणा को पुनःपरिभाषित करने का प्रयास किया है। इस अवधारणा में राज्य से यह अपेक्षित है कि वह धार्मिक व्यवहारों को समुदाय से विमुक्त कर व्यक्ति में समाविष्ट करे।

मेहता आगे लिखते हैं कि मैं इस निष्कर्ष पर सही पहुँचा था कि प्राचीन हिन्दू विचार सदैव धार्मिक असहिष्णुता से मुक्त रहा है। किन्तु उनके लिए यह कोई गम्भीर मुद्दा नहीं था। उन्होंने सटीक संकेत किया है कि असहमतियों की स्वीकार्यता के मूल दर्शन से भारत का इतिहास सामाजिक असहिष्णुताओं की घटनाओं से भरा हुआ है। इसका एक मुखर उदाहरण हम भारत में प्राचीन समय से चली आ रही जाति प्रथा के रूप

---

445. प्राइवेट ईमेल डेटेड 1 जनवरी 2020 फ्रॉम प्रताप भानु मेहता टू दी ऑथर, प्रोफ़ेसर मेहता हैज सब्स्क्वेंटली डेवलप्ड दिस आर्ग्यूमेंट, इन डिफरेंट वर्ड्स, इन अ कॉलम, 'अ रोंग डाइग्नोसिस'। *इंडियन एक्सप्रेस,* 11 अगस्त 2020।

में देख सकते हैं। इसके बहुलतावाद का भी कोई आध्यात्मिक स्रोत नहीं है। यद्यपि संविधान आधुनिक नागरिकता में मानदण्डों के अनुसार हरेक भारतीय के समान अधिकारों की गारंटी देता है किन्तु इस अवधारणा का कोई ऐतिहासिक आधार नहीं है। व्यक्ति की स्वतन्त्रता और सामाजिक अधिकार दोनों ही भारत के सन्दर्भ में आधुनिक संकल्पनाएँ हैं। हमारी मौजूदा हिन्दू–मुसलमान समस्याएँ भी हमारी ऐतिहासिक स्थितियों से उत्पन्न हुई हैं। कोई एक हज़ार साल पहले मुसलमानों ने इस देश पर हमला किया, इसे लूटा–खसोटा, यहाँ के लोगों पर अत्याचार किये और ज़बरन् धर्म–परिवर्तन कराया और अन्ततः इसकी परिणति विभाजन के रूप में सामने आयी। आज भाजपा के लिए यही ऐतिहासिक घटनाएँ राजनीतिक मुद्दा हैं। मेहता ने मुझसे कहा था, 'कोई भी परम्परा इस आक्रोश का उत्तर देने में समर्थ नहीं है। हमें आध्यात्मिक नहीं बल्कि राजनीतिक समाधान चाहिए।' मैं उनकी बात से असहमत नहीं हूँ। और, एक राजनीतिज्ञ होने के नाते मैं राजनीतिक समाधान की आवश्यकता से इनकार भी नहीं कर सकता हूँ। लेकिन इस बात से हम दोनों ही सहमत हैं कि असल मसला लोकतन्त्र और उदार संविधान के ज़रिये ही हल हो सकता है। संविधान जिस प्रकार एक नागरिक को व्यक्तिगत अधिकार देता है उसी प्रकार वह धार्मिक समुदायों को भी अधिकार (उदाहरण के रूप में पर्सनल लॉ, या अल्पसंख्यकों की संस्थाओं को मान्यता देकर) देता है। यदि आपके पास अनेक समूह हैं तो उन समूहों के बीच अधिकारों का विभाजन कैसे होगा? क्या ऐसी पहचान वाले समूहों के निर्माण का कोई औचित्य होगा जिसके माध्यम से व्यक्ति के अधिकारों का कोई सम्यक् प्रतिनिधित्व नहीं होता हो? यदि नहीं तो फिर अधिकारों के बँटवारे का क्या मानदण्ड होना चाहिए? अधिकारों का न्यायोचित विभाजन (चाहे वह प्रतीकात्मक हो अथवा राजनीतिक या धार्मिक) केवल विविधताओं और बहुलतावाद के नारों से निर्धारित नहीं हो सकता है, क्योंकि अधिकारों के बँटवारे का प्रश्न वहीं उठता है जहाँ विविधताएँ उपस्थित हैं। जाति, धार्मिक, क्षेत्रीय अथवा जैसे भी समूह हों, वे देश के संसाधनों में साझेदारी में एक–दूसरे के प्रतियोगी होते हैं। मेहता के शब्दों में, भारत की बहुलता एक सत्य है, न कि एक समाधान। उनकी बात बिल्कुल सही है लेकिन इस सत्य की स्वीकार्यता में ही समाधान की सम्भावनाएँ भी निहित हैं।

मेहता जैसे विचारक की दृष्टि में, आधुनिक भारत के अनिवार्य द्वन्द्व–जिसका उल्लेख मैंने भारत की अन्तरात्मा के युद्ध के रूप में किया है–के केन्द्र में व्यक्ति की स्वतन्त्रता और समानता है और इस सम्बन्ध में राष्ट्रीय नैतिकता पर आधारित परिभाषा किंचित् शिथिल है। भारत की अवधारणा के बारे में भारत की परम्परागत व्याख्या की एक बड़ी त्रुटि यह है कि यह सांस्कृतिक विविधता की नैतिकता पर टिकी हुई है जबकि इसका मूल आलम्बन उस वैविध्य के अधीन रहने वाले लोगों की स्वतन्त्रता पर होना चाहिए। 'यदि स्वतन्त्रता का विस्तार होगा, तो सभी प्रकार की विविधताओं का हर हाल में संवर्द्धन होगा', मेहता तर्क देते हुए कहते हैं, 'लेकिन अच्छी तरह से परिभाषित सांस्कृतिक विविधताओं की स्थिति में यह सम्भव नहीं हो सकता है। यह कमोबेश संस्कृति की रूपरेखा का निर्धारण और फिर उस रूपरेखा का विरूपण दोनों प्रक्रिया को साथ–साथ करने सा उपक्रम होगा। ...हमें न्यायोचित विविधता को सुरक्षित रखने के लिए पहचान के बजाय स्वतन्त्रता को महत्त्व देने की आवश्यकता है।'[446]

मेहता के कथनानुसार, भारत 'मूलरूप से समुदायों की आन्तरिक सहिष्णुता की प्रतिकृति था...बहुलतावाद और विविधता के परिप्रेक्ष्य में हमारा नैतिक विमर्श इतना केन्द्रीकृत रहा है कि यह प्रायः निजी स्वतन्त्रता और व्यक्तिगत अस्मिता जैसे बुनियादी विचारों की अनदेखी करता रहा है। ...असल समस्या पहचानों की विभिन्नता को लेकर नहीं है। यह एक सकारात्मक पक्ष हो सकता है। किन्तु समस्या इस बात को लेकर है कि इन पहचानों से मुक्त हो पाना कठिन है।'

मेहता का यह कथन ठीक है कि बहुत–सी पहचान संवैधानिक दृष्टि से अनिवार्य श्रेणी में आती हैं, जो यह रेखांकित करती हैं कि हम किन वैवाहिक क़ानूनों द्वारा संचालित होते हैं, हम पर सम्पत्ति के उत्तराधिकार का कौन–सा क़ानून लागू होता है, और हम कौन–सी संस्थाएँ संचालित कर सकते हैं। भारत में अल्पसंख्यकों को अपना स्कूल, अस्पताल, और ट्रस्ट स्थापित और संचालित करने का संविधान–प्रदत्त अधिकार है और वे

---

446. दी कोट्स फ्रॉम हियर ऑनवार्ड ऑन दी नेक्स्ट टू पेजेज आर फ्रॉम प्रताप भानु मेहता'ज एसे. 'इंडिया : फ्रॉम आइडेंटिटी टू फ्रीडम', *लेफ्ट, राइट, एंड सेंटर : दी आइडिया ऑफ़ इंडिया,* निधि राज़दान (एडिटेड), न्यू देल्ही : पेंगुइन रैंडम हाउस, 2017।

उन कुछ विशेष नियमों से मुक्त होते हैं जो सामान्यतः बहुसंख्यक समुदायों पर लागू होते हैं। कुछ मामलों में ये अधिकार और सुविधाएँ इतिहास में हुए अन्यायों और अतीत के वंचितकरण की घटनाओं के उपचार के लिए दिये गये हैं। दलित को प्राप्त सुविधाएँ इसके ज्वलन्त उदाहरण हैं। लेकिन चिन्ता की बात यह है कि ये पहचान तुलनात्मक रूप में अधिक स्पष्ट और ज़रूरी बनती जा रही हैं, और वे केवल आत्म–परिभाषा तक ही सीमित नहीं रह कर अब पहले से अधिक मुखर और उग्र हो गयी हैं। राजनीति ने भारत को धीरे–धीरे समुदायों के संघ के रूप में परिवर्तित कर दिया है, जहाँ भारतीय नागरिकता की अवधारणा अब मुख्यतः जातीय और साम्प्रदायिक पहचान पर निर्भर हो गयी है। वे आगे लिखते हैं :

> सभी समुदाय–वे बहुसंख्यक हों अथवा अल्पसंख्यक–इस बात पर ज़ोर देते हैं कि जिस विचार से वे सहमत नहीं हैं, वे उन पर ज़बरन नहीं थोपे जाने चाहिए। समस्या यह है कि इस सिद्धान्त को समुदाय स्वयं अपने अन्दरूनी मामलों में व्यवहार में नहीं लाता है। ...भारत के लिए इस विचार से पृथक् होना अब आवश्यक है कि यह देश विभिन्न समुदायों के बीच सामाजिक अनुबन्धों से निर्मित है। अब इस विचार पर केन्द्रित होने की ज़रूरत है कि वैयक्तिक स्वतन्त्रता को महत्त्व देने वाली भूमि है ...इसकी चुनौतियाँ उस सामुदायिक पहचान की रक्षा करना नहीं, बल्कि इसकी चुनौतियाँ उनको चिह्नित करना है जो इस पहचान को खण्डित करने का प्रयास करते हैं।

उनके निष्कर्ष के अनुसार, बहुसंख्यकवाद उस संस्कृति का स्वाभाविक परिणाम है जो संस्कृति बहुसंख्यक और अल्पसंख्यक हितों से परे सोचने में असमर्थ होती है। 'यदि हम स्वतन्त्रता को महत्त्व देंगे तब सभी प्रकार की पहचान या अस्मिता विकसित हो सकेगी। अगर हम अस्मिता पर ही मुख्य ज़ोर देंगे तो न स्वतन्त्रता विकसित हो सकेगी और न ही अस्मिता।'

संविधान की वास्तविक भूमिका यहीं से आरम्भ होती है क्योंकि संविधान ही वह उपकरण है जो इस विचार को व्यवहार मन में क्रियान्वित करता है। जस्टिस धनंजय चन्द्रचूड़ का कहना है, 'बहुलतावाद के प्रति सामुदायिक प्रतिबद्धता का निहितार्थ संविधान की उस दृष्टि को बाधित करने का नहीं

होना चाहिए जो नागरिकों की समान अस्मिता, सम्पत्ति और स्वतन्त्रता के लिए कृतसंकल्प हो।'[447] दूसरे शब्दों में कहें तो, समूहों का अधिकार निस्सन्देह महत्त्वपूर्ण है किन्तु उसकी तुलना में न्यायालय व्यक्ति के अधिकारों को अधिक प्राथमिकता देगा। असहमतियों को स्वीकार करना और उनमें सामंजस्य बिठाते हुए एक सर्वमान्य मार्ग निकालना भारतीय राष्ट्रवाद के लिए हमेशा से सबसे बड़ी चुनौती रहा है। मेरी समझ के मुताबिक़, समुदायों और व्यक्ति के अधिकारों के बीच सुविचारित और तर्कसम्मत सन्तुलन स्थापित करने के क्रम में एक बात उभरकर सामने आती है–सबसे बड़ी चुनौती भारत के वर्तमान जातीय राष्ट्रवाद की मानसिकता को संकट में घिरे नागरिक राष्ट्रवाद से स्थानापन्न करने की है। हमारे लोकतन्त्र का पुनर्घोष भी तभी हो सकेगा। हम पुनः यह प्रमाणित कर सकेंगे कि अपने राजनीतिक जीवन में हम आदतन लोकतान्त्रिक व्यवहारों और संवैधानिक उदारता में विश्वास करने वाले नागरिक हैं। आज जबकि अस्मितामूलक बहुसंख्यकवाद के नाम पर भारतीय नागरिकों से उनके लोकतान्त्रिक अधिकारों को सरेआम अगवा किया जा रहा है, ऐसी प्रतिरोधपूर्ण पक्षधरता की नितान्त आवश्यकता है।

* * * * * *

विंस्टन चर्चिल की मशहूर उक्ति है कि लोकतन्त्र सरकार की अन्य दूसरी व्यवस्थाओं के सिवा दुनिया की बेकार व्यवस्था है। इसकी प्रमुख विशिष्टताओं में एक इसकी अनिश्चितता भी है, क्योंकि इसके माध्यम से एक बड़ी संख्या में लोगों की जो अपेक्षाएँ प्रतिबिम्बित होती हैं उसका एकमात्र साक्षी मतदान केन्द्रों का निर्विघ्न एकान्त होता है। लोकतन्त्र के आश्चर्यजनक परिणामों ने विश्व को बार–बार चकित किया है। और, भारतीय मतदाताओं ने भी अपने मतों के प्रयोग से प्रत्याशा के विपरीत अलग–अलग पार्टियों और गठबन्धनों की सरकार को चुन कर देश के राजनीतिक जानकारों और चुनाव–विशेषज्ञों को कई बार अचम्भे में डाल दिया है। भारत के पहले प्रधानमन्त्री जवाहरलाल नेहरू आज यह देखकर अवश्य गौरव का अनुभव करते। उनको इस बात का अत्यन्त सन्तोष होता

447. जस्टिस चन्द्रचूड़, जस्टिस पी.डी. देसाई मेमोरियल लेक्चर 2020।

कि जिस लोकतन्त्र को उन्होंने इतने श्रम के साथ प्रत्यारोपित किया था, आज उसकी जड़ें इतनी गहरी जम चुकी हैं, जबकि लोकतन्त्र को ख़ारिज करने वाले कई लोगों ने यह दावा किया था कि एक विकासशील देश में यह व्यवस्था कभी सफल नहीं होगी।

इसी के परिणामस्वरूप भारत ने सालों से न केवल राजनीति–आर्थिक परिवर्तनों के कुशल व्यवस्थापन में सफलता प्राप्त की बल्कि राजनीतिक–आर्थिक संकटों का सफलतापूर्वक पूर्वानुमान लगाने में भी कामयाब रहा। एक भारतीय पासपोर्ट के साथ लोकतन्त्र का ऐसा उदार वैभव इतनी सहजता के साथ विश्व में और कहाँ देखा जा सकता है! लेकिन इसके बावजूद, इस सबका श्रेय मैं भारत के लोकतन्त्र और नागरिक राष्ट्रवाद को देना चाहूँगा जिसकी जड़ें क़ानून के संवैधानिक शासन और स्वतन्त्र तथा निष्पक्ष चुनाव की प्रणाली में गहरे रूप में पैठी हुई हैं।

भारत का हर आम चुनाव विश्व में लोकतन्त्र का महापर्व है। हैरत की बात नहीं कि 2019 के चुनावों में भारत की 90 करोड़ जनता ने अपने मतों का प्रयोग किया।[448] और, इन चुनावों में हमें क्या हासिल हुआ? सरकारें आयीं और गयीं, और मतदाताओं ने विकास योजनाओं को पूरा नहीं करने के लिए राजनेताओं को उत्तरदायी ठहराया, लेकिन यह सब उन्होंने भारत की विविधताओं के अद्‌भुत किन्तु तयशुदा ढाँचे के भीतर रहते हुए किया। मिसाल के तौर पर मुझे इस बात का उल्लेख करते हुए गर्व भी होता है, कि मई 2004 में भारत एक ऐसे आम चुनाव का गवाह बना जिसे जीतने वाली महिला नेता (सोनिया गाँधी) रोमन कैथोलिक पृष्ठभूमि और इटालियन मूल की थीं, जिसने एक सिख (मनमोहन सिंह) को प्रधानमन्त्री पद पर आसीन होने के लिए स्थान छोड़ा और उन्हें पद और गोपनीयता की शपथ दिलाने वाले राष्ट्रपति एक मुसलमान (अब्दुल कलाम) थे। यह चमत्कार उस देश में हुआ था जिसकी 80 प्रतिशत जनता हिन्दू थी।

वैश्विक घटनाक्रम में निरन्तर परिवर्तनकारी चुनौतियों का सामना करते हुए भी भारत का लोकतन्त्र लगातार फलता–फूलता रहा। निस्सन्देह इस यात्रा में भारतीय राजनीति को आर्थिक सुधारों और आन्तरिक विकास

448. एस.वाई. कुरैशी, 'अ 900–मिलियन स्ट्रांग इलेक्टोरेट मेक्स इलेक्शन्स 2019 दी बिगेस्ट एवर', *लाइवमिंट*, 10 मार्च 2019।

के बीच सन्तुलन स्थापित करते हुए मतदाताओं की निजी अपेक्षाओं और रुझान को भी ध्यान में रखना आवश्यक था। लेकिन भारतीय लोकतन्त्र ने सुधारों को अंगीकार करने के साथ–साथ अपने मौलिक उद्देश्यों को प्राप्त करने का प्रयास हमेशा जारी रखा।

भारत को इस बात का गौरव है कि नस्लीय टकराव और सभ्यताओं के अन्तःसंघर्ष से जूझ रही दुनिया में उसने अपनी विविधताओं का सम्मान करते हुए उनको सुरक्षित भी बचाये रखा। दुनिया के किसी भी अन्य देश में विभिन्न जातीय समूहों का ऐसा अद्‌भुत मेल देखने को नहीं मिलता, या भाषा, भूगोल, संस्कृति, क्षेत्र और ऋतुओं की ऐसी अनुपम विविधताओं का अन्य उदाहरण भी नहीं मिलता। यहाँ तक कि आर्थिक विकास की दृष्टि से भी यह देश क्षेत्रवार स्तर पर भिन्न–भिन्न है। इसके बाद भी भारतीय लोकतन्त्र की जड़ें संविधान–प्रदत्त क़ानून के शासन और स्वतन्त्र निष्पक्ष चुनाव में गहरी जमी हुई हैं और इसने राजनीतिक–आर्थिक सुधारों और परिवर्तनों का देश के विकास के सन्दर्भ में कुशलतापूर्वक प्रबन्धन करने का प्रयास किया है।

मैंने खण्ड–दो में यह दिखाने का प्रयास किया है कि भारत केवल एक साझी जातीयता, भाषा, या धर्म के कारण एकताबद्ध नहीं है बल्कि एक साझा इतिहास के अनुभवों, उस इतिहास के अन्तर्विभाजित भौगोलिक क्षेत्र, मूर्त और उदार संविधान और बहुलतावादी राजनीति के लिए उपयुक्त एक लोकतान्त्रिक स्वशासन के कारण ही एक देश के रूप में संगठित है। भारत के निर्माता–राजनेताओं ने अपने सपनों के इस संविधान को लिखा था, और हम सब मात्र उनके आदर्शों के संवाहक हैं। अमर्त्य सेन ने इस संविधान की प्रशंसा में लिखा है : 'अपने नागरिकों को एक बृहत्तर "पहचान" के रूप में विकसित होती उत्कण्ठा ("एक अमेरिकी होने के नाते यह आपका फ़र्ज़ है", "यह काम आपको एक मुसलमान के रूप में अवश्य करना है", या "चूँकि आप एक चीनी हैं इसलिए देश के प्रति यह आपका प्रथम उत्तरदायित्व है") केवल एक ज़बरन थोपी हुई प्राथमिकता ही नहीं है, बल्कि यह किसी व्यक्ति की उस महत्त्वपूर्ण स्वतन्त्रता की अवहेलना है जिसके अन्तर्गत वह किसी समूह अथवा समूहों के प्रति अपनी निष्ठा और अस्मिता का सम्बन्ध जोड़ता है।'[449]

---

449. अमर्त्य सेन, *दी आइडिया ऑफ़ जस्टिस*, कैम्ब्रिज : दी बेल्कनैप प्रेस ऑफ़ हार्वर्ड यूनिवर्सिटी प्रेस, 2009, पृ. 246–47।

इसीलिए, इस पूरी पुस्तक में मैंने यही दिखाने का प्रयत्न किया है कि भारत एक अवधारणा के रूप में एक ही भूमि का खण्ड है जिसमें कई अन्य चीज़ें एक साथ समाहित हैं, और जो अनेक अन्य पहचानों का प्रतिनिधित्व करता है। यह एक विचार है कि कैसे एक देश जातियों, सम्प्रदायों, रंगों, संस्कृतियों, मान्यताओं, खानपान, पहनावे, और रीतिरिवाज़ों की विविधता के बावजूद एक लोकतान्त्रिक सहमति के आधार पर आगे बढ़ने में सफल होता है। इस सहमति का एक सहज सिद्धान्त है—यह कतई आवश्यक नहीं है कि एक लोकतन्त्र में आप हमेशा सहमत ही हों, लेकिन आपकी असहमति की एक निम्नतम और न्यूनतम सीमा निर्धारित है और आपको उस सीमा का सम्मान करना आना चाहिए। पिछले सत्तर वर्षों से भारत ने जिन राजनीतिक तनावों और टकरावों से जूझते हुए अपना अस्तित्व बचाये रखा है और अपने अनिवार्यतः खण्डित होने की अनेक भविष्यवाणियों को झुठला दिया है, उसका बस एक कारण है कि इस देश को असहमतियों से सहमति के साथ निबटने का हुनर पता है। आज इसी सहमति के सम्मुख अनेक प्रश्न उठ खड़े हुए हैं। एक भारतीय के रूप में हम विभिन्न अस्मिताओं और विभिन्न निष्ठाओं के साथ सहज रूप से जीते एक बृहत्तर और तुलनात्मक दृष्टि से अधिक बहुलतावादी देश के प्रति समर्पित होने का कौशल जानते हैं, लेकिन आज हमारे इसी कौशल के सामने एक हिन्दीभाषी हिन्दू होने की संकीर्ण अनिवार्यता आरोपित की जा रही है।

भारतीय मतदाताओं ने बहुत पहले ही अपने हित में निर्णय लेते हुए 'रोटी बनाम आज़ादी' की बहस प्रबुद्धों के लिए छोड़ दी है। उनके सामने अब मूल प्रश्न यह है कि ग़रीबी और अभाव से ग्रस्त एक देश के जीर्णोद्धार में लोकतन्त्र कितना सफल हो सकता है, अथवा उसकी अन्तर्निहित दुर्बलताएँ केवल विकास की गति को प्रोत्साहित करने के अतिरिक्त दूसरे उद्देश्यों की प्राप्ति में असफल साबित होंगी। 1996 और 1998 के बीच तीन सरकारों के कार्यकाल पूरा होने से पहले गिर जाने से तंग आ चुके लोग आज भी यह सवाल पूछते हैं कि एक अस्थिर सरकार और कामचलाऊ गठबन्धन एक विकासशील देश के लिए क्या एक विलासिता नहीं हैं, और आज जबकि युवा पीढ़ी की समस्त ऊर्जा अपने जीविकोपार्जन में लगी है, तो ऐसी स्थिति में राजनीतिक आज़ादी में उनकी कितनी रुचि है, और उसे वे ख़ुद के लिए कितना ज़रूरी मानते हैं।

बचाव में कई लोगों का यही तर्क है कि अगर आर्थिक विकास को कुछ क्षण के लिए विस्मृत भी कर दें तो जीवन के अन्य क्षेत्रों में स्थायी और स्थिर प्रगति और वृद्धि केवल लोकतन्त्र के सहारे ही सम्भव है। लेकिन मोदीत्व की निरन्तर आक्रामक और नकारात्मक नीतियों के कारण उनके इस विश्वास में दरार पड़ती साफ़ देखी जा सकती है।

भारतीय राष्ट्रवाद को अपना निर्णायक युद्ध इसी रणभूमि में लड़ना है, और भारत के नागरिक राष्ट्रवाद की अस्तित्व–रक्षा और सफलता के लिए यह युद्ध अपरिहार्य है। मैं बार–बार यह कहता आया हूँ कि कोई एक अकेली अस्मिता भारत में विजयी नहीं हो सकती है। देश के पुरातन बहुलतावाद मतदाताओं की पसन्द–दोनों ने ही इसे असम्भव बना दिया। पहली बार तेईस पार्टियों के गठबन्धन और हिन्दुत्व की ओर रुझान वाली भाजपा की सरकार जब अल्पावधि के लिए सत्ता में आयी तो उसे इस बात का अनुमान था कि सत्ता में बने रहने के लिए दूसरे समुदायों, दूसरे के हितों और दूसरे अल्पसंख्यकों तक उसे अपनी पहुँच बनाये रखनी होगी। आख़िरकार भारत एक विविधताओं से भरा देश है और यहाँ के जनजीवन में किसी विशेष वैचारिक–सांस्कृतिक संस्करण का आरोपित और बाध्यतापूर्ण प्रचलन असम्भव है। लेकिन जब मोदी के कार्यकाल के रूप में इस हिन्दुत्ववादी युग की स्पष्ट बहुमत के साथ दोबारा वापसी हुई तो पार्टी को सरकार चलाने के लिए किसी और दल के समर्थन की आवश्यकता नहीं थी। क्या इसी स्पष्ट बहुमत ने भाजपा में भारतीय राष्ट्रवाद को नये सिरे से परिभाषित करने का साहस भर दिया? मैंने इस प्रश्न पर विभिन्न कोणों से विचार किया है और इसका समुचित उत्तर तलाशने का प्रयास किया है, लेकिन यह युद्ध आज भी लड़ा जा रहा है और यह ठीक–ठीक बता पाना कठिन है कि इस समस्या का क्या निराकरण होगा।

लोकतन्त्र कोई घटना नहीं है, यह एक प्रक्रिया है। यह आशाओं और प्रणों का विनिमय है, यह एक प्रतिबद्धता है और एक समझौता भी है जो शासन और शासित के बीच के पवित्र सम्बन्धों की गाँठ है। लोकतन्त्र में पराजय की भी एक अपनी गरिमा है जिसे सरकार के अनेक आश्वस्तिपूर्ण परिवर्तन के दरमियान हमने देखा है। लेकिन लोकतन्त्र राष्ट्रवाद की एक निर्धारित और सुपरिभाषित परिधि के भीतर ही सक्रिय रहकर विकसित हो सकता है,

और आज भारत के लोकतन्त्र के सामने सबसे बड़ा ख़तरा यही है कि इस परिधि का अतिक्रमण लगातार किया जा रहा है।

नागरिक राष्ट्रवाद भारत के भविष्य के लिए एक महत्त्वपूर्ण आवश्यकता है। आज भारत की असाधारण विविधता को एकीकृत करके साथ चलने का एकमात्र कौशल लोकतन्त्र में ही निहित है। लोकतन्त्र ही समाज के सभी वर्गों की अपेक्षाओं को पूरा कर सकता है और उन्हें एक आधुनिक देश में समान अवसर और अधिकार दे सकता है। इस उद्देश्य की प्राप्ति में लोकतन्त्र की सहायता करने वाले संवैधानिक उपकरण चुनाव और स्वायत्तशासी संस्थाएँ हैं। भारत के लोकतन्त्र के पक्ष में सबसे बड़ी बात यह है कि इसकी पहुँच भारतीय जनमानस में अभूतपूर्व रूप से बहुत दूर तक है। इस देश में चुनाव सिर्फ़ आभिजात्यों का शगल नहीं है, अतिसाधारण लोगों के लिए भी इसका असाधारण महत्त्व है। अमेरिका जैसे देश में भी निर्धनों का एक बड़ा वर्ग मताधिकार से वंचित है। हार्लेम में 2008 से पहले हुए राष्ट्रपति के दस चुनावों में मतदान का प्रतिशत 23 से भी कम था। तत्पश्चात अश्वेत उम्मीदवार बराक ओबामा के राष्ट्रपति–चुनाव में खड़े होने के बाद स्थितियाँ थोड़ी ज़रूर बदलीं। लेकिन भारत में निर्धन वर्ग भी बहुत बड़ी संख्या में अपने मताधिकार का प्रयोग करता है। यह केवल मध्यम वर्ग या सुविधाभोगी तबका ही नहीं है जो अपना वोट देने के लिए कड़ी धूप में घण्टों लम्बी लाइनों में खड़े रहते हैं, बल्कि चुनाव के प्रति ग़रीबों में भी एक उत्साह का माहौल रहता है क्योंकि वे अपने एक–एक मत का महत्त्व समझते हैं।

जस्टिस चन्द्रचूड़ ने सही लिखा है, 'हमारे देश का निर्माण विमर्श की एक निरन्तर प्रक्रिया का परिणाम है और यह देश इसमें रहने वाले प्रत्येक व्यक्ति का है।'[450] इसकी निर्माण–प्रक्रिया बीसवीं शताब्दी के मध्य में आरम्भ हुई और इसमें प्रमुख भूमिका हमारे राष्ट्र–निर्माताओं की थी। हालाँकि इस देश को अलगाववादी आन्दोलनों की चेतावनियों, जातिगत अन्तःसंघर्षों, और क्षेत्रीय प्रतिद्वन्द्विता से लगातार सामना करना पड़ा है, लेकिन निर्वाचन पर आधारित लोकतन्त्र ने उन सभी समस्याओं को पराजित करने में सफलता पायी है। जब कभी हिंसक आन्दोलन हुए हैं,

450. जस्टिस चन्द्रचूड़, जस्टिस पी.डी. देसाई मेमोरियल लेक्चर 2020।

उनका निराकरण आन्दोलनकारियों को मुख्यधारा की राजनीति में सम्मिलित कर ढूँढ़ लिया गया है। इस प्रकार अनेक राज्यों में अलगाववाद को नागरिक राष्ट्रवाद की परिधि में लाकर उस पर क़ाबू किया है। सुदूर दक्षिण में तमिलनाडु हो अथवा उत्तर पूर्व में मिजोरम हो, भारतीय लोकतन्त्र ने देश के कोने–कोने में अलगाववाद की आग को बुझाने में सफलता हासिल की है। यह और बात है कि उसकी इन उपलब्धियों की पर्याप्त सराहना नहीं हुई। ऐसे भी उदाहरण देखने में आये हैं कि कल के अलगाववादी नेता आज किसी राज्य के मुख्यमन्त्री पद पर आसीन हैं। और, वे आने वाले कल के प्रतिपक्षी नेता की सकारात्मक भूमिका में भी देखे जा सकते हैं। लोकतन्त्र की ऐसी अदृश्य सुन्दरता राजनीति में और कहाँ देखी जा सकती है!

इसके बाद भी एक बड़ा सच यही है कि भारत के एक बड़े हिस्से में जब हम अपना वोट देते हैं तो वस्तुतः हम अपनी जाति को वोट देते हैं। लेकिन इस मानसिकता का सकारात्मक पक्ष भी हमें कई बार देखने को मिला है, ख़ास कर तब जब पिछड़ी जाति ने इसका लाभ उठाते हुए सरकार के गठन में बड़ी भूमिका निभाई है। जातीय विभाजन की विस्फोटक सम्भावनाओं ने मतदान पेटी के ज़रिये देश की राजनीति को नयी दिशा देने में महत्त्वपूर्ण भूमिका निभाई है। सबसे महत्त्वपूर्ण उपलब्धि यह मानी जानी चाहिए कि मतदाताओं की अनुकम्पा से समाज के निम्नस्थ व्यक्ति को सरकार के उच्चस्थ पदों पर बैठने का अवसर मिला है। भारत के 3,000 सालों के इतिहास में यह किसने सोचा होगा कि एक दलित महिला एक दिन भारत की सबसे अधिक आबादी वाले राज्य के मुख्यमन्त्री के पद पर आसीन होकर सत्ता की बागडोर सँभालेगी? लेकिन मतदाताओं अभूतपूर्व समर्थन की बदौलत उत्तर प्रदेश में मायावती ने तीन बार यह उपलब्धि हासिल की। और तो और नरेन्द्र मोदी ख़ुद भी इसके ज्वलन्त उदाहरण हैं। बार–बार एक 'चाय वाले' के रूप में अपना परिचय देने के के बावजूद नरेन्द्र मोदी प्रधानमन्त्री के पद तक पहुँचने में कामयाब रहे। यह वास्तव में लोकतन्त्र की अग्निपरीक्षा और जीत दोनों मानी जायेगी।

भारत की स्वतन्त्रता के बाद की पचासवीं गर्मियों में एक मलयाली दलित के.आर. नारायणन भारत के राष्ट्रपति चुने गये थे। उनका जन्म मिट्टी और फूँस के एक झोपड़ीनुमा घर में हुआ था जिसमें शौचालय और

पानी जैसी ज़रूरी सुविधाएँ भी नहीं थीं, और उनके विश्वविद्यालय ने उन्हें उस दीक्षान्त समारोह में डिग्री प्रदान करने से मना कर दिया था जिसमें उनके ऊँची जाति के सहपाठियों को डिग्री दी गयी थी। उन्होंने एक ऐसे भारत का नेतृत्व किया जिसकी ग़ैर–इन्साफ़ी और ग़ैर–बराबरी को एक वंचित समुदाय के सदस्य के रूप में उन्होंने निजी तौर पर महसूस किया था। लेकिन यह भारत जैसा ही देश था जिसने तमाम सामाजिक अवरोधों के बावजूद उनको सफल होने का अवसर दिया। निश्चित रूप से एक संवैधानिक लोकतन्त्र, धर्मनिरपेक्षता, ठोस सरकारी नीतियों और चुनावों से सम्भव हुए परिवर्तनों के बिना उनकी यह यात्रा पूरी नहीं हो पाती। पाँच वर्षों के बाद उनका उत्तराधिकारी एक तमिल मुसलमान बना, जो एक मछुआरे का बेटा था और जिसने अपनी किशोरावस्था में सड़कों पर अख़बार बेचने का काम किया। बाद में उस लड़के को भारत की मिसाइल योजना के पिता का नाम दिया गया। आज भी इस देश के सर्वोच्च संवैधानिक पद पर दलित समुदाय के ही एक व्यक्ति राम नाथ कोविन्द पदस्थापित हैं जो उत्तर प्रदेश की एक अत्यन्त अभावग्रस्त पारिवारिक पृष्ठभूमि से आते हैं। हाल–फ़िलहाल उनकी पत्नी की तस्वीरें मीडिया में ख़ासा चर्चित रही थीं जिसमें वे अपनी ख़ुद की सिलाई मशीन पर कोरोना वायरस से बचाव के लिए ग़रीबों के लिए मास्क सिल रही थीं। यदि राष्ट्रपति–पद भारत देश का प्रतीक है, तो यह भारत की विविधता और समतावादी लोकतन्त्र का भी प्रतीक है।

बहरहाल भारत ने इस प्रश्न का सम्यक् उत्तर दे दिया है कि क्या लोकतन्त्र और विकास साथ–साथ चल सकते हैं। कुछ विशेषज्ञों ने तर्क दिया है कि लोकतन्त्र तीव्र विकास की सम्भावनाओं को क्षीण करता है क्योंकि समझौतावादी होना लोकतान्त्रिक सरकार के लिए एक अनिवार्यता है। लोकतान्त्रिक समाज में कोई भी राजनीतिक निर्णय लेने से पूर्व जनप्रतिनिधियों के लिए अपने मतदाताओं की इच्छाओं को ध्यान में रखना ज़रूरी होता है। विकसित राष्ट्र के लिए यह एक मुश्किल काम है क्योंकि उन्हें अपने अच्छे भविष्य के लिए कई बार कठोर निर्णय लेने पड़ते हैं।

1947 में ब्रिटिश शासन से स्वतन्त्र होने के कई दशक बाद तक भी भारत की वैश्विक छवि अपने विशाल पड़ोसी चीन–जो 1949 में साम्यवादी तानाशाही शासन–प्रणाली को अपना चुका था–की तुलना में लोकतन्त्र के एक दूधमुँहे बच्चे की ही रही। 1970 के दशक तक यह एक बड़ी बहस का

मुद्दा बना रहा कि दोनों देशों द्वारा भयावह ग़रीबी, बेरोज़गारी, पिछड़ापन और बीमारियाँ झेलने के बावजूद भारत का मॉडल अधिक बेहतर था क्योंकि इसकी जनता अपने शासकों का चुनाव करने के लिए आज़ाद थी। लेकिन 1978 के बाद जब चीन ने बहुत तेज़ी के साथ अपना आर्थिक विकास करना आरम्भ कर दिया तो बहस ने एक नया मोड़ ले लिया। यह कहा जाने लगा कि चीन ने अधिक असाधारण आर्थिक सफलताएँ अर्जित कर ली हैं, जबकि अव्यवस्थित लोकतन्त्र ने भारतीय लोगों के लिए विकास की राह पर बढ़ने में बहुत हद तक बाधा उत्पन्न करने का काम किया।

यह बात ज़ाहिर तौर पर दिखाई भी पड़ती है–ख़ासतौर पर बुनियादी विकास के मामले में दोनों देशों के बीच स्पष्ट अन्तर है। उदाहरण के लिए, यदि चीन को एक नये सिक्स–लेन एक्सप्रेस–वे बनाने की आवश्यकता होती है तो मार्ग में पड़ने वाले सैकड़ों गाँवों को विस्थापित कर देने में उसे कोई हिचक नहीं होती, वही अगर भारत में आप आम सड़क को भी चौड़ी करना चाहें तो आपको न्यायालय में दसियों सालों तक मुआवज़ा से जुड़े मुक़दमों का सामना करना होगा, और राजनीतिक दलों के उकसावे पर प्रोजेक्ट–साइट पर धरना और प्रदर्शन तो सामान्य घटनाएँ हैं। लेकिन भारतीय लोकतन्त्र का एक सकारात्मक पक्ष यह है कि इसकी कमज़ोरी ही इसकी मज़बूती भी है। भारत के पास आन्तरिक असन्तोष और असहमति से निबटने के अपने तरीक़े हैं, जबकि एक समय के बाद चीन के दमन की क्रियाविधि नाकाम हो जायेगी। ज़ाहिरन अपने अधिकारों के प्रति चौकस एक बेहतर शिक्षित आबादी दमनकारी राजनीति का विरोध करेगी।

बहरहाल बीजिंग के त्सिसिंगुआ विश्वविद्यालय में कार्यरत अमेरिकी प्रोफ़ेसर डेनियेल ए. बेल द्वारा लिखित किताब *दी चाइना मॉडल : पोलिटिकल मेरिटोक्रेसी एंड दी लिमिट्स ऑफ़ डेमोक्रेसी* के प्रकाशन के साथ ही इस पुरानी बहस ने दोबारा नया रुख़ ले लिया है। किताब यह तर्क प्रस्तुत करती है कि चीन की सफलता में उसकी सर्वसत्तावादी शासन–प्रणाली की महत्त्वपूर्ण भूमिका है। उसका प्रशासनिक मॉडल विकास की दृष्टि से भारत (और शायद पश्चिम के भी) के उदार संविधानवाद से अधिक कारगर है। अपने तर्क की पुष्टि में बेल ने हाल–फ़िलहाल के सालों में ग़ैर–लोकतान्त्रिक देशों की आर्थिक सफलताओं के उदाहरण भी दिये हैं। निश्चित रूप से अपने सौम्य सर्वसत्तावादी प्रशासनिक ढाँचे

के कारण सिंगापुर और चीन जैसे देशों ने विगत दशकों में उल्लेखनीय आर्थिक उन्नति की है। बेल ने उन देशों के द्वारा प्रयुक्त इस शासनतन्त्र को 'राजनीतिक योग्यता' (political meritocracy) का नाम दिया है। इस सन्दर्भ में अमर्त्य सेन की प्रसिद्ध टिप्पणी भी ग़ौरतलब है कि जिन देशों में प्रेस को स्वतन्त्रता मिली होती है वहाँ अकाल नहीं पड़ते, क्योंकि वहाँ की सरकारें पीड़ा की उपेक्षा करने में असमर्थ होती है।[451] बेल कहते हैं कि चीन ने भी दुर्भिक्ष की अनदेखी की है लेकिन कुपोषण के सन्दर्भ में उसकी सफलता लोकतान्त्रिक भारत की तुलना में बहुत अच्छी रही है। दूसरे शब्दों में यह भी कहा जा सकता है कि जनता को बेहतर प्रशासन देने और आर्थिक रूप से विकसित होने के लिए सरकारों का लोकतान्त्रिक होना ज़रूरी नहीं है। बहरहाल भारत के वर्तमान राजनीतिक नेतृत्व को देखते हुए इस तर्क को पूरी तरह से ख़ारिज करना कठिन है।

बेल ने दोनों प्रकार की सरकारों के राजनीतिक नेतृत्व की सघन पड़ताल के बाद यह निष्कर्ष निकाला है कि सर्वसत्तावादी शासन व्यवस्था दृढ़ रूप से योग्यता पर निर्भर होती है और लोकतान्त्रिक चुनाव–पद्धति में यदाकदा दिखने वाली अनभिज्ञता और पूर्वाग्रहों से पूरी तरह मुक्त होती है। उनके मुताबिक़, चीन की आर्थिक सफलता मुख्य रूप से इस बात पर निर्भर है कि वह अपने अधिकारियों का चयन, मूल्यांकन और पदोन्नति किस आधार पर करता है। निष्पादन और भ्रष्ट्राचार के इक्के–दुक्के मामलों की यदि अनदेखी करें तो यह एक सुचारु और प्रभावी शासनतन्त्र और विकास की गारंटी देता है, जो कि लोकतन्त्र अनिवार्य रूप से देने में सक्षम नहीं है। उनका सवाल स्पष्ट है, 'राजनीतिक रूप से प्रासंगिक सवाल यह है कि लोकतान्त्रिक चुनाव क्या अच्छे परिणामों को अनिवार्यत रूप से सुनिश्चित करते हैं?'[452]

इस प्रश्न का सामना भारत एक बार पहले भी कर चुका है जब तत्कालीन प्रधानमन्त्री इन्दिरा गाँधी ने कोई चालीस साल पहले 1975 में पूरे देश में आपात्काल लागू करते हुए नागरिक अधिकारों को निलम्बित कर दिया था, प्रतिपक्ष के नेताओं को जेल में बन्द कर दिया था और प्रेस

---

451. माइकेल मासिंग, 'डज डेमोक्रेसी एवर्ट फेमिन?', *न्यू यॉर्क टाइम्स*, 1 मार्च 2003।
452. डेनियल ए. बेल, *दी चाइना मॉडल : पोलिटिकल मेरिटोक्रेसी एंड दी लिमिट्स ऑफ़ डेमोक्रेसी*, प्रिंसटन : प्रिंसटन यूनिवर्सिटी प्रेस, 2015।

की स्वतन्त्रता को प्रतिबन्धित कर दिया था। उनका कहना था कि लोकतन्त्र के कारण देश विकास के मुद्दों से दूर हो रहा था। इस मसले को बाद में 'रोटी बनाम आज़ादी' की बहस से भी जाना जाने लगा। सवाल यह था कि क्या लोकतन्त्र देश की ग़रीबी और अभाव का मुक़ाबला करने में कितना कारगर है, या फिर इसकी अन्तर्निहित कमज़ोरियाँ देश के विकास के मार्ग की सबसे बड़ी बाधाएँ हैं।

1977 के चुनावी नतीजों के साथ ही इस बहस का पटाक्षेप भी हो गया। चुनाव में मतदाताओं ने आपात्काल के शासन को सिरे से ख़ारिज करते हुए लोकतन्त्र में दोबारा अपनी आस्था व्यक्त की। लेकिन सवाल अपनी जगह अब मौजूद है, और भारत के लोकतन्त्र के सन्दर्भ में हालिया सालों की राजनीतिक अकर्मण्यता ने इस सवाल को कहीं अधिक प्रासंगिक बना दिया है। पिछले पच्चीस सालों से भारत पर उन सरकारों का शासन रहा है जिनमें बीस से भी अधिक राजनीतिक दलों की साझेदारी रही है। लिहाज़ा नीति–निर्माण और निर्णय के अधिकारों में सबसे छोटे साझीदार का भी हस्तक्षेप रहा है। परिणाम यह हुआ कि सरकार की सबसे कमज़ोर कड़ी पर ही सरकार की मज़बूती निर्भर हो गयी। क्या भारतीय जनता के कल्याण का यह उपयुक्त रास्ता हो सकता है? निश्चित तौर पर नहीं। लेकिन क्या अतिकेन्द्रित, अधोगामी, व्यक्तिवादी और निरंकुश मोदी सरकार किसी भी अर्थ में इससे बेहतर है?

ऐसी बात नहीं कि बेल के द्वारा चीन के एकांगी राष्ट्रवाद की सराहना करने या उसे तर्कसम्मत घोषित किये जाने के कारण मेरे निजी विचारों पर कोई निर्णायक प्रभाव पड़ा है। यह ठीक है कि तीव्र औद्योगिकीकरण और विकास ने करोड़ों चीनवासियों को ग़रीबी से बाहर निकालने में बड़ी भूमिका निभाई है, लेकिन इसकी पर्याप्त क़ीमत उन्होंने पीड़ा और दमन झेल कर चुकाई है। बेशक चीन के विकास की रफ़्तार ख़तरनाक तौर पर तेज़ रही लेकिन इस प्रक्रिया में चीनियों ने अपनी आज़ादी की क़ुर्बानियाँ भी कम नहीं दी हैं।

भारत में नौकरशाही की सुस्ती की तुलना चीन की नौकरशाही की चुस्ती से करते हुए कोई किसी भी निष्कर्ष पर पहुँचा हो, भारत की लालफ़ीताशाही की उलझनों के बरअक्स विदेशी निवेशकों को लुभाने वाले चीनी प्रस्तावों पर कितने भी कसीदे कसे गये हों, भारत में अलग–अलग

राजनीतिक दलों के नेतृत्व वाली सरकारों की घोर आलोचना करते हुए चीन के सुचारु रूप से संचालित और नीचे से ऊपर तक पूरी तरह से चाक–चौबन्द साम्यवादी पदानुक्रम की लाख प्रशंसाएँ की गयी हों–लेकिन इस वस्तुस्थिति पर कोई भी सन्देह करना कठिन है कि हाल–फ़िलहाल के वर्षों तक भारत ने अपने बहुलतावादी लोकतन्त्र का उपयोग करते हुए विविधता के अद्भुत प्रबन्धन की शानदार नज़ीर पेश की है। इस देश ने हरेक भारतीय को यह महसूस करने का हक दिया कि इस देश में उसका भी बराबरी का हिस्सा है, और सिद्धान्त रूप में ही सही लेकिन उन्हें यह विश्वास दिलाया गया कि इस देश को चलाने में उनकी भी उतनी ही भूमिका है जितनी दूसरों की है।

भारत में लोकतन्त्र की वैधता अथवा स्वीकृति उच्चवर्गीय कुलीनों से नहीं मिली है, बल्कि करोड़ों वंचित और निर्धन जनता से मिली है। पहले भी इस बात का उल्लेख किया जा चुका है कि भारत में बड़ी तादाद में ग़रीब लोग अपने मतदान का प्रयोग करते हैं, क्योंकि ग़रीबों को यह पता है कि उनके एक–एक वोट का ख़ास महत्त्व है। वे यह भी मानते हैं कि सरकार के सामने अपनी माँगों को प्रभावी तरीक़े से रखने का सबसे सशक्त माध्यम मतदान ही है। सरकार के प्रति अपनी नाराज़गी प्रकट करने के लिए भी वे बग़ावत या विद्रोह का नहीं, बल्कि अपने मतों का ही सहारा लेते हैं। चीनी तन्त्र इन आधारभूत चुनौतियों से निपटने के लिए अभी तक कोई कारगर तरीक़ा विकसित नहीं कर पाया है। उसके पास इकलौता तरीक़ा केवल दमन का है। लेकिन इतिहास के सभी निरंकुश राष्ट्र इसके उदाहरण रहे हैं कि दमन का रास्ता कभी भी लम्बे समय के लिए कारगर नहीं रहा। यदि चीन के सामने भी ऐसी स्थिति आ गयी तो ज़ाहिर है उस पर उसका कोई नियन्त्रण नहीं रहेगा। ड्रैगन लड़खड़ा भी सकता है लेकिन हाथी अपनी मतवाली चाल में चलता हुआ आगे निकल जायेगा।

चीन की शासन व्यवस्था की एक सबसे बड़ी समस्या यह है कि यह नौकरशाही पर बहुत अधिक आश्रित है। यह वरीयता के आधार पर धीरे–धीरे पदोत्थान का पक्षधर है। ज़ाहिर–सी बात है कि बराक ओबामा जैसे उत्साही और ऊर्जावान, किन्तु युवा और अनुभवहीन नेता का प्रादुर्भाव चीन की राजनीति में असम्भव है। यह दैविक रूप से प्रतिभाशाली लेकिन असफलता का स्वाद चख चुके फ्रेंक्लिन डी. रूजवेल्ट, अब्राहम लिंकन,

या फिर महात्मा गाँधी, या जवाहरलाल नेहरू जैसे नेताओं को चुनने में भी इसीलिए असफल है। भारत में बागी और व्यवस्थाविरोधी किसी–न–किसी रूप में सदैव उपस्थित रहे, लेकिन चीन ने अपनी सीमा के भीतर उनके अस्तित्व को कभी स्वीकार नहीं किया।

चीन का सर्वसत्तावादी मॉडल, राज्य द्वारा अपनायी गयी किसी भी नीति और योजना में अपने नागरिकों के हस्तक्षेप को पूरी तरह अस्वीकार करता है, और साथ ही उन सभी सम्भावनाओं को भी नष्ट करने में विश्वास रखता है जो दो अलग–अलग मूल्यादर्शों, विचारधाराओं और राजनीतिक–आर्थिक प्राथमिकताओं की एक–दूसरे से तुलना करने में सहायक हो सकते हैं। राजनीति केवल योग्य प्रबन्धन का नाम नहीं है–इसके अन्य बृहत्तर उद्देश्य भी होते हैं। राजनीति का गहरा सम्बन्ध समाज के विभिन्न वर्गों के प्रतिनिधित्व और उन वर्गों के विचारों और हितों में सामंजस्य स्थापित करने से है। इस उत्तरदायित्व का निर्वहन नागरिक राष्ट्रवाद के खाँचे में फिट केवल एक उदार लोकतन्त्र ही कर सकता है।

सर्वसत्तावादी व्यवस्था की सफलताओं का उल्लेख करते हुए बेल सम्भवतः यह भूल जाते हैं कि इन सफलताओं के लिए सर्वसत्तावादी होना कतई आवश्यक नहीं है। चीन और पूर्व एशिया के कई दूसरे 'दिग्गजों' ने अपनी आन्तरिक आर्थिक–प्रगति और विकास के लिए आर्थिक प्रतिद्वन्द्विता, अन्तरराष्ट्रीय बाज़ार का इस्तेमाल, शिक्षा का प्रसार और भूमि–सुधार जैसी अनेक प्रणालियाँ लोकतान्त्रिक सिद्धान्तों के आधार पर ही अपनाई हैं। परिणामस्वरूप पूर्व एशिया के कई देश जो पहले सर्वसत्तावादी थे, उन्होंने स्वयं को अब लोकतन्त्र में परिवर्तित कर लिया है और उन देशों में विकास की कहानियाँ अब भी यथावत लिखी जा रही हैं। उन देशों के नागरिकों ने एक बार लोकतान्त्रिक अधिकारों को हासिल करने के बाद दोबारा अधिनायकवाद की वापसी की कामना भी नहीं की। बेल के दृष्टिकोण के प्रतिपक्ष में यह एक ग़ौरतलब बात है।

भारत का लोकतन्त्र इस देश की ताक़त है, न कि कमज़ोरी। चीनी व्यवस्था में किसी भी नीति और निर्णय के लिए शीर्ष से लेकर नीचे तक एक आम सहमति की आवश्यकता है। यदि किसी भी स्थिति में सहमति में दरार उत्पन्न होती है तो पूरी नीति और योजना के चरमराकर ढहने की आशंका है। यही कारण है कि चीनी मॉडल के केवल एक सुरक्षित परिवेश

में ही सफल होने की गारंटी है। वहीं दूसरी तरफ़ भारतीय मॉडल अदृश्य चुनौतियों से भी बेहतर तरीक़े से निबटने में सक्षम है। आधुनिक भारत में विकास योजनाओं की सफलता को देखते हुए हम अपनी इस सक्षमता पर गर्व कर सकते हैं। हम अपेक्षा रखते हैं कि इक्कीसवीं शताब्दी में भूखे भारतीय के पेट में अन्न और उनके श्रमशील हाथों में आजीविका के लिए रोज़गार होगा। लोकतन्त्र और मानवाधिकार हमारी अस्मिता के आधारभूत तत्त्व हैं; लेकिन इन दोनों में भी मानवाधिकार पहले क्रम पर आता है।

आधुनिक भारत ने स्वतन्त्रता और विकास की अपेक्षाओं पर खरा उतरने के लिए काफ़ी संघर्ष किया है, और उतना ही संघर्ष उसने विविधताओं को सम्मान देने और नागरिकों की निजी अस्मिता को सुरक्षित बचाये रखने के लिए भी किया है। लोकतन्त्र–विचार और व्यवहार–दोनों रूपों में सम्पूर्णता कभी भी अर्जित नहीं कर सकता है। अपनी किताबों में मैंने ऐसी अनेक समस्याओं का उल्लेख किया है जिनसे आज भारत जूझ रहा है। इनमें सर्वोपरि राजनीतिक नेतृत्व की दुर्बलताएँ हैं। अनियन्त्रित भ्रष्टाचार और राजनीति का अपराधीकरण जैसी दूसरी गम्भीर समस्याएँ भी हैं, फिर भी हमारी यात्रा सतत जारी है। समस्याओं का निराकरण किस प्रकार से हो सकता है, इसके लिए हमें 'एक्टिविस्ट' न्यायपालिका से प्रेरणा लेने की आवश्यकता है जिसने भ्रष्टाचार के अनेक मामलों का संज्ञान लेते हुए उनका त्वरित निष्पादन किया। उन जाँच एजेंसियों पर भी हमें गर्व होना चाहिए जिनकी पहल और निष्पक्ष कार्रवाई की बदौलत भारत के अनेक शक्तिशाली और प्रभावशाली राजनेताओं पर आरोप तय करना सम्भव हो सका। यद्यपि जितनी संख्या में लोगों पर आरोप तय किये गये, उस अनुपात में आरोपियों का दोष सिद्ध किया जा सकता तो यह एक असाधारण उपलब्धि होती। बहरहाल क़ानून का शासन आज भी भारतीय लोकतन्त्र की एक महत्त्वपूर्ण ताक़त है।

हमारे नागरिक राष्ट्रवाद की उदार और स्वायत्तशासी संस्थाएँ हमारी राजनीतिक–व्यवस्था के प्रत्येक सदस्य को अपने संवैधानिक अधिकारों का इस्तेमाल करने का समान अवसर देती हैं। कांग्रेस के नेतृत्व वाली यूपीए सरकार (2004–14) के शासनकाल को भारतीय जनता को संविधान–प्रदत्त अधिकारों से लैस करने के युग के रूप में देखा जाता है। इस काल में देश में सूचना का अधिकार अधिनियम, महात्मा गाँधी राष्ट्रीय ग्रामीण रोज़गार

गारंटी योजना, शिक्षा का अधिकार अधिनियम और खाद्यान्न सुरक्षा अधिनियम जैसे अनेक कल्याणकारी क़ानून बनाये गये। इसी अवधि में भारत ने पहली बार दो अंकों वाली आर्थिक वृद्धि दर को छुआ, ग़रीबी रेखा के नीचे आने वाले भारतीयों की संख्या में अभूतपूर्व गिरावट दर्ज की गयी और अमेरिका के साथ ऐतिहासिक परमाणु–करार भी हुआ। भारत गणराज्य को नेहरू की दूरदर्शिता से अनुप्राणित और नागरिक राष्ट्रवाद की ऊर्जा में अकंठ डूबे लोकतन्त्र का यही उपहार है। आज इस लोकतन्त्र की बुनियाद को अतिराष्ट्रवादी ताक़तों से गम्भीर ख़तरा उत्पन्न हो गया है। इन ताक़तों को तत्काल पराजित करने की बहुत आवश्यकता है। भविष्य का भारत तभी समृद्ध और ख़ुशहाल हो सकेगा जब यह उग्र हिन्दू राष्ट्रवाद के आसन्न संकट का डट कर मुक़ाबला कर सकेगा और अपनी संवैधानिक संस्थाओं की रक्षा करते हुए लोकतान्त्रिक मूल्यों में अपनी आस्था बनाये रखेगा। इक्कीसवीं सदी में भारत की सबसे बड़ी चुनौती यही होगी।

छठा खण्ड

भारत की आत्मा पर पुनः दावेदारी

गर्भ में छुपा हुआ उनका भविष्य?

जैसा कि पहले खण्ड में हम विचार कर चुके हैं कि राष्ट्रवाद की भावना का प्रत्यक्ष सम्बन्ध हमारे रक्त, मिट्टी और अस्मिता से है, और हम सबकी यही समवेत भावना अपने सहज रूप में नागरिक राष्ट्रवाद के रूप में प्रतिबिम्बित हुई है। आज विश्व 'पहचान के राष्ट्रवाद' से अपने विचारों को विस्थापित कर उन विचारों को नये सिरे से नागरिकता के राष्ट्रवाद पर केन्द्रित करने का प्रयास करता दिख रहा है। दूसरे खण्ड में मैंने उल्लेख किया है कि भारत ने कैसे अपनी धरोहरों से असम्पृक्त हुए बिना संविधान–प्रदत्त नागरिक राष्ट्र को न केवल अंगीकार किया बल्कि एक देश के रूप में स्वयं अपने आदर्शों का निर्माण किया और उन आदर्शों को सुरक्षित भी बचाये रखा। विभिन्न अस्मिताओं से भरी इस वैश्विक दुनिया में, जिसमें लोग अलग–अलग तरीक़ों से ख़ुद को पहचाने जाने के इच्छुक हैं, और किसी विशेष समूह से पृथक् रखकर मूल्यांकित किये जाने के आग्रही हैं, पहचान पर आधारित विशिष्टताएँ लगभग अप्रासंगिक हो चुकी हैं–यद्यपि पिछले दशक में वैचारिकता और राजनीति के स्तर पर ऐसी कुछ घटनाएँ अवश्य घटित हुईं जिन्होंने हमें इस निष्कर्ष पर पुनर्विचार करने का संकेत किया है।

विगत वर्षों में राष्ट्रवाद के वैश्विक उत्थान का प्रभाव भारत के राजनीतिक अनुभवों में स्पष्ट देखा जा सकता है। आज पूरी दुनिया में ऐसे प्रश्न दोबारा पूछे जाने लगे हैं कि राष्ट्रवाद का क्या भविष्य होगा, या राष्ट्र की अवधारणा कितनी प्रासंगिक रह गयी है, और राष्ट्र–देश स्वयं को किस तरह बचाये रख पायेंगे। इक्कीसवीं सदी के तीसरे दशक में आज जबकि जातीय और नस्लीय पहचान पर आधारित राष्ट्रवाद पुनः एक चुनौती बनकर विश्व के सामने खड़ा होने के लिए आतुर है, ऐसे में क्या हम दोबारा बीसवीं सदी में उग्र राष्ट्रीयता के पुराने मॉडल की ओर वापस लौट रहे हैं? आज जबकि उत्तर–कोविड–19 से दुनिया रक्षात्मक और संरक्षणवादी विचारों की ओट में शरण तलाश रही है,

ऐसे में क्या हम मौलिक पहचान के राष्ट्रवाद के पुनरुत्थान का साक्षी बनेंगे? यदि ऐसा होगा तो क्या यह राष्ट्रवाद की मूलभूत विशिष्टताओं के साथ प्रकट होगा, या परिवर्तित रूप में दिखेगा, और यदि परिवर्तित रूप में दिखेगा तो इसका स्वरूप क्या होगा? अगर यह नहीं बदला तो क्या नागरिक राष्ट्रवाद का कोई और विकल्प होगा जो आधुनिक राष्ट्र–देशों की भावी दिशाओं का प्रतिनिधित्व करेगा? और, इन समस्त अन्तर्विरोधों के बीच भारत कहाँ जायेगा, या उसे कहाँ जाना चाहिए?

36

यहाँ से हम कहाँ जायेंगे?

आज हिन्दुत्व के जोश से भरी नरेन्द्र मोदी की भाजपा सरकार जातीय राष्ट्रवाद की अपनी शैली को प्रोत्साहित करने के लिए प्रतिबद्ध दिखती है। जैसा कि मैंने इस पुस्तक में उल्लेख किया है, यह सरकार निम्नांकित तत्त्वों को केन्द्र में रखते हुए जातीय राष्ट्रवाद को पुनःपरिभाषित करने की अपनी यात्रा पर प्रस्थान कर चुकी है :

- भारतीय राष्ट्रीयता के लिए एक सामान्य हिन्दू पहचान के मिथक को प्रतिष्ठापित करना, सभी भारतीय नागरिक एक ही पुरखे की सन्तानें हैं—इस मान्यता का प्रसार करना, उक्त मान्यता को भारतीय इतिहास के पुनर्लेख के ज़रिये पुष्ट करना, 'भारत माता की जय' जैसी उक्ति को एक 'राष्ट्रीय' नारे के रूप में प्रोत्साहित करना, नागरिकता के लिए सीएए जैसी धार्मिक 'परीक्षा' को अनिवार्य कर देना, अयोध्या में राम मन्दिर का निर्माण करना इत्यादि;
- बहुसंख्यकवादी राष्ट्रवाद की अस्तित्व—रक्षा के लिए अल्पसंख्यकों की प्रताड़ना को अभेद्य कवच के रूप में उपयोग करना, मुसलमानों को लक्ष्य बनाकर भीड़ को हिंसा के लिए उकसाना, 'गौरक्षा' को राजनीतिक संरक्षण देना, तीन तलाक़ का अपराधीकरण, जम्मू और कश्मीर की स्वायत्तता पर आक्रमण और धारा—370 को निरस्त करना;
- हिन्दू जातीय राष्ट्रवाद की लक्ष्यप्राप्ति के लिए एक शक्तिशाली केन्द्रीकृत व्यवस्था को लागू करना और उसकी बागडोर एक सर्वसत्तासम्पन्न नेतृत्व के हाथ में सौंप देना। इन विचारों के

क्रियान्वयन के हमने अग्रलिखित तरीक़े देखे हैं–(अ) मोदीवाद को प्रोत्साहित करना और प्रधानमन्त्री की छवि के चारों ओर एक आभामण्डल का निर्माण कर उनकी व्यक्ति–पूजा करना; (ब) जैसा कि मैं नामकरण कर चुका हूँ, भारत के मोदीकरण के माध्यम से हमारे राष्ट्रीय लोकाचारों का पुनर्निर्माण करना; (स) भारत की स्वतन्त्र संवैधानिक संस्थाओं में आन्तरिक तोड़फोड़ कर उन्हें केन्द्रीय एजेंडे के अधीन ले आना; और (द) संघ और उसके अधिकारों और व्यवहारों को आर्थिक संसाधनों से विहीन कर कमज़ोर करना ताकि हिन्दीभाषी उत्तरी भारत को राजनीतिक सत्ता का निर्विवाद केन्द्र बनाया जा सके।

भारत के संविधान ने उन विचारों का प्रतिपादन किया जिन पर स्वशासन की बुनियाद टिकी हुई है। इस सन्दर्भ में धर्म, क्षेत्र और भाषा की परिधि से परे सभी नागरिकों की संवैधानिक समानता सबसे अधिक उल्लेखनीय है। भारत का नागरिक राष्ट्रवाद इस संविधान के प्रावधानों में ही निर्मित है और उन्हीं से यह प्रतिबिम्बित भी होता है। संविधान ने नागरिकों को जो प्रतिनिधित्व प्रदान किया है उसका आधार धर्म अथवा जाति पर आधारित कोई पूर्वनिर्धारित पहचान नहीं है बल्कि उसकी दृष्टि में सभी नागरिक बराबर हैं। वह जिस सरकार को नियन्त्रित करता है उस सरकार से यह अपेक्षा की जाती है कि वह देश के सबसे कमज़ोर नागरिक के कल्याण के प्रति पूर्णरूप से वचनबद्ध होगी। यद्यपि देश में ग़रीबी, सामाजिक भेद और जातिगत वैमनष्यता जैसी समस्याएँ अभी पूरी तरह समाप्त नहीं हुई हैं, तथापि संविधान सभी शोषित नागरिकों की रक्षा और शोषण के विरुद्ध उपचार के साथ सदैव तत्पर है। भारत में आज भी सामाजिक–राजनीतिक समस्याओं की प्रचुरता है, लेकिन यह भारत का संविधान ही है जो प्रत्येक जाति, सम्प्रदाय, संस्कृति और भाषा से सम्बन्धित भारतीय को अपने समूह से पृथक् होकर अपनी आकांक्षाओं को पूरा करने का समान अवसर प्रदान करता है। इन सभी सम्भावनाओं का केन्द्रीय आधार नागरिक राष्ट्रवाद है–और इसका सर्वाधिक सशक्त माध्यम उन स्वतन्त्र संस्थाओं का विकास और सुदृढ़ीकरण है जो बहुलतावाद को सुनिश्चित करती हैं, विविधताओं की रक्षा करती हैं और राष्ट्र की अखण्डता को अक्षुण्ण बनाये रखने में सहायक हैं।

हमारा उदार, समावेशी और न्यायसम्मत संविधान जो नागरिक राष्ट्रवाद की सैद्धान्तिक बुनियादों पर निर्मित है, भारतीय समाज का वास्तविक स्तम्भ है। यह एक ऐसा दस्तावेज़ है जो सभी भारतीयों के ऐतिहासिक अधिकारों की पुष्टि करता है। हमारे श्रेष्ठ लोकतान्त्रिक मूल्य और वे विचार जिनके लिए स्वतन्त्रता संघर्ष के समय हमारे पूर्वजों ने अपना जीवन बलिदान कर दिया, वे सभी संगठित और प्रच्छन्न रूप में इसी संविधान में विद्यमान हैं। आज इन्हीं मूल्यों और विचारों ने हमें अपनी आकांक्षाओं के अनुरूप जीने का मार्ग दिया है। संविधान सभा का यह अतिउल्लेखनीय योगदान हमें बार–बार यह स्मरण कराता है कि देश सदैव हमारे निजी मतभेदों, मतान्तरों, अभिव्यक्तियों और विचारधाराओं से बड़ा होता है, और यह हमारी सबसे बड़ी ताक़त बन सकता है। संविधान सभी भारतीयों को अपनी ख़ुद की राजनीतिक पहचान बनाने की स्वतन्त्रता देता है ताकि एक सामूहिक बल के रूप में हम देश की नियति में महत्त्वपूर्ण भूमिका निभा सकें। लेकिन जैसा कि अम्बेडकर ने चेतावनी दी थी कि संविधान तब तक ही अच्छा है जब तक हमारा आचरण संविधान के अनुरूप है। किन्तु निराशाजनक बात यह है कि आज भारत अपने इस उत्तरदायित्व के निर्वहन के मामले में पिछड़ता प्रतीत हो रहा है।

भारत के सम्माननीय विधिवेत्ता और विद्वान फैज़ान मुस्तफ़ा, जो संयोगवश एक मुसलमान भी हैं, ने तो यहाँ तक टिप्पणी कर डाली कि भारत को अपनी कथित धर्मनिरपेक्षता का पाखण्डपूर्ण परिधान त्याग कर औपचारिक रूप से स्वयं को एक हिन्दू राष्ट्र घोषित कर देना चाहिए। हालाँकि यह उनका एक क्षोभपूर्ण विचार था जिसने सबको स्तब्ध कर दिया, लेकिन एक मरखण्डे बैल को उसके सींगों से पकड़कर ललकारने का जोख़िम उन्होंने ज़रूर उठाया था :

> 'अल्पसंख्यक भी धर्मनिरपेक्षता के इस ढकोसले से अब तंग आ चुके हैं। देश की सभी संस्थाओं का झुकाव एक विशेष धर्म की ओर साफ़ दीखता है। शायद हिन्दू राष्ट्र की स्थापना ही हम सबके लिए शान्ति का कारण बन पाये...निस्सन्देह हिन्दू राष्ट्र भारत उस अवधारणा को घातक नुक़सान पहुँचायेगा जो विविधता की बुनियाद पर निर्मित है, और इससे विश्वमंच पर हमारी गौरवपूर्ण छवि भी धूमिल होगी, लेकिन अल्पसंख्यकों को यह

> सब सोच कर चिन्तित होने की आवश्यकता नहीं है। दुनिया के अनेक आधुनिक धर्मतन्त्र की तरह यह सम्भव है कि हिन्दू राष्ट्र भी धार्मिक अल्पसंख्यकों के मूलभूत अधिकारों को सुनिश्चित करने की दिशा में आवश्यक क़दम उठायेगा...हमें भी हिन्दूवाद को देश के आधिकारिक धर्म के रूप में मान्यता दे देनी चाहिए। इंग्लैंड हमारे लिए एक जीती–जागती मिसाल है जिसने अपने सभी नागरिकों को समान अधिकार देने के अतिरिक्त उन्हें कोई भी धर्म स्वीकार करने की स्वतन्त्रता दी है, और धर्म के आधार पर उनके साथ होने वाले किसी तरह के भेदभाव पर प्रतिबन्ध लगाया है।'[453]

मुस्तफ़ा को इसकी आशा है कि एक हिन्दू राष्ट्र भी 'समुचित उदारवाद, वास्तविक समानता, आधुनिकता और इन सबसे ऊपर अल्पसंख्यकों की स्वतन्त्रता और सांस्कृतिक स्वेच्छा को सुनिश्चित करने के राज्य के उत्तरदायित्व जैसे लोकतान्त्रिक गुणों को अंगीकार कर सकता है।' उन्हें विश्वास है कि 'ऐसा करने से सम्भव है कि घृणा और ध्रुवीकरण के इस युग का पटाक्षेप हो जाये।' यह निश्चित तौर पर एक पवित्र आशा है–समर्पण शायद ही किसी विजेता को हार चुके निरीहों के विरुद्ध और अधिक उकसाता है। अगर हिन्दुत्व उन सभी इच्छाओं को पूरा कर भी दे जिसकी कामना मुस्तफ़ा ने की है तब भी शायद उसके विचारकों की सभी आकांक्षाएँ पूरी नहीं हो सकेंगी, बल्कि इसकी प्रबल सम्भावना है कि ध्रुवीकरण और घृणा की उनकी भूख तब शायद अधिक उग्र रूप ले ले।

जैसा कि मैंने तीसरे और चौथे खण्ड में उल्लेख किया है, भाजपा का वैकल्पिक 'हिन्दू राष्ट्रवादी' दृष्टिकोण भारत के संवैधानिक नागरिक राष्ट्रवाद की अवधारणा के लिए एक बुनियादी ख़तरा है। 2019 में सत्ता में दोबारा वापसी के बाद जिस तीव्रता के साथ उसने नये विधेयक पारित किये और पुराने अधिनियमों में संशोधन किया उनकी संख्या निश्चित रूप से हतप्रभ कर देने वाली है। इनमें आरटीआई (RTI) संशोधन विधेयक, यूएपीए (UAPA) विधेयक, नागरिकता संशोधन अधिनियम (CAA), और

---

453. फ़ैज़ान मुस्तफ़ा, 'माइनोरिटी, टू आर फेड अप ऑफ़ दिस फकेड ऑफ़ सेकुलरिज़्म', *इंडियन एक्सप्रेस*, 21 मार्च 2020

धारा–370 के निरस्तीकरण और उसकी जगह जम्मू और कश्मीर पुनर्गठन विधेयक (J&K Re-organisation Bill) जैसे कुछ विधेयक और अधिनियम हैं जिसे अपने दूसरे शासनकाल के पहले ही साल में सरकार ने संसद के सत्रों में पारित कराया। इसके अलावा हिन्दी भाषा और पन्द्रहवें वित्त आयोग के सन्दर्भित–विषयों (Term of Reference) के मामले में भाजपा की सरकार ने दक्षिणी राज्यों के प्रति जो लापरवाही और तिरस्कार दिखाया और उसके प्रतिकारस्वरूप दक्षिणी राज्यों में जैसी प्रतिक्रियाएँ हुईं, उस प्रकरण ने भारत के संघीय ढाँचे पर उठे विवाद की ओर स्पष्ट संकेत किया, और उस स्वतन्त्रता के लिए भी एक ख़तरे की घण्टी बजाई है जिसे हम अगम्भीरता से लेने के अभ्यस्त हो चुके हैं। इन सभी समस्याओं का निराकरण नागरिक राष्ट्रवाद के उन सिद्धान्तों में है जिन्हें हमने ब्रिटिश उपनिवेशवाद से 1947 में मिली स्वतन्त्रता के बाद से ही अपनाया है।

किन्तु अधिक चिन्ता इस बात की है कि अपनी महत्त्वाकांक्षा को प्राप्त करने के उपक्रम में सत्ताधारी पार्टी अपने पहले शासनकाल की तुलना में दूसरे शासनकाल में बहुत हड़बड़ी में दिख रही है। पहले वह दबी हुई ज़ुबान में संविधान में परिवर्तन की आवश्यकता पर बल देती थी लेकिन अब वह खुल कर संविधान की अवहेलना करती हुई दिख रही है। पहले वह संकेतों में यह कहती थी कि भारतीय सबसे पहले आते हैं, दूसरों की बारी उसके बाद आती है। अब वह छाती ठोंक कर ऐलान करती है कि कश्मीर से लेकर कन्याकुमारी तक भारतीयता की एक ही परिभाषा है, और उनकी कसौटी पर भारतीय होने का अर्थ हम सभी जानते हैं। पहले शासनकाल में उसने स्वतन्त्र राष्ट्रीय संस्थाओं पर अपना नियन्त्रण स्थापित किया और दूसरे शासनकाल में उन संस्थाओं का दुरुपयोग अपने राजनीतिक एजेंडे को पूरा करने के उपकरण के रूप में करने लगी। यह सभी उदाहरण इस बात की तरफ़ साफ़ इशारा करते हैं कि वर्तमान शासन व्यवस्था इस देश को एक लोकलुभावनवादी, साम्प्रदायिक, उग्रराष्ट्रवादी, निरंकुश और सर्वसत्तावादी, और बाज़ार के हथकण्डों की नक़ल पर धूर्ततापूर्वक बहुप्रचारित सत्तालोलुपों का एक निकृष्ट तन्त्र बना देने के हठ पर डटी हुई है। उसकी सहायता के लिए एक छिद्रान्वेषी और हिंसक भीड़–तन्त्र सदैव उपस्थित है। राष्ट्रीय संस्थाओं की स्वतन्त्रता पहले से अगवा कर ली गयी है और अब वे भारतीयों के अधिकारों के बजाय सरकार के हितों

की रक्षा करने में अधिक व्यस्त है। यह सब शासक दल उस देश में कर रहा है जिसे प्रधानमन्त्री मोदी ने 'नये भारत' का नाम दिया है।

जिस देश के लिए हमारे पुरखों ने अपना ख़ून बहाया और जिसका जन्म स्वतन्त्रता संघर्ष के प्रसव–गृह में हुआ था, उस पुराने भारत का बुनियादी अस्तित्व ऐतिहासिक दृष्टि से अविच्छेद्य स्वतन्त्रताओं की इकाइयों से निर्मित हुआ था–उन स्वतन्त्रताओं में चयन की स्वतन्त्रता प्रमुख थी। यह चुनने की स्वतन्त्रता कि आप कैसी सरकार चाहते हैं, यह चुनने की स्वतन्त्रता आप किन–किन मान्यताओं से सहमत हैं, यह चुनने की स्वतन्त्रता कि आप किससे प्रेम करें, और कैसे प्रेम करें, यह चुनने की स्वतन्त्रता कि आप क्या पहनें, क्या खायें, क्या पियें और क्या बोलें, भारतीय गणराज्य की सीमाओं के भीतर कहीं भी निर्बाध आने–जाने की स्वतन्त्रता, इस ब्रह्माण्ड को जो शक्ति संचालित और नियन्त्रित करती है, उसका नाम राम, या रहीम (या यीशु या यहोवा) यह तय करने की स्वतन्त्रता इत्यादि। ये भी स्वतन्त्रताएँ हमारे संविधान के बीजतत्व हैं और यह मात्र शब्द–रूप में क़ानून की किताबों में दर्ज नहीं हैं, बल्कि ये भारत और उसमें निवास करने वाले हरेक व्यक्ति के जीवन्त अनुभव हैं।

इसलिए प्रधानमन्त्री मोदी जब 'नये भारत' की बात करते हैं और इसे एक ऐसे भारत के रूप में परिभाषित करते हैं जो जातिवाद और साम्प्रदायिक तनाव से मुक्त है, एक भारत जिसने जो भ्रष्टाचार, वंशवाद, और आतंकवाद जैसी वर्षों पुरानी व्याधियों का सफलतापूर्वक उपचार किया है, एक भारत जिसने प्रत्येक स्त्री, पुरुष और बच्चे का सशक्तीकरण करके उनके जीवित रहने के लिए सम्मानजनक अवसर दिया है, तो वे ग़लत नहीं कहते हैं। और इसके लिए हमें उस समाज का ऋणी होना चाहिए जिसकी अपराजेय उद्यमशीलता ने इस देश को एक आर्थिक ऊर्जाघर में बदल दिया है। बल्कि सच यह है कि यह सब कह उन्होंने केवल स्वतन्त्रता के प्रति उन ऐतिहासिक प्रतिबद्धताओं को दोहराया भर है जिन्हें पुराने भारत में सुरक्षित और सुनिश्चित किया गया था।

लेकिन जैसा कि हम प्रायः देखते हैं, बोलने और करने के बीच एक बड़ा अन्तर होता है। प्रधानमन्त्री के इन वक्तव्यों और विचारों से असहमत नहीं हुआ जा सकता है, लेकिन यह एक दुखद आश्चर्य की बात है कि इन उद्देश्यों को देश कैसे प्राप्त करेगा, इसकी ठोस योजना कहीं नहीं दिखती है।

अलबत्ता ऐसे कई उदाहरण अवश्य मिलते हैं जो इन कल्पनाओं के बिल्कुल प्रतिकूल हैं। 2014 के 'अच्छे दिन' हों या वर्तमान का 'नया भारत' हो–भाजपा सरकार द्वारा प्रचलित किये गये ये जुमले केवल एक भ्रामक कोहरे का पर्दा हैं जिसके पार सत्ता में आने के बाद से ही भाजपा अपने वास्तविक एजेंडे के क्रियान्वयन में व्यस्त है। आज 'नये भारत' तक लेकर जाने वाले सभी मार्ग 'पुराने भारत' के आदर्शों और उपलब्धियों के मलबों से भरे हुए हैं।

उन आदर्शों का स्थान अब उन नये विकृत विचारों और व्यवहारों ने ले लिया है जो आज भारतीय राजनीति का प्रतिनिधित्व कर रहे हैं। आज देश में एक ख़तरनाक जातीय राष्ट्रवाद को बढ़ावा दिया जा रहा और एक ऐसे भारत का निर्माण किया जा रहा है जिसकी बुनियाद एक संकीर्ण बहुसंख्यकवाद पर टिकी है, और जहाँ आये दिन साम्प्रदायिक हिंसा की ख़बरें आती रहती हैं। यह हिंसा सामान्यतः सरकार–समर्थक उग्र भीड़ द्वारा फैलाई जाती है, और कई बार इस हिंसा का नेतृत्व शासन की सरपरस्ती में सक्रिय गौरक्षक दल करते हैं। अपनी पसन्द–नापसन्द के मुताबिक़ ख़ूबसूरत और देशप्रेम से ओतप्रोत नारे लगाने वाली जनता अब रैलियों में 'भारत माता की जय' और 'जय श्री राम' जैसे उन्माद से भरे नारों का उद्‌घोष करती देखी जाती है। गौरक्षा के नाम पर निरीह लोगों पर हमले हो रहे हैं और उनकी जानें ली जा रही हैं। इस हिंसा के सबसे बड़े शिकार मुसलमान और दलित समुदाय के लोग हैं। वायु सेना में एक हवलदार का पिता, ईद की ख़रीदारी करके घर लौटता हुआ एक पन्द्रह वर्षीय किशोर, एक वैध परमिट के साथ गायों को लॉरी में लेकर जाता एक डेयरी उद्योगकर्मी, और मृत गायों की चमड़ी का व्यापार करने वाले दलित समुदाय के कई सदस्य इन लोगों की फ़ेहरिस्त में शामिल हैं जो अब तक इस 'नये भारत' की बलिवेदी पर अपनी जान गँवा चुके हैं। दरअसल प्रताप भानु मेहता ने सही सवाल उठाया है : 'उम्मीदों के पुराने सतरंगी स्वप्न–लोक का द्वार अब एक ही मन्त्र से खुलता है, और अब वह परिवर्तित होकर एक नये 'भय के गणतन्त्र' में बदल गया है।'[454]

454. प्रताप भानु मेहता, 'एट रेड फोर्ट, पीएम मोदी'ज होप एंड फियर', *इंडियन एक्सप्रेस,* 16 अगस्त 2018।

मोदी के पहले शासनकाल में हमें इस 'भय के गणतन्त्र' का केवल संकेत दिखा था, लेकिन दूसरे शासनकाल में यह संकेत एक स्पष्ट दिखने वाली वास्तविकता में परिवर्तित हो गया। इस विषय पर भी मैंने पिछले अध्यायों में विस्तार से लिखा है। पहले शासनकाल में हिन्दू राष्ट्रवादी एजेंडा को क्रियान्वित करना भाजपा के लिए बहुत आसान नहीं था। इसका संकेत उस वक़्त सरकार के द्वारा की गयी अनेक ग़लतियों से मिलता है। मोदी का दूसरा कार्यकाल भी कोई अपवाद सिद्ध नहीं हुआ और सरकार के सभी महत्त्वपूर्ण निर्णयों में योग्यता का अभाव साफ़ दिखा–चाहे वह नोटबन्दी लागू करने की बात हो, जीएसटी का सम्यक् और पारदर्शी क्रियान्वयन हो, कोविड–19 के दौरान देशव्यापी लॉकडाउन का अदूरदर्शी निर्णय हो, या फिर वास्तविक नियन्त्रण रेखा (LAC) पर चीन से विवाद का मसला हो। अपने हरेक अगले निर्णयों में भाजपा अपनी पिछली ग़लतियों को दोहराती गयी। परिणामस्वरूप पार्टी में जनता की प्रतिकूल प्रतिक्रिया और आलोचना की आशंका की सुगबुगाहट दिखने लगी।

कुछ इन्हीं कारणों से ब्रिटिशों ने भी भारत पर 'भय का साम्राज्य' स्थापित कर शासन किया था। जैसा कि इतिहासविदों ने लिखा है, औपनिवेशिक काल हमेशा संशयों से घिरा और दुविधाओं से ग्रस्त रहा था क्योंकि वे स्वयं ही नहीं जानते थे, या यह समझने में असमर्थ थे कि वे क्या कर रहे हैं।[455] भाजपा सरकार भी आरम्भ से ऐसे ही लक्षणों की शिकार रही है। उसका लोकवाद मुख्य रूप से भयादोहन पर निर्मित है : विदेशियों से एक स्वदेशी भय (विदेशियों से अभिप्राय आप्रवासी, अल्पसंख्यक और शत्रु पड़ोसी देश हैं), मध्यमवर्ग में नये उभरते हुए सामाजिक–आर्थिक वर्ग के साथ प्रतिद्वन्द्विता का भय (इसमें पिछड़ा वर्ग, दलित, मुसलमान और आप्रवासी शामिल हैं), जनसंख्या के अनुपात में सामाजिक–सांस्कृतिक पहचान का भय (इस भय में मुसलमानों की तेज़ी से बढ़ती हुई जनसंख्या और 'लव जिहाद' जैसी सामाजिक असुरक्षा का भय आता है), देश के विखण्डन का राष्ट्रवादी भय (मसलन कम्युनिस्टों–उदारवादियों और कश्मीरियों का सक्रिय 'टुकड़े–टुकड़े गैंग', जिसे कथित रूप से पाकिस्तान की सहायता

---

455. सी, फॉर इन्सटांस, किम ए. वागनर, *अमृतसर 1919 : एन एम्पायर ऑफ़ फियर एंड मेकिंग ऑफ़ अ मैसेकर*, न्यू हैवन : येल यूनिवर्सिटी प्रेस, 2019।

और प्रोत्साहन हासिल है) और भूमण्डलीकरण की अनिश्चितताओं के विरुद्ध परम्परावादियों का भय आदि। 'हिन्दू राष्ट्रवादियों' के पास लागू करने के लिए अपनी स्वयं की विचारधारा है, किन्तु सीएए और आप्रवासी मज़दूर के पलायन के ख़िलाफ़ जनसामान्य में जो तीव्र असन्तोष और विरोध की भावना जन्मी है, उसे देखकर सरकार के भीतर एक स्वाभाविक संशय की स्थिति उत्पन्न हो गयी है। बहरहाल सरकार राष्ट्रवाद के अपने ढपोरशंखी नारों और अपनी प्रतिक्रियावादी नीतियों के आवरण में अपने इस संशय को छुपाने की जुगत में लगी है। यह देखना सहज रूप से हास्यास्पद है कि अपने अतिउत्साही और बेतुके राष्ट्रवाद, देश के इतिहास और विरासत से एक दुर्भाग्यपूर्ण अनभिज्ञता और भारत की सच्ची अवधारणा के प्रति एक प्रतिबद्धता के अभाव के कारण भाजपा की सरकार साम्राज्यवादी ब्रिटिश राज से अधिक भिन्न नहीं है।

भारत में कोविड–19 महामारी के जब शुरुआती इक्के–दुक्के मामले ही सामने आये थे तब से ही इस देशव्यापी संकट से निबटने में मोदी सरकार लगातार नाकाम रही है। इस संक्रमण ने जिस प्रकार असंख्य मानव जीवन की आहुतियाँ लीं और देश की अर्थव्यवस्था को जर्जर स्थिति में धकेल दिया, वह किसी से छुपा हुआ नहीं है। लगभग इसी समय बहुत–से दूसरे देशों में भी राष्ट्रवादी भावनाएँ उग्र रूप में प्रकट हुईं। संकेत पूरी तरह स्पष्ट हैं कि महामारी ने इस मान्यता पर मुहर लगा दी कि संकट के समय लोग अपने राष्ट्रदेशों के पक्ष में एकजुट हो जाते हैं। आवश्यकताओं की जो सामग्रियाँ हैं उनकी आपूर्ति का वैश्विक तन्त्र ध्वस्त होने की आशंका सबसे अधिक रहती है। यद्यपि उनको बहाल रखना सबसे बड़ी प्राथमिकता होती है, किन्तु अन्तरराष्ट्रीय आकस्मिकता की घड़ी में यह सम्भव नहीं है। लिहाज़ा आवश्यक सामग्रियों (मसलन दवाइयाँ और खाद्यान्न) के लिए विदेशी देशों पर निर्भरता घातक साबित हो सकती है। परिणामस्वरूप समर्थ देशों के नागरिक अपनी सरकारों से संरक्षणवादी नीति अपनाते हुए इन सामग्रियों के उत्पादन के मामले में 'आत्म–निर्भरता' (यह प्रधानमन्त्री मोदी का प्रिय शब्द है जिसके लिए अंग्रेज़ी में self-reliance अधिक उपयुक्त शब्द है) की अपेक्षा करते हैं। कोई देश अपने पड़ोसी या मित्र देशों से हमेशा सहायता की आशा नहीं कर सकता, इसलिए अपने ही देश में उत्पादन को प्रोत्साहित करना एक बुद्धियुक्त निर्णय है। जिन्हें आश्वस्त करने की

कोई विशेष आवश्यकता नहीं थी वे भी यह मानने को उत्सुक दिखे कि विदेशियों को भयभीत रखने की ज़रूरत है, कि आप्रवासियों पर नियन्त्रण लगाने के लिए सख़्त प्रावधान बनाये जाने चाहिए, कि अन्तरराष्ट्रीय सहयोग से महत्त्वपूर्ण राष्ट्रीय हितों की रक्षा करना है। बहुतों के लिए जिनमें मोदी के अन्तरंग सलाहकार और सहयोगी भी शामिल हैं, इन सभी समस्याओं का समाधान एक मज़बूत सरकार द्वारा ही सम्भव है। एक शक्तिसम्पन्न सरकार नागरिकों के हितों से ऊपर देश की आवश्यकता को महत्त्व देती है, और राष्ट्रीय उद्देश्यों की प्राप्ति के क्रम में लोकतान्त्रिक शिष्टाचारों और संसदीय मर्यादाओं की विशेष परवाह नहीं करती है।

मौजूदा संकट–काल में अनेक शासनाध्यक्षों ने अपने अधिकारों और शक्तियों में ख़ासी वृद्धि कर ली है, और ज़ाहिर है कि मोदी इसके अपवाद नहीं हैं। अन्तरराष्ट्रीय मंच पर भारत के क़द्दावर नेता के रूप में स्थापित उनकी नयी छवि ने उनकी भाजपा सरकार को लोकतान्त्रिक प्रतिमानों का हमेशा सम्मान करने सम्बन्धी दबावों से कुछ हद तक मुक्त कर दिया है। बहरहाल महामारी से निबटने के मामले में कुछ अतिराष्ट्रवादी शासनाध्यक्षों ने जैसी हास्यास्पद तरकीबें आजमायीं कि उन तरकीबों का प्रतिकूल असर साफ़ दिखाई पड़ा। कुछ देश तो ऐसे थे जिनमें संक्रमण का अनुपात सर्वाधिक था। ऐसे शासनाध्यक्षों में ट्रंप, बोल्सोनारो, पुतिन और मोदी का नाम प्रमुखता से लिया जा सकता है जिनके उग्रराष्ट्रवादी लोकवाद का भारी खमियाज़ा उनके देशों को उठाना पड़ा।

इसके विपरीत जर्मनी की एंजेला मार्केल और न्यूज़ीलैंड की जसिंडा आर्डन जैसी पारम्परिक और 'लोकवाद–विरोधी' लोकतान्त्रिक शासकों ने जिस कुशलता और प्रभावशीलता के साथ कोविड–19 के संकट का मुक़ाबला किया, उसकी सराहना पूरे विश्व–समुदाय ने की। मार्केल ने सही कहा, 'आप झूठ और भ्रामक ख़बरों का सहारा लेकर महामारी से नहीं लड़ सकते हैं। पाखण्डपूर्ण लोकवाद की नग्न सच्चाई एक दिन सबके सामने स्वतः प्रकट हो जायेगी।'[456]

लेकिन सच यही है कि लोकलुभावनवाद ने जनता के दिलोदिमाग़ पर अपनी पैठ बनाने में ख़ासी कामयाबी हासिल की है। इस महामारी–काल ने

---

456. ईशान थरूर, 'कोरोना वायरस हैज वीकंड दी वेस्ट'स नेशनलिस्ट्स', *वाशिंगटन पोस्ट*, 17 जुलाई 2020।

ग़ैर–ज़रूरी तरीक़े से 'दूसरों' के ख़िलाफ़ एक डर का माहौल बना दिया है। राष्ट्रीयता, धर्म, नस्ल, और क्षेत्रीय पहचान के आधार पर भिन्न–भिन्न आम लोगों के बीच अफ़वाहों और दोषारोपणों का अनवरत सिलसिला अभी तक जारी है। कई देशों की यही स्थिति है। भारत में भी उत्तर–पूर्व के नागरिकों के साथ नस्लीय भेदभाव और बदसलूकी की अनेक घटनाएँ सामने आयीं क्योंकि अपने चेहरे–मोहरे से वे कथित तौर पर 'चीन के लोग' दिखते थे। सोशल मीडिया और स्वदेशी लोकवाद (nativist populism) ने इन पूर्वाग्रहों और अफ़वाहों को पर्याप्त रूप से फैलाया है। मुसलमानों के एक नियम निष्ठ सम्प्रदाय तबलीगी जमात ने लॉकडाउन के ठीक पहले एक बड़ी मजलिस की थी। उसमें शिरकत करने आये बहुत–से लोगों ने वापस लौटने के बाद अपने–अपने राज्य में संक्रमण फैलाया। इस घटना की आड़ में मुसलमानों के साथ पूरे देश में भेदभाव और दुर्व्यवहार किये जाने की ख़बर मिली। वायरस ने संक्रमण फैलाने के बहाने सामाजिक सौहार्द को भी विषाक्तपूर्ण बना दिया। हिन्दू राष्ट्रवाद के प्रति अन्धसमर्पण और इस प्रकारान्तर संक्रमण ने पूरे देश में साम्प्रदायिक वैमनस्य का तनावपूर्ण वातावरण उत्पन्न कर दिया।

इस महामारी का एक और दुष्प्रभाव नागरिकों के निजता में शासन की पहरेदारी और दख़लअन्दाज़ी के रूप में नज़र आया। भाजपा की पूर्ववर्ती यूपीए सरकार ने ग़रीबों को सरकारी सुविधाओं का प्रत्यक्ष लाभ देने के लिए योग्य पात्रों को चिह्नित हेतु आधार कार्ड की योजना बनाई थी। भाजपा सरकार ने इस आधार कार्ड योजना को विस्तार देते हुए उसे बायोमेट्रिक पहचान से जोड़ दिया और तत्पश्चात उसे सम्बद्ध व्यक्ति के मोबाइल फ़ोन और बैंक के खाता संख्या से लिंक्ड कर दिया। हालाँकि सर्वोच्च न्यायालय ने अपने एक आदेश से इस डिजिटल अतिक्रमण पर आंशिक अंकुश लगाने का प्रयास किया लेकिन सरकार अपने हठ पर अड़ी रही और आधार का उपयोग एक राष्ट्रीय डाटाबेस बनाने के लिए जारी रखा, जिसका सरकार के सुविधा सम्बन्धी प्रावधानों से दूर–दूर तक कोई लेना–देना नहीं है। जब देश में कोरोना वायरस महामारी का संकट छाया तो इस डाटाबेस को वायरस के संक्रमण पर नज़र रखने और विस्तार को अनुमान लगाने के उपकरण के रूप में उपयोग करने की आवश्यकता जताई गयी। इस काम के लिए जीपीएस, ब्लुटूथ, और सेलफ़ोन टावरों का भी इस्तेमाल किया गया ताकि प्रत्येक व्यक्ति,

उसकी यात्रा का विस्तृत ब्यौरा, दूसरे लोगों से उसके सम्पर्क की जानकारी और वायरस के सम्भावित संवाहक के बारे में सूचनाएँ इकट्ठी की जा सकें। सरकार ने आरोग्य सेतु के नाम का एक एप पहले ही निर्मित कर लिया है और सभी सरकारी मुलाजिमों के लिए इसे डाउनलोड करना अनिवार्य कर दिया है। बाद में सरकार की योजना इस एप का विस्तार सामान्य जनता तक करने की है।

कोविड–19 के बाद का भारत सार्वजनिक निगरानी और नियन्त्रण के इन उपकरणों को बाद में त्याग देगा, इस बात की कोई सम्भावना नहीं दिखती है। चीन ने इन माध्यमों को उपयोग कर अपने लिए एक प्रकार का 'डिजिटल लेनिनवाद' का रास्ता चुन लिया है। उसी प्रकार भारत भी इस निगरानी के क्रियान्वयन और आँकड़ों को एकत्र करने के उपायों के ज़रिये 'डिजिटल राष्ट्रवाद' के मार्ग पर चल पड़ा है। व्यक्ति निजता के अधिकार के पक्ष में सर्वोच्च न्यायालय के फ़ैसले के बावजूद देश के हित के नाम पर सरकार नागरिकों की निजता का हरण करने के लिए कृतसंकल्प है। भाजपा सरकार द्वारा जिस राष्ट्रीयता के विस्तार का प्रयास किया जा रहा है, वह अपनी मूल बनावट और उद्देश्य में जातीय राष्ट्रवाद ही है, जिसे अपने संगठनात्मक अस्तित्व को बचाये रखने की सर्वसत्तावादी माध्यमों की आवश्यकता है। यह वाकई हैरत की बात होगी कि आने वाले दिनों में सरकार प्रतिपक्ष के नेताओं, असन्तुष्टों, मीडिया और ऐसे अन्य लोग जिन्हें वह ज़रूरी समझती है, पर नज़र रखने के लिए डिजिटल माध्यमों और डाटा जेनेरेशन का उपयोग नहीं करेगी। अपने राष्ट्रवादी एजेंडे को लागू करने के लिए वह किसी भी संवैधानिक और संसदीय मर्यादा को लाँघने के लिए व्यग्र है।

37

जवाबी जंग

मोदी सरकार की अगुआई में आकार ग्रहण करते जातीय–धार्मिक राष्ट्रवाद को इस बात का सबसे बड़ा ख़तरा है कि यह देश के लोकतन्त्र को देश के विरुद्ध ही उपयोग कर सकता है। इतिहास ऐसे उदाहरणों से भरा हुआ है जब राष्ट्रवादी पार्टियों ने लोकतन्त्र का इस्तेमाल सत्ता तक पहुँचने के लिए सीधे तौर पर किया है और फिर लोकतन्त्र को ध्वस्त कर उसकी जगह निरंकुश और व्यक्तिवादी शासन व्यवस्था की स्थापना की है। ऐसा करने के उपकरण सर्वविदित हैं–स्वतन्त्र राष्ट्रीय संस्थाओं को कमज़ोर कर दो, प्रशासनिक नियन्त्रण और सन्तुलन की व्यवस्था को ध्वस्त कर दो, असन्तोष और विरोध की आवाज़ को कुचल दो, आलोचना करने वालों को जाँच एजेंसियों और अदालतों के ज़रिये आतंकित करो, उद्देश्यपरक राजनीति को विलोपित कर उसके स्थान पर प्रचारमूलक रैलियों, जुलूसों, समारोहों और खेल–तमाशों का आयोजन करो। दूसरे शब्दों में लोकतन्त्र को मूलतः 'रोटी और मनोरंजन' के खेल में परिवर्तित कर दो ताकि आम आदमी अपनी मूलभूत समस्याओं से बेख़बर रहे। मोदी सरकार भी इस स्वयंसिद्ध पद्धतियों के साथ क़दमताल करने में कोई कसर नहीं छोड़ती दिख रही है।

निश्चित तौर पर भारत 1920 के दशक के इटली और 1930 के दशक के जर्मनी से भिन्न है। यह भी सच है कि भाजपा ने दशकों से भारतीय राजनीति का आधार–स्तम्भ रहे लोकतान्त्रिक मूल्यों को नष्ट करने की आम जनता की किसी आकांक्षा को व्यक्त नहीं किया है। जातीय राष्ट्रवाद ने भी वैचारिक सन्दर्भ में, अपनी उत्पत्ति के बाद एक लम्बी यात्रा तय की है। अब हालात वे नहीं हैं जो द्वितीय विश्वयुद्ध के पहले हुआ करते थे।

लेकिन क्या भाजपा द्वारा सम्पोषित बहुसंख्यकवाद अपने आदि–विचारकों के सिद्धान्तों को अतिक्रमित करते हुए उस नये युग में प्रवेश करने को आतुर है जो 'अल्पसंख्यकों की इच्छाओं को अल्पसंख्यकों के हठ से' नियन्त्रित करने वाला युग होगा?

भाजपा के बहुसंख्यकवाद को अल्पसंख्यकों की प्रताड़ना का एक ठोस कारण मानते हुए जब प्रतिपक्ष के नेता यह संकेत करते हैं कि संसद में स्पष्ट बहुमत प्राप्त करने के बावजूद 2014 और 2019 के आम चुनाव में पार्टी को राष्ट्रीय मतों के क्रमशः केवल 31 प्रतिशत और 37 प्रतिशत मत ही प्राप्त हुए थे, जबकि सत्ताधारी दल के समर्थक–मतदाताओं का यह मानना है कि प्रधानमन्त्री मोदी बहुसंख्यकों की इच्छा का प्रतिनिधित्व करते हैं, तो क्या यह बात हमें किसी ऐतिहासिक त्रासदी की याद नहीं दिलाती है? हिटलर ने 1932 में दुस्सेलडोर्फ़ में उद्यमियों की एक सभा को सम्बोधित करते हुए इस सवाल का जवाब दे दिया था। उसने कटाक्ष करते हुए कहा था, 'बहुसंख्यक मत, या "सिर्फ़ संख्याओं की प्रधानता" का अर्थ जनता का शासन नहीं है, वास्तव में यह मूर्खता का शासन है, यह औसतपन, अनिच्छा, कायरता, कमज़ोरी, और अयोग्यता का शासन है...लोकतन्त्र हमें अन्ततः व्यक्ति के सच्चे मूल्यों के ध्वंस तक ले जाने वाला रास्ता है।'[457] जातीय राष्ट्रवाद की अवधारणा के मूल में दिखने वाली लोकतन्त्र की अधीरता, बहुमत के बहाने अल्पसंख्यकों पर बहुसंख्यक नियन्त्रण का आह्वान, और अपने राजनीतिक एजेंडे को देश की इच्छा के रूप में प्रचारित करने की क़वायद आज भारतीय राजनीति की कोई अनोखी प्रवृत्ति नहीं है। जब 67 प्रतिशत और अब 63 प्रतिशत मतदाता जो भाजपा के एजेंडे से असहमत होने के एवज़ में उन लोगों द्वारा राष्ट्र–विरोधी कहकर ख़ारिज कर दिये जायें जो ख़ुद को जनता की आकांक्षाओं को पूरा करने के पवित्र अभियान के प्रति समर्पित मानते हों, तब ज़ाहिर है कि विश्व में राष्ट्रवाद के नाम पर हो चुकी ऐतिहासिक ज़्यादतियों से हमने ज़रूरी सबक अभी नहीं सीखा है।

457. सी.एन. ट्रूमैन, 'टेक्स्ट ऑफ़ दी दुस्सेलडोर्फ़ स्पीच ऑफ़ 1932', दी हिस्ट्री लर्निंग साइट, 22 मई 2015। https://www.historylearningsite.co.uk/modern-world-history-1918-to-1980/weimar-germany//text-of-the-dusseldorf-speech-of-1932/ पर उपलब्ध।

यह जातीय राष्ट्रवाद ही है जो आज अपने उत्कर्ष पर है–जो आज 'पवित्र और महान उद्देश्यों से प्रेरित जनसाधारण की भावनाओं का स्वयंभू प्रतिनिधि है और जो कुलीनों और आभिजात्य–वर्ग का जन्मना विरोधी है क्योंकि उसकी मान्यता के अनुसार पुराना कुलीन तबका अनैतिक, भ्रष्ट और स्वार्थी है और जनसाधारण की पहुँच से कोसों दूर है। लोकवाद लोकतन्त्र को सिर्फ़ चुनावी जीत तक सीमित कर देता है और ऐसे में लोकतन्त्र लोकप्रिय आकांक्षाओं के लिए कराये गये एक जनमत–संग्रह में तब्दील हो जाता है। ज़ाहिर है, ऐसी स्थिति में उन स्वतन्त्र राष्ट्रीय संस्थाओं का महत्त्व कमतर हो जाता है जो चुनावों के नतीजों को किसी भी रूप में प्रभावित करने की क्षमता नहीं रखती हैं। सनद रहे कि ये संस्थाएँ राज्य की असीमित शक्तियों को न केवल नियन्त्रित करने का काम करती हैं, अपितु उनके बीच आवश्यक सन्तुलन भी बनाये रखती हैं। इन संस्थाओं में न्यायपालिका, मीडिया, सिविल सोसाइटी, ग़ैर–सरकारी संगठन, चुनाव आयोग, भारतीय रिज़र्व बैंक आदि प्रमुख हैं। ये संस्थाएँ मतदाताओं के फ़ैसले का सम्मान करती हैं, अपने सांस्थानिक क्रियाकलापों से उन्हें किसी तरह का नुक़सान नहीं पहुँचातीं। लोकवादियों का साफ़ मानना है कि अनिर्वाचित होने के कारण इन संस्थाओं को एक निर्वाचित और लोकप्रिय सरकार को नियन्त्रित करने का कोई अधिकार नहीं है, इसलिए उन्हें हर हाल में सरकार के निर्देशानुसार काम करना आवश्यक है।

उसी प्रकार राज्य की सर्वोच्चता को स्पष्ट करने के लिए विरोधियों की वैधता को कठघरे में खड़ा करना ज़रूरी है। इसलिए 2019 के अन्त में उत्तर प्रदेश में नागरिकता संशोधन अधिनियम के विरोध में एक शान्तिपूर्ण प्रदर्शन को न केवल रोक दिया गया, बल्कि प्रदर्शनकारियों पर जुर्माना भी लगाया गया और उनकी सम्पत्ति भी ज़ब्त कर ली गयी। यह एक सामान्य बात है कि लोकतन्त्र के स्थापित नियमों के अनुसार संवैधानिक तरीक़े से धरना–प्रदर्शन और विरोध करना नागरिकों का मौलिक अधिकार है। इस संवैधानिक अधिकार की अवहेलना करते हुए सफूरा ज़रगर नाम की एक प्रदर्शनकारी महिला को गिरफ़्तार कर जेल में डाल दिया गया। गिरफ़्तारी के समय वह गर्भवती थी, इसके बावजूद उसे महीनों तक जमानत नहीं दी गयी। तवलीन सिंह लिखती हैं :

'मोदी सरकार इतनी असंवेदनशील है कि वह छोटी–से–छोटी आलोचना को भी सहन नहीं कर पाती है। वह असहमति को देश–विरोधी मानती है, और यदि आप असहमत होने के साथ–साथ एक मुसलमान भी हैं तो आपकी असहमति को देश–द्रोह माना जायेगा। यदि आप एक व्यापारी हैं और असहमत हैं, तो आपके यहाँ बिक्री कर या आयकर विभाग का छापा पड़ने की आशंका है। आप एक पत्रकार हैं और असहमत हैं तो आपको चुप करने के लिए अनेक हथकण्डे अपनाये जा सकते हैं। इस बात में कोई सन्देह नहीं है कि आज हमारी भारत माता की भूमि में दमन का जैसा वातावरण व्याप्त है उसका अन्य प्रमाण आपात्काल के दिनों को छोड़कर अन्यत्र नहीं दीखता।'[458]

गुजरात उच्च न्यायालय में दिये गये एक महत्त्वपूर्ण व्याख्यान में जस्टिस चन्द्रचूड़ ने कहा था, 'विरोधियों को मौन कर देने और लोगों के मन में भय उत्पन्न करने की सरकार की प्रवृत्ति नागरिकों की व्यक्तिगत स्वतन्त्रता का अतिक्रमण और संवैधानिक मूल्यों के प्रति प्रतिबद्धता के विरुद्ध है। यह संवाद पर आधारित उस लोकतान्त्रिक समाज की आत्मा पर आघात है जो प्रत्येक नागरिक को परस्पर सम्मान और सहयोग की भावना के सूत्र में जोड़ता है।'[459] उन्होंने आगे कहा, 'एकरूपता भारतीयता को परिभाषित करने का कोई आधार नहीं है। हमारे मतभेद हमारी दुर्बलता नहीं हैं। इन मतभेदों के बीच एक साझा साम्यता स्थापित करना हमारी ताक़त का सबसे बड़ा स्रोत है। बहुलता का संवर्द्धन इसलिए आवश्यक है क्योंकि वह हमारे संविधान को न केवल एक प्रयोजन देता है बल्कि उसके द्वारा निर्धारित मूल्यों से हमारे देश का निर्माण हुआ है।' किन्तु संविधान में अन्तर्निहित इस वचन के प्रति जातीय राष्ट्रवादी सरकार में कोई उत्सुकता नहीं दिखती। वर्तमान सरकार के कार्यकाल में असहमति को देशविरोधी और विरोध को राष्ट्रद्रोह के तौर पर प्रचारित किया जाता है, अभिव्यक्ति की आज़ादी पर सरकारी तन्त्र के विविध उपकरणों द्वारा अंकुश लगाया

458. तवलीन सिंह, 'देयर इज़ मोर रिप्रेशन इन दी एयर देन अन्त्योदय टाइम एक्सेप्ट ड्यूरिंग दी इमरजेंसी', *इंडियन एक्सप्रेस*, 8 मार्च 2020।

459. जस्टिस चन्द्रचूड़, जस्टिस पी.डी. देसाई मेमोरियल लेक्चर 2020।

जाता है, और मीडिया घराने के मालिकों पर आर्थिक प्रतिबन्ध लगाये जाते हैं और उनको राजनीतिक धमकियों के सहारे भयभीत किया जाता है। यह सभी कार्रवाइयाँ वर्तमान सरकार की वैचारिक असहिष्णुता और संकीर्णता का ज्वलन्त उदाहरण हैं।

जिन दिनों भाजपा भारत की मुख्य विरोधी पार्टी थी तब भी वह नागरिक राष्ट्रवाद का मुख्य आधार रही उन संस्थाओं और परम्पराओं का उग्र विरोध करती रही जो उनके राजनीतिक उद्देश्यों और नीतियों की राह में बाधक साबित हो रही थीं। उसने तत्कालीन सत्ताधारी पार्टी कांग्रेस पर वंशवाद को संरक्षण देने का आरोप लगाकर उसे हर उपलब्धि से वंचित करने की पुरज़ोर कोशिश की। कांग्रेस पर विदेशी मूल की महिला को अपना नेता बनाने और 'अल्पसंख्यक तुष्टीकरण' की राजनीति को प्रश्रय देने के नाम पर भी भिन्न–भिन्न तरह के आरोप लगाये गये। सरकार की संस्थाओं और नौकरशाही को स्वार्थ और भ्रष्टाचार में आकंठ लिप्त बताया गया। स्वायत्तशासी संगठनों द्वारा स्वतन्त्र और निष्पक्ष चुनावों का आयोजन, भ्रष्टाचार–विरोधी अनुसन्धान, ठोस आर्थिक नीति–निर्माण, और संघीय सिद्धान्तों का परिपालन–लोकतन्त्र की ये सभी कार्यपद्धतियाँ बारी–बारी से अपनी पटरी से उतर गयीं और सांस्थानिक–राजनीति की मिलीभगत ने देश को भीतर ही भीतर जर्जर कर दिया। भाजपा नेताओं पर दायर मुक़दमों के बारे में प्रचारित किया गया कि मुक़दमों का कारण मुख्य रूप से न्यायाधीशों और शत्रु–शासनतन्त्र के बीच साँठगाँठ थी। और, सही फ़ैसला मतदान के माध्यम से जनता ही करेगी। मीडिया को कुण्ठित और पक्षपाती बताकर ख़ारिज किया गया और उस पर 'सेकुलरिस्टों' के हाथों बिके होने का आरोप लगाया गया। सरकार की नज़र में उसके विरुद्ध ख़बरें या तो 'झूठी' होती थीं या फिर पत्रकार 'ख़रीद' लिए जाते थे। मीडिया घरानों को 'प्रेस्टीट्यूट्स' जैसा अपमानजनक नाम दिया गया। विश्वविद्यालयों को देशद्रोह और राष्ट्रविरोधी विचारधाराओं को बढ़ावा देने वाले सिद्धान्तविहीन मार्क्सवाद का गढ़ कह उसकी भर्त्सना की गयी। स्वार्थों से वशीभूत और विकास की राह में बाधक बताते हुए ट्रेड यूनियनों के पर कतर दिये गये। उदार लोकतन्त्र और नागरिक राष्ट्रवाद की रक्षा करने वाली संस्थाओं की व्यर्थता को तथाकथित रूप से 'बेनकाब' कर

दिया गया क्योंकि वे भाजपा के राष्ट्रीय पुनरुत्थान के 'महान और पवित्र' उदेश्य के मार्ग में बड़ी बाधक थीं।

ज़ाहिर तौर पर जब भाजपा सत्ता में आयी इसने उन सभी संस्थाओं को मात्र एक सजावटी अनुकृति में बदल दिया अथवा बदलने की कोशिश की। आज वे सभी संस्थाएँ भाजपा के एजेंडे को मूर्त रूप देने वाली यन्त्र बनकर रह गयी हैं।

2020 की महत्त्वपूर्ण वार्षिक 'डेमोक्रेसी रिपोर्ट' में भारत का उल्लेख तेज़ी से स्वेच्छाचार की ओर बढ़ते हुए एक देश के रूप में करते हुए इस क्षेत्र में उसकी तुलना हंगरी और तुर्की जैसे देशों के साथ की गयी है। साथ ही रिपोर्ट में यह भी कहा गया है कि विश्व में जहाँ 'उदार लोकतन्त्र' बहुत तेज़ी से कमज़ोर पड़ता जा रहा है उन देशों की सूची में भारत शीर्षस्थ नामों में एक है।[460] जैसा कि नेहरू ने गाँधी जी की हत्या के बाद हिन्दू कट्टरवाद और उसके समर्थकों के बारे में कहा था, 'हमें इस ज़हर का मुक़ाबला करना होगा, हमें इस ज़हर को जड़ से ख़त्म करना होगा, और हमें उन सभी दुखों और तकलीफ़ों से होकर गुज़रना होगा जो हमारे जीवन में आयेंगी। हमें उन्माद में डूब कर अथवा केवल कष्ट से मुक्ति के लिए नहीं बल्कि इस ज़हर का सामना इसलिए करना होगा कि हमारे परमप्रिय और महान पथप्रदर्शक ने हमें यही सिखाया है।'[461]

यदि भारत को अपनी अन्तरात्मा की ओर पुनर्यात्रा करनी है तो हमारी सबसे बड़ी राष्ट्रीय चुनौती नागरिक राष्ट्रवाद की उन बुनियादी संस्थाओं के महत्त्व को पुनर्स्थापित करना होगा, उन्हें सुदृढ़ बनाना होगा और उनका कायाकल्प करना होगा, जिन पर भाजपा सरकार ने अपना नियन्त्रण स्थापित कर उनकी बनावट और उद्देश्यों को जर्जर कर दिया है।

---

460. एना लुहरमैन्न, 'सेराफिन एफ. मेर्ज़, सांद्रा ग्राह्न, नाज़िफा अलीज़ादा, लिसा गस्ताल्दी' सेबास्टियन हेलमेयर, गैरी हिंडल एंड स्टाफेन आई. लिंडबर्ग, *ऑटोक्रेटाईजेशन सर्जेज–रेजिस्टेंस ग्रोज, डेमोक्रेसी रिपोर्ट 2020*, गॉथेनबर्ग : वेराइटीज ऑफ़ डेमोक्रेसी इंस्टीट्यूट (व्ही–डेम), मार्च 2020, https://www.v-dem.net/media/filer_public/f0/5d/f05d46d8-627f-4b20-8e4e-53d4b134bfcb/democracy_report_2020_low.pdf पर उपलब्ध।

461. '"दी लाइट हिज गोन आउट ऑफ़ आवर लाइव्स" : नेहरू'ज वर्ड्स ऑन गाँधी'ज असेसिनेशन', *दी वायर*, 30 जनवरी 2018।

यही वे संस्थाएँ हैं जो अल्पसंख्यकों और वंचितों को सबसे बेहतर सुरक्षा दे सकती हैं, जो स्वतन्त्र अभिव्यक्ति और मुक्त विचारों की रक्षा कर सकती हैं, जो सिद्धान्तों और मूल्यों को सत्ताधारी राजनेताओं के स्वार्थों की तुलना में अधिक महत्त्व दे सकती हैं, जो कमज़ोर जनता को आश्रय दे सकती हैं और उनकी ज़रूरतों का ख़याल रख सकती हैं, और जो जनसामान्य में इस आचरण और परम्परा को विकसित कर सकती हैं कि साधारण आदमी के शरणस्थली के रूप में लोकतन्त्र सबसे सुरक्षित राजनीतिक व्यवस्था है। यही सच्चा नागरिक राष्ट्रवाद है, और भारत के लिए यही राष्ट्रवाद सर्वाधिक उपयुक्त है—भारतीयता के सन्दर्भ में जो भी अच्छा, नैतिक और लाभप्रद है, उस सबको नष्ट करने पर तुले जातीय राष्ट्रवाद के इस पुरातन, ख़तरनाक, फ़रेबी और विनाशकारी स्वरूप की बनिस्बत एक उदार संविधान की बुनियाद पर टिका नागरिक राष्ट्रवाद। हम भारतीयों को अब खण्डित अतीत के बजाय एक साझा वर्तमान के बारे में सोचने की ज़रूरत है। अपने उद्देश्यों के प्रति इस साझा समझ के ज़रिये ही हम अपनी अस्मिता से जुड़ी जिज्ञासाओं का उत्तर पा सकते हैं।

अधिकतर लोकतान्त्रिक राष्ट्रवादी नागरिकों की तरह मैं भी एक 'नया भारत' चाहता हूँ। मेरे सपनों का नया भारत एक ऐसा देश होगा जहाँ किसी को इस वजह से नहीं पीटा जायेगा कि वह क्या खाता है, जहाँ एक ख़ास सम्प्रदाय में आस्था के कारण किसी आदमी का तिरस्कार नहीं किया जायेगा, जहाँ किसी से प्रेम करने के एवज़ में किसी को अपराधी नहीं माना जायेगा, या जहाँ संविधान—प्रदत्त मौलिक अधिकारों का उपयोग करने के अपराध में किसी को जेल में नहीं डाला जायेगा इसके विपरीत हम एक ऐसे 'नये भारत' की परिकल्पना करते हैं जो बहुलतावाद का स्वागत करे और उसे अपनी विशेषता माने। बहुलता हमारे इतिहास की धरोहर है, और भारत जैसे देश के लिए अनोखे तरीक़े से आवश्यक है। मेरी दृष्टि में नये भारत की बुनियाद भारत की उस अवधारणा पर टिकी होनी चाहिए जिसमें हमारे महान नेताओं की आस्था थी—जस्टिस चन्द्रचूड़ के कथनानुसार, 'ऐसी अवधारणा जो व्यक्ति की निजी आज़ादी को सुनिश्चित करती है और बहुलतावादी राजनीति की हिफ़ाज़त करती है।' आख़िरकार, एक अन्य परिप्रेक्ष्य में कहूँ तो, यदि हम यह नहीं जानेंगे कि हम कहाँ से आये हैं तो यह कैसे तय करेंगे कि हमें कहाँ जाना है?

38

उदार संविधानवाद और देशप्रेम

विश्वव्यापी स्तर पर उदार संविधानवाद में लगातार होती वैचारिक–राजनीतिक गिरावट के प्रति बौद्धिक जगत के बीच चिन्ता क्रमशः बढ़ती जा रही है। पश्चिम के देश भी इस गिरावट से मुक्त नहीं हैं।[462] उदार संविधान नागरिक राष्ट्रवाद की एक महत्त्वपूर्ण विशिष्टता है जो अनिवार्य रूप से एक लिखित संविधान पर निर्भर है। नागरिकों की स्वतन्त्रता, न्यायिक पुनरीक्षा के प्रावधान, राजनीतिक समानता की स्थिति में राजनीतिक प्रतिनिधित्व का अधिकार, प्रशासनिक और न्यायिक पद्धतियों पर आधारित क़ानून का शासन ताकि सभी नागरिकों के हितों की रक्षा की जा सके और राजनीतिक तथा सरकारी संस्थाओं की स्वायत्तता बचाई जा सके, और निर्धारित समय पर केन्द्र और राज्यों में चुनावों का संचालन आदि जैसे गुण लिखित संविधान के मूलतत्त्व हैं। फ़्रांसिस फुकुयामा उत्तर–शीत युद्ध विश्व में इन तत्त्वों को एक स्वाभाविक प्रशासनिक विकल्प के रूप में देखते हैं। 'इतिहास के अन्तिम छोर पर उदार लोकतन्त्र को गम्भीर चुनौती देने वाली कोई अन्य कारगर और असरदार शासन व्यवस्था नहीं दिखाई देती है', अपना मत प्रकट करते हुए उन्होंने लिखा है।[463] किन्तु पूरी दुनिया में लोकवादी जातीय राष्ट्रवाद में अकस्मात उभार ने

---

462. सी, फॉर इन्सटांस, टॉम गिन्सबर्ग, अज़ीज़ जेड. हक़, एंड मिला वेर्स्टीग, 'दी कमिंग डीमाइस ऑफ़ लिबरल कांस्टीट्युशनलिज़्म?' *दी यूनिवर्सिटी ऑफ़ शिकागो लॉ रिव्यू*, वॉल्यूम 85, नम्बर 2, मार्च 2018, पृ., 239–56।

463. फ़्रांसिस फुकुयामा, *दी एंड ऑफ़ हिस्ट्री एंड दी लास्ट मैन*, न्यू यॉर्क : दी फ्री प्रेस, 1992, पृ. 211।

इस सम्भ्रम को तोड़ने में काफ़ी हद तक सफलता पायी है। हालाँकि इसे अभी भी पूरी तरह से ख़ारिज नहीं किया जा सका है लेकिन दुनिया के ज़्यादातर बड़े और ताक़तवर देशों में उदार संविधानवाद के प्रति एक लापरवाही और अवमाननापूर्ण व्यवहार ज़रूर दिखने लगा है। चीन के जिंग और रूस के पुतिन इसकी दो बड़ी मिसालें हैं।[464]

नागरिक राष्ट्रवाद, ठीक उसी प्रकार, अपनी अक्षय ऊर्जा उदार संविधानवाद से अर्जित करता है, और इस क्रम में वह राष्ट्रीय परम्पराओं और मनुष्य के विकास और अधिकारों पर आधारित अन्तरराष्ट्रीय मानकों के बीच एक सम्यक् सन्तुलन भी स्थापित करता है। यह सच है कि विचारधाराएँ जनसामान्य को तकनीकी कार्यक्रमों और योजनाओं के माध्यम से समृद्ध नहीं करती हैं। वे प्रशासन का कोई ब्लूप्रिंट मुहैया नहीं कराती हैं, दुनिया को देखने के लिए केवल एक दृष्टि देती हैं। नागरिक राष्ट्रवाद के साहस और मिज़ाज में ढल कर वे जनआकांक्षाओं के लिए औपचारिक संस्थाओं और उदार संविधानवाद की बनिस्बत अधिक असरदार और फलदायी बन सकती हैं। उनकी सार्थकता शब्दों में नहीं अपितु भाव और आत्मबल में है।

पक्के राष्ट्रवादी कवि सुब्रमण्य भारती अनेक अर्थों में भारत के आरम्भिक देशप्रेमी राष्ट्रवादी विचारकों में एक थे। उनकी पड़पोती मीरा टी. सुन्दर राजन के शब्दों में :

> 'उनका स्वयं का राष्ट्रवाद अन्तरराष्ट्रीयवाद और व्यक्तिवाद में गहरे रूप से जमा और प्राचीन भारतीय साहित्य के विशद अध्ययन से अनुप्राणित था। देशप्रेम के बारे में उनकी दृष्टि जितनी दूरदर्शी थी उतनी ही आसक्तिपूर्ण भी थी। तर्क और विज्ञान में गहरी आस्था के साथ अतीत की त्रुटियों और भारत के साथ–साथ पूरी दुनिया की अन्य जगहों की परम्पराओं और उनकी नैतिक कमियों से भी वे बख़ूबी परिचित थे। उनकी स्पष्ट मान्यता थी कि मनुष्यता से अधिक महत्त्वपूर्ण कोई दूसरी चीज़ नहीं है और किसी भी परम्परा अथवा इतिहास को इसके मार्ग का बाधक बनने का अधिकार नहीं है। उनका खुला आह्वान था, 'नल्ला कलम वरुगुथु!'–'हमारा सर्वोत्तम समय आगे है!'

---

464. ऑन पुतिन, फॉर इन्सटांस, सी ग्रिगोरी युवलिंसकी, 'ऑन दी पुतिन सिस्टम : हाउ अ डायरेक्टर मेंटेन्स हिज पॉवर', *लिटरेरी हब*, 2 अप्रैल 2019।

कुर्था युगम अर्थात देवत्व का युग हमेशा भविष्य में होता, इसलिए आगे की दिशा में बढ़ने से कभी नहीं हिचकना चाहिए।'[465]

उनकी दृष्टि की मुख्य कुंजी अन्तरराष्ट्रीयवाद था। इस अर्थ में उनके विचार नेहरू के विचार से मिलते थे। भारती की दृष्टि में राष्ट्रवाद यदि अन्तरराष्ट्रीय विचारों और घटनाओं से विमुख होकर सिर्फ़ आत्मकेन्द्रित विमर्श को महत्त्व देने लगे तब उनके उद्‌देश्य की सकारात्मकता में अपेक्षाकृत कमी दिखने लगती है। संयोगवश विश्व की समस्याएँ भारत की समस्याएँ थीं और भारत की समस्याएँ कमोबेश विश्व की समस्याएँ थीं, लिहाज़ा दोनों की विचारधारा, संस्कृति, प्रकृति और मानवतावाद में एक पारस्परिक साम्य भी दिखाई देते थे।[466]

इन आदर्शों तक पहुँचने का रास्ता देशप्रेम से होकर गुज़रता है जो उत्पत्ति के दृष्टिकोण से देखें तो नागरिक राष्ट्रवाद का ही सहोदर है, और अपनी प्रकृति में बहुत नम्र, सहिष्णु, देश के प्रति हानिरहित समर्पण से ओतप्रोत, और यथोचित गुण–दुर्गुणों से युक्त है। हम अच्छी तरह से इस सच से अवगत हैं कि भारत को मोदी की भाजपा द्वारा प्रोत्साहित ख़तरनाक असहिष्णु और दुर्भावनापूर्ण राष्ट्रवाद की कोई आवश्यकता नहीं है, इसे देश के हर आदमी के लिए आज़ादी, इन्साफ़ और बराबरी की ज़रूरत है जो एक वचनबद्ध संविधान ही दे सकता है–और संक्षेप में इसका पर्याय एक आदर्श नागरिक राष्ट्रवाद है। केवल नागरिक राष्ट्रवाद और देशप्रेम की युगलबन्दी ही प्रत्येक भारतीय को इक्कीसवीं सदी और उसके बाद के भारत में एक समुचित और सम्मानजनक स्थान प्रदान कर सकती है।

देशप्रेम का सीधा सम्बन्ध हमारी नागरिक–परम्पराओं से है। इसका ज्ञात इतिहास कम–से–कम बीस लाख वर्ष पुराना है जब सिसेरो ने देशप्रेम का उल्लेख करते हुए इसे व्यक्ति के प्रेम और अधिकार के आयामों में सम्मिलित एक महत्त्वपूर्ण प्रवृत्ति बतायी :

'एक मनुष्य के रूप में मैंने दृढ़ता के साथ तेज़ आँधियों और अनेक वज्रपातों का साहसपूर्वक सामना किया। मैंने अपने प्राणों

465. मीरा टी. सुन्दर राजन, 'सुब्रमण्य भारती : दी इटरनल रिवोल्यूशनरी', *दी हिन्दू*, 12 सितम्बर 2017।

466. वही।

की कोई चिन्ता नहीं करते हुए अपने देशवासियों की रक्षा की ताकि उनके जीवन में सुख, सुरक्षा और शान्ति स्थापित हो सके। हमारे देश ने हमें जीवन दिया है और किसी भी अनुबन्ध के बिना हमारा पोषण किया है। हमारे देश ने हम सब से प्रतिकार में कुछ पाने की अपेक्षा किये बिना हमें वह शरण दी है जहाँ हम सुरक्षित, शान्तिपूर्वक और आराम से रह सकें। इस देश को हमसे केवल इतनी भर आशा है कि हम उसके प्रति अपने कर्तव्यों और उत्तरदायित्वों का निर्वहन करें, और उसके सम्मान और रक्षा में अपनी निष्ठा, क्षमता और बुद्धिमत्ता के अनुसार योगदान कर सकें। इस उत्तरदायित्व को पूरा करने के पश्चात शेष बचे पर हमारा सर्वाधिकार है।'[467]

सिसेरो की दृष्टि में मातृभूमि से प्रेम व्यक्ति के अपने घर से प्रेम का ही विस्तार था–रोम उन सभी रोमवासियों की मातृभूमि थी जिनकी उसने परवरिश की। प्रतिकार में आवश्यकता पड़ने पर रोम के सपूतों को अपनी मातृभूमि की रक्षा करने की ज़रूरत थी। किन्तु रोमवासियों ने देशप्रेम की इस सार्वभौमिक अवधारणा का अपनी निजी स्वतन्त्रता के माध्यम से अतिक्रमण किया। उन्होंने सामाजिक बहिष्कार और दास–व्यवस्था जैसी प्रतिगामी नीतियों को प्रोत्साहित किया, और अपने देशप्रेम का दुरुपयोग युद्ध और साम्राज्य–विस्तार को उचित ठहराने के लिए किया। फ्रांस में क्रान्ति के स्वघोषित देशभक्तों ने देश के प्रति अपने प्रेम पर तो पर्याप्त ज़ोर दिया लेकिन उनके इस नारे का ज़ोरदार वैचारिक विरोध भी हुआ–'युद्ध भूमि को अपवित्र रक्त से भर दो'। दूसरे शब्दों में, देशप्रेम ग़लत परिणामों में भी फलित हो सकता है। इसके उदाहरण तब परिलक्षित होते हैं जब देशप्रेम अपने प्रयोजन में चूक जाता है। इस स्थिति में हम इसे 'बुरे देशप्रेम' का नाम देते हैं।

लेकिन जब देशप्रेम नागरिक राष्ट्रवाद का युक्तिसंगत साथ देता है तो यह हमारे भीतर आशा और उत्साह का संचार करता है। मातृभूमि के प्रति इसी प्रेम को मार्टिन हेडगर ने व्यक्ति के 'अस्तित्व की दृढ़ता'

---

467. सिसेरो, साइटेड इन प्लेटो'ज *रिपब्लिक*, ट्रांसलेटेड बाय आर. जोवेट, लन्दन : ऑक्सफोर्ड यूनिवर्सिटी प्रेस, 1818, बुक–1, VII-IX<, पृ. 6।

(जर्मन भाषा में dasein) का नाम दिया है।[468] व्यक्ति का उस भूमि से गहरा भावनात्मक जुड़ाव होता है जहाँ वह पला–बढ़ा है और जहाँ उसने शिक्षा अर्जित की है। वह उसी भूमि में रहना चाहता है और अपनी रोज़ीरोटी भी वहीं कमाना चाहता है। भावनात्मक जुड़ाव की यही दृढ़ता देशप्रेम है :

> 'घर आधुनिक सुविधाओं और साजोसामान से लैस आलीशान और आरामदेह मकान से बिल्कुल भिन्न होता है। घर हमें अनेक दृश्य, स्मृतियों, ध्वनियों, सामाजिक सम्बन्धों, भाषा और भावनाओं की एकीकृत दुनिया और एक वास्तविक कल्पनालोक की यात्रा पर ले जाता है।'[469]

देशप्रेम के पुनरावाहन का स्पष्ट अर्थ है–अपनी गली–सड़कों, अपने आस–पड़ोस, अपनी मिट्टी और गीतों, अपनी मतदान पेटियों, अपनी क़ानून–व्यवस्था और अपनी अदालतों, और सबसे ऊपर अपने देशवासियों से प्रेम करना। एक ऐसा देशप्रेम जिसमें बहुलतावाद के लिए पर्याप्त सम्मान हो, जो अपनी लोकतान्त्रिक संस्थाओं की स्वतन्त्रता को सुरक्षित रखता हो, और जो हमारे संविधान द्वारा सिंचित और संवर्द्धित नागरिक राष्ट्रवाद की अवधारणा पर आलम्बित हो–भारत की आशाओं को इसी देशप्रेम के ज़रिये हासिल किया जा सकता है। खोखले राष्ट्रवाद अथवा देशप्रेम का छद्म आवरण पहने जातीय राष्ट्रवाद के मार्ग पर चल कर यह लक्ष्यप्राप्ति कदापि सम्भव नहीं है।[470]

एक आक्रामक और अनियन्त्रित जातीय राष्ट्रवाद केवल राष्ट्रीयता से जुड़ी तात्कालिक चिन्ताओं का शीघ्र समाधान सुझा सकता है। स्थानीय देशप्रेम बृहत्तर देशप्रेम की सबसे छोटी इकाई है जिसका उल्लेख मैं ऊपर के पैराग्राफ़ में कर चुका हूँ। मिसाल के तौर पर किसान का अपनी भूमि से और कवि की अपनी भाषा से लगाव को हम देशप्रेम का नमूना कह सकते हैं। इन्हें कोरी भावुकता के नाम पर ख़ारिज भी किया जा सकता है।

---

468. मार्टिन हेडगर, 'दी ऑंटोलॉजिकल प्रायोरिटी ऑफ़ दी क्वेश्चन ऑफ़ बीइंग', *बीइंग एंड टाइम*, ट्रांसलेटेड बाय जॉन मैकक्वेरी एंड एडवर्ड रोबिनसन, ऑक्सफोर्ड : ब्लैकवेल पब्लिशर्स, 1962।
469. रैना, 'व्हाई दी रेन इज़ अ पेट्रियट एंड नॉट अ नेशनलिस्ट'।
470. आय एम इनडेब्टेड टू प्रोफ़ेसर प्रदीप छिब्बर फॉर कनसिविंग दिस आइडिया।

लेकिन यह ग़ौरतलब है कि जिस दुनिया में हम रह रहे हैं उसमें स्थानीय होने के साथ–साथ राष्ट्रीय होना समान रूप से आवश्यक है। कोविड–19 के बाद उत्पन्न हुई परिस्थितियों ने भारत जैसे देश को एक साथ स्थानीय और राष्ट्रीय–दोनों होने की आवश्यकता को रेखांकित किया है, क्योंकि दिल्ली से जारी नौकरशाही फ़रमान सुदूर राज्यों और ज़िलों की वास्तविकताओं से निबटने के लिए नाकाफ़ी साबित हुए हैं।

पहले भी पर्यावरण को शुद्ध और स्वच्छ बनाये रखने सम्बन्धी योजनाओं की नाकामियों ने सरकारी नीतियों की पोल खोल दी है। स्वच्छ भारत अभियान के क्रियान्वयन को ही उदाहरण के रूप में ले लें। कोई भी योजना राजधानी में बैठे–बैठे प्रेस–विज्ञप्ति जारी करने और फ़ोटो खिंचवाने से नहीं बल्कि असरदार स्थानीय सहभागिता से ही सफल हो सकती है। कोविड–19 के संकट ने भी यह स्पष्ट खुलासा कर दिया कि राष्ट्रीय पैमाने पर किसी महामारी का मुक़ाबला हम केवल 'स्थानीय' सहयोग के आधार पर ही कर सकते हैं, दिल्ली का फ़रमान वायरस को फैलने से नहीं रोक सकता है। भारी तादाद में श्रमिकों के पलायन की समस्या ने यह भी दिखा दिया कि भारतीय लोग अपनी मूल भूमि से गहरे रूप में जुड़े हुए होते हैं, और केवल आजीविका की बाध्यता ही उन्हें परदेश में जा बसने के लिए मजबूर कर देती है। रैना की काव्यात्मक भाषा में कहें तो, 'हमारा देशप्रेम भी हमारी आत्मा में बसे ज़मीन के टुकड़ों की तरह छोटा होता है'।[471] बेशक कोविड–19 लॉकडाउन से उत्पन्न हुए आर्थिक संकट के समाधान के लिए राष्ट्रीय समाधान आवश्यक हैं, लेकिन साथ ही इस बात को भी महत्त्वपूर्ण तरीक़े से रेखांकित किये जाने की ज़रूरत है कि आज हरेक भारतीय से यह अपेक्षा है कि स्थानीय किसानों, नुक्कड़ के छोटे दुकानदारों, लौट आये प्रवासी मज़दूरों, छोटे व्यापारियों और बेरोज़गारी झेलने को मजबूर फैक्ट्री के कामगारों की यथासम्भव मदद करें।

अर्नेस्ट रेनन ने अपने एक अवलोकन में लिखा था कि किसी भी देश के नागरिकों की ख़ुशी, दुख और सपने–तीनों साझा होने चाहिए। उन्हें लगता था, इन तीनों में दुख की साझेदारी सबसे ज़रूरी है। उन्होंने यह कहा भी था, 'अगर एक–दूसरे के साथ रो नहीं सकते तो आप एक देश नहीं हैं।'

471. रैना, 'व्हाई रेन इज़ अ पेट्रियट एंड नॉट अ नेशनलिस्ट'।

कोविड–19 ने भारतीय समाज की अनेक खामियों को उजागर कर दिया है। प्रवासी श्रमिकों का त्रासद पलायन जिसके प्रति व्यवस्था ने एक ग़ैर–ज़िम्मेदाराना और असंवेदनशील दृष्टिकोण दिखाया, मुसलमानों के प्रति अपमानजनक बर्ताव, ग़रीबों और बेरोज़गारों की अन्तहीन पीड़ा, 'कश्मीर में लॉकडाउन के भीतर लॉकडाउन', भारतीय कामगारों और विदेशों में अटके हुए भारतीय छात्रों की मुश्किलें–ये तमाम कठोर सच्चाइयाँ साफ़ इशारा करती हैं कि भारतीय आबादी का एक बड़े हिस्से में साथ–साथ रोने का जज़्बा तो दीगर बात है, दुख की साझेदारी जैसी भी कोई भावना जीवित नहीं बची है।

अपनी यथार्थपरक और अत्यन्त महत्त्वपूर्ण पुस्तक *लुकिंग अवे : इनइक्वलिटी, प्रेज्यूडिस एंड इनडिफरेंस इन न्यू इंडिया* में सामाजिक कार्यकर्ता हर्ष मन्दर ने भारत के मध्यमवर्ग को कमज़ोर तबके के प्रति असहानुभुतिपूर्ण और असंवेदनापूर्ण दृष्टिकोण रखने वाले 'दुनिया के सर्वाधिक लापरवाह सामाजिक वर्गों में एक' कहा है।[472] शासन और समाज के इस आत्मकेन्द्रित रवैये को देखते हुए मन्दर ठीक ही पूछते हैं कि क्या कोरोना वायरस के कारण राष्ट्रीय लॉकडाउन की त्रासदी पाँच साल बाद हमें 'आत्मनिरीक्षण' के लिए प्रेरित करने में सफल हो पायेगी–'क्या हमें अपने नैतिक उत्तरदायित्व–बोध के ध्वस्त होने का पश्चात्ताप होगा? क्या हम कभी सद्‌भावना, समानता और न्याय का पाठ सीख पायेंगे?'[473]

सुहाश पलशीकर को दूर–दूर तक इसकी सम्भावना नहीं दिखती क्योंकि मोदीत्व ने इन सम्भावनाओं को सदा के लिए समाप्त कर दिया है :

> 'देशव्यापी स्तर पर इस भ्रामक अभिकथन का निर्माण करने और उसे लोकप्रिय बनाने की मुहिम चलाई जा रही है कि देश में कहीं कोई तकलीफ़, या कोई ग़ैर–बराबरी, या कोई ग़ैर–इन्साफ़ी नहीं है, या किसी को भी शोषण अथवा प्रताड़ना का शिकार नहीं बनाया जा रहा है। ...इस अभिकथन के पक्ष और विपक्ष में अलग–अलग खेमे भी हैं। एक खेमे के मुताबिक़ पूरी जनता

---

472. हर्ष मन्दर, *लुकिंग अवे : इनइक्वलिटी, प्रेज्यूडिस एंड इनडिफरेंस इन न्यू इंडिया*, नयी दिल्ली : स्पीकिंग टाइगर, 2015।
473. हर्ष मन्दर, 'अ मोमेंट फॉर सिविलाइज़ेशन इंट्रोस्पेक्शन', *दी हिन्दू*, 30 मई 2020।

एकजुट है, हर तरफ़ विकास और ख़ुशहाली का माहौल है और हम एक गौरवशाली और ऐतिहासिक सहस्राब्दी के प्रवेशद्वार पर खड़े हैं। जो लोग असहमत खेमे में हैं वे सत्तापक्ष के अनुसार विखण्डन और विभाजन के पक्ष में खड़े लोग हैं। ऐसे लोग देश के विकास की राह में बड़े अवरोधक हैं, और वंचितों के पक्ष में उनकी हमदर्दी को राष्ट्र–विरोध के रूप में परिभाषित किया जा रहा है।'[474]

ज़ाहिर है, यह विमर्श हमें इस निष्कर्ष तक पहुँचाता है कि जातीय राष्ट्रवाद शालीनता और करुणा के लिए विनाशकारी और प्रतिगामी है, जबकि नागरिक राष्ट्रवाद की मज़बूत बुनियाद पर टिका देशप्रेम इस विष का सही उपचार है। मन्दर के निराशापूर्ण प्रश्नों का उत्तर भारतीय लोग एक साझा देशप्रेम की भावना से जन्मी आशा के माध्यम से ही दे सकते हैं।

यह तभी सम्भव है जब हम नागरिक राष्ट्रवाद की परिधि में रह कर एक–दूसरे के प्रति जुड़ाव और सम्मान की भावना के साथ स्थानीय देशप्रेम की भावना को बढ़ावा दें। चूँकि महामारी के बाद उत्पन्न संकट से स्थानीय और राष्ट्रीय स्तर पर लड़कर ही निपटा जा सकता है, इसलिए इस युद्ध में सफलता इस लड़ाई की साझेदारी और सामूहिकता का समानुपातिक है। जैसा कि हम पहले भी विचार कर चुके हैं, कि देशप्रेम का वास्तविक सम्बन्ध 'घर' के प्रति हमारे भावनात्मक लगाव से है। और, जैसा कि बद्री रैना लिखते हैं, कि 'घर का अर्थ हमारी उस स्वार्थमुक्त और सहज जीवनदृष्टि से है जिसमें हमारी निजी अभिरुचियों से लेकर हमारे सामाजिक सम्बन्धों के बीच की अन्य सभी चीज़ें शामिल हैं।'[475] एक स्वार्थमुक्त जीवनदृष्टि की प्रतिध्वनि किसी–न–किसी अंश और मात्रा में हम सबके भीतर सुनी जा सकती है। देशप्रेम के प्रति मेरी निजी मान्यता यह है कि आप इसकी अभिव्यक्ति को मुझसे तब तक अलग नहीं कर सकते जब तक आप मुझे किसी दूसरे व्यक्ति के रूप में परिवर्तित नहीं कर दें।

---

474. सुहासी पलशीकर, 'विल देयर बी ए जॉर्ज फ्लॉयड मोमेंट इन इंडिया'ज पब्लिक लाइफ?', *इंडियन एक्सप्रेस*, 11 जून 2020।

475. रैना, 'व्हाई रेन इज़ अ पेट्रियट एंड नॉट अ नेशनलिस्ट'।

अधिकतर भारतवासियों के लिए देशप्रेम की गहनतम और सूक्ष्मतम अनुभूति उनके जीवन की बुनियादी स्मृतियों से गहराई से जुड़ी होती है–मसलन उनके गाँव, उनके ज़िले, उनके प्रान्त। मेरे जैसा व्यक्ति जिसका रक्त सम्बन्ध केरल से है और जो बॉम्बे, कलकत्ता, और दिल्ली में पला–बढ़ा है, के देशप्रेम का असल रूप अखिल भारतीय है। भारत के प्रति मेरा प्रेम मेरे स्वयं के व्यक्तित्व का ही विस्तार है–मैं इसी भारत का हूँ और यह भारत मेरा ही है। मेरे राष्ट्रीय–बोध की तरह मेरे देशप्रेम में भी भारत का भिन्न–भिन्न क्षेत्र और उसकी भिन्न–भिन्न संस्कृतियाँ प्रतिबिम्बित होती हैं। उन क्षेत्रों और संस्कृतियों के बीच की विविधताएँ ही मेरे देशप्रेम को समृद्ध करती हैं। मुझे इस देश की विविधताएँ अचम्भित करती हैं, मैं इस देश के अन्तर्विरोधों से जूझता हूँ, इसके वैशिष्ट्य से चमत्कृत होता हूँ, और इस देश की विडम्बनाओं और विद्रूपताओं से हताश होता हूँ, लेकिन इसके बावजूद मैं इसी देश से अपार प्रेम करता हूँ–भारत ही मेरा देश, मेरा राष्ट्र, और मेरा वतन है। मेरे लिए स्थानीय और राष्ट्रीय–दोनों देशप्रेम एक–दूसरे से अनिवार्य रूप से अविभाज्य हैं। दोनों एक–दूसरे के पूरक हैं, दोनों भारत की अवधारणा में अनुस्यूत बहुलतावाद के पोषक हैं, और दोनों संविधान के प्रहरी हैं।

भारत में हमारे बचपन के दिनों से ही 'राष्ट्रीय अखण्डता' का राजनीतिक मुहावरा बहुत प्रचलन में रहा है। राजनीतिज्ञ तो हमेशा से ही इस रूढ़ोक्ति का प्रयोग करते रहे हैं। यहाँ तक कि हमारी कर–नीति भी इसका प्रोत्साहन करती थी। फ़िल्मों पर लगाये गये 'मनोरंजन कर' का उपयोग अमूमन 'राष्ट्रीय अखण्डता' को बढ़ावा देने के उद्देश्य से किया जाता था। आपको बॉलीवुड की ब्लॉकबस्टर *अमर, अकबर, एन्थोनी* ज़रूर याद होगी जिसमें तीन भाई बचपन में ही एक–दूसरे से बिछुड़ गये। उनकी परवरिश एक हिन्दू, मुसलमान और ईसाई परिवारों के बीच होती है, और बड़े होकर वे फिर एक–दूसरे से मिल जाते हैं और फ़िल्म में बुरे आदमी को हराने में कामयाब होते हैं। बहरहाल इन काल्पनिक कहानियों के इतर, एक स्वाभाविक प्रश्न यह उठता है कि राष्ट्रीय अखण्डता के लिए किस प्रकार के व्यक्तिगत आचरण और मानसिकता की आवश्यकता होती है? इस विषय पर प्रगतिशील लेखक, स्तम्भकार और फ़िल्म–निर्माता

ख़्वाजा अहमद अब्बास ने बिल्कुल ठीक लिखा है, 'अखण्डता के प्रति वचनबद्ध भारतीय वह है जो यह समझता है कि भारत और भारत का जो कुछ भी है, वह समान रूप से सभी भारतीयों का है।'[476] असल देशप्रेम यह है—जब एक मलयाली का गला डी. एल. रे रचित *'आमि एई देशेतेर जन्म जानो, एई देशेतेर मोरी'* (मैंने इसी भूमि पर जन्म लिया है, और यहीं मेरी मृत्यु होगी) को किसी बंगाली द्वारा गाता सुनकर रुँध जाये, जब वह दिल्ली विश्वविद्यालय के कैम्पस के कॉफ़ी हाउस में अड्डे मार रहा हो, जब वह बॉम्बे से आये अपने किसी सहपाठी का त्यौहार उसके साथ मिलकर मना रहा हो, और जब वह केरल के एक सुदूर गाँव में ताज़ा पकाई गयी इडली की ख़ुशबू का पीछा करता हुआ भटकता फिरता हो। मेरा स्वयं का अनुभूत देशप्रेम यही है। और, मेरी निजी अनुभूति में यह उतना ही स्वाभाविक रूप से भारतीय है जितना मेरे ख़िलाफ़ लगाया गया 'गो टू पाकिस्तान' का नारा, और थिरुवनन्तपुरम में मेरे सांसद—कार्यालय के बाहर काली स्याही लेकर खड़े भाजपा प्रदर्शनकारियों का जत्था, या इससे मिलती—जुलती दूसरी घटनाएँ।

जहाँ जातीय राष्ट्रवाद हमें बाँटने और एक—दूसरे से अलग करने का काम करता है, वहीं नागरिक राष्ट्रवाद के ठोस आधार पर टिका देशप्रेम हम लोगों को एक—दूसरे से जोड़ता और सुदृढ़ करता है। यह वैसा 'बुरा राष्ट्रवाद' हरगिज़ नहीं है जो दूसरे देशवासियों के लिए यह निर्धारित करे कि कौन—सा राष्ट्रवाद 'देश—विरोधी' है। जैसा कि रैना लिखते हैं :

> इस प्रकार, यदि मैं कभी यह कहता हुआ प्रतीत होऊँ कि 'सबसे पहले भारत' तब मेरा आशय यह कहना कदापि नहीं है कि भारत सबसे ऊपर है, और सर्वश्रेष्ठ है। बल्कि, मैं यह कहना चाहता हूँ कि भारत—भूमि के कोने—कोने में बनी झोंपड़ी में रहने वाला एक—एक आदमी का पेट भरा हो और वह सुरक्षित हो क्योंकि इन झोंपड़ियों में बसने वाले लोग ही इस देश के असल नुमाइन्दे हैं, और उनके मिलने से ही हमारा देश निर्मित हुआ है।

---

476. ख़्वाजा अहमद अब्बास, कॉलम ऑफ़ 29 जून 1968, इन *ब्लिट्ज़*, रिप्रिंटेड इन *ब्रेड, ब्यूटी एंड रिवोल्यूशन : बीइंग अ क्रोनोलॉजिकल सेलेक्शन फ़्रॉम दी लास्ट पेजेज, 1947 टू 1981*, नयी दिल्ली : मारवाह पब्लिकेशन्स, 1982।

> इस जुड़ाव का बोध हमारा देशप्रेम की भावना की पहली सीढ़ी है, जबकि इस बोध के अमूर्तन को जिसका कि कोई वास्तविक आधार नहीं है, हमारा राष्ट्रवाद है।[477]

यह हमारे संविधान में उल्लिखित और देशप्रेम की भावना से आप्लावित 'भारत की अवधारणा' की पुनःपुष्टि का उपयुक्त समय है। हम सबकी कल्पनाओं के नये भारत के निर्माण का मार्ग यहीं से निकलता है। सबसे पहले हमें नागरिक राष्ट्रवाद के पक्ष में खड़ी, लेकिन अपने अधिकारों से वंचित की जा चुकीं संस्थाओं को पुनर्जीवन देना होगा, उनकी स्वायत्तता को पुनःस्थापित करना होगा और उनके संवैधानिक प्रभावों को सुनिश्चित करना होगा। एक नये भारत के निर्माण के लिए हमें विधायिका, न्यायपालिका और कार्यपालिका की शक्तियों और कार्यक्षेत्रों को सुस्पष्ट रूप से पुनःपरिभाषित करने की आवश्यकता है ताकि पहले दोनों तीसरे के लिए केवल एक रबर स्टाम्प के तौर पर नहीं प्रयुक्त किये जा सकें। इसके लिए सरकार का राष्ट्रपति–रूप भी अपनाये जाने की आवश्यकता पड़ सकती है, जैसा कि मैं अपनी किताब *इंडिया शास्त्र* में उल्लेख कर चुका हूँ। सरकार के राष्ट्रपति–रूप में सक्षमता और लोकतन्त्र–दोनों ही दृष्टि से सत्ता का स्पष्ट विभाजन अधिक कारगर तरीक़े से सम्भव है। ग्राम प्रधान से लेकर नगरों के महापौर और प्रान्त के राज्यपाल से लेकर देश के राष्ट्रपति तक–प्रशासन के विभिन्न स्तरों पर एक निर्वाचित मुख्य कार्यपालक की नियुक्ति होनी चाहिए जो अपने–अपने अधिकार–क्षेत्रों में स्वतन्त्र हों, और जो एक निर्वाचित विधायिका और स्वतन्त्र न्यायपालिका, और दोनों से ऊपर चुनावों के मौक़ों पर मतदाताओं के प्रति उत्तरदायी हों। एक से अधिक सत्ता–केन्द्र होने की स्थिति में न केवल विकेन्द्रीकरण को बढ़ावा मिलेगा, अपितु अतिउत्साही और स्वेच्छाचारी राष्ट्रवाद के उभार को भी इससे नियन्त्रित किया जा सकेगा। नागरिक राष्ट्रवाद की महत्त्वपूर्ण विशेषताओं और देशप्रेम आदर्शों का सम्यक् निर्वहन इसी मार्ग पर चलते हुए किया जा सकता है। मैं यह भलीभाँति जानता हूँ कि सरकार के इस राष्ट्रपति–रूप का भारत के राजनीतिक–वर्ग में पर्याप्त स्वागत नहीं किया जायेगा।

---

477. रैना, 'व्हाई दी रेन इज़ अ पेट्रियट एंड नॉट अ नेशनलिस्ट'।

इसमें रत्ती भर भी सन्देह नहीं है कि भारतीयता अभी भी अपने निर्माण की प्रक्रिया से होकर गुज़र रही है। लोकतान्त्रिक विमर्शों और तर्क–वितर्कों के बीच यह प्रक्रिया चलती भी रहनी चाहिए, क्योंकि नागरिक राष्ट्रवाद इस निरन्तरता की न केवल अनुमति देता है बल्कि इसे प्रोत्साहित भी करता है। चूँकि नागरिक राष्ट्रवाद उन सभी तथ्यों का स्वागत करता है जो भारत की विशिष्टताओं का प्रतिनिधित्व करते हैं, इसलिए हमें उस आधुनिक भारतीय इतिहास के पुनःपाठ की भी आवश्यकता है जो अपने अनुभवों में सत्यनिष्ठ और सारगर्भित है, और अतीत को किसी विशेष धर्म के नज़रिये से देखने का आग्रही नहीं है। स्वामी विवेकानन्द ने भारत के बहुसंख्यकों द्वारा स्वीकृत और स्तुत्य हिन्दूवाद के बारे में कहा है कि यह केवल अन्य धर्मों के प्रति सहिष्णु ही नहीं है, बल्कि उनके अस्तित्व को सहज रूप में स्वीकार भी करता है। असहमतियों को स्वीकार करने की यह प्रवृत्ति हमारे देश के अस्तित्व के लिए आवश्यक है, जिसका उल्लेख मैंने इस पुस्तक के अतिरिक्त अन्यत्र भी किया है, 'स्वतन्त्र भारत के आत्म–परिचय का मूलमन्त्र 'विविधता में एकता' का यह पवित्र नारा है।' यही वह एकता है जिसकी हमें आवश्यकता है। हमें अपने देशप्रेम को सिद्ध करने के लिए आधारहीन निष्ठा की नहीं बल्कि चेतना की इसी सजगता की आवश्यकता है।

इस सबके के लिए इस देश को नये सिरे से उदारवाद के आधुनिक विचारों और उपकरणों से लैस होने की आवश्यकता है जो हमारे नागरिक राष्ट्रवाद की पुनःस्थापना के लिए चलाये गये एक बृहत् जन–आन्दोलन से प्रेरित हो। इस पुस्तक के आधारभूत पूर्वकथन को फिर से दोहराते हुए, जो कि इसके शीर्षक–*अस्मिता का संघर्ष*–की प्रेरणा का आधार भी है, मैं कहना चाहूँगा कि हमारा देश फ़िलहाल दो विरोधी विचारों की युद्धभूमि है। पहला विचार बहुलतावाद पर आधारित नागरिक राष्ट्रवाद और उन संवैधानिक संस्थाओं से सम्बन्धित है जो हमारी विविधता और व्यक्तिगत स्वतन्त्रता की रक्षा के लिए बनाई गयी हैं, और दूसरा विचार उसके प्रतिपक्ष में खड़ा हिन्दू राष्ट्र के जातीय राष्ट्रवाद से सम्बन्धित है। इस युद्ध को सफलतापूर्वक लड़ने के लिए भारतीय उदारवाद को नये विचारों, नयी कल्पना, नये अभिकथन और नये राष्ट्र–नायकों की आवश्यकता है। इस उदारवाद का अंकुरण देशप्रेम की भावभूमि की अनन्त गहराई में हुआ हो और राष्ट्रवाद के हिन्दुत्व भक्तों का इसमें किसी भी रूप में प्रवेश और प्रभाव निषिद्ध हो। इस उदारता के लिए उसी व्यापक सामाजिक सौहार्द

की आवश्यकता है जैसा सौहार्द गाँधी जी ने देश के स्तर पर निर्मित किया था। और, इस उदारवाद को सम्भवतः लुटियन के कुलीनों के प्यारे खान मार्किट के दायरे से बाहर निकलकर गली–मोहल्लों, झुग्गी–झोंपड़ियों, गाँव के कच्चे मकानों की टोलियों और भारत की सड़कों पर जाने की भी आवश्यकता है। हमें यह सुनिश्चित करना होगा कि हिन्दीभाषी भारत की वर्चस्ववादी राजनीति, आर्थिक भेदभाव और दिल्ली की सत्ता के अतिकेन्द्रीकरण से दक्षिणी राज्यों में किसी प्रकार के आक्रोश और असन्तोष की स्थिति उत्पन्न नहीं हो। हमें मुसलमानों और दूसरे अल्पसंख्यक समुदाय के लोगों में पुनः यह विश्वास जगाना होगा कि वे भारत की मुख्यधारा की सामाजिकता और राष्ट्रीयता के अविभाज्य अंग हैं। केवल नागरिक राष्ट्रवाद के मार्ग का अनुसरण करके, उसकी प्रतिबद्धताओं की कसौटी पर खरे उतरकर, उदार संविधानवाद को अंगीकार करके, और लोकतान्त्रिक और बहुलतावादी लोकाचारों को व्यवहार में लाकर ही नया भारत सभी भारतीयों की अपेक्षाओं को पूरा कर सकेगा।

ऐसे लोग जो यह समझते हैं कि मेरे द्वारा सरकार की आलोचना के पीछे कोई दुर्भावना है–जो कि सच नहीं है, या मोदीत्व द्वारा प्रचारित 'नया भारत' स्वतन्त्रता और समृद्धि के विचारों का समर्थ संवाहक है, तो ऐसे लोगों के लिए मैं अत्यन्त विनम्रता के साथ प्रसिद्ध अमेरिकी विधिवेत्ता जस्टिस लुइस ब्रैंडेस की कोई सौ साल पुरानी अधोलिखित उक्ति को उद्धृत करना चाहूँगा :

> 'जब सरकार का उद्देश्य कल्याणकारी हो तो ऐसे में निजी स्वतन्त्रता की रक्षा करने के लिए हमें अपने अनुभवों पर निर्भर करना चाहिए। जो व्यक्ति अपनी स्वतन्त्रता के साथ जन्मे होते हैं वे क्रूर शासकों द्वारा अपनी स्वतन्त्रता के हनन के प्रयासों को असफल करने में काफ़ी हद तक समर्थ होते हैं। स्वतन्त्रता का सबसे बड़ा संकट अतिक्रमण के लिए प्रेरित मनुष्य की दुर्भावना है। दूसरी ओर सामान्य जनता का दुर्भाग्य यह है कि वह वस्तुस्थिति को जानती अवश्य है, किन्तु उसे समझती नहीं है।'[478]

---

478. जस्टिस लुइस ब्रैंडिस, *ओल्मस्टिड वर्सेज यूनाइटेड स्टेट्स*, यू.एस. 479 (1928), https://tile.loc.gov/storage-services/service/II/usrep/277/usrep277438/usrep277438.pdf पर उपलब्ध।

यह केवल सत्ता में बैठी पार्टी या तत्कालीन सरकार के विरुद्ध कोई राजनीतिक युद्ध नहीं है, बल्कि यह मसला हमारे अस्तित्व से जुड़ा है और समय–विशेष की परिधि से बाहर भी यह द्वन्द्व चलता रहता है। मोदीत्व के वर्तमान युग के गुज़र जाने के बाद भी प्रेत बोतल के बाहर ही रहने वाला है। उग्रराष्ट्रवाद का वातावरण उसके बाद भी बना रहेगा, हिन्दू और मुसलमान उसके बाद भी एक–दूसरे को अविश्वास से देखते रहेंगे, भारत और इंडिया के बीच की खाई इसी तरह चौड़ी होती जायेगी, अशक्त संवैधानिक संस्थाओं का खोखलापन बदस्तूर कायम रहेगा, इतिहास को अपने–अपने राजनीतिक स्वार्थों के आधार पर व्याख्यायित किया जाता रहेगा, विभाजनकारी और अलगाववादी नारों के बरअक्स एकताबद्ध होने को प्रेरित करने वाले नागरिक सिद्धान्तों को इसी तरह से उपेक्षित किया जाता रहेगा, उत्तर और दक्षिण के बीच की फाँक को इसी तरह से नज़रअन्दाज़ किया जाता रहेगा, और सोशल मीडिया का दुरुपयोग भी शायद ऐसे ही जारी रहेगा। ऐसे में हमें एक ऐसी प्रतिबद्धता की दरकार है जिसका सम्बन्ध जनसामान्य के हितों से हो। हमें अपनी व्यक्तिगत पहचान और हितों को एक बृहत्तर पहचान और हित में समायोजित करने की आवश्यकता है, और इस वास्तविकता को महसूस करने की ज़रूरतों को जिनमें सभी भारतीय अन्ततः उदार संविधान के कवच द्वारा सुरक्षित एक विराट नागरिक राष्ट्रवादी समुदाय का हिस्सा हैं। उनके आदर्श और उनका भविष्य भी साझा है।

जातीय राष्ट्रवाद के हाथों से देशप्रेम की बागडोर दोबारा अपने हाथों थाम लेने की आवश्यकता स्पष्ट दिखाई दे रही है। आज जातीय राष्ट्रवाद देशप्रेम पर अपना एकाधिकार स्थापित करने की जुगत में है लेकिन हमें एक बृहद् सामाजिक आन्दोलन के ज़रिये इसका विरोध करना होगा ताकि ऐसे भारत का निर्माण किया जा सके जो सभी भारतीयों का भारत हो। ऐसा भारत नागरिक राष्ट्रवाद के दृढ़ स्तम्भों पर ही बन सकता है–ऐसा भारत जो अपने साझा इतिहास, साझा लक्ष्य, और बहुलता और विविधता पर आधारित अपने साझा नैतिक मूल्यों पर गौरवान्वित अनुभव करे, और व्यापक देशप्रेम की न्यूनतम इकाई के रूप में हमारे 'स्थानीय देशप्रेम' को यथोचित सम्मान दे सके। इस निर्मिति का सबसे आवश्यक और बुनियादी तत्त्व लोकतन्त्र है क्योंकि कहीं अन्यत्र अपने मतदान का प्रयोग करने वालों

को यह सहज रूप से ज्ञात होता है कि दूसरा पक्ष भी उसी राष्ट्रीय समुदाय का ही एक हिस्सा है जिसका एक हिस्सा वह स्वयं भी है। बहुलतावाद अनेक प्रकार की संवैधानिक विवशताओं से घिरा होता है। हमारे अधिकार किसी भी बहुमत की इच्छा पर निर्भर नहीं होने चाहिए। भारतीय नागरिक राष्ट्रवाद में, किसी एक देशभक्त द्वारा दूसरे देशभक्तों के पक्ष में आहुतियाँ देने की दीर्घ परम्परा रही है। जिस देश में वे रहते हैं, उसकी अखण्डता और अस्मिता को सुरक्षित रखने के लिए यह परम्परा आवश्यक होती है।

जिन्हें इस बात का भय है कि समूह–आधारित अस्मिता हमारे उदार संविधान द्वारा प्रदत्त व्यक्ति की स्वतन्त्रता और अधिकारों का बेड़ा गर्क कर रही है, उनको मैं आश्वस्त करना चाहता हूँ कि देशप्रेम की समझ का आशय उस निष्ठा से है जो राष्ट्रीय समूह के रूप में पहचाने जाने के क्रम में अनेक भारतीयों के मन में अपने समूह के प्रति स्वाभाविक रूप से होती है। हर व्यक्ति स्वयं को उस समूह के प्रति अधिक उत्तरदायी मानता है जिस समूह का वह हिस्सा होता है क्योंकि उस समूह के साथ उसके सामाजिक सम्बन्ध पुराने और दृढ़ होते हैं और व्यक्ति को विरासत में समूह से कुछ नैतिक मूल्य भी मिले होते हैं। उन समूहों के प्रति व्यक्ति की निजी निष्ठा में कोई दोष नहीं है बशर्ते समूह को अपने सदस्यों के व्यक्तिगत अधिकारों में हस्तक्षेप करने की कोई छूट नहीं मिली हो। साझा मूल्यों, समावेशिता में सामूहिक विश्वास, साहचर्य के लोकाचारों, और भौतिक–नैतिक लक्ष्यों को पाने के एक साझा उद्देश्यों पर आधारित स्थानीय देशप्रेम का सार ही हमारे राष्ट्रीय देशप्रेम की असल बुनियाद है। अमिताई एटज़िओनी ने ठीक लिखा है, 'एक अच्छा समाज केवल स्वतन्त्रता और व्यक्तिगत अधिकारों पर केन्द्रित नहीं हो सकता, बल्कि इसे साझा लक्ष्यों को प्राप्त करने के लिए भी प्रयासरत होना चाहिए, और यह साझा लक्ष्य समाज के अन्य सदस्यों की प्राथमिकताओं के प्रति उत्तरदायित्व–बोध और अन्ततः समूहों के हितों का समानुपातिक होना चाहिए।'[479] यदि हम यह स्वीकार कर लें कि एक बृहत्तर राष्ट्रीय समुदाय के निर्माण के लिए हमारे पास अनेक स्थानीय समुदाय हैं, और हमारा साझा लक्ष्य इन समुदायों और व्यक्तिगत अधिकारों और हितों के बीच सन्तुलन स्थापित कर प्राप्त किया

---

479. एटज़िओनी, *रिक्लेमिंग पेट्रियोटिज़्म*, पृ. 10।

जा सकता है, तब हम वर्तमान राजनीति के दुर्भावनापूर्ण और विभाजनकारी ध्रुवीकरण से यथासम्भव मुक्त हो सकते हैं।

साझा लक्ष्य के लिए मेरी पक्षधरता का यह आशय कदापि नहीं है कि मैं किसी भारतीय नागरिक के व्यक्तिगत अधिकारों के अतिक्रमण के पक्ष में हूँ, बल्कि मेरा अभिप्राय व्यक्ति और उन समूहों अथवा स्थानीय समुदायों के अधिकारों के बीच सामंजस्य स्थापित करना है जिसका सदस्य होना एक नागरिक स्वयं चुनता है। साथ ही साझा लक्ष्य देशप्रेमियों से यह अपेक्षा करता है कि वे स्वार्थमूलक व्यक्तिगत हितों का डट कर विरोध करें– चाहे वे हित राजनीति और पूँजी की साँठगाँठ से जुड़े हों, या अपने लिए विशेष सुविधाएँ चाहने वाले वर्चस्ववादी समुदाय या समूह से सम्बन्धित हों। एक कल्याणकारी, कुशल, मानवीय, समावेशी शासन देने और कठोर निर्णय लेने में समर्थ सरकार लोकतन्त्र की सफलता का सबसे महत्त्वपूर्ण अवयव है क्योंकि ऐसी सरकार नागरिक राष्ट्रवाद के उदार संवैधानिकता के अधीन रहते हुए अपने उत्तरदायित्वों का निष्पादन करती है।

एटज़िओनी अपने कथन का विस्तार करते हुए कहते हैं कि यदि दोनों के बीच एक सम्यक् सन्तुलन स्थापित किया जा सके तो 'एकता और विविधता' जैसी पुरातन शब्दावलियाँ आज भी एक प्रभावी देशप्रेम के विचार–निर्माण के लिए सफलतापूर्वक प्रयुक्त हो सकती हैं :

> 'किसी भी समाज के सभी सदस्य उसके विचारों और संस्थाओं के केन्द्रीय मूल्यों का पूर्ण सम्मान करेंगे और उनसे सहमत होंगे क्योंकि वे विचार और संस्थाएँ उस समाज का साझा ढाँचा (एकता की ओर संकेत करता अवयव) हैं। वहीं दूसरी ओर, समाज का प्रत्येक समूह अपनी विशिष्ट उप–संस्कृति को बचाये रखने के लिए पूरी तरह स्वतन्त्र है, बशर्ते वे नीतियाँ, व्यवहार और संस्थाएँ दूसरे समूह की उक्त विशेषताओं (विविधता की ओर संकेत करता अवयव) से नहीं टकराएँ। इस अवस्था के लिए हमें 'सम्पूर्ण' और 'सभी' का सम्मान करना आवश्यक है। विविधता और एकता में किसी भी टकराव की स्थिति में विविधता को तरज़ीह देना ज़्यादा मुनासिब रहेगा क्योंकि समय के साथ–साथ समुदाय परिवर्तित भी हो सकते हैं और अपने अनेक रूपों के साथ वे यदाकदा

मौलिक स्वतन्त्रताओं और अल्पसंख्यकों के अधिकारों में हस्तक्षेप भी कर सकते हैं।'[480]

साथ ही हमें इस बात के प्रति भी सचेत रहने की आवश्यकता है कि बहुलता के प्रति हमारी वैचारिक प्रतिबद्धता की रक्षा, और लोकतान्त्रिक व्यवस्था द्वारा हमें दी गयी स्वतन्त्रता और स्वीकार्यता इस युद्ध में हमारी अधूरी जीत की ही तस्दीक करती है, क्योंकि आर्थिक दृष्टि से पिछड़ा एक बड़ा तबका इसके दायरे में शामिल नहीं है। 'नये भारत' के प्रति हमारी दूसरी बड़ी प्राथमिकता उस योजना के ब्लूप्रिंट के निर्माण की है। कुपोषण और ग़रीबी भारत की सबसे पुरानी और बड़ी चुनौतियाँ हैं, और महामारी की मार से बेहिसाब जर्जर हो चुकी अर्थव्यवस्था ने इन चुनौतियों को और भी असाध्य और गम्भीर बना दिया है। इस बीच पूरा विश्व पर्यावरण में नाटकीय परिवर्तन से अलग त्रस्त है। दशकों से विकास की अनियन्त्रित और अन्धी दौड़ ने दुनिया के साथ–साथ भारत के पर्यावरण पर भी अपना अमिट नकारात्मक प्रभाव छोड़ा है, और तापमान में अनियन्त्रित वृद्धि के कारण विगत दो दशकों में मानवीय सभ्यता को सुनामी, चक्रवात, समुद्री तूफ़ान जैसी अनेक प्राकृतिक आपदाओं का सामना करना पड़ा है। आज लोगों को उनकी ग़रीबी और अभाव से बाहर निकलने के साथ–साथ साम्प्रदायिक राजनीति की विभाजनकारी और घृणित दुर्भावना से उनकी रक्षा करने की दोहरी ज़िम्मेदारी निभाने के लिए समस्त भारत को एकजुट होकर उठ खड़े होने की ज़रूरत है।

हमारे 'नये भारत' को एक ऐसा भारत बनने की आवश्यकता है जो सभी धर्मों, सभी आस्थाओं, सभी मान्यताओं, सभी संस्कृतियों, सभी भाषाओं, सभी क्षेत्रों, सभी जातियों, सभी वर्गों–और अन्ततः सभी नागरिकों को बराबर सम्मान देने में समर्थ हो सके। आज इस भारत की अवधारणा पर उन लोगों द्वारा ख़तरा उत्पन्न हो गया है जो केवल भारत पर शासन ही करना नहीं चाहते हैं बल्कि भारत की मौलिक आत्मा को बदलकर उसे एक ऐसा भारत बनने के हठ पर अड़े हैं जैसा भारत यह देश कभी नहीं रहा। हमारे देशप्रेम का उद्देश्य भारत की एकता होनी चाहिए, भारत का विभाजन नहीं। इसका स्वरूप समावेशी होना, एकलतावादी नहीं।

480. वही, पृ. 99।

इसे सभी पहचानों को अंगीकार करना चाहिए लेकिन विशेष सुविधा किसी को नहीं देनी चाहिए। इसे वृद्धि और विकास को महत्त्व देना चाहिए और वंचितों के हक में सक्रिय रहना चाहिए। इसे प्रत्येक नागरिक की निजी अस्मिता से सम्बन्धित होना चाहिए, और किसी व्यक्ति अथवा समुदाय के प्रति किसी वैमनस्यता अथवा शत्रुता से संचालित नहीं होना चाहिए। सबसे महत्त्वपूर्ण बात यह है कि हमारे देशप्रेम को हमारे भीतर एक ऐसे राष्ट्रवाद को विकसित करना होगा जो आशाओं की बुनियाद पर टिका हो, भय की बुनियाद पर नहीं।

इस स्थिति को प्राप्त करने के पश्चात ही हम किसी प्रश्नकर्ता की आँखों से नज़र मिलाकर गर्व के साथ यह कह सकते हैं– *'यह मेरा देश है। मुझे यह कहते हुए गौरव का अनुभव हो रहा है कि मैं एक भारतीय हूँ।'*

उपसंहार

अस्मिता के संघर्ष में विजय

यह पुस्तक उस भारत का स्तुतिगान है जिस भारत में यह कोई महत्त्व नहीं रखता है कि आप किस धर्म में विश्वास करते हैं, आप कौन–सी भाषा बोलते हैं, आपका जन्म किस जाति में हुआ, या आपकी त्वचा का क्या रंग है। नागरिक राष्ट्रवाद का आह्वान करने वाला यह देश केवल इस धारणा को सम्पुष्ट करता है कि भारत में यही बात सर्वाधिक महत्त्वपूर्ण है कि आप भारतीय हैं। स्तुतिगान–मैंने यह लिखा है, न कि शोकगीत, और मर्सिया अथवा विलाप तो कदापि नहीं। यह सम्भव है कि नागरिक राष्ट्रवादियों के हाथ से भारत को ज़बरन हथियाकर इस देश को उस रूप में परिवर्तित कर दिया जाये जिस रूप में हिन्दूवादी इसे देखना चाहते हैं। हमारा चयन स्पष्ट है। हम अपने लिए एक ऐसा 'नया भारत' चुन सकते हैं जो हम सबका भारत हो, और उस भारत का नेतृत्व एक ऐसी सरकार करे जो हम सबके लिए हो। या फिर हम अपने लिए एक ऐसे 'नये भारत' का चुनाव कर सकते हैं जो गिने–चुने लोगों का भारत हो और मुट्ठी भर लोगों की आकांक्षाओं और हितों को ध्यान में रखे। एक संवैधानिक गणराज्य के गुणों से आभूषित नागरिक राष्ट्रवाद और एक हिन्दुत्व आन्दोलन से उद्भूत जातीय–भाषायी–धार्मिक राष्ट्रवाद के बीच यही अन्तर है।

मेरा मानना है कि अपनी बड़ी चुनौतियों का कामयाबी से सामना करते हुए हम इस 'नये भारत' का निर्माण कर सकते हैं। लेकिन इसके लिए हर स्थिति में हमारे समाज को खुला और उदार होना होगा, हमारी सभ्यता को बहुलतावादी, विविधतापूर्ण और समृद्ध बनना होगा। हमें एक ऐसे समाज और ऐसी सभ्यता की ज़रूरत होगी जो असहमतियों, हितों

और वैचारिक द्वन्द्वों का सम्मान करती हो, जो बाह्य दुनिया की प्रतिभाओं, उसके उत्पादों और उसके विचारों से पूर्णरूपेण भयमुक्त हो, जो इस विचार के प्रति समर्पित हो कि लोकतान्त्रिक बहुलतावाद भारत की सबसे बड़ी ताक़त है, और जो अपनी जनता की रचनात्मक ऊर्जा को अभिव्यक्ति का समुचित अवसर देने के लिए कृतसंकल्प हो।

इसके लिए हमारे उन शिक्षित युवाओं को आगे आना होगा जो धार्मिक राष्ट्रवाद के मूल तत्त्वों, यथा कट्टरवाद और साम्प्रदायिक पूर्वाग्रहों से सर्वथा मुक्त हों, और उदार लोकतन्त्र की अस्तित्व–रक्षा की लड़ाई में मोर्चा सँभालने के लिए तैयार हों। यह पुस्तक नागरिक राष्ट्रवाद की विशेषताओं में विश्वास करने वाले सभी लोगों के लिए एक आह्वान है, कि वे इसका दमन करने को अधीर शासनतन्त्र और हमें एक कल्पनातीत प्राचीन युग में ज़बरन वापिस ले जाने की ज़िद पर अड़े सत्तावर्ग के ख़िलाफ़ एकजुट होकर उठ खड़े हो जायें।

भारत की अवधारणा, जिसकी परिकल्पना हमारे राष्ट्र–निर्माताओं ने की थी और जिसने इस परिकल्पना का संवहन किया, भारत के लोकतन्त्र के अनुरूप सर्वाधिक प्रासंगिक अवधारणा है, क्योंकि आज के दिन भी भारत को एकजुट रखने में यही अवधारणा सर्वाधिक सफल है। ब्रिटिशों के भारत से जाने के बाद के कई दशकों तक भारत ने अपने सामने आयीं अनेक गम्भीर समस्याओं का मुक़ाबला इसी अवधारणा के दम पर किया। बहरहाल नागरिक राष्ट्रवाद का विचार और व्यवहार केवल अभिजात प्रबुद्धों की गपशप का मसला नहीं है, बल्कि यह भारत की समस्याओं के प्रति चिन्तित नागरिकों के राजनीतिक–सामाजिक आचरण से गहरे रूप से जुड़ा हुआ है। यह एक तय बात है कि हिन्दू राष्ट्र की परिणति एक विभाजित भारत के रूप में होगी, जबकि एक उदार संविधान द्वारा संरक्षित और नागरिक राष्ट्रवाद की मिट्टी में अंकुरित लोकतान्त्रिक भारत हमें एक–दूसरे के साथ एक साझा उद्देश्य और समावेशी नियति की दिशा में ले जायेगा।

विद्वान डेविड बेकर का जन्म पश्चिम ऑस्ट्रेलिया के शहर पर्थ में, जो कि भारतीय महासागर के तट पर बसा है, 1932 में हुआ था। भारत के इतिहास और संस्कृति में उनकी गहरी रुचि थी, और शिक्षा–जगत् में आधुनिक भारत के इतिहास में, विशेष रूप से केन्द्रीय प्रान्त और बरार के परिप्रेक्ष्य में स्वतन्त्रता आन्दोलन के उत्कर्ष के क्षेत्र में एक आधिकारिक

इतिहासकार के रूप में उनका अवदान महत्त्वपूर्ण माना जाता है। इस विषय पर लिखी उनकी पुस्तक को बहुत महत्त्वपूर्ण माना गया है। आधुनिक भारतीत राज्यों के गठन में केन्द्रीय–क्षेत्रीय भारत की भूमिका पर उनकी विशेषज्ञता ने उन्हें अन्तरराष्ट्रीय प्रतिष्ठा दिलवाई है। इस विषय पर उनके अनेक लेख विभिन्न प्रतिष्ठित पत्र–पत्रिकाओं और जर्नलों में भी प्रकाशित हो चुके हैं। इस दृष्टि से *मॉडर्न एशियन स्टडीज* में 'कोलोनियल बिगनिंग्स एंड दी इंडियन रिस्पांस : दी रिवोल्ट ऑफ़ 1857–58 इन मध्य प्रदेश'[481] शीर्षक से प्रकाशित उनका आलेख विशेष उल्लेखनीय माना जाता है। लेकिन आधुनिक भारतीय इतिहास के रूप में ऑक्सफोर्ड या कैम्ब्रिज जैसे किसी पश्चिमी संस्थान, या अपने ख़ुद के देश के ऑस्ट्रलियन नेशनल यूनिवर्सिटी में अपना भविष्य सँवारने के बजाय डेविड बेकर ने अपने बसने के लिए भारत को चुना और 1969 में दिल्ली विश्वविद्यालय के सेंट स्टीफेंस कॉलेज में पढ़ाने लगे। पचास साल बाद आज भी वे दिल्ली में ही हैं।

मेरी उनसे पहली मुलाक़ात 1972 में हुई थी। वे मेरे शिक्षक के साथ–साथ मुकर्जी ईस्ट के मेरे छात्रावास के 'ब्लॉक ट्यूटर', अर्थात छात्रावास में मेरे ब्लॉक के फैकल्टी मेम्बर भी थे। जल्दी ही हम एक–दूसरे के अन्तरंग हो गये। वे एक कृशकाय और किसी संन्यासी जैसे दिखने वाले निर्लिप्त व्यक्तित्व के शख़्स थे और अधिकतर अपनी किताबों और ख़यालों की दुनिया में डूबे रहते थे। उनको लक्ष्य बनाकर कई बार उनका व्यापक विरोध किया गया और उन पर नस्लवादी तंज़ भी किये गये। लिहाज़ा कॉलेज–प्रबन्धन ने यह तय किया कि वे किसी गोरे विदेशी को भारतीयों को उनके ही राष्ट्रवाद का सबक पढ़ाने के लिए नहीं रख सकते हैं। उनसे कहा गया कि आगे से वे छात्रों को ब्रिटेन का इतिहास पढ़ायें। यह एक ऐसा विषय था जिसमें उनकी जानकारी और रुचि दोनों ही बहुत अधिक नहीं थी। लेकिन भारत से अपने लगाव और यहाँ बसने के उनके इरादे की यह क़ीमत चुकाने के लिए भी डॉ. डेविड बेकर राजी थे। आधुनिक भारत पर अपना शोध और लेखन जारी रखते हुए उन्होंने

481. डेविड बेकर, 'कोलिनिअल बिगनिंग्स एंड दी इंडियन रिस्पांस : दी रिवोल्ट ऑफ़ 1857–58 इन मध्य प्रदेश', *मॉडर्न एशियन स्टडीज*, वॉल्यूम 25, नम्बर 3, जुलाई 1991, पृ. 511–54।

ब्रिटेन के इतिहास के अध्ययन का न केवल समय निकाला बल्कि उसे अपने छात्रों को पर्याप्त श्रम और जानकारी के साथ पढ़ाने का भी काम किया। छात्रों के छोटे–छोटे समूहों को दिये गये 'ट्यूटोरियल्स' असाधारण थे और उनका हमारे लिए विशेष महत्त्व था।

जब मैं उनसे मिला था तो डेविड बेकर भारतीय नागरिकता के लिए अपना आवेदन दे चुके थे। उनके इस निर्णय से बहुत–से लोग चकित थे, लेकिन भारतीय अधिकारी उनके लिए एक के बाद दूसरी बाधाएँ खड़ी करने से ज़रा भी बाज नहीं आ रहे थे। 'उन्हें यह लग रहा था कि मैं ग़ैर–क़ानूनी तरीक़े से जन्नत में घुसपैठ करने की कोशिश कर रहा हूँ, और वे निकाल बाहर करने की ज़िद पर अड़े थे', उन्होंने चुटकी लेते हुए मुझे बताया था। 'लेकिन मैंने भी तय कर लिया था कि किसी भी स्थिति में हार नहीं मानूँगा!' आज़ादी के बाद के दो दशकों में ऐसी गिनीचुनी मिसालें दिखाई पड़ती हैं जब 'गोरों ने इस तरह से भारत में बसने' का निर्णय लिया हो। इस दृष्टि से वैज्ञानिक जे.बी.एस. हाल्डेन, मानवशास्त्री वेरियर एल्विन दो प्रमुख नाम हैं। किन्तु विदेशी मुद्रा विनिमय पर प्रतिबन्धों, अन्तरराष्ट्रीय यात्राओं की सीमितता, और वीसा–प्राप्ति की जटिलताओं जैसे अनेक दुर्निवार कारणों से उस ज़माने में भारतीय पासपोर्टधारी होना एक मुश्किल काम माना जाता था। बहरहाल डॉ. बेकर ने अपने सम्पर्कों का उपयोग करते हुए भारत सरकार के महत्त्वपूर्ण पदों पर बैठे सेंट स्टीफेंस के पूर्व छात्रों से अपने लिए कोई समाधान निकालने का अनुरोध किया। इस प्रक्रिया में उन्हें सालोंसाल प्रतीक्षा करनी पड़ी, अनेक आवेदन पत्र भरने पड़े, सबूती दस्तावेज़ जमा करने पड़े, और सरकारी दफ़्तरों के अनगिनत चक्कर लगाने पड़े, लेकिन डॉ. डेविड बेकर आख़िरकार भारत के नागरिक बन गये। आज अपने जीवन के आठवें दशक में दिल्ली में रहते हुए वे फ़िलहाल सेंट स्टीफेंस कॉलेज का इतिहास लिखने में व्यस्त हैं।

एक बार मैंने उनसे पूछा था कि वे एक भारतीय क्यों बनना चाहते थे। इस सवाल का उनके पास बहुत सहज जवाब था, 'मैं भारतीय होना महसूस करता हूँ। यह वह देश है जिससे मैं प्यार करता हूँ, मेरे लिए इसके इतिहास का अत्यधिक महत्त्व है। मैं भारत की आकांक्षाओं का साझीदार हूँ। मुझे इसके लोग पसन्द हैं, लिहाज़ा मैं यहीं ख़ुद को सबसे

अधिक सहज महसूस करता हूँ। मेरे लिए वे सभी कारण बनते हैं जिसके आधार पर मैं इस देश का पासपोर्टधारी होने की दावेदारी पेश कर सकूँ'।

भारत को हमेशा वैसा ही देश बना रहना चाहिए जो डेविड बेकर, एम.ए.आर. शेख़ और अंसार हुसैन ख़ान जैसे कई दूसरे लोगों को अपने यहाँ आने के लिए लुभा सके। इसके लिए हमारे पथ से भटक चुके नागरिक राष्ट्रवाद को 'नागरिक' और 'राष्ट्रवादी' दोनों ही रूपों में अपनी पुनर्वापसी करनी होगी। हमें 'अच्छे' अर्थों में उस देशप्रेम को अपनाना होगा जो विभाजन और अलगाव की नीतियों का विरोध करते हुए सबको अंगीकार करने और साथ लेकर चलने को तत्पर हो। अपने जीवन की गोधूली–वेला में भारतीय नागरिकता हासिल करते हुए जे.बी.एस. हाल्डेन ने हर्ष व्यक्त करते हुए लिखा था :

> 'इस बात में कोई सन्देह नहीं है, लेकिन सीमित अर्थों में सही मैं आज एक विश्व–नागरिक हूँ। लेकिन थॉमस जेफरसन की तरह इस बात से मेरी भी सहमति है कि नागरिकों के मुख्य कर्तव्यों में एक यह भी है कि वह अपने राष्ट्र की सरकार के लिए एक अवरोधक बना रहे। चूँकि विश्व–राष्ट्र जैसा कोई समुदाय अस्तित्व में नहीं है, इसलिए एक विश्व–नागरिक के रूप में मैं यह कर्तव्य निभा पाने में सक्षम नहीं हूँ। लेकिन दूसरी तरफ़, मैं भारत की सरकार के मार्ग में तो अवरोधक बन ही सकता हूँ, जो कि मैं हूँ, जो बहुत हद तक अपने नागरिकों को अपनी नीतियों और निर्णयों से असहमत होने का अधिकार देती है। यह काम वह इस माध्यम से भी करती है कि अपने नागरिकों के विरुद्ध कार्रवाई करने की उसकी प्रक्रिया बहुत धीमी है। भारत का नागरिक होने में एक अतिरिक्त गौरव की बात यह भी है कि संयुक्त राष्ट्र अमेरिका, सोवियत संघ और चीन की बात जाने दें, भारत यूरोप से भी कहीं अधिक विविधतापूर्ण देश है, और इस दृष्टि से एक सम्भावित विश्व–समुदाय के लिए एक आदर्श मॉडल भी है।'[482]

---

482. रामचन्द्र गुहा, *इंडिया आफ्टर गाँधी : दी हिस्ट्री ऑफ़ वर्ल्ड'स लार्जेस्ट डेमोक्रेसी,* नयी दिल्ली : पैन मैकमिलन, 2008, पृ. 769–70।

बहरहाल विश्व–क्षितिज पर उग्रराष्ट्रवाद का उभार जिस तीव्र रूप में देखने को मिल रहा है, ऐसे में एक विश्व–समुदाय के निर्माण के बारे में सोचना किसी आदर्शलोक की कल्पना जैसा ही प्रतीत होता है। लेकिन एक लोकतान्त्रिक और बहुलतावादी भारत द्वारा प्रतिबिम्बित उस विविधता, जिसकी पैरोकारी हाल्डेन ने भी की है, का अस्तित्व न केवल प्रत्येक भारतीय देशप्रेमी के हृदय में सुरक्षित है, बल्कि वह विविधता उक्त स्थान की हक़दार भी है। विशेष तौर पर इस लेखक की तरह, यह देशप्रेमियों का समवेत उत्तरदायित्व है कि सरकार की राह में बाधक बनना उनका नागरिक कर्तव्य है जिसे उन्हें पूरी गम्भीरता के साथ निभाने की आवश्यकता है। भारत तभी न केवल सुरक्षित बचा रहेगा बल्कि तेज़ी से आगे बढ़ पाने में भी कामयाब होगा, जब वह संविधान के मूल आदर्शों पर निर्मित नागरिक राष्ट्रवाद की पुनर्रचना के लिए दोबारा अपनी प्रतिबद्धता को ज़ाहिर करेगा। यदि हमें इक्कीसवीं सदी की गम्भीर और बड़ी चुनौतियों पर जीत दर्ज करनी है तो हमें बीसवीं सदी के आधारभूत मूल्यों के प्रति हर हाल में ज़िम्मेदार होना पड़ेगा।

आभार

यह पुस्तक मेरे अनेक वर्षों के चिन्तन और विचार–विमर्शों का प्रतिफल है जो सामान्यतः भारत के जीवन्त और स्वतन्त्र प्रेस के विविध स्तम्भों के माध्यम से समय–समय पर लोगों के समक्ष आते रहे हैं। हाल–फ़िलहाल के सालों में अनेक ऑनलाइन प्रकाशकों ने भी मुझे अपने विचार रखने के लिए पर्याप्त जगह मुहैया कराई है। पुस्तक में उल्लिखित अनेक मुद्दों पर अपने वैचारिक स्तम्भों के ज़रिये मैं पहले भी अपनी बात रख चुका हूँ जिन्हें *दी वीक, दी प्रिंट, दी क्विंट* और *ओपन* जैसे प्रकाशन–समूहों ने नियमित रूप से प्रकाशित किया है। मेरे कुछेक आलेख प्रोजेक्ट सिंडीकेट के माध्यम से भी प्रकाशित होते रहे हैं। उन सभी प्रकाशकों का मैं हृदय से आभार व्यक्त करता हूँ।

इस पुस्तक को लिखने के क्रम में अमूल्य शोध–सहायता मिली और उसने मुझे वैचारिक दृष्टि से पर्याप्त लाभान्वित किया। इस हेतु मैं प्रोफ़ेसर शीबा थात्तिल, कैथरीन अब्राहम और जॉन कोशी का विशेष अनुग्रही हूँ जिन्होंने मुझे न केवल राष्ट्रवाद के विषय पर विद्वत्तापूर्ण टिप्पणियाँ उपलब्ध कराईं, अपितु अपने विलक्षण धैर्य, अनुग्रह, परामर्श, सुझाव और अथक सहायता से इस पुस्तक को पूरा कर सकने के लिए मुझे निरन्तर प्रेरित भी किया। मैं अपनी भतीजी रागिनी थरूर श्रीनिवासन, और अपने बेटों कनिष्क थरूर और ईशान थरूर का भी शुक्रगुज़ार हूँ। वे तीनों स्वयं भी पुस्तक के मूल विषय के असाधारण जानकार हैं और उन्होंने अपनी कल्पनाशीलता, दृष्टि और राष्ट्रवाद के सम्बन्ध में मेरे आरम्भिक विचारों के प्रति अपनी प्रखर आलोचना से मेरी समझ को एक नयी दिशा और पैनापन हासिल करने में मेरी पर्याप्त मदद की। कभी मेरे निकटतम सहयोगी रह चुके

इतिहासकार मनु पिल्लई ने बहुत तल्लीनता के साथ मेरी पाण्डुलिपि के आरम्भिक प्रारूप को पढ़ा और अपनी महत्त्वपूर्ण टिप्पणियों और सुझावों से मुझे समृद्ध किया। पुस्तक के विषय के बारे में उनकी बृहद् जानकारी और मेरी वैचारिकता को लेकर उनकी गहरी समझ–इन दोनों ख़ूबियों ने मुझे सच्चे अर्थों में प्रभावित किया। मैं हृदयतल से उनको अपना धन्यवाद प्रेषित करता हूँ। प्रोफ़ेसर श्रुति कपिला, प्रदीप छिब्बर और प्रताप भानु मेहता ने न केवल पुस्तक के आदि–संस्करण पर अपने रचनात्मक सुझाव देने की उदारता दिखाई, बल्कि मेरी आदर्शवादी सैद्धान्तिकता के बरअक्स मुझे राष्ट्रवाद के विषय में विशद और व्यावहारिक अध्ययन करने के लिए प्रेरित भी किया। कीर्थिक ससिधरण ने अपने विस्तृत अध्ययन और लेखन के माध्यम से अर्जित अपनी अमूल्य अन्तर्दृष्टि को मुझसे साझा किया, और जोसफ़ जैकरिअस ने भारत की राजनीति के बारे में अपने विचारोत्तेजक और मौलिक चिन्तन की प्रचुरता से मुझे समृद्ध और लाभान्वित किया। मैं अपने इन दोनों मित्रों के प्रति गहरा आभार व्यक्त करता हूँ। किन्तु पहले की तरह इस बार भी, अपनी इस पुस्तक के कथ्य और निष्कर्ष की अन्तिम ज़िम्मेदारी मैं अकेले अपने ऊपर लेता हूँ।

अलेफ बुक कम्पनी की क़ाबिल और मेहनती टीम ने इस पुस्तक को दुनिया के सामने लाने का महत्त्वपूर्ण काम किया है। मैं इस अव्यवस्थित गद्य–लेखन को श्रमपूर्वक कॉपी–एडिट करने के लिए ऐन्ला ओज़ुकुम का सच्चे मन से कृतज्ञ हूँ। उन्होंने इस पुस्तक के प्रकाशन के सभी स्तरों पर अपनी चौकस नज़र रखी। इस काम में उनका भरपूर सहयोग ईशा बनर्जी ने किया–विशेष रूप से किताबों की अन्तिम सन्दर्भ–सूची (यद्यपि इसकी आरम्भिक सूची प्रोफ़ेसर शीबा थात्तिल ने बनायी थी) और उद्धरण तैयार करने में उनकी अविस्मरणीय भूमिका रही। दोनों ने इस पुस्तक के सभी तथ्यों के सत्यापन और दृष्टान्तों को सम्पुष्ट करने का श्रमसाध्य काम किया जो कि इस तरह की पुस्तक के लिए अत्यावश्यक भी है। मेरी पिछली चार पुस्तकों की तरह इस बार भी इस पुस्तक का सुन्दर और आकर्षक आवरण बेना सरीन ने तैयार किया है। सबसे अन्त में मैं अपने प्रकाशक डेविड डेविडार का दिल से आभारी हूँ। वे विगत तीन दशकों से भी अधिक समय से मेरी पुस्तकों के प्रकाशक रहे हैं। हमेशा की तरह इस पुस्तक को लिखने के क्रम में भी वे मेरे लिए उर्वर विचारों, रचनात्मक

सम्पादकीय दृष्टि और दृढ़ व्यावहारिक बोध के स्थायी स्रोत बने रहे। मेरे विचारों और लेखन के प्रति उनका मज़बूत भरोसा मेरी प्रेरणा का कारण रहा है। मेरे पास उनकी प्रशंसा के लिए ऐसा कोई उपयुक्त शब्द नहीं है जो उनके इस उत्साहवर्द्धन का प्रत्युत्तर सिद्ध हो सके। सरल शब्दों में यदि संक्षेप में कहूँ, तो उनकी अनुपस्थिति में इस पुस्तक की कल्पना करना भी असम्भव था।

सन्दर्भ सूची

पुस्तकें

अब्बास, ख़्वाजा अहमद, *ब्रेड, ब्यूटी एंड रिवोल्यूशन : बीइंग ए क्रोनोलॉजिकल सेलेक्शन फ्रॉम दी लास्ट पेजेज, 1947 टू 1981*, न्यू डेल्ही : मारवाह पब्लिकेशंस, 1982।

एडेनी, कैथरीन एंड साएज, लॉरेंस (एड्स) *कोएलिशन पॉलिटिक्स एंड हिन्दू नेशनलिज़्म*, लन्दन : रॉउटलेज, 2005।

अडोर्नो, टी.डब्ल्यू. *मिनीमा मोरलिया : रिफ्लेक्शन्स ऑन अ डैमेज्ड लाइफ़*, ट्रांसलेटेड बाई ई.एफ.एन. जेफकाट, लन्दन : वर्सो बुक्स, 2005।

आल्टर जोसेफ़ एस., *गाँधी'ज बॉडी : सेक्स, डाइट एंड दी पॉलिटिक्स ऑफ़ दी नेशनलिज़्म*, फिलाडेल्फिया; यूनिवर्सिटी ऑफ़ पेनसिलवेनिया प्रेस, 2000।

एंडरसन, बेनेडिक्ट, *इमेजिंड कम्युनिटीज़ : रिफ्लेक्शंस ऑन दी ओरिजिन एंड स्प्रेड ऑफ़ नेशनलिज़्म*, लन्दन : वर्सो बुक्स, 1983 (फर्स्ट एडिशन), 1991 (रीप्रिंट)।

———, *दी स्पेक्ट्रे ऑफ़ कम्पैरिजंस : नेशनलिज़्म, साउथ ईस्ट एशिया, एंड दी वर्ल्ड*, लन्दन : वर्सो बुक्स, 1998।

एंडरसन, केविन बी., *मार्क्स एट दी मार्जिन्स : ऑन नेशनलिज़्म, एथनिसिटी एंड नॉन–वेस्टर्न सोसाइटीज*, शिकागो : यूनिवर्सिटी ऑफ़ शिकागो प्रेस, 2010।

एंडरसन, वाल्टर एंड दामले, श्रीधर डी., *मैसेंजर्स ऑफ़ हिन्दू नेशनलिज़्म : हाउ दी आरएसएस रेशपेड इंडिया*, लन्दन : हर्स्ट पब्लिशर्स, 2019।

एंड्रूज, सी.एफ. (एड.), *स्पीचेज एंड राइटिंग्स ऑफ़ एम.के. गाँधी,* मद्रास : जी.ए. नेटसेन एंड कम्पनी, 1992 (थर्ड एडिशन)।

अंसारी, एम.टी., *इस्लाम एंड नेशनलिज़्म इन इंडिया : साउथ इंडियन कॉन्टेक्स्ट,* लन्दन : रॉउटलेज, 2016।

अन्टर, एंड्रीयाज, *मार्क्स वेबेर्स थ्योरी ऑफ़ दी मॉडर्न स्टेट : ओरिजिन्स, स्ट्रक्चर एंड सिगनिफिकेंस,* लन्दन : पालग्रेव मैकमिलन, 2014।

आर्मस्ट्रांग, जॉन एलेग्जेंडर, *नेशंस बिफोर नेशनलिज़्म,* चापेल हिल : यूनिवर्सिटी ऑफ़ नार्थ कैरोलिना प्रेस, 1982।

बार्बर, बेंजामिन, *जिहाद वर्सेज मैकवर्ल्ड : हाउ ग्लोबलिज़्म एंड ट्राइबलिज़्म आर रिशेपिंग दी वर्ल्ड,* न्यू यॉर्क : बैलेंटाइन बुक्स, 1996।

बैरी, ब्रायन, *डेमोक्रेसी, पॉवर, एंड जस्टिस : एसेज इन पोलिटिकल थ्योरी,* ऑक्सफोर्ड : क्लेरेंडन प्रेस, 1989।

बार्कर, अर्नेस्ट (एडि.), *सोशल कॉन्ट्रैक्ट : एसेज बाई लोक्के, ह्यूम एंड रूसो,* लन्दन : ऑक्सफोर्ड यूनिवर्सिटी प्रेस, 1946।

बेली, क्रिस्टोफर ए., *ओरिजिन्स ऑफ़ नेशनलिटी इन साउथ एशिया : पेट्रियोटिज़्म एंड एथिकल गवर्नमेंट इन दी मेकिंग ऑफ़ मॉडर्न इंडिया,* न्यू डेल्ही : ऑक्सफोर्ड यूनिवर्सिटी प्रेस, 1998।

बिनर, रोनाल्ड (एडि.), *थ्योराजिंग नेशनलिज़्म,* न्यू यॉर्क : स्टेट यूनिवर्सिटी ऑफ़ न्यू यॉर्क प्रेस, 1999।

बेल, डेनियल ए., *दी चाइना मॉडल : पोलिटिकल मेरिटोक्रेसी एंड दी लिमिट्स ऑफ़ डेमोक्रेसी,* प्रिंसटन : प्रिंसटन यूनिवर्सिटी प्रेस, 2015।

बेर्बेरोग्लू, बर्च (एडि.), *दी नेशनल क्वेश्चन : नेशनलिज़्म, एथनिक कनफ्लिक्ट एंड सेल्फ़ डिटरमिनेशन इन दी 20थ सेंचुरी,* फिलाडेल्फिया : टेंपल यूनिवर्सिटी प्रेस, 1995।

भारती, के.एस., *दी पोलिटिकल थॉट ऑफ़ पण्डित दीनदयाल उपाध्याय,* न्यू डेल्ही : कंसेप्ट पब्लिशिंग कम्पनी, 1998।

भट्ट, चेतन, *हिन्दू नेशनलिज़्म : ओरिजिन्स, आइडियोलॉजिज एंड मॉडर्न मिथ,* ऑक्सफोर्ड : बर्ग पब्लिशर्स, 2001।

भिष्कार, सी.पी., *पं. दीनदयाल उपाध्याय : आइडियोलॉजी एंड परसेप्शन– पार्ट 5 : कांसेप्ट ऑफ़ राष्ट्र,* न्यू डेल्ही : सुरुचि प्रकाशन, 2014।

बिलिंग, माइकल, *बनाल नेशनलिज़्म,* लन्दन : सेग पब्लिकेशंस, 1995।

बिशप ऑफ़ सेंट डेविड्स, *दी क्रिश्चिनटी ऑफ़ स्टोसिज़्म : ऑर, सिलेक्शंस फ्रॉम अरिएंस डिस्कोर्सेज ऑफ़ एपिक्टेटस,* ट्रॉसलेटेड बाई मिसेज कार्टर, कारमरर्थेन : जे. इवांस, 1822।

ब्लोम हानसेन, थॉमस, *दी सैफरन वेव : डेमोक्रेसी एंड हिन्दू नेशनलिज़्म इन मॉडर्न इंडिया,* प्रिंसटन : प्रिंसटन यूनिवर्सिटी प्रेस, 1999।

ब्रौन्थल, जे., *दी पैराडॉक्स ऑफ़ नेशनलिज़्म,* लन्दन : सेंट बोटोल्फ़, 1946।

ब्रिउली, जॉन, *नेशनलिज़्म एंड दी स्टेट,* मेनचेस्टर : मेनचेस्टर यूनिवर्सिटी प्रेस, 1993।

ब्रिउली, जॉन (एडि.), *दी ऑक्सफोर्ड हैंडबुक ऑफ़ दी हिस्ट्री ऑफ़ नेशनलिज़्म,* ऑक्सफोर्ड : ऑक्सफोर्ड यूनिवर्सिटी प्रेस, 2013।

ब्रोसियस, क्रिस्टीयाने, *एम्पॉवरिंग विजंस : दी पॉलिटिक्स ऑफ़ रिप्रेजेंटेशन इन हिन्दू नेशनलिज़्म,* लन्दन : एंथम प्रेस, 2004।

ब्राउन, माइकल ई., *नेशनलिज़्म एंड एथनिक कनफ्लिक्ट,* कैम्ब्रिज : एमआईटी प्रेस, 1997।

बुस्च, एम.ए., *राइज़ एंड ग्रोथ ऑफ़ इंडियन नेशनलिज़्म : नॉनवायलेंट नेशनलिज़्म, गाँधी एंड हिज स्कूल,* बरोडा : आत्माराम प्रेस, 1939।

काब्रेरा, लुईस, *दी हंबल कॉस्मोपॉलिटन : राइट्स, डाइवर्सिटी, एंड ट्रांस–स्टेट डेमोक्रेसी,* न्यू यॉर्क ऑक्सफोर्ड यूनिवर्सिटी प्रेस, 2019।

काल्होउन, क्रैग, *नेशनलिज़्म,* मीनियापोलिस : यूनिवर्सिटी ऑफ़ मीनियापोलिस प्रेस, 1997।

चटर्जी, पार्थ, *नेशनलिज़्म थॉट एंड दी कोलोनियल वर्ल्ड : अ डेरिवेटिव डिस्कोर्स,* लन्दन : जेड बुक्स, 1986।

चटर्जी, अंगना, पी. ब्लोम हानसेन, थॉमस एंड जेफ्रेलॉट, क्रिस्टोफ (एडि.), *मेजोरिटेरियन स्टेट : हाउ हिन्दू नेशनलिज़्म इज़ चेंजिंग इंडिया,* लन्दन : हर्स्ट पब्लिशर्स, 2019।

चट्टोपाध्याय, शरत चन्द्र, *दी फाइनल क्वेश्चन,* न्यू डेल्ही : पेंगुइन बुक्स, 2001।

चट्टोपाध्याय स्वाति, *रिप्रेजेंटिंग कलकत्ता : मॉडर्निटी, नेशनलिज़्म एंड दी कोलोनियल अनकैन्नी,* लन्दन : रॉउटलेज, 2005।

चीह, फेंग, *स्पेक्ट्रल नेशनलिटी : पैसेजेज ऑफ़ फ्रीडम फ्रॉम कान्त टू पोस्टकोलोनियल लिटरेचर्स ऑफ़ लिबरेशन,* न्यू यॉर्क : कोलम्बिया यूनिवर्सिटी प्रेस, 2003।

चोपड़ा, रोहित, *टेक्नोलॉजी एंड नेशनलिज़्म इन इंडिया : कल्चरल निगोशिएशन्स फ्रॉम कोलोनिअलिज़्म तू साइबरस्पेस,* न्यू यॉर्क : कैमब्रिया प्रेस, 2008।

कोरब्रिज, स्टुअर्ट एंड हैरिस, जॉन, *रिइन्वेन्टिंग इंडिया : लिबरलाइज़ेशन, हिन्दू नेशनलिज़्म एंड पोपुलर डेमोक्रेसी,* कैम्ब्रिज : पोलिटी प्रेस, 2000।

डेलान्टी, गेरार्ड एंड ओ'महोनी, पैट्रिक, *नेशनलिज़्म एंड सोशल थ्योरी : मॉडर्निटी एंड दी रिकैलकिट्रांस ऑफ़ दी नेशन,* लन्दन : सेग पब्लिकेशंस, 2002।

देरिदा, जैक्स, *स्पेक्ट्रेस ऑफ़ लन्दन : रॉउटलेज,* 1994।

डेटमैन, पॉल, आर., *इंडिया चेंज कोर्स : गोल्डन जुबिली टू मिलेनियम,* लन्दन : प्रेगर, 2001।

डियाज–एंड्रयू, मार्गरीटा, *अ वर्ल्ड हिस्ट्री ऑफ़ नाइनटींथ–सेंचुरी आर्कियोलॉजी : नेशनलिज़्म, कोलोनिअलिज़्म एंड दी पास्ट,* न्यू यॉर्क ऑक्सफोर्ड यूनिवर्सिटी प्रेस, 2007।

डिकोटर, फ्रैंक, *हाउ टू बी अ डिक्टेटर : दी कल्ट ऑफ़ पर्सनालिटी इन दी ट्वेंटीथ सेंचुरी,* लन्दन : ब्लूम्सबरी, 2019।

डगलस, जेम्स डब्ल्यू., *गाँधी एंड दी अनस्पीकेबल : हिज फाइनल एक्सपेरीमेंट विथ ट्रुथ,* मैरिकनाल : ओर्बिस बुक्स, 2012।

डी'सूजा, दिलीप, एंड मा, जॉय, *दी डेओलिवाला : दी ट्रू स्टोरी ऑफ़ दी 1962 चाइनीज–इंडियन इंटर्नमेंट,* न्यू डेल्ही : पैन मैकमिलन, 2020।

ड्वोरकिन, रोनाल्ड, *फ्रीडम्स लॉ : दी मोरल रीडिंग ऑफ़ दी अमेरिकन कांस्टीट्यूशन,* कैम्ब्रिज : हार्वर्ड यूनिवर्सिटी प्रेस, 1997।

एग्लेटन, टेरी, जेमसन, फ्रेडरिक, एंड सेड, एडवर्ड डब्ल्यू, *नेशनलिज़्म, कोलोनियल एंड लिटरेचर,* मीनियापोलिस : यूनिवर्सिटी ऑफ़ मीनेसोटा प्रेस, 1990।

अर्नेस्ट, डेविड सी., *ओल्ड नेशंस, न्यू वोटर्स : नेशनलिज़्म, ट्रांसनेशनलिज़्म, एंड डेमोक्रेसी इन दी एरा ऑफ़ ग्लोबल माइग्रेशन,* न्यू यॉर्क : स्टेट यूनिवर्सिटी ऑफ़ न्यू यॉर्क प्रेस, 2008।

एक, डायना, एल., *इंडिया : अ सेक्रेड ज्योग्राफ़ी,* न्यू यॉर्क : हारमनी बुक्स, 2012।

एटज़िओनी, एमिटाई, *रिक्लेमिंग पेट्रियोटिज़्म,* चैरलॉट्सविल्ले : यूनिवर्सिटी ऑफ़ वर्जिनिया प्रेस, 2019।

फेनन, फ्रान्त्ज़, *दी रेच्ड ऑफ़ दी अर्थ,* ट्रॉसलेटेड बाई कॉन्स्टेंस फारिंगटन, न्यू यॉर्क : ग्रोव वाइडेनफेल्ड, 1963।

फुकुयामा, फ्रांसिस, *दी एंड ऑफ़ हिस्ट्री एंड दी लास्ट मैन,* न्यू यॉर्क : दी फ्री प्रेस, 1992।

गाँधी, राजमोहन, *पटेल : अ लाइफ़,* अहमदाबाद : नवजीवन ट्रस्ट, 1991।

गन्स, चैम, *दी लिमिट्स ऑफ़ नेशनलिज़्म,* न्यू यॉर्क : कैम्ब्रिज यूनिवर्सिटी प्रेस, 2003।

गेल्नर, अर्नेस्ट, *नेशंस एंड नेशनलिज़्म,* इथिका : कॉर्नेल यूनिवर्सिटी प्रेस, 1983।

———, *नेशनलिज़्म, लन्दन,* वाइडेनफेल्ड एंड निकोलस, 1997।

गर्थ, एच.एच. एंड मिल्स, सी.राइट, (एडिटेड एंड ट्रांसलेटेड), फ्रॉम मैक्स वेबर : *एसेज इन सोशियोलॉजी,* न्यू यॉर्क : ऑक्सफोर्ड यूनिवर्सिटी प्रेस, 1946।

ग़सिम–फचंडी, परविस, *प्रोग्राम इन गुजरात : हिन्दू नेशनलिज़्म एंड एंटी–मुस्लिम वायलेंस इन इंडिया,* प्रिंसटन : प्रिंसटन यूनिवर्सिटी प्रेस, 2012।

गुडहर्ट, डेविड, *दी रोड टू समह्वेयर : दी पॉपुलिस्ट रिवोल्ट एंड दी फ्यूचर ऑफ़ पॉलिटिक्स,* लन्दन : हर्स्ट पब्लिकेशन, 2017।

गुड, विलियम, *हिन्दू नेशनलिज़्म एंड दी लैंग्वेज ऑफ़ पॉलिटिक्स इन लेट कोलोनियल इंडिया,* न्यू यॉर्क : कैम्ब्रिज यूनिवर्सिटी प्रेस, 2004।

गोलवलकर, एम.एस., *वी ऑर आवर नेशनहुड डिफाइंड,* नागपुर : भारत प्रकाशन, 1945 (थर्ड एडिशन)।

————, *बंच ऑफ़ थॉट्स,* बैंगलोर : विक्रम प्रकाशन, 1968 (फोर्थ इम्प्रेशन)।

ग्राहम, ब्रूस डेस्मंड, *हिन्दू नेशनलिज़्म एंड इंडियन पॉलिटिक्स : दी ओरिजिन एंड डेवलपमेंट ऑफ़ दी भारतीय जनसंघ,* कैम्ब्रिज : कैम्ब्रिज यूनिवर्सिटी प्रेस, 1992।

—————, *नेशनलिज़्म : अ शोर्ट हिस्ट्री,* वाशिंगटन डीसी : ब्रुकिंग्स इंस्टीट्यूशन प्रेस, 2019।

ग्रोस्बी, स्टीवन एंड लौस्सी, एथेना (एडि.), *नेशनलिज़्म एंड ए थनोसिंबोलिज़्म : हिस्ट्री, कल्चर एंड एथनिसिटी इन दी फार्मेशन ऑफ़ नेशंस,* एडिनबर्ग : एडिनबर्ग यूनिवर्सिटी प्रेस, 2007।

गुहा रामचन्द्र, *इंडिया आफ्टर गाँधी : दी हिस्ट्री ऑफ़ दी वर्ल्ड्स लार्जेस्ट डेमोक्रेसी,* न्यू डेल्ही : पान मैकमिलन, 2008।

गुइचार्ड, सिल्वी, *दी कंस्ट्रक्शन ऑफ़ हिस्ट्री एंड नेशनलिज़्म इन इंडिया : टेक्स्टबुक्स, कंट्रोवर्सी एंड पॉलिटिक्स,* लन्दन, रॉउटलेज, 2010।

हैबरमास, जुरगन, *दी इन्क्लुजिन ऑफ़ दी अदर : स्टडीज इन पोलिटिकल थ्योरी,* कैम्ब्रिज : पोलिटी प्रेस, 1999, 2005।

हबीब, इरफ़ान एस (एड.), *इंडियन नेशनलिज़्म : दी एसेंशियल राइटिंग्स,* न्यू डेल्ही : अलेफ बुक कम्पनी, 2017।

हैलेट कार, एडवर्ड, *नेशनलिज़्म एंड आफ्टर,* लन्दन : मैकमिलन, 1945।

हरारी युवाल नोहा, *सेपियंस : अ ब्रीफ हिस्ट्री ऑफ़ ह्यूमन काइंड,* लन्दन : हरविल सेकर, 2014।

हेज़नी, योरम, *दी वर्च्यू ऑफ़ नेशनलिज़्म,* न्यू यॉर्क : बेसिक बुक्स, 2018।

हेस्टर, माइकल, *कंटेनिंग नेशनलिज़्म,* ऑक्सफोर्ड : ऑक्सफोर्ड यूनिवर्सिटी प्रेस, 2000।

हर्ब, गंट्रम एच. एंड कल्पान, डेविड एच. (एडि.), *नेशन एंड नेशनलिज़्म : अ ग्लोबल हिस्टोरिकल ओवरव्यू, वॉल्यूम 1,1770 टू 1880,* कैलिफोर्निया : एबीसी–सिलिओ, 2008।

हर्ट्ज़, फ्रेडिक ओटो, *नेशनलिटी इन हिस्ट्री एंड पॉलिटिक्स : अ साइकोलॉजी एंड सोशियोलॉजी ऑफ़ नेशनल सेंटिमेंट एंड नेशनलिज़्म,* लन्दन : रॉउटलेज एंड केगन पॉल, 1957।

होब्स, थॉमस, *लेविअथन,* लन्दन : जे.एम. डेंट एंड संस लिमिटेड, 1914।

होब्सवॉम, ई.जे., *नेशन एंड नेशनलिज़्म सिंस 1780 : प्रोग्राम, मिथ, रियलिटी,* कैम्ब्रिज : कैम्ब्रिज यूनिवर्सिटी प्रेस, 1990।

होब्सवॉम, एरिक एंड रेंजर, टेरेंस (एड.), *दी इन्वेंशन ऑफ़ ट्रेडिशन,* कैम्ब्रिज : कैम्ब्रिज यूनिवर्सिटी प्रेस, 1990।

इग्नेटिफ, माइकल, *ब्लड एंड बिलोंगिंग : जर्नीज इनटू दी न्यू नेशनलिज़्म,* टोरंटो : पेंगुइन बुक्स, 1993।

इस्लाम, शम्सुल, *गोलवलकर्स, वी ऑर आवर नेशनहुड डिफाइंड : अ क्रिटिक बाई शम्सुल इस्लाम विद दी फुल टेक्स्ट ऑफ़ दी बुक,* डेल्ही : फरोस मीडिया, 2006।

जेफ्रेलॉट, क्रिस्टोफ (एड.), *हिन्दू नेशनलिज़्म : अ रीडर,* प्रिंसटन, प्रिंसटन यूनिवर्सिटी प्रेस, 2007।

जेनकिंस, रिचर्ड, *रिथिंकिंग एथनिसिटी : आर्ग्यूमेंट्स एंड एक्स्प्लोरेशंस,* लन्दन : सेग पब्लिकेशंस, 2008 (सेकंड एडि.)।

जॉनसन, गॉर्डन, *प्रोविंसियल पॉलिटिक्स एंड इंडियन नेशनलिज़्म : एंड दी इंडियन नेशनल कांग्रेस 1880 टू 1915 :* कैम्ब्रिज यूनिवर्सिटी प्रेस, 1973।

जोसेफ़, टोनी, *अर्ली इंडियन्स : दी स्टोरी ऑफ़ आवर एनसेस्टर्स एंड वेयर वी केम फ्रॉम,* न्यू डेल्ही : जगरनॉट बुक्स, 2018।

जर्गेंसमेयर, एम., *दी न्यू कोल्ड वार? रिलीजियस, नेशनलिज़्म कन्फ्रन्ट्स दी सेक्युलर स्टेट,* बर्कले : यूनिवर्सिटी ऑफ़ कैलिफ़ोर्निया प्रेस, 1993।

कैकर, अभिषेक : *दी किंग एंड दी पीपल : सोवेरनिटी एंड पोपुलर पॉलिटिक्स इन मुग़ल डेल्ही,* न्यू यॉर्क : ऑक्सफोर्ड यूनिवर्सिटी प्रेस, 2020।

कौटिल्य, *अर्थशास्त्र,* ट्रांसलेटेड बाई आर. शम्स्सस्त्री, बैंगलोर : गवर्नमेंट प्रेस, 1915।

खाल्दुन, इब्न, *दी मुक़द्दिमाह : एन इंट्रोडक्शन टू हिस्ट्री,* ट्रांसलेटेड बाइ फ्रांज़ रोसेंथाल, प्रिंसटन : प्रिंसटन यूनिवर्सिटी प्रेस, 1989।

ख़ान, मोहिब्बुल हसन, *हिस्ट्री ऑफ़ टीपू सुल्तान,* कलकत्ता : बिब्लियोफिल लि., 1951।

केक्मनोविक, दुसन, *दी मास साइकोलाजी ऑफ़ एथनोनेशनलिज़्म,* न्यू यॉर्क : प्लेनम प्रेस, 1996।

केडोरी, एली, *नेशनलिज़्म,* लन्दन : हचिनसन, 1960।

खोसला, माधव, *इंडियाज फाउंडिंग मोमेंट : दी कांटीट्यूशन ऑफ़ अ मोस्ट सरप्राइजिंग डैमोक्रेसी,* कैम्ब्रिज : हार्वर्ड यूनिवर्सिटी प्रेस, 2019।

कोहेन, हंस, *नेशनलिज़्म : इट्स मीटिंग एंड हिस्ट्री,* फ्लोरिडा : क्रेगर, 1965।

———, *प्रील्यूड टू नेशन–स्टेट्स : दी फ्रेंच एंड जर्मन एक्स्पीरियन्स, 1789–1815,* प्रिंसटन : वान नोस्ट्रैंड, 1967।

किनवाल, कैटरीना, *ग्लोबलाइजेशन एंड रिलीजियस नेशनलिज़्म इन इंडिया : दी सर्च फॉर ऑनटूलॉजिकल सिक्यूरिटी,* न्यू यॉर्क : रॉउटलेज, 2006।

खुर्शीद, सलमान, *विजिवल मुस्लिम, इनविजिवल सिटीज़न : अंडरस्टैंडिंग इस्लाम इन इंडियन डेमोक्रेसी,* न्यू डेल्ही : रूपा पब्लिकेशंस, 2019।

लेपोर, जिल, *दिस अमेरिका : दी केस फॉर दी नेशन,* न्यू यॉर्क : लिवराइट पब्लिशिंग, 2019।

लोबेरा, जोसेफ़, आर., *दी गॉड ऑफ़ मॉडर्निटी : दी डेवलपमेंट ऑफ़ नेशनलिज़्म इन वेस्टर्न यूरोप,* ऑक्सफोर्ड : बर्ग पब्लिशर्स, 1994।

लोव, डी.ए., *ब्रिटेन एंड इंडियन नेशनलिज़्म : दी इंप्रिंट ऑफ़ एम्बिग्युटी 1929–1942,* कैम्ब्रिज : कैम्ब्रिज यूनिवर्सिटी प्रेस, 1997।

लोवरी, रिच, *दी केस ऑफ़ नेशनलिज़्म : हाउ इट मेड अस पावरफुल, यूनाइटेड, एंड फ्री,* न्यू यॉर्क : ब्रॉडसाइड बुक्स, 2019।

लोविच, *कार्ल वेबर एंड कार्ल मार्क्स,* लन्दन : रॉउटलेज, 1993।

मैकइनटायर, आलासडायर, *अ शोर्ट हिस्ट्री ऑफ़ एथिक्स : अ हिस्ट्री ऑफ़ मोरल फिलोसोफी फ्रॉम दी होमरिक एज टू ट्वेंटीएथ सेंचुरी,* नोट्रे डेम : यूनिवर्सिटी ऑफ़ नोट्रे डेम प्रेस, 1998।

मन्दर, हर्ष, *लुकिंग अवे : इनइक्वलिटी, प्रिज्युडिस एंड इनडिफरेंस इन न्यू इंडिया,* न्यू डेल्ही : स्पीकिंग टाइगर, 2015।

मार्क्स, अन्थोनी डब्ल्यू., *फैथ इन नेशन : एक्सक्लूशनरी ओरिजिंस ऑफ़ नेशनलिज़्म,* न्यू यॉर्क : ऑक्सफोर्ड यूनिवर्सिटी प्रेस, 2003।

मैकरोन, डेविड, *दी सोशियोलॉजी ऑफ़ नेशनलिज़्म : टूमौरो'ज इंसेस्टेर्स,* लन्दन : रॉउटलेज, 1998।

मित्तल, सतीश चन्द्र, *इंडिया डिस्टॉर्टेड : अ हिस्ट्री ऑफ़ ब्रिटिश हिस्टोरियंस इन इंडिया, वॉल्यूम 1,* न्यू डेल्ही : एम.डी.पब्लिकेशंस, 1995।

मोईन, ए. अजफर, *दी मिलेनियम सावेनियर : सेक्रेड किंगशिप एंड सैंटहुड इन इस्लाम,* न्यू यॉर्क : कोलम्बिया यूनिवर्सिटी प्रेस, 2012।

मूर, मारग्रेट, *दी एथिक्स ऑफ़ नेशनलिज़्म,* ऑक्सफोर्ड : ऑक्सफोर्ड यूनिवर्सिटी प्रेस, 2001।

मोटिल, एलेक्सेंडर जे., *इन्साइक्लोपीडिया ऑफ़ नेशनलिज़्म : लीडर्स, मूवमेंट्स, कॉन्सेप्ट्स, वॉल्यूम 2,* कैलिफ़ोर्निया : अकेडमिक प्रेस, 2001।

नायपॉल, वी. एस., *अमंग दी बिलीवर्स : एन इस्लामिक जर्नी,* लन्दन : पेंगुइन बुक्स, 1982।

निर्न, टी., *दी ब्रेक–अप ऑफ़ ब्रिटेन : क्राइसिस एंड निओ–नेशनलिज़्म,* लन्दन : वर्सो बुक्स, 1981।

———, *फेसेज ऑफ़ नेशनलिज़्म : जानूस रिविजिटेड,* लन्दन : वर्सो बुक्स, 1998।

नन्दी, आशीष, *दी इल्लेजीटिमेसी ऑफ़ नेशनलिज़्म : रबीन्द्रनाथ टैगोर एंड दी पॉलिटिक्स ऑफ़ सेल्फ़,* न्यू डेल्ही : ऑक्सफोर्ड यूनिवर्सिटी प्रेस, 1994।

नेने वी.वी., *पण्डित दीनदयाल उपाध्याय : आइडियोलॉजी एंड पर्सेप्शन, ट्रांसलेटेड बाई एम.के.परांजपे एंड डी.आर.कुलकर्णी,* न्यू डेल्ही : सुरुचि प्रकाशन, 1988।

नूरानी, ए. जी., *आर्टिकल 370 : अ कांस्टीट्यूशनल हिस्ट्री ऑफ़ जम्मू एंड कश्मीर,* न्यू डेल्ही : ऑक्सफोर्ड यूनिवर्सिटी प्रेस, 2014।

नॉरमैन, वायने, *निगोशिएटिंग नेशनलिज़्म : नेशन–बिल्डिंग, फेडरलिज़्म, एंड सिसेशन इन दी मल्टीनेशनल स्टेट,* ऑक्सफोर्ड : ऑक्सफोर्ड यूनिवर्सिटी प्रेस, 2006।

ओहमे, केनिची, *दी बॉर्डरलेस वर्ल्ड : पॉवर एंड स्ट्रेटजी इन दी ग्लोबल मार्केट प्लेस,* न्यू यॉर्क : हार्पर बिज़नेस, 1990।

ओंग, एहवा, *फ्लेक्सिबल सिटीज़नशिप : दी कल्चरल लॉजिक्स ऑफ़ ट्रांसनेशनलिटी,* डरहम : ड्यूक यूनिवर्सिटी प्रेस, 1999।

ओर्सिनी, फ्रांसेस्का, *दी हिन्दी पब्लिक स्फीयर 1920–1940 : लैंग्वेज एंड लिटरेचर इन दी एज ऑफ़ नेशनलिज़्म,* न्यू डेल्ही : ऑक्सफोर्ड यूनिवर्सिटी प्रेस, 2002।

ओज्किरिमली, उमत, *थ्योरीज़ ऑफ़ नेशनलिज़्म : अ क्रिटिकल इंट्रोडक्शन,* लन्दन : मैकमिलन, 2000।

ओज्किरिमली, उमत (एड.), *नेशनलिज़्म एंड इट्स फ्यूचर्स,* न्यू यॉर्क पालग्रेव मैकमिलन, 2003।

पाल, बिपिन चन्द्र, *दी स्पिरिट ऑफ़ इंडियन नेशनलिज़्म,* लन्दन : हिन्द नेशनलिस्ट एजेंसी, 1910।

पटेल, वल्लभभाई, *दी कलेक्टेड वर्क्स ऑफ़ सरदार वल्लभभाई पटेल,* वॉल्यूम 1, न्यू डेल्ही : कोणार्क पब्लिशर्स, 2018।

पूनम, स्निग्धा, *ड्रीमर्स : हाउ यंग इंडियन्स आर चेंजिंग दी वर्ल्ड,* लन्दन : हर्स्ट पब्लिशर्स, 2018।

पॉपर, कार्ल, *दी ओपन सोसाइटी एंड इट्स एनेमिज, वॉल्यूम 2,* लन्दन : रॉउटलेज एंड केगन पॉल, 1962 (फोर्थ रिवाइज्ड एडिशन)।

पुरन्दरे, वैभव, *सावरकर : दी ट्रू स्टोरी ऑफ़ दी फादर ऑफ़ हिन्दुत्व,* न्यू डेल्ही : जगरनॉट बुक्स, 2019।

पुरोहित, बी.आर., *हिन्दू रिवाइवलिज़्म एंड इंडियन नेशनलिज़्म,* सागर : साथी प्रकाशन, 1965।

राजगोपाल, अरविन्द, *पॉलिटिक्स आफ्टर टेलीविज़न : रिलीजियस नेशनलिज़्म एंड दी रिशेपिंग ऑफ़ दी पब्लिक इन इंडिया,* कैम्ब्रिज : कैम्ब्रिज यूनिवर्सिटी प्रेस, 2004।

राजदान, निधि (एड.), *लेफ्ट, राइट एंड सेंटर : दी आइडिया ऑफ़ इंडिया,* न्यू डेल्ही : पेंगुइन रैंडम हाउस, 2017।

रीगन–लेफेबवरे, जेनिफ़र, *कॉस्मोपॉलिटन नेशनलिज़्म इन दी विक्टोरियन एम्पायर : आयरलैंड, इंडिया एंड दी पॉलिटिक्स ऑफ़ अल्फ्रेड वेब,* लन्दन : पालग्रेव मैकमिलन, 2009।

रूसो, जीन–जैक्स, *दी सोशल कॉन्ट्रैक्ट,* ट्रांसलेटेड बाई मॉरिस क्रेन्सटन, लन्दन : पेंगुइन बुक्स, 2001।

रौथरमंड, डायटमार, *दी फेजेज ऑफ़ इंडियन नेशनलिज़्म एंड अदर एसेज,* बॉम्बे : नचिकेता पब्लिकेशंस, 1970।

रोवे, डेविड इ. एंड शुलमान, रोबर्ट (एड्स.), *आइन्स्टीन ऑन पॉलिटिक्स : हिज प्राइवेट थॉट्स एंड पब्लिक स्टैंड्स ऑन नेशनलिज़्म, जिओनिज़्म, वार, पीस, एंड दी बम,* प्रिंसटन : प्रिंसटन यूनिवर्सिटी प्रेस, 2007।

रुश्दी, सलमान, *मिडनाइट्स चिल्ड्रेन,* न्यू डेल्ही : पेंगुइन बुक्स, 1981।

सम्पत, विक्रम, *सावरकर : इकोज फ्रॉम अ फॉरगोटन पास्ट, 1883–1924,* न्यू डेल्ही : पेंगुइन रैंडम हाउस, 2019।

सावरकर, वी.डी. *एशेंसिअल्स ऑफ़ हिन्दुत्व, बॉम्बे :* वीर सावरकर प्रकाशन, 1923 (फर्स्ट एडिशन)।

सचार, जॉन एच., *लेजिटिमेसी इन दी मॉडर्न स्टेट,* न्यू ब्रन्सविक : ट्रांजैक्शन प्रेस, 1981।

शेफ, टी.जे., *ब्लडी रिवेंज : इमोशंस, नेशनलिज़्म एंड वार,* बॉल्डर : वेस्टव्यू प्रेस, 1994।

शॉपेनहोवेर, आर्थर, *एसेज एंड एफोरिज़्म,* लन्दन : पेंगुइन बुक्स, 1970।

सील, अनिल, *दी इमर्जेंस ऑफ़ इंडियन नेशनलिज़्म : कंपिटिशन एंड कोलेबोरेशन इन दी लेटर नाइनटींथ सेंचुरी, नेशनलिज़्म,* कैम्ब्रिज : कैम्ब्रिज यूनिवर्सिटी प्रेस, 1968।

सरले–वह्वाइट, जोशुआ, *दी साइकोलॉजी ऑफ़ नेशनलिज़्म,* न्यू यॉर्क, पालग्रेव मैकमिलन, 2001।

सेन, अमर्त्य, *दी आर्ग्युमेंटेटिव इंडियन : राइटिंग्स ऑन इंडियन हिस्ट्री, कल्चर एंड आइडेंटिटी,* न्यू यॉर्क फ्ररार, स्ट्रॉस एंड गिरौक्स, 2006।

———, *दी आइडिया ऑफ़ जस्टिस,* कैम्ब्रिज : दी बेल्कनैप प्रेस ऑफ़ हार्वर्ड यूनिवर्सिटी प्रेस, 2009।

शाकिर, मोईन, *गाँधी, आज़ाद एंड नेशनलिज़्म,* न्यू डेल्ही : न्यू इंडिया प्रेस, 1977।

शर्मा, ज्योतिर्मय, *अ रिस्टेटमेंट ऑफ़ रिलिजन : स्वामी विवेकानन्द एंड दी मेकिंग ऑफ़ हिन्दू नेशनलिज़्म,* न्यू हैवन : येल यूनिवर्सिटी प्रेस, 2015।

———, *हिन्दुत्व : एक्सप्लोरिंग दी आइडिया ऑफ़ हिन्दू नेशनलिज़्म,* न्यू डेल्ही : हार्पर कॉलिंस पब्लिशर्स, 2015।

सिकलस, डियोडोरस, *बिब्लियोथिका, हिस्टोरिका,* वॉल्यूम 2, ट्रांसलेटेड बाई सी.एच. ओल्डफादर, लाइब्रेरी ऑफ़ हिस्ट्री : लोएब क्लासिकल लाइब्रेरी, कैम्ब्रिज : हार्वर्ड यूनिवर्सिटी प्रेस, 1935।

सिल्वेस्ट्री, माइकल, *आयरलैंड एंड इंडिया : नेशनलिज़्म, एम्पायर एंड मेमोरी,* लन्दन : पालग्रेव मैकमिलन, 2009।

स्के, माइकल एंड एंटोनिस, मार्को (एड्स.), *एवरीडे नेशनहुड : थ्योराइजिंग कल्चर, आइडेंटिटी एंड बिलोंगिंग आफ्टर बनाल नेशनलिज़्म,* लन्दन : पालग्रेव मैकमिलन, 2017।

स्लोबोडियन, क्विन, *ग्लोबलिस्ट्स : दी एंड ऑफ़ एम्पायर एंड दी बर्थ ऑफ़ निओलिबरलिज़्म,* कैम्ब्रिज : हार्वर्ड यूनिवर्सिटी, प्रेस, 2018।

स्मिथ, अन्थोनी डी., *दी एथनिक ओरिजिंस ऑफ़ नेशंस,* ऑक्सफोर्ड बेसिक ब्लैकवेल, 1986।

———, *नेशंस एंड नेशनलिज़्म इन अ ग्लोबल एरा,* कैम्ब्रिज : पोलिटी प्रेस, 1995।

———, *नेशनलिज़्म एंड मॉडर्निज़्म : अ क्रिटिकल सर्वे ऑफ़ रीसेंट थ्योरीज़ ऑफ़ नेशंस एंड नेशनलिज़्म, लन्दन :* राउटलेज, 1998।

———, *एथनो–सिंबोलिज़्म एंड नेशनलिज़्म : अ कल्चरल अप्रोच,* न्यू यॉर्क : रॉउटलेज, 2009।

———, *नेशनलिज़्म : थ्योरी, आइडियोलॉजी, हिस्ट्री,* कैम्ब्रिज : पोलिटी प्रेस, 2010।

सोज़, सैफुद्दीन, *कश्मीर : ग्लिम्प्सेस ऑफ़ हिस्ट्री एंड दी स्टोरी ऑफ़ स्ट्रगल,* न्यू डेल्ही : रूपा पब्लिकेशंस, 2018।

स्पेंसर, फिलिप एंड वोलमैन, होवार्ड, *नेशनलिज़्म : अ क्रिटिकल इंट्रोडक्शन,* लन्दन : सेग पब्लिकेशंस, 2002।

स्टालिन, जे., *मार्क्सिज़्म एंड दी नेशनल क्वेश्चन, 1913,* मास्को : फॉरेन लैंग्वेजेज पब्लिशिंग हाउस, 1947।

स्टुअर्ट मिल, जॉन, *ऑन लिबर्टी,* लन्दन : जॉन डब्ल्यू. पार्कर एंड सन, 1859।

स्टुअर्ट, रोबर्ट, *मार्क्सिज़्म एंड नेशनल आइडेंटिटी : सोशलिज़्म, नेशनलिज़्म एंड नेशनल सोशलिज़्म ड्यूरिंग दी फ्रेंच फिन दे सिक्ले,* न्यू यॉर्क : स्टेट यूनिवर्सिटी ऑफ़ न्यू यॉर्क प्रेस, 2006।

टैगोर, रबीन्द्रनाथ, *नेशनलिज़्म,* नॉरवुड : नॉरवुड प्रेस, 1917।

————, *गीतांजलि : सांग ऑफ़रिंग्स, 1912 (फर्स्ट एडिशन),* किग्ले : पमोना प्रेस, 2007।

तामीर, येल, *व्हाई नेशनलिज़्म,* प्रिंसटन : प्रिंसटन यूनिवर्सिटी प्रेस, 2019।

तेमुलकुरान, एके, *हाउ टू लूज अ कंट्री : दी सेवेन स्टेप्स फ्रॉम डेमोक्रेसी टू डिक्टेटरशिप,* लन्दन : 4थ इस्टेट, 2019।

थरूर, शशि, *इंडिया : फ्रॉम मिडनाइट टू दी मिलेनियम,* न्यू यॉर्क आर्केड, 1997।

———, *रायट : अ नॉवेल,* न्यू डेल्ही : पेंगुइन बुक्स, 2001।

———, *नेहरू : दी इनवेंशन ऑफ़ इंडिया,* न्यू डेल्ही : पेंगुइन बुक्स, 2003।

———, *एन एरा ऑफ़ डार्कनेस : दी ब्रिटिश एम्पायर इन इंडिया,* न्यू डेल्ही : अलेफ बुक कम्पनी, 2016।

———, *व्हाई आय एम अ हिन्दू,* न्यू डेल्ही : अलेफ बुक कम्पनी, 2018।

दी पैराडॉक्सिकल प्राइम मिनिस्टर : नरेन्द्र मोदी एंड हिज इंडिया, न्यू डेल्ही : अलेफ बुक कम्पनी, 2019।

थोम्प्सन, इ.पी., *राइटिंग बाई कैंडललाइट,* लन्दन : मर्लिन प्रेस, 1980।

टॉयन्बी, अर्नाल्ड एंड वाकैज़ुमी, की, *सरवाइविंग दी फ्यूचर,* लन्दन : ऑक्सफोर्ड यूनिवर्सिटी प्रेस, 1971।

ट्रेफौस्सी, हंस, एल., *कार्ल सर्ज़ : अ बायोग्राफी,* नॉक्सविल : यूनिवर्सिटी ऑफ़ टेनिसी प्रेस, 1982।

त्सांग, राचेल एंड वुड्स, एरिक टेलर (एड.), *दी कल्चरल पॉलिटिक्स ऑफ़ नेशनलिज़्म एंड नेशन–बिल्डिंग : रिच्युअल एंड परफोर्मेंस इन दी फोर्जिंग ऑफ़ नेशंस,* लन्दन : रॉउटलेज, 2014।

टकर, रोबर्ट सी. (एड.), दी मार्क्स–एंगेल्स रीडर्स, न्यू यॉर्क : डब्ल्यू.डब्ल्यू. नॉर्टन एंड कम्पनी, 1978।

टुटेजा, के.एल. एंड चक्रवर्ती, कौस्तव (एड.), *टैगोर एंड नेशनलिज़्म,* न्यू डेल्ही : स्प्रिंगर, 2017।

उपाध्याय, दीनदयाल, *राष्ट्र जीवन की दिशा,* लखनऊ : लोहित प्रकाशन, 1971।

वैष्णव, मिलन, *व्हेन क्राइम पेज : मनी एंड मसल इन इंडियन पॉलिटिक्स,* न्यू हैवन : येल यूनिवर्सिटी प्रेस, 2017 एंड न्यू डेल्ही : हार्पर कॉलिंस पब्लिशर्स, 2017।

वन देर वीर, पीटर, *रिलीजियस नेशनलिज़्म : हिन्दूज एंड मुस्लिम्स़ इन इंडिया,* बर्कले : यूनिवर्सिटी ऑफ़ कैलिफ़ोर्निया प्रेस, 1994।

वेंचुरी, एमिली ऐशहर्स्ट, *जोसेफ़ मज़िनी : अ मेमॉयर बाई इ.ए.वी. विथ टू एशेज बाई मज़िनी : थॉट्स ऑन डेमोक्रेसी एंड दी ड्यूटीज ऑफ़ मैन,* लन्दन : हेनरी एस. किंग एंड कम्पनी, 1875, पृ. 2।

विरोली, मौरिज़ियो, *फॉर लव ऑफ़ कंट्री : एन एसे ऑन पेट्रियोटिज़्म एंड नेशनलिज़्म,* न्यू यॉर्क : ऑक्सफोर्ड यूनिवर्सिटी प्रेस, 1995।

वोल्सिक, ज़ाला एंड आन्द्रेजेविक, मार्क (एड्स.), *कॉमर्शियल नेशनलिज़्म : सेलिंग दी नेशन एंड नेशनलाइज़िंग दी सेल,* लन्दन : पालग्रेव मैकमिलन, 2016।

वागनर, किम, *अमृतसर 1919 : अन एम्पायर ऑफ़ फियर एंड दी मेकिंग ऑफ़ अ मैसेकर,* न्यू हैवन : येल यूनिवर्सिटी प्रेस, 2019।

वेबर, एम., *फ्रॉम मैक्स वेबर* एडिटेड एंड ट्रांसलेटेड बाई एच. गर्थ एंड सी. राइट मिल्स, लन्दन : रॉउटलेज एंड केगन पॉल, 1948।

राइट, जूलिया एम., *आयरलैंड, इंडिया एंड नेशनलिज़्म इन नाइनटींथ–सेंचुरी लिटरेचर,* कैम्ब्रिज : कैम्ब्रिज यूनिवर्सिटी प्रेस, 2007।

जर्नल आर्टिकल्स, चैप्टर्स इन बुक्स, एंड स्पीचेज

अम्बेडकर, बी. आर. 'अ नेशन कालिंग फॉर अ होम', *पाकिस्तान ऑर दी पार्टीशन ऑफ़ इंडिया,* बॉम्बे : थाकेर्स, 1940।

बेकर, डेविड, 'कोलोनियल बिगनिंग्स एंड दी इंडियन रिस्पोंस : दी रिवोल्ट ऑफ़ 1857–58 इन मध्य प्रदेश', *मॉडर्न एशियन स्टडीज,* वॉल्यूम 25, न. 3, जुलाई 1991।

बलिबर, एटेने, 'रेसिज़्म एंड नेशनलिज़्म', *एटेने* बलिबर एंड आई. वालरस्टीन (एड.), *रेस, नेशन, क्लास : अंबीगियस आइडेंटिटीज,* लन्दन : वर्सो बुक्स, 1991।

बाउएर, ओटो, 'दी क्वेश्चन ऑफ़ नेशनलिटीज एंड सोशल डेमोक्रेसी' (1907), *मैपिंग दी नेशन,* गोपाल बालकृष्णन (एड.), लन्दन : वर्सो बुक्स, 2012।

भाभा, होमी के. 'इंट्रोडक्शन : नैरेटिंग दी नेशन', *नेशन एंड नैरेशन,* होमी के. भाभा (एड.), लन्दन : रॉउटलेज, 1990।

———, 'डिसेमिनेशन : टाइम, नैरेटिव, एंड मार्जिन्स ऑफ़ दी मॉडर्न नेशन', *नेशन एंड नैरेशन*।

भाटिया, गौतम 'दी आर्टिकल 370 अमेंडमेंट्स : की लीगल इश्यूज', इंडियन कांस्टीट्यूशनल लॉ एंड फिलोसोफ़ी, 5 अगस्त 2019, अवेलेबल एट <https://indconlawphil.wordpress.com/2019/08/05/the-article-370-amendments-key-legal-issues>।

———, 'सिटीज़नशिप एंड दी कांस्टीट्यूशन', येल यूनिवर्सिटी लॉ स्कूल पेपर, 17 अप्रैल 2020, अवेलेबल एट <https://papers.ssrn.com/sol3/papers.cfm?abstract_id=3565551।

ब्रिलमायेर, ली, 'दी मोरल सिग्निफिकेंस ऑफ़ नेशनलिज़्म', *नोट्रे डेम लॉ रिव्यू,* वॉल्यूम 71, न. 1, आर्टिकल 2, 6 जनवरी 1999, अवेलेबल एट <https://scholarship-law-nd-edu/ndlr/vol71/iss1/2।

काब्रल, अमिल्कार, 'नेशनल लिबरेशन एंड कल्चर', *यूनिटी एंड स्ट्रगल : स्पीचेज एंड राइटिंग्स,* ट्रांसलेटेड बाई माइकल वोल्फेर्स, न्यू यॉर्क मंथली रिव्यू प्रेस, 1979।

चन्द्रचूड़, धनंजय वाई., 'जस्टिस पी.डी.देसाई मेमोरियल लेक्चर 2020, 15 फ़रवरी 2020, गुजरात हाई कोर्ट', अवेलेबल एट <https://images.assettype.com/barandbench/2020-02/f3dad31d-ed51-4ddb-af39-5d9138bf6162/Justice_DY_Chandrachud__Justice_PD_Desai_Memorial_Speeches.pdf>।

फोया, रोबेर्टो स्टेफन एंड मौंक, यास्चा, 'दी साइन्स ऑफ़ डिकंसोलिडेशन', *जर्नल ऑफ़ डेमोक्रेसी,* वॉल्यूम 28, न. 1, जनवरी 2017।

फुस्स्मन, गेराल्ड, 'हिस्ट्री ऑफ़ इंडिया एंड ग्रेटर इंडिया', हिमालयन एंड सेंट्रल एशियन सिविलाइज़ेशन, *फर्स्ट यूरोपियन कोलोकियम ऑफ़ दी यूरोपियन सोसाइटी फॉर दी स्टडी ऑफ़ हिमालयन एंड सेंट्रल एशियन सिविलाइज़ेशंस,* 27–28 अप्रैल 2009, पृ. 24–25 अवेलेबल एट <https://doi.org/10.4000/lettre-cdf.756>।

गिन्सबर्ग, टॉम, हक़, अज़ीज़ जेड, एंड वेर्सटिग, मिला, 'दी कमिंग डिमाइस ऑफ़ लिबरल कांस्टीट्यूशनलिज़्म?' *दी यूनिवर्सिटी ऑफ़ शिकागो लॉ रिव्यू,* वॉल्यूम 85, न. 2, मार्च 2018।

गिन्सबर्ग, कार्लो, 'दी बांड ऑफ़ शेम', *न्यू लेफ्ट रिव्यू,* 120, नवम्बर। दिसम्बर 2019, अवेलेबल एट <https://newleftreview.org/issues/II120/articles/carlo-ginzburg-the-bond-of-shame>।

हानसेन, थॉमस ब्लोम, 'ग्लोबलाइजेशन एंड नेशनलिस्ट इमेजिनेशंस : हिन्दुत्व प्रॉमिस ऑफ़ इक्वलिटी थ्रू डिफरेंस', *इकोनोमिक एंड पोलिटिकल वीकली,* वॉल्यूम 31, न. 10, 9 मार्च 1996।

हेडगर, मार्टिन, 'दी ओंटोलॉजिकल प्रायोरिटी ऑफ़ दी क्वेश्चन ऑफ़ बीइंग', *बीइंग एंड टाइम,* ट्रांसलेटेड बाई जॉन मैकेरी एंड एडवर्ड रोबिंसन, ऑक्सफोर्ड ब्लैकवेल पब्लिशर्स, 1962।

हेरेडिया, रुडोल्फ सी., 'गाँधीज़ हिन्दुइज़्म एंड सावरकर्स हिन्दुत्व' *इकोनोमिक एंड पोलिटिकल वीकली,* वॉल्यूम 44, न. 29, 18–24 जुलाई 2009।

होफमैन, स्टानले, 'ऑन दी पोलिटिकल साइकोलॉजी ऑफ़ पीस एंड वार : अ क्रिटिक एंड एन अजेंडा', *पोलिटिकल साइकोलॉजी,* वॉल्यूम 7, न. 1, मार्च 1968, पृ. 1–21।

जेफ्रेलॉट, क्रिस्टोफ, 'बिज़नेस–फ्रेंडली गुजरात अंडर नरेन्द्र मोदी : दी इम्प्लिकेशन्स ऑफ़ अ न्यू पोलिटिकल इकोनोमी', *बिज़नेस एंड पॉलिटिक्स इन इंडिया,* क्रिस्टोफ जेफ्रेलॉट, अतुल कोहली, कान्ता मुरली (एड्स.), न्यू डेल्ही : ऑक्सफोर्ड यूनिवर्सिटी प्रेस, 2019।

लार्ड एक्टन, 'नेशनलिटी', *एशेज ऑन फ्रीडम एंड पॉवर,* गर्टरुड हिमेलफार्ब (एड.), ग्लूस्टर : पीटर स्मिथ, 1972।

मेहता, प्रताप भानु, 'इंडिया : फ्रॉम आइडेंटिटी टू फ्रीडम', राजदान, निधि (एड.), *लेफ्ट, राइट एंड सेंटर : दी आइडिया ऑफ़ इंडिया,* न्यू डेल्ही : पेंगुइन रैंडम हाउस, 2017।

मुंशी, के.एम. 'स्पीच डिलीवर्ड इन दी पार्लियामेंट ऑफ़ इंडिया', *कांस्टीचुएंट्स असेम्बली डिबेट्स,* वॉल्यूम 3, 29 अप्रैल 1947।

मुसोलिनी, बेनिटो, 'स्पीच बिफोर दी चैम्बर ऑफ़ ड्यूटीज', 26 मई 1927, *डिस्कोर्सी डेल 1927,* मिलानो : आल्पस, 1928।

नारायण, जयप्रकाश 'ओरिजिन ऑफ़ अ नेशन', *इंडियन नेशनलिज़्म : दी एशेंसियल्स राइटिंग्स,* इरफ़ान एस. हबीब (एड.), न्यू डेल्ही : अलेफ बुक्स कम्पनी, 2017।

नाज़नीन, अहमद, 'दी पोएटिक्स ऑफ़ नेशनलिज़्म : कल्चरल रेजिस्टेंस एंड पोएट्री इन ईस्ट पाकिस्तान/बांग्लादेश, 1952–71', *जर्नल ऑफ़ पोस्टकोलोनियल राइटिंग,* वॉल्यूम 50, न. 3, 2012, पृ. 1–13।

न्गुगी वा थियोंगो, 'टुवार्ड्स अ नेशनल कल्चर', *होमकमिंग : एशेज ऑन अफ़्रीकन एंड कैरेबियन लिटरेचर, कल्चर एंड पॉलिटिक्स,* लन्दन : हीनमैन, 1972।

नूरानी, ए.जी., 'नेशनलिज़्म एंड इट्स कंटेम्पररी डिस्कंटेंट्स इन इंडिया', *ऑन नेशनलिज़्म,* रोमिला थापर, ए.जी. नूरानी, सदानन्द मेनन, न्यू डेल्ही : अलेफ बुक कम्पनी, 2016।

ओज़्किरिमली, उमत, 'दी नेशन ऐज एन आर्टीचोक : अ क्रिटिक ऑफ़ एथनोसिम्बोलिस्ट इंटरप्रिटेशंस ऑफ़ नेशनलिज़्म', *नेशंस एंड नेशनलिज़्म,* 2003, वॉल्यूम 9, न. 3, पृ. 339–55।

पाल, बिपिन चन्द्र, 'हिन्दुइज़्म एंड इंडियन नेशनलिज़्म', *दी स्पिरिट ऑफ़ इंडियन नेशनलिज़्म,* लन्दन : हिन्द नेशनलिस्ट एजेंसी, 1910।

पिलिआस्की, अनास्तासिया, एंड सब्रीकोली, टोमासो, 'दी एथिक्स ऑफ़ एफिकेसी इन नॉर्थ इंडिया'ज *गुंडा राज* (रूल ऑफ़ टफ्स)', *जर्नल ऑफ़ दी रॉयल एंथ्रोपोलोजिकल इंस्टीट्यूट,* वॉल्यूम 22, न. 2, जून 2016।

रैना, बद्री, 'व्हाई दी रेन इज़ अ पेट्रियट एंड नॉट अ नेशनलिस्ट', *मेनस्ट्रीम वीकली,* वॉल्यूम 28, न. 25, न्यू डेल्ही, 6 जून 2020।

राय, लाला लाजपत, 'अ स्टडी ऑफ़ हिन्दू नेशनलिज़्म', *हिन्दुस्तान रिव्यू एंड कायस्थ समाचार,* वॉल्यूम 6, न. 3–4, सितम्बर–अक्टूबर 1902, पृ. 249–54।

———, 'कम्युनलिज़्म एंड नेशनलिज़्म', *दी पीपल,* 12 सितम्बर 1926।

रामास्वामी, सुमति, 'मैप्स एंड मदर गॉडेस इन मॉडर्न इंडिया', ईमागो मुंडी 53, जनवरी 2001, पृ. 97–114, अवेलेबल एट <https://doi.org/10.1080/03085690108592940>।

रेनन, अर्नेस्ट, 'क्वे'स्ट–से कू'ने नेशन?' [व्हाट इज़ अ नेशन?], लेक्चर डिलीवर्ड एट दी सोर्बोने ऑन 11 मार्च 1882, अवेलेबल एट <https://ucparis.fr/files/9313/6549/9943/What_is_a_Nation.pdf>।

सर्ज, कार्ल, रिमार्क्स इन दी सीनेट, 29 फ़रवरी 1872, *दी कांग्रेशनल ग्लोब*, वॉल्यूम 45, पृ. 1,287।

श्री अरबिन्दो, स्पीच डिलीवर्ड इन बॉम्बे एट दी इनविटेशन ऑफ़ बॉम्बे नेशनल यूनियन, 19 जनवरी 1907, श्री अरबिन्दो, *वन्दे मातरम् : दी कंप्लीट वर्क्स ऑफ़ श्री अरबिन्दो*, वॉल्यूम्स 6 एंड 7, पांडिचेरी : श्री अरबिन्दो आश्रम ट्रस्ट।

थापर, रोमिला, 'रिफ्लेक्शन्स ऑन नेशनलिज़्म एंड हिस्ट्री', *ऑन नेशनलिज़्म*, अलेफ बुक कम्पनी, 2016।

तिलक, बाल गंगाधर, स्पीच डिलीवर्ड इन अहमदनगर, 31 मई 1916।

न्यूज़पेपर आर्टिकल्स एंड ऑनलाइन रिसोर्सेज

'इफ एनी वन रिफ्यूजेज टू से भारत माता की जय, देन इट इज़ एंटी–नेशनल : होजेबल', *इंडिया टुडे*, 17 मार्च 2016।

'भाजपा स्पेंट नियर्ली ·45%–ऑर रुपीज 27,000 करोड़–ऑफ़ टोटल एक्सपेंडीचर फॉर 2019 लोक सभा पोल्स : रिपोर्ट', *स्क्रॉल डॉट इन*, 4 जून 2019।

'इंडिया सेकंड लार्जेस्ट इंटरनेट कंज्यूमर विथ ओवर 560 मिलियन यूजर्स', *मनी कंट्रोल*, 20 जनवरी 2020।

'लीडिंग कंट्रीज बेस्ड ऑन नम्बर ऑफ़ ट्विटर यूजर्स ऐज ऑफ़ जुलाई 2020' *स्टेटिस्टा*, जुलाई 2020।

'"दी लाइट हैज गोन आउट ऑफ़ आवर लाइव्स" : नेहरूज वर्ड्स ऑन गाँधीज एसेसिनेशन', *दी वायर*, 30 जनवरी 2018।

'फ़ेक पिक्चर ऑफ़ राहुल गाँधी "मीटिंग" पुलवामा अटैकर गोज वायरल', *दी क्विंट*, 15 फ़रवरी 2015।

'फुल टेक्स्ट : प्रेसिडेंट प्रणव मुखर्जी'ज एड्रेस ऑन दी ईव ऑफ़ इंडिपेंडेंस डे', *इंडियन एक्सप्रेस*, 15 अगस्त 2017।

'पाकिस्तान वर्किंग विथ कांग्रेस टू बीट भाजपा इन गुजरात पोल्स : पीएम', *टाइम्स ऑफ़ इंडिया*, 11 दिसम्बर 2017।

'पीएम रैप्स मोदी फॉर रिमार्क्स ऑन लिंगदोह', *टाइम्स ऑफ़ इंडिया*, 24 अगस्त 2002।

'संघ इज़ दी सोल', *दी ट्रिब्यून*, 23 सितम्बर 2018।

'व्हाट अरुण जेटली सेड ऑन पोस्ट–रिटायरमेंट जॉब्स फॉर जजेज', *आउटलुक*, 3 सितम्बर 2014।

'व्हाट लाइफ़ मीन्स टू आइन्स्टीन', एन इंटरव्यू बाई जॉर्ज सिल्वेस्टर विएरेक, *सैटरडे ईवनिंग पोस्ट*, 26 अक्टूबर 1929।

अली, सौम्य, 'साउथ सबसाइड्स नॉर्थ : कर्नाटक सीएम सिद्दरमैया', *इकोनोमिक टाइम्स*, 17 मार्च 2018।

अपूर्व, 'वी आर हियर टू चेंज दी कांस्टीट्युशन : मिनिस्टर ऑफ़ स्टेट अनन्तकुमार हेगड़े', *इंडियन एक्सप्रेस*, 26 दिसम्बर 2017।

बंसल, समर्थ, एंड गरिमेल्ला, किरन, 'फाइटिंग फेक न्यूज़ : डिकोडिंग "फैक्ट फ्री" वर्ल्ड ऑफ़ व्हाट्सएप्प', *हिन्दुस्तान टाइम्स*, 5 मार्च 2019।

भारद्वाज, अंकुर, 'व्हाट्सएप्प टू ब्लॉक नम्बर्स व्हिच स्प्रेड मिसइन्फोर्मेशन ड्यूरिंग इलेक्शंस : रिपोर्ट', *इंक 42*, 13 अप्रैल 2019।

भारद्वाज, दीक्षा, 'अ ब्रीफ़ हिस्ट्री ऑफ़ दी कैट्स ऑफ़ किल्केनी एंड व्हाई दे वेयर लिंक्ड टू सीबीआई'ज इंटरनल फ्यूड', *दी प्रिंट*, 6 दिसम्बर 2018।

भाटिया, गौतम, 'दी ट्रबलिंग लिगेसी ऑफ़ चीफ़ जस्टिस रंजन गोगोई', *दी वायर*, 16 मार्च 2019।

भाटिया, सिद्धार्थ, 'दी सिंपल एंड सिंप्लिस्टिक, मैसेजिंग ऑफ़ मोदी'ज लेक्चर्स इज़ अ बिग हिट विथ हिज ऑडियंस', *दी वायर*, 30 मई 2020।

भट्टाचार्य, डी.पी., 'की मेम्बर्स फ्रॉम नरेन्द्र मोदी'ज गवर्नमेंट इन गुजरात टेक क्रुसियल पोजीशंस एट सेंटर', *इकोनोमिक टाइम्स*, 5 नवम्बर 2014।

बोस, मृत्युंजय, 'वर्ड "प्रधान सेवक" वाज यूज्ड फर्स्ट बाई नेहरू : राज', *डेक्कन हेराल्ड*, 12 अप्रैल 2019।

चन्द्रन, निश्का, 'इंडिया इज़ अबाउट टू गेट इट्स थर्ड सेट्रल बैंक गवर्नर इन 3 ईयर्स, मार्केट्स आर कंसर्न्ड', *सीएनबीसी*, 11 दिसम्बर 2018।

चटर्जी, आदित्य, 'हाउ टू कांस्टीचुएंट असेम्बली डिबेटेड (एंड रिजेक्टेड) सिटीज़नशिप बाई रिलिजन', *दी वायर*, 10 फ़रवरी 2020।

चतुर्वेदी, स्वाति, 'आल दी प्राइम मिनिस्टर्स मेन', *दी वायर*, 9 मार्च 2018।

चेल्लानी, ब्रह्मा, 'इंडिया'ज अपीजमेंट पॉलिसी टुवार्ड चाइना अनरैवेल्स', *जापान टाइम्स*, 22 जून 2020।

छिब्बर, प्रदीप, 'फॉर मोदी एंड अमित शाह, दी वर्ड "हिन्दू" इज़ डिवॉयड ऑफ़ अ मोरल कम्पास. इट इज़ जस्ट अस वर्सेज देम', *दी प्रिंट*, 17 दिसम्बर 2019।

चोपड़ा, ऋतिका 'एंड सी.जी. मनोज, 'मोदी'ज मेजोरिटी–माइनोरिटी स्पीच : ईसी सेज डज नॉट वायलेट पोल कोड', *इंडियन एक्सप्रेस*, 1 मई 2019।

कोल्विन, रोस, एंड भट्टाचार्य, सतरूपा, 'अ "केज्ड पैरोट"–इंडियन जज डिस्क्राइब्स टॉप पुलिस एजेंसी', *रायटर्स*, 10 मई 2013।

कांस्टीचुएंट असेम्बली डिबेट्स, अवेलेबल एट <https://www.constitutionofindia.net/constitution_assembly_debates>।

डालग्रीन, विल, 'पेट्रियोटिज़्म इन ब्रिटेन रिड्यूसेज विथ ईच जेनेरेशन', *यूगोव*, 14 जुलाई 2015 अवेलेबल एट <https://yougov.co.uk/topics/politics/articles-reports/2015/07/14/decline-british-patriotism>।

दानियाल, शोएब, 'व्हाई आर्मी चीफ़ रावत'स कमेंट्स शुड वरी आल इंडियन्स हू केयर्स अबाउट डेमोक्रेसी', *स्क्रोल.इन*, 22 फ़रवरी 2018।

दासगुप्ता, स्वपन, 'हिन्दूज एंड मुस्लिम्स आर नो लॉन्गर टाकिंग टू ईच अदर इन न्यू इंडिया', *दी टेलीग्राफ़*, 22 अगस्त 2019।

डेविस, जोनाथन एंड हॉलिस, एंडी, 'थेरेसा में'ज ब्रेक्सिट स्पीच हैड शेड्स ऑफ़ हिटलर', लेटर्स, *दी गार्डियन*, 12 अक्टूबर 2018।

धमीजा, भानु, 'व्हाई अम्बेडकर डिड नॉट लाइक इंडिया'ज कांस्टीट्यूशन', *दी क्विंट*, 14 अप्रैल 2018।

धींगरा, सान्या, 'इन मोदी गवर्नमेंट, जस्ट 4% ऑफ़ आईएएस ऑफिसर्स आर फ्रॉम दी गुजरात कैडर, बट दे होल्ड दी की पोस्ट्स', *दी प्रिंट*, 4 अक्टूबर 2018।

दुबे, मुकुल, 'रीड व्हाट वीडी सावरकर रोट : केयर फॉर काउज, डू नॉट वरशिप देम', *स्क्रॉल. इन*, 20 अक्टूबर 2015।

एको, उम्बेर्तो, 'उर–फासिज़्म', *न्यू यॉर्क रिव्यू ऑफ़ बुक्स,* 22 जून 1995, अवेलेबल एट <https://www-pegc-us/archive/Articles/eco_ur&fascism-pdf>।

'ई.जे. होब्सबॉम : दी न्यू थ्रेट टू हिस्ट्री', वेरा एंड डोनाल्ड ब्लिंकेन ओपन सोसाइटी आर्काइव्स, अवेलेबल एट <https://www.osaarchivum.org/blog/the-new-threat-to-history>।

ईटी ऑनलाइन, 'हियर इज़ दी फुल टेक्स्ट ऑफ़ आरबीआई'ज डिप्टी गवर्नर विरल वी आचार्या'ज स्पीच इन मुम्बई', *इकोनोमिक टाइम्स,* 27 अक्टूबर 2018।

——–, 'हियर इज़ व्हाट कुड हैव लेड टू आरबीआई गवर्नर उर्जित पटेल्स एग्जिट', *इकोनोमिक टाइम्स,* 11 दिसम्बर 2018।

एक्सप्रेस न्यूज़ सर्विस, 'दी सांग एंड डांस ओवर वन्दे मातरम्', *इंडियन एक्सप्रेस,* 12 नवम्बर 2009।

———, 'भारत माता की जय रो : आय कैन से "जय हिन्द" आय लव इंडिया, सेज वारिस पठान', *इंडियन एक्सप्रेस,* 17 मार्च 2016।

एक्सप्रेस वेब डेस्क, 'डिफेन्स फोर्सेज वर्क बेस्ट इन अ सेक्युलर एन्वायरॉनमेंट, शुड बी केप्ट अवे फ्रॉम पॉलिटिक्स, सेज आर्मी चीफ़', *इंडियन एक्सप्रेस,* 6 दिसम्बर 2017।

——–, 'साउथ इंडिया फील्स होस्टलिटी फ्रॉम नरेन्द्र मोदी' : 'राहुल गाँधी ऑन चूजिंग वायनाड कांस्टीचुएंसी', *इंडियन एक्सप्रेस,* 2 अप्रैल 2019।

फ़रीद, रिफत, 'की कश्मीर पोलिटिकल लीडर्स अरेस्टेड बाई इंडिया सिंस अगस्त 5', *अल जज़ीरा,* 18 अगस्त 2019।

एफपी स्टाफ़, 'कश्मीर्स पोलिटिकल लीडर्स, इन हाउस अरेस्ट सिंस सेंटर्स आर्टिकल 370 मूव, विल बी रिलीज्ड "वन–बाई–वन", बटआफ्टर एनेलिसिस, सेज गवर्नर्स एडवाइजर', *फर्स्ट पोस्ट,* 3 अक्टूबर 2019।

फुल टेक्स्ट ऑफ़ दी लैटर दैट सीनियर कांग्रेस लीडर्स शरद पवार, पी ए संगमा एंड तारिक अनवर रोट पार्टी प्रेसिडेंट सोनिया गाँधी, "इट इज़ नॉट पॉसिबल दैट अ कंट्री ऑफ़ 980 मिलियन कैन हैव एनीवन अदर दैन एन इंडियन–बोर्न टू हेड इट्स गवर्नमेंट", *रीडिफ डॉट कॉम,* 17 मार्च 1999।

फुकुयामा, फ्रांसिस, 'अमेरिका : दी फेल्ड स्टेट', *प्रोस्पेक्ट मैगज़ीन,* 13 दिसम्बर 2016।

गल्सटन, विलियम ए., 'इन डिफेंस ऑफ़ अ रिजनेबल पेट्रियोटिज़्म', ब्रूकिंग्स, 23 जुलाई 2018, अवेलेबल एट <https://www.brookings.edu/research/in-defense-of-a-reasonable-patriotism>।

गाँधी, राजमोहन, 'पटेल वांटेड हैदराबाद फॉर इंडिया, नॉट कश्मीर—बट जूनागढ़ वाज दी वाइल्ड कार्ड दैट चेंज्ड दी गेम', *स्क्रॉल.इन*, 27 जून 2018।

गर्ग, अभिनव, 'एचसी सेट्स असाइड ईसी डिसक्वालिफिकेशन ऑफ़ 20 आप एमएलए'ज आस्क्स फॉर फ्रेश हियरिंग', *टाइम्स ऑफ़ इंडिया*, 24 मार्च 2018।

जॉर्ज, वर्गीज के., 'हिन्दुत्वा'ज एक्सट्रीमिस्ट ट्विटरेटीनाउ टारगेट मोदी फॉर मुस्लिम अपीजमेंट', *दी हिन्दू*, 9 मई 2020।

घोष, देबब्रत, '1,200 ईयर्स ऑफ़ सर्वीट्युड : पीएम मोदी ऑफ़र्स फूड फॉर थॉट', *फर्स्टपोस्ट*, 13 जून 2014।

गुहा, रामचन्द्र, 'एन अनलाइकली नेशन', *न्यू स्टेट्समैन*, 2 अगस्त 2007।

———, 'दी ब्रेक्सिट ऑफ़ 1947', *स्क्रॉल.इन*, 24 जून 2016।

———, 'गिव अस केरला मॉडल ओवर गुजरात मॉडल। एनी डे', *एनडीटीवी*, 22 अप्रैल 2020।

———, '3 ट्रेट्स ऑफ़ मोदी दैट हैव कोस्ट इंडिया डिअरली', *एनडीटीवी*, 9 जून 2020।

———, 'ऑन चाइना, मोदी एक्टेड वैरी मच लाइक नेहरू', *एनडीटीवी*, 22 जून 2020।

गुप्ता, मोनोबिना, 'दी लिगेसी ऑफ़ अ डिफरेंट सीईसी', *दी वायर*, 6 मई 2019।

हालर्नंकर, समर, 'व्हाई दी स्लो ड्रिप ऑफ़ एंटी—मुस्लिम पाइजन इन इंडिया इज़ नाउ अ फ्लड', *स्क्रॉल.इन*, 10 अप्रैल 2020।

हेमोन, एलेक्जेंडर, 'फासिज़्म इज़ नॉट एन आइडिया टू बी डिबेटेड', *लिटररी हब*, 1 नवम्बर 2018।

आइएएनएस, 'इफ देयर इज़ इलेक्ट्रिसिटी इन रमज़ान, इट शुड आल्सो बी देयर ऑन दीवाली, सेज मोदी इन यूपी', *हफ़पोस्ट*, 19 फ़रवरी 2017।

इंडिया टुडे वेब डेस्क, 'हिन्दूज माइनॉरिटी इन वायनाड, सो राहुल गाँधी पिक्ड इट, सेज पीएम मोदी', *इंडिया टुडे*, 6 अप्रैल 2019।

इक़बाल, मंसूर, 'व्हाट्सएप्प रिवेन्यू एंड यूजेज़ स्टेटिस्टिक्स (2020)', *बिज़नेस ऑफ़ एप्स*, 23 जून 2020, अवेलेबल एट <https://www.businessofapps.com/data/whatsapp-statistics>।

जयल, नीरजा गोपाल, 'व्हाट हैपन्स टू डेमोक्रेसी व्हेन इट अबंडन्स लिबरलिज़्म', *दी वायर*, 7 जून 2018।

झा, प्रशान्त, 'दी बीजेपी इफेक्ट एंड दी रिमेकिंग ऑफ़ इंडिया', *हिन्दुस्तान टाइम्स*, 28 दिसम्बर 2019।

जोशी, योगेश, 'वाजपेयी एट होम इन पुणे; डिड नॉट वांट टू बी कॉल्ड "गेस्ट" इन सिटी', *हिन्दुस्तान टाइम्स*, 16 अगस्त 2018।

कैनेडी, जॉन, एफ.के., फ्रॉम एनबीसी रेडियो–जेएफके इन पेरिस–2 जून 1961–गॉर्डोन स्केन साउंड कलेक्शन, अवेलेबल एट <https://pastdaily.com/wp-content/upload/2015/11/JFK-In-Paris-JUne-2-1961.mp3>।

केसवान, मुकुल, 'दी केस मेड बाई लिबरल्स फॉर अबॉलिशिंग दी स्टेट ऑफ़ जम्मू एंड कश्मीर–एंड व्हाई इट इज़ फ्लावेड', *स्क्रॉल.इन*, 14 अगस्त 2019।

कोठारी, उर्वीश, 'मोदी रोंगली कोटेड महात्मा गाँधी ऑन पाकिस्तान हिन्दू एंड सिख रिफ्युजीज टू डिफेंड सीएए', *दी प्रिंट*, 25 दिसम्बर 2019।

कपूर, देवेश, 'मोदी'ज इंडिया इज़ ऐसपिरेशनल, एसर्टिव–एंड एंटी–एलीट', *वाशिंगटन पोस्ट*, 29 मई 2019।

काटजू, मंजरी, 'रिक्लेमिंग दी फ्रीडम फाइटर्स' पास्ट वों'ट टेक दी भाजपा वैरी फार', *दी क्विंट*, 11 अगस्त 2017।

खरे, हरीश, 'बियोंड दी लीगल काउंसेल'स प्रीडिक्मेंट', *दी हिन्दू*, 6 जून 2020।

कोमिरेड्डी, कपिल, 'शो नो मर्सी : दी ट्रेजिडी इन जिनजियांग', दी क्रिटिक, 8 जून 2020।

कुलकर्णी, सुधीन्द्र, 'व्हाई गाँधी रिसोनेट्स इन रोम', *इंडियन एक्सप्रेस*, 2 अक्टूबर 2013।

लालिवाला, शरीक, 'ड्यूरिंग दी क्विट इंडिया मूवमेंट, दी हिन्दू महासभा प्लेड दी ब्रिटिश गेम', *दी वायर*, 8 अगस्त 2018।

लस्कर, रिजाउल एच., 'इफ यू नॉक एटमिडनाइट, आय विल रिस्पोंड : पीएम मोदी टू मुस्लिम लीडर्स', *हिन्दुस्तान टाइम्स*, 3 जून 2015।

लुहर्मान्न, अन्ना, मेर्ज़, सेराफिन एफ., ग्रहन, सांद्रा, अलीज़ादा, नज़ीफा, गस्टालडी, लिसा, हेलमेयर, सेबास्टियन, हिंडले, गैरी एंड लिंडबर्ग, स्टाफान आई., *ऑटोक्रेटाइजेशन सर्जेज–रेजिस्टेंस ग्रोज। डेमोक्रेसी रिपोर्ट 2020,* गोथेनबर्ग : वेरायटीज ऑफ़ डेमोक्रेसी इंस्टीटयूट (वी–डेम), मार्च 2020, अवेलेबल एट <https://www.v-dem.net/media/filer_public/f0/5d/f05d46d8-626f-4b20-8e4e-53d4bfcb/democracy_report_2020_low.pdf>।

महापात्रा, धनंजय, 'जनरल वीके सिंह लूजेज बैटल फॉर एज, ट्रायज टू सेव सम ऑनर', *टाइम्स ऑफ़ इंडिया* 11 फ़रवरी 2012।

———, 'एससी स्ट्रेसेज ऑन एक्सपायरी डेट फॉर कोटा', *टाइम्स ऑफ़ इंडिया,* 14 अप्रैल 2008।

महाप्रशस्ता, अजॉय आशीर्वाद, '"नॉट हिन्दू नेशनलिज़्म, बट सोसाइटी हैज चेंज्ड" : क्रिस्टोफ जेफ्रेलॉट' *दी वायर,* 25 जनवरी 2020।

—————, '"हिस्ट्री वाज एक्सीलरेटेड इन दी वेक ऑफ़ भाजपा'ज 2019 विक्ट्री" : दी वायर इंटरव्यूज क्रिस्टोफ जेफ्रेलॉट', *दी वायर,* 24 जनवरी 2020।

मन्दर, हर्ष, 'अ मोमेंट फॉर सिविलाइज़ेशनल इंट्रोस्पेकशन', *दी हिन्दू,* 30 मई 2020।

मासिंग, माइकल, 'डज डेमोक्रेसी एवर्ट फेमिन?'. *न्यू यॉर्क टाइम्स,* 1 मार्च 2003।

मे, थेरेसा, 2016 कंजरवेटिव पार्टी स्पीच, बर्मिंघम, यूके, 5 अक्टूबर 2016। सी 'थेरेसा मे'ज कीनोट स्पीच एट टोरी कॉन्फ्रेंस इन फुल', *इंडिपेंडेंट,* 5 अक्टूबर 2016।

मौन्डर्स, जोनाथन, 'अ पॉट्टेड एंड ब्लडी हिस्ट्री ऑफ़ नाटो', *काउंटरफायर,* 29 अक्टूबर 2016, अवेलेबल एट <https://www.counterfire.org/articles/history/18584-keep-the-russians-out-the-americans-in-and-the-germans-down-a-potted-and-bloody-history-of-nato>।

मेहरा, पूजा, 'राजन'स टेन्योर एक्सटेंशन अपोज्ड', *दी हिन्दू,* 17 मई 2016।

मेहता, प्रताप भानु, 'रिगार्डिंग फासिज़्म', *इंडियन एक्सप्रेस,* 11 अप्रैल 2014।

———, 'एट रेड फ़ोर्ट, पीएम मोदी'ज होप एंड फियर', *इंडियन एक्सप्रेस,* 16 अगस्त 2018।

———, 'वी माइट इंटर एन "आरएसएस मीट्स जिओ" आइडियोलॉजिकल वर्ल्ड', *इंडियन एक्सप्रेस,* 1 मई 2019।

———, 'अ हंड्रेड डेज ऑन, मोदी 2.0 : इट्स पर्पस इज़ दी शो ऑफ़ पॉवर, नेशनलिस्ट फरवर, सोशल कंट्रोल', *इंडियन एक्सप्रेस,* 10 सितम्बर 2019।

———, 'सीरियल ऑथोरिटेरियनिज़्म पिक्स आउट ऑफ़ टारगेट्स वन बाई वन, एंड टायर्स आउट चैलेंजेज', *इंडियन एक्सप्रेस,* 10 अक्टूबर 2019।

———, 'दी डेल्ही डार्कनेस : आवर रूलर्स वांट एन इंडिया दैट थ्राइव्स ऑन क्रुएल्टी, फियर, डिवीजन, वायलेंस', *इंडियन एक्सप्रेस,* 29 फ़रवरी 2020।

———, 'दी गोगोई बिट्रेयल : जजेज विल नॉट इमपॉवर यू, दे आर डिमिनिश्ड मेन', *इंडियन एक्सप्रेस,* 20 मार्च 2020।

———, 'इंडिया इज़ हेडिंग इनटू अनचार्टर्ड वाटर्स विथ नो लीडरशिप एट दी हेम, जस्ट दी सिमुलाक्रा ऑफ़ वन', *इंडियन एक्सप्रेस,* 16 जून 2020।

कीलेरी, सन्ध्या, 'नम्बर ऑफ़ फ़ेसबुक यूजर्स इंडिया 2015–2023', *स्टेटिस्टा,* 7 जुलाई 2020।

मेटकाफ, स्टेफन, 'निओलिबरलिज़्म : दी आइडिया दैट स्वैलोड दी वर्ल्ड', *दी गार्डियन,* 18 अगस्त 2017।

मिश्र, असित रंजन, 'एनएससी मेम्बर्स रिजाइन आफ्टर रो ओवर एनएसएसओ एम्प्लॉयमेंट रिपोर्ट', *लाइवमिंट,* 30 जनवरी 2019।

मोहन्ती, प्रसन्ना, 'जीडीपी बेस ईयर रो : व्हाट इज़ दी प्रॉब्लम विथ रि–बेसिंग इंडिया'ज ग्रोथ कैलकुलेशंस', *बिज़नेस* टुडे, 13 नवम्बर 2019।

मोस्ट पेट्रियोटिक कंट्रीज 2020, अवेलेबल एट <https://world population review.com/countries/most-patriotic-countries/>।

मुखर्जी, मृदुला, 'ब्लेमिंग दी कांग्रेस फॉर पार्टीशन इज़ अ ट्रवेस्टी', *हिन्दुस्तान टाइम्स,* 13 दिसम्बर 2019।

मुखोपाध्याय, जयिता, 'अम्बेडकर्स विजन ऑफ़ अ सेक्युलर कांस्टीट्यूशन', *दी स्टेट्समैन,* 6 अप्रैल 2018।

मुस्तफ़ा, फैज़ान, 'माइनॉरिटीज, टू, आर फेड अप ऑफ़ दिस फैकेड ऑफ़ सेकुलरिज़्म', *इंडियन एक्सप्रेस,* 21 मार्च 2020।

नेगी, मनजीत सिंह, 'अ डे बिफोर हिज रिटायरमेंट, जनरल बिपिन रावत अपोइन्टेड इंडिया'ज फर्स्ट चीफ़ ऑफ़ डिफेंस स्टाफ', *इंडिया टुडे,* 30 दिसम्बर 2019।

निलाकन्तन, आर.एस., 'हाउ दी फोर्टींथ फाइनेंस कमीशन पनिशेज तमिलनाडु', *दी वायर,* 21 अप्रैल 2017।

———, 'दी फिफ्टींथ फाइनेंस कमीशन मे स्प्लिट ओपन डेमोग्राफ़िक फाल्ट लाइन्स बिटवीन साउथ एंड नॉर्थ इंडिया', *दी वायर,* 15 फ़रवरी 2018।

———, 'दी इकोनॉमिक्स एंड पॉलिटिक्स बिहाइंड द्रविडा नाडु ऑर साउथ इंडियन सब–नेशनलिज़्म', *दी वायर,* 20 मार्च 2018।

———, 'फिफ्टींथ फाइनेंस कमीशन एंड दी मडीड फाइनेंशियल रिस्पोंस टू COVID-19', *दी वायर,* 6 अप्रैल 2020।

ऑरवेल, जॉर्ज, 'नोट्स ऑन नेशनलिज़्म', दी ऑरवेल फ़ाउंडेशन, अवेलेबल एट <https://www.orwellfoundation.com/the-orwell-foundation/orwell/ essays-and-other-works/notes-on-nationalism/>।

ओस्ट्री, जोनाथन डी., लौंगानी, प्रकाश, एंड फर्सरी, डेविड, 'निओलिबरलिज़्म : ओवरसोल्ड?', इंटरनेशनल मोनेटरी फंड/फाइनेंस एंड डेवलपमेंट, जून 2016, वॉल्यूम 53, न. 2, अवेलेबल एट <https://www.imf.org/external/pubs/ft/fandd/2016/06/ostry.html#author>।

पेज, विलियम टेलर, 'दी अमेरिकंस क्रीड', 1917, अवेलेबल एट <https://www.ushistory.org/documents/creed.html>।

पलशीकर, सुहास, 'टुवार्ड्स हेजेमनी : भाजपा बियोंड एलेक्टोरल डोमिनेंस', *इकोनोमिक एंड पोलिटिकल वीकली,* वॉल्यूम 53, न. 33, 18 अगस्त 2018।

———, 'एन ईरी क्वाएट', *इंडियन एक्सप्रेस,* 1 अप्रैल 2020।

———, 'विल देयर बी अ जॉर्ज फ्लॉयड मोमेंट इन इंडिया'ज पब्लिक लाइफ़?', *इंडियन एक्सप्रेस,* 11 जून 2020।

पाण्डेय, संजय, 'इफ कांग्रेस, एसपी हैव फैथ इन अली, वी हैव बजरंग बली', *डेक्कन हेराल्ड,* 10 अप्रैल 2019।

पेरिगो, बिली, 'हाउ वालंटियर्स फॉर इंडिया'ज रूलिंग पार्टी आर यूजिंग व्हाट्सएप्प टू फ्यूल फेक न्यूज़ अहेड ऑफ़ इलेक्शंस', *टाइम,* 25 जनवरी 2019।

प्रभु, सुनील, 'पीएम नरेन्द्र मोदी'ज "औरंगज़ेब राज" डिग ऐज राहुल गाँधी सेट टू बिकम कांग्रेस चीफ़', *एनडीटीवी,* 4 दिसम्बर 2017।

प्रकाश, सत्य, 'टू रिपील ऑर नॉट : नेहरूवियन डिलेमा ऑन सेडिशन लॉ', *दी ट्रिब्यून,* 10 सितम्बर 2018।

पीटीआई, 'आय एम स्टिल अपोज्ड टू सोनिया गाँधी बिकमिंग पीएम : सुषमा स्वराज', *इकोनोमिक टाइम्स*, 19 सितम्बर 2013।

———, 'पीएम मोदी वेड्स इनटू बीफ कंट्रोवर्सी विथ अटैक ऑन लालू प्रसाद', *इकोनोमिक टाइम्स*, 8 अक्टूबर 2015।

————, 'एंटी–नेशनल एक्टिविटी कां'ट बी जस्टिफाइड ऑन दी प्ली ऑफ़ फ्रीडम ऑफ़ एक्सप्रेसन : अमित शाह', 19 मार्च 2016।

————, 'कर्नाटक इलेक्शंस 2018 : कांग्रेस सेलिब्रेटिंग जयंतीज ऑफ़ सुल्तान्स फॉर वोट बैंक पॉलिटिक्स, सेज पीएम मोदी', *लाइवमिंट*, 6 मई 2018।

———, 'गवर्नमेंट हैज स्पेंट ओवर रुपीज़ 5,200 करोड़ इन ऐड्स सिंस 2014–15 : राठौर इन लोकसभा', *इकोनोमिक टाइम्स*, 13 दिसम्बर 2018।

————, 'इलीगल इमिग्रेंट्स आर लाइक टरमाइट्स, विल थ्रो देम आउट इफ बीजेपी कम्स बैकटू पॉवर : अमित शाह', *इंडिया टुडे*, 11 अप्रैल 2019।

————, 'इंटरनेट यूजर्स इन इंडिया टू राइज़ बाई 40%, स्मार्टफोन्स टू डबल बाई 2023 : मैकिन्से', *इकोनोमिक टाइम्स*, 25 अप्रैल 2019।

————, 'इंडिया ड्यूटी–बाउंड टू गिव सिटीज़नशिप टू परस्क्युटेड माइनॉरिटीज : माधव', *दी हिन्दू*, 8 दिसम्बर 2019।

————, 'दोज इंडलजिंग इन आर्सन "कैन बी आइडेंटिफायड बाई देयर क्लोथ्स" : नरेन्द्र मोदी ऑन एंटी–सीएए प्रोटेस्ट्स', *इकोनोमिक टाइम्स*, 15 दिसम्बर 2019।

क़ुरैशी, एस.वाई., 'अ 900–मिलियन स्ट्रांग एलेक्टोरेट मेक्स इलेक्शन्स 2019 दी बिगेस्ट एवर', *लाइवमिंट*, 10 मार्च 2019।

राधाकृष्णन, विग्नेश, सेन, सुमन्त, सिंगारावेलु, नरेश, 'वन ईयर सिंस आर्टिकल 370 रिवोकेशन : इकॉनमी क्रिप्लड, मोर लोकल्स टेक अप मिलिटेंसी, एंड मोर', *दी हिन्दू*, 5 अगस्त 2020।

राघवन, श्रीनाथ, 'श्रीनाथ राघवन बुस्ट्स "मिथ्स" अराउंड नेहरू'ज कश्मीर पॉलिसीज', *नेशनल हेराल्ड*, 14 नवम्बर 2019।

राजगोपालाचारी, सी., 'क्लेम्स ऑफ़ हिन्दू एक्जामिंड', *स्वराज्य*, 1 फ़रवरी 1968।

राजगोपालन, आर., 'एलिवेशन ऑफ़ गुजरात कैडर आईएएस ऑफ़िसर्स टू टॉप पोस्ट्स स्टर्स अ होरनेट्स नेस्ट', *दी फेडेरल*, 17 अप्रैल 2020।

राजन, मीरा टी. सुन्दरा, 'सुब्रमण्य भारती : दी इटरनल रिवोल्युशनरी', *दी हिन्दू*, 12 सितम्बर 2017।

रे, आयेशा, 'दी इंडियन स्टेट हैज नो प्लान फॉर जम्मू एंड कश्मीर ऑर इट्स पीपल', *दी वायर*, 31 जुलाई 2020।

रज़ा, मारूफ़, '1965 वार : अ टेल ऑफ़ वार एंड थ्री ब्रदर्स', *ओपन,* 27 अगस्त 2015।

रायटर्स, 'इंटरव्यू विथ भाजपा लीडर नरेन्द्र मोदी', 12 जुलाई 2013।

रॉय, अरुन्धति, 'इंडिया : इनिशिएशंस ऑफ़ एन एंडिंग', *दी नेशन,* 22 नवम्बर 2019।

रॉयचौधुरी, अद्रिजा, 'सेकुलरिज़्म : व्हाई नेहरू ड्राप्ड एंड इन्दिरा इन्सर्टेड दी एस–वर्ड इन दी कांस्टीट्यूशन', *इंडियन एक्सप्रेस,* 4 जून 2020।

सम्पत, जी. 'दी पार्टी ऑफ़ हिन्दुइज़्म?' *दी हिन्दू,* 9 नवम्बर 2018।

सराफ, अनुपम, 'इज़ दिस माई वोट?' *फ्रंटलाइन,* 24 मई 2019।

ससिधरण, कीर्थिक, 'दी क्लैश ऑफ़ कन्सेप्चुअल एंड गोल्स', *दी हिन्दू,* 26 मार्च 2017।

–––––, 'मोदी एमंगस्ट अ मिलियन म्युटिनीज', *दी हिन्दू,* 20 अप्रैल 2019।

शर्मा, मिलन, 'वाज साइडलाइन्ड, गवर्नमेंट नॉट रिलीजिंग जॉब फिगर्स, सेज नेशनल स्टेटिस्टिक्स कमीशन चीफ़ पीसी मोहनन ऑन व्हाई ही क्विट', *इंडिया टुडे,* 30 जनवरी 2019।

श्रीनेत, सुप्रिया, 'उर्जित पटेल'स रिजिगनेशन इज़ अ नोट ऑफ़ प्रोटेस्ट : रघुराम राजन', *इकोनोमिक टाइम्स,* 11 दिसम्बर 2018।

सिद्दरमैया, 'कर्नाटका इज़ अलाउड टू डिमांड ग्रेटर फेडेरल ऑटोनोमी', *दी क्विंट,* 16 मार्च 2018।

सिंह, संजय, '"आरएसएस एडवोकेट्स इन्क्लूजन" : मोहन भागवत सिस्टेमेटिकली रिफ्युट्स राहुल गाँधी, संघ क्रिटिक्स इन डे वन स्पीच', *फर्स्टपोस्ट,* 18 सितम्बर 2018।

सिंह, शिवम शंकर, 'इंडिया'ज व्हाट्सएप्प इलेक्शंस', *नेशनल हेराल्ड,* 18 मार्च 2019।

सिंह, तवलीन, 'पीएम मोदी'ज रियल "परिवर्तन" हैज गोन ऑलमोस्ट अनऑब्जर्व्ड बिकॉज ऑफ़ इंडिया'ज न्यू एलीट', *इंडियन एक्सप्रेस,* 8 मार्च 2020।

–––, 'देयर इज़ मोर रिप्रेशन इन दी एयर दैन एट एनी अदर टाइम एक्सेप्ट ड्यूरिंग दी इमर्जेंसी', *इंडियन एक्सप्रेस,* 8 मार्च 2020।

सिंह, विजेता, 'ईसीआई डिसीजन टू नॉट अनाउंस गुजरात पोल डेट्स सरप्राइजेज फोर्मर सीईसी एस.वाई. कुरैशी', *दी हिन्दू,* 12 अक्टूबर 2017।

स्लेटर, जोआना, 'व्हाट इज़ बिहाइंड दी "पोटेंशियली कैटास्ट्रोफिक" फाइट एट इंडिया'ज सेंट्रल बैंक', *वाशिंगटन पोस्ट,* 12 दिसम्बर 2018।

स्टीएम, टेलर, 'स्टेच्यू वार्स : व्हाट शुड वी डू विथ ट्रबलसम मोनुमेंट्स?', *दी गार्डियन,* 26 सितम्बर 2018।

शत्रुघ्न, इआन, 'एआरसीएच0650 : इस्लामिक सिविलाइज़ेशंस : दी फोरमेटिव पीरियड्स', कोर्स, जौकोवस्की इंस्टीट्यूट फॉर आर्कियोलोजी एंड दी एन्शिएन्ट वर्ल्ड, अवेलेबल एट <https://www.brown.edu/Departments/Joukowsky_Institute/courses/islamiccivilization/7966.html>।

स्वराज्य आर्काइव्स, 'राजाजी इन 1968 : "हिन्दी इज़, एट बेस्ट, दी लैंग्वेज ऑफ़ अ लार्ज माइनॉरिटी"', *स्वराज्य*, 14 सितम्बर 2016।

'स्विस पर्सपेक्टिव्स इन 10 लैंग्वेजेज', एसडब्ल्यूआई, 26 फ़रवरी 2019, अवेलेबल एट <https://www.swissinfo.ch/eng/languages/29177618>।

तासीर, आतिश, 'इंडिया इज़ नो लॉन्गर इंडिया : एक्साइल इन दी टाइम ऑफ़ मोदी', *दी अटलांटिक*, मई 2020।

तेवारी, सौम्या, 'हाउ स्मार्ट, विरल कंटेंट हेल्प्ड बीजेपी ट्रम्प कांग्रेस ऑन सोशल मीडिया', *लाइवमिंट*, 4 जून 2019।

थरूर, ईशान, 'कोरोना वायरस हिज वीकेनेड दी वेस्ट्'स नेशनलिस्ट्स', *वाशिंगटन पोस्ट*, 17 जुलाई 2020।

थरूर, कनिष्क, 'कोस्मोपोलिस : दी पास्ट थ्रू अ डिस्टिल्ड लेंस', *ब्लिंक, हिन्दू बिज़नेस लाइन*, 31 दिसम्बर 2019।

थरूर, शशि, 'सेवेंटी ईयर्स आफ्टर इंडिया डिक्लेयर्ड इंडिपेंडेंस, व्हेयर इज़ इट नाउ?', 15 अगस्त 2017, *वर्ल्ड इकोनोमिक फोरम*, अवेलेबल एट <https://www.weforum.org/agenda/2017/08/seventy-years-after-india-declared-independence-where-is-it-now/>।

———, 'दी कैट इज़ फ़ाइनली आउट ऑफ़ दी बैग : हिन्दुत्व लीडर्स अटर डिसडैन फॉर दी इंडियन कांस्टीट्युशन', *दी प्रिंट*, 26 दिसम्बर 2017।

थोम्पसन, ई.पी., 'इन्दिरा : दी लाइट दैट फेल्ड', *दी गार्डियन*, 16 नवम्बर 1978।

टीएनएन, 'पाकिस्तान वर्किंग विथ कांग्रेस टू बीट बीजेपी इन गुजरात पोल : पीएम', *टाइम्स ऑफ़ इंडिया*, 11 दिसम्बर 2017।

त्रिपाठी, सलिल, 'नरेन्द्र मोदी'ज एम्पटी रेटरिक', *लाइवमिंट*, 11 अगस्त 2016।

ट्रूमैन, सी.एन., 'टेक्स्ट ऑफ़ दी डसेलड्राफ स्पीच ऑफ़ 1932', *दी हिस्ट्री लर्निंग साइट*, 22 मई 2015, अवेलेबल एट <https://www.historylearningsite.co.uk/modern-world-history-1918-to-1980/weimer-germany/text-of-the-dusseldorf-speech-of-1932/>।

उपाध्याय, वेंकटेश, 'दी बीजेपी मोबाइल फ़ोन स्ट्रेटजी', *लाइवमिंट,* 16 सितम्बर 2013।

वैष्णव, मिलन, एंड हिंटसन, जैमी, 'दी डाउन ऑफ़ इंडिया'ज फोर्थ पार्टी सिस्टम', *कार्नेगी इंडोमेंट फॉर इंटरनेशनल पीस,* पेपर, 5 सितम्बर 2019, अवेलेबल एट <https://bit.ly/2Sf7DV4>।

वार्ष्णेय, आशुतोष, 'अ न्यू आरएसएस?', *इंडियन एक्सप्रेस,* 5 अक्टूबर 2019।

———, 'ट्रांसफिगरिंग इंडिया', *इंडियन एक्सप्रेस,* 27 मई 2019।

वेंकटरमण, के., 'व्हाट इज़ दी थ्री–लैंग्वेज फ़ॉर्मूला?', *दी हिन्दू,* 8 जून 2019।

वेंकटरामकृष्णन, रोहन, 'हू इज़ लिंकिंग सिटीज़नशिप एक्ट टू एनसीआर? हियर आर फाइव टाइम्स अमित शाह डिड सो', *स्क्रॉल.इन,* 20 दिसम्बर 2019।

वर्मा, लालमणि, 'यूनिफॉर्म सिविल कोड इज़ नॉट जस्ट अबाउट हिन्दू, मुस्लिम, सेज आरएसएस चीफ़ मोहन भागवत', *इंडियन एक्सप्रेस,* 20 सितम्बर 2018।

विश्वदीपक, 'वी शुड रिमूव सेकुलरिज़्म, सोशलिज़्म फ्रॉम दी कांस्टीट्युशन : गोविन्दाचार्य', *नेशनल हेराल्ड,* 2 अक्टूबर 2017।

वुप्पू, राकेश, 'शशि थरूर डिड'न्ट से दैट ही विल इवन हिट दी शिवलिंग विथ अ चप्पल, इफ नीडेड, टू आउस्ट मोदी', *फैक्टली,* 26 अप्रैल 2019।

वॉकर, लीडिया, 'फिफ्टी ईयर्स ऑन, जयप्रकाश नारायण'स व्यूज ऑन कश्मीर होल्ड पॉइंटर्स फॉर दी प्रेजेंट क्राइसिस', *स्क्रॉल.इन,* 28 सितम्बर 2019।

वाटर्स, एड्रिअन, 'डी'अन्नुन्ज़ियो'ज फ्युमे इंटरप्राइज़ : 100 ईयर्स ऑन', *इटैलिक्स मैगज़ीन,* 12 सितम्बर 2019।

वेब डेस्क, 'हिन्दूज माइनॉरिटी इन वायानाड, सो राहुल गाँधी पिक्ड इट, सेज पीएम मोदी', *इंडिया टुडे,* 6 अप्रैल 2019।

यामुनन, श्रुतिसागर, 'बाई सेंडिंग दी सीबीआई डायरेक्टर ऑन लीव, दी सेंटर हैज स्ट्रेच्ड दी लॉ टू इट्स लिमिट्स', *स्क्रॉल.इन,* 24 अक्टूबर 2018।

———, 'दी मोदी ईयर्स : डिड दी सीबीआई'ज क्राइसिस ऑफ़ क्रेडिबिलिटी गो अवे?', *स्क्रॉल.इन,* 5 मार्च 2019।

यवलिंस्की, ग्रिगोरी, 'ऑन दी पुतिन सिस्टम : हाउ अ डिक्टेटर मैन्टेन्स हिज पॉवर', *लिटररी हब,* 2 अप्रैल 2019।

येदियुरप्पा, बी.एस., 'जवाहरलाल नेहरू वाज अडामेंट ऑन स्पेशल स्टेटस फॉर जम्मू एंड कश्मीर', *इकोनोमिक टाइम्स,* 25 सितम्बर 2019।

लीगल साइटेशंस

1. *डॉ. राजेन्द्र प्रसाद अग्रवाल वर्सेज यूनियन ऑफ़ इंडिया एंड अनदर ऑन 18 मई 1993* । एआईआर 1993 आल 258।
2. ऐज फार ऐज दी नेशनल एंथेम केस देयर आर टू साइटेशंस, वन दी केस इन इंडिया एंड दी केस ऑन दी बेसिस ऑफ़ व्हिच दी जजमेंट वाज फैक्चुअली डिलीवर्ड।
   कोर्ट रिलायड ऑन डिसीजन ऑफ़ ऑस्ट्रेलिया इन *एडिलेड कम्पनी ऑफ़ जेहोवा'ज विटनेस वर्सेज कॉमनवेल्थ,* (1943) HCA 12, 67C. L.R 116. 1986 SCR (3) 518 ।
   बिजोए एमेनुएल एंड अदर्स वर्सेज स्टेट ऑफ़ केरला एंड अदर्स ऑन 11 अगस्त 1986। 1987 AIR 748।
3. शाहबानो केस : *अहमद ख़ान वर्सेज शाहबानो बेगम*। [1985 (1) SCALE 767 = 1985 (3) SCR 844 = 1985 (2) SCC 556 = AIR 1985 SC 945] ।
4. बाबरी मस्जिद : *डॉ. एम. इस्माइल फारुक़ी Etc., मोहम्मद वर्सेज यूनियन ऑफ़ इंडिया एंड अदर्स* ऑन 24 अक्टूबर 1994। AIR 1995 SC 605 A ।
5. केस ऑफ़ सेडिशन : *केदारनाथ सिंह वर्सेज स्टेट ऑफ़ बिहार* ऑन 20 जनवरी 1962 । 1962 AIR 955, 1962 SCR सप्ली. (2) 769 ।
6. *इल्तिजा वर्सेज यूनियन ऑफ़ इंडिया एंड अदर्स* ऑन 26 फ़रवरी 2020। रिट पिटीशन(स) (क्रिमिनल) नं. (स). 81/2020।
7. *डॉ. एम. इस्माइल फारुक़ी Etc., मोहम्मद वर्सेज यूनियन ऑफ़ इंडिया एंड अदर्स* ऑन 24 अक्टूबर 1994। AIR 1995 SC 605 A ।

□□

अनुक्रमणिका

ख

ग

य

र

ल

त्र